LIÇÕES DE DIREITO IMOBILIÁRIO
Homenagem a
SYLVIO CAPANEMA DE SOUZA

ORGANIZADORES
André Gustavo Corrêa de Andrade
Cristina Tereza Gaulia
José Roberto de Castro Neves
Marco Aurélio Bezerra de Melo

LIÇÕES DE DIREITO IMOBILIÁRIO
Homenagem a
SYLVIO CAPANEMA DE SOUZA

PREFÁCIO
LUIZ FUX

AUTORES

Alexandre Junqueira Gomide • Aline de Miranda Valverde Terra • Ana Luiza Maia Nevares • Anderson Schreiber • André Abelha • André Cyrino • André Gustavo Corrêa de Andrade • André Maury • Bárbara Gomes Lupetti Baptista • Beatriz Capanema Young • Carlos Edison do Rêgo Monteiro Filho • Carlos Roberto Barbosa Moreira • Carlos Santos de Oliveira • Cláudia Franco Corrêa • Cláudio dell´Orto • Cristina Tereza Gaulia • Eduardo Sócrates Castanheira Sarmento Filho • Eroulths Cortiano Junior • Fábio de Oliveira Azevedo • Fatima Cristina Santoro Gerstenberger • Felipe Deiab • Flávia de Almeida Viveiros de Castro • Flávio Ahmed • Flávio Tartuce • Francisco Amaral • Guilherme Calmon Nogueira da Gama • Gustavo Binenbojm • Gustavo Kloh • Gustavo Tepedino • J. M. Leoni Lopes de Oliveira • João Augusto Basilio • José Fernando Simão • José Roberto de Castro Neves • José Roberto Mello Porto • José-Ricardo Pereira Lira • Judith Martins-Costa • Lauro Gama Jr • Luis Felipe Salomão • Luiz Gustavo A. S. Bichara • Luiz Paulo Vieira de Carvalho • Marcelo Roberto Ferro • Márcio Souza Guimarães • Marco Aurélio Bellizze Oliveira • Marco Aurélio Bezerra de Melo • Marcos Alcino de Azevedo Torres • Maria Cristina de Brito Lima • Melhim Chalhub • Milena Donato Oliva • Nagib Slaibi Filho • Pablo Renteria • Patricia Ribeiro Serra Vieira • Paulo Maximilian • Renata Graça • Ricardo Couto de Castro • Ricardo Pereira Lira • Ricardo Villas Bôas Cueva • Roberta Mauro Medina Maia • Rosângela Maria de Azevedo Gomes • Sergio Cavalieri Filho • Thiago Ferreira Cardoso Neves • Werson Rêgo

Rio de Janeiro
2021

1ª edição – 2021

© Copyright
André Gustavo Corrêa de Andrade • Cristina Tereza Gaulia
• José Roberto de Castro Neves • Marco Aurélio Bezerra de Melo

Presidente do Conselho Editorial
Nelson Nery Costa

Conselho Editorial
• Álvaro Mayrink • André Brandão Nery Costa • Araken de Assis
• Arnaldo Rizzardo • Arruda Alvim • Cláudio Brandão • Florisbal de Souza Del' Olmo
• Geraldo Magela Alves • Mathias Coltro • Nelson Nery Costa
• Sylvio Capanema de Souza (in memoriam) • Tânia da Silva Pereira

Diagramação
Olga Martins

Dados Internacionais de Catalogação na Publicação (CIP)
(Câmara Brasileira do Livro, SP, Brasil)

Lições de direito : homenagem a Sylvio Capanema / organizadores André Gustavo Andrade ... [et al.]; prefácio Luiz Fux. -- 1. ed. -- Rio de Janeiro: LMJ Mundo Jurídico Livraria, 2021.
Outros organizadores: Cristina Tereza Gaulia, José Roberto de Castro Neves, Marco Aurélio Bezerra de Melo

Vários autores
Bibliografia
ISBN 978-65-5813-006-2

1. Direito 2. Direito - Brasil 3. Souza, Sylvio Capanema de, 1938-2020 I. Andrade, André Gustavo. II. Gaulia, Cristina Tereza. III. Neves, José Roberto de Castro. IV. Melo, Marco Aurélio Bezerra de. V. Fux, Luiz

20-49573   CDU-34(81)

O titular cuja obra seja fraudulentamente reproduzida, divulgada ou de qualquer forma utilizada poderá requerer a apreensão dos exemplares reproduzidos ou a suspensão da divulgação, sem prejuízo da indenização cabível (art. 102 da Lei nº 9.610, de 19.02.1998).

Quem vender, expuser à venda, ocultar, adquirir, distribuir, tiver em depósito ou utilizar obra ou fonograma reproduzidos com fraude, com a finalidade de vender, obter ganho, vantagem, proveito, lucro direto ou indireto, para si ou para outrem, será solidariamente responsável com o contrafator, nos termos dos artigos precedentes, respondendo como contrafatores o importador e o distribuidor em caso de reprodução no exterior (art. 104 da Lei nº 9.610/98).

As reclamações devem ser feitas até noventa dias a partir da compra e venda com nota fiscal (interpretação do art. 26 da Lei nº 8.078, de 11.09.1990).

Reservados os direitos de propriedade desta edição pela
GZ EDITORA

contato@editoragz.com.br
www.editoragz.com.br

Av. Erasmo Braga, 299 – Sala 202 – 2º andar – Centro
CEP: 20020-000 – Rio de Janeiro – RJ
Tels.: (0XX21) 2240-1406 / 2240-1416 – Fax: (0XX21) 2240-1511

Impresso no Brasil
Printed in Brazil

PREFÁCIO

Etimologicamente, a palavra homenagem, do provençal *omenatge*, é um ato público de gratidão. Grandes homens e mulheres são capazes de legar ao mundo contribuições atemporais, que merecem ser revisitadas de tempos em tempos como fonte de inspiração e de sabedoria para os nossos passos presentes e futuros.

Sylvio Capanema de Souza é, estreme de dúvidas, uma dessas personalidades. Poucos homens públicos têm o dom de deixar marcas positivas tão profundas na alma dos que os conhecem. Poucos juristas se perpetuam com legado de tamanha grandeza técnica.

Capanema, carioca como eu e grande parte dos autores que prestam esta homenagem, estudou em escola pública e, posteriormente, na Faculdade Nacional de Direito, tendo se graduado em 1960. Após três décadas de dedicação à advocacia e à docência, com brilho e afinco, notadamente no Direito Imobiliário, ingressou, pelo quinto constitucional, no Tribunal de Justiça do Estado do Rio de Janeiro. Foram muitos os aprendizados compartilhados, jurídicos ou pessoais.

Felizmente, perdi a conta de quantas horas dividi com esse querido amigo. Tive a honra de ser seu colega, na 10ª Câmara Cível do Tribunal de Justiça do Estado do Rio de Janeiro, por ele presidida, bem como em dezenas – quiçá, centenas – de palestras e seminários pelo Brasil afora. Andamos o país inteiro dando aulas e cunhamos um lema: "conheça o Brasil através do Código Civil". Tamanha era a frequência com que estávamos juntos que nós e Nagib Slaibi Filho fomos apelidados, por James Tubenchlack, de "Meninos do Rio".

Em nível pessoal, a integridade de caráter e a completude de formação do homenageado o definem. Sylvio Capanema conseguia unir, como poucos, a teoria e a prática, com leveza de alma. Por isso, seu enorme sucesso nas salas de aula, onde formou gerações de profissionais do direito – alunos que nutrem uma afetuosa memória do mestre. Não à toa, ostenta, com justiça, o título de decano e professor emérito da Escola da Magistratura do Estado do Rio de Janeiro (EMERJ).

Seria incompleta qualquer recordação de Capanema que deixasse de destacar sua contribuição para o Direito brasileiro. Prova viva disso é sua decisiva participação na elaboração da Lei de Locações (Lei nº 8.245/91), que bem poderia levar seu nome. O diploma, como cediço, pôs fim a um sem número de interrogações persistentes sobre o tema, que assolavam os particulares e o mercado, e ocupou papel de protagonismo no cotidiano forense. Sylvio foi, ainda, autor de livros que se tornaram referências obrigatórias, na área do Direito Imobiliário, do Direito Civil e do Direito do Consumidor.

Fica evidente, então, que a singela homenagem, por esta obra que reúne destacados nomes da comunidade jurídica nacional, é merecidíssima - verdadeiro dever moral perante o célebre jurista. Estão de parabéns os organizadores desta obra, que cuidadosamente a costuraram, em comunhão entre a EMERJ e a OAB, instituições que Sylvio Capanema engrandeceu: André Gustavo Andrade, Marco Aurélio Bezerra de Melo e Cristina Tereza Gaulia, três distintos desembargadores do Tribunal de Justiça do Estado do Rio de Janeiro, e José Roberto de Castro Neves, notável professor e diretor da Escola Superior da Advocacia.

Esse livro é, nas palavras que o próprio homenageado generosamente me dirigiu no ano passado, quando fui acrescido à nobre lista de conferencistas eméritos da mesma Escola da magistratura, uma "celebração da amizade, construída pela admiração que todos lhe devotamos".

Acertou Mário Quintana ao afirmar que "amizade é quando o silêncio a dois se torna incômodo". Jamais nos esqueceremos de Sylvio Capanema de Souza. Não há, porém, silêncio: o homenageado continua a falar, por suas lições e em nossos corações. A verdadeira amizade, afinal, é "um amor que nunca morre".

Luiz Fux
Ministro e Presidente do Supremo Tribunal Federal. Ex-Presidente do Tribunal Superior Eleitoral. Professor Livre-Docente em Processo Civil da Faculdade de Direito da Universidade do Estado do Rio de Janeiro (UERJ). Doutor em Direito Processual Civil pela Universidade do Estado do Rio de Janeiro (UERJ). Membro da Academia Brasileira de Letras Jurídicas. Membro da Academia Brasileira de Filosofia

SOBRE OS COORDENADORES

ANDRÉ GUSTAVO CORRÊA DE ANDRADE

Desembargador do Tribunal de Justiça do Estado do Rio de Janeiro. Doutor e Mestre em Direito pela Universidade Estácio de Sá. Professor Permanente do Programa de Pós-Graduação da Universidade Estácio de Sá. Diretor-Geral da Escola da Magistratura do Estado do Rio de Janeiro. Presidente do Fórum Permanente de Mídia e Liberdade de Expressão da EMERJ.

CRISTINA TEREZA GAULIA

Desembargadora do Tribunal de Justiça do Estado do Rio de Janeiro. Doutora em Direito pela Universidade Veiga de Almeida. Mestre em Direito pela Universidade Estácio de Sá. Coordenadora dos Programas Justiça Itinerante e Justiça Cidadã do Tribunal de Justiça do Estado do Rio de Janeiro. Coordenadora Editorial da Revista Direito em Movimento publicada pela EMERJ – Escola da Magistratura do Estado do Rio de Janeiro. Presidente do Fórum Permanente de Estudos Constitucionais, Administrativos e de Políticas Públicas da EMERJ.

JOSÉ ROBERTO DE CASTRO NEVES

Doutor em Direito Civil pela Universidade do Estado do Rio de Janeiro (UERJ). Mestre em Direito pela Universidade de Cambridge, Inglaterra. Professor de Direito Civil da Pontifícia Universidade Católica (PUC-Rio) e da Fundação Getúlio Vargas (FGV-Rio). Advogado.

MARCO AURÉLIO BEZERRA DE MELO

Desembargador do Tribunal de Justiça do Estado do Rio de Janeiro, Doutor e Mestre em Direito pela Universidade Estácio de Sá, Professor Permanente do Programa de Pós-Graduação da Universidade Estácio de Sá. Professor Titular de Direito Civil do IBMEC/RJ e Emérito da EMERJ.Presidente do Fórum Permanente de Direito Civil Professor Sylvio Capanema de Souza da EMERJ.

SOBRE OS AUTORES

ALEXANDRE JUNQUEIRA GOMIDE

Mestre e Doutorando em Direito Civil pela Faculdade de Direito da Universidade de São Paulo. Especialista e Mestre em Ciências Jurídicas pela Faculdade de Direito da Universidade de Lisboa, em Portugal. Professor de cursos de pós-graduação de diversas instituições. Autor de artigos e obras jurídicas. Colaborador do Blog Civil & Imobiliário (www.civileimobiliario.com.br). Fundador do IBRADIM – Instituto Brasileiro de Direito Imobiliário. Membro efetivo do Instituto dos Advogados de São Paulo

ALINE DE MIRANDA VALVERDE TERRA

Professora de Direito Civil da Universidade do Estado do Rio de Janeiro (UERJ) e da Pontifícia Universidade Católica do Rio de Janeiro (PUC-Rio). Sócia de Aline de Miranda Valverde Terra Consultoria Jurídica.

ANA LUIZA MAIA NEVARES

Doutora e Mestre em Direito Civil pela UERJ. Professora de Direito Civil da PUC-Rio Membro do IBDFAM, do IBDCivil e do IAB. Advogada.

ANDERSON SCHREIBER

Professor Titular de Direito Civil da Universidade do Estado do Rio de Janeiro – UERJ. Professor Permanente do Programa de Pós-Graduação Stricto Sensu (Mestrado e Doutorado) da UERJ. Membro da Academia Internacional de Direito Comparado. Doutor em Direito pela Università degli studi del Molise (Itália). Mestre em Direito Civil pela UERJ. Procurador do Estado do Rio de Janeiro. Advogado.

ANDRÉ ABELHA

Mestre em Direito Civil pela UERJ. Fundador e Vice-Presidente do Instituto Brasileiro de Direito Imobiliário – IBRADIM. Presidente da Comissão Especial de Direito Notarial e Registral no Conselho Federal da Ordem dos Advogados do Brasil. Professor na pós-graduação em Direito Imobiliário da Puc Rio e em outras instituições. Sócio de Wald, Antunes, Vita, Longo e Blattner Advogados.

ANDRÉ CYRINO

Professor Adjunto de Direito Administrativo da Faculdade de Direito da Universidade do Estado do Rio de Janeiro (UERJ). Master of Laws pela Yale Law School (EUA). Mestre e Doutor pela UERJ.

ANDRÉ GUSTAVO CORRÊA DE ANDRADE

Desembargador do Tribunal de Justiça do Estado do Rio de Janeiro. Doutor e Mestre em Direito pela Universidade Estácio de Sá. Professor Permanente do Programa de Pós-Graduação da Universidade Estácio de Sá. Presidente do Fórum Permanente de Mídia e Liberdade de Expressão da EMERJ.

ANDRÉ MAURY

Advogado associado de Bichara Advogados.

BÁRBARA GOMES LUPETTI BAPTISTA
Professora do PPGD da Universidade Veiga de Almeida (UVA). Professora Adjunta de Direito da Universidade Federal Fluminense (UFF). Pesquisadora do INCT-InEAC/UFF blupetti@globo.com

BEATRIZ CAPANEMA YOUNG
Mestre em Direito Civil pela Universidade do Estado do Rio de Janeiro (UERJ). Graduada em Direito pela IBMEC/RJ. Advogada.

CARLOS EDISON DO RÊGO MONTEIRO FILHO
Professor Titular de Direito Civil da UERJ. Procurador do Estado do Rio de Janeiro. Advogado e consultor jurídico

CARLOS ROBERTO BARBOSA MOREIRA
Professor auxiliar (concursado) de Direito Civil da PUC-RJ. Membro da Academia Brasileira de Direito Civil. Advogado.

CARLOS SANTOS DE OLIVEIRA
Desembargador do Tribunal de Justiça do Estado do Rio de Janeiro. Mestre em Direito Civil (Universidade do Estado do Rio de Janeiro). Professor da Pontifícia Universidade Católica do Rio de Janeiro. Professor da Escola da Magistratura do Estado do Rio de Janeiro.

CLÁUDIA FRANCO CORRÊA
Professora do PPGD da Universidade Veiga de Almeida (UVA). Professora Adjunta de Direito da Universidade Federal do Rio de Janeiro (UFRJ). francocorrea@oi.com.br

CLÁUDIO DELL'ORTO
Desembargador do TJRJ. Professor da PUC-Rio. Conferencista da EMERJ. Foi Diretor da ENM - Escola Nacional da Magistratura da AMB e Conselheiro da ENFAM - Escola Nacional de Formação e Aperfeiçoamento de Magistrados. Mestre em Direito pela UCAM - Universidade Cândido Mendes.

CRISTINA TEREZA GAULIA
Desembargadora do Tribunal de Justiça do Estado do Rio de Janeiro. Doutora em Direito pela Universidade Veiga de Almeida. Mestre em Direito pela Universidade Estácio de Sá. Coordenadora dos Programas Justiça Itinerante e Justiça Cidadã do Tribunal de Justiça do Estado do Rio de Janeiro. Coordenadora Editorial da Revista Direito em Movimento publicada pela EMERJ – Escola da Magistratura do Estado do Rio de Janeiro. Presidente do Fórum Permanente de Estudos Constitucionais, Administrativos e de Políticas Públicas da EMERJ.

EDUARDO SÓCRATES CASTANHEIRA SARMENTO FILHO
Registrador de Imóveis.

EROULTHS CORTIANO JUNIOR

Doutor em Direito pela UFPR. Pós-doutor em Direito pela Università degli Studi di Torino. Professor na UFPR. Líder do Núcleo de Pesquisas em Direito Civil-Constitucional da UFPR "Grupo Virada de Copérnico". Procurador do Estado do Paraná. Advogado.

FÁBIO DE OLIVEIRA AZEVEDO

Mestre em Direito Civil pela UERJ. Professor da EMERJ. Membro do IAB. Advogado

FATIMA CRISTINA SANTORO GERSTENBERGER

Experiência em Gestão Acadêmica. Advogada inscrita nos quadros da OAB/RJ. Sócia do Escritório de Advocacia Bucar Marano Advogados Associados. Pós-Doutora em Direito pela Universidade Santiago de Compostela (Espanha), concluído em 2019. Doutora em Ciências Jurídicas e Sociais pela UMSA. Mestre em Ensino da Saúde e do Ambiente – UNIPLI, possui graduação em Direito pela Pontifícia Universidade Católica do Rio de Janeiro – PUC/RJ. Professora e Coordenadora de pós-graduações em Direito da UVA. Professora convidada do Programa de Pós-Graduação da FGV. Professora de cursos de graduação nas modalidades presencial e a distância da UVA. Professora convidada do Instituto de Direito da PUC/RJ. Professora convidada da Pós-Graduação – UCAM. Professora convidada do Instituto Nêmesis de Estudos Avançados em Direito. Colaboradora quinzenal do Jornal O Globo – Caderno Morar Bem, por mais de 20 anos. Ex-Presidente e atual Diretora Jurídica da ABAMI – Associação Brasileira dos Advogados do Mercado Imobiliário.

FELIPE DEIAB

Professor dos cursos de Pós-Graduação lato sensu da Universidade do Estado do Rio de Janeiro (UERJ). Bacharel e Mestre em Direito Civil pela UERJ. Procurador do Tribunal de Contas do Estado do Rio de Janeiro. Advogado. Presidente da Comissão de Direito Notarial e Registral da OAB/RJ.

FLÁVIA DE ALMEIDA VIVEIROS DE CASTRO

Pós-doutora pelo IInstituto Ius Gentiun da Faculdade de DIreito de Coimbra. Doutora pela UERJ. Mestre em DIreito e em Sociologia pela PUC-Rio. Juiza de Direito Titular da 6ª Vara Civil Regional da Barra da Tijuca.

FLÁVIO AHMED

Advogado. Doutor e mestre em Direitos Difusos e Coletivos pela PUC-SP. Presidente da Comissão Permanente de Direito Ambiental da OAB-RJ.

FLÁVIO TARTUCE

Doutor em Direito Civil pela USP. Professor da Escola Paulista de Direito. Advogado e consultor jurídico.

FRANCISCO AMARAL

Doutor *Honoris Causa* da Universidade de Coimbra e da Universidade Católica Portuguesa. Professor Titular de Direito Civil e Romano na Faculdade de Direito da UFRJ.

GUILHERME CALMON NOGUEIRA DA GAMA
Desembargador do Tribunal Regional Federal da 2ª Região (RJ-ES). Professor Titular de Direito Civil da Universidade do Estado do Rio de Janeiro – UERJ. Professor Permanente do PPGD da Universidade Estácio de Sá – UNESA. Professor Titular de Direito Civil do IBMEC. Mestre e Doutor em Direito Civil pela Universidade do Estado do Rio de Janeiro – UERJ. Membro Fundador da Academia Brasileira de Direito Civil – ABDC.

GUSTAVO BINENBOJM
Professor Titular de Direito Administrativo da Faculdade de Direito da Universidade do Estado do Rio de Janeiro (UERJ). Master of Laws pela Yale Law School (EUA). Mestre e Doutor pela UERJ.

GUSTAVO KLOH
Professor de Direito Civil na Escola de Direito da Fundação Getúlio Vargas – Direito Rio, Doutor em Direito Civil e Membro do Instituto dos Advogados Brasileiros.

GUSTAVO TEPEDINO
Professor Titular de Direito Civil e ex-diretor da Faculdade de Direito da Universidade do Estado do Rio de Janeiro (UERJ).

J. M. LEONI LOPES DE OLIVEIRA
Procurador de Justiça do Ministério Público do Estado do Rio de Janeiro. Membro Fundador da Academia Brasileira de Direito Civil. Vice-Presidente do Fórum Permanente de Direito Civil da Escola da Magistratura do Estado do Rio de Janeiro. Professor convidado da pós--graduação lato sensu da PUC-Rio.

JOÃO AUGUSTO BASILIO
Advogado e Professor na Pós-Graduação da PUC/RJ

JOSÉ FERNANDO SIMÃO
Professor Associado do departamento de Direito Civil da Universidade de São Paulo. Livre-docente, Doutor e Mestre em Direito Civil pela Universidade de São Paulo. Professor convidado em cursos de pós-graduação stricto sensu e de Escolas da Magistratura. Membro do Instituto dos Advogados de São Paulo. Membro do IDCLB - Instituto de Direito Comparado Luso-brasileiro, do BRASILCON - Instituto Brasileiro de Política e Defesa do Consumidor e do Conselho Editorial do jornal Carta Forense, do IDP - Instituto de Direito Privado. Membro do IBDFAM - Instituto Brasileiro de Direito de Família, Diretor Nacional do Conselho Consultivo (2014/2021) e Vice-presidente do IBDFAM/SP (2020/2021). Segundo Secretário do Ibdcont. Presidente do Conselho Consultivo do Ibradim. Palestrante em cursos realizados na Faculdade de Direito da Universidade de Lisboa. Advogado.

JOSÉ ROBERTO DE CASTRO NEVES
Doutor em Direito Civil pela Universidade do Estado do Rio de Janeiro (UERJ). Mestre em Direito pela Universidade de Cambridge, Inglaterra. Professor de Direito Civil da Pontifícia Universidade Católica (PUC-Rio) e da Fundação Getúlio Vargas (FGV-Rio). Advogado.

JOSÉ ROBERTO MELLO PORTO
Defensor Público do Estado do Rio de Janeiro. Assessor da Presidência do Supremo Tribunal Federal. Presidente da Comissão em Estudos em Processo Civil (OAB/RJ). Doutorando e Mestre em Direito Processual (UERJ).

JOSÉ-RICARDO PEREIRA LIRA
Advogado

JUDITH MARTINS-COSTA
Professora de Direito Civil na Faculdade de Direito da Universidade Federal do Rio Grande do Sul (1992 a 2010). Livre-Docente e Doutora em Direito pela Universidade de São Paulo. É Presidente do Instituto de Estudos Culturalistas ⊠ IEC e membro da Academia Brasileira de Letras Jurídicas, dentre outras associações. Advogada e sócia fundadora de Judith Martins-Costa Advogados, atua como Parecerista e Árbitra (ICC, CCBC, CMA-CIESP, FGV, CAMARB).

LAURO GAMA JR.
Sobrinho e filho profissional de Sylvio Capanema de Souza.

LUIS FELIPE SALOMÃO
Ministro do Superior Tribunal de Justiça

LUIZ GUSTAVO A. S. BICHARA
Advogado, sócio de Bichara Advogados e Procurador Tributário do Conselho Federal da OAB.

LUIZ PAULO VIEIRA DE CARVALHO
Advogado, parecerista, consultor jurídico, conferencista e árbitro. Professor Emérito da Escola da Magistratura do Estado do Rio de Janeiro – EMERJ. Presidente da Comissão de Direito de Família e Sucessões do Instituto dos Advogados Brasileiros – IAB. Professor Coordenador dos Cursos de Extensão de Direito de Família e de Direito das Sucessões da Escola da Magistratura do Estado do Rio de Janeiro – EMERJ. Professor Coordenador dos Cursos de Aperfeiçoamento de Magistrados na área de Direito Patrimonial de Família e de Direito das Sucessões da Escola da Magistratura do Estado do Rio de Janeiro – EMERJ. Membro do Fórum Permanente de Direito de Família da Escola da Magistratura do Estado do Rio de Janeiro – EMERJ. Membro do Fórum Permanente de Direito Civil da Escola da Magistratura do Estado do Rio de Janeiro – EMERJ. Mestrado e Pós-graduação em Ciências Jurídicas na Faculdade de Direito da Universidade Clássica de Lisboa, Portugal.

MARCELO ROBERTO FERRO
Advogado. Professor na PUC/RJ. Diplôme Supérieur de l'Université à l'Université de Droit, d'Economie et des Sciences Sociales de Paris – Paris 2, Mestre em Direito Civil pela USP.

MÁRCIO SOUZA GUIMARÃES
Professor Coordenador do Núcleo de Direito de Empresa e Arbitragem da Escola de Direito RIO da Fundação Getúlio Vargas. Professor visitante da Université Paris II – Panthéon Assas. Max Schmidheiny Professor da Universidade de Saint Gallen (Suíça). Doutor pela Université Toulouse 1 Capitole e Professor Visitante (FGV) na Harvard Law School. Ex-Membro do Ministério Público do Estado do Rio de Janeiro. Árbitro independente e Parecerista. Vice-presidente da Comissão de Arbitragem do Conselho Federal da Ordem dos Advogados do Brasil.

MARCO AURÉLIO BELLIZZE OLIVEIRA
Ministro do Superior Tribunal de Justiça. Mestre em Direito pela Universidade Estácio de Sá em 2003.

MARCO AURÉLIO BEZERRA DE MELO
Desembargador do Tribunal de Justiça do Estado do Rio de Janeiro, Doutor e Mestre em Direito pela Universidade Estácio de Sá, Professor Permanente do Programa de Pós-Graduação da Universidade Estácio de Sá. Professor Titular de Direito Civil do IBMEC/RJ e Emérito da EMERJ.Presidente do Fórum Permanente de Direito Civil Professor Sylvio Capanema de Souza da EMERJ.

MARCOS ALCINO DE AZEVEDO TORRES
Mestre e Doutor em Direito Civil pela UERJ. Prof. Adjunto do Deptº de Direito Civil da UERJ. Professor da graduação e da pós-graduação da UERJ. Presidente do Forum Permanente de Direito da Cidade da EMERJ. Desembargador do T.J. do E. do Rio de Janeiro.

MARIA CRISTINA DE BRITO LIMA
Mestre em Direito das Relações Econômicas pela UGF e Doutora em Direito Público pela UERJ. Professora Convidada da EMERJ, ESAJ e da Fundação Getúlio Vargas-Rio. Juíza de Direito, titular da 6ª Vara Empresarial da Comarca Capital Rio de Janeiro – TJRJ.

MELHIM CHALHUB
Advogado e parecerista. Cofundador e membro do Conselho Consultivo do Instituto Brasileiro de Direito Imobiliário – IBRADIM, Membro efetivo do Instituto dos Advogados Brasileiros, da Academia Brasileira de Direito Civil, da Academia Brasileira de Direito Registral Imobiliário. Autor das obras Alienação Fiduciária – Negócio fiduciário e Incorporação Imobiliária, Alienação Fiduciária, Incorporação Imobiliária e Mercado de Capitais – Estudos e Pareceres, entre outras.

MILENA DONATO OLIVA
Professora da Faculdade de Direito da Universidade do Estado do Rio de Janeiro – UERJ. Advogada Sócia do Escritório Gustavo Tepedino Advogados – GTA.

NAGIB SLAIBI FILHO
Magistrado do Tribunal de Justiça do Rio de Janeiro. Doutor e Livre Docente em Direito Público. Professor de Direito da Universidade Salgado de Oliveira.

PABLO RENTERIA
Professor de direito civil da Pontifícia Universidade Católica do Rio de Janeiro – PUC-Rio. Ex-diretor da Comissão de Valores Mobiliários. Sócio fundador do Escritório Renteria Advogados.

PATRICIA RIBEIRO SERRA VIEIRA
Professora titular da Universidade Federal do Estado do Rio de Janeiro (UNIRIO). Desembargadora do Tribunal de Justiça do Estado do Rio de Janeiro (TJRJ). Doutora em Direito Civil pela Universidade do Estado do Rio de Janeiro (UERJ) e Mestre em Direito Constitucional e Teoria do Estado pela Pontifícia Universidade Católica do Rio de Janeiro (PUC/RJ). Membro fundador da Academia Brasileira de Direito Civil (ABDC) e integrante do Fórum Permanente de Direito Civil Sylvio Capanema de Souza da EMERJ.

PAULO MAXIMILIAN
Professor da EMERJ. Autor de livros e artigos. Advogado sócio de Chalfin, Goldberg e Vainboim Advogados.

RENATA GRAÇA
Assessora no Superior Tribunal de Justiça

RICARDO COUTO DE CASTRO
Desembargador Estadual

RICARDO PEREIRA LIRA
Prof. Emérito da UERJ

RICARDO VILLAS BÔAS CUEVA
Ministro do Superior Tribunal de Justiça, é mestre e doutor em Direito. Foi advogado, Procurador do estado de São Paulo, Procurador da Fazenda Nacional e Conselheiro do Conselho Administrativo de Defesa Econômica (CADE).

ROBERTA MAURO MEDINA MAIA
Professora de Direito Civil da Pontifícia Universidade Católica do Rio de Janeiro (PUC-Rio). Advogada.

ROSÂNGELA MARIA DE AZEVEDO GOMES
Advogada, Mestre em Direito da Cidade (UERJ), Doutora em Direito Civil (UERJ), Professora Associada de Direito Civil da Universidade do Estado do Rio de Janeiro (UERJ) e da Universidade Federal do Estado do Rio de Janeiro (UNIRIO), Professora Titular de Direito Civil do IBMEC, professora do curso de Pós-graduação em Direito Imobiliário da Universidade Veiga de Almeida (UVA) e dos cursos de pós-graduação do ENOREG, membro do corpo docente da FAA.

SERGIO CAVALIERI FILHO
Desembargador aposentado do TJRJ. Professor Emérito da EMERJ. Professor de Responsabilidade Civil e Direito do Consumidor

THIAGO FERREIRA CARDOSO NEVES
Doutorando e mestre em Direito Civil pela Universidade do Estado do Rio de Janeiro – UERJ. Professor da Escola da Magistratura do Estado do Rio de Janeiro – EMERJ. Vice-Presidente Administrativo da Academia Brasileira de Direito Civil – ABDC. Visiting Researcher no Max Planck Institute for Comparative and International Private Law – ALE. Advogado e membro efetivo do Instituto dos Advogados Brasileiros – IAB. Ex-sócio do escritório Sylvio Capanema de Souza Advogados Associados.

WERSON RÊGO
Desembargador do TJRJ. Diretor Acadêmico do Instituto Nêmesis de Estudos Avançados em Direito. Doutorando em Direito-UFF.

SUMÁRIO

Prefácio V
Sobre os coordenadores e sobre os autores VII

PARTE 1 - DIREITO DAS OBRIGAÇÕES

UMA MERECIDA HOMENAGEM
André Gustavo Andrade / Cristina Tereza Gaulia / José Roberto de Castro Neves / Marco Aurélio Bezerra de Melo 1

A SIMULAÇÃO NOS CONTRATOS DE ALIENAÇÃO DE IMÓVEIS
Francisco Amaral 5

ESTRUTURA E FUNÇÃO DAS ARRAS NA ALIENAÇÃO DE BENS IMÓVEIS
José Fernando Simão 12

PRINCÍPIOS DA PROPORCIONALIDADE E DA MAIORIA NAS RELAÇÕES JURÍDICAS CONDOMINIAIS
Judith Martins-Costa 34

CONSEQUÊNCIAS DO INADIMPLEMENTO DAS OBRIGAÇÕES DO PROMITENTE COMPRADOR NA LEI Nº 13.786/2018
Aline de Miranda Valverde Terra / Roberta Mauro Medina Maia 44

RESPONSABILIDADE CIVIL DO CONSTRUTOR NO CONTRATO DE EMPREITADA
Sergio Cavalieri Filho 55

RESPONSABILIDADE CIVIL DO INCORPORADOR IMOBILIÁRIO
Patricia Ribeiro Serra Vieira 70

CONTROVÉRSIAS ATUAIS SOBRE O CONTRATO DE FIANÇA LOCATÍCIA
Beatriz Capanema Young 87

EVICÇÃO E A BOA-FÉ REGISTRAL
José Roberto de Castro Neves 103

CORRETAGEM IMOBILIÁRIA
Thiago Ferreira Cardoso Neves / Guilherme Calmon Nogueira da Gama 111

MODOS DE EXTINÇÃO DO CONTRATO DE LOCAÇÃO IMOBILIÁRIA URBANA
Fatima Cristina Santoro Gerstenberger 127

APONTAMENTOS SOBRE A RES SPERATA NO EMPREENDIMENTO DE SHOPPING CENTER
João Augusto Basilio 135

DA FIANÇA LOCATÍCIA. CONTRATO DE FIANÇA
Carlos Santos de Oliveira 149

O SEGURO DE FIANÇA LOCATÍCIA
Nagib Slaibi Filho 169

A Propriedade Imobiliária na Legalidade Constitucional
Anderson Schreiber 178

ASPECTOS CONTROVERTIDOS DO CONTRATO BUILT TO SUIT: NATUREZA
JURÍDICA, ATIPICIDADE E REVISÃO EM TEMPOS DE PANDEMIA
Alexandre Junqueira Gomide 189

EFEITOS DA RECUPERAÇÃO JUDICIAL NA INCORPORAÇÃO IMOBILIÁRIA
Maria Cristina de Brito Lima 198

ARRENDAMENTO MERCANTIL IMOBILIÁRIO: POR QUE ESSE CONTRATO
NÃO SE POPULARIZOU?
Paulo Maximilian 205

A LETRA E A CÉDULA DE CRÉDITO IMOBILIÁRIO – CONTORNOS DE
DIREITO CAMBIÁRIO
Márcio Souza Guimarães 216

LOCAÇÃO EM SHOPPING CENTER: UM CASO DE SUCESSO
José-Ricardo Pereira Lira 231

A SAGA DE UM IMÓVEL CARIOCA: O CASO SÍRIA V. EGITO REVISITADO
Lauro Gama Jr. 239

CONTRATO PRELIMINAR UNILATERAL: ESTRUTURA, FUNÇÃO
E QUALIFICAÇÃO
Fabio de Oliveira Azevedo 248

DISTRATO IMOBILIÁRIO NA JURISPRUDÊNCIA DO STJ: A RESOLUÇÃO
DOS CONTRATOS IMOBILIÁRIOS ANTERIORMENTE À LEI Nº 13.786/2018
(LEI DO DISTRATO)
Ricardo Villas Bôas Cueva 265

O CÓDIGO DE DEFESA DO CONSUMIDOR, SEUS PRINCÍPIOS ESTRUTURANTES
E SUA INCIDÊNCIA SOBRE OS NEGÓCIOS JURÍDICOS NO MERCADO IMOBILIÁRIO
Werson Rêgo 274

A CESSÃO TEMPORÁRIA DE IMÓVEIS POR MEIO DAS PLATAFORMAS DIGITAIS
Luis Felipe Salomão / Renata Graça 291

TUTELA PROVISÓRIA NOS INTERDITOS POSSESSÓRIOS
José Roberto Mello Porto 301

PRIMEIRAS LINHAS SOBRE A RESTITUIÇÃO AO CONSUMIDOR DAS QUANTIAS
PAGAS AO INCORPORADOR EM CASO DE DESFAZIMENTO DO VÍNCULO
CONTRATUAL NA LEI Nº 13.786/2018
Flávio Tartuce / Marco Aurélio Bezerra de Melo 316

O DANO MORAL NO DIREITO IMOBILIÁRIO
André Gustavo Corrêa de Andrade 320

PARTE 2 – DIREITO DAS COISAS

FUNÇÃO SOCIAL E O CONFLITO PROPRIEDADE-POSSE
Marcos Alcino de Azevedo Torres 337

PEDIDO LIMINAR E AUDIÊNCIA DE JUSTIFICAÇÃO À LUZ DA FUNÇÃO
SOCIAL DA POSSE
Flávia de Almeida Viveiros de Castro 358

REVISITANDO O PRINCÍPIO DA TAXATIVIDADE DOS DIREITOS REAIS
Gustavo Kloh 368

EFEITOS DA NATUREZA DECLARATÓRIA DO RECONHECIMENTO
JUDICIAL OU EXTRAJUDICIAL DA USUCAPIÃO DE BENS IMÓVEIS
Marco Aurélio Bezerra de Melo 376

APONTAMENTOS SOBRE A DÚVIDA REGISTRAL IMOBILIÁRIA: NATUREZA
JURÍDICA, EFEITOS E PROCEDIMENTO
Felipe Deiab 386

PRINCÍPIOS DE DIREITO REGISTRAL IMOBILIÁRIO
Eduardo Sócrates Castanheira Sarmento Filho 396

DIREITO DE VIZINHANÇA.USO ANORMAL DA PROPRIEDADE
Cláudio Dell'Orto 410

O PAPEL DA AUTONOMIA PRIVADA NO CONDOMÍNIO EDILÍCIO:
UMA HOMENAGEM AO PROFESSOR SYLVIO CAPANEMA DE SOUZA
Marco Aurélio Bellizze Oliveira 427

AQUISIÇÃO DE UNIDADE CONDOMINIAL EM HASTA PÚBLICA: É PRECISO
NADAR CONTRA A CORRENTE DA INTUIÇÃO
André Abelha 436

ATUALIDADE DA MULTIPROPRIEDADE IMOBILIÁRIA
Gustavo Tepedino 446

OS FUNDOS DE INVESTIMENTO NO CÓDIGO CIVIL
Pablo Renteria 462

BREVES NOTAS SOBRE DIREITO DE SUPERFÍCIE E USUFRUTO DE AÇÕES
Marcelo Roberto Ferro 473

A QUESTÃO URBANO-AMBIENTAL
Ricardo Pereira Lira 486

ESTRANHAMENTOS E PERPLEXIDADES DIANTE DO DIREITO REAL DE LAJE,
INTRODUZIDO PELA LEI Nº 13.465/2017
Cláudia Franco Corrêa / Bárbara Gomes Lupetti Baptista 514

A INCORPORAÇÃO IMOBILIÁRIA SOB REGIME DE AFETAÇÃO NO CONTEXTO DO
PROCEDIMENTO DE RECUPERAÇÃO JUDICIAL DA EMPRESA INCORPORADORA
Melhim Chalhub 529

ALIENAÇÃO FIDUCIÁRIA DE BENS IMÓVEIS
Milena Donato Oliva 539

USUCAPIÃO EXTRAJUDICIAL: ASPECTOS RELEVANTES
Rosângela Maria de Azevedo Gomes 549

O LOTEAMENTO URBANO E OS DIREITOS DO ADQUIRENTE DE LOTE
Eroulths Cortiano Junior 559

A HIPOTECA NA AGENDA DE REFORMA DOS DIREITOS REAIS
Carlos Edison do Rêgo Monteiro Filho 568

A PERDA DO FUNDO DE COMÉRCIO DIANTE DA DESAPROPRIAÇÃO
Ricardo Couto de Castro 581

PARTE 3 – DIREITO DE FAMÍLIA E SUCESSÕES

BREVES ANOTAÇÕES SOBRE OS DIREITOS SUCESSÓRIOS DO CÔNJUGE
E DO COMPANHEIRO NA ATUALIDADE
Luiz Paulo Vieira de Carvalho 591

PARTILHA DE BENS IMÓVEIS
Ana Luiza Maia Nevares 609

A HERANÇA COMO BEM IMÓVEL
Carlos Roberto Barbosa Moreira 620

REFLEXOS DO DIREITO IMOBILIÁRIO NO REGIME DE BENS DO CASAMENTO
E NA UNIÃO ESTÁVEL
J. M. Leoni Lopes de Oliveira 631

PARTE 4 – DIREITO PÚBLICO

O DIREITO HUMANO À MORADIA ADEQUADA
Cristina Gaulia 645

REFLEXOS DO DIREITO AMBIENTAL SOBRE A PROPRIEDADE IMÓVEL
Flávio Ahmed 657

O IPTU EM EDIFICAÇÕES DE USO EXCLUSIVO NO RIO DE JANEIRO.
REFLEXO DE NORMAS URBANÍSTICAS NA TRIBUTAÇÃO
Luiz Gustavo A. S. Bichara / André Maury 668

A (IM)PENHORABILIDADE DO BEM DE FAMÍLIA DO FIADOR. PRAGMATISMO,
DIREITO E ECONOMIA NO SUPREMO TRIBUNAL FEDERAL
Gustavo Binenbojm / André Cyrino 674

Uma merecida homenagem

Sylvio Capanema de Souza serve de valioso exemplo, de ser humano absolutamente íntegro, gentil e generoso. Dono de uma cultura jurídica enciclopédica, que trafegava com desenvoltura pelos mais diversos ramos do Direito, Capanema, dono de uma oratória mesmerizante, encantava a todos. Foi professor por vocação e, por suas grandes qualidades, muito ensinou. Deixou sua marca de pródiga inteligência e sensibilidade por onde esteve.

O grande jurista, que atuou de forma marcante como advogado e julgador, deixou de estar fisicamente entre nós em junho deste ano de 2020. Os seus exemplos e suas lições seguem vivas.

Um grupo de amigos e admiradores, que tiveram a felicidade de conviver com ele, reuniram ensaios nesta obra, como (mais uma) forma de homenagear o querido Professor. Louvando o Direito, promovendo a reflexão sobre o fenômeno jurídico, celebra-se, com este trabalho coletivo, o grande Capanema – que, de onde está, num lugar muito bom como ele merece, abrirá seu largo sorriso ao receber mais este carinho. Sua alegria certamente não se dará por receber um elogio, mas por colher mais uma prova dos frutos que plantou.

Rio de Janeiro, 2020

André Gustavo Andrade
Cristina Tereza Gaulia
José Roberto de Castro Neves
Marco Aurélio Bezerra de Melo

PARTE 1

DIREITO DAS OBRIGAÇÕES

A SIMULAÇÃO NOS CONTRATOS DE ALIENAÇÃO DE IMÓVEIS

Francisco Amaral

> *Com este singelo artigo associamo-nos à feliz iniciativa de José Roberto de Castro Neves homenagear* Sílvio Capanema, destacada figura da cena jurídica e cultural que nos deixou este ano. Advogado, magistrado, *professor universitário, grande orador, deu este eminente jurista notável contribuição à teoria e à prática do direito civil brasileiro, particularmente no campo do direito imobiliário, um dos seus favoritos. O livro que ora se publica* é importante não só por sua honrosa finalidade, como também pelo *conjunto de artigos, trabalhos de eminentes colegas, juristas de reconhecido mérito, que dissertam sobre os mais diversos problemas que podem surgir na atividade negocial do mercado imobiliário.*

1. O tema a enfrentar é o problema da validade e eficácia do contrato de alienação de bem imóvel, no caso de haver defeito na respectiva declaração. Questão prevista na parte geral do Código Civil brasileiro, nas disposições pertinentes à invalidade do negócio jurídico, mais precisamente no art. 167, a simulação é matéria que implica considerações teóricas sobre a sua natureza e respectivos preceitos que orientam a prática do direito no campo da atividade negocial, especialmente, agora, nos contratos de alienação de bem imóvel, visando a prevenção ou a solução de eventuais conflitos surgidos nessa atividade.

A alienação, termo que já se encontra no início da experiência jurídica ocidental, como quase a totalidade da terminologia jurídica civil, pois reconhecida pelo direito romano como transferência de propriedade por cessão, venda ou doação, ou abandono de um direito em favor de outra pessoa (D.24, 1, 3.8: D.14.6, 9, 1.C, 5 , 23, 1), tem hoje o sentido geral de transferência de um bem ou direito de uma pessoa para outra, por meio de várias espécies de negócio jurídico contratual, designadamente o contrato de compra e venda, o contrato de doação, o contrato de troca ou permuta. A que tem por objeto bens imóveis é de relevante importância nos vários setores da economia nacional, principalmente nas incorporações imobiliárias, atividade exercida com o intuito de promover a construção de edificações compostas de unidades autônomas, alimentando o mercado de compra e venda de imóveis e contribuindo, assim, em muito, para o desenvolvimento econômico e social do país, pelo grande emprego de mão de obra e fabrico de materiais de construção.

Essa matéria tem sido, por isso, objeto de crescente interesse do legislador que, premido pelas exigências sociais, aprovou vários diplomas legais para responder a problemas próprios dessas atividades, do que são exemplo as leis do condomínio em edificações e de incorporação imobiliária (Lei nº 4.591, de 16.12.64), e a lei sobre a alienação fiduciária em garantia (Lei nº 9514/97) que tem por objeto promover o financiamento imobiliário em geral, garantindo as respectivas operações...

Envolvem-se, assim, conceitos e princípios fundamentais da teoria do direito civil que dispõem sobre a existência, validade e eficácia do negócio jurídico, especificamente, o contrato de alienação, e sua nulidade no caso de simulação, que se configura quando a "declaração das partes intervenientes não corresponde ao que na realidade pretendem". As disposições legais pertinentes, isto é, os artigos do Código Civil e da respectiva legislação especial, têm por finalidade orientar o raciocínio jurídico do jurista intérprete quando em face das questões de relevância prática que diariamente surgem na atividade contratual brasileira, especialmente o contrato de alienação de imóvel, principalmente a compra e venda e a doação.

2. A simulação é, por isso, tema de relevante importância, teórica e prática. Teórica porque implica considerações que se desenvolvem quanto à validade e à eficácia do negócio jurídico, categoria geral compreensiva das declarações de vontade destinadas a produzir efeitos que o agente pretende e o direito reconhece, como disciplinado na Parte Geral do Código Civil brasileiro. Prática porque é o meio de realização da autonomia privada, por meio do contrato, tendo por isso conteúdo normativo.

A doutrina considera a simulação uma declaração enganosa da vontade, visando produzir efeito diverso do ostensivamente indicado. Não é vício de vontade, pois não a atinge em sua formação. É antes uma disformidade consciente da declaração, realizada de comum acordo com a pessoa a quem se destina, com o objetivo de enganar terceiros. Não existe defeito na vontade, mas sim no ato concreto de sua declaração, para o fim de se obter efeito diverso do que a lei estabelece. Não se inclui essa figura no elenco dos defeitos do negócio jurídico, juntamente com os vícios do consentimento, como dispunha o nosso Código Civil de 1916 (arts. 102 a 105), mas sim nas hipóteses de nulidade que o Código atual (art. 167) estabelece. O ato simulado é nulo porque a declaração das partes não corresponde ao que na realidade pretendem.

O negócio simulado caracterizar-se-ia, desse modo, pela divergência proposital que se estabelece entre a vontade real das partes e a que efetivamente declaram, sendo que, de acordo com a concepção voluntarista ou subjetiva do negócio jurídico, tal divergência deve levar à anulação do ato, pela inexistência de uma vontade correspondente à declaração.

Ainda quanto à sua natureza, para outros ainda, a simulação seria um processo criativo de uma aparência enganadora, produzindo, com uma só intenção, duas declarações de vontade: uma secreta e outra ostensiva. Mais do que uma divergência entre vontade e declaração, o que existe é uma divergência entre um negócio aparente, forjado por duas vontades combinadas entre si, e a relação jurídica que efetivamente nasceu desse negócio. A divergência não é entre a vontade e a declaração, mas entre esta e os efeitos realmente desejados pelas partes.

Existe, assim, um negócio externo e um acordo interno entre as partes, traduzindo este o desejo das atingirem efeito jurídico diverso do produzido pelo aparentemente praticado.

3. A importância da disciplina jurídica da simulação resulta da frequência com que se utiliza na prática dos negócios jurídicos. Dela são exemplos, na vida corrente, a diminuição de preço de imóvel no contrato de compra e venda, para eventual diminuição do imposto de transmissão, a colocação de data anterior à verdadeira em contratos e títulos de crédito, a realização de compra e venda ou doação por interposta pessoa, a venda simulada de imóveis para facilitar o despejo do inquilino, a venda fictícia de bens para evitar sobre eles futuras execuções, a doação de bens sob a forma de venda, a declaração ou escritura de venda de um imóvel alugado por um preço superior ao real para frustrar a terceiro o exercício do direito de preferência, a cessão direitos hereditários em favor de terceiros, a venda de ascendente a descendente por interposta pessoa, a dação em pagamento etc, casos mais freqüentes na jurisprudência de nossos tribunais. Os contratos são, assim, o campo natural da simulação, que também se pode verificar, embora mais raramente, nos negócios jurídicos unilaterais, desde que se configure o acordo simulatório entre o declarante e o destinatário, entendendo-se como tal a pessoa que suporta os efeitos do negócio. De modo geral, podem ser objeto de simulação todos os negócios jurídicos bilaterais e unilaterais em que exista declaração receptícia de vontade, isto é, a que se dirige a determinadas pessoas, produzindo efeitos a partir de sua ciência (*v.g.* promessa de pagamento, a renúncia de direitos, a procuração, a confissão de dívida, a remissão de dívida, a renúncia à herança). Consequentemente são insuscetíveis de simulação os negócios unilaterais não receptícios (*v.g.* o testamento), e os atos normativos de direito público (lei, decreto, regulamento etc.), assim como os de reconhecimento constitutivo por ele, como no caso da personificação de entes coletivos, o que não impede a existência de pessoas jurídicas simuladas, com utilização da autoridade estatal para fins ilegítimos. A teoria da desconsideração da pessoa jurídica deve-se à simulação praticada na formação de sociedades com o fim de enganar terceiros. Também os atos processuais de que participe o juiz, bem como, em princípio, os de direito de família, não devem considerar-se passíveis de simulação, pois não são atos de autonomia privada.

4. A simulação pressupõe três elementos: a) divergência intencional entre a declaração e o efeito pretendido; b) acordo simulatório entre o declarante e o destinatário da declaração (declaratário); e c) objetivo de enganar terceiro.

A intencionalidade da divergência reside no fato de as partes quererem a aparência do negócio praticado, estipulando no mais das vezes um contrato com a intenção precisa de que esse não corresponda ao que realmente pretendem obter. O acordo simulatório (*pactum simulationis*) é o conluio entre declarante e declaratário acerca da divergência entre o que se estipula e a efetiva relação jurídica que nasce. Quer-se o ato praticado mas não os seus efeitos, como decorrência do acordo secreto entre os contraentes. Como último elemento, a intenção de enganar terceiros (*animus deficiendi*), que não se confunde, todavia, com o intuito de prejudicar (*animus nocendi*). Também este aspecto serve para distinguir a simulação da reserva mental, pois nesta existe o propósito de enganar o declaratário, enquanto na simulação só se quer enganar terceiros.

5. São espécies de simulação:

a) Simulação inocente e simulação maliciosa;

b) simulação absoluta e simulação relativa;

c) simulação total e simulação parcial.

a) Simulação *inocente* é a que se faz sem o intuito de prejudicar, como ocorre, por exemplo, no caso de homem solteiro simular uma venda à sua companheira, ocultando na verdade uma doação, pois não há qualquer impedimento para este ato (CC, art. 550). Não tem relevância prática no direito civil. A simulação maliciosa, fraudulenta, muito mais frequente, visa prejudicar terceiros ou violar dispositivo legal, como se verifica nos exemplos acima. A distinção é desprovida de qualquer importância, a não ser para efeitos criminais, pela falsidade da declaração.

b) A simulação pode ser *absoluta* e *relativa*. No primeiro caso, as partes não querem realmente praticar o ato, embora aparentem fazê-lo, como, por exemplo, se o devedor simula vender seus bens a parentes ou amigos. Só existe um negócio, que é o simulado. Na simulação relativa, as partes realizam o negócio, mas diverso daquele que efetivamente pretendem, como, por exemplo, no caso de um contrato de compra e venda esconder uma doação. Na verdade, nesta espécie de simulação existem dois negócios: um aparente, o *negócio simulado*, ostensivo, que não é o verdadeiro; e outro, oculto, disfarçado, que é o realmente pretendido pelas partes, o *negócio dissimulado*.

A simulação *relativa* apresenta duas modalidades, conforme o elemento do negócio sobre o qual incida. A *simulação subjetiva*, ou das pessoas, e a *simulação objetiva*, sobre o conteúdo do negócio, mais especificamente, sobre a natureza do ato ou sobre o seu valor.

Na simulação *subjetiva* ocultam-se os sujeitos, ou um deles, como é mais frequente, verificando-se a *interposição fictícia* ou a interposição *real* da pessoa. No primeiro caso, a parte principal do negócio não é a que aparece como tal. Existe um acordo simulatório de três pessoas participantes, em que uma delas, o "testa-de-ferro" ou "homem-de-palha" serve apenas para emprestar seu nome, como na hipótese de Antônio vender um bem a João para que este venda a José, sabido que o negócio real, pretendido, embora simulado, é a venda de Antônio para José. Havendo acordo entre os três, o caso é de interposição *fictícia*. Se, porventura, o negócio for apenas entre Antônio e João, embora no sentido de o bem ser transferido posteriormente a José, a hipótese será de interposição *real*, configurando verdadeiro mandato sem representação. Resumindo: enquanto na interposição fictícia a pessoa interposta, "testa-de-ferro", não é o verdadeiro destinatário dos efeitos do negócio, sendo só aparente a sua intromissão, como parte, no negócio, na interposição real, ao contrário, "a pessoa interposta adquire os direitos decorrentes do contrato, embora com o objetivo de transferi-los a terceiro".

A simulação *objetiva*, versando sobre o conteúdo do ato, é pertinente à *natureza* do negócio, como no caso de alguém vender para na verdade doar, ou ao respectivo valor ou preço fixado pelas partes para enganar o fisco, no caso de ser devido o imposto de transmissão, como na alienação de bens imóveis, ou para enganar terceiro a quem competia direito de preferência, caso em que as partes simulam um preço superior ao que realmente se paga.

c) A simulação é *total*, como nas hipóteses acima figuradas, quando referente à natureza ou existência do próprio negócio, e *parciais, quando incide apenas sobre cláusula ou condição do ato, como*, por exemplo, simulação no objeto, no preço, na data, nas modalidades ou acessórios.

6. As hipóteses legais de simulação. O Código Civil, no art. 167, § 1º, especifica as hipóteses em que pode configurar-se a simulação.

Haverá simulação nos negócios jurídicos quando:

I — aparentarem conferir ou transmitir direitos a pessoas diversas daquelas a quem realmente se conferem, ou transmitem. É o caso de negócio jurídico por interposta pessoa, como ocorre, por exemplo, com a venda simulada que ascendentes fazem a terceiro para que este, por sua vez, a faça a descendentes daqueles, contornando o disposto no CC, art. 496. Idêntica hipótese a do art. 550 do mesmo diploma. A simulação é relativa, por interposição fictícia de pessoa;

II — contiverem declaração, confissão, condição ou cláusula não verdadeira. Nesta hipótese, a simulação pode ser absoluta ou relativa, conforme não se queira produzir qualquer resultado ou se procure dar aparência diversa ao negócio realmente praticado;

III — os instrumentos particulares forem antedatados, ou pós-datados, fato mais frequente nos contratos e nos títulos de crédito, nomeadamente o cheque, a letra de câmbio e a nota promissória. A simulação é relativa porque as partes visam um resultado diverso do indicado ao estabelecer um momento diferente da efetiva constituição ou extinção da relação jurídica, com o fim de enganar terceiros.

7. Efeitos da simulação. Os negócios jurídicos simulados são nulos (CC, art. 167). Se a simulação é absoluta, o ato não produz efeito entre as partes, é ineficaz e, anulado o ato, restituir-se-ão as partes ao estado anterior. Se for relativa, anula-se o negócio simulado, aparente, subsistindo o dissimulado, oculto, se for lícito, e desde que preencha os requisitos de validade, de substância, isto é, não proibido, como seria o contrato cujo objeto fosse a herança de pessoa viva (CC, art. 426), e de forma, por exemplo, no caso de doação de imóvel, se feito por escritura pública (CC, arts. 108 e 167). Se a simulação for maliciosa, qualquer interessado ou o Ministério Público poderá demandar a nulidade dos atos simulados (CC, art. 168). Mas terceiros de boa-fé que adquirirem direitos com base no negócio simulado não são prejudicados (CC, art. 167, § 2º). Em face deles, o negócio simulado é tido como existente e válido, de acordo com a teoria da aparência.

Sendo a simulação inocente, o ato também é nulo, pois o Código não distingue a simulação inocente da maliciosa. O princípio geral é, contudo, o de que o negócio dissimulado supera o simulado, mantendo-se o princípio tradicional de que mais vale o ato que na verdade se quis praticar do que aquele que foi simulado.

8. Tem legitimidade para argüir a nulidade de negócio jurídico simulado, qualquer interessado ou o Ministério Público, quando lhe couber intervir.

Bibliografia

AMARAL, Francisco. *Direito Civil. Introdução,* 10ª edição, São Paulo, Saraiva Editora, 2018.

ANDRADE, Manuel Domingues de. *Teoria Geral da Relação Jurídica,* Coimbra, Livraria Almedina, 1974.

BETTI, Emilio *Teoria generale del negozio giuridico*, trad. de Fernando de Miranda, Coimbra, Coimbra Editora, 1969.

BEVILÁQUA, Clóvis. *Teoria Geral do Direito Civil*, ed. revisada e atualizada pelo Professor Caio Mário da Silva Pereira, Rio de Janeiro, Editora Rio e Francisco Alves, 1975.

_____. *Código Civil dos Estados Unidos do Brasil*, Comentado, edição histórica, Rio de Janeiro, Editora Rio, 1976.

BIANCA, C. Massimo. *Diritto civile*, I, Milano, Giuffrè, 1978.

CASTRO NEVES, José Roberto, *Contratos*, I, São Paulo, Saraiva Editora, 2018.

CIFUENTES, Santos. *Negócio Jurídico. Estrutura. Vícios, Nulidades*, Buenos Aires, Astrea, 1986.

ESPÍNOLA, Eduardo. *Sistema do Direito Civil Brasileiro*, 2º, vol., 4ª ed., Rio de Janeiro, Ed. Conquista, 1961.

MOTA PINTO, Carlos Alberto de. *Teoria Geral do Direito Civil,* 4ª edição por António Pinto Monteiro e Paulo Mota Pinto, Coimbra, Coimbra Editora, 2005.

MIRANDA, Custódio. *Simulação (direito civil)*, in Enciclopédia Saraiva do Direito, vol. 69, São Paulo, 1977.

TEIXEIRA DE FREITAS, Augusto. *Consolidação das Leis Civis*, 3ª ed., Rio de Janeiro, B. L. Garnier, 1876.

_____. *Código Civil. Esboço*, Rio de Janeiro, MJNI, 1952.

TRBUCCHI, Alberto. *Istituzioni di diritto civile*, 45ª edizione, Padova, Cedam, 2012.

Estrutura e Função das Arras na Alienação de Bens Imóveis

José Fernando Simão

SUMÁRIO: I. Introdução. Uma homenagem. II. Arras ou sinal. Um diálogo com a cláusula penal. 1. Natureza jurídica e espécies de arras. 1.1. Arras confirmatórias. 1.2. Arras penitenciais. 2. Um diálogo com a cláusula penal. III. A alienação dos bens imóveis.

I. Introdução. Uma homenagem

A morte precoce do amigo e mestre Sylvio Capanema é motivo de grande consternação e tristeza. A tristeza se espraia para a seara acadêmica, pois perdemos um professor nato, para a seara da produção intelectual, pois perdemos uns dos mais profícuos e profundos autores da literatura jurídica nacional e para a pessoal, pois só quem conviveu com Capanema pode lamentar sua partida.

Nosso último encontro acadêmico se deu no STJ, na audiência pública em que se debatia a cláusula penal aplicada ao mercado imobiliário. Com seu jeito generoso e afetivo, após minha fala, recebi um abraço afetuoso e cumprimentos empolgados de meu mestre. O último encontro pessoal se deu em dezembro de 2019, em Recife, quando combinamos nossa ida ao Municipal do Rio de Janeiro, em maio de 2020, para aproveitar uma noite de boa música em ótima companhia. A peste chinesa impediu esse encontro que fica, agora, no campo daquilo que poderia ter sido e não mais será.

Escrever para uma obra em Homenagem a Sylvio Capanema não é uma obrigação, é um prazer; não é um fardo, é um orgulho. Enfim, essas breves linhas significam, para mim, com olhos em lágrimas, dar aquele último abraço, que infelizmente não será físico, em uma pessoa querida que foi cedo demais ao encontro do Criador.

II. Arras ou sinal. Um diálogo com a cláusula penal

1. Natureza jurídica e espécies de arras

O sinal consiste na entrega de uma coisa móvel com a finalidade de se comprovar a celebração de um contrato (arras confirmatórias) ou permitir o arrependimento das partes (arras penitenciais).

As arras têm natureza real, ou seja, fazem parte daquele pequeno grupo de institutos ligado ao direito das obrigações que só existem com a entrega da coisa. É o caso dos contratos de mútuo, comodato e depósito, por exemplo. Assim como as arras, essas espécies de contrato não se formam com a avença, como o encontro de vontades, quando há um amalgama de vontades que caminham em sentido inverso, mas se fundem com o acordo. Antes da entrega, temos simples promessa de arras, mas não arras.

Efetivamente, em regra as arras são confirmatórias. "Firmam presunção de acordo final", nas palavras de Orlando Gomes[1]. Se uma das partes de um sinal, é porque o negócio jurídico foi concluído. Servem exatamente como diz seu nome, para provar, conformar a existência de um negócio jurídico já firmado. Tais arras, provando a existência do contrato, segue o princípio da obrigatoriedade das convenções, o velho princípio *pacta sunt servanda*, ou seja, os contratos devem ser cumpridos.

A doutrina que titubeia no domínio de categorias jurídicas acaba por confundir o momento da formação do negócio jurídico com a sua prova. As arras são confirmatórias porque provam que o negócio ocorreu e não porque representam o momento da formação deste. Por que alguém daria um sinal se não houve contrato? Negócio jurídico é um *prius* em termos lógicos e a entrega das arras um *posterius*, ainda faticamente ocorram no mesmo momento. Desse erro da doutrina e confusão com categorias jurídicas distintas (momento da formação do negócio jurídico e sua prova, confirmação) surgem assertivas como "as arras não estariam a confirmar absolutamente nada. Por isso tais arras não teriam a finalidade de confirmar a avença. A partir do momento em que há encontro de vontades, o contrato está firmado".[2]

Se consulta houver ao dicionário, essa confusão categorial não se verificaria. Francisco da Silveira Bueno diz que confirmar é ratificar, corroborar, a partir do latim *confirmatio, confirmationem*[3]. Ninguém confirma o que não existe e se se confirma é porque já existe. Laudelino Freire indica como acerta o Código Civil ao chamar de confirmatórias as arras que comprovam que o contrato foi celebrado: confirmar é "comprovar, demonstrar, mostrar a verdade, dar certeza.[4]

---

1   GOMES, Orlando. *Contratos*. 14ª. ed. Rio de Janeiro: Forense, 1994. p. 99. Conclui o autor "quando não se atribui às arras expressamente outra função, devem ser consideradas confirmatórias" e "para que as arras tenham função penitencial é necessário que as partes declarem" (pp. 99 e 100)

2   NANCY ANDRIGHI, Fátima; CARNACCHIONI, Daniel. *Responsabilidade Civil e Inadimplemento no Direito Brasileiro*: Aspectos Polêmicos. São Paulo: Atlas, 2014. p. 172.

3   SILVEIRA BUENO, Francisco. *Grande Dicionário Etimológico-Prosódico da Língua Portuguesa*. São Paulo: Saraiva, 1964. v. 2º.p. 790

4   FREIRE, Laudelino. *Grande e Novíssimo Dicionário da Língua Portuguesa*. 3ª. ed. v. 2º Rio de Janeiro: José Olympio, 1957. p. 1516.

A função claramente confirmatória (e excepcionalmente penitencial) das arras é brilhantemente explicitada por Judith Martins-Costa: "a função permissiva de arrepender-se era a 'função capital das arras' perfeitamente concorde às diretrizes ideológicas do Liberalismo – hoje pode-se dizer que esse papel é secundário ou residual.[5]" Segundo a autora, pela técnica legislativa adotada "o fato de o legislador ter posto, topologicamente, em último lugar – e utilizando-se a partícula condicional 'se' – a hipótese da estipulação do direito de arrependimento" indica a excepcionalidade das arras penitenciais. Ademais, Judith Martins-Costa, a partir das reflexões de Alcides Tomasetti Júnior, explica que por razão ético-social a cláusula de arrependimento, no caso de venda de imóveis, é mecanismo utilizado, quando o mercado está aquecido, para o vendedor desfazer o negócio jurídico e recuperar o imóvel para novamente ofertá-lo ao mercado com ganhos financeiros[6].

Excepcionalmente, por acordo de vontades, as partes podem avençar arras penitenciais que são um dos possíveis mecanismos a ser utilizado quando se permite o arrependimento. O direito de arrependimento não é elemento natural nos acordos de vontade.

Ao contrário, é situação excepcional que deve estar na lei (é o caso do arrependimento em 7 dias dos produtos adquiridos fora do estabelecimento comercial segundo o artigo 49 do CDC) ou decorrer da vontade das partes que podem, para abrandar, suavizar o princípio da obrigatoriedade, estabelecerem formas de "desistência" sem penalidade alguma (leia-se sem pagamento de indenização) ou com pagamento mitigado, pré-fixado de indenização.

As arras fazem isso: ora servem como mínimo indenizatório por serem compensatórias (art. 418 do CC) ou como remuneração pelo direito de arrependimento, por serem penitenciais (art. 420 do CC).

Em síntese precisa, diz Orlando Gomes que as arras confirmatórias "constituem excelente meio de prova da realização do contrato. As arras

---

5   MARTINS-COSTA, Judith. *Comentários ao Novo Código Civil*: Do Inadimplemento das Obrigações. v. V. Rio de Janeiro: Forense, 2004. p. 520.

6   MARTINS-COSTA, Judith. *Comentários ao Novo Código Civil*: Do Inadimplemento das Obrigações. v. V. Rio de Janeiro: Forense, 2004.p. 521. Orlando Gomes também afirma que prevalece a função confirmatória, "se não for estipulado expressamente que o sinal é dado para permitir o arrependimento" (GOMES, Orlando. *Contratos*. 14ª. ed. Rio de Janeiro: Forense, 1994. p. 99) É por todas essas reflexões que não se admite no direito brasileiro a posição minoritária e sem aparo na melhor doutrina de José Dionízio da Rocha para quem "no nosso direito as arras sempre exercem função penitencial e só excepcionalmente a função confirmatória" (TEPEDINO, Gustavo. *Obrigações*: Estudos na Perspectiva Civil-Constitucional. São Paulo: Forense, 2005. p. 545).

penitenciais previnem a possibilidade de arrependimento pelo receio da pena"[7].

As duas espécies de arras são disciplinadas pelo Código Civil em artigos distintos a saber:

a) Art. 417 – aplica-se a ambas as espécies de arras.

b) Arts. 418 e 419 – aplicam-se apenas às arras confirmatórias.

c) Art. 420 – aplica-se somente às arras penitenciais.

Assim passo a analisar, de maneira sistemática, as consequências quanto às arras de acordo com sua espécie.

1.1. Arras confirmatórias

As arras servem como princípio de pagamento se são da mesma espécie que a prestação devida. Assim se o comprador paga R$ 20.000,00 a título de sinal para a compra de um imóvel, cujo preço é de R$ 500.000,00, só pagará R$ 480.000,00 sendo as arras imputadas no preço.

Injusta é a crítica de parte da doutrina sobre a topologia das arras no Código Civil de 2002 no título referente ao inadimplemento das obrigações[8]. Isso porque se é verdade que o sinal é princípio de pagamento quando for da mesma espécie da prestação principal e essa dinâmica se trata de tema do pagamento, do cumprimento da obrigação, toda a sistemática das arras se dá para a hipótese de desistência (arras penitenciais) ou inadimplemento (arras confirmatórias) e a possibilidade ou não se de buscar indenização. Indenização é matéria do inadimplemento, da inexecução.

Dos 4 artigos que cuidam das arras, três tem como regra permitir a execução forçada do contrato ou cobrança de perdas e danos suplementares em caso de inexecução (arts. 418 e 419) e um não permitir essa cobrança em caso de arrependimento (art. 420).

Se as arras forem de natureza diversa da prestação devida, temos que aquele que recebeu as arras deverá restitui-las a quem as deu quando do término e execução do contrato (art. 417 do CC). Quem dá as arras, nesse caso, mantém a posse indireta na qualidade de proprietário.

Assim, se na compra de um carro por R$ 150.000,00 o comprador deu em arras um relógio de ouro no importe de R$ 30.000,00, pago o carro (R$ 150.000,00) o vendedor restitui o relógio de ouro dado em garantia. No dia seguinte à extinção do contrato por cumprimento, o sinal dado em objeto deve ser restituído a quem o deu.

Se não o fizer, o dono do bem dado a título de sinal pode promover sua busca e apreensão, pois a posse do credor passou a ser injusta pelo vício da precariedade.

E se o contrato for descumprido? Se uma das partes não o executar? Há dois mecanismos interessantes.

> (i) Se aquele que deu as arras descumprir o contrato, as arras são perdidas em favor da outra parte considerando-se o contrato extinto (resolução por inadimplemento). Aquele que recebeu as arras pode, ainda: exigir o cumprimento da prestação, valendo as arras com 'taxa mínima' de indenização (não se vale dos efeitos da resolução), ou simplesmente exigir as perdas e danos (não a prestação devida), provando o inocente que os prejuízos superam o valor das arras que recebeu;
>
> Se aquele que recebeu as arras descumprir o contrato, devolverá as arras mais seu equivalente (a lei não mais fala em dobro e explico porque a seguir). Aquele que deu sinal, ainda, poderá exigir a prestação devida valendo o sinal devolvido mais seu equivalente como mínimo de indenização, hipótese em que o contrato se considera extinto (resolução). Aquele que deus as arras pode, ainda: exigir o cumprimento da prestação, valendo as arras restituídas e seu equivalente com 'taxa mínima' de indenização (não se vale dos efeitos da resolução), ou simplesmente exigir as perdas e danos (não a prestação devida), provando o inocente que os prejuízos superam o valor das arras e de seu equivalente que recebeu;

Por que o Código Civil de 2002 não fala que as arras são devolvidas em dobro (como fazia o Código Civil de 1916), mas sim acrescidas do equivalente?

Duas são as razões. A primeira é que objetos não têm dobro, mas sim equivalente em dinheiro. Se um carro for dado em arras e o credor descumprir o contrato, ele devolve à outra parte o carro dado e seu valor em dinheiro, que é o equivalente universal. Não são devolvidos dois carros de mesmo ano e mesma marca.

A segunda é que se as arras forem dadas em dinheiro, a ideia de dobro significa uma simples operação aritmética: o dobro de 20 é 40. E o valor não é simplesmente dobrado, pois nos termos do artigo 418 o valor das arras é acrescido de correção monetária desde o momento em que o sinal foi pago, mais juros de mora (do momento em que a mora se iniciou nos termos do artigo 397 do CC) e honorários de advogado.

A correção monetária incidirá na devolução das arras, sejam elas confirmatórias ou penitencias, pois conforme explica Judith Martins-Costa não há aumento no valor, o que ocorre é que o valor nominal é corrigido ('reajustado') para se adequar ao valor real".[9]

1.2. Arras penitenciais

O contrato nasce para ser cumprido. Se houve o amalgama de duas vontades na formação, não poderia apenas uma delas "desistir" do contrato[10]. O direito de arrependimento, para existir, decorrerá da lei ou do contrato.

No caso do CDC, para as vendas feitas fora do estabelecimento comercial (on-line, inclusive) a lei permite o direito de arrependimento do consumidor no prazo de 7 dias (ver art. 49 do CDC).

Os contratantes podem se conceder o direito de arrependimento. Basta uma singela cláusula contratual pela qual se diga: "o presente contrato pode ser resilido, a qualquer tempo, por vontade exclusiva de uma das partes, independentemente do pagamento de perdas e danos". A cláusula é curiosa, para se dizer o mínimo, porque se há um direito de resilição a qualquer tempo, na verdade, o contrato não obriga as partes. É uma noção aparente de obrigatoriedade.

Um dos mecanismos de arrependimento que o sistema comporta vem previsto no artigo 420 do CC: as arras penitenciais. As arras, em regra, são confirmatórias pois "comprovam" a existência do contrato.

Como exceção, as arras podem ser penitenciais quando o contrato expressamente dispuser que o sinal dado permite o arrependimento de qualquer das partes. A resilição unilateral (desistência) passa a ser regra do programa contratual, ou seja, o arrependimento que, em regra se constitui ato ilícito, é tido por lícito em razão da avença das partes.

Novamente, parte da doutrina se equivoca ao afirmar que "a natureza das arras não possui nenhuma relação com o direito de arrependimento, mas sim com a execução ou inexecução das obrigações".[11] Arrependimento não é inexecução, pois é ato lícito avençado pelas partes. O mecanismo das arras penitencias (explico a seguir) é o preço (como valor pecuniário)

---

9 MARTINS-COSTA, Judith. *Comentários ao Novo Código Civil*: Do Inadimplemento das Obrigações. v. V. Rio de Janeiro: Forense, 2004. p. 519.

10 A resilição unilateral só é possível nas hipóteses admitidas em lei ou no caso de contrato por tempo indeterminado (Art. 472. O distrato faz-se pela mesma forma exigida para o contrato.).

11 NANCY ANDRIGHI, Fátima; CARNACCHIONI, Daniel. *Responsabilidade Civil e Inadimplemento no Direito Brasileiro*: Aspectos Polêmicos. São Paulo: Atlas, 2014. p. 168.

avençado pelas partes como consequência do exercício de um ato lícito. Inexecução, se culposa, é ato lícito apto a ensejar indenização.

Qual o mecanismo que o Código Civil traz para as arras que permitem o arrependimento?

> (i) Se aquele que deu as arras exercer seu direito lícito de arrependimento, as arras são perdidas em favor da outra parte considerando-se o contrato extinto (resilição unilateral por autorização do contrato);
>
> Se aquele que recebeu as arras exercer seu direito lícito de arrependimento, devolverá as arras mais seu equivalente (resilição unilateral por autorização do contrato).

Mas esse mecanismo não é idêntico ao das arras confirmatórias? Sim, mas apenas aparentemente. Isso porque as arras penitenciais têm função de remuneração pelo exercício do direito potestativo de arrependimento, ou seja, seu valor (perda por quem pagou ou devolução mais o equivalente por quem recebeu) é o valor máximo a ser "perdido" por quem exerceu o direito de arrependimento. É o único efeito do arrependimento licitamente ajustado pelas partes.

Silvio Rodrigues vê nas arras penitencias uma pena e afirma que "a lei impõe como pena ao inadimplente somente a perda das arras dadas, não facultado ao outro contratante abrir mão do sinal optando pela reclamação das perdas e danos".[12] Washington de Barros Monteiro segue a mesma linha a partir da leitura da doutrina italiana e afirma que as arras se tratam de um castigo e que surgem "como verdadeira pena convencional. O contrato é resolúvel[13], ante à faculdade de arrependimento, mas à custa da perda do sinal dado ou sua restituição em dobro"[14].

Assim, sendo as arras penitenciais não existe o direito de se exigir da outra parte o cumprimento da prestação, nem possibilidade de cobrança de perdas e danos suplementares (regras contidas nos artigos 418 e 419 do Código Civil que se aplicam apenas às arras confirmatórias).

Em suma: as arras penitenciais permitem àquele que se arrepende saber exatamente o "preço" que pagará pelo exercício desse direito, sendo irrelevante o tamanho do prejuízo que causar. As partes avençam uma remuneração pelo exercício do direito potestativo. O risco monetário da de-

---

12 RODRIGUES, Silvio. *Direito Civil*: Dos Contratos e das Declarações Unilaterais da Vontade. v. 3. São Paulo: Saraiva, 1995. p. 89.

13 Tecnicamente, melhor seria dizer, resilível, por força do atual artigo 472 do CC.

14 BARROS MONTEIRO, Washington. *Curso de Direito Civil*: Direito das Obrigações. v. 5. São Paulo: Saraiva, 2000. p. 43.

sistência, do arrependimento, é previamente conhecido pelas partes que o limitam desde logo. Não se trata, realmente, de indenização.

2. Um diálogo com a cláusula penal. É possível a aplicação do artigo 413 às arras?

As arras não se confundem com a cláusula penal (arts. 408 a 416 do CC). A cláusula penal é a obrigação acessória ajustada[15] pelas partes que produz efeitos quando ocorre inadimplemento absoluto ou mora.

A cláusula penal, seja moratória, seja compensatória, é forma de indenizar os prejuízos sofridos em razão do inadimplemento culposo da obrigação. Sua natureza é claramente indenizatória (vide artigos 412, 413 e 416 do Código Civil) e dispensa o credor de provar o valor dos danos sofridos. Havendo descumprimento culposo da prestação pelo devedor, a cláusula penal é devida.

Diferem entre si porque a cláusula penal nunca permite o arrependimento. Contudo têm semelhanças:

> (i) Arras confirmatórias e cláusula penal serão mínimos indenizatórios. Contudo, no caso das arras o contrato não precisa autorizar a cobrança de prejuízos suplementares (art. 418 do CC) e no caso da cláusula penal, é imprescindível a autorização contratual, sob pena de ser o valor máximo da indenização sem possibilidade de cobrança suplementar (art. 416 do Código Civil).
>
> Arras confirmatórias e cláusula penal compensatória geram uma opção ao credor: exigir o cumprimento da prestação devida ou ficar com o valor estabelecido como arras (art. 419) ou cláusula penal (art. 410 do CC).
>
> As arras e cláusula penal cuidam, na normalidade do tráfego negocial, de valores em dinheiro, porque boa parte das transações envolve prestações de dar dinheiro. Contudo, nada impede que seja dado um objeto móvel em sinal (um quadro, uma joia, um relógio, etc.) que não dinheiro e que a cláusula penal implique, para o contratante inadimplente, a entrega de um objeto móvel ou imóvel.

Há outras duas diferenças relevantes. As arras ou sinal nascem no momento de sua entrega que, geralmente, coincide com o momento da formação do contrato. Podem confirmar negócio jurídico que já nasceu, sendo as

---

15 Sou filiado à corrente que não admite cláusula penal em negócio jurídico unilateral, em que pesem os sólidos argumentos da doutrina em sentido contrário (por todos BARROS MONTEIRO, Washington. *Curso de Direito Civil*: Direito das Obrigações. v. 5. São Paulo: Saraiva, 2000. p. 199).

arras dadas depois da formação, mas antes do cumprimento. É a natureza real das arras.

A cláusula penal tem natureza consensual, nasce do simples acordo, e só produz efeitos quando do inadimplemento, do descumprimento.

É possível se limitar o valor das arras nos termos do artigo 412 do Código Civil ao valor da prestação principal? Ora, por uma razão lógica, o sinal dado na mesma espécie da prestação devida é princípio de pagamento, então, em tese, seria curioso se dar em sinal toda a prestação devida ou valor superior a ela. Nessa hipótese não haveria, na realidade, arras, mas sim pagamento da prestação devida e total execução do contrato. É ilógico se confirmar um contrato (arras confirmatórias) ou se permitir arrependimento (arras penitencias) se o contrato foi integralmente cumprido por uma das partes.

Contudo se o objeto tiver natureza distinta, o valor pode superar o da prestação devida. Não há aplicação por analogia do artigo 412 do Código Civil. Se houvesse aplicação desse mecanismo às arras, absurdo ocorreriam com o tráfego negocial.

Exemplifico. O vendedor de um carro que vale R$ 30.000,00 recebe em arras um relógio Rolex que vale R$ 150.000,00. Qual o efeito jurídico disso? "Invalidade" das arras que superam a prestação devida? O vendedor deveria ficar sem o relógio e perderia o sinal por aplicação analógica do artigo 412?

Essa solução é esdrúxula e estranha ao sistema. Se o comprador desistisse, o vendedor, por força do artigo 418, teria direito de ficar com as arras. Mas se aplicação analógica do artigo 412 houvesse ele deveria devolver as arras, mesmo tendo o comprador culposamente inadimplido o contrato e ficaria sem o "mínimo de indenização como determina o artigo 418.

Caso se aplicasse a noção de eficácia parcial das arras, no limite da prestação principal, as arras dadas em Rolex seriam eficazes no limite de R$ 30.000,00 e ineficazes no importe de R$ 120.000,00. O juiz deveria determinar a venda do Rolex para divisão do seu valor entre o comprador e o vendedor? Haveria uma perda compulsória da propriedade para que o bem fosse convertido em dinheiro?

Esses dois singelos exemplos demonstram que a limitação das arras ao valor da prestação devida (aplicação analógica do artigo 412 do CC (não se coaduna com a estrutura jurídica do instituto do sinal. Sua natureza real e o fato de não coincidir necessariamente com o objeto da prestação devida impedem a aplicação de um mecanismo que, na prática, tiraria a eficácia do sinal.

Não é possível, por questão de hermenêutica, aplicar a regra do art. 412 às arras em dinheiro e não aplicar às arras dadas em objetos. Isso porque a lei não traz diferença eficacial das arras de acordo com o tipo de bem móvel que as representa.

É por questão de estrutura do instituto que às arras, mesmo em dinheiro, não se aplica a regra da limitação do valor decorrente do artigo 412 do CC. Razão, portanto, teve o legislador de prever a limitação do valor da cláusula penal e somente dela, mas não das arras.

Da mesma forma, a redução da aplicação pelo artigo 413 é estranha às arras. O artigo dispõe que "a penalidade deve ser reduzida equitativamente pelo juiz se a obrigação principal tiver sido cumprida em parte, ou se o montante da penalidade for manifestamente excessivo, tendo-se em vista a natureza e a finalidade do negócio".

Se a obrigação já foi cumprida em parte, não e ocorre o inadimplemento, o sistema não prevê redução do valor das arras, mas mantém a fórmula: quem deu as perde e quem recebeu as devolve com equivalente. Isso porque a natureza real das arras difere da cláusula penal. O controle da cláusula penal pode ser feito *ex post*, quando da produção dos efeitos, mas no caso das arras a transferência já ocorreu, as arras já produziram efeito e fica descabido o controle judicial.

Para as arras dadas em dinheiro, a redução por equidade pode parecer lógica ao leitor mais afoito, mais apressado. Contudo, se mudamos o exemplo para arras dadas em objetos (bens móveis) que não o dinheiro, todos os problemas colocados na análise do artigo 412 aqui se repetem.

Há uma transposição indevida de uma regra que cuida de um instituto de natureza consensual cujos efeitos se produzem apenas a pós a formação do contrato, no momento de seu inadimplemento (cláusula penal), para outro de natureza real e que surge concomitantemente ao contrato (arras).[16]

Como derradeiro argumento, a aplicação das regras dos artigos 412 e 413 às arras penitenciais quando seu valor é fixado como "preço", como remuneração do direito de arrependimento, sem função indenizatória significa aplicar regras de limitação da indenização a prestação que não tem tal natureza.

Por todo exposto, o enunciado 165 do CJF traz uma leitura míope, não refletida dos institutos ao determinar que "em caso de penalidade,

---

16 Nada impede que as arras nasçam algum tempo após o contrato, mas nessa análise uso a praxe negocial e uma certeza: as arras não serão das, nuca, no momento do descumprimento do contrato. O sinal confirma o negócio jurídico e, na sua formação, é prestado, entregue.

aplica-se a regra do artigo 413 ao sinal, sejam as arras penitenciais ou confirmatórias"[17].[18]

III. A alienação dos bens imóveis

A alienação de bens imóveis normalmente é precedida por um sinal. A afirmação decorre da minha experiência pessoal e profissional, não só pela redação de contratos de promessa de compra e venda de imóveis, como, também, pela análise de contratos firmados entre compradores e vendedores, normalmente, pessoas físicas, no tocante a imóveis usados.

O tema ganha novo contorno em razão da Lei do Distrato (Lei nº 13.786/2018) que, para certos contratos, traz regras especiais. Assim, dentro dos limites propostos nesse artigo, separo duas situações distintas para o cotejo do instituto das arras e da cláusula penal, como soluções próprias de acordo com as regras aplicáveis.

1. Alienações de imóveis disciplinadas pela Lei nº 13.786/2018

As aquisições de unidade imobiliária em incorporação imobiliária e em parcelamento de solo urbano são regidas pela lei em questão, que alterou duas importantes leis especiais: a Lei nº 4.591/64 (Lei de Condomínio em Edificações e Incorporações imobiliárias) e a Lei nº 6.766/1979 (Lei de parcelamento do solo urbano).

Assim, para esses tipos contratuais determinados, em que necessariamente teremos a figura do incorporador ou do loteador, as regras para o arrependimento (havendo ou não arras) e para a resolução culposa por parte do adquirente-comprador (consumidor) seguem os ditames da Lei nº 13.786/2018.

---

17   Às relações empresariais não haverá incidência da regra do artigo 413 por força da lei da liberdade econômica 13.874/19, mormente por força do artigo 1º, §2º: "Interpretam-se em favor da liberdade econômica, da boa-fé e do respeito aos contratos, aos investimentos e à propriedade todas as normas de ordenação pública sobre atividades econômicas privadas".

18   Aplicando tese com a qual discordamos temos: "**É admissível a redução equitativa das arras quando manifestamente excessivas, mediante a aplicação analógica do art. 413 do Código Civil**. No particular, contudo, o valor das arras passível de retenção (R$ 48.000,00) não se mostra desarrazoado, tendo em vista os prejuízos sofridos pelos promitentes cedentes, que foram privados da posse e usufruto do imóvel por quase 8 anos". (REsp 1669002/RJ, Rel. **Ministra NANCY ANDRIGHI**, TERCEIRA TURMA, julgado em 21/09/2017, DJe 02/10/2017)

1.1. Direito de arrependimento

1.1.2. Pelo adquirente

Comecemos pelo direito de arrependimento previsto nos parágrafos 10, 11 e 12 do artigo 67-A da Lei nº 4.591/64, ou seja, para as hipóteses de incorporação imobiliária.

Pelo parágrafo 10 temos que:

> "Os contratos firmados em estandes de vendas e fora da sede do incorporador permitem ao adquirente o exercício do direito de arrependimento, durante o prazo improrrogável de 7 (sete) dias, com a devolução de todos os valores eventualmente antecipados, inclusive a comissão de corretagem".

Trata-se, por óbvio, de norma de ordem pública, inderrogável por vontade das partes que permite o exercício do direito de arrependimento, por meio de resilição unilateral do comprador.

Trata-se de direito potestativo e incondicionado. Qualquer regra contratual que afaste tal direito ou o condicione a algum requisito é nula. Esse desfazimento implica que as partes retornam ao *statu quo ante*. O vendedor poderá, de imediato, alienar ou prometer alienar o bem a terceiros, pois cessa a titularidade dos direitos decorrentes do compromisso de compra e venda pelo bem em favor do comprador.

Por outro lado, o adquirente não pode ter nenhuma perda de valores pagos. Recebe, de volta, tudo o que pagou, sem exceção, inclusive a comissão de corretagem. É por isso que, na praxe de mercados, os cheques emitidos em favor dos corretores que aturam na venda, sequer são depositados antes desse prazo e são, então, devolvidos ao adquirente que exerce o direito lícito de arrependimento.

A regra da lei especial posterior afasta o sistema das arras do Código Civil de 2002, não se aplicando a regra dos artigos 417, 418, 419 e 420.

Se o contrato firmado pelas partes contiver arras penitenciais com o mecanismo de perda do sinal pelo comprador e devolução mais o equivalente pelo vendedor, a cláusula é nula, pois o incorporador não pode se arrepender nos termos da redação do artigo 67-A da Lei nº 4.591/64, sendo para ele o contrato irretratável e irrevogável (ver reflexão infra), e a perda do sinal pelo comprador se revela impossível, por nulidade da cláusula, já que afronta norma de ordem pública.

Pelo parágrafo 11, do artigo 67-A, "caberá ao adquirente demonstrar o exercício tempestivo do direito de arrependimento por meio de carta registrada, com aviso de recebimento, considerada a data da postagem como data inicial da contagem do prazo a que se refere o § 10 deste artigo".

Adota-se, seguindo a sistemática do Código Civil, em especial de seu artigo 428, a ideia de contagem do prazo de arrependimento (7 dias) a partir da emissão da declaração por correio (teoria da expedição). Não interessa se a mensagem (carta) chega fora do prazo de 7 dias. Basta ser expedida nesse prazo. A lei não permite o arrependimento por e-mail ou mensagem de whatsapp. Exige a velha carta registrada com AR, algo que está em total desuso. A lei nasce velha.

E finalmente, pelo parágrafo 11, do artigo 67-A temos que "transcorrido o prazo de 7 (sete) dias a que se refere o § 10 deste artigo sem que tenha sido exercido o direito de arrependimento, será observada a irretratabilidade do contrato de incorporação imobiliária, conforme disposto no § 2º do art. 32 da Lei nº 4.591, de 16 de dezembro de 1964".

E o que diz o artigo em referência?

Diz exatamente que os contratos regidos pela Lei nº 4.591/64 (compra e venda decorrente de incorporação imobiliária) são irretratáveis (os contratos de compra e venda, promessa de venda, cessão ou promessa de cessão de unidades autônomas são irretratáveis e, uma vez registrados, conferem direito real oponível a terceiros, atribuindo direito a adjudicação compulsória perante o incorporador ou a quem o suceder, inclusive na hipótese de insolvência posterior ao término da obra).

1.1.2. *Pelo incorporador*

Haveria um direito de arrependimento em favor do incorporador?

Quando se diz que para ele, incorporador, a promessa de venda e compra do imóvel é irretratável e irrevogável, pressupõe-se que o contrato não firmou um prazo de carência, prazo esse permitido pela Lei nº 4.591/64, art. 34, em que se admite ser lícito "desistir do empreendimento". Dentro do prazo de carência, melhor seria ser chamado prazo para resilição unilateral e imotivada do contrato firmado com o adquirente, o exercício da resilição pelo incorporador se revela ato lícito e não pode gerar indenização de qualquer natureza em favor do adquirente, nem pode conceder ao adquirente o direito de exigir o cumprimento do contrato pelo incorporador. Resilido unilateralmente o contrato por meio do exercício do arrependimento, as partes voltam ao estado anterior, *statu quo ante*, restituindo-se ao adquirente todos os valores pagos, inclusive as comissões de corretagem, devidamente acrescidos do índice oficial de correção monetária, o IPC – índice de preços ao consumidor - medido pelo IBGE. Não haverá a incidência de juros, pois mora não há.

Quanto à extensão do prazo para o arrependimento, esse será o fixado em contrato, não podendo ser superior a 180 dias, pela leitura sistemática dos artigos 33, alterado pela Lei nº 4864/65, e 34 §2º, da Lei nº 4.591/94. Se for superior, o prazo é ineficaz quanto ao excesso, ou seja, não permitirá o arrependimento pelo incorporador.

Cabe então uma pergunta. Se a lei faculta o direito de arrependimento ao incorporador no prazo máximo de 180 dias, caso o contrato preveja arras penitencias deverá o incorporador que exercer o seu direito devolver as arras "em dobro[19]"?

A resposta é afirmativa. Com relação ao incorporador, na qualidade de fornecedor de produto, pode ele condicionar o arrependimento à devolução do sinal mais se equivalente. Não há a proteção em favor do incorporador que, se assim avençou, ao desistir pagará o sinal em dobro. É, para o incorporador, o campo da autonomia privada. Contudo, como já explicado anteriormente, para o consumidor há a proteção da norma de ordem pública a impedir a perda do sinal, sendo nula previsão contratual nesse sentido.

Dois pesos e duas medidas? Sim, os desiguais são tratados de forma desigual, mormente em contratos por adesão em que o estipulante é o incorporador.

1.2. Cláusula penal

Em razão de balburdia jurisprudencial, a lei 13.786/18 resolve disciplinar a cláusula penal para as hipóteses de resolução culposa do compromisso de compra e venda por parte do adquirente.[20]

1.2.1. Pelo adquirente

A cláusula penal imposta ao adquirente é de, no máximo, 25% (art. 67-A, I da Lei nº 4591/64) e no caso de incorporação submetida ao regime do patrimônio de afetação a cláusula penal será de, no máximo, 50% (art. 67-A, §5º da Lei nº 4591/64).

Desnecessário dizer que se a lei estabelece um teto máximo, o valor excedente é ineficaz, ou seja, não gera efeitos. O adquirente deverá receber

---

19   Como acima explicado, mais tecnicamente, as arras e seu equivalente.

20   Já tratei do tema específico da COVID-19 e seus efeitos sobre as relações contratuais em artigo em coautoria com Alexandre Junqueira cuja leitura indico para quem tenha interesse específico sobre o tema ABELHA, André; GOMIDE, Alexandre Junqueira. Incorporação imobiliária: Resolução/revisão dos contratos de promessa de compra e venda em tempos de pandemia. Migalhas, São Paulo, p. 1, 9 jun. 2020. Disponível em: https://migalhas.com.br/coluna/migalhas-edilicias/328583/incorporacao-imobiliaria--resolucao-revisao-dos-contratos-de-promessa-de-compra-e-venda-em-tempos-de--pandemia. Acesso em: 7 ago. 2020.

as quantias pagas, com os abatimentos previstos em lei (art.67-A da Lei nº 4591/64) e pagará a multa nos limites de 25% ou 50% a depender da existência de patrimônio de afetação. Os limites indicados se assemelham ao teto, limite máximo da cláusula penal prevista no artigo 412 do Código Civil.

Contudo, há, além da limitação geral (costumo chamar de primeira barreia aos contratantes), uma segunda regra pela qual deve, o magistrado, mesmo estando a cláusula penal dentro dos limites máximos (25% ou 50%) reduzi seu valor. A segunda barreira à autonomia privada está no artigo 413 do Código Civil.

Assim, deve o magistrado reduzir a cláusula penal "equitativamente se a obrigação principal tiver sido cumprida em parte, ou se o montante da penalidade for manifestamente excessivo, tendo-se em vista a natureza e a finalidade do negócio"[21].

Há um dado interessante. A cláusula penal de 50% (quando o regime é do patrimônio de afetação) é inédita no direito brasileiro, quando se trata de descumprimento do contrato pela parte mais "fraca", pelo aderente, por aquele que é consumidor. A cláusula penal é evidente excessiva e injusta.

Contudo, se a lei nasce a partir das empresas (incorporadores) que a aprovam por meio de seus esforços junto aos congressistas, tendo ela seguido o trâmite constitucional de aprovação, não afrontando norma hierarquicamente superior, deve ser aplicada pelo juiz, mas com o filtro (segunda barreira), ou seja, reduzida por equidade.

Legem habemus. E se temos lei, temos lei plenamente válida e eficaz que prevê uma multa injusta, excessiva, fruto da insensibilidade do legislador no importe de 50%, também temos o filtro do Código Civil que permitirá aos magistrados reduzir seu valor por meio da equidade.

Uma última nota. Quando a Lei nº 13.786/18 altera a Lei nº 4.591/64 (art. 67-A, §2º, III) para impor ao adquirente o pagamento do "valor correspondente à fruição do imóvel, equivalente à 0,5% (cinco décimos por cento) sobre o valor atualizado do contrato, *pro rata die*" não significa a existência de dupla cláusula penal.

Isso porque esse valor decorre de o adquirente ter tido a posse do bem, sua possibilidade de uso e fruição, logo não pode, desfeito o contrato, deixar de remunerar o incorporador por ter tido tais faculdades sobre o imóvel. É o princípio que veda o enriquecimento sem causa (já que a causa,

---

21 Sobre o tema, ver nosso Código Civil comentado, Gen, 2ª edição 2020, em coautoria com Anderson Schereiber, Flavio Tartuce, Marco Aurélio Bezerra de Melo e Mario Delgado. (SCHREIBER, Anderson; TARTUCE, Flávio; SIMÃO, José Fernando; BEZERRA DE MELO, Marco Aurélio; DELGADO, Mário Luiz. *Código Civil Comentado*: Doutrina e Jurisprudência. 1ª. ed. Rio de Janeiro: Forense, 2019.)

o contrato, se extinguiu) que está na base do dispositivo, sem nenhuma relação com a indenização pré-fixada em cláusula penal.

Novamente, de maneira arbitrária, a lei cria um facilitismo ao julgador, assimilando conteúdo de decisões dos Tribunais, ao estabelecer um valor fixo de 0,5% sobre o valor do contrato. Na realidade, a "vantagem pecuniária da" da posse, com chance de gozo e fruição, deveria ser determinada por perícia em razão das peculiaridades do caso concreto e do momento em que bem foi usado. Assim, a qualidade da região, o tipo de imóvel (de luxo ou não), a eventual crise econômica existente, tudo isso deveria ser levado em conta para a verificação da vantagem econômica do adquirente e o quanto a ser por ele pago ao incorporador. Seguiu-se o caminho mais fácil ao julgador: basta um simples cálculo aritmético.

1.2.2. Pelo incorporador

A Lei nº 13.786/18 dá ao incorporador o chamado "prazo de graça" que a doutrina mais atual chama de "cláusula de tolerância": "a entrega do imóvel em até 180 (cento e oitenta) dias corridos da data estipulada contratualmente como data prevista para conclusão do empreendimento, desde que expressamente pactuado, de forma clara e destacada, não dará causa à resolução do contrato por parte do adquirente nem ensejará o pagamento de qualquer penalidade pelo incorporador" (art. 43-A da Lei nº 4591/64).

A lei deu direito ao descumprimento do contrato por parte do incorporador, quanto ao prazo fixado, como um prêmio, por ter sido mal contratante. Por ter descumprido o prazo contratual, a lei deu um presente ao incorporador que é sua total irresponsabilidade[22]. Esse presente se justifica em razão da força política das incorporadoras. Não há razão técnica, legal ou mesmo no campo da Justiça (suum cuique tribuere) para se dar ao incorporador, parte mais forte, parte fornecedora, economicamente hipersuficiente um presente de 180 dias.

Ganhos 180 dias, se ainda assim o incorporador atrasar "será devida ao adquirente adimplente, por ocasião da entrega da unidade, indenização de 1% (um por cento) do valor efetivamente pago à incorporadora, para cada mês de atraso, *pro rata die*, corrigido monetariamente conforme índice estipulado em contrato" (art. 43-A§2º da Lei 4.591/64).

---

22 O argumento dos incorporadores que as questões meteorológicas atrasam a entrega das obras é pueril. Deveria ele ser calculado no cômputo do prazo (em situação de normalidade) por ser considerado fortuito interno e risco do negócio. Em casos de anormalidade, tem-se o fortuito externo a permitir a dilação do prazo. Nada disso levou em conta a Lei nº 13.786, pois foi concebida pelos incorporadores.

Curiosa a cláusula penal. Para remunerar o incorporador pela fruição do imóvel pelo adquirente a cláusula é de 0,5% do valor do contrato (ver item anterior), mas para "punir" o incorporador e indenizar o adquirente o valor da cláusula penal é de 1% ao mês do valor já pago ao incorporador. Dois pesos e duas medidas.

Por que a lei utiliza a fórmula do "valor efetivamente pago à incorporadora"? Porque na prática do mercado, o incorporador recebe a enorme parte do preço após a entrega da obra. Aliás, na praxe do mercado, a primeira parcela "grande" é paga na entrega das chaves. Assim, a multa de 1% prevista em lei é um novo presente ao incorporador que atrasa enormemente a entrega da obra. A base de cálculo da multa, em regra, será bem pequena, pois pouco ou quase nada o adquirente terá pago ao incorporador.

Aqui melhor lembrar Cícero: "summum jus, suma injuria".

2. Alienações de imóveis não disciplinadas pela Lei nº 13.786/2018. Hipóteses em que o incorporador adquire o terreno para edificação ou um particular vende seu imóvel a outro

Nesse tópico, cuido de situações em que a compra e venda será totalmente regida pelo Código Civil.

É nessa situação que temos questões extremamente penosas a serem resolvidas. Duas delas respondo por meio das reflexões abaixo: 1. O direito de arrependimento por força das arras penitenciais pode ser exercido a qualquer momento do programa contratual? 2. Existindo em um mesmo contrato arras confirmatórias e cláusula penal compensatória, a parte prejudicada pelo inadimplemento poderá cobrar prejuízos suplementares valendo as arras como mínimo da indenização (art. 419 do CC) ou os prejuízos estarão limitados ao valor da cláusula penal nos termos do artigo 416 do CC?

1. O direito de arrependimento por força das arras penitenciais pode ser exercido a qualquer momento do programa contratual?

A primeira pergunta respondo com base no que ensina Ruy Rosado de Aguiar Júnior com precisão e clareza: "o arrependimento é uma faculdade extintiva do contrato, mas dependente apenas de sua previsão no contrato e da manifestação de vontade da parte, ainda antes do cumprimento de sua prestação". É exatamente o que indica o momento até o qual o direito de arrependimento pode ser exercido, ou seja, o início do cumprimento das prestações contratuais.

O vendedor recebe de sinal a importância de R$ 50.000,00 e o contrato prevê as arras penitenciais. O pagamento da primeira prestação pelo comprador se dará 30 dias após o contrato ser firmado e as arras entregues. Em 30 dias, podem comprador e vendedor exercer o direito de arrependimento. Se a primeira parcela for paga após 30 dias, cessa o exercício do direito de arrependimento. Para o comprador isso é óbvio porque há uma contradição lógica entre se arrepender e cumprir o contrato. Quem se arrepende é porque não quer cumprir e quem começa a cumprir é porque não se arrependeu.

Para o vendedor, começando o comprador a cumprir suas prestações, seria incoerente ao sistema permitir o arrependimento a qualquer tempo, por força da noção de sinalagma, de equilíbrio contratual, já que a prestação do vendedor, no compromisso de venda e compra, será a firmar o contrato definitivo, a escritura pública (na quase totalidade dos casos) e essa contraprestação só surge quando o comprador acaba de pagar o preço. Se o direito de arrependimento se esgota para o comprador ao começar a execução do contrato, o mesmo ocorre para o vendedor que poderia ter exercido o direito antes de iniciada a execução da avença.

Se outra fosse a conclusão, em compromisso de compra e venda com entrega de sinal em dinheiro e pagamento de todo o saldo devedor em 30 dias, com previsão de arras penitenciais, pago o preço pelo comprador o vendedor poderia, antes de lavrar a escritura pública, exercer o arrependimento devolvendo o "sinal em dobro" e todos os valores pagos. Isso, em verdade, não seria hipótese de arrependimento (resilição), mas teria aparência de resolução do contrato pela restituição de todo o valor pago.

É o abuso de direito que impede um "arrependimento" de contrato cujo cumprimento já começou. O desequilíbrio em permitir ao arrependimento de uma das partes (que nada prestou) tendo a outra iniciada a prestação e que, portanto, não mais pode se arrepender é injusto e não adequado pela isonomia inerente aos contratantes. O direito de arrependimento cessa, para ambo, quando um deles começa a executar a prestação contratual.

É verdade que, por lei, o arrependimento pode ocorrer após o contrato produzir efeitos. No caso do CDC, art. 49, o consumidor só pode exercer o arrependimento se receber o produto vendido e, quando o fornecedor envia o produto, já estamos diante de execução das prestações.

2. Existindo em um mesmo contrato arras confirmatórias e cláusula penal compensatória, a parte prejudicada pelo inadimplemento poderá cobrar prejuízos suplementares valendo as arras como mínimo da indenização (art. 419 do CC) ou os prejuízos estarão limitados ao valor da cláusula penal nos termos do artigo 416 do CC?

A segunda pergunta é muito intrigante. Sendo as arras confirmatórias, por lei, o mínimo de indenização e a cláusula penal, por lei, o máximo, os artigos podem ser conciliados de que maneira? Um exemplo ajuda na compreensão da questão.

Pelo compromisso de venda e compra de um imóvel o comprador dá a título de sinal e princípio de pagamento (arras confirmatórias) a importância de R$ 50.000,00 sendo que o preço total do imóvel é de R$ 500.000,00. Há uma previsão pela qual, havendo resolução culposa por uma das partes a cláusula penal compensatória será de R$ 150.000,00

O inadimplemento do comprador. Hipótese em que o vendedor é credor e o comprador devedor.

O comprador notifica o vendedor que está "desistindo" do negócio jurídico entabulado. As consequências disso serão as seguintes: o vendedor poderá exigir o cumprimento do compromisso exigindo do comprador o pagamento do preço faltante (R$ 450.000,00), nos termos do artigo 419 do Código Civil[23].

Poderá exigir pagamento de perdas e danos? Como a cláusula penal compensatória representa uma alternatividade ao credor (ou recebe a prestação devida ou o valor da cláusula penal) não poderá o credor exigir seu pagamento. Optou o credor pela prestação principal que é o pagamento do saldo devedor. Nesta hipótese, pode o vendedor cobrar as perdas e danos? Pode, pois houve inadimplemento culposo e o sinal será a taxa mínima de indenização, podendo provar, ainda, os prejuízos suplementares. A cláusula penal é ineficaz para o credor (vendedor) que optou por exigir o cumprimento da prestação e caberá a ele (vendedor) provar seus prejuízos e sua extensão. Se provar que os prejuízos superam o valor das arras confirmatórias perdidas, pode ele cobrar do devedor (comprador inadimplente) as perdas e danos suplementares.

Contudo o valor a ser cobrado a título de "perdas e danos suplementares" é sempre limitado ao valor da cláusula penal (R$ 150.000,00 no exemplo dado). O limite fixado pelas partes é intransponível. Se as duas partes ajustaram o limite máximo indenizatório, mas uma delas optou por não exigir a cláusula penal e sim a prestação devida (faculdade que lhe garante o artigo 410 do CC) e provar os prejuízo que excedem o valor do sinal (no exemplo dado R$ 50.000,00) o prejuízo deverá ser provado e pode ser inferior, igual ou maior que o valor da cláusula penal.

Se for menor ou igual, o devedor (no caso vendedor) paga esse valor ao credor (comprador) nos termos do art. 419 do CC. O valor devido pelo comprador inadimplente nunca será inferior ao valor do sinal considerado

---

23 A execução específica pode não ser possível, se, por exemplo, o objeto da prestação pereceu. Nessa hipótese, cabem as demais alternativas sobre as quais discorro.

taxa mínima de indenização. Ainda que o credor não consiga provar prejuízos maiores que R$ 50.000,00 (prove R$ 35.000,00 por exemplo) a indenização representada pelas arras é de R$ 50.000,00

Se o valor dos prejuízos provados pelo credor (vendedor) for maior que o valor da cláusula penal, o devedor inadimplente (comprador) paga até o limite da cláusula penal, salvo se esta concedeu às partes o direito de provar os prejuízos suplementares (art. 416, p. único do CC).

E se o vendedor optar pela resolução do contrato, ou seja, se não quiser exigir o seu cumprimento forçado? O vendedor (credor) poderá reter as arras como mínimo de indenização e exigir o pagamento do restante do valor indenizatório previsto na cláusula penal, sem necessidade de qualquer prova. As arras confirmatórias entregues são consideradas a "primeira parcela" do pagamento da indenização. Assim, se a cláusula penal previa indenização de R$150.000,00 e o sinal dado foi de R$ 50.000,00, o credor (vendedor) pode exigir mais R$ 150.000,00, sem precisar provar qualquer prejuízo (caput do artigo 416).

E se por acaso, em razão do inadimplemento do comprador, os prejuízos do vendedor forem maiores que R$ 150.000,00? Temos aqui duas possibilidades. Se o contrato contiver cláusula penal sem nenhuma ressalva, apenas mencionado o valor da "multa", não poderá o credor (vendedor) nada cobrar do devedor inadimplente (comprador) além do valor pactuado. Contudo, se o contrato permitir ao credor cobrar do devedor os prejuízos suplementares ao valor da cláusula penal (art. 416, p. único) poderá o vendedor, fazendo prova que o valor efetivo dos danos supera o valor da cláusula penal (em meu exemplo R$ 150.000,00) cobrar o valor excedente, sem que incida a limitação de responsabilidade por força da avença contratual. Assim, provando o vendedor que seu prejuízo foi de R$ 180.000,00, pois o contrato assim permitia, já tendo recebido em arras confirmatórias o valor de R$ 50.000,00 poderá cobrar do comprador a importância de R$ 130.000,00.

O inadimplemento do vendedor. Hipótese em que o vendedor é devedor e o comprador é credor.

O vendedor notifica o comprador que está "desistindo" do negócio jurídico entabulado. As consequências disso serão as seguintes: o comprador poderá exigir o cumprimento do compromisso, depositando a diferença do preço (na forma pactuada pelas partes) e exigindo do vendedor, ao final, o pagamento do preço faltante (R$ 450.000,00), nos termos do artigo 419 do Código Civil.

Poderá exigir pagamento de perdas e danos? Como a cláusula penal compensatória representa uma alternatividade ao credor (ou recebe a prestação devida ou o valor da cláusula penal) não poderá o credor (comprador) exigir seu pagamento. Optou o credor (comprador) pela prestação principal que é a celebração do contrato definitivo de venda em compra após o pagamento do saldo devedor. Nesta hipótese, pode o comprador cobrar as perdas e danos? Pode, pois houve inadimplemento culposo e o sinal será a taxa mínima de indenização, podendo provar, ainda, os prejuízos suplementares. A cláusula penal é ineficaz para o credor (comprador) que optou por exigir o cumprimento da prestação e caberá a ele (comprador) provar seus prejuízos e sua extensão. Se provar que os prejuízos superam o valor das arras confirmatórias (mínimo da indenização), pode ele cobrar do devedor (vendedor inadimplente) as perdas e danos suplementares.

Contudo o valor a ser cobrado a título de "perdas e danos suplementares" é sempre limitado ao valor da cláusula penal (R$ 150.000,00 no exemplo dado). O limite fixado pelas partes é intransponível. Se as duas partes ajustaram o limite máximo indenizatório, mas uma delas optou por não exigir a cláusula penal e sim a prestação devida (faculdade que lhe garante o artigo 410 do CC) e provar os prejuízo que excedem o valor do sinal (no exemplo dado R$ 50.000,00) o prejuízo deverá ser provado e pode ser inferior, igual ou maior que valor da cláusula penal.

Se for menor ou igual, o devedor (no caso vendedor) paga esse valor nos termos do art. 419 do CC. O valor devido pelo vendedor inadimplente nunca será inferior ao valor do sinal considerado taxa mínima de indenização. Esse mínimo, no caso de quem deu as arras, é computado em dobro (art. 418 do CC). Ainda que o credor (comprador) não consiga provar prejuízos maiores que R$ 100.000,00 (arras devolvidas em dobro) e prove R$ 35.000,00 por exemplo, a indenização representada pelas arras é de R$ 100.000,00 (valor mínimo nos termos do artigo 419 do CC). Esse mínimo não deveria ser de R$ 50.000,00 calculado, pois é esse o valor das arras? Não, pois o mecanismo das arras confirmatórias é sempre de devolução mais o equivalente ("em dobro") nos termos do artigo 418 do CC.

Se o valor dos prejuízos provados pelo credor (comprador) for maior que o valor da cláusula penal, o devedor inadimplente (vendedor) paga até o limite da cláusula penal, salvo se esta concedeu às partes o direito de provar os prejuízos suplementares (art. 416, p. único do CC).

E se o comprador optar pela resolução do contrato, ou seja, se não quiser exigir o seu cumprimento forçado? O comprador (credor) poderá exigir a devolução das arras mais seu equivalente ("em dobro") como mínimo de indenização e exigir o pagamento do restante do valor indenizatório previsto na cláusula penal, sem necessidade de qualquer prova. As arras confirmatórias devolvidas mais seu equivalente ("em dobro") são consideradas a "primeira parcela" do pagamento da indenização. Assim, se a cláusula penal previa indenização de R$150.000,00 e o sinal dado foi de R$ 50.000,00, o credor (comprador) pode exigir mais R$ 50.000,00, sem precisar provar qualquer prejuízo (caput do artigo 416).

E se por acaso, em razão do inadimplemento do vendedor, os prejuízos do comprador forem maiores que R$ 150.000,00? Temos aqui duas possibilidades. Se o contrato contiver cláusula penal sem nenhuma ressalva, apenas mencionado o valor da "multa", não poderá o credor (comprador) nada cobrar do devedor inadimplente (vendedor) além do valor pactuado. Contudo, se o contrato permitir ao credor cobrar do devedor os prejuízos suplementares ao valor da cláusula penal (art. 416, p. único) poderá o comprador, fazendo prova que o valor efetivo dos danos supera o valor da cláusula penal (em meu exemplo R$ 150.000,00) cobrar o valor excedente, sem que incida a limitação de responsabilidade por força da avença contratual. Assim, provando o comprador que seu prejuízo foi de R$ 180.000,00, pois o contrato assim permitia, já tendo recebido as arras confirmatórias "em dobro", o valor de R$ 100.000,00 poderá cobrar do comprador a importância de R$ 80.000,00.

Uma nota final. Em evidente incompreensão do sistema, equivoca-se o STJ ao decidir o seguinte: "Evidenciada a natureza indenizatória das arras na hipótese de inexecução do contrato, revela-se inadmissível a sua cumulação com a cláusula penal compensatória, sob pena de violação do princípio do *non bis in idem* (proibição da dupla condenação a mesmo título). Se previstas cumulativamente, deve prevalecer a pena de perda das arras, as quais, por força do disposto no art. 419 do CC, valem como "taxa mínima" de indenização pela inexecução do contrato"[24].

Isso porque não há bis in idem, nem dupla condenação a mesmo título. Há, na verdade, um valor mínimo (arras) e um valor máximo (cláusula penal). São duas balizas que podemos definir com um piso e um teto.

Há um equívoco de premissa na decisão do STJ: "Veja-se que, na hipótese de inadimplemento, as arras funcionam como uma espécie de cláusula penal compensatória, representando o valor previamente estimado pelas partes para indenizar a parte não culpada pela inexecução do contrato". Arras não assume função de cláusula penal porque, sendo confirmatórias, trazem um mínimo de indenização e a cláusula penal, por força de lei, traz um máximo (art. 416, par. único do CC). Logo as funções não são iguais, são complementares e não excludentes entre si.

Princípios da proporcionalidade e da Maioria nas Relações Jurídicas Condominiais

Judith Martins-Costa

SUMÁRIO: Introdução. (i) As regras legais e os casos da vida. (ii) os princípios incidentes. Referências bibliográficas.

Introdução

O *poder de fruir* e a *faculdade de administrar* designam prerrogativas alocadas no universo das situações jurídicas reais. O poder de fruir "consiste na possibilidade de que é dotado o proprietário de impulsionar a atividade de percepção dos frutos com a correlata aquisição do domínio sobre os mesmos, uma vez separados da coisa frugífera, conferindo-lhes a destinação que lhe for mais conveniente"[1]. A faculdade de administrar a coisa, inclusa na esfera da "faculdade de usar" (*ius utendi*), se concretiza na possibilidade de dirigir o destino do bem, objeto da propriedade, considerados os limites impostos pelo ordenamento jurídico. Ambos – poder e faculdade – integram o "entranhado normativo"[2] que, agregando um complexo de posições jurídicas, ativas e passivas, compõe o regime jurídico da propriedade, como direito real pleno.

Tanto o poder de fruir quanto a faculdade de administrar estão presentes no condomínio, forma de ser proprietário na qual, "competindo a algumas pessoas sobre uma só e mesma coisa (...) dest'arte não pertence a cada uma delas senão por uma quota parte ideal e abstracta"[3]. No condomínio "comunga-se a propriedade", como assentou Carlos Maximiliano, inaugurando com essas palavras sua clássica obra sobre a matéria[4].

Se no condomínio, por definição, dois ou mais sujeitos compartilham a titularidade de situação jurídica condominial, como esse tipo de relação proprietária resolve a questão de repartir os frutos da coisa comum? Há distinção se o fruto for natural ou civil? O critério de repartição será o da

---

1 PENTEADO, Luciano de Camargo. *Direito das Coisas*. 2ª edição. São Paulo: Revista dos Tribunais, 2012, p. 173.

2 A expressão é de PENTEADO, Luciano de Camargo. *Direito das Coisas*. 2ª ed. São Paulo: Revista dos Tribunais, 2012, p. 173.

3 CARVALHO SANTOS, João Manuel. *Código Civil Interpretado*: Direito das Coisas. Vol. VIII. 2ª ed. Rio de Janeiro: Freitas Bastos, 1937, p. 289.

4 MAXIMILIANO, Carlos. *Condomínio*: terras, apartamentos e andares perante o Direito. 2ª ed. Rio de Janeiro: Freitas Bastos, 1947, p. 7. Destaquei.

proporcionalidade ou o da maioria? Haverá um mesmo e único critério a comandar o poder de fruir e a faculdade de administrar?

Estas são as questões em torno das quais serão ensaiadas essas breves notas em homenagem a um jurista, Sylvio Capanema de Souza, que tanto na elaboração teórica quanto na prática do seu mister como magistrado, honrou a melhor tradição civilista.

(i) As regras legais e os casos da vida

Segundo o art. 1.326 do Código Civil, os frutos da coisa comum, não havendo estipulação ou disposição de última vontade em contrário, "serão partilhados na proporção dos quinhões". Diversamente do Código Civil português, por exemplo, na Lei brasileira, não há diferença de regime consoante a natureza dos frutos[5]. Aparentemente, o texto legal não gera dúvidas ao adotar o *princípio da proporcionalidade dos quinhões*. "A regra é a partilha segundo o quinhão de cada consorte", assegura Marco Aurélio Viana[6], ecoando o que já estava na unânime doutrina acerca do art. 638 do Código de 1916. Porém, a regra é *dispositiva*[7]. "Quanto aos frutos, cada condômino percebe o que lhe toca segundo a sua parte indivisa", lê-se em Pontes de Miranda, que acrescenta: "Dão-se a *communicatio lucri et dammi*

---

5 Observa Ascensão, acerca do art. 213º, nº 2, do Código Civil Português: "O art. 213/2 impõe um critério diferente na divisão destes frutos. Já não cabem a quem calhe percebê-los, como acontece com os frutos naturais, antes, dividem-se proporcionalmente à duração dos direitos. Se se aplicar correspondentemente a regra dos frutos naturais, à percepção corresponderia o vencimento. Isso significaria que o fruto civil caberia a quem fosse o titular na data do vencimento. O art. 213/2 vai, porém, exigir a atribuição proporcionalmente à duração do direito, impondo a partilha entre novo e antigo titular em muitos casos. Isto significaria que, se se vende um bem com rendas vencidas, estas pertencem ao vendedor; se se vende com rendas vincendas, haverá quase sempre que repartir. (ASCENSÃO, José de Oliveira. *Teoria Geral do Direito Civil*. Vol. I. 2ª ed. Coimbra: Coimbra, 2000, p. 389). No Direito brasileiro, todavia, não há distinção entre os frutos. Vide, a propósito: VIANA, Marco Aurélio da Silva. *Comentários ao Novo Código Civil*. Vol. XVI. 4ª ed. Rio de Janeiro: Forense, 2013, p. 443.

6 VIANA, Marco Aurélio da Silva. *Comentários ao Código Civil*. Vol. XVI. 3ª ed. Rio de Janeiro: Forense, 2003, p. 411.

7 Como está em Pontes de Miranda: "Os frutos naturais, como as frutas e os prêmios de título de crédito, regem-se pelo art. 638. [...] A regra jurídica do art. 638 é dispositiva (*verbis* "não havendo em contrário estipulação ou disposição de última vontade"). Tem-se que interpretar, primeiro, o negócio jurídico, para que se assente se se dispôs contràriamente; se não se dispôs, incide o art. 638 (PONTES DE MIRANDA, Francisco Cavalcanti. *Tratado de Direito Privado*. Tomo XII. Rio de Janeiro: Borsoi, 1955, §1.287, p. 60).

e a divisão dos cômodos e incômodos, em proporção às partes indivisas e seu tamanho. A partilha é do líquido, positivo ou negativo. Naturalmente, as regras relativas à divisão proporcional são regras jurídicas dispositivas, raramente interpretativas. De modo que são possíveis as construções negociais que se afastam do princípio da proporcionalidade"[8].

Porém, na prática, muitas podem ser as situações problemáticas, como costumam ser os casos da vida. Comprove-se com dois exemplos, dos diversos que a jurisprudência pode oferecer.

Cogite-se, primeiramente, do *caso do centro comercial*, versando sobre a seguinte situação: um empreendimento de incorporação imobiliária com a finalidade de criar e gerir um centro comercial é titulado em condomínio por dois sujeitos de direito, em igual número de quinhões. Um dos condôminos é também proprietário – com exclusividade de domínio – de um terreno lindeiro à área condominial. Passado algum tempo, havendo necessidade de expandir o prédio, um dos condôminos, tendo a gestão do empreendimento, decide aproveitar alguns metros do terreno lindeiro (titulado só por ele) para efetuar essa expansão. Passado mais algum tempo, decide, por ato unilateral, alterar regras condominiais sob o fundamento de ter o maior quinhão, para tanto somando à sua metade ideal (no condomínio) a área de sua exclusiva propriedade (no terreno lindeiro) que decidira faticamente "anexar" à área em condomínio para o fim de beneficiar o negócio de incorporação imobiliária.

Ocorre que, mediante Convenção, os condôminos haviam decidido partilhar o lançamento, comercialização, construção, execução, implantação, exploração e administração do centro comercial em igualdade de condições, tendo ambos os Incorporadores responsabilidades iguais perante o empreendimento. A cláusula condominial correspondente ao auferimento de receitas estabeleceu, pois, que os incorporadores teriam o direito a auferir a metade de todas as receitas decorrentes do empreendimento e comercialização do centro comercial.

Em outro exemplo – o *caso da porteira fechada* –, fora estabelecido condomínio sobre área rural, decidindo os condôminos, por maioria, fecharem com cadeado uma porteira que dava acesso a um caminho que constituiria, alegadamente, servidão de passagem. O caminho levava, por sua vez,

---

8   PONTES DE MIRANDA, Francisco Cavalcanti. *Tratado de Direito Privado*. Tomo XII. Rio de Janeiro: Borsoi, 1955, §1.287, p. 59. Por ém, como bem advertido, assim o será desde que a decisão acerca da partilha em desacordo com os quinhões seja unânime, "uma vez que tal decisão extrapola os atos de natureza meramente ordinária para os quais prevalece a posição majoritária" (TEPEDINO, Gustavo; BARBOZA, Heloisa Helena; BODIN DE MORAES, Maria Celina. *Código Civil interpretado conforme a Constituição da República*. Vol. I. 3ª ed. Rio de Janeiro: Renovar, 2014, p. 683).

à fazenda titulada com exclusividade por uma das condôminas, que a arrendara a terceiros para produção agrícola. A primeira questão foi a de qualificar a hipótese: trata-se de caso de impedimento de exercício de direito real de servidão (ou de direito real de passagem forçada), ou de administração da coisa comum?

A prova indicou não ter sido instituída servidão nem passagem forçada: tratava-se apenas de um caminho que facilitava o acesso de uma das condôminas ao terreno vizinho, este de sua exclusiva propriedade. As regras regentes foram as dos artigos 1.323 e 1.325 do Código Civil.

Ambos os casos têm em comum o fato de haver propriedades – lindeiras ao condomínio – de propriedade exclusiva de um dos condôminos. Diferenciam-se, todavia, quanto aos princípios reitores das soluções: num caso, o *princípio da proporcionalidade*; noutro, o *princípio da maioria*.

(ii) os princípios incidentes

O *caso do centro comercial* atrai a atenção do intérprete para dois pontos, um deles propriamente conceitual (o que é um condomínio) e outro atinente ao espaço da autonomia privada na fixação das regras de partilha dos frutos.

"A relação de comunhão que se coloca na situação jurídica condominial *diz respeito ao domínio* propriamente dito (...)"[9], assegura Luiz Edson Fachin. O condômino é, antes de mais, *dominus*, como está em Pontes de Miranda[10], do que se pode, logicamente, afirmar: não sendo alguém *dominus*, não é condômino. O fato da anexação física, à área em condomínio, de um terreno de propriedade de um só não tem a força de estender o condomínio para onde não há copropriedade. Um ato meramente fático, isto é, o fato de se ter derrubado um muro que marcava a divisão entre a área em condomínio e aquela de propriedade de um só sujeito, não tem eficácia para tornar alguém coproprietário, nem para afastar a posição de copropriedade existente no condomínio. "Adquire-se e perde-se a copropriedade [no condomínio] da mesma maneira e nos mesmos casos fixados em lei sobre a propriedade única", diz Maximiliano[11]. Em consequência, o fato da

---

9   FACHIN, Luiz Edson. *Comentários ao Código Civil*. Vol. XV. São Paulo: Saraiva, 2003, p. 169. Destaquei.

10 PONTES DE MIRANDA, Francisco Cavalcanti. *Tratado de Direito Privado*. Tomo XI. Rio de Janeiro: Borsoi, 1955, § 1.172, 2, p. 44.

11 MAXIMILIANO, Carlos. *Condomínio*: terras, apartamentos e andares perante o Direito. 2ª ed. Rio de Janeiro: Freitas Bastos, 1947, p. 18.

"anexação" – meramente física – do terreno lindeiro à área titulada em condomínio não aumentou nem diminuiu os quinhões havidos no condomínio.

Sendo esse partilhado em igualdade – cinquenta por cento das quotas ideais para cada um dos condôminos –, esses são os seus respectivos quinhões. Já por isto, os frutos no empreendimento comercial titulado em condomínio haveriam de ser por igual divididos.

A mesma solução se haveria de retirar da interpretação do negócio. Os figurantes de um condomínio podem, ainda que seus quinhões não sejam matematicamente idênticos, *estipular* sobre a divisão dos frutos da coisa comum de modo diverso. Se não o estipulam, a regra é a proporcionalidade dos quinhões, como está na Lei e na jurisprudência[12]. Porém, é preciso atenção ao verbo empregado no art. 1.326, o qual indica com clareza o espaço aí deixado pela Lei à autonomia privada. *Estipular*, dizem os dicionários, é *acordar, combinar, ajustar estipulação*, cabendo esse acordo aos condôminos – a ambos ou a todos, e não apenas a um ou a alguns, pois a regra quanto à partilha dos frutos é inconfundível com aquela posta no art. 1.325, relativa *ao cômputo para as deliberações*, que obedece ao princípio majoritário.

Assim já estava em Carvalho Santos, para quem não pode prevalecer a deliberação da *maioria*, incluindo-se este caso entre as estipulações em contrário, "porque a estipulação pressupõe a convenção, o acôrdo e diante do contrato, que é lei entre as partes, *em nada pode valer o voto ou deliberação da maioria*"[13]. E está também nos contemporâneos: "A decisão acerca da partilha em desacordo com os quinhões deve ser unânime, uma vez que tal decisão extrapola os atos de natureza meramente ordinária para os quais prevalece a posição majoritária", asseguram Tepedino, Barboza e Bodin de Moraes, reiterando opinião também expressa, dentre outros, por João Batista Lopes e por Francisco Eduardo Loureiro[14], o qual registra: "[v]ale notar que a lei fala em *estipulação entre condôminos*. Logo, não basta a deliberação da maioria para inverter a regra do rateio proporcional dos

---

12 Exemplificativamente: TJSP. 3ª Câmara de Direito Privado. AI nº 2037677-79.2013.8.26.0000. Rel. Des. Carlos Alberto de Salles. J. em 26.11.2013; TJSP. 5ª Câmara de Direito Privado. Ap. nº 990.09.245585-0. Rel. Des. A.C. Mathias Coltro. J. em 19.05.2010.

13 CARVALHO SANTOS, João Manuel de. *Código Civil Brasileiro Interpretado*. Vol. VIII. 15ª ed. Rio de Janeiro: Freitas Bastos, 1986. p. 367. Destaquei.

14 TEPEDINO, Gustavo; BARBOZA, Heloisa Helena; BODIN DE MORAES, Maria Celina. *Código Civil interpretado segundo a Constituição da República*. Vol. III. Rio de Janeiro: Renovar, 2011, p. 671, referindo LOPES, João Batista. *Comentários ao Código Civil*. Vol. XII. Rio de Janeiro: Forense, 2004, p. 121; e LOUREIRO, Francisco Eduardo. In: PELUSO, Cesar (Coord.). *Código Civil Comentado*. São Paulo: Manole, 2007, p. 1.180.

frutos. O alijamento ou o favorecimento do direito dos consortes aos frutos exige o *consenso unânime* dos condôminos, *em exercício da autonomia privada*"[15]. O mesmo princípio vale para a hipótese de pactuação do critério de percebimento dos frutos desproporcional aos quinhões: sua alteração para acordar-se a proporcionalidade exigiria, igualmente, o consenso unânime dos condôminos.

A estipulação do critério da partilha dos frutos da coisa comum pode estar expressa no instrumento da convenção condominial, não carecendo de instrumentalização em apartado. Mas as partes também podem estipulá-la por palavras ou por comportamentos, cujo *significado de concludência*[16] há de ser alcançado por elementos objetivos. Leia-se, mais uma vez, Pontes de Miranda, em comentário ao art. 639 do Código Civil de 1916, correspondente ao vigente art. 1.326: "Somente se há de pensar na regra jurídica do art. 639 depois que se desiste de prosseguir na investigação da vontade manifestada"[17]. Não se deve esquecer, a este propósito, a seminal lição de Emilio Betti, para quem, na interpretação dos negócios jurídicos, se há de considerar "a declaração ou o comportamento, enquadrados no conjunto de circunstâncias que lhe confere significado e valor", é dizer: "aquele complexo de circunstâncias em que a declaração e o comportamento se enquadram como seu meio natural e em que assumem, segundo o ponto de vista da consciência social, o seu típico significado e valor", razão pela qual "o objeto da interpretação, nestes negócios, são as declarações permutadas e os comportamentos reciprocamente tidos e reconhecíveis, enquadrados nas circunstâncias concomitantes"[18].

Assim, parece correto concluir, quanto ao *caso do centro comercial*, que o fato de ser utilizado imóvel limítrofe de propriedade exclusiva de um só dos condôminos não gera, e não poderia gerar, como consequência jurídica, a alteração na participação dos condôminos no condomínio, porquan-

---

15   LOUREIRO, Francisco Eduardo. In: PELUSO, Cesar (Coord.). *Código Civil Comentado*. São Paulo: Manole, 2007, p. 1.180, destaques meus.

16   O Direito brasileiro exige, tal qual o português, não a certeza absoluta, mas um alto grau de probabilidade para concluir-se pela concludência, como está em Manuel de Andrade: "Existirá ela sempre que, conforme os usos da vida, haja quanto aos factos de que se trata toda a probabilidade de terem sido praticados com dada significação negocial (aquele grau de probabilidade que basta na prática para as pessoas sensatas tomarem as suas decisões)" (ANDRADE, Manuel Domingues de. *Teoria da relação jurídica.* Vol. II. Coimbra: Almedina, 1966, p. 132).

17   PONTES DE MIRANDA, Francisco Cavalcanti. *Tratado de Direito Privado*. Tomo XII. Rio de Janeiro: Borsoi, 1955, § 1.276, 2, p. 20.

18   BETTI, Emilio. *Teoria Geral do Negócio Jurídico*. Trad. de Fernando de Miranda. Coimbra: Coimbra, 1969, pp. 238-240.

to sobre o direito real de propriedade dessa área não há cotitularidade, ou seja, não há condomínio. Poderá haver relação de pertinencialidade, que não gera propriedade (por definição, pertença é o que *não é* parte integrante do bem[19]). Mas não se pode confundir tamanho de *área física* disponível ao empreendimento com *titularidade jurídica condominial*. O dado exclusivamente fático de utilização de área lindeira para servir *ao empreendimento* não significa *acréscimo ao condomínio*, sendo possível afirmar que esse "aporte" (na verdade: utilização física de terreno alheio, com a permissão do proprietário) não altera nem torna ineficaz a Convenção entre os figurantes do negócio condominial no concernente ao condomínio e, por consequência, na proporção *convencionada* para a divisão de receitas. Ainda que o titular do terreno lindeiro tivesse direito a perceber alguma remuneração adicional por ter colocado imóvel próprio em serventia de empreendimento comum, não poderia fazê-lo alterando unilateralmente (em clara manifestação de vedado ato de autotutela), os quinhões condominiais que foram convencionalmente pactuados, modificando, também unilateralmente, o critério convencional de percepção dos frutos da coisa em condomínio.

Já o caso da *porteira fechada* aponta a outros problemas. Em seu cerne está a regra segundo a qual o compossuidor não pode, por ato exclusivamente seu, modificar o domínio em comunhão, pois apenas lhe é permitido exercer sobre a coisa os direitos que sejam compatíveis com a indivisão (Código Civil, art. 1.314). Também diz respeito ao *princípio majoritário*, incidente quanto é necessária a deliberação sobre a coisa comum.

Enquanto não houver a divisão ou a alienação do bem em condomínio, é assegurado a todos os condôminos o seu uso, diretamente. Inclui-se no uso a administração, pelos próprios condôminos, ou por um deles, se não houver oposição dos demais pois conquanto alguns atos de administração possam ser praticados pelo condômino independentemente do consentimento dos demais – assim, os atos meramente conservatórios – a regra é a do consenso[20]. Não havendo consenso, ainda que a administração seja deferida a terceiro (por assim ser mais conveniente aos condôminos), o critério para deliberar sobre quem deve administrar é o majoritário.

---

19 Código Civil, art. 93, *in verbis*: "São pertenças os bens que, não constituindo partes integrantes, se destinam, de modo duradouro, ao uso, ao serviço ou ao aformoseamento de outro". Dentre os estudos recentes sobre o tema, consulte-se: HAICAL, Gustavo. As partes integrantes e a pertença no Código Civil. Revista dos Tribunais, vol. 934, ago./2013, pp. 49-135.

20 CHALUB, Melhim Namem. In: CAPANEMA, Sylvio (Coord.). *Curso de Direito Civil*. Direitos Reais. Rio de Janeiro: Forense, 2003, p. 123. Para o Direito português, em solução similar: ASCENSÃO, José de Oliveira. *Direito Civil*. Direitos Reais. 5ª ed. Coimbra: Coimbra, 2012, p. 268.

Esse critério é o seguido em qualquer caso em que a administração não mais for comum, adotando-se, para a apuração da maioria, o critério econômico, "porque leva em conta o valor dos quinhões, desprezando o número de interessados"[21]. Aqui reside a distinção principiologia com a hipótese antes tratada, atinente ao poder de fruir. À diferença do regrado no art. 1.326, que aponta ao princípio da proporcionalidade dos quinhões, nos artigos 1.323 e 1.325, todos do Código Civil, ressalta o princípio da maioria.

No *caso da porteira fechada*, o tema de fundo diz respeito justamente à disciplina da administração do condomínio, como se lê na decisão do E. Tribunal de Justiça de São Paulo[22] ao deliberar sobre o caso: "[o] fechamento ou não da citada porteira", se lê no aresto, "caracteriza típico ato de administração do bem comum", razão pela qual, concluiu, "vale a vontade externada pela maioria dos condôminos".

No caso, o julgador distinguiu: "a apelada não está a pretender que lhe seja fornecida, ou à empresa arrendatária da cultura de cana existente no imóvel, as chaves do cadeado da porteira, hipótese em que, aí sim, teria ela razão, por inequívoco o respectivo direito à fruição da coisa comum. O que objetiva a apelada é algo bastante diverso, vale dizer, a retirada da tranca

---

[21] VIANA, Marco Aurélio da Silva. *Comentários ao Código Civil*. Vol. XVI. 3ª ed. Rio de Janeiro: Forense, 2007, p. 411.

[22] TJSP. 19ª Câmara de Direito Privado. Ap. nº 3000110-15.2013.8.26.0382. Rel. Des. Ricardo Pessoa de Mello Belli. J. em 05.06.2017, assim ementado: "Apelação Ação cominatória Imóvel rural em regime de condomínio ordinário Pretendida condenação dos condôminos réus à desobstrução de uma das porteiras que dá acesso ao imóvel Sentença de acolhimento do pedido Irresignação procedente Ilegitimidade passiva do réu que, seguindo instruções das condôminas rés, promoveu o fechamento da porteira com cadeado Consequente exclusão desse personagem da relação processual Demanda improcedente no que concerne às demais rés Modo de fechamento de porteira representando típico ato de administração do bem comum, desse modo se sujeitando à disciplina dos arts. 1.323 a 1.326 do Código Civil, que prestigia a deliberação dos detentores da maioria das partes ideais Inviável, portanto, pretender compelir as condôminas rés a desobstruir a porteira Consideração, ainda a respeito, de que não se está a proibir o acesso da condômina autora, nem da empresa que arrenda a cultura de cana explorada na fazenda Não socorre à autora, ademais, a alegação de que o caminho existente no interior da propriedade rural, a que se tem acesso por meio da citada porteira, representaria servidão de trânsito em proveito de moradores de imóveis adjacentes Em primeiro porque, em tal hipótese, a legitimidade para reclamar o respeito à servidão tocaria a esses terceiros Em segundo, porque a prova dos autos, seja a técnica, seja a testemunhal, evidencia que os referidos caminhos não representam servidão de trânsito, mas meros carreadouros Irrelevante a circunstância de se ter permitido, por algum período, o trânsito de vizinhos pelo local Sentença reformada, invertida a responsabilidade pelas verbas da sucumbência".

da porteira, algo que, insisto, se refere à administração do imóvel rural e, assim, deve obedecer à deliberação da maioria dos condôminos".

No caso, estando os condôminos cujos quinhões representam a maioria da propriedade comum de acordo com o fechamento e trancamento da porteira, por cadeado, prevaleceu o princípio majoritário, resguardando-se, todavia, a faculdade de a apelada se retirar da comunhão ou pleitear a extinção do condomínio.

* * *

O contraste entre os dois casos muito semelhantes em suas circunstâncias fáticas – mas que levam a distintas soluções –, serve para mostrar a relevância da qualificação jurídica, alertando, ademais, aos perigos embutidos no uso da Inteligência Artificial nos Tribunais[23]: uma programação dos algoritmos baseada apenas em similitudes fáticas pode levar a perigosos enganos na aplicação do Direito. Sendo a Ciência do Direito uma ciência prática, pois visa a solucionar casos concretos, não é, todavia, só prática, é também método. Este "representará o caminho que o jurista deve percorrer para chegar à solução prudente dos casos concretos"[24], importando uma sequência de operações mentais que articulam critérios, conhecimento, lógica e valorações. Deve-se sempre partir dos fatos, mas se deve buscar, com cuidado, saber quais as regras que, incidindo, comandarão a resposta correta.

Referências bibliográficas

ANDRADE, Manuel Domingues de. *Teoria da relação jurídica*. Vol. II. Coimbra: Almedina, 1966.

ASCENSÃO, José de Oliveira. *Introdução à Ciência do Direito*. 3ª ed. Rio de Janeiro: Renovar, 2005.

---

23 Como assegurou o Min. João Otávio de Noronha, Presidente do Superior Tribunal de Justiça: ⸮Vamos nos valer da inteligência artificial, de programas que racionalizam os processos, mas o computador não decide, não faz voto. Ele pesquisa numa base de dados e propõe decisões, que muitas vezes precisam ser corrigidas", ressaltou. O ministro disse que é preciso combater a ideia de que a inteligência artificial vai tomar decisões. "Ela vai propor informações sobre as teses existentes, mas a decisão será sempre humana." (http://www.stj.jus.br/sites/portalp/Paginas/Comunicacao/Noticias/02072020-Presidente-do-STJ-destaca-importancia-da-inteligencia-artificial-na-gestao-e-no-planejamento-da-Justica.aspx

24 ASCENSÃO, José de Oliveira. *Introdução à Ciência do Direito*. 3ª ed. Rio de Janeiro: Renovar, 2005, p 369.

ASCENSÃO, José de Oliveira. Direito Civil. *Direitos Reais*. 5ª ed. Coimbra: Coimbra, 2012.

BETTI, Emilio. *Teoria Geral do Negócio Jurídico*. Trad. de Fernando de Miranda. Coimbra: Coimbra, 1969.

CARVALHO SANTOS, João Manuel de. *Código Civil Brasileiro Interpretado*. Vol. VIII. 15ª ed. Rio de Janeiro: Freitas Bastos, 1986.

CHALUB, Melhim Namem. In: CAPANEMA, Sylvio (Coord.). *Curso de Direito Civil*. Direitos Reais. Rio de Janeiro: Forense, 2003.

FACHIN, Luiz Edson. *Comentários ao Código Civil*. Vol. XV. São Paulo: Saraiva, 2003.

HAICAL, Gustavo. As partes integrantes e a pertença no Código Civil. *Revista dos Tribunais*, vol. 934, ago./2013, p. 49-135.

MAXIMILIANO, Carlos. *Condomínio: terras, apartamentos e andares perante o Direito*. 2a ed. Rio de Janeiro: Freitas Bastos, 1947.

LOPES, João Batista. *Comentários ao Código Civil. Vol. XII*. Rio de Janeiro: Forense, 2004.

LOUREIRO, Francisco Eduardo. In: PELUSO, Cesar (Coord.). *Código Civil Comentado*. São Paulo: Manole, 2007.

PENTEADO, Luciano de Camargo. *Direito das Coisas*. 2ª edição. São Paulo: Revista dos Tribunais, 2012.

PONTES DE MIRANDA, Francisco Cavalcanti. Tratado de Direito Privado. Tomo XI. Rio de Janeiro: Borsoi, 1955.

PONTES DE MIRANDA, Francisco Cavalcanti. *Tratado de Direito Privado*. Tomo XII. Rio de Janeiro: Borsoi, 1955.

TEPEDINO, Gustavo; BARBOZA, Heloisa Helena; BODIN DE MORAES, Maria Celina. *Código Civil interpretado segundo a Constituição da República*. Vol. III. Rio de Janeiro: Renovar, 2011.

VIANA, Marco Aurélio da Silva. *Comentários ao Código Civil*. Vol. XVI. 3ª ed. Rio de Janeiro: Forense, 2007

Consequências do Inadimplemento das Obrigações do Promitente Comprador na Lei nº 13.786/2018

Aline de Miranda Valverde Terra
Roberta Mauro Medina Maia

1. Introdução: a irretratabilidade como característica típica da promessa de compra e venda

Definido por Darcy Bessone como o contrato por meio do qual as partes se comprometem a celebrar, mais tarde, o contrato de compra e venda,[1] o estudo da promessa de compra e venda como tipo contratual autônomo partiu, em um primeiro momento, do art. 1589 do Código Civil Francês,[2] segundo o qual "a promessa de compra e venda vale venda, quando haja consentimento recíproco das duas partes sobre a coisa e sobre o preço".[3] Naquele momento, em virtude da adoção, pelo *Code*, do princípio do consenso translativo como inderrogável – bastando, portanto, a manifestação de vontade para que o contrato pudesse transferir o direito de propriedade –, a possibilidade de desfazimento do negócio restava afastada.[4]

Assim, enquanto para os franceses a promessa de compra e venda seria, na prática, irrevogável, por equivaler à venda propriamente dita – em razão do respeito quase absoluto à autonomia privada ali consagrado –, no Brasil, a ascensão da irretratabilidade se deveu a contexto jurídico e econômico consideravelmente diverso, que pode ser descrito com base em dois aspectos.

Primeiramente, conforme apontado por Barbosa Lima Sobrinho, a compra e venda definitiva não era interessante para os vendedores, que se sentiam "desamparados, quando ainda se encontravam na fase do pagamento das primeiras prestações do preço".[5] Segundo o autor, a promessa de compra e venda, até então "reduzida a uma obrigação de fazer, não protegia nem os vendedores, nem os compradores, deixando todos eles

---

1 BESSONE, Darcy. *Da compra e venda, Promessa e Reserva de Domínio*. Belo Horizonte: Bernardo Álvares, 1952, p. 35.

2 COSCO, Giusy. *Il contratto preliminare ad esecuzione anticipata: una proposta ricostruttiva di un fenomeno complesso*. Milano: Cedam/Wolters Kluwer, 2018, p. 2.

3 "La promesse de vente vaut vente, lorsqu'il y a consentement réciproque des deux parties sur la chose et sur le prix".

4 COSCO, Giusy. *Il contratto preliminare ad esecuzione anticipata: una proposta ricostruttiva di un fenomeno complesso*, cit., p. 8.

5 BARBOSA LIMA SOBRINHO. *As transformações da compra e venda*. Rio de Janeiro: Borsoi, 1976, p. 63.

à mercê de arrependimento, que podia ser exercitado até o momento da escritura definitiva".[6]

Da possibilidade de arrependimento advinha o segundo aspecto: no cenário anterior à vigência do Decreto-Lei nº 58/37, além dos riscos de, após o desembolso de algumas prestações, os promitentes compradores se depararem com alguma penhora ou execução hipotecária[7] – por não lhes ser, à época, conferido o *status* prioritário de titular de direito real –, diante da valorização dos imóveis durante o período no qual o preço era quitado parceladamente, o promitente vendedor optava por descumprir o pacto, alienando-o uma segunda vez por preço superior ao estipulado no contrato primitivo. Nesse caso, arcava com as perdas e danos devidas ao primeiro promitente comprador em montante inferior à diferença entre o preço disposto no contrato original e aquele auferido em decorrência da celebração do segundo. O inadimplemento trazia, portanto, vantagens financeiras ao alienante, cuidando-se de hipótese emblemática de *efficient breach*.

Diante de tal panorama, valeu-se o legislador brasileiro da irretratabilidade como traço típico indispensável à atribuição do regime jurídico especial proposto pelo Decreto-Lei nº 58/37, especificamente no art. 22.[8] A intenção do legislador foi, portanto, impedir a celebração de negócio imobiliário futuro incompatível com o adimplemento do contrato anterior,[9] a denotar expressiva preocupação com a tutela do promitente comprador. Algumas décadas após a entrada em vigor do referido Decreto-Lei, em 28.06.2000, o Superior Tribunal de Justiça, ao editar a Súmula 239,[10] soterrou qualquer dúvida acerca do fundamento da execução específica das promessas de compra e venda, reafirmando residir mesmo na irretratabilidade,[11] e não

---

6   BARBOSA LIMA SOBRINHO. *As transformações da compra e venda,* cit., p. 63.

7   Somente após o advento do Dec.-Lei nº 58/37 a promessa de compra e venda registrada passou a ser dotada de eficácia real, prevalecendo "sobre a constituição posterior de direitos reais ou pessoais sobre o mesmo objecto" (MORAIS, Fernando Gravato. *Contrato-promessa em geral, contratos promessa em especial.* Coimbra: Almedina, 2009, p. 61).

8   "Os contratos, *sem cláusula de arrependimento*, de compromisso de compra e venda e cessão de direitos de imóveis não loteados, cujo preço tenha sido pago no ato de sua constituição ou deva sê-lo em uma, ou mais prestações, desde que, inscritos a qualquer tempo, atribuem aos compromissos direito real oponível a terceiros, e lhes conferem o direito de adjudicação compulsória nos termos dos artigos 16 desta lei, 640 e 641 do Código de Processo Civil".

9   COSCO, Giuzy. *Il contratto preliminare ad esecuzione anticipata: una proposta ricostruttiva di un fenomeno complesso,* cit., p. 27.

10 "O direito à adjudicação compulsória não se condiciona ao registro do compromisso de compra e venda no cartório de imóveis".

11 A tese foi exaustivamente defendida por Darcy BESSONE (*Direitos Reais,* cit., p. 356).

na sua eventual eficácia real.¹² Na mesma esteira, o Código Civil de 2002, no art. 1.417, elegeu a irretratabilidade como o *traço típico*¹³ dos contratos de promessa de compra e venda sobre bens imóveis em geral, quer tenha por objeto imóveis loteados, não loteados ou decorrentes de incorporação imobiliária.¹⁴ Em definitivo, à luz da opção adotada pelo legislador brasileiro, resta claro que os pactos que não forem irretratáveis não podem ser qualificados como promessa de compra e venda, independentemente da nomenclatura que lhes seja atribuída pelas partes signatárias.¹⁵

E foi justamente a irretratabilidade típica das promessas de compra e venda que, mais uma vez, levou o legislador a editar a Lei nº 13.786 em 2018, quando, na esteira da grave crise econômica que assolou o país a partir de 2014, assistia-se à significativa redução do valor do metro quadrado e, consequentemente, a sistemáticos desfazimentos de negócios por adquirentes de unidades autônomas fruto de incorporação imobiliária, frustrados em suas expectativas de lucro. Conhecida como Lei dos Distratos Imobiliários, a novel legislação cuidou de regular, dentre outras questões, os efeitos do inadimplemento do promitente comprador, cujos aspectos mais relevantes passam a ser examinados a seguir.

2. Resolução da relação obrigacional e retenção parcial das parcelas pagas

Para o tema proposto neste artigo os dispositivos da Lei dos Distratos que merecem análise mais detalhada são os arts. 35-A e 67-A, atualmente parte integrante da Lei nº 4.591/64 (Lei das Incorporações Imobiliárias).

---

12 Era o que afirmava a Súmula 167 do STF: "Não se aplica o regime do Dl. 58, de 10.12.37, ao compromisso de compra e venda não inscrito no registro imobiliário, salvo se o promitente vendedor se obrigou a efetuar o registro".

13 BEDUSCHI, Carlo. A proposito di tipicità ed atipicità dei contratti. *Rivista di Diritto Civile*, ano XXXII, nº 1, p. 351.

14 No âmbito das incorporações imobiliárias, a Lei nº 4.591/64 já reafirmava a irretratabilidade no art. 32, § 2º: "Os contratos de compra e venda, promessa de venda, cessão, ou promessa de cessão de unidades são irretratáveis e, uma vez registrados, conferem direito real oponível a terceiros, atribuindo direito a adjudicação compulsória perante o incorporador ou a quem o suceder, inclusive na hipótese de insolvência posterior ao término da obra".

15 Sobre a irretratabilidade como traço típico do contrato de promessa de compra e venda, seja consentido remeter a MAIA, Roberta Mauro Medina. Irretratabilidade e inexecução das promessas de compra e venda diante da Lei nº 13.786/2018 (Lei dos Distratos Imobiliários). *Revista Brasileira de Direito Civil* – RBDCivil, Belo Horizonte, v. 22, out./dez. 2019, p. 75 e ss. Disponível em: <https://rbdcivil.ibdcivil.org.br/rbdc/article/view/503>. Acesso em 13 jul. 2020.

O art. 35-A determina que os contratos de compra e venda, promessa de venda, cessão ou promessa de cessão de unidades autônomas integrantes da incorporação imobiliária serão iniciados por quadro-resumo que, dentre outras informações, deverá conter, nos termos do inciso VI, "as consequências do desfazimento do contrato, seja por meio de distrato, seja por meio de resolução contratual motivada por inadimplemento de obrigação do adquirente ou do incorporador, com destaque negritado para as penalidades aplicáveis e para os prazos para devolução de valores ao adquirente".

Da redação disposta, extrai-se que o desfazimento do negócio poderá ocorrer em duas situações distintas: por meio de resolução motivada por inadimplemento absoluto de obrigação do adquirente ou do incorporador ou por meio do distrato. Nesse último caso, é importante sublinhar que, por se tratar de hipótese de resilição bilateral, faz-se imprescindível o consenso entre as partes relativamente à intenção de desfazer a promessa de compra e venda anteriormente celebrada. Não há aqui direito potestativo assegurado ao contratante de resilir unilateralmente. Conforme já observado por Melhim Chalhub, "a lei exclui qualquer possibilidade de resilição unilateral".[16]

O art. 67-A corrobora referido entendimento, dispondo que em "caso de desfazimento do contrato celebrado exclusivamente com o incorporador, mediante distrato ou resolução por inadimplemento absoluto de obrigação do adquirente, este fará jus à restituição das quantias que houver pago diretamente ao incorporador, atualizados com base no índice contratualmente estabelecido para a correção monetária das parcelas do preço do imóvel, delas deduzidas, cumulativamente: [...] II – a pena convencional, que não poderá exceder a 25% (vinte e cinco por cento) da quantia paga". Nos termos do § 5º, "quando a incorporação estiver submetida ao regime do patrimônio de afetação, o incorporador restituirá os valores pagos pelo adquirente, deduzidos os valores descritos neste artigo e atualizados com base no índice contratualmente estabelecido para a correção monetária das parcelas do preço do imóvel, no prazo máximo de 30 (trinta) dias após o habite-se ou documento equivalente expedido pelo órgão público municipal competente, admitindo-se, nessa hipótese, que a pena referida no inciso II do *caput* deste artigo seja estabelecida até o limite de 50% (cinquenta por cento) da quantia paga."

Em definitivo, e reforçando a irretratabilidade das promessas de compra e venda, os dispositivos mencionados apenas admitem o desfazimento do negócio mediante distrato – que requer, repita-se, o consenso entre as

---

16 CHALHUB, Melhim Namen. *Incorporação Imobiliária*, 5ª ed. Rio de Janeiro: Forense, 2019, p. 409.

partes – ou resolução por inadimplemento absoluto de uma das partes; soma-se a essas hipóteses a resolução inimputável, decorrente de impossibilidade ou onerosidade excessiva da prestação. Não há autorização, portanto, para denúncia, ou seja, resilição unilateral do negócio.

Nesse sentido, de regra, não é dado ao adquirente desistir do ajuste apenas porque o investimento feito não se mostrou tão rentável quanto esperado, tendo em vista a desvalorização no preço do metro quadrado. Cuida-se, em verdade, de hipótese de inadimplemento da prestação, mais especificamente, de mora, já que a prestação ainda se afigura possível para o devedor e útil para o credor, que poderá perseguir a execução específica compelindo o promitente comprador a pagar as prestações conforme ajuste contratual. Recorde-se que não é o devedor quem escolhe o remédio a ser aplicado ao seu inadimplemento, pelo que, repita-se à exaustão, não pode o promitente comprador optar pela resolução diante do seu desinteresse em adimplir suas prestações por não se afigurar o negócio tão lucrativo como outrora. Tampouco essa escolha é totalmente livre para o próprio credor: a lei determina remédios específicos para cada patologia contratual: configurada a mora, confere-se ao credor apenas a execução específica; verificado o inadimplemento absoluto, aí sim, confere-se ao credor o direito potestativo de escolher entre a resolução e a execução pelo equivalente.[17]

Não obstante, alguns Tribunais Estaduais ainda se distanciam dessa orientação, e reconhecem a possibilidade de o promitente comprador desistir do negócio, resolvendo a relação obrigacional mediante retenção de parte das parcelas pagas pelo promitente vendedor,[18] como se a cláusula penal compensatória fosse, na verdade, uma espécie de multa penitencial, ou seja, o preço a ser pago para o exercício de um suposto direito de arrependimento.[19] Ao fim e ao cabo, semelhante entendimento acaba por al-

---

17 Confira-se, a propósito, TERRA, Aline de Miranda Valverde. Execução pelo equivalente como alternativa à resolução: repercussões sobre a responsabilidade civil. *Revista Brasileira de Direito Civil* – RBDCivil, Belo Horizonte, v. 18, pp. 49-73, out./dez. 2018. Disponível em: < https://rbdcivil.ibdcivil.org.br/rbdc/article/view/305>. Acesso em 9 jul. 2020.

18 TJSP, 2ª Câmara de Direito Privado, Ap. Cível n. 1013716-71.2018.8.26.0576, julg. 28.05.2012, publ. DJ 19.07.2019. Em sentido contrário, negando ao promitente comprador a possibilidade de desistir do negócio e, portanto, no sentido explanado no texto, TJRJ, 25ª Câmara Cível, Apelação Cível n. 0486971-27.2014.8.19.0001, Rel. Des. Werson Franco Pereira Rêgo, julg. 03.07.2019; TJRJ, 25ª Câmara Cível, Apelação Cível n.0008920-15.2016.8.19.0028, Rel. Des. Werson Franco Pereira Rêgo, publ. DJE 20.02.2019

19 Explica Orlando Gomes que "podem as partes estipular que o contrato será resilido se qualquer delas se arrepender se o haver concluído. (...) Normalmente, o exercício da faculdade de arrependimento tem sua contrapartida no pagamento de *multa pe-*

terar arbitrariamente a qualificação da cláusula contratual, introduzindo no contrato direito de arrependimento em favor de uma das partes ao arrepio da vontade do outro contratante, em flagrante violação à autonomia privada.

Situação que pode conduzir a solução diversa é aquela em que o adquirente declara ao incorporador que já não pode arcar com as prestações ajustadas por limitações financeiras. Isso porque, embora a hipótese também se qualifique como inadimplemento – e isso é fundamental sublinhar –, no mais das vezes, tratar-se-á de inadimplemento absoluto, não já de mora, a autorizar o credor a resolver a relação obrigacional, com todos os efeitos daí decorrentes. Caberá, por conseguinte, ao incorporador avaliar se, a despeito da declaração do devedor, há chances reais de obter o cumprimento das prestações por meio da execução do contrato: verificando a efetiva falta de recursos financeiros, eventual execução afigurar-se-ia infrutífera e dispendiosa, a afastar o interesse do credor em perseguir o cumprimento específico; nesse cenário, configurado estará o inadimplemento absoluto, restando ao incorporador o caminho da resolução – já que a execução pelo equivalente tampouco lhe atenderia tendo em vista as restrições patrimoniais do devedor.

Seja como for, fato é que, diante de inadimplemento absoluto, poderá o credor resolver a relação obrigacional, que será extrajudicial se o contrato ostentar cláusula resolutiva expressa. A propósito, diante da resistência da jurisprudência em reconhecer a plena eficácia da referida cláusula em promessas de compra e venda, editou-se a Lei nº 13.097/2015, cujo art. 62 alterou o art. 1º do Decreto-Lei nº 745/69 para que seu parágrafo único ratificasse, no âmbito das promessas de compra e venda, aquilo que o art. 474 do Código Civil já afirmava de maneira genérica: "nos contratos nos quais conste cláusula resolutiva expressa, a resolução por inadimplemento do promissário comprador se operará de pleno direito (art. 474 do Código Civil), desde que decorrido o prazo previsto na interpelação referida no *caput*, sem purga da mora." Conforme já se afirmou em outra sede, "a lei, a toda evidência, pretendeu corrigir o desvio de percurso da jurisprudência, reafirmando a produção do efeito perseguido pelas partes com a inserção

---

nitencial. Trata-se de compensação pecuniária atribuída à parte que se viu privada da vantagem do contrato porque a outra se arrependeu de o ter celebrado. (...) A *multa penitencial* não se confunde com a *cláusula penal*, que pressupõe a inexecução do contrato ou o inadimplemento de obrigações contratuais, correspondendo ao ressarcimento dos danos respectivamente provenientes. A *multa penitencial* nada tem a ver com a execução do contrato. É devida como compensação do exercício da faculdade de arrependimento. Garante o poder de resilir, de sorte que o contratante arrependido mais não tem a fazer do que pagar a multa, desvinculando-se por seu mero arbítrio" (GOMES, Orlando. *Contratos*. Rio de Janeiro: Forense, 2001, p. 186).

de cláusula resolutiva expressa no contrato, mesmo em promessa de compra e venda: a resolução extrajudicial da relação obrigacional".[20]

Resolvida, portanto, a relação obrigacional por inadimplemento absoluto do promitente comprador, extingue-se a relação obrigacional e inaugura-se uma relação de liquidação, no âmbito da qual se produzem três efeitos, voltados ao retorno das partes ao *status quo ante*:[21] o liberatório, o restitutório e o ressarcitório. O primeiro consiste na liberação das partes do cumprimento das obrigações não executadas, sem prejuízo da incidência de deveres de conduta impostos pela boa-fé objetiva, imperativos durante todo o desenvolvimento da relação contratual e, não raro, inclusive após a sua extinção.

O efeito restitutório, por sua vez, permite que cada parte recupere aquilo que prestou. Isso ocorre porque a resolução elimina a causa justificadora das prestações contratuais e obriga os contratantes a restituir o que receberam em execução do contrato.[22] Não por outra razão, resolvida a promessa de compra e venda, caso o promitente comprador já esteja na posse do imóvel, deverá restitui-la ao promitente vendedor, enquanto este deverá restituir àquele todas as parcelas do preço já adimplidas.[23] Cuidando-se,

---

20 TERRA, Aline de Miranda Valverde. *Cláusula resolutiva expressa*. Belo horizonte: Fórum, 2017, p. 177. Reconhecendo a plena eficácia da cláusula resolutiva expressa, confira-se TJSP, 1ª C.D.P, Rel. Des. Rui Cascaldi, AI 2079575-67.2016.8.26.0000, julg. 6.7.2016.

21 "Cuida-se, a toda evidência, do que se prefere designar de '*status quo ante* dinâmico': não pretende o credor simplesmente ser colocado na situação em que estaria antes de celebrar o contrato inadimplido, mas na hipotética situação econômico-jurídica em que poderia estar se não tivesse celebrado o contrato inadimplido (poderia, por exemplo, ter ingressado em outra relação contratual que se lhe apresentava, ou dado sequência a algum negócio encerrado por causa do contrato descumprido)" (TERRA, Aline de Miranda Valverde; GUEDES, Gisela Sampaio da Cruz. Resolução por inadimplemento: o retorno ao *status quo ante* e a coerente indenização pelo interesse negativo. *Civilistica.com*. Rio de Janeiro, a. 9, n. 1, 2020, p.5. Disponível em: <http://civilistica.com/resolucao-por- inadimplemento-o-retorno/>. Acesso em 9 jul. 2020).

22 TRIMARCHI, Pietro. *Il contratto*: inadempimento e rimedi. Milano: Giuffrè, 2010. p.72.

23 Em Recurso Repetitivo, assentou o Superior Tribunal de Justiça que "em contratos submetidos ao Código de Defesa do Consumidor, é abusiva a cláusula contratual que determina a restituição dos valores devidos somente ao término da obra ou de forma parcelada, na hipótese de resolução de contrato de promessa de compra e venda de imóvel, por culpa de quaisquer contratantes. Em tais avenças, deve ocorrer a imediata restituição das parcelas pagas pelo promitente comprador – integralmente, em caso de culpa exclusiva do promitente vendedor/construtor, ou parcialmente, caso tenha sido o comprador quem deu causa ao desfazimento" (STJ, 2ª Seção, REsp. 1.300.418/SC, Rel. Min. Luis Felipe Salomão, julg. 13.11.2013). A rigor, referido entendimento deve ser aplicado a qualquer resolução; trate-se de relação de consumo ou paritária –

todavia, de inadimplemento absoluto do promitente comprador, a Lei dos Distratos admite que o contrato preveja a retenção, pelo incorporador, de até 25% (vinte e cinco por cento) da quantia paga ou então de até 50%, caso se trate de incorporação submetida ao regime do patrimônio de afetação.

Cuida-se, a toda evidência, de retenção a título de indenização, pelo que referida disposição contratual se qualifica, como já apontado alhures, como cláusula penal compensatória. O intuito do legislador ao prever aquelas porcentagens foi, inequivocamente, limitar a autonomia privada na fixação do montante da cláusula, impondo uma "tarifação" da indenização devida em caso de desfazimento do contrato. A propósito, duas questões requerem análise mais detida: a primeira, refere-se à possibilidade de aplicar o art. 413 do Código Civil a essa cláusula penal compensatória; a segunda, à investigação acerca de eventuais hipóteses de afastamento da incidência da cláusula quando da resolução da relação obrigacional. É o que se passa a examinar.

3. Cláusula penal compensatória: (não) aplicação do art. 413 e hipóteses de não incidência da cláusula

A Lei dos Distratos estabeleceu, conforme sublinhado, um limite máximo para a fixação da cláusula penal compensatória no âmbito das promessas de compra e venda regidas pela Lei nº 4.591/64. Ao fazê-lo, o legislador acabou por afastar desses contratos a aplicação do art. 413 do Código Civil, segundo o qual "a penalidade deve ser reduzida equitativamente pelo juiz se a obrigação principal tiver sido cumprida em parte, ou se o montante da penalidade for manifestamente excessivo, tendo-se em vista a natureza e a finalidade do negócio". Isso porque não se afigura possível configurar os pressupostos necessários à redução equitativa da penalidade: de um lado, o promitente vendedor não se beneficiará do cumprimento parcial da prestação, que será restituída ao promitente comprador – salvo a indenização ajustada –, e tampouco o montante pactuado se revelará manifestamente excessivo, pois o próprio legislador já fixou o teto que entende razoável levando em consideração, justamente, a natureza e a finalidade do negócio.

De todo modo, o que merece reflexão mais detalhada é a possibilidade, nas hipóteses de resolução, de afastamento da incidência da cláusula penal. E ao que parece, há duas situações nas quais o promitente vendedor não poderá reter parte das parcelas pagas. A primeira delas decorre

salvo ajuste contratual em sentido diverso ou disposição legal, como se deflui do § 5º, art. 67-A, da Lei nº 4.591/64 –, uma vez que a restituição simultânea é efeito natural da resolução das obrigações sinalagmáticas.

da própria lei, estando contemplada no §9º do Art. 67-A: nos termos do referido dispositivo, não incidirá a cláusula penal contratualmente prevista quando o adquirente que deu causa ao desfazimento do contrato encontrar comprador substituto que o sub-rogue nas obrigações originalmente assumidas, desde que haja a devida anuência do incorporador e a aprovação dos cadastros e da capacidade financeira e econômica do comprador substituto. Nesse caso, estará caracterizada hipótese de cessão de posição contratual, transferindo-se ao novo adquirente a obrigação de pagar o saldo devedor e o direito de exigir a outorga da escritura definitiva após a quitação do preço.

O segundo caso está inequivocamente atrelado à ausência, em concreto, dos pressupostos indispensáveis à aplicação da cláusula penal. Assim, a retenção de parte das parcelas pagas pelo promitente comprador não terá lugar quando, por óbvio, o próprio promitente vendedor não executar as prestações que lhe cabem, seja por fato a ele imputável – caracterizando-se o seu inadimplemento e sendo-lhe, portanto, imposto o dever de pagar perdas de danos ao promitente comprador –, seja em razão de caso fortuito ou fato do príncipe. Pense-se, por exemplo, na hipótese em que o promitente comprador não consegue obter o financiamento junto à instituição financeira porque a incorporadora não conseguiu averbar a conclusão da obra no Registro de Imóveis dentro do prazo originalmente pactuado. Deverá, ainda, o incorporador restituir integralmente as parcelas pagas do preço quando a construção do empreendimento se tornar impossível em razão da desapropriação do imóvel.

Além disso, a leitura em conjunto dos arts. 393 e 408 do Código Civil permite concluir que a cláusula penal não será aplicável quando a inexecução da obrigação do promitente comprador decorrer de caso fortuito ou força maior, já que ausente a imputabilidade necessária à configuração do inadimplemento absoluto. Advirta-se, todavia, que não se enquadra nessa hipótese o eventual desequilíbrio da situação patrimonial do promitente comprador capaz de impedi-lo de honrar suas dívidas, ainda que decorrente de fato a ele inimputável, como ocorre quando, em virtude de crise econômica ocasionada por uma pandemia, vem a perder o emprego. Há aí, como já afirmado, inadimplemento, fazendo-se presente a imputabilidade necessária à incidência da cláusula penal (art. 408, CC). Embora, nesses casos, a origem do desequilíbrio patrimonial remonte a um caso fortuito (pandemia que levou ao desemprego), fato é que oscilação patrimonial é risco do devedor, pelo que é ele quem deve assumir as consequências daí advindas.

Não se afigura possível, portanto, sequer qualificar tal situação como impossibilidade subjetiva da prestação, a qual requer que a prestação se torne impossível para o concreto devedor da relação, vale dizer, conquanto aquele devedor esteja impossibilitado de cumprir, outra pessoa pode fazê-lo. Note-se, contudo, que apesar subjetivo, para qualificar-se como impossibilidade, o obstáculo imposto ao devedor há de ser generalizável, de modo que qualquer outro devedor colocado na mesma situação tampouco poderia cumprir a prestação, como se verificaria se o devedor, acometido por certa enfermidade, não pudesse adimplir prestação personalíssima. Bem se vê, por conseguinte, que o mesmo raciocínio não sem aplica em caso de desequilíbrio patrimonial do promitente comprador, já que sua situação não é generalizável, pois outros devedores, a despeito de perderem o emprego, podem, por exemplo, ter economias suficientes a fazer frente às prestações devidas. Casos como esse devem ser resolvidos com institutos jurídicos que levem em conta não apenas o contrato de promessa de compra e venda isoladamente considerado, mas a global situação patrimonial do devedor.[24] Cuida-se, com efeito, de problema atinente a patrimônio, e não a contrato.[25]

4. Conclusão

A irretratabilidade encerra característica essencial à promessa de compra e venda, e por isso não pode ser afastada nem mesmo pela autonomia privada; faltando-a, de promessa de compra e venda não se tratará. A reforçar referido entendimento, editou-se a Lei dos Distratos Imobiliários em 2018, cujo escopo consistiu, dentre outros, em disciplinar as consequências do inadimplemento das obrigações pelo promitente comprador no âmbito de incorporações imobiliárias. Do regime legal é possível extrair algumas conclusões relevantes.

Em primeiro lugar, o distrato requer consenso entre as partes. Não há qualquer possibilidade de um dos contratantes impor ao outro a resilição unilateral. Por isso, não é dado ao promitente comprador desistir do negócio se sua expectativa de lucro se revelar frustrada. Diante da recusa em adimplir as prestações devidas, poderá o promitente vendedor se valer da execução específica, sem prejuízo das perdas e danos cabíveis.

Ademais, eventual dificuldade financeira enfrentada pelo promitente comprador tampouco serve de escusa para o descumprimento de suas obrigações. O não pagamento das prestações devidas sob esse fundamento configura inadimplemento, a autorizar o promitente vendedor a resolver a relação se verificar que, de fato, a execução específica se revelará inócua. Poderá ainda, como facultado pela Lei dos Distratos, lançar mão da cláusula penal compensatória, retendo até 25% ou 50% das prestações pagas, conforme a espécie de incorporação.

Nesse cenário, entende-se inaplicável o art. 413 do Código Civil, por não ser possível o preenchimento dos pressupostos necessários à sua incidência já que, de um lado, não haverá cumprimento parcial que beneficie o promitente vendedor e, de outro, a fixação de um teto legal para o montante da cláusula já revela que referido valor é, aos olhos do legislador, razoável tendo em vista, justamente, a natureza e a finalidade do negócio. Por fim, será possível afastar a incidência da cláusula penal não apenas na hipótese prevista no §9º do Art. 67-A, mas também, como ordinariamente acontece, quando a inexecução do contrato não for imputável ao promitente comprador.

O legislador tratou, portanto, de disciplinar cuidadosamente os efeitos do inadimplemento do promitente comprador. Faz-se imprescindível que os Tribunais, atentos à melhor técnica, mantenham-se fiéis às disposições legais, garantindo a previsibilidade das decisões e, consequentemente, a segurança jurídica tão fundamental ao bom desenvolvimento dos negócios e da economia.

Responsabilidade Civil do Construtor no Contrato de Empreitada

Sergio Cavalieri Filho

1. Introdução

O caso *Palace-II*, nacionalmente conhecido, bem evidencia as trágicas consequências sociais e econômicas da atividade de um construtor irresponsável. No dia 22 de fevereiro de 1997 um prédio de 22 andares, completamente habitado, desmoronou em plena madrugada em um dos bairros residenciais mais nobres do Rio de Janeiro. Além de uma dezena de vítimas fatais, que ficaram soterradas por vários dias até que o restante do prédio fosse demolido, o acidente deixou dezenas de famílias ao relento. Antes, famílias bem alojadas e de situação econômica estável; depois, por terem perdido tudo, não tinham onde alojar seus filhos e nem o que vestir.

Lamentavelmente, o caso do *Palace-II* não foi um episódio único e isolado. Depois dele muitos outros ocorreram e continuam ocorrendo nas principais capitais do país, revelando a grave crise que tem enfrentado a indústria da construção civil brasileira.

Outro grave aspecto dessa crise foi revelado pela insolvência de algumas grandes empresas construtoras. Uma delas, de porte nacional, paralisou centenas de construções em todo o país. Algumas nem foram iniciadas, embora já vendidas todas as unidades; em outras os prédios ficaram inacabados, só no esqueleto; noutras, não obstante terminadas, os edifícios e terrenos continuavam hipotecados aos agentes financeiros, apesar de já terem os compradores quitado o preço dos respectivos apartamentos. Dessa forma, 42 mil famílias tiveram frustrado o sonho da casa própria e suas economias literalmente surrupiadas.

Que responsabilidade tem o construtor? Contratual, extracontratual, subjetiva, objetiva? Qual a sua base legal?

O Código Civil de 2002, tal como o Código de 1916, não cuidou especificamente da responsabilidade do construtor; limitou-se a disciplinar a responsabilidade do empreiteiro. Mas nem sempre, sabemos todos, a empreitada é por construção, assim como a construção não é por empreitada. O construtor pode construir por empreitada (com ou sem fornecimento de materiais), por administração e por conta própria, e sua responsabilidade pode se dar em três planos distintos: em relação ao dono da obra, a terceiros e em face do consumidor.

Sendo assim, vamos examinar os caminhos trilhados pela doutrina e a jurisprudência na construção de uma disciplina para a responsabilidade do construtor, atualmente subordinada a três regências: o Código Civil, a Lei de Incorporações e o Código do Consumidor.

2. Responsabilidade do construtor em relação ao dono da obra

A responsabilidade contratual do construtor decorre dos contratos de empreitada ou de prestação de serviços (por administração), que, não obstante seus pontos de similitude, não se confundem. Na prestação de serviços (*locatio*) tem-se em mira o serviço em si; na empreitada (*locatio operis*) busca-se o resultado dela. Caio Mário estabelece com precisão esta diferença, ao dizer que a empreitada se caracteriza pela circunstância de considerar o resultado final, e não a atividade, como objeto da relação contratual.[1]

Daí resultam, também, diferenças quanto à direção e aos riscos: no contrato de prestação de serviços, quem fiscaliza as diversas etapas do trabalho é o locatário, o dono da obra, razão pela qual os riscos correm por sua conta; na empreitada, cabe ao empreiteiro a fiscalização da obra e suportar os riscos dela decorrentes.

Registre-se, ainda, que o empreiteiro pode obrigar-se a fornecer os materiais e o trabalho, ou somente este. Daí a clássica distinção entre *empreiteiro de materiais e execução* e *empreiteiro de lavor*.

3. O construtor tem obrigação de resultado e responsabilidade objetiva em relação ao dono da obra

A principal obrigação do construtor, quer por empreitada, quer por administração, é executar a obra tal como lhe foi encomendada. Dependendo da natureza da prestação, terá que executar o trabalho pessoalmente ou por seus prepostos, mas sempre sob sua direção. Cuidando-se de construção, mormente se de grande porte, a execução será feita pelos prepostos do empreiteiro, mas sob sua direção e responsabilidade. Por isso o construtor tem *obrigação de resultado*, entendendo-se como tal aquela em que o devedor assume a obrigação de conseguir um resultado certo e determinado, sem o que haverá inadimplemento.

Ensina a doutrina que a distinção entre **obrigação de meio e de resultado,** formulada por René Demogue,[2] passou a ser utilizada como critério principal para precisar a natureza da responsabilidade assumida no contrato. Tal critério leva em consideração o fato de que os contratos são

---

1   Instituições de Direito Civil, Forense, 11ª ed. 2003, p. 315
2   *Traité des Obrigationes em Général*, t. v, 1925

diversificados, uns impondo um resultado determinado ao devedor, outros a simples adoção de um certo número de diligências.

Como do conhecimento geral, na **obrigação de meio** o devedor promete pôr a serviço do credor os meios de que dispõe, de empreender toda diligência para executar o contrato, de realizar todo o seu possível ou o seu melhor. Em outras palavras, embora o contratante não se comprometa a atingir um fim determinado (um resultado), promete tentar alcançá-lo.

Por conseguinte, na obrigação de meio o devedor não se obriga a executar um fato determinado; a sua obrigação é antes o esforço do homem, um esforço constante, perseverante, técnico, voltado a adotar a atitude mais apropriada para se aproximar do objetivo fixado, levando em conta suas capacidades e as possibilidades oferecidas pela indústria humana. É o caso do médico que não se compromete a curar o doente, mas a lhe dispensar cuidados conscienciosos, atentos e consoante os dados fornecidos pela ciência.

Na obrigação de resultado o devedor se compromete a propiciar ao credor um resultado certo e determinado, custe o que custar, sem o que haverá inadimplemento. Difere da *obrigação de meio* porque, nesta, como vimos, o devedor apenas se obriga a colocar sua habilidade, técnica, prudência e diligência no sentido de atingir um resultado, sem, contudo, se vincular a obtê-lo. Enquanto o conteúdo da obrigação de resultado é o resultado em si mesmo, o conteúdo da obrigação de meio é a atividade do devedor.

A responsabilidade do construtor é de resultado, como ressaltado, porque se obriga pela boa execução da obra, de modo a garantir sua solidez e capacidade para atender ao objetivo para o qual foi encomendada. Defeitos na obra, aparentes ou ocultos, que importem sua ruína total ou parcial configuram violação do *dever de segurança* do construtor, verdadeira *obrigação de garantia* (ele é o garante da obra), ensejando-lhe o dever de indenizar independentemente de culpa. Essa responsabilidade só poderá ser afastada se o construtor provar que os danos resultaram de uma causa estranha – força maior, fato exclusivo da vítima ou de terceiro.

Nesse sentido já era precisa a lição de Mário Moacyr Porto: "*A obrigação que o construtor assume, em face da lei e do contrato, é de fim ou de resultado, e não, apenas, uma obrigação de meio ou de prudência e diligência. O seu compromisso não é de apenas executar os trabalhos da construção, mas executá-los de modo satisfatório, de maneira que a obra contratada e entregue seja sólida, segura e funcional, nos termos do ajuste. Consequentemente, se o dono da obra argui defeito dentro do prazo de garantia, cabe ao construtor o ônus de provar a improcedência da reclamação. Assumindo uma obrigação de garantia, presume-se responsável pelos defeitos, até que prove que os mesmos ocorreram por força de uma causa estra-*

nha, não havendo, em consequência, uma relação de causalidade entre o defeito ou defeitos constatados e a execução dos trabalhos de construção".[3]

A distinção teórica entre obrigação de meio e de resultado tem por principal finalidade prática o **ônus da prova**. Por ser objetiva a responsabilidade do devedor na obrigação de resultado, o credor não precisa demonstrar a sua culpa: basta-lhe provar que o resultado prometido não foi alcançado. Essa responsabilidade só poderá ser afastada se o construtor provar que os danos resultaram de uma causa estranha – força maior, fato exclusivo da vítima ou de terceiro, não tendo, aqui, relevância o fortuito interno.

4. vícios e defeitos ocultos integram o conceito de solidez e segurança da obra

O principal foco de litígio entre o empreiteiro de construção e o dono da obra são os vícios ou defeitos ocultos. No momento da entrega, a obra está aparentemente perfeita; tempos depois, entretanto, começam a aparecer infiltrações, vazamentos, rachaduras, defeitos nas instalações hidráulicas, elétricas etc. Tendo em vista que esses vícios ocultos, por sua natureza, não podem ser percebidos à primeira vista e, normalmente, só vão surgindo ao longo de meses e anos depois de recebida a obra, tem-se entendido que esse recebimento não envolve aceitação plena, apenas provisória, para verificação. Demonstrado que o defeito ou vício da coisa é efetivamente oculto, não pode prevalecer a presunção de que a obra foi aceita, em decorrência do recebimento. Desse sentir Mário Moacyr Porto: *"O recebimento da obra extingue a responsabilidade do construtor quanto aos vícios aparentes, mas não quanto aos vícios ocultos, que poderão ser arguidos e reclamados durante todo o prazo quinquenal da garantia".*[4]

5. O alcance do artigo 1.245 do código civil de 1916

Durante a vigência do Código Civil de 1916 a base legal da responsabilidade do empreiteiro de construção foi o seu art. 1.245: *"Nos contratos de empreitada de edifícios ou outras construções consideráveis, o empreiteiro de materiais e execução responderá, durante 5 (cinco) anos, pela solidez e segurança do trabalho, assim em razão dos materiais, como do solo, exceto, quanto a este, se, não o achando firme, preveniu em tempo o dono da obra".* Esse dispositivo deu margem a inúmeras divergências na doutrina e na jurisprudência. Discutiu-se sobre o seu alcance, a natureza jurídica do

---

3   *Da responsabilidade civil do construtor.* Rev. Forense 303/19
4   Artigo cit., *RF* 303/19

prazo quinquenal nele previsto, e a conceituação de "segurança e solidez do imóvel".

Interpretado restritivamente, posto que para alguns tratava-se de norma excepcional, o dispositivo só seria aplicável ao contrato de empreitada de construção de obras de vulto, com fornecimento de materiais, sendo, ainda, preciso, para ensejar sua incidência, que o defeito ou falha de construção comprometesse a solidez e segurança da obra. Levavam a essa inteligência não só a colocação topográfica da norma, por isso que situada na seção que disciplinava o contrato de empreitada, como, também, o elemento gramatical.

6. Interpretação evolutiva

De todos é sabido, entretanto, que, das várias formas de interpretação, a gramatical é a mais pobre, não permitindo, muitas vezes, atingir-se a finalidade da norma. Empregam-se, então, outros métodos de interpretação, principalmente o teleológico e o histórico-evolutivo, em busca da *voluntas legis*, tendo em vista que a lei, uma vez editada, adquire vida e vontade próprias, visceralmente ligadas ao seu fim social e às exigências do bem comum que ela visa satisfazer. Sem violar o texto da lei, nem assentar baterias contra ela, pode o intérprete, dentro de certos limites, colaborar com o legislador, melhorando, lapidando e valorizando a norma.

Escreveu o douto Mário Guimarães: *"Por mais sábio que seja o legislador, por mais previdente ou por mais casuísta, não poderá nunca prever toda a variedade de relações sobre as quais vai recair a lei. Surgirá, possivelmente, um novo matiz, uma circunstância tal que permitirá, na extensão do preceito ao fato, a interferência do intérprete para a evocação aos fins sociais. Sobretudo se com a aplicação rígida da lei, em sua interpretação gramatical ou lógica, chegar a resultado evidentemente absurdo. A lei tem por si a presunção de bom senso. Mas, ainda assim, não substituirá o intérprete a sua opinião à que conste do texto. Procurará apenas a concordância entre as palavras e o fim da lei, dando prevalência a este."*[5]

Ora, editado no início do século XX, ao tempo em que a indústria da construção civil era incipiente, o art. 1.245 do Código Civil de 1916, se interpretado gramatical e restritivamente, não mais se ajustaria aos complexos problemas emergentes do extraordinário surto de construções das últimas décadas. Foi necessário dar ao referido dispositivo legal uma correta inteligência, que nos possibilitou dele extrair um sentido atual.

---

5 *O juiz e a função jurisdicional*, p. 332

Pondera o insigne Carlos Maximiliano que "*a doutrina que admite o escopo alterável com o tempo, e se preocupa, de preferência, com o objetivo atual das disposições, é hoje aceita por quase todas as correntes doutrinárias. [...]. O Direito progride sem se alterarem os textos [...]. Os mestres da hermenêutica fornecem espírito novo à lei velha e atribuem às expressões antigas um sentido compatível com as ideias contemporâneas*".[6]

Atente-se ainda para fato de que o Código Civil de 1916 disciplinava o contrato de empreitada de modo geral nos seus artigos 1.237-1.244. Entretanto, ao chegar ao art. 1.245 tratou especificamente da empreitada de edifícios e outras construções, o que evidencia que a finalidade desse dispositivo não era o contrato de empreitada em geral, mas, sim, *definir a responsabilidade do construtor*.

Essas e outras razões levaram a melhor doutrina a sustentar que o art. 1.245 do Código Civil de 1916 não disciplinava apenas a responsabilidade do empreiteiro de materiais e mão de obra; disciplinava também, e principalmente, a responsabilidade do construtor de obra considerável, qualquer que fosse a modalidade adotada para a execução dos serviços, tendo em vista as peculiaridades técnicas dessa atividade e os altos riscos que ela representa para a sociedade.

7. Solidez e segurança da obra

A segurança e a solidez da obra são matéria de ordem pública, que interessa a todos os cidadãos e ao próprio Estado, e não apenas ao empreiteiro e ao dono da obra. O construtor, que deve ser um técnico, conhecedor das regras que disciplinam a sua arte, tem responsabilidade para com a sociedade, além de perante o dono da obra, razão pela qual, qualquer que seja a modalidade de construção - por empreitada, por administração ou por atividade própria -, responde pela solidez e segurança da obra durante o prazo de cinco anos previsto no art. 1.245 do Código Civil de 1916, sem necessidade de se questionar sobre a sua culpa.

Foi decisiva na formação desse entendimento a posição de Hely Lopes Meirelles, autor da melhor obra sobre o direito de construir:

> *O art. 1.245, em exame, alude expressamente ao 'empreiteiro de materiais e execução' como responsável, por cinco anos, pela solidez e segurança da obra. Diante do texto legal pode parecer que o empreiteiro de lavor e demais construtores que não concorram com o material ficarão isentos pela solidez e segurança da construção. Mas, na realidade, não é assim. O que a lei quer dizer é*

---

6 *Hermenêutica e aplicação do Direito*, 9ª ed. Forense, 1984, nº 164

que, tratando-se de empreiteiro de materiais e execução, responde sempre e necessariamente pelos defeitos do material que aplica e pela imperfeição dos serviços que executa. Se a obra assim realizada apresentar vícios de solidez e segurança, já se entende que outro não pode ser o responsável por esses defeitos senão o construtor. Contra ele milita uma presunção legal e absoluta de culpa por todo e qualquer defeito de estabilidade da obra que venha a se apresentar dentro de cinco anos de sua entrega ao proprietário. Até mesmo pelos erros do projeto responde o construtor enquanto não demonstrar a sua origem.

(...)

Diante da norma civil e das disposições reguladoras do exercício da Engenharia e da Arquitetura, a responsabilidade pela solidez e segurança da obra é extensiva a todo construtor, qualquer que seja a modalidade contratual da construção. Em princípio, a responsabilidade pela perfeição da obra e pela sua solidez e segurança é integral e única do construtor, mas pode ser transferida ao autor do projeto ou partilhada com os que nele interferiram, conforme a culpa de cada um".[7]

8. O artigo 618 do Código Civil de 2002

Fez-se necessária essa reflexão em torno do art. 1.245 do Código Civil de 1916 porque o artigo 618 Código de 2002, base legal da responsabilidade do construtor, praticamente o reproduziu: *"Nos contratos de empreitada de edifícios ou outras construções consideráveis, o empreiteiro de materiais e execução responderá, durante o **prazo irredutível de cinco anos**, pela solidez e segurança do trabalho, assim em razão dos materiais, como do solo."*

Como se vê, o Código de 2002 em nada inovou a disciplina do Código revogado. Referiu-se apenas ao *empreiteiro*, omitindo-se quanto à responsabilidade do construtor, sem dúvida por estar o legislador de acordo com tudo aquilo que a doutrina e a jurisprudência haviam construído sobre o tema, e que, por via de consequência, continuará aplicável ao construtor.

9. Natureza do prazo previsto no artigo 618 do Código Civil de 2002

Muito se discutiu também em torno da natureza do prazo de cinco anos previsto no art. 1.245 do Código de 1916, ao qual corresponde o art. 618 do Código de 2002. As principais teses então existentes podem ser assim resumidas:

---

7   *Direito de construir*, 8. ed., atualizada por Eurico de Andrade Azevedo, com a colaboração de Paulo Grandiski e Sonia Maria Morandi M. de Souza, Malheiros, 2000, p. 258-259

a) o prazo não era imperativo, podendo ser reduzido através de cláusula do contrato de empreitada;

b) o direito do proprietário de reclamar por vícios ocultos prescrevia em seis meses, a contar do recebimento da obra, consoante o art. 178, § 5º, IV, do Código Civil de 1916;

c) o prazo de cinco anos previsto no art. 1.245 do Código Civil de 1916 era de decadência, após o qual cessava a responsabilidade do construtor, contra o qual não mais poderia ser ajuizada nenhuma ação.

8.1. Prazo de ordem pública

Todas essas teses foram superadas pela doutrina e dominante jurisprudência porque, na realidade, incompatíveis com a finalidade do dispositivo em revisão. Generalizou-se a convicção de que esse prazo não foi estabelecido para atender exclusivamente aos interesses do proprietário, mas também, e principalmente, ao interesse de toda a coletividade. Trata-se, destarte, de prazo imperativo, de ordem pública, não sendo possível ao construtor dele se eximir, nem reduzir a sua amplitude através de cláusula contratual. Resulta da lei, independentemente de cláusula que o consigne, e não admite modificação pela vontade das partes.[8]

Esse entendimento está hoje positivado no texto do art. 618 do Código, que fala em *prazo irredutível de cinco anos*.

8.2. Prazo de garantia e não de caducidade, nem prescricional

A começar por Clóvis,[9] passando por Carvalho Santos,[10] Pontes de Miranda,[11] até chegar em Aguiar Dias, Hely Lopes Meirelles e outros, a quase totalidade dos autores entendia que o prazo fixado no art. 1.245 do Código Civil de 1916 era de *garantia* ou *prova*, e não de caducidade, nem de prescrição. Com efeito, prazo de prescrição é o lapso de tempo que a lei fixa discricionariamente, tendo em vista a estabilidade das relações jurídicas, sem a qual não haverá certeza, paz e harmonia. O prazo de caducidade, por sua vez, tem um caráter de punição pela omissão e incúria do titular de um direito em não fazer qualquer coisa no tempo e pelo modo determinado.

Ora, o prazo em exame não deriva da necessidade de certeza nas relações jurídicas, nem do propósito de impor penalidade ou punição ao titular

---

8 Hely Lopes Meirelles, *Direito de construir*, p. 259
9 *Código Civil comentado*, 2. ed., v. 1º/424
10 *Código Civil Interpretado*, v. 17/348
11 *Tratado de Direito Privado*, v. 4/405

de um direito que se mostra negligente na defesa dele. A sua causa real está na deliberação de tornar efetiva a solidez e a segurança da obra para todos. Trata-se, portanto, de uma *garantia legal e de ordem pública*, não somente ao proprietário, mas também, e principalmente, à sociedade em geral. Durante cinco anos o construtor fica adstrito a assegurar a solidez e a segurança da construção, respondendo pelos vícios e defeitos que se manifestarem nesse prazo, bem como por qualquer dano que a obra causar a terceiros. A lei não obrigava, entretanto, que o dono da obra ou o eventual terceiro prejudicado intentasse nesse mesmo prazo a ação de ressarcimento, o que poderia ser feito enquanto não se escoasse o prazo prescricional, então de 20 anos.

Merece destaque, por sua clareza e objetividade, a lição do insigne Washington de Barros Monteiro: *"O prazo prescritivo para arguir vício redibitório não corre a favor do empreiteiro de obra e material, em virtude do dispositivo excepcional do artigo 1.245 [...]; durante o quinquênio o construtor fica adstrito a assegurar a solidez e segurança da construção; entretanto, embora excedido o prazo, poderá o proprietário demandar o construtor pelos prejuízos que lhe advierem da imperfeição da obra. Só ao cabo de 20 anos*[12] *prescreve a ação do primeiro contra o segundo para a reposição da obra em perfeito estado. A teoria da unidade de prazo para a ação e para a garantia não tem apoio sério em nosso sistema legal."*[13]

A lição do mestre Aguiar Dias é ainda mais enfática: "*o prazo de cinco anos não diz respeito à ação de que dispõe o dono da obra prejudicado, com o que estaria o dispositivo estabelecendo um prazo de decadência de direito. Esse prazo se refere à garantia e não ao exercício da ação que essa garantia porventura fundamente. De forma que a prescrição da ação é a comum de 20 anos*".[14]

Por derradeiro, a lição de Hely Lopes Meirelles: *"O prazo quinquenal dessa responsabilidade é de garantia, e não de prescrição, como erroneamente têm entendido alguns julgados. Desde que a falta de solidez ou de segurança da obra apresente-se dentro de cinco anos de seu recebimento, a ação contra o construtor e demais participantes do empreendimento subsiste pelo prazo prescricional comum de 20 anos, a contar do dia em que surgiu o defeito. Por outro lado, tratando-se de prazo de garantia*, não admite interrupção ou suspensão, mas poderá ser ampliado contratualmente, se

---

12   20 anos era o prazo comum de prescrição no C.C/16
13   *Curso de Direito Civil – Direito das Obrigações*, v. II/209
14   *Da responsabilidade civil*, v. I/353

assim o desejarem as partes. O que não pode é ser suprimido ou reduzido, pois a lei civil fixa um *mínimo de ordem pública".*[15]

Em suma, por se tratar de prazo de garantia e não prescricional, **na vigência do Código Civil de 1916 a pretensão indenizatória podia ser exercida no prazo de 20 anos, que era o prazo prescricional comum, e pode ser no prazo de 10 anos a partir da vigência do Código de 2002.** O Egrégio Superior Tribunal de Justiça consolidou esse entendimento na **Súmula 194**, que diz: *"Prescreve em 20 anos a ação para obter, do construtor, indenização por defeitos da obra".* O único reparo que foi feito nessa súmula diz respeito ao prazo prescricional, que passou de 20 para 10 anos após a vigência do Código de 2002, como segue:

> "RESPONSABILIDADE DO CONSTRUTOR. DEFEITOS DA CONSTRUÇÃO. **PRAZOS DE GARANTIA E DE PRESCRIÇÃO.** DECISÃO MANTIDA POR SEUS PRÓPRIOS FUNDAMENTOS. IMPROVIMENTO.
>
> (...)
>
> **Na linha da jurisprudência sumulada desta Corte (Enunciado 194), 'prescreve em vinte anos a ação para obter, do construtor, indenização por defeitos na obra'. Com a redução do prazo prescricional realizada pelo novo Código Civil, referido prazo passou a ser de 10 (dez) anos.** Assim, ocorrendo o evento danoso no prazo previsto no art. 618 do Código Civil, o construtor poderá ser acionado no prazo prescricional acima referido."[16]
>
> "AÇÃO DE REPARAÇÃO CIVIL POR DANOS DECORRENTES DE INADIMPLEMENTO CONTRATUAL. PRESCRIÇÃO DECENAL. **Aplica-se o prazo prescricional de dez anos, previsto no art. 205 do Código Civil, à reparação civil por danos decorrentes de inadimplemento contratual.** Precedentes. 2. Agravo regimental a que se nega provimento"[17]

8.3. O parágrafo único do artigo 618 do Código Civil

Inovou o Código de 2002 em relação à decadência, que no parágrafo único do seu art. 618 agora dispõe: *"Decairá do direito assegurado neste artigo o dono da obra que não propuser a ação contra o empreiteiro, nos 180 dias seguintes ao aparecimento do vício ou defeito."* Temos agora, inquestionavelmente, um prazo decadencial.

Três conclusões podem ser extraídas desse dispositivo:

> 1) O prazo de cinco anos estabelecido no *caput* nada tem a ver com decadencial. É, como visto, prazo de garantia, de ordem pública, irredutível.

---

15   Direito de construir, *pp. 259-260*
16   AgRg no Ag 1208663-DF, Rel. Min. Sidnei Beneti, 3ª T., *DJ* 18-11-2010
17   AgRg no Ag 1327784-ES, Relª Minª Isabel Gallotti, 4ª T., *DJe* 6-9-2013

> 2) O prazo de decadência estabelecido neste parágrafo único é para o exercício do direito de ação em relação aos vícios e defeitos que a obra apresentar no período de cinco anos. Se nesse prazo a obra apresentar defeitos em diferentes momentos, para cada novo defeito haverá o prazo de 180 dias para a propositura da respectiva ação, sempre a contar do aparecimento do vício ou defeito, mesmo em relação àqueles defeitos que, por ironia, só se manifestarem no último dia dos cinco anos.
>
> 3) Esse prazo decadencial só tem aplicação em relação ao *dono da obra* e o empreiteiro/construtor, conforme expresso no texto legal, não afetando a ação de terceiros contra o construtor, sujeitos apenas à prescrição, no prazo estabelecido no Código Civil.

Portanto, observa Rui Stoco com a agudeza que lhe é peculiar, *"nos contratos de empreitada de edifícios e outras construções de maior porte, a lei assegurou uma garantia especial de cinco anos, condicionada ao exercício da ação no prazo de 180 dias, sem prejuízo do prazo prescricional de dez anos."*[18]

9. Conceito de solidez e segurança da obra

O art. 618 do Código Civil, tal como o art. 1.245 do Código revogado, fala em "solidez e segurança do trabalho". Numa interpretação textual, alguns julgados sustentaram que a garantia desse dispositivo não cobre qualquer defeito; somente aqueles que põem em risco a solidez e segurança da obra, isto é, que, por sua gravidade, podem acarretar a ruína do prédio.

Neste ponto, também, a norma em exame não comporta interpretação puramente gramatical. Quando a lei fala em solidez e segurança está a se referir não apenas à solidez e segurança globais, mas, também, parciais. Esses vocábulos devem ser interpretados com certa elasticidade, abrangendo danos causados por infiltrações, vazamentos, quedas de blocos do revestimento etc.

Comentando o art. 1.245 do Código de 1916, Mário Moacyr Porto já sustentava que inclui-se na garantia quinquenal todo defeito que compromete a destinação do imóvel, pois *segurança* também significa garantia de que a construção serve, a contento, ao fim para que foi construída ou destinada. O mesmo se estende ao solo. Pouco importa que o proprietário, informado sobre a sua inadequação, mesmo assim autorize a construção sobre solo impróprio. O empreiteiro não se exime ao dever de indenizar praticando atos ou anuindo a determinações arbitrárias ou ambiciosas do

---

18 *Tratado de responsabilidade civil*, 9ª ed., t. I, RT, p. 700

proprietário, pois sabe, por ser um técnico, que estaria a erguer uma obra sem os requisitos indispensáveis à sua solidez e segurança.[19].

A doutrina atual também reforçou e ampliou esse entendimento, seguramente mais correto: "*A jurisprudência vem acertadamente alargando o conceito de solidez e segurança, para responsabilizar o empreiteiro quando a obra se revela imprópria para os fins a que se destina. Com efeito, é inseguro o edifício que não proporcione a seus moradores condições normais de habitabilidade e salubridade. Consideram-se defeitos graves as infiltrações, vazamentos e demais vícios que afetem a salubridade da moradia, e não apenas o risco de ruína.*[20]"

O Egrégio Superior Tribunal de Justiça, que tem a palavra final sobre a matéria, consagrou esse entendimento desde os seus primórdios:

> Empreitada de construção de edifício. Aplicação do artigo 1.245 do Código Civil. **Conceito de 'segurança' do prédio. Infiltrações de águas e umidade.** O art. 1.245 do Código Civil deve ser interpretado e aplicado tendo em vista as realidades da construção civil nos dias atuais. Vazamentos nas instalações hidráulicas, constatados pericialmente e afirmados como defeitos de maior gravidade nas instancias locais. Prejuízos inclusive à saúde dos moradores. **Não é seguro um edifício que não proporcione a seus moradores condições normais de habitabilidade e salubridade.** Doutrina brasileira e estrangeira quanto à extensão da responsabilidade do construtor (no caso, da incorporadora que assumiu a construção do prédio). **Prazo quinquenal de garantia.**[21]
>
> Responsabilidade do construtor. Defeitos da construção. **Prazos de garantia e de prescrição.** Cabe a responsabilização do empreiteiro quando a obra se revelar imprópria para os fins a que se destina, sendo considerados graves os defeitos que afetem a salubridade da moradia, como infiltrações e vazamentos, e não apenas aqueles que apresentam o risco de ruína do imóvel."[22]

Esse entendimento não só foi mantido pelo Código Civil de 2002, mas até reforçado, uma vez que o seu art. 618 fala em solidez e segurança do trabalho, tanto em razão dos *materiais* como do *solo*, sem reproduzir a ressalva da parte final do art. 1.245 do Código revogado: "exceto quanto a este, [*solo*] se, não o achando firme, preveniu em tempo o dono da obra".

---

19   Artigo cit., *RF* 303/19
20   *Nancy Andrighi, Sidnei Beneti e Vera Andrighi*, Comentários ao novo Código Civil: *das várias espécies de contratos, do empréstimo, da prestação de serviços, da empreitada, do depósito*, Forense, 2008, v. IX, p. 314
21   REsp 1882-RJ, Rel. Min. Athos Carneiro, 4ª T., *DJ* 6-3-1990
22   AgRg no Ag 1208663-DF, Rel. Min. Sidnei Beneti, 3ª T. *DJ* 18-11-2010

10. Responsabilidade extracontratual do construtor

Assentado que a garantia do art. 618 do Código Civil é de ordem pública, estabelecida em defesa da incolumidade e segurança coletivas, impõe-se concluir que o construtor tem responsabilidade não só perante o dono da obra mas, também, em relação a terceiros (vizinhos ou não) que eventualmente venham a sofrer algum dano pelo fato da obra. É comum, durante a construção, aparecerem rachaduras e abalos estruturais nos prédios vizinhos em razão de escavações no terreno ao lado e vibrações do estaqueamento; quedas de materiais e outros objetos atingem transeuntes; desabamento de marquise e até do próprio prédio fere e mata pessoas.

Inexistindo relação jurídica precedente entre o construtor e os terceiros eventualmente prejudicados pelo fato da construção, a sua responsabilidade é extracontratual em todos esses eventos comuns nas edificações. Essa responsabilidade pode ser também enquadrada no parágrafo único do art. 927 do Código Civil (além do art. 618), pois a atividade profissionalmente desempenhada pelo construtor é de risco, e, como tal, objetiva, bastando para a sua caracterização a relação de causalidade entre o dano e a construção. Somente o fortuito externo, a causa inteiramente estranha à construção, poderá excluí-la.

11. Responsabilidade solidária do dono da obra

Atente-se, todavia, a que a responsabilidade do construtor não afasta a responsabilidade do dono da obra, que aufere os proveitos da construção. A responsabilidade do proprietário em relação aos vizinhos tem por base o art. 1.299 do Código Civil, que, ao garantir-lhe o direito (faculdade) de construir no seu terreno, assegura aos vizinhos a incolumidade física e patrimonial. Em relação a terceiros (não vizinhos) serve de fundamento o art. 937 do Código Civil, que cria uma presunção de responsabilidade para o proprietário do prédio em construção.

Resulta do exposto que há solidariedade passiva entre o construtor e o dono da obra no que respeita aos danos que o fato da construção causar a terceiros, vizinhos ou não. O prejudicado poderá mover a ação de ressarcimento contra qualquer deles ou contra ambos, sem ter que demonstrar quem foi o responsável pelo defeito de construção do prédio.

Há quem sustente que "o responsável pelos danos que a construção causar a terceiros (não vizinhos) é o construtor"; "o proprietário só se solidarizará na responsabilidade se houver confiado a obra a pessoa inabilitada para os trabalhos de Engenharia e Arquitetura". Estando a "execução do projeto cometida a profissional diplomado ou a sociedade legalmente autorizada a construir, fica afastada a presunção de culpa do proprietário, ainda que o dano decorra de ato culposo do construtor".[23]

Mas a doutrina e a jurisprudência não aderiram a esse entendimento, não só pelo que já ficou exposto mas, também, por ser ato indiferente para o terceiro prejudicado o ajuste celebrado entre o proprietário e o construtor. O contrato de construção, qualquer que seja a sua modalidade, é *res inter alios* para a vítima. Repetimos que não lhe compete averiguar, nem demonstrar que o dano sofrido pelo fato da construção resultou de imperícia do construtor ou de falta de cautela do proprietário ao escolhê-lo. Ambos exercem atividade que põe em risco a coletividade em geral. O que solidariza e vincula o proprietário e o construtor pela reparação do dano sofrido por terceiro é, objetivamente, a lesão decorrente do fato da construção, fato, este, proveitoso tanto para o dono da obra como para quem a executa com fim lucrativo. E, sendo princípio de Direito que quem aufere os cômodos suporta os ônus, ambos devem responder pelos danos que o fato da construção causar a terceiros; o construtor com base no art. 618 c/c o parágrafo único do art. 927 do Código Civil, e o proprietário com fundamento nos arts. 927, parágrafo único, e 937 do mesmo Código.

O que o dono da obra poderá fazer – aí, sim, baseado no contrato – é promover ação regressiva contra o construtor para se ressarcir daquilo que tiver indenizado ao terceiro.

A jurisprudência dos nossos Tribunais, inicialmente vacilante – porquanto o Supremo Tribunal Federal chegou a decidir que a responsabilidade do proprietário do imóvel pelos danos causados pela construção fica afastada desde que a construção tenha sido entregue a elementos idôneos que se tenham responsabilizado pelas obras[24] –, firmou-se, depois, no sentido de reconhecer a responsabilidade solidária do construtor e do proprietário e de dispensar a prova de culpa pelo evento danoso a terceiro. [25]

12. Síntese conclusiva

A responsabilidade do construtor é de resultado, porque ele se obriga pela boa execução da obra, de modo a garantir sua solidez e capacidade para atender ao objetivo para o qual foi encomendada. Defeitos da obra, aparentes ou ocultos, que importem sua ruína total ou parcial, configuram violação dos *deveres de qualidade e segurança* do construtor, verdadeiras

---

23   Hely Lopes Meirelles, *Direito de construir*, p. 265
24   *RF* 115/106
25   *RT* 270/208, 271/219, 272/166, 281/211 e 350, 284/251, 286/355 e 885, 287/201, 290/179, 294/247

obrigações de garantia, ensejando-lhe o dever de indenizar independentemente de culpa.

A distinção entre obrigação de meio e de resultado tem por finalidade principal o **ônus da prova**. Por ser **objetiva** a responsabilidade do devedor na obrigação de resultado, o credor não precisa demonstrar a sua culpa: basta-lhe provar que o resultado prometido não foi alcançado.

O artigo 618 do Código Civil, base legal da responsabilidade do construtor, fala textualmente em **solidez e segurança** do trabalho, abrangendo esses vocábulos não apenas a solidez e segurança globais, mas também parciais, como infiltrações, vazamentos, quedas de blocos do revestimento etc., que atentam contra o fim a que a obra se destina, ou seja, uma condição de habitabilidade confortável, ainda que não haja comprometimento da parte estrutural do imóvel, como pilares, vigas e lajes.

O **prazo de cinco anos** previsto no artigo 618 do Código Civil não é prescricional nem decadencial, mas sim **prazo de** garantia legal e de ordem pública estabelecido em favor não somente do proprietário, mas também, e principalmente, em benefício da sociedade em geral. Durante cinco anos, o construtor fica adstrito a assegurar a solidez e a segurança da construção, respondendo objetivamente pelos vícios e defeitos que se manifestarem nesse prazo, bem como por qualquer dano que a obra possa causar a terceiros.

É de **dez anos o prazo prescricional** da ação para se obter do construtor indenização por defeitos na obra – prazo prescricional ordinário estabelecido no art. 205 do Código Civil. Nesse sentido a doutrina majoritária e a jurisprudência sumulada do Superior Tribunal de Justiça no Enunciado 194: "prescreve em vinte anos a ação para obter, do construtor, indenização por defeitos na obra. Com a redução do prazo prescricional realizada pelo novo Código Civil, referido prazo passou a ser de 10 (dez) anos.

Relativamente ao termo inicial da prescrição, é preciso lembrar que uma coisa é o **prazo de garantia da obra** e outra coisa é o **prazo prescricional** da pretensão indenizatória por defeitos na obra, iniciando-se a contagem deste prazo a partir da descoberta ou conhecimento dos vícios ou defeitos da construção, desde que tais vícios ou defeitos tenham ocorrido ou se revelado no prazo de garantia de cinco anos previsto no art. 618 do Código Civil.[26]

---

26 AgRg no Ag 1208663-DF, Rel. Min. Sidnei Beneti, 3ª T., j. 18-11-2010, *DJe* 30-11-2010

Responsabilidade Civil do Incorporador Imobiliário

Patricia Ribeiro Serra Vieira

> *Há algumas regras que são fundamentais, não só no mercado imobiliário ou no Direito Imobiliário, como em qualquer outro. (...) O mercado não se faz apenas com conhecimentos jurídicos, também é indispensável um comportamento ético impecável.* (Revista de Direito Imobiliário, ABAMI, ano 17, n° 87, jan/fev/março de 2020, p.15, Entrevista com o **professor Sylvio Capanema de Souza**)

1. Introdução

Inegavelmente o professor Sylvio Capanema sabia associar como poucos competência à empatia. Isso se dava a partir de uma oratória espetacular, marca especial de sua trajetória intelectual, aguerrida e envolvente.

Para o traçado da reponsabilidade civil do incorporador, pesquisei decisões afeitas ao tema proferidas pelo professor Capanema enquanto desembargador do Tribunal de Justiça do Estado do Rio de Janeiro. Com essa investida, adotei as diretrizes comuns a doutrina e jurisprudência nacionais,[1] partindo, para tanto, da manifesta premissa de que o processo de urbanização das cidades fomentou o mercado imobiliário e o pôs em evidência.

Levei em conta aqui, sem dúvida, que aquele mercado vem sofrendo com os rigorosos e nefastos efeitos da crise econômica (e, consequentemente, da reflexa crise na construção civil), no qual o incorporador se notabiliza como figura primordial.

O incorporador não se viu, na origem do termo, elevado a uma categoria jurídica. Ele nem sequer recebeu essa nominação por lei. Pelo contrário, ele é uma *imposição do comércio local*. Ou seja, "o incorporador existiu antes de o direito ter cogitado dele" (PEREIRA, 2018).

A incorporação imobiliária é uma atividade muito ampla. Ela pode se desenvolver desde o planejamento da obra, a captação de recursos, a aquisição do terreno, a construção e venda das unidades até a regularização, a entrega e a conclusão do empreendimento.

O incorporador, portanto, está submetido à intensa judicialização, especialmente a partir da última década, com a disparada dos pedidos de

---

[1] Perdura ainda divergência quanto à aplicação do CDC, de forma ampla e irrestrita, em todos os negócios jurídicos que envolva adquirente em empreendimento imobiliário (na concepção de destinatário final).

resilição ou desfazimento/desistência de contrato, por impossibilidade de o promitente comprador continuar honrando seus compromissos. É inconteste que a estabilidade dos negócios jurídicos realizados depende do incorporador. Nesse contexto, se vê como legitimado à responsabilização civil, ao lado do construtor, em específico, pela intermediação lucrativa que faz. Sem o incorporador, um empreendimento imobiliário é hoje pouco viável.

2. A Responsabilidade Civil do Incorporador

A nota introdutória fala por si. O amplo número de atividades das quais o incorporador faz parte pode ser observado no esforço da doutrina e da jurisprudência nacionais de estabelecer uma conceituação precisa e dinâmica. Elas visam, com isso, evidenciar a amplitude do fenômeno incorporativo. De acordo com Sergio Cavalieri Filho (2015, p. 461), o conceito de incorporador, de plano, deve ser admitido para que atendida a literalidade do art. 29 da Lei nº 4.591/1964.[2]

Nessa perspectiva, o incorporador tem, por força de lei, a obrigação de entrega do prédio, se assumi-la, nos moldes do projeto de construção e memorial descritivo (artigos 31, 32, "d" e "g" e 43 da mencionada Lei de Incorporações).[3] Concluída a obra e concedido o *habite-se* pela autoridade

---

[2] Art. 29. Considera-se incorporador a pessoa física ou jurídica, comerciante ou não, que embora não efetuando a construção, compromisse ou efetive a venda de frações ideais de terreno objetivando a vinculação de tais frações a unidades autônomas, (VETADO) em edificações a serem construídas ou em construção sob regime condominial, ou que meramente aceite propostas para efetivação de tais transações, coordenando e levando a termo a incorporação e responsabilizando-se, conforme o caso, pela entrega, a certo prazo, preço e determinadas condições, das obras concluídas.

[3] O art. 43 da referida lei dispõe que, na hipótese de o incorporador contratar a entrega de unidade a prazo e preços certos, determinados ou determináveis, mesmo quando pessoa física, ser-lhe-á imposta, dentre tantas outras, a responsabilização civil pela *execução da incorporação, devendo indenizar os adquirentes ou compromissários, dos prejuízos que a estes advierem do fato de não se concluir a edificação ou de se retardar injustificadamente a conclusão das obras, cabendo-lhe ação regressiva contra o construtor, se for o caso e se a este couber a culpa.* Tal dispositivo legal se viu acrescido (pelo art. 43-A da Lei disciplinadora do desfazimento de contrato por inadimplemento do adquirente de unidade imobiliária em incorporação e em parcelamento do solo urbano), de forma que validado o prazo de tolerância de 180 dias, para a entrega do imóvel, desde que expressamente pactuado, de forma clara e destacada, sem qualquer penalidade aos responsáveis pelo empreendimento (reflexo da jurisprudência assente sobre a questão), ficando impedido o adquirente de resilir o contrato em virtude de obra não concluída no prazo primário, não devendo, portanto, vindicar qualquer pagamento a título de penalidade do incorporador (Lei nº 13.786, de 27/12/2018).

competente, cabe ao incorporador proceder à averbação da construção das edificações, de forma individualizada e discriminada das unidades, vindo a "responder perante os adquirentes pelas perdas e danos que resultem da demora no cumprimento dessa obrigação" (art. 44).

Não se pode negar que, quando a matéria afeita ao condomínio em edificações e às incorporações imobiliárias foi normatizada (1964, com retificação da lei em 1965), a responsabilidade civil do incorporador era contratual e subjetiva, quando derivada de avença por ele assumida. É importante, nesse ponto, esclarecer que, ainda hoje, a responsabilidade contratual, na sua origem, é subjetiva e respaldada pelo art. 392 do Código Civil brasileiro, uma vez que, nos contratos benéficos, *responde por simples culpa, a quem o contrato aproveite* (1ª parte).

Tal diretriz se via aplicada não só em detrimento do incorporador, mas também do adquirente, que dava causa ao desfazimento do negócio jurídico. Nos dias atuais, tal ocorrência se mostra avassaladora (e rotineira)[4]. A propósito, nos idos de 2003 nosso homenageado proferiu decisão em que alerta que o direito preservado à retenção do adquirente culposo tem de ser ponderado para evitar-se que o percentual retido *não se traduza em verdadeiro prêmio ao inadimplente*. Como se destaca:

> Ação ordinária. Rescisão de contrato de compra e venda. Incorporação imobiliária. Culpa do adquirente. Devolução das parcelas pagas. Havendo *culpa do adquirente*, na rescisão do negócio, já que confessa ele sua impossibilidade de solver parcelas do preço, é válida a retenção de parte do que já fora pago, sendo razoável o percentual fixado na sentença, de 70% para a devolução, na se justificando a elevação para 90%, só tendo a 2ª ré recebido as quantias pagas pelo adquirente, improcede o pedido quanto à 1ª ré, sendo irrelevante o fato de ser ela revel, o que não importa em acolhimento automático da pretensão. Havendo sucumbência recíproca as custas são rateadas e compensados os honorários, mantendo-se integralmente a sentença, que bem apreciou a hipótese. Desprovimento do recurso. (Grifos nossos) (Apelação cível nº 7.192/03, 10ª Câmara Cível, Rel. **Sylvio Capanema de Souza**)

Nesse cenário, a resolução contratual pressupõe uma conduta culposa, qual seja, a inadimplência do adquirente. Ela nos conduz, portanto, a uma análise necessária das especificidades do contrato (ou melhor, da própria situação desfeita, especialmente, o tempo de submissão a financiamento e parcelas honradas, em contraponto com as provas produzidas pelo incor-

---

4   "Fato marcante na grave crise que atravanca a economia nacional nos últimos anos é "a avalanche de quebra de contratos de promessa de compra e venda de imóveis integrantes de incorporações imobiliárias, que no ano de 2015 superou a marca de 40% dos contratos." (CHALHUB, 2016).

porador quanto às despesas do negócio assumido). E assim estabelece um percentual de retenção, razoável e proporcional, na faixa já legitimada pela jurisprudência nacional, entre 10% e 25%.

Até mesmo em tempos passados, a recomposição patrimonial pelo incorporador se via impraticável, porque, em tese, não é demonstrado em juízo o impacto econômico das decisões judiciais; aliás, essa problemática nos acompanha em uma gama de lesões que implicam em quantificação de dano.[5] Verifica-se:

> PROMESSA DE VENDA E COMPRA. RESILIÇÃO. DENÚNCIA PELO COMPROMISSÁRIO COMPRADOR EM FACE DA INSUPORTABILIDADE NO PAGAMENTO DAS PRESTAÇÕES. RETENÇÃO PELA VENDEDORA DE 25% NA DEVOLUÇÃO DO QUE FOI PAGO AO COMPRADOR. IMÓVEL NÃO OCUPADO PELO COMPRADOR.
>
> 1. A tese sustentada pela Embargante é a de que o percentual de 25% previsto na jurisprudência da Corte, já leva em conta ressarcimento pela "ocupação/utilização da unidade por algum período e desgaste do imóvel". Desse modo, quando ainda não entregue a unidade imobiliária, deve ser reduzido o percentual de retenção.
>
> 2. **O percentual de retenção tem caráter indenizatório e cominatório**. E não há diferenciação entre a utilização ou não do bem ante o descumprimento contratual e também não influi nas "despesas gerais tidas pela incorporadora com o empreendimento" (EREsp 59.870/SP, Rel. Min. BARROS MONTEIRO, DJ 9/12/2002).
>
> 3. Continuidade da adoção do percentual de 25% para o caso de resilição unilateral por insuportabilidade do comprador no pagamento das parcelas, independentemente da entrega/ocupação da unidade imobiliária, que cumpre bem o papel indenizatório e cominatório.
>
> 4. Embargos de divergência improvidos. [Relator Ministro Sidnei Beneti. Embargos de divergência em Agravo n° 1.138.183/PE (2010/0022620-3)]

Assim, sem prejuízo da relação contratual estabelecida, a responsabilidade civil do incorporador decorre, na sua origem, de lei. A despeito da previsão legal, em caso de defeito na obra, ou obrigações assumidas em torno dela, o incorporador, por não ser o construtor, comumente alega a

---

5   Melhim Chalhub alerta que "o risco de desaparecimento da base objetiva do negócio provocado pela redução do capital da incorporação tem sido agravado pelo desfazimento imotivado de promessa, reconhecido pela jurisprudência como um 'direito de desistência' do promitente comprador ou resilição unilateral por parte do promitente comprador; basta que o promitente comprador postule seu 'direito de desistência' para que seja decretado o desfazimento sem apreciação das nuances da situação e até mesmo deferido liminarmente, 'inaudita altera pars'". (CHALHUB, 2016)

sua ilegitimidade passiva *ad causam*, o que, na maciça maioria de casos, de nada adianta.

Não se pode negar que o tema da responsabilidade do incorporador foi abarcado pelos fenômenos que atingiram o sistema de responsabilização civil, tais como, a coletivização de direitos, a massificação social e a sua objetivação.[6] Leis especiais, preponderantemente, o Código de Defesa do Consumidor[7] (CDC) e a própria sistemática (e discussões prévias em torno) do Código Civil (CC) vigente, influenciaram a concepção das atividades desenvolvidas pelo incorporador como de risco. A propósito:

> DIREITO DO CONSUMIDOR. INCORPORAÇÃO IMOBILIÁRIA. ATRASO NA ENTREGA DA UNIDADE IMOBILIÁRIA. PRETENSÃO INDENIZATÓRIA POR DANOS MATERIAIS E MORAIS. SENTENÇA DE PROCEDÊNCIA PARCIAL DOS PEDIDOS. APELAÇÃO CÍVEL INTERPOSTA PELAS RÉS, PUGNANDO PELA REFORMA TOTAL DA SENTENÇA.
>
> 1) No caso concreto, as partes firmaram contrato de promessa de compra e venda de imóvel, no qual constava que a obra estaria concluída até março de 2014, prevendo, ainda, em sua cláusula 11.2, a prorrogação desse prazo em até 90 dias. 1.1) Validade da cláusula de tolerância, em conformidade com o Enunciado nº 350, da Súmula, deste Tribunal de Justiça.
>
> (...)

---

[6] "Tais fenômenos se põem como consequentes dos avanços da ciência e da tecnologia industrial, com a impossibilidade de aferição da culpa entre uma vasta categoria de pessoas – sociedade de massa – provocadoras dos denominados danos anônimos, aliados ao papel desempenhado pelo estado social de direito, levaram a uma reflexão profunda sobre o instituto da responsabilidade civil. (...) A responsabilidade objetiva vem se desenvolvendo sob o manto dos princípios da equidade – quem lucra com uma atividade ou situação responde pelo risco ou prejuízos dela provenientes – e da solidariedade – mesmo aquele que não tenha sido o responsável específico por um dano, por um padrão ético de justiça social, deve também arcar com ressarcimento à vítima." (SERRA VIEIRA, 2004, pp. 3-4).

[7] Numa proposta investigativa dos critérios objetivos de imputação de responsabilidade, Anderson Schreiber indica que: "Atento à nova axiologia constitucional, o Código de Defesa do Consumidor veio instituir a responsabilidade objetiva do fornecedor de produtos ou serviços, criando um sistema de responsabilização livre do fator subjetivo da culpa e abrangente de um vasto campo de relações na sociedade contemporânea. Em 2002, o novo Código Civil, tão tímido em outras matérias, consolidou corajosamente a orientação constitucional no campo da responsabilidade civil. Em primeiro lugar, converteu em objetiva a responsabilidade aplicável a uma série de hipóteses antes dominadas pela culpa presumida, como a responsabilidade por fato de terceiro e por fato de animais. Além disso, elegeu a responsabilidade objetiva em novas hipóteses como aquela relativa à responsabilidade empresarial 'pelos danos causados pelos produtos postos em circulação' (art. 931). Sua maior inovação, todavia, foi prever e, seu art. 927, uma cláusula geral de responsabilidade objetiva por atividades de risco (...)." (SCHREIBER, 2009, p. 21)

3) O descumprimento da obrigação de entrega da unidade imobiliária no prazo convencionado, implica na responsabilidade objetiva do incorporador ao pagamento de indenização ao adquirente. (Apelação Cível nº 0067458-07.2015.8.19.0001. Tribunal de Justiça do Estado do Rio de Janeiro, TJRJ, Relator: Desembargador Werson Rêgo. Julgado em 16/7/2020).

Em algumas situações haverá a solidariedade entre o incorporador e o construtor. Quando um incorporador contrata um construtor para o levantamento de edificação, sua obrigação se amplia. Ambos assumem conjuntamente a responsabilidade pela construção. O construtor, portanto, é igualmente responsável, na condição de causador direto do dano, e tem responsabilidade legal de garantir a solidez e segurança da obra. Segundo Cavalieri:

> Em conclusão, nas incorporações de imóveis, respondem solidariamente pelos defeitos da construção o incorporador e o construtor. O primeiro por ser o contratante; o segundo, não só em razão da garantia legal imposta por questão de ordem pública, mas, também, por ser o substituto do incorporador na execução do contrato de construção. Têm legitimidade para reclamar o ressarcimento os condôminos, em relação aos defeitos que se apresentarem em suas respectivas unidades, e o condomínio, no que respeita aos defeitos verificados nas partes comuns. (2015, p. 789)

Diante do dano ocorrido, torna-se imperiosa a responsabilidade solidária do incorporador e do construtor (artigo 942 CC), estando a responsabilidade do construtor fincada no art. 618 do CC. Conforme precedentes representativos:

> RECURSO ESPECIAL. INCORPORAÇÃO IMOBILIÁRIA. CONSTRUÇÃO DE EDIFÍCIO. VÍCIOS E DEFEITOS SURGIDOS APÓS A ENTREGA DAS UNIDADES AUTÔNOMAS AOS ADQUIRENTES. **RESPONSABILIDADE SOLIDÁRIA DO INCORPORADOR E DO CONSTRUTOR**. RECURSO PARCIALMENTE CONHECIDO E, NESSA PARTE, DESPROVIDO.
>
> 1. O incorporador, como impulsionador do empreendimento imobiliário em condomínio, atrai para si a responsabilidade pelos danos que possam resultar da inexecução ou da má execução do contrato de incorporação, incluindo-se aí os danos advindos de construção defeituosa.
>
> 2. A Lei nº 4.591/64 estabelece, em seu art. 31, que a "iniciativa e a responsabilidade das incorporações imobiliárias caberão ao incorporador". Acerca do envolvimento da responsabilidade do incorporador pela construção, dispõe que "nenhuma incorporação poderá ser proposta à venda sem a indicação expressa do incorporador, devendo também seu nome permanecer indicado ostensivamente no local da construção", acrescentando, ainda, que "toda e qualquer incorporação, independentemente da forma por que seja constituída, terá um ou mais incorporadores solidariamente responsáveis" (art. 31, §§ 2º e 3º).
>
> 3. Portanto, é o incorporador o principal garantidor do empreendimento no seu todo, **solidariamente responsável com outros envolvidos nas diversas etapas**

da incorporação. Essa solidariedade decorre tanto da natureza da relação jurídica estabelecida entre o incorporador e o adquirente de unidades autônomas quanto de previsão legal, já que a solidariedade não pode ser presumida (CC/2002, caput do art. 942; CDC, art. 25, § 1º; Lei 4.591/64, arts. 31 e 43).

4. Mesmo quando o incorporador não é o executor direto da construção do empreendimento imobiliário, mas contrata construtor, fica, juntamente com este, responsável pela solidez e segurança da edificação (CC/2002, art. 618). Trata-se de obrigação de garantia assumida solidariamente com o construtor.

5. Recurso especial parcialmente conhecido e, nessa parte, desprovido. (Recurso Especial n. 884.367 – DF. Superior Tribunal de Justiça - STJ, Relator: Ministro Raul Araújo. Julgado em 6/3/2012).

AGRAVO REGIMENTAL NO RECURSO ESPECIAL. RECURSO INCAPAZ DE ALTERAR O JULGADO. DIREITO DO CONSUMIDOR. **CONTRATOS DE INCORPORAÇÃO IMOBILIÁRIA. RESPONSABILIDADE PELO VÍCIO DO SERVIÇO. SOLIDARIEDADE.** CADEIA DE FORNECEDORES. INOVAÇÃO RECURSAL. DESCABIMENTO. REEXAME DE PROVAS. SÚMULA Nº 7/STJ. SÚMULA Nº83/STJ. INCIDÊNCIA. JULGADO DE ACORDO COM A JURISPRUDÊNCIA DESTACORTE.

1. As razões do presente agravo são totalmente dissociadas daquelas trazidas no recurso especial, de modo que a inovação recursal impede o conhecimento do pleito.

2. Em que pese o contrato de incorporação ser regido pela Lei nº 4.591/64, admite-se a incidência do Código de Defesa do Consumidor, devendo ser observados os princípios gerais do direito que buscam a justiça contratual, a equivalência das prestações e a boa-fé objetiva, vedando-se o locupletamento ilícito.

3. O incorporador, como impulsionador do empreendimento imobiliário em condomínio, atrai para si a responsabilidade pelos danos que possam resultar da inexecução ou da má execução do contrato de incorporação, incluindo-se aí os danos advindos de construção defeituosa.

(...)

6. Agravo regimental não provido.

Agravo Regimental no Recurso Especial n. 1.006.765 – ES. Superior Tribunal de Justiça - STJ, Relator: Ricardo Villas Bôas Cueva. Julgado em 18/3/2014.

O traçado jurisprudencial reforça a tese da responsabilidade solidária do incorporador. A meu ver, tal responsabilidade sofreu significativa influência dos fenômenos afeitos à objetivação da responsabilidade civil, sobretudo por conta de não só impulsionar pedidos de revisão contratual, mas, também, estimular um intenso debate sobre a efetividade da cláusula penal (e sua extensão) em casos judicializados.

A explicação está no seguinte fato: o incorporador, direta ou indiretamente, constrói e vende unidades imobiliárias, valendo-se do compromisso de que a promessa de venda se ajuste em caráter irretratável.[8] Portanto,

---

8   Contudo, conforme explica ainda Melhim Chalub, "para garantir a efetividade do direito individual do adquirente e, ainda, para assegurar a preservação da estabilidade

nessa dinâmica, o adquirente se consagra como destinatário final, já assumidamente vulnerável, econômica e tecnicamente hipossuficiente, funcionalizado o contrato – e o seu objeto (o imóvel) –, à sua moradia e/ou de sua família, estando todo esse contexto a legitimar a acolhida do CDC.

Considerando que o CDC não confronta a lei especial nº 4.591/1964, a figura do consumidor deve ser preponderante no trato direto da matéria. Do contrário, a plena garantia de conclusão do empreendimento, com a disponibilização das unidades a todos os adquirentes, fica comprometida. Como se doutrina e se aprecia:

> Quando ele vende e constrói unidades imobiliárias, assume uma **obrigação de dar** coisa certa, e isso é da essência do conceito de produto. Quando contrata a construção dessa unidade, quer por empreitada, quer por administração, assume uma **obrigação de fazer**, o que se ajusta ao conceito de serviço. E sendo essa obrigação assumida com alguém que se posiciona no último elo do ciclo produtivo, alguém que adquire essa unidade imobiliária como destinatário final, para fazer dela a sua moradia e de sua família, está formada a relação de consumo que torna impositiva a aplicação do Código de Defesa do Consumidor, porque as normas são de ordem pública. (CAVALIERI, 2015, p. 464)
>
> INCORPORAÇÃO. Resolução do contrato. Restituição. Lei nº 4.591/64. Código de Defesa do Consumidor.
>
> **O Contrato de Incorporação, no que tem de específico, é regido pela lei que lhe é própria (Lei nº 4.591/64), mas sobre ele também incide o Código de Defesa do Consumidor, que introduziu no sistema civil princípios gerais que realçam a justiça contratual, a equivalência das prestações e o princípio da boa-fé objetiva.**
>
> (...) Recurso não conhecido. (Súmulas 5 e 7). Recurso Especial n. 80.036 – SP. Superior Tribunal de Justiça - STJ, Relator: Ruy Rosado de Aguiar. Julgado em 12/2/1996.

Nas palavras de Flávio Tartuce:

> (..) Havendo incorporação imobiliária no regime de empreitada, é pacífica a jurisprudência quanto à aplicação do CDC se o adquirente for destinatário final fático e econômico do imóvel, ou seja, se não obtiver lucro dessa transação. (...)
>
> (...)
>
> Com o devido respeito, entendo que, entre uma e outra posição, a primeira é que deve prevalecer, havendo relação de consumo mesmo nos casos de aquisi-

---

do capital da incorporação, a Lei nº 4.591/1964 qualifica a promessa de venda como contrato irretratável (artigo 32, §2º), pois esses contratos têm, também, função de captação de recursos para formação do capital da incorporação". (CHALHUB, 2016).

ção de salas comerciais ou imóveis para investimento, em regra. Somente será afastada a sua caracterização se houver prova efetiva de que o adquirente tem como sua principal atividade econômica a atuação no mercado imobiliário, não sendo destinatário final fático e econômico do produto ou serviço. Sendo destinatário final fático, mas não econômico, como no caso de uma pessoa natural ou mesmo pessoa jurídica de pequeno porte que adquire os imóveis, mantendo a sua propriedade, mas os aluga para terceiros, e estando configurada a sua hipossuficiência no caso concreto, aplica-se o Código de Defesa do Consumidor, diante da *teoria finalista aprofundada*. (2018, pp. 970 e 974)

Apesar da existência de lei especial, não se pode negar que a aplicação do CDC é recorrente. Ela é, inclusive, sustentada por alguns doutrinadores em circunstâncias em que a aquisição do imóvel se dá meramente para investimento, tal como defende Tartuce.

Nesse diapasão, tem-se que o Superior Tribunal de Justiça como fomentador de um panorama jurisprudencial, a caminho da vinculação, onde firmadas substanciosas teses, com relevância a que dá efetividade àquele diploma legal na maioria dos casos (lides) que envolvem o incorporador e o adquirente, estando esse na condição de destinatário final; entretanto, é exceção o contrato de construção sob o regime de administração. Nesse caso, é claro, a orientação é de inaplicabilidade da referida lei:

AGRAVO INTERNO NO RECURSO ESPECIAL. AÇÃO DECLARATÓRIA CUMULADA COM RESCISÃO CONTRATUAL. CONTRATO DE CONSTRUÇÃO SOB O REGIME DE ADMINISTRAÇÃO. INADIMPLÊNCIA DE CONDÔMINO. LEILÃO EXTRAJUDICIAL. **INAPLICABILIDADE DO CÓDIGO DE DEFESA DO CONSUMIDOR. LEI nº 4.591/64.** PRECEDENTES. SÚMULA 83/STJ. ILEGITIMIDADE PASSIVA DA CONSTRUTORA. SÚMULA 7/STJ. AGRAVO INTERNO NÃO PROVIDO

1. No contrato de construção sob o regime de administração ou preço de custo, não há relação de consumo a ser tutelada pelo Código de Defesa do Consumidor, devendo a relação jurídica ser regida pela Lei de Condomínio e Incorporações Imobiliárias - Lei nº 4.591/64. Precedentes. Súmula 83/STJ.

(...)

3. Agravo interno a que se nega provimento.

Agravo Interno em Recurso Especial Nº 1.042.687- PR. Superior Tribunal de Justiça - STJ, Relator: Raul Araújo. Julgado em 27/9/2016.

RECURSO ESPECIAL. CIVIL. INCORPORAÇÃO IMOBILIÁRIA. CONSTRUÇÃO A PREÇO DE CUSTO. CONDÔMINOS INADIMPLENTES. LEILÃO DAS FRAÇÕES IDEAIS. RESTITUIÇÃO DOS VALORES PAGOS. RECURSO PARCIALMENTE PROVIDO.

1. Tratando-se de construção sob o regime de administração ou preço de custo, o construtor não pode ser considerado parte legítima para figurar no polo passivo de ação cujo escopo seja a restituição de parcelas pagas diretamente ao condomínio e por ele administradas para investimento na construção.

2. No caso em exame, os proprietários do terreno e os adquirentes das frações ideais formaram condomínio, ajustando a construção de edifício, sob o regime de preço de custo. Destarte, a relação jurídica estabeleceu-se entre os condôminos e o condomínio. Os primeiros ficavam responsáveis pelos custos da obra e o segundo por sua administração, fiscalização e pelos investimentos dos valores percebidos no empreendimento imobiliário.

3. Não há relação de consumo a ser tutelada pelo Código de Defesa do Consumidor. Na realidade, a relação jurídica, na espécie, é regida pela Lei de Condomínio e Incorporações Imobiliárias (Lei nº 4.591/64).

4. O art. 63 dessa lei prevê a possibilidade de o condomínio alienar em leilão a unidade do adquirente em atraso, visando à recomposição de seu caixa e permitindo que a obra não sofra solução de continuidade. Todavia, a autorização de alienação do imóvel não pode ensejar o enriquecimento sem causa do condomínio, de maneira que o § 4º estabelece que do valor arrematado deverão ser deduzidos: (I) o valor do débito; (II) as eventuais despesas; (III) 5% a título de comissão; e (IV) 10% de multa compensatória. E, havendo quantia remanescente, deverá ser devolvida ao condômino inadimplente.

5. Recurso especial parcialmente provido.

Recurso Especial nº 860.064 – PR. Superior Tribunal de Justiça - STJ, Relator: Raul Araújo. Julgado em 27/3/2012.

É motivo de preocupação dos atuantes no mercado imobiliário o chamado *direito de desistência* frente à submissão de avença em caráter irrevogável e irretratável.[9] Meramente pelo enquadramento do CDC, todo o cenário fático-jurídico inicial se modifica visto haver precedentes judiciais em que admitido ser um direito potestativo do consumidor desistir do negócio, desde que notificado previamente o vendedor. Em alguns casos, o comprador beneficia-se da quase integralidade do despendido por ele até então.

Nesse contexto, põe-se em xeque o entendimento sedimentado pelo enunciado nº 543 da súmula de jurisprudência do STJ, apesar de não tratar da desistência, e assim orientar: "na hipótese de **resolução** de contrato de promessa de compra e venda de imóvel submetido ao Código de Defesa do

---

9   Parte da comunidade jurídica defende que a sistemática interpretativa deve se valer da lei primeira sobre o tema (4.591/1964), assim como do Código Civil brasileiro, que institucionaliza pressupostos éticos, como informadores das avenças, de maneira que, como doutrina Martins-Costa e Branco: "o princípio da confiança vem especificado, no interior das relações que nascem do tráfego jurídico – notadamente (mas não exclusivamente) o tráfego negocial -, pelos correlatos e conexos princípios de lealdade e da boa-fé objetiva, ambos constituindo a dupla face da confiança. Esses princípios têm a característica de constituir normas de conduta que impõem a quantos entram em contato social relevante juridicamente deveres de conduta, entre os quais os de informação e os de proteção aos legítimos interesses do *alter*" (2002, p. 133).

Consumidor, deve ocorrer a imediata restituição das parcelas pagas pelo *promitente comprador – integralmente, em caso de culpa exclusiva do promitente* vendedor/construtor, ou parcialmente, caso tenha sido o comprador quem deu causa ao desfazimento".

Contudo, não se pode abandonar o direito obrigacional. É facultado ao credor, pela teoria clássica, exigir do devedor inadimplente o cumprimento do avençado ou se valer da resolução contratual (artigo 475 do CC). Logo, somente a resolução, segundo o entendimento sumulado, legitima a devolução de parte do valor pago, não devendo ser essa interpretação extensiva à desistência.[10]

No julgamento do REsp nº 1.635.428/SC (2016/01285000-5), de relatoria do Ministro Luis Felipe Salomão, é verificada a multiplicidade de recursos versados sobre a matéria posta a análise, qual seja: a possibilidade – ou não – de cumulação da indenização por lucros cessantes com a cláusula penal, nos casos de inadimplemento do vendedor pelo atraso na entrega do imóvel em construção objeto de promessa de compra e venda. O ministro relator afetou o referido recurso, em conjunto com o REsp nº 1.498.484/DF, e promoveu audiência pública, com a participação, dentre outros profissionais e entidades com notoriedade técnica na área do direito imobiliário, do advogado e professor **Sylvio Capanema**, que, na oportunidade, afiançou:

> A natureza compensatória da cláusula penal, traduzindo sua cumulação com lucros cessantes, ou com qualquer outra verba a título de perdas e danos, em um bis in idem repudiado pela ordem jurídica brasileira. Asseverou que a cláusula penal não é punitiva, mas, ao contrário, substitui a obrigação que visa garantir, não havendo, portanto, como cumula-la com qualquer outra análoga a perdas e danos, sob pena de enriquecimento invertido do credor. (...) E, complementa, que, no caso de mero adimplemento tardio (mora) – subsistindo interesse no adimplemento contratual –, usualmente, nos contratos de promessa de compra e venda, há cláusula estabelecendo multa que varia de 0,5% a 1% do valor

---

10 A advogada Emília Belo, em análise à decisão lançada no processo nº 0044683-95.2017.8.17.2001/TJPE, previne: "A súmula não pode ter um alcance superior ao seu objeto de debate. A incorreta aplicação da súmula está provocando uma série de decisões que na prática estão sendo proferidas sem o adequado enfrentamento do tema, afastando a aplicação de importantes dispositivos legais sem ao menos trazer fundamentos para tanto. As decisões fundamentam-se em uma súmula, que não debateu o assunto que está sendo objeto de julgamento. Esse fato pode ser percebido quando ficamos sem resposta, mesmo após análise da Decisão e da súmula, sobre a qual o fundamento que está sendo utilizado para se afastar a aplicabilidade do §2º do art. 32 da Lei 4.591/64 e do art. 475 do código Civil ou, mesmo, em qual dispositivo legal está fundada a resilição permitida exclusivamente diante da previsão legal, nos termos do art. 473 do Código Civil." (2018, pp. 257-58)

total do imóvel a cada mês de atraso, pois representa o aluguel que o imóvel alugado, normalmente, produziria ao locador.

Como aqui apresentado, há inúmeras questões envolvendo o tema, sem que haja qualquer pretensão de esgotamento da matéria. Uma delas abrange programa público habitacional (instituído pela Lei n°11.977/2009), Minha Casa, Minha Vida (MCMV), que, sem dúvida, não passaria incólume a atrasos na entrega de unidades autônomas em construção e financiada. Tal circunstância, inclusive, a notabilizou como problemática multitudinária, a legitimar Incidente de Resolução de Demandas Repetitivas, perante a Turma Especial de Direito Privado do TJSP.

Em síntese, a Segunda Seção do Superior Tribunal de Justiça, no trato dos temas fixados no tribunal de origem, sem que adotada a medida de suspensão de processos pendentes, individuais ou coletivos, entendeu pelo enfrentamento de temas de indiscutível relevância social, por implicar, o referido Programa, em garantia ao direito fundamental à moradia digna (art. 6° da CRFB).

A perplexidade ainda perdura com relação ao pedido, dentre os outros ordinários, de lucros cessantes pelo adquirente, quando do atraso na entrega de unidade habitacional. Parece contraditório (e assim entende um sem-número de julgadores) pleitear o que o promitente comprador razoavelmente deixou de angariar, por imóvel adquirido via subvenção econômica, quando da contratação do financiamento habitacional. Tal pleito dá mesmo a impressão de ser incompatível, porque se está diante de uma operação de cunho social. No entanto, baseado no fato de o programa contemplar beneficiários de faixas de renda distintas, a Corte de Uniformização estabeleceu que aqueles com renda mensal bruta de até R$ 1.800,00 não serão contemplados com o acolhimento de pedido a título de lucros cessantes. Os de outra faixa, sim.

Para conferência, e com eficácia vinculante em todo o território nacional (tema 996[11]), seguem fixadas (artigos 1.036 do CPC e 256-H do RISTJ) as

---

11 "Em relação à primeira tese, sobre a fixação de prazo certo nos contratos de aquisição associativa de unidades residenciais, o Ministro Belizze apontou que a matéria relativa ao prazo para a formação do grupo de adquirentes, bem como para obtenção do financiamento, não está regulada especificamente por nenhuma das leis aplicáveis ao contrato de compra e venda de imóvel no âmbito do Minha Casa, Minha Vida. Estão entre esses diplomas legais a Lei 11.977/2009, a Lei 4.591/1964, o Código Civil e o Código de Defesa do Consumidor (CDC). Mesmo assim, Bellize disse que o fato de o contrato ser regido pelas regras de crédito associativo e ser voltado a famílias de média e baixa renda não pode ser utilizado como argumento para justificar a estipulação de prazo aberto à conclusão da obra (...)." Notícias Superior Tribunal de Justiça. Disponível em: www.stj.jus.br. Acesso em: 28 jul 2020.

teses jurídicas concernentes a contrato de promessa de compra e venda de imóvel em construção, atrelado ao PMCMV:

> **1.** Na aquisição de unidades autônomas em construção, o contrato deverá estabelecer, de forma clara, expressa e inteligível, o prazo certo para a entrega do imóvel, o qual não poderá estar vinculado à concessão do financiamento, ou a nenhum outro negócio jurídico, exceto o acréscimo do prazo de tolerância; **2.** No caso de descumprimento do prazo para a entrega do imóvel, incluído o período de tolerância, o prejuízo do comprador é presumido, consistente na injusta privação do uso do bem, a ensejar o pagamento de indenização, na forma de aluguel mensal, com base no valor locatício de imóvel assemelhado, com termo final na data da disponibilização da posse direta ao adquirente da unidade autônoma; **3.** É ilícito cobrar do adquirente juros de obra ou outro encargo equivalente, após o prazo ajustado no contrato para a entrega das chaves da unidade autônoma, incluído o período de tolerância; **4.** O descumprimento do prazo de entrega do imóvel, computado o período de tolerância, faz cessar a incidência de correção monetária sobre o saldo devedor com base em indexador setorial, que reflete o custo da construção civil, o qual deverá ser substituído pelo IPCA, salvo quando este último for mais gravoso ao consumidor.

Por fim, mas não menos importante, é necessária atenção especial, pelo incorporador, ao seu dever de estipular, de forma clara e precisa (cfe. posto no item 1 da tese acima), o ajustado, para que não derive dele responsabilidade civil. Por exemplo, com relação à cláusula contratual de comissão de corretagem, o STJ já pacificou entendimento (Tema 938) no sentido de ser a transferência dela válida ao promitente comprador. Tal transferência é possível desde que expressamente aprazada, inclusive no MCMV, ressalvada aquela faixa 1 (atinente aos beneficiários de renda mais baixa), e que previamente informado o preço total da unidade habitacional autônoma adquirida, com o devido destaque do valor da comissão[12].

3. As Excludentes (por breves notas)

Considerada a aplicação do CDC, nas relações imobiliárias (e incorporadas), há escusativas de responsabilidade dele retiradas e reverenciadas, em específico, a inexistência do defeito e culpa exclusiva da vítima ou de terceiro, ou caso fortuito ou força maior (artigo 14, § 3°, incisos I e II).

---

12 Para o Ministro Paulo Sanseverino, "o que realmente importa para a aplicação da tese firmada no Tema 938 é verificar se a comissão de corretagem não foi escamoteada na fase pré-contratual, como se estivesse embutida no preço, para depois ser cobrada como um valor adicional, gerando aumento indevido do preço total". Notícias Superior Tribunal de Justiça. Disponível em: www.stj.jus.br. Acesso em: 28 jul 2020.

Usualmente, daquele restrito rol de excludentes, a mora é mais comumente justificada por decorrer de caso fortuito (imprevisível). Ou mesmo por força maior (evento previsível, mas irresistível), ou por fato de terceiro.

Assumido que a atividade de incorporação tem como uma de suas etapas a construção (e suas intempéries), também se valem, entre outras, das mesmas escusativas: as chuvas torrenciais, o retardo na entrega de materiais por fornecedor, a escassez de mão de obra qualificada, e entraves administrativos supervenientes. Todas elas, contudo, chanceladas na categoria *fortuito interno*; que, entretanto, não tem o condão de desobrigar o incorporador.

A jurisprudência anda no mesmo sentido, admitindo, assim, aqueles acontecimentos utilizados no intento de excluir a responsabilidade civil, como riscos inerentes ao próprio negócio, e não acobertados pelo art. 393 do Código Civil. As escusativas mencionadas acima sempre envolvem prova robusta quanto à inexecução por causa externa (e absolutamente alheia), para conclusão do empreendimento no tempo certo, e esbarram na impossibilidade de realização de reexame fático-probatório pela Corte de Uniformização (súmula nº 7/STJ). Conforme se exemplifica:

> RECURSO ESPECIAL. CONTRATO DE COMPRA E VENDA DE IMÓVEL NA PLANTA. ENTREGA DA OBRA. ATRASO. AÇÃO DE INDENIZAÇÃO. MORA EX RE. INADIMPLEMENTO CONTRATUAL. DANOS MATERIAIS. MULTA CONTRATUAL. PREVISÃO. CASO FORTUITO. FORÇA MAIOR. REEXAME DE PROVAS. INVIABILIDADE. SÚMULA Nº 7/STJ. DANOS MORAIS. NÃO CONFIGURAÇÃO. CORREÇÃO MONETÁRIA. PREQUESTIONAMENTO. AUSÊNCIA.
>
> 1. A controvérsia a ser dirimida reside em definir se a responsabilidade pelo atraso na entrega do loteamento **imobiliário vendido pela recorrente ocorreu por sua exclusiva responsabilidade ou por caso fortuito/força maior decorrente de desídia do poder público** na expedição de alvarás indispensáveis à consecução do empreendimento.
>
> 2. A mora *ex re* independe de qualquer ato do credor, como interpelação ou citação, porquanto decorre do próprio inadimplemento de obrigação positiva, líquida e com termo implementado, cuja matriz normativa é o art. art. 397, caput, do Código Civil de 2002.
>
> 3. Havendo prazo certo para cumprimento da obrigação, sem que haja dúvida quanto ao valor a ser pago pelo eventual inadimplemento contratual (multa expressamente prevista no instrumento de promessa de compra e venda), desnecessária a notificação da devedora sobre a mora. Aplicação do brocardo *dies interpellat pro homine*.
>
> 4. Esta Corte possui entendimento consolidado no sentido de que a inversão das conclusões da Corte local, para afirmar que o atraso na entrega de imóvel adquirido na planta além do prazo de tolerância estipulado seria decorrente de caso fortuito ou força maior (desídia do poder público), demandaria o reexame do conjunto fático-probatório dos autos, circunstância que atrai a incidência da Súmula nº 7/STJ.

5. A jurisprudência desta Corte consolidou-se no sentido de que o simples inadimplemento contratual, consubstanciado no atraso na entrega do imóvel, não é capaz por si só de gerar dano moral indenizável, devendo haver, no caso concreto, consequências fáticas que repercutam na esfera de dignidade da vítima.

6. Ausente o requisito do prequestionamento, incide, por analogia, o disposto na Súmula nº 282/STF.

7. Recurso especial conhecido e parcialmente provido

Recurso Especial nº 1.654.843 - SP. Superior Tribunal de Justiça - STJ, Relator: Ricardo Villas Bôas Cueva. Julgado em 27/02/2018.

PROCESSUAL CIVIL. AGRAVO INTERNO NO RECURSO ESPECIAL. AÇÃO DE INDENIZAÇÃO. RECURSO REPETITIVO. SOBRESTAMENTO. ATRASO NA ENTREGA DE OBRA. LUCROS CESSANTES E CLÁUSULA PENAL. REEXAME DE MATÉRIA DE FATO. ENTENDIMENTO EM CONSONÂNCIA COM A JURISPRUDÊNCIA DO STJ. DECISÃO MANTIDA.

1. A afetação de recurso especial aos ritos dos recursos repetitivos não impõe, necessariamente, a suspensão dos processos em curso no STJ, conforme decidido pela Segunda Seção desta Corte, no julgamento do AgRg na Rcl 27.689/MG, de relatoria do Ministro Moura Ribeiro.

2. Inviável o reexame de matéria de fato em recurso especial, por óbice da Súmula nº 7 do STJ.

3. No caso dos autos, a verificação da suposta ocorrência de caso fortuito ou força maior demandaria a análise de matéria de prova.

(...)

6. Agravo interno a que se nega provimento.

Agravo Interno em Recurso Especial n. Nº 1.676.685 – SP. Superior Tribunal de Justiça - STJ, Relator: Antonio Carlos Ferreira. Julgado em 21/11/2017.

4. Conclusão

A Lei de Incorporações, de cunho protetivo, tem suas premissas baseadas na boa-fé objetiva e na função social do contrato, inclusive, no que diz respeito à proteção do adquirente. E é considerada avançada para os idos de 1960. Lógico que, com o advento do Código de Defesa do Consumidor, essa proteção se avivou, subsidiando-se na teoria do *risco do empreendimento* e na plena efetividade dos princípios da equivalência das prestações, do equilíbrio contratual e da boa-fé.

O princípio da boa-fé objetiva é de salutar importância inclusive para que declarada a posse injusta do adquirente que se mostre inadimplente. Antes de resolvido o contrato, como sabido, não há, afinal, que se elucubrar acerca de ocasional esbulho. Prévia manifestação judicial é necessária na hipótese de rescisão de compromisso de compra e venda de imóvel, para que se conclua a resolução da avença, a despeito, como sempre estabelecida, da existência de cláusula resolutória expressa.

A Corte de Uniformização é profícua no que diz respeito à sistematização dos diplomas legais afeitos à atividade de incorporação imobiliária. Isso se dá, por um lado, na mitigação das reconhecidas vulnerabilidade e hipossuficiência econômico-financeira de uma gama de consumidores, no caso de resilição unilateral, mediante o reconhecimento do caráter indenizatório e cominatório do percentual retido pelo incorporador.

Por outro lado, o atraso na entrega do imóvel enseja pagamento de indenização por lucros cessantes, durante o período de mora do incorporador, sendo admitido, pela jurisprudência dominante, como presumido o prejuízo do promitente comprador.

Todavia, como visto, em contratos de aquisição de imóveis atrelados ao Programa Minha Casa, Minha Vida, por conta das diversas faixas de renda para obtenção de benefícios, tem-se como excepcional a situação dos adquirentes da faixa 1 de renda. Estes não se valem nem do CDC, nem do anunciado Tema 996 do STJ, por conta da sua condição de beneficiário social.

O incorporador é, afinal, figura essencial do empreendimento imobiliário, pela sua atuação *poliforma* (e lucrativa), que apenas se estanca com a constituição da propriedade horizontal. A ele é oponível a responsabilidade civil objetiva – e legalmente solidária – com todos aqueles que também atuantes nas atividades de incorporação, inclusive, por danos derivados da inexecução ou da má execução do contrato. Incluem-se aí os danos advindos de construção defeituosa, face à obrigação de resultado por ele assumida.

Referências

ABAMI. *Revista de Direito Imobiliário*, ano 17, nº 87, jan-mar, 2020.

AZEVEDO, Fábio de Oliveira de e MELLO, Marco Aurélio Bezerra de. *Direito imobiliário*: escritos em homenagem ao professor Ricardo Pereira Lira. São Paulo: Atlas, 2015.

BELO, Emilia. *Revista IBRADIM de Direito Imobiliário*, Ano 1, nº 1, vol. 1 (nov). São Paulo: Ibradim, 2018. Decisão Judicial Comentada. Análise da decisão proferida no processo 0044683-95.2017.8.17.2001-TJPE.

CAVALIERI FILHO, Sergio. *Programa de responsabilidade civil*. 12ª ed. São Paulo: Atlas, 2015.

CHALUB, Melhim. Jurisprudência consolidada na Súmula 543 do STJ necessita de revisão. *Consultor Jurídico*, São Paulo, 22 fev 2016. Disponível em: https://www.conjur.com.br/2016-fev-22/melhim-chalhub-sumula-534-stj-necessita-revisao. Acesso em: 27 jul 2020.

MARTINS-COSTA, Judith e BRANCO, Gerson Luiz Carlos. *Diretrizes teóricas do novo Código Civil brasileiro*. São Paulo: Saraiva, 2002.

PEREIRA, Caio Mário da Silva. *Condomínio e incorporações*. Atualizadores Sylvio Capanema de Souza; Melhim Namem Chalub. 13ª ed. Rio de Janeiro: Gen/Forense, 2018.

SCHREIBER, Anderson. *Novos paradigmas da responsabilidade civil:* da Erosão dos Filtros da reparação à Diluição dos Danos. 2ª ed. São Paulo: Atlas, 2009.

SERRA VIEIRA, Patricia Ribeiro. *A responsabilidade civil objetiva no direito de danos*. Rio de janeiro: Forense, 2004.

TARTUCE, Flávio. *Manual de responsabilidade civil*. Rio de Janeiro: Forense, 2018.

Controvérsias Atuais Sobre o Contrato de Fiança Locatícia

Beatriz Capanema Young

1. Dedicatória

Às vezes fazemos algumas coisas pela última vez e só percebemos depois. Foi o que aconteceu em março desse ano quando liguei para meu avô para tirar algumas dúvidas sobre a fiança locatícia, pois tinha recebido um caso no escritório que estava me tirando o sono. Renomado advogado, parecerista e autor de obras sobre Direito Imobiliário, eu tinha o privilégio de chamar de avô e uma ligação telefônica depois eu teria uma aula sobre o assunto só para mim. Das muitas lições que Sylvio Capanema nos deixa, encontra-se a inquietude que o acompanhou até os 82 anos, e que o manteve permanentemente disposto a sair da zona de conforto intelectual para buscar construir o direito vivo, alicerçado na igualdade e solidariedade. Os seus ensinos serão eternos e ternas as lembranças, como sempre foram suas palavras, seu abraço e seu brilhantismo que hoje me inspiram a seguir seus passos; que estas reflexões possam acrescer ao seu vasto legado e inspirar a outros tantos estudiosos e apaixonados pelo direito imobiliário para, assim, perpetuar aquela última aula.

2. Introdução

A fiança é uma garantia pessoal típica, que se encontra regida pelos artigos 818 a 839 do Código Civil de 2002, localizados na parte que trata dos contratos em espécie. É, portanto, um contrato, por meio do qual um terceiro se compromete a honrar a obrigação principal, vinculando o seu próprio patrimônio como medida de reforço ao cumprimento da prestação pelo devedor.

Por meio da fiança uma pessoa assume, perante o credor, a obrigação de quitar o débito, se o devedor não o fizer.[1] A regra pela qual o acessório

---

[1] Nos termos do art. 818 do Código Civil: "Pelo contrato de fiança, uma pessoa garante satisfazer ao credor uma obrigação assumida pelo devedor, caso este não a cumpra". De acordo com Paulo Lôbo: "A fiança é o contrato mediante o qual uma pessoa (fiador) garante com seu próprio patrimônio a dívida de terceiro (devedor), caso este não a pague ao credor. Sua finalidade é a garantia do adimplemento. (...) O fiador se obriga, contrai uma obrigação. Não estabelece somente uma sujeição ou afetação de seu patrimônio, pois esta, ou seja, a submissão do patrimônio ao ataque do credor, é mera consequência da obrigação. O caráter peculiar da fiança vem do fim que persegue: garantir uma dívida alheia" (LÔBO, Paulo. *Direito civil*: contratos. São Paulo: Saraiva, 2011, p. 430).

segue o principal (*accessorium sequitur principale*), consagrada no princípio da gravitação jurídica, encontra intensa incidência nesse tipo contratual, como denotam as seguintes características: (i) em geral a invalidade da obrigação contamina a fiança,[2] (ii) a extinção da obrigação tem, via de regra, por consequência a cessação da fiança,[3] e (iii) o fiador pode opor ao credor as exceções que lhe são pessoais bem como aquelas que competem ao devedor.[4] Ademais, a fiança, de ordinário, afigura-se meio subsidiário e acessório de satisfação da obrigação, de modo que o fiador pode alegar o benefício de ordem, também chamado de benefício de excussão, para que sejam primeiramente atingidos os bens do devedor.[5] Nessa hipótese, somente se o devedor não houver bens suficientes para satisfazer a demanda, o credor pode prosseguir com a execução contra o fiador.[6]

No mercado locatício, a utilização do instituto é bastante frequente, especialmente em razão de sua simplicidade operacional e pelo seu caráter gratuito, a fiança acaba sendo a mais acessível garantia de crédito. Sua prestação por vezes permite que pessoas desprovidas de um patrimônio relevante se insiram na cadeia econômica de circulação de bens e serviços.

---

2   Nesse tocante, estabelece o art. 824 do Código Civil: "As obrigações nulas não são suscetíveis de fiança, exceto se a nulidade resultar apenas de incapacidade pessoal do devedor. Parágrafo único. A exceção estabelecida neste artigo não abrange o caso de mútuo feito a menor". Como ressalta a doutrina: "Como contrato acessório, sua eficácia depende da validade da obrigação principal: se esta for nula, nula será a fiança; se for inexigível, como a dívida de jogo, incobrável será do fiador; se anulável não pode ser eficazmente afiançada, salvo se anulabilidade provier de incapacidade pessoal do devedor, e ainda assim se o caso não for de contrato de mútuo feita a menor (Código Civil, art. 824), presumindo-se neste caso que foi dada com o objetivo específico de resguardar o credor do risco de não vir a receber do incapaz" (PEREIRA, Caio Mário da Silva. *Instituições de direito civil*. 22ª ed. Rio de Janeiro: Forense, 2018, v. 3, pp. 469-470).

3   Cf. dentre outros, GOMES, Orlando. *Contratos*. 26ª ed. Rio de Janeiro, 2007, p. 537; e LÔBO, Paulo. *Direito civil*: contratos, cit., pp. 432-433.

4   Nos termos do art. 837 do Código Civil: "O fiador pode opor ao credor as exceções que lhe forem pessoais, e as extintivas da obrigação que competem ao devedor principal, se não provierem simplesmente de incapacidade pessoal, salvo o caso do mútuo feito a pessoa menor".

5   Como ressalta Arnoldo Wald: "o benefício de ordem decorre da natureza normalmente subsidiária ou complementar da responsabilidade do fiador" (WALD, Arnoldo. *Direito civil*: contratos em espécie. 18ª ed. São Paulo: Saraiva, 2009, v. 3, p. 322).

6   Art. 827, CC: "O fiador demandado pelo pagamento da dívida tem direito a exigir, até a contestação da lide, que sejam primeiro executados os bens do devedor. Parágrafo único. O fiador que alegar o benefício de ordem, a que se refere este artigo, deve nomear bens do devedor, sitos no mesmo município, livres e desembargados, quantos bastem para solver o débito". Cf. PEREIRA, Caio Mário da Silva. *Instituições de direito civil*. cit., v. 3, p. 472; e LÔBO, Paulo. *Direito civil*: contratos, cit., pp. 435-436.

Nada obstante a larga difusão do instituto, ao longo dos anos o contrato de fiança, tal como fora moldado pelo legislador, vem sendo desafiado pelos tribunais que ora suavizam as suas regras em benefício do fiador ora fortalecem demasiadamente a posição do credor, gerando profunda insegurança jurídica. Por esta razão, pretende-se examinar alguns problemas atuais e controvertidos que envolvem a fiança locatícia.

3. Controvérsias acerca da fiança locatícia

3.1. *Responsabilidade do fiador na prorrogação do contrato de locação*

O art. 39 da Lei do Inquilinato sempre enunciou uma regra clara: a de que as garantias da locação estender-se-iam, salvo estipulação contratual contrária, até a efetiva devolução do imóvel locado.[7] Nessa hipótese, no que tange à fiança, a prorrogação legal da locação provocará também a prorrogação da garantia fidejussória, regra essa que não gerava maiores questionamentos.

Em 1998, o Superior Tribunal de Justiça editou a Súmula 214, que, nesse sentido, afirmava: "o fiador na locação não responde por obrigação resultante de aditamento ao qual não anuiu".

A jurisprudência, naquele momento, vinha entendendo que o dispositivo estava limitado aos casos em que não há prorrogação contratual por força de lei.[8] Isso porque a interpretação restritiva dos contratos benéficos[9] aplica-se ao contrato de fiança,[10] impondo que não se lance sobre o fiador ônus maior que aquele que concordou em assumir. Trata-se de norma de

---

7   Em sua redação original, dispunha expressamente que, "salvo disposição contratual em contrário, qualquer das garantias da locação se estende até a efetiva devolução do imóvel".

8   Neste sentido, "A jurisprudência deste Superior Tribunal de Justiça é firme no sentido de que o contrato acessório de fiança deve ser interpretado de forma restritiva, vale dizer, a responsabilidade do fiador fica delimitada a encargos do pacto locatício originariamente estabelecido, de modo que a prorrogação do contrato por tempo indeterminado, compulsória ou voluntária, sem a anuência dos fiadores, não os vincula, pouco importando a existência de cláusula de duração da responsabilidade do fiador até a efetiva devolução do bem locado" (STJ, AgRg no Ag 510.498/SP, Rel. Ministro Hamilton Carvalhido, Sexta Turma, julgado em 07/06/2005, DJe 29/08/2005). Na mesma direção, STJ, REsp 222.599/SP, Rel. Ministro Edson Vidigal, Quinta Turma, julgado em 16/05/2000, DJ 19/06/2000, p. 179.

9   Art. 114, do CC: "Os negócios jurídicos benéficos e a renúncia interpretam-se estritamente".

10 Art. 819, do CC: "A fiança dar-se-á por escrito, e não admite interpretação extensiva".

ordem pública que protege a posição jurídica do fiador. A prorrogação legal da locação provocaria, por conseguinte, a extinção automática da fiança.[11]

O tribunal ressalvava[12] a possibilidade de o fiador continuar responsável pelos débitos locatícios posteriores à prorrogação legal do contrato desde que (a) tivesse anuído expressamente a essa possibilidade e (b) não tivesse se exonerado na forma do art. 835 do Código Civil,[13] cumulativamente.

Em 2009, contudo, a Lei n° 12.112 alterou a redação do art. 39, acrescentando ao final do dispositivo a expressão "ainda que prorrogada a locação por prazo indeterminado, por força desta Lei". Com a nova redação, o fiador continua a ser responsável pelos débitos locatícios inclusive na hipótese de prorrogação do contrato de locação por prazo indeterminado até a efetiva devolução do imóvel, não acarretando a extinção da garantia locatícia.

A referida inclusão na parte final do dispositivo legal provocou radicalmente mudança na jurisprudência até então firmada no STJ,[14] que, afastando a incidência da Súmula 214, passou a admitir a subsistência da fiança desde que exista nos contratos firmados a partir da vigência da Lei nº 12.112/09 estipulação no sentido de que o fiador permanecerá responsável até a entrega das chaves em caso de prorrogação do contrato.[15] Restou

---

11   Neste sentido, "o contrato acessório de fiança obedece à forma escrita, é consensual, deve ser interpretado restritivamente e no sentido mais favorável ao fiador. Desse modo, a prorrogação do pacto locatício por tempo indeterminado, compulsória ou voluntariamente, desobriga o garante que a ela não anuiu" (STJ, AgRg no REsp 832.271/SP, Rel. Ministra Laurita Vaz, Quinta Turma, julgado em 19/10/2006, DJe 20/11/2006).

12   STJ, EREsp 566.633/CE, Rel. Ministro Paulo Medina, Terceira Seção, julgado em 22/11/2006, DJe 12/03/2008.

13   Art. 835 do CC: "O fiador poderá exonerar-se da fiança que tiver assinado sem limitação de tempo, sempre que lhe convier, ficando obrigado por todos os efeitos da fiança, durante sessenta dias após a notificação do credor".

14   Antes mesmo da inovação da Lei nº 12.112/09, o entendimento do STJ já vinha se alterando, como se observa pelos julgados a partir do final de 2006, que passaram a entender pela prorrogação da fiança, principalmente nos casos em que houvesse uma cláusula de prorrogação automática. Cf. STJ, EREsp 566.633/CE, Rel. Ministro Paulo Medina, Terceira Seção, julgado em 22/11/2006, DJe 12/03/2008.

15   "A jurisprudência do Superior Tribunal de Justiça firmou entendimento de que, na hipótese de prorrogação contratual de locação de imóvel, com o comprometimento dos fiadores até a devolução do imóvel, é inaplicável o enunciado da Súmula 214/STJ" (STJ, AgRg no REsp 604.962/SP, Rel. Ministro Nefi Cordeiro, Sexta Turma, julgado em 03/06/2014, DJe 20/06/2014). Na mesma linha reconhecendo a responsabilidade do fiador até a entrega das chaves, STJ, REsp 1326557/PA, Rel. Ministro Luis Felipe Salomão, Quarta Turma, julgado em 13/11/2012, DJe 03/12/2012; AgRg no AREsp 36.618/RJ, Rel. Ministro Raul Araújo, Quarta Turma, julgado em 19/06/2012, DJe 29/06/2012; AgRg no AREsp 12.396/SP, Rel. Ministro Sidnei Beneti, Terceira Turma, julgado em 23/08/2011, DJe 09/09/2011; e muitos outros julgados.

assegurado, entretanto, o direito de exoneração do fiador mediante notificação, ficando ainda obrigado pelos débitos durante 120 dias, contados do recebimento da notificação do locador.

Percebe-se que o raciocínio mudou, eis que antes, na hipótese de prorrogação, as partes integrantes do contrato de locação deveriam buscar a anuência do fiador para a continuidade da fiança, quando agora o fiador tem o ônus de se exonerar quando prorrogada a locação. Ocorre que, muitas vezes, o fiador não tem ciência da prorrogação contratual, que se deu automaticamente em virtude do silêncio das partes após o término do prazo determinado no contrato, passando a vigorar por prazo indeterminado.

Nesse contexto, a ausência de participação (e sequer de comunicação) do fiador, que tinha legítima expectativa do encerramento da garantia prestada a partir do término do prazo contratual estipulado anteriormente, até mesmo para viabilizar o possível exercício de exoneração da sua responsabilidade, viola não somente o dever de informação imposto pela boa-fé objetiva,[16] como a tutela da confiança[17] por meio da prática de transparência nas relações contratuais.[18]

---

16   "Os deveres anexos impostos pela boa-fé objetiva se aplicam às relações contratuais independentemente de previsão expressa no contrato, mas seu conteúdo está indissociavelmente vinculado e limitado pela função socioeconômica do negócio celebrado. O que o ordenamento jurídico visa com o princípio da boa-fé objetiva – já se disse – é assegurar que as partes colaborarão mutuamente para a consecução dos fins comuns perseguidos com o contrato" (TEPEDINO, Gustavo; SCHREIBER, Anderson. A Boa-fé Objetiva no Código de Defesa do Consumidor e no novo Código Civil. *Revista da EMERJ*, nº 23, Rio de Janeiro, v. 6, 2003, p. 147).

17   Cf. sobre o princípio da confiança, "a confiança – e sua preservação – são fundamentais para o adequado fluxo de relações econômicas. A confiança, ligada à tutela da boa-fé e da proteção das legítimas expectativas, atua como fato de redução e custos nas transações econômicas, pois poupa os contratantes de maiores dispêndios na seleção de seus parceiros comerciais" (FORGIONI, Paula A. *contratos empresariais*: teoria geral e aplicação. 2ª ed. São Paulo: Revista dos Tribunais, 2016, p. 73). No mesmo sentido, FILHO, Sergio Cavalieri. *Programa de Direito do Consumidor*. São Paulo: Atlas, 2008, p. 36.

18   Cf. destaca Teresa Negreiros, a boa-fé objetiva prevista no Código Civil acaba exercendo o papel de forçar uma recondução da confiança para dentro de contratos cuja prática tem disseminado justo o sentimento oposto. Segundo a autora: "lamentavelmente, porém, o agir com boa-fé, hoje um comando normativo expressamente consagrado em um dos dispositivos de maior ressonância do Código Civil de 2002 (art. 422), revela-se cada menos frequente, tanto na esfera dos negócios exclusivamente privados, como no trato da coisa pública. A extraordinária simpatia alcançada nos últimos tempos pelo caráter potencialmente transformador do princípio da boa-fé aparece, por isso e antes de mais nada, como um índice da escassez de comportamentos e atitudes que, na prática contratual, expressem concretamente o ideal da boa-fé" (NEGREIROS, Teresa. O princípio da boa-fé contratual. In: BODIN DE MORAES, Maria Celina (coord.). *Princípios do Direito Civil Contemporâneo*. Rio de Janeiro: Renovar, 2006, p. 222).

Destaca a doutrina mais atenta que "a aceitação da cláusula de prorrogação automática não se coadunava com a ideia de justiça contratual relacionada com a eficácia interna do princípio da função social do contrato. A referida cláusula é antissocial, devendo ser considerada nula por abusividade".[19]

Do mesmo modo, cláusulas contratuais que preveem a responsabilidade do fiador *"até a final restituição das chaves e do imóvel"* não teriam o alcance de impor obrigação indefinida e permanente até que o evento ocorra, não podendo o art. 39 da Lei nº 8.245/91 ser interpretado em dissonância com a natureza benéfica do contrato de fiança. Tal disposição legal deve ser referível, tão somente, ao prazo de vigência do contrato de locação, no qual o fiador prestou a garantia, não podendo ele ser responsabilizado *ad aeternum* por obrigação resultante de modificações do contrato.[20]

3.2. Aditamentos contratuais sem a anuência do fiador

Diversamente da controvérsia sobre a responsabilidade do fiador na hipótese de prorrogação do contrato de locação, nas situações onde as partes realizam alterações (*rectius*: aditamentos) no contrato, a jurisprudência do STJ tende a ser mais acertada, esclarecendo que o aditamento contratual é situação distinta da prorrogação legal e tácita do contrato.[21-22]

---

19 SCHREIBER, Anderson. et al. *Código Civil Comentado*: doutrina e jurisprudência. 1ª ed. Rio de Janeiro: Forense, 2019, p. 531.

20 "Ademais é repetido há tempos o argumento no sentido de que o fiador, por prestar uma garantia de forma gratuita como regra, não pode ficar permanentemente aprisionado à liberalidade. Em outras palavras, afirma-se que a fiança não pode ser eterna. Surgindo alguma dúvida, deve-se interpretar a questão favoravelmente ao fiador, parte vulnerável em regra, presumindo-se a sua boa-fé objetiva. (...) Como segunda ilustração, se concedida a fiança para garantir o contrato de locação no tocante ao aluguel, esta não se estenderá em relação ao pagamento de tributos que incidem sobre o bem, como, por exemplo, o IPTU. Também diante do que consta do art. 819 do CC, a fiança não se estende além do período de tempo convencionado" (SCHREIBER, Anderson. et al. *Código Civil Comentado*: doutrina e jurisprudência. 1ª ed. Rio de Janeiro: Forense, 2019, p. 529).

21 STJ, EREsp 566.633/CE, Rel. Ministro Paulo Medina, Terceira Seção, julgado em 22/11/2006, DJe 12/03/2008.

22 Importante diferenciar os conceitos de *prorrogação* e *aditamento*: enquanto a prorrogação consiste na ampliação do prazo do vínculo jurídico que se encontra em curso, mantendo-o por período superior ao originalmente previsto, podendo advir da própria lei; o aditamento decorre da manifestação de vontade e instaura uma nova relação jurídica, envolvendo os mesmos sujeitos e com objeto jurídico similar, porém alterado, depois de exaurido o prazo determinado da relação original.

Nessas hipóteses, voltando a aplicar a Súmula 214,[23] a jurisprudência do STJ tem entendido que o aditamento contratual, especialmente quando ocasiona o agravamento da posição do fiador, como pode ocorrer com o aumento dos valores pactuados a título de aluguéis mensais, enseja a exoneração automática do fiador e, consequentemente, a extinção da garantia prestada.

Isso porque, partindo do entendimento que teria ocorrido, nestes casos, novação contratual, atrair-se-ia a aplicação da norma esculpida no art. 364 do Código Civil, o qual dispõe que "a novação extingue os acessórios e garantias da dívida, sempre que não houver estipulação em contrário". A mesma conclusão também se extrai do art. 366 do Código Civil,[24] em que importa a exoneração do fiador quando a novação é feita sem o seu consentimento perante o devedor principal. Tais comandos normativos são de fácil compreensão, posto que, se a obrigação originária não mais subsiste, não há razão para a obrigação acessória, tal qual a garantia dada pelo fiador, permanecer em vigência, visto que o acessório segue o principal.

Fazendo referência, ainda, ao mesmo artigo do Código Civil, foi aprovado na VI Jornada de Direito Civil o Enunciado 547 do Conselho da Justiça Federal,[25] que, em sua justificativa, dispõe que o objetivo é justamente o de proteger o fiador de ficar responsável por algo ao qual não anuiu ou sobre o qual não manifestou expressa concordância.

Dessa forma, ocorrendo novação ou aditamento à obrigação original sem a notificação ou concordância do fiador, estaria este liberado de imediato. Do contrário, estaria ele sujeito a responder por obrigações às quais não concordou expressamente.[26]

---

23 Súmula 214 do STJ: "O fiador na locação não responde por obrigações resultantes de aditamento ao qual não anuiu".

24 Art. 366, do CC: "Importa exoneração do fiador a novação feita sem seu consenso com o devedor principal".

25 Enunciado 547, do CJF: "Na hipótese de alteração da obrigação principal sem o consentimento do fiador, a exoneração deste é automática, não se aplicando o disposto no art. 835 do Código Civil quanto à necessidade de permanecer obrigado pelo prazo de 60 (sessenta) dias após a notificação ao credor, ou de 120 (cento e vinte) dias no caso de fiança locatícia".

26 Nesse sentido, STJ, REsp 84782/SP, Rel. Ministra Maria Isabel Gallotti, Quarta Turma, julgado em 08/10/2013, DJe 17/10/2013; REsp 406.100/SP, Rel. Min. Felix Fischer, Quinta Turma, julgado em 21/03/2002, DJe 15/04/2002; e STJ, REsp 254.463/MG, Rel. Min. Vicente Leal. Sexta Turma, julgado em 15/03/2001, DJe 09/04/2011.

3.3. É válida a cláusula de renúncia ao benefício de ordem?

Outra questão controvertida recai sobre a presença de cláusulas que colocam o fiador como "principal pagador" da dívida, preveem a solidariedade entre o locatário e o fiador ou que estipulam a renúncia ao benefício de ordem pelo fiador, práticas que acabaram por se tornar habituais no campo locatício.

Como já adiantado, a obrigação típica do fiador estabelecida pela garantia pessoal é a de cumprir a obrigação se o devedor principal a inadimplir. Trata-se, portanto, de obrigação subsidiária, e é por essa razão que é conferido ao fiador o benefício de ordem, também denominado benefício de excussão, consistente na faculdade de exigir que a execução da dívida vencida recaia sobre os bens do devedor em primeiro lugar.[27]

Corroborando com o exposto, leciona Caio Mário da Silva Pereira[28] que *"o fiador garante o adimplemento do afiançado, e firma o compromisso de solver, se o não fizer o devedor".*[29] Este entendimento, inclusive, é fundamentado pelo teor dos artigos 818 do Código Civil e 794 do Código de Processo Civil,[30] que salientam a natureza subsidiária e acessória da relação fiduciária.

Ocorre que, com fundamento nos incisos I e II do art. 828 do Código Civil,[31] que autorizam o fiador a renunciar, desde que expressamente, ao benefício de ordem, a presença de cláusulas nesse sentido torna possível que o fiador seja demandado imediatamente diante do inadimplemento da obrigação pelo locatário, sem poder invocar sua responsabilidade subsidiária.

---

27   Art. 827, do CC: "O fiador demandado pelo pagamento da dívida tem direito a exigir, até a contestação da lide, que sejam primeiro executados os bens do devedor".

28   PEREIRA, Caio Mario da Silva. *Instituições de Direito Civil.* 22 ed. Rio de Janeiro: Forense, 2018, v. 3, p. 472.

29   No mesmo sentido: "Embora solidário e renunciado ao benefício de ordem, a que se refere o art. 827 do CCB, o devedor principal será o locatário, legitimando-se a cobrança em face do fiador, somente após o principal devedor em mora não cumprir sua obrigação. Embora solidária, a solidariedade aqui se reveste de espécie subsidiária" (AGHIARIAN, Hércules. *Curso de Direito Imobiliário.* 11 ed. São Paulo: Atlas, 2012, p. 338).

30   Art. 818, CC. Pelo contrato de fiança, uma pessoa garante satisfazer ao credor uma obrigação assumida pelo devedor, caso este não a cumpra; Art. 794, CPC. O fiador, quando executado, tem o direito de exigir que primeiro sejam executados os bens do devedor situados na mesma comarca, livres e desembargados, indicando-os pormenorizadamente à penhora.

31   Art. 828, do CC: "Não aproveita este benefício ao fiador: I - se ele o renunciou expressamente; II - se se obrigou como principal pagador, ou devedor solidário"

A renúncia ao benefício de ordem tem encontrado respaldo na autonomia (nesse sentido da suposta liberdade de contratar) e na própria exigência do mercado imobiliário. Porém, com frequência, as disposições sobre a fiança são determinadas por cláusulas *standard*, atraindo, por conseguinte, proteção da legislação aos contratos de adesão. Assim, devem incidir normas de proteção ao aderente, como a interpretação favorável[32] e a nulidade das cláusulas que estipulem a renúncia antecipada.

O art. 424 estabelece, *in verbis*, que "nos contratos de adesão, são nulas as cláusulas que estipulem a renúncia antecipada do aderente a direito resultante da natureza do negócio". Tem-se que esse artigo disciplina um regime de tutela levando-se em consideração a pressuposta debilidade do aderente, a quem não é dado o poder de negociar, em posição de igualdade com o predisponente, as condições e termos contratuais.[33] Configura, assim, "mecanismo de proteção do aderente no plano do conteúdo negocial".[34]

Justamente pelo fato de a estipulação unilateral e uniforme das cláusulas do contrato de adesão ser em regra formulada no interesse do estipulante, sem possibilidade de questionamentos ou reformulação por parte do aderente, "a normatividade nelas posta pode romper o equilíbrio contratual e conduzir a situações jurídica e economicamente injustas, precisamente porque conflita com o direito dispositivo".[35]

Assim, tendo em vista que a proteção aos economicamente mais fracos ou contratualmente vulneráveis configura questão de ordem pública,[36] será nula a tentativa de se afastar essa proteção em contrato de adesão por meio de cláusula que estipule renúncia antecipada do aderente a direito re-

---

32 Art. 423, do CC: "Quando houver no contrato de adesão cláusulas ambíguas ou contraditórias, dever-se-á adotar a interpretação mais favorável ao aderente".

33 O contrato de adesão consiste na relação jurídica formada pela anuência de uma das partes ao conteúdo contratual determinado pela outra parte, sem que haja debate prévio ou oportunidade de alteração substancial do regramento unilateralmente fixado. A definição de contrato de adesão no direito positivo brasileiro encontra-se estabelecida no art. 54 do Código de Defesa e Proteção do Consumidor: "Contrato de adesão é aquele cujas cláusulas tenham sido aprovadas pela autoridade competente ou estabelecidas unilateralmente pelo fornecedor de produtos ou serviços, sem que o consumidor possa discutir ou modificar substancialmente seu conteúdo".

34 TEPEDINO, Gustavo; BODIN DE MORAES, Maria Celina; BARBOZA, Heloisa Helena. *Código Civil interpretado*: conforme a Constituição da República. v. 2. Rio de Janeiro: Renovar, 2006, p. 30.

35 MIRANDA, Custódio da Piedade Ubaldino. In: AZEVEDO, Antônio Junqueira de (coord.). *Comentários ao Código Civil*. v. 5. São Paulo: Saraiva, 2013, p. 101.

36 PEREIRA, Caio Mário da Silva. *Instituições de direito civil*. 22ª ed. Rio de Janeiro: Forense, 2018, v. 1, p. 383.

sultante da natureza do negócio.[37] Pode-se citar, como exemplo de cláusula que seria afastada nessa conjuntura, a cláusula de renúncia ao benefício de ordem pelo fiador. Apesar de se encontrar prevista no art. 828, inciso I do Código Civil a renunciabilidade do benefício de ordem,[38] entende-se que a disponibilidade de tal direito cai por terra caso esteja inserida em contrato de adesão.[39]

Portanto, se a renúncia ao benefício de ordem foi estabelecida unilateralmente no bojo de um contrato *standarizado*, há de se desconsiderar sua validade, devendo o locador responder, antes do fiador, com o seu patrimônio, para apenas após, procurar-se os bens do garantidor para a satisfação da dívida locatícia.

3.4. A (im)penhorabilidade do bem de família do fiador na execução do contrato de fiança

A última questão se refere à problemática da impenhorabilidade do bem de família,[40] que sempre foi tema controverso nos Tribunais brasileiros. O legislador houve por afastar a salvaguarda da impenhorabilidade no art. 3º da Lei nº 8.009/90, admitindo a execução sobre o imóvel do fiador

---

37 Araken de Assis, contudo, pondera acerca da possibilidade, nesse caso, de negociação de cláusula de renúncia: "Inadmissível que seja a renúncia objeto das cláusulas gerais e da predisposição do estipulante, à luz do art. 424, porque 'antecipadas', nada impede que elas resultem de cláusulas negociadas" (ASSIS, Araken de. In: ALVIM, Arruda; ALVIM, Thereza (coord.). *Comentários ao código civil brasileiro*, v. 5. Rio de Janeiro: Forense, 2007, p. 126).

38 O benefício de ordem é tratado pelo art. 827 do Código Civil e compreende a possibilidade de o fiador, tendo em vista a subsidiariedade de sua obrigação, exigir que a execução recaia, em primeiro lugar, sobre os bens do devedor. Sendo assim, se o fiador for demandado para dar cumprimento à obrigação, "poderá invocar o benefício de ordem, para que o devedor principal responda pela dívida com seus bens. Se estes bens existem, torna desnecessária a ação contra o fiador" (TEPEDINO, Gustavo; BODIN DE MORAES, Maria Celina; BARBOZA, Heloisa Helena. *Código Civil interpretado*, v. 2, cit., p. 642).

39 Nesse sentido, inclusive, o Enunciado 364 da IV Jornada de Direito Civil do CJF: "No contrato de fiança é nula a cláusula de renúncia antecipada ao benefício de ordem quando inserida em contrato de adesão".

40 Consiste o bem de família no imóvel residencial próprio do casal, da entidade familiar (art. 1º da Lei nº 8.009/90) e, conforme já reconheceu a jurisprudência, também da pessoa solteira, separada e viúva (Enunciado 364 da Súmula do STJ) que, em nome da preservação dos interesses existenciais das entidades familiares, afigura-se impenhorável. Está abrangido no conceito não somente o imóvel em que reside a entidade familiar, bem como o imóvel locado cujos valores se destinam ao seu sustento.

locatício.⁴¹ Após a entrada em vigor da Lei nº 8.245/91, as decisões judiciais vinham confirmando a penhorabilidade do bem de família do fiador, porém, com o advento da Emenda Constitucional nº 26/2000, que reconheceu o direito à moradia como um direito social fundamental, inserindo-o no rol do art. 6º da Constituição Federal,⁴² as discussões em torno da questão se tornaram mais acirradas.

Considerando que o direito de crédito do locador deriva da autonomia privada, que recebe tutela constitucional, há de se reconhecer que a questão acerca da possibilidade de penhorabilidade do bem de família do fiador traz uma hipótese de colisão de direitos fundamentais, o que já fora chamada de a "problemática do século".⁴³

O Supremo Tribunal Federal, em 2005, por meio de decisão monocrática proferida pelo Ministro Carlos Velloso, acabou por afastar a penhora do imóvel do fiador sob o argumento da imediata aplicabilidade do direito à moradia,⁴⁴ no mesmo sentido que alguns tribunais estaduais vinham reconhecendo na época.⁴⁵ Entendeu o Ministro que o inciso VII, do art. 3º da

---

41 Ao art. 3º da Lei nº 8009/90, foi acrescentado o inciso VII, pelo art. 82, da Lei nº 8.245/91, que regula a locação de imóveis urbanos, com a seguinte redação: "por obrigação decorrente de fiança concedida em contrato de locação" não há exceção de impenhorabilidade. A proposta de inclusão da penhorabilidade foi derivada notoriamente de uma preocupação em fornecer maior segurança ao mercado imobiliário, "em atenção à necessidade da sociedade brasileira, face a dificuldade dos promitentes locatários em encontrar pessoas que tivessem mais de um imóvel para lhe servirem de fiador" (TJRS, Apelação nº 70017832437, 16ª Câmara Cível, Rel. Ana Maria Nedel Scalzilli. Julgado em 28.03.2007).

42 Embora possa ser sustentado que esse conflito somente existiu após a EC 26/2000, não se pode excluir o possível caráter do direito à moradia como direito fundamental em sentido material (antecedendo, portanto, a emenda), mesmo não existindo proclamação formal nesse sentido, ante as divergências a respeito dos critérios definidores de jusfundamentalidade de um direito (RUZYK, Carlos Eduardo Pianovski, *Liberdade(s) e Função*: Contribuição crítica para uma nova fundamentação da dimensão funcional do Direito Civil brasileiro. Tese de Doutorado, Universidade Federal do Paraná, Curitiba, 2009, p. 321).

43 CANARIS, Claus-Wilhelm. *Direitos fundamentais e direito privado*. Tradução: Ingo Wolfgang Sarlet e Paulo Mota Pinto. Coimbra: Almedina, 2009, p. 29.

44 "Ora, o bem de família – Lei nº 8.009/90, art. 1º – encontra justificativa, foi dito linha atrás, no constituir o direito à moradia um direito fundamental que deve ser protegido e por isso mesmo encontra garantia na Constituição. Em síntese, o inciso VII do art. 3º da Lei nº 8.009, de 1990, introduzido pela Lei nº 8.245, de 1991, não foi recebido pela CF, art. 6º, redação da EC 26/2000" (STF, RE 352.940, Rel. Ministro Carlos Velloso, julgado em 25/04/2005, DJe 09/05/2005).

45 TJRS, Agravo de Instrumento nº 70000649350, 1ª Câmara Especial Cível, Rel. Adão Sérgio do Nascimento Cassiano, julgado em 28/03/2000; TJPR, Agravo de Instrumento nº

Lei nº 8.009/90 não foi recepcionado pela Constituição Federal, em face da EC nº 26/2000.

Um ano depois, porém, o STF acabou por decidir de modo contrário, restabelecendo, por maioria de votos, a constitucionalidade da penhora do bem de família do fiador, por meio do julgamento do Recurso Extraordinário nº 407.688/SP,[46] posição que se mantém até os dias de hoje.[47] Os principais argumentos a favor da penhorabilidade são: (i) a consonância do direito à moradia com a exceção prevista no art. 3º, VII da Lei nº 8.009/90; (ii) a vinculação voluntária do fiador aos gravames impostos pela fiança; e (iii) a proteção, por via indireta, ao direito à moradia do locatário e o equilíbrio do mercado.[48] Nada se diz, porém, sobre o direito à moradia do fiador.

O julgamento contou com importantes votos contrários à penhorabilidade do bem de família do fiador dos ministros Eros Grau, Carlos Britto e Celso de Mello, o que indicam que, apesar do aparente retorno à penhorabilidade, a problemática ainda está distante de uma solução definitiva.

Parte da doutrina é favorável à constitucionalidade da penhora do único bem de família do fiador,[49] enquanto outra parcela sustenta a sua in-

---

0150797-5, 2ª Câmara Cíve, Rel. Rosana Amara Girardi Fachin, julgado em 31/05/2000; TJMG, Apelação nº 2000000467305-4/000, 9ª Câmara Cível, Rel. Pedro Bernardes, julgado em 06/12/2005; TJRS, Agravo de Instrumento nº 70008103871, 9ª Câmara Cível, Rel. Adão Sérgio do Nascimento Cassiano, julgado em 12/04/2004.

46 STF, RE 407.688/SP, Rel. Ministro Cézar Peluso, julgado em 08/02/2006, DJe 06/10/2006.

47 O tema voltou à apreciação do Supremo Tribunal Federal em sede de Repercussão Geral no RE 612.360, em que prevaleceu a tese da penhorabilidade do bem de família de fiador de contrato de locação (STF, Tribunal Pleno, RE 612.360, Rel. Min. Ellen Gracie, DJe de 02/09/2010, vencido o Min. Marco Aurélio).

48 No mesmo sentido, em decisão de 2009, a Quinta Turma do STJ entendeu que a sub-rogação do fiador na posição do credor se dá com todas as suas vantagens, mas também suas desvantagens, razão pela qual também o fiador está impedido de promover constrição sobre o bem de família do afiançado (STJ, REsp 1081963/SP, Rel. Ministro Jorge Mussi, Quinta Turma, julgado em 18/06/2009, DJe 03/08/2009). Assim como adotou a Quarta Turma do STJ no julgamento do REsp 615.012 (STJ, REsp 615.012/RS, Rel. Ministro Luis Felipe Salomão, Quarta Turma, julgado em 01/06/2010, DJe 08/06/2010). A posição de tão reiterada ensejou a edição da Súmula 549 pela Segunda Seção do STJ: "É válida a penhora de bem de família pertencente a fiador de contrato de locação".

49 Nesse sentido, SEGALLA, Alessandro. *Contrato de fiança*. São Paulo: Atlas, 2013, pp. 128 e ss.; CASTRO NEVES, José Roberto. O Contrato de fiança. In: NEVES, Thiago Ferreira Cardoso (Coord.). *Direito & Justiça Social*. Estudos em homenagem ao professor Sylvio Capanema de Souza. São Paulo: Atlas: 2013, p. 367; AZEVEDO, Álvaro Villaça. Bem de família: penhora em fiança locatícia e direito de moradia. In: NERY, Rosa Maria de

constitucionalidade[50] em face do direito à moradia, bem como da função social da propriedade, da proteção do patrimônio mínimo[51] e do princípio da igualdade, ao conferir ao garantidor um tratamento mais gravoso do que o dispensado ao devedor principal.[52]

Isso porque, comparando com o devedor originário, o locatário inadimplente não poderá ter seu imóvel penhorado para as dívidas da locação, pois tal hipótese não se enquadra nas exceções previstas na Lei nº 8.009/90. Cria-se, assim, situação de evidente gravosidade para o fiador, na medida em que, embora possa perder seu próprio imóvel residencial para responder à dívida do afiançado perante o credor, não pode excutir o imóvel residencial do afiançado para se pagar aquilo que teve de desembolsar por força da fiança,[53] o que reitera a posição de desvantagem do fiador, de profunda onerosidade e de desigualdade de direitos, desafiando-se a própria

---

Andrade; DONNINI, Rogério (Coords). *Responsabilidade civil*: estudos em homenagem ao professor Rui Geraldo Camargo Vianna. São Paulo: RT, 2009, pp. 71 e ss.; AZEVEDO, Álvaro Villaça. *Bem de Família*. Comentários à Lei nº 8009/90. 6ª ed. São Paulo: Atlas, 2010, p. 218.

50   SILVA, Sérgio André Rocha Gomes da. Da inconstitucionalidade da penhorabilidade do bem de família por obrigação decorrente de fiança concedida em contrato de locação. *Revista de Direito Privado*, v. 2. São Paulo: RT, abr.-jun./2000, pp. 50-56; SLAIBI FILHO, Nagib. Impenhorabilidade de bem do fiador em decorrência do direito à moradia. *Revista da EMERJ*, nº 33, 2006, pp. 117-135; HORA NETO, João. O bem de família, a fiança locatícia e o direito à moradia. *Revista da Escola Superior da Magistratura de Sergipe*, Aracaju: ESMESE, nº 9, 2006, p. 48; SARLET, Ingo Wolfgang. Supremo Tribunal Federal, o direito à moradia e a discussão em torno da penhora do imóvel do fiador. *Revista da AJURIS*, ano XXXIV, nº 107, set. 2007, pp. 123-144, entre outros.

51   Cf. FACHIN, Luiz Edson. *Estatuto jurídico do patrimônio mínimo*. Rio de Janeiro: Renovar, 2006.

52   CAPANEMA, Sylvio. *Da locação do imóvel* urbano: direito e processo. Rio de Janeiro: Revista Forense, 1999, p. 646. No mesmo sentido, PINHEIRO, Rosalice Fidalgo; ISAGUIRRE, Katya. O direito à moradia e o STF: um estudo de caso acerca da impenhorabilidade do bem de família do fiador. In: TEPEDINO, Gustavo; FACHIN, Luiz Edson (orgs.). *Diálogos sobre direito civil*. Rio de Janeiro: Renovar, 2008, v. II, pp. 155-164.

53   O tema foi enfrentado no REsp 1.081.963: "1. A teor do artigo 1º da Lei nº 8.009/90, o bem imóvel destinado à moradia da entidade familiar é impenhorável. Excetua-se a obrigação decorrente de fiança concedida em contrato de locação, isto é, autorizase a constrição de imóvel pertencente a fiador. 2. Sub-roga-se o fiador nos direitos do locador tanto nos privilégios e garantias do contrato primitivo quanto nas limitações (art. 346 e 831, CC; art. 3º, VII, Lei nº 8.009/90). 3. A transferência dos direitos inerentes ao locador em razão da sub-rogação não altera prerrogativa inexiste para o credor originário. O locatário não pode sofrer constrição em imóvel que reside, seja em ação de cobrança de débitos locativos, seja em regressiva" (STJ, REsp 1081963. Rel. Min. Jorge Mussi. Quinta Turma. DJe 03/08/2009).

natureza do contrato de fiança, pois o fiador acaba se obrigando a mais que o afiançado.

Aceitar a alegação da liberdade de contratar ao assumir a posição de fiador, apontada pelo Min. Relator do RE 407.688, acaba por ignorar a realidade brasileira, onde, em sua maioria, as relações pessoais entre fiador e afiançado justificam a fiança. Aqui novamente recai-se sobre a discussão tratada no tópico anterior sobre a renúncia a direitos fundamentais, de modo que o benefício instituído pelo bem de família que não admite renúncia por parte de seu titular,[54] até porque a garantia prestada sequer favoreceu a pessoa que prestou a garantia.

Com efeito, a opção pela penhorabilidade do bem de família do fiador constitui retrocesso incompatível com a leitura funcionalizada do direito civil, a normatividade dos preceitos constitucionais e com o direito contratual contemporâneo,[55] além de revelar compromisso com uma concepção fundada em ótica formal, retomando o primado da vontade e a visão patrimonialista de relação jurídica, em um momento no qual se impõe sua repersonalização.[56]

4. Conclusão

A doutrina tem destacado que a fiança gratuita, extremamente comum nas locações com fim de moradia, por se tratar de garantia prestada normalmente com base em relação de favor, confiança e afeto, é particularmente informada pelo princípio da solidariedade social, aspecto que não pode ser desconsiderado pelo intérprete ao se debruçar sobre as questões

---

[54] "o benefício conferido pela Lei nº 8.009/90 ao instituto do bem de família constitui princípio de ordem pública, prevalente mesmo sobre a vontade manifestada, não admitindo sua renúncia" (STJ, AgRg no AREsp 264.431/SE, Rel. Ministro Luis Felipe Salomão, Quarta Turma, julgado em 05/03/2013, DJe 11/03/2013).

[55] SCHULMAN, Gabriel; BODIN de MORAES, Maria Celina. Ensaio sobre as iniquidades da fiança locatícia gratuita. In: SAMPAIO, Gisela; BODIN DE MORAES, Maria Celina; MEIRELES, Rose Melo Vencelau. (Org.). *Direito das Garantias*. 1ª ed. São Paulo: Saraiva, 2017, p. 16.

[56] De acordo com Luiz Edson Fachin: "na admissão de penhora do bem de família do fiador, a criticável decisão do Supremo Tribunal Federal é consoante ao pensamento estruturado por mecânica lógico formal, mas é dissonante dos valores incorporados nos princípios constitucionais e nos direitos fundamentais, além de minguada na fundamentação quanto às alternativas de tutela do legítimo crédito do locador" (FACHIN, Luiz Edson. *Direito civil*: sentidos, transformações e fim. Rio de Janeiro: Renovar, 2015, p. 50).

que a envolvam – em que pese a reiterada atuação do legislador (e da jurisprudência) em sentido inverso.[57]

Indaga-se, assim, até que ponto os interesses de mercado – representados pela prevalência do direito de crédito do locador, que agrega consigo valor tão somente patrimonial – justificam a diminuição de garantias essenciais à tutela existencial da pessoa humana e sua dignidade?

Os entendimentos adotados pelos Tribunais superiores quanto à prorrogação automática da fiança locatícia, renúncia à direitos fundamentais, ao benefício de ordem e ao bem de família, justificadas na visão patrimonialista do negócio jurídico, se mostram incompatíveis com a natureza, finalidade e origem do instituto da fiança. No voto vencido,[58] o Min. Eros Grau alertou ao grande impacto no mercado das locações caso seja afirmada a impenhorabilidade, entretanto, tal argumento não pode ser capaz de afastar a incidência de preceitos constitucionais do direito à moradia e à isonomia.

A doutrina vem, assim, repensando a fiança, o seu tratamento injustificadamente desequilibrado e os efeitos exorbitantes que pode acarretar ao patrimônio do fiador,[59] propondo-se uma revisitação do instituto à luz da metodologia civil-constitucional, que tutele as vulnerabilidades *in concreto*, buscando uma maior proteção aos direitos fundamentais, sendo esta uma das principais preocupações da sociedade contemporânea.[60]

Referências

AGHIARIAN, Hércules. *Curso de Direito Imobiliário*. 11ª ed. São Paulo: Atlas, 2012.

ASSIS, Araken de. In: ALVIM, Arruda; ALVIM, Thereza (coord.). *Comentários ao código civil brasileiro*, v. 5. Rio de Janeiro: Forense, 2007.

BOBBIO, Norberto. *A era dos direitos*. Rio de Janeiro: Elsevier, 2004.

CANARIS, Claus-Wilhelm. *Direitos fundamentais e direito privado*. Tradução: Ingo Wolfgang Sarlet e Paulo Mota Pinto. Coimbra: Almedina, 2009.

CAPANEMA, Sylvio. *Da locação do imóvel* urbano: direito e processo. Rio de Janeiro: Revista Forense, 1999.

---

57 SCHULMAN, Gabriel; BODIN de MORAES, Maria Celina. Ensaio sobre as iniquidades da fiança locatícia gratuita. cit.

58 STF, RE 407.688, cit.

59 SCHULMAN, Gabriel; BODIN de MORAES, Maria Celina. Ensaio sobre as iniquidades da fiança locatícia gratuita. cit, p. 15.

60 De acordo com Norberto Bobbio: "o problema fundamental em relação aos direitos do homem, hoje, não é tanto o de justificá-los, mas o de protege-los" (BOBBIO, Norberto. *A era dos direitos*. Rio de Janeiro: Elsevier, 2004, p. 43).

FACHIN, Luiz Edson. *Direito civil*: sentidos, transformações e fim. Rio de Janeiro: Renovar, 2015.

FORGIONI, Paula A. *contratos empresariais*: teoria geral e aplicação. 2ª ed. São Paulo: Revista dos Tribunais, 2016.

LÔBO, Paulo. *Direito civil*: contratos. São Paulo: Saraiva, 2011.

MIRANDA, Custódio da Piedade Ubaldino. In: AZEVEDO, Antônio Junqueira de (coord.). *Comentários ao Código Civil*. v. 5. São Paulo: Saraiva, 2013.

NEGREIROS, Teresa. O princípio da boa-fé contratual. In: BODIN DE MORAES, Maria Celina (coord.). *Princípios do Direito Civil Contemporâneo*. Rio de Janeiro: Renovar, 2006.

PEREIRA, Caio Mário da Silva. *Instituições de direito civil*. v. 1, 22ª ed. Rio de Janeiro: Forense, 2018.

PEREIRA, Caio Mário da Silva. *Instituições de direito civil*. v. 3. 22ª ed. Rio de Janeiro: Forense, 2018.

PINHEIRO, Rosalice Fidalgo; ISAGUIRRE, Katya. O direito à moradia e o STF: um estudo de caso acerca da impenhorabilidade do bem de família do fiador. In: TEPEDINO, Gustavo; FACHIN, Luiz Edson (orgs.). *Diálogos sobre direito civil*. Rio de Janeiro: Renovar, 2007, v. II, pp. 131-164.

RUZYK, Carlos Eduardo Pianovski, *Liberdade(s) e Função*: Contribuição crítica para uma nova fundamentação da dimensão funcional do Direito Civil brasileiro. Tese de Doutorado, Universidade Federal do Paraná, Curitiba, 2009.

SCHREIBER, Anderson; TARTUCE, Flávio; SIMÃO, José Fernando; MELO, Marco Aurélio Bezerra de; DELGADO, Mário Luiz. *Código Civil Comentado*: Doutrina e Jurisprudência. 1ª ed. Rio de Janeiro: Forense, 2019.

SCHULMAN, Gabriel; BODIN DE MORAES, Maria Celina. Ensaio sobre as iniquidades da fiança locatícia gratuita. In: SAMPAIO, Gisela; BODIN DE MORAES, Maria Celina; MEIRELES, Rose Melo Vencelau (orgs.). *Direito das Garantias*. 1 ed. São Paulo: Saraiva, 2017, pp. 11-55.

SEGALLA, Alessandro. *Contrato de fiança*. São Paulo: Atlas, 2013.

TEPEDINO, Gustavo; BODIN DE MORAES, Maria Celina; BARBOZA, Heloisa Helena. *Código Civil interpretado*: conforme a Constituição da República. v. 2. Rio de Janeiro: Renovar, 2006.

TEPEDINO, Gustavo; SCHREIBER, Anderson. A Boa-fé Objetiva no Código de Defesa do Consumidor e no novo Código Civil. *Revista da EMERJ*, nº 23, Rio de Janeiro, v. 6, 2003, pp. 139-151.

WALD, Arnoldo. *Direito civil*: contratos em espécie. v. 3. 18ª ed. São Paulo: Saraiva, 2009.

Evicção e a Boa-Fé Registral

José Roberto de Castro Neves

Há uma regra jurídica e lógica segundo a qual ninguém pode transferir mais direitos do que possui. Se uma pessoa não é a dona de um bem, não terá, em regra, disposição sobre ele. Logo, não terá condição de promover a transferência da sua propriedade. Visto o fenômeno de outra ponta, apenas o proprietário tem o poder de transferir a propriedade de seu ativo.

Por outro lado, nos negócios nos quais se estabelece a transferência do domínio do bem, deve-se, em regra, garantir ao adquirente o gozo daquela coisa. Assim, ainda que implicitamente, o alienante garante que quem recebe a coisa poderá usá-la.

Entretanto, por vezes, uma pessoa recebe um bem, acreditando que esse movimento foi perfeito do ponto de vista legal, porém é surpreendida com a notícia de que quem transferiu a propriedade não era o seu verdadeiro dono. Reconhecida a propriedade como de pessoa distinta daquela que pretendeu alienar o bem, quem recebe a coisa a perde. Afinal, havia um vício na cadeia de domínio da coisa alienada.

Denomina-se evicção essa perda da coisa, pelo reconhecimento de que ela não pertencia a quem a transferiu ao seu detentor. A própria origem do seu nome já dá conta do fenômeno: *evincere* vem de *ex vincere*, ou seja, vencer e se sobrepor, colocando-se para fora. A evicção se coloca no campo da eficácia do negócio. Ou seja, mesmo ultrapassada a aferição de sua validade, o fenômeno retira a força da transferência.

Como se vê, nesse fenômeno, vislumbram-se três personagens: (a) o alienante; (b) o evicto – o adquirente da coisa –, e, finalmente, (c) o evictor, quem postula a coisa, sob o argumento de ser seu verdadeiro dono.

Reconhecida a evicção, quem detinha o bem fica obrigado a entregá-lo ao seu verdadeiro dono – o *verus dominus*, como designavam os romanos – e passa a ter o direito de reclamar uma indenização a quem o entregou o bem.

Muitas vezes, a discussão acerca da titularidade do bem ocorre no Judiciário, diante do litígio que se instaura para identificar o real proprietário da coisa. Nesses casos, normalmente, quem transferiu o bem deve auxiliar o seu detentor, a fim de demonstrar que o negócio foi lícito e que quem entregou o ativo tinha poderes para tanto. Caso a decisão judicial determine que a propriedade pertence a terceiro – isto é, o evictor –, quem transferiu o bem fica obrigado a ressarcir a pessoa que o recebeu, independentemente de sua culpa. O alienante, mesmo de boa-fé, responde pela evicção (salvo, como se verá adiante, se houver expressamente se eximido dessa responsabilidade).

A justificativa para essa obrigação, como se alertou, revela-se intuitiva: quando uma pessoa transfere a outra o domínio onerosamente, ela garante, mesmo que não de forma expressa, que quem recebe a coisa poderá dispor dela. Assim, caso, posteriormente, esse pressuposto básico do negócio – a titularidade de quem transfere o bem – se revele falso, pois quem recebeu o bem fica forçado a entrega-lo ao verdadeiro dono, caberá a quem transferiu, sem esse poder, indenizar quem recebeu a coisa.

Cuida-se, portanto, de um elemento natural de qualquer negócio oneroso no qual se opere a transferência de domínio. Ruggiero, em seu clássico estudo de Direito Civil, pontificou: *"elemento natural do contrato de compra e venda, a garantia contra a evicção é decida de direito, isto é: mesmo sem ser estipulada"*.[1] Dessa forma, assim como ocorre com os vícios redibitórios, a lei protege o adquirente da evicção.

Em muitos ordenamentos, a evicção é disciplinada em conjunto com a compra e venda. Isso se justifica porque, de fato, ela ocorre, com mais frequência, nessa espécie de contrato. No nosso Código Civil, a evicção, contudo, vem tratada na Parte Geral dos contratos, pois ela se aplica a todos os contratos onerosos. Essa, inclusive, era a tradição clássica romana, que não limitava a evicção aos casos de *emptio venditio*.

Com efeito, embora mais comum na compra e venda, como se ressaltou, pode haver evicção em qualquer negócio no qual se transfira a propriedade, como na troca. A única exigência é a de que o negócio seja oneroso. Vale destacar que, por outro lado, a evicção não se aplica aos negócios graciosos. Nestes, o tratamento é diverso. Como se vê do artigo 552 do Código Civil,[2] o doador, no mais comum dos contratos graciosos, não responde pela evicção da coisa doada.

Portanto, nos contratos onerosos, o alienante assume, perante o adquirente, os riscos da evicção. Trata-se de uma garantia legal. Caberá ao alienante indenizar por completo os danos sofridos pelo evicto, caso seja reconhecida a evicção, como aponta o artigo 447 da lei civil:

> "Art. 447. Nos contratos onerosos, o alienante responde pela evicção. Subsiste esta garantia ainda que a aquisição se tenha realizado em hasta pública".

---

1   RUGGIERO, Roberto de. *Instituições de Direito Civil*, Vol. III, São Paulo: Saraiva, 1958, p. 274.

2   "Art. 552. O doador não é obrigado a pagar juros moratórios, nem é sujeito às consequências da evicção ou do vício redibitório. Nas doações para casamento com certa e determinada pessoa, o doador ficará sujeito à evicção, salvo convenção em contrário".

Cumpre ressalvar que o conceito de que o reconhecimento de que o bem não pertencia ao alienante, mas a terceiro, não precisa, necessariamente, advir de um órgão jurisdicional. O desapossessamento pode ter por fundamento outros fatores, como uma decisão administrativa ou policial, como ocorre, por exemplo, no caso de o evicto ser informado pela polícia que o relógio de pulso que adquiriu foi furtado do dono original.

Outro importante requisito para caracterizar a responsabilidade pela evicção consiste na ignorância do adquirente acerca da situação da coisa, objeto da alienação. Se ele tinha ciência de que se disputava a propriedade do bem e, ainda assim, optou por celebrar o negócio, sem nada ressalvar, assumiu o risco. Assim, a regra do artigo 457.[3]

A anterioridade da causa – que resultou no reconhecimento de que a coisa não pertencia ao alienante – tem grande importância. Imagine-se que, depois de efetuada a transferência, o bem, objeto do negócio, seja desapropriado – um ato de poder, como se sabe, da Administração Pública. Entretanto, se a discussão acerca da desapropriação ocorreu antes do negócio com o evicto e não foi expressamente retirada a responsabilidade do vendedor, o alienante responderá, mesmo que a desapropriação tenha ocorrido depois da transferência.

Para que essa responsabilidade se verifique, portanto, (a) o negócio deve ser oneroso; (b) deve haver uma perda parcial ou total do bem, objeto do contrato, assim determinada por decisão proferida por órgão jurisdicional, assim como em casos de decisão administrativa ou policial; (c) o adquirente deveria ignorar que se disputava a propriedade do bem – como assinala o artigo 457 do Código Civil –; e (d) a perda da coisa decorrer de causa antecedente à sua alienação.

Veja-se que a redação da segunda parte do artigo 447 menciona que a responsabilidade diante da evicção se mantém mesmo que a venda tenha ocorrido mediante hasta pública. A regra veio para esclarecer uma discussão que havia em decorrência do fato de que, quando o bem era vendido em leilão público, o negócio ocorria por determinação do Estado, que alienava o bem de alguma pessoa para fim de quitar alguma dívida. Quem responderia pela evicção?

A situação paradigma, em suma, é a seguinte: o devedor tem um bem penhorado, no curso de uma ação judicial, e, como não quitou sua dívida, o mencionado bem é levado a hasta pública para ser vendido. Depois, entretanto, descobre-se que o ativo alienado não pertencia ao devedor, porém a terceiro. Reconhecida a evicção, quem recebeu o bem por conta do leilão

---

3   "Art. 457. Não pode o adquirente demandar pela evicção, se sabia que a coisa era alheia ou litigiosa".

deve devolver a coisa, entregando-a ao *verus dominus*. Com a norma do artigo 447 do Código Civil, quem perde a coisa por evicção em hasta pública poderá reclamar a restituição do valor a quem tenha embolsado a quantia, ou seja, o credor do devedor cujo bem foi levado a leilão (embora não fosse ele o dono da coisa penhorada). Caberá ao credor, depois de ressarcir o terceiro arrematante – o evicto –, renovar suas baterias contra o devedor.

Admite-se, entretanto, que as partes reforcem, atenuem, ou mesmo excluam a responsabilidade pela evicção. Assim, expressamente, a regra do artigo 448 do Código Civil.[4] Contudo, de toda forma, esse afastamento da responsabilidade não pode retirar do evicto o direito a receber o valor pago pela coisa, salvo se houver sido expressamente alertado desse risco e o evicto o assumiu, como informa o artigo 449.[5]

Assim, se o adquirente – evicto – apenas se limitou a excluir danos decorrentes da eventual evicção, se esta ocorrer, ele poderá apenas solicitar a devolução do valor que pagou ao alienante, sem direito a reclamar perdas e danos. No entanto, caso o adquirente tenha expressamente reconhecido a existência do risco da evicção e dele eximiu o alienante, nada poderá reclamar, nem mesmo o que pagou. Fundamental, para que essa absoluta isenção de responsabilidade do alienante, que o adquirente – evicto – demonstre a completa ciência da situação.

Não haverá evicção se a perda da coisa decorrer de qualquer outro fato distinto da ausência de domínio do alienante sobre a coisa objeto do negócio. Se a perda ocorrer, por exemplo, em decorrência de esbulho, roubo, de um evento fortuito qualquer, não será o caso de evicção. Isso, claro, desde que essa situação ocorra após a transferência da propriedade.

Como se mencionou, verificada a evicção, o alienante deve indenizar plenamente o evicto. O artigo 450 cuida do tema de forma minuciosa:

> "Art. 450. Salvo estipulação em contrário, tem direito o evicto, além da restituição integral do preço ou das quantias que pagou:
>
> I - à indenização dos frutos que tiver sido obrigado a restituir;
>
> II - à indenização pelas despesas dos contratos e pelos prejuízos que diretamente resultarem da evicção;
>
> III - às custas judiciais e aos honorários do advogado por ele constituído.

---

[4] "Art. 448. Podem as partes, por cláusula expressa, reforçar, diminuir ou excluir a responsabilidade pela evicção".

[5] "Art. 449. Não obstante a cláusula que exclui a garantia contra a evicção, se esta se der, tem direito o evicto a receber o preço que pagou pela coisa evicta, se não soube do risco da evicção, ou, dele informado, não o assumiu".

Parágrafo único. O preço, seja a evicção total ou parcial, será o do valor da coisa, na época em que se evenceu, e proporcional ao desfalque sofrido, no caso de evicção parcial."

O legislador, como se vê, teve o cuidado de explicitar a amplitude do ressarcimento. O entendimento consiste em interpretar esse dispositivo para garantir ao evicto uma indenização que o permita adquirir um bem equivalente. Assim, caso o valor da coisa tenha majorado, entre o período que o evicto recebeu a coisa e o do reconhecimento da evicção, deve ele receber do alienante o suficiente para ter condição de comprar um bem semelhante.

O artigo 451 da lei civil,[6] a seu turno, oferece outra regra importante sobre o tema da indenização. Segundo a norma, o alienante deve indenizar o evicto ainda que o bem, objeto da evicção, esteja deteriorado. Excetua-se esse comando apenas se a deterioração ocorrer por ato doloso do adquirente.

Esmiuçando o conceito, o artigo 452, para evitar o enriquecimento sem causa, determina que o valor do ressarcimento devido pelo alienante ao evicto seja abatido de quantias que eventualmente este tenha obtido com alguma vantagem da deterioração da coisa. Veja-se o seguinte exemplo: uma pessoa recebe uma construção antiga e imediatamente passa a negociar partes dela (como, por exemplo, os azulejos que guarnecem a casa). Depois, verifica-se a evicção. Esse adquirente deve devolver o imóvel e ser ressarcido. Entretanto, justo que de sua indenização sejam abatidos os benefícios que auferiu ao deteriorar o bem.

Caso o adquirente tenha, de boa-fé, efetuado benfeitorias no bem, terá direito a obter ressarcimento, até mesmo para evitar um enriquecimento sem causa do dono. Idealmente, deverão ser ressarcidas pelo verdadeiro dono, que receberá o bem melhorado. Contudo, se isso não ocorrer, caberá ao alienante efetuar esse ressarcimento, garante o artigo 453 do Código Civil.[7]

A evicção pode ser parcial, quando o evicto perde apenas fração do bem alienado. Abre-se, nessas situações, uma opção ao evicto, que poderá rescindir todo o contrato ou obter a restituição do valor proporcional ao que perdeu por conta da evicção. Consoante a regra do artigo 455, caso, en-

---

6 "Art. 452. Se o adquirente tiver auferido vantagens das deteriorações, e não tiver sido condenado a indenizá-las, o valor das vantagens será deduzido da quantia que lhe houver de dar o alienante".

7 "Art. 453. As benfeitorias necessárias ou úteis, não abonadas ao que sofreu a evicção, serão pagas pelo alienante".

tretanto, a perda decorrente da evicção não for considerável, o evicto não terá o poder de reclamar a rescisão do negócio. Nesses casos, "*caberá a ele somente direito a indenização*", registra a norma civil.[8]

Não há, por óbvio, a definição na lei do que seria a "perda considerável", o que merece ser apreciado casuisticamente. É certo, porém, que, se a parte retirada impedir que o adquirente consiga atingir seu objetivo com a aquisição da coisa, a hipótese será de qualificar como considerável a perda. Levando-se em conta o princípio da identidade da prestação, natural que se promova uma interpretação restritiva do que seja a perda "considerável", em benefício do adquirente evicto.

Como ressalta Caio Mário, é parte considerável "*aquela perda que, em relação à finalidade da coisa, faça presumir que o contrato se não realizaria se o adquirente conhecesse a verdadeira situação*".[9] Ademais, a caracterização da parte considerável também se espraia pelo critério qualitativo, e não somente quantitativo. Afinal, como exemplifica o autor: "*se alguém compra fazenda de criar, e perde apenas pequena fração dela, porém na parte em que se situa a aguada, o desfalque é relevantíssimo, por alcançar a própria finalidade econômica do objeto, e a evicção será considerável, não obstante quantitativamente ínfima*".[10]

Recentemente, com o advento da Lei nº 13.097, de 19.01.2015, operou-se uma importante alteração na incidência da evicção na alienação de unidades autônomas integrantes de incorporação imobiliária. Eis, nesse sentido, os dispositivos dos artigos 54, parágrafo único, e 55 da mencionada norma:

> "Art. 54. Os negócios jurídicos que tenham por fim constituir, transferir ou modificar direitos reais sobre imóveis são eficazes em relação a atos jurídicos precedentes, nas hipóteses em que não tenham sido registradas ou averbadas na matrícula do imóvel as seguintes informações: (...)
>
> Parágrafo único. Não poderão ser opostas situações jurídicas não constantes da matrícula no Registro de Imóveis, inclusive para fins de evicção, ao terceiro de boa-fé que adquirir ou receber em garantia direitos reais sobre o imóvel, ressalvados o disposto nos arts. 129 e 130 da Lei nº 11.101, de 9 de fevereiro de 2005, e as hipóteses de aquisição e extinção da propriedade que independam de registro de título de imóvel.

***

---

[8] "Art. 455. Se parcial, mas considerável, for a evicção, poderá o evicto optar entre a rescisão do contrato e a restituição da parte do preço correspondente ao desfalque sofrido. Se não for considerável, caberá somente direito a indenização".

[9] PEREIRA, Caio Mário da Silva. *Instituições de direito civil*. Rio de Janeiro: Forense, v. III, 2017, p. 53.

[10] PEREIRA, Caio Mário da Silva., *op.cit.*, p. 53.

> Art. 55. A alienação ou oneração de unidades autônomas integrantes de incorporação imobiliária, parcelamento do solo ou condomínio edilício, devidamente registrada, não poderá ser objeto de evicção ou de decretação de ineficácia, mas eventuais credores do alienante ficam sub-rogados no preço ou no eventual crédito imobiliário, sem prejuízo das perdas e danos imputáveis ao incorporador ou empreendedor, decorrentes de seu dolo ou culpa, bem como da aplicação das disposições constantes da Lei nº 8.078, de 11 de setembro de 1990".

As referidas regras operam uma substancial alteração do legislador acerca do valor que o ordenamento protege nos casos de evicção. Isso porque, claramente, a regra geral de evicção, da forma como exposta no Código Civil, protege a higidez da cadeia de domínio. Já a Lei nº 13.097/15 se inclina para amparar a boa-fé objetiva. Nos casos previstos na lei, não se poderá opor a evicção ao consumidor de boa-fé, admitindo-se o aperfeiçoamento da transferência da propriedade, mesmo por quem não for o dono.

Assim, caso o consumidor de unidade autônoma de incorporação imobiliária efetue a aquisição desse bem, sem que haja qualquer menção do verdadeiro proprietário no registro de imóveis competente ou da eventual discussão sobre o real proprietário do bem, mas existindo apenas a referência, como titular do domínio, da pessoa que negociou com o evicto, entende-se que este se encontra de boa-fé, protegendo-se essa condição. Afinal, como ensina Pontes de Miranda "*é o ofício público, em que se dá publicidade a atos de transmissão dos bens imóveis e aos direitos reais sobre imóveis ou a negócios jurídicos que a eles interessem*".[11]

Trata-se do conceito da fé pública registral, que protege quem quer que confie na informação fornecida pelo Registro Geral de Imóveis. Dá-se, a partir desse preceito, fundamental importância à matrícula do imóvel, constante no Registro Geral de Imóveis competente. O nosso ordenamento, a partir da sistemática estabelecida pela Lei nº 6.015 de 31.12.1973, concentra os registros da vida do imóvel, inclusive os encargos que nele recaem – como, eventualmente, um usufruto, uma hipoteca, uma servidão, entre outros –, na sua matrícula. Nesse sentido, o artigo 172 da Lei nº 6.015/1973, que reflete essa atribuição dos Registros Imobiliários: "*no Registro de Imóveis serão feitos, nos termos desta Lei, o registro e a averbação dos títulos ou atos constitutivos, declaratórios, translativos e extintos de direitos reais sobre imóveis reconhecidos em lei, 'inter vivos' ou 'mortis causa' quer para sua constituição, transferência e extinção, quer para sua validade em relação a terceiros, quer para a sua disponibilidade*".

---

11 PONTES DE MIRANDA, Francisco Cavalcanti. *Tratado de direito privado*. t. XI. Campinas: Bookseller, 2001,

Conceitualmente, quem quer que deseje aferir a situação do imóvel, inclusive a sua titularidade, deve consultar a sua matrícula, de conhecimento público. Afinal, *"se a Lei está justamente buscando proteger o terceiro que confiou nas informações registrais, afastando a eficácia das situações jurídicas não registradas, é óbvio que ela pressupôs a necessidade de o terceiro ter adquirido daquele que é o proprietário ou legitimado tabular para transmitir, constituir ou modificar o direito"*.[12] Salvo algum fato extraordinário, pode-se dizer que é legítimo crer que o proprietário do imóvel é aquele que consta como tal na sua matrícula. Constrói-se, dessa forma, uma presunção.

Para reforçar esse entendimento, consoante a regra do artigo 1.245 do Código Civil: *"Transfere-se entre vivos a propriedade mediante o registro do título translativo no Registro de Imóveis."* A certidão do RGI funciona, pois, como prova da propriedade. Pois o princípio da fé pública registral consiste, precisamente, em conceder segurança jurídica ao que consta da matrícula, visando, em última análise, a proteger o terceiro de boa-fé.

Nesse passo, caso o terceiro inocente efetue o negócio de aquisição de imóvel, tendo-se valido de informações constantes no registro do bem – que não faziam qualquer ressalva à alguma irregularidade ou inconsistência da cadeia de domínio –, o ordenamento jurídico, na forma dos artigos 54 e 55 da Lei nº 13.097/15, deve inclinar-se para amparar esse adquirente bem intencionado, caso, depois do negócio, surja um terceiro alegando ser o *verus dominus*.

Segundo a norma, o verdadeiro proprietário deve buscar indenização de quem alienou a coisa (mas cujo nome constava do registro). Obviamente, entretanto, não basta apenas que o nome do alienante conste do Registro de Imóveis. Cabe ao adquirente tomar os cuidados básicos, como, por exemplo, promover a busca nos distribuidores de ações judiciais ou de notificações. Caso, por exemplo, já existisse uma demanda capaz de por em dúvida a propriedade, mesmo que nada disso constasse da matrícula, haveria fundamento suficiente para retirar desse adquirente a aura da boa-fé.

Com o advento da Lei nº 13.097/15, o Direito brasileiro incorporou o princípio da fé pública registral. A Lei de 2015 fez questão de mencionar especificamente a evicção, ressalvando que ela não pode ser oposta a esse adquirente de boa-fé, ainda que se reconheça a propriedade de quem reclama o bem, mas não constava da sua matrícula.

---

12 KERN, Marinho Dembinski. *A Lei 13.097/2015 adotou o princípio da fé pública registral?* Revista de Direito Imobiliário, v. 78/2015, p. 15-58, Jan-Jun/2015.

Corretagem Imobiliária

Thiago Ferreira Cardoso Neves
Guilherme Calmon Nogueira da Gama

1. Introdução: a Corretagem Imobiliária e uma Justa Homenagem

Homenagens póstumas são sempre perigosas. Esquecem-se defeitos, agruras e outros aspectos negativos para enaltecer apenas as qualidades e os feitos do homenageado. Essa observação, contudo, não se aplica ao Professor Sylvio Capanema de Souza. Durante sua vida, tanto como homem, quanto como profissional, Capanema só deixou bons exemplos e, agora, com sua partida, muitas saudades. Pai dedicado, avô amoroso e amigo fiel. Advogado combativo, magistrado justo e professor comprometido e didático, profundo conhecedor do Direito, e com uma oratória que encantava e atraía a atenção até mesmo dos mais desatentos e desinteressados. Suas palavras eram, verdadeiramente, apaixonantes. Por isso, mais do que justa, a presente homenagem é necessária.

Mas, em que pese se trate de uma obra voltada ao Direito Imobiliário, onde Capanema se destacou profundamente, com inúmeros textos e obras voltadas aos condomínios, incorporações e locações de imóvel, é preciso destacar que Capanema era um professor de Direito Civil *lato sensu*, navegando pelo oceânico mundo do Direito Civil – como costumava frisar – com a tranquilidade de um almirante de 5 (cinco) estrelas. Enfrentava os tortuosos mares à sua frente com uma experiência, uma sabedoria e uma certeza que apenas os grandes navegadores podem ter. Nessa atividade, se revelou um desbravador, um verdadeiro descobridor, tal qual os antigos condutores das caravelas do Velho Mundo no período das Grandes Navegações.

Por todas essas razões, nenhum texto será suficiente para homenageá-lo à altura, mas toda e qualquer tentativa é válida, como o é esta importante obra que hoje chega ao público. E compete a nós – com o perdão do uso da primeira pessoa em um texto acadêmico – tratar de um importante instituto do Direito Imobiliário, que o Professor Capanema também muito bem conhecia e tinha grande predileção, que é o contrato de corretagem imobiliária.

A corretagem imobiliária é o contrato por meio do qual uma pessoa – o corretor – se obriga perante outra – comitente ou cliente –, mediante uma remuneração chamada de comissão, a aproximá-la de um terceiro, intermediando a relação para que elas concluam um negócio imobiliário.

O contrato de corretagem imobiliária, então, tem como propósito a contratação de um profissional habilitado e conhecedor do mercado, para que ele intermedeie a celebração de um negócio imobiliário entre o seu cliente e um terceiro. Está ele inserido em um ambiente em que uma pessoa, interessada em celebrar um negócio imobiliário, como, por exemplo, a compra e venda de um bem imóvel, busca um agente que tenha conhecimento técnico e mercadológico, a fim de que ele faça a intermediação para a obtenção e a conclusão do melhor negócio, em atendimento aos interesses da parte que o contratou.

Trata-se, portanto, de um contrato de grande densidade social e econômica, pois voltado à celebração de negócios jurídicos imobiliários, que tanta relevância tem na promoção do direito à moradia, quando voltado à aquisição e à locação de bens imóveis para fins residenciais, e da livre iniciativa, quando o bem objeto do negócio tem destinação comercial, sem falar na aquisição e locação de bens com finalidade puramente especulativa, como um investimento gerador de receitas para o adquirente.

Esta importância justifica um estudo aprofundado do tema, embora em breves linhas, como proposto para esta grandiosa obra, o que será feito nos tópicos seguintes.

2. Aspectos Jurídicos da Corretagem Imobiliária

O contrato de corretagem não recebeu tratamento normativo no Código Civil de 1916, a despeito de já ser conhecido desde a Roma Antiga[1], sendo que durante muito tempo foi confundido com a mediação. A corretagem era tratada em termos gerais pelo Código Comercial de 1850 como tipo de serviço de colaboração e aproximação entre comerciantes[2]. Com o advento do Código Civil de 2002, o contrato de corretagem mereceu ser tratado nos arts. 722 a 729, sem prejuízo das normas constantes da legislação especial a seu respeito. Em determinados negócios contratuais mais complexos, nem sempre os interessados dispõem de tempo e de informações mais específicas ou detalhadas para concretizá-los, havendo a necessidade do "percurso de atos encadeados para que a vontade dos protagonistas possa ser emitida com segurança exigidas pelos diversos interesses disponíveis negociados"[3]. Daí a intervenção externa para realizar a aproximação

---

1   COLTRO, Antônio Carlos Mathias. *Contrato de corretagem imobiliária*. 3ª ed. São Paulo: Atlas, 2011, p. 7.
2   TEPEDINO, Gustavo; KONDER, Carlos Nelson; BANDEIRA, Paula Greco. *Fundamentos do Direito Civil*. v. 3. Rio de Janeiro: Forense, 2020, p. 388.
3   ZULIANI, Ênio Santarelli. Comentários ao art. 722. In: NANNI, Giovanni Ettore (coord.). *Comentários ao Código Civil*: Direito Privado contemporâneo. São Paulo: Saraiva, 2019, p. 1.092.

dos sujeitos normalmente ocorre através da atividade de corretagem, ou seja, espécie de serviço prestado com o objetivo de apresentar e aproximar os contratantes, estimulando o contato e o diálogo para negociação produtiva sobre determinado objeto lícito, determinável e possível.

Há, ainda hoje, algumas questões polêmicas a seu respeito na doutrina e na jurisprudência e, por isso, é relevante abordar certos aspectos jurídicos (e dogmáticos) a respeito da corretagem imobiliária até em razão da importância de que ela se reveste no âmbito social e econômico de inúmeros países, incluindo o Brasil, devido ao dinamismo da sociedade industrial e urbana na qual já são mais difíceis as relações de compra e venda de imóveis através de contato direto entre os contratantes sem a atividade de intermediação desenvolvida pelo corretor.

Neste item, serão abordados aspectos referentes à natureza jurídica, classificação, elementos e características do contrato de corretagem imobiliária, de modo a, em seguida, adentrar nas polêmicas mais atuais em torno do tema.

2.1. Natureza jurídica, classificação e elementos do contrato

Os modelos contratuais seguem lógica distinta do tratamento dado aos institutos referentes aos direitos reais, às pessoas jurídicas, aos regimes matrimoniais de bens e aos testamentos, ou seja, não se submetem ao sistema de tipicidade taxativa[4]. Os contratos atípicos representam modelos de negócios jurídicos sem expressa previsão normativa, que decorrem da autonomia privada para autorregulação dos interesses dos contratantes. De todo modo, o contrato atípico ganha contornos jurídicos toda vez que se identifica "um mínimo de tipicidade social, ou seja, que determinada espécie contratual esteja difundida na prática negocial"[5].

Logo, a corretagem ganhou foros de atividade humana com grande difusão social e econômica e, por isso, o contrato a ela referente passou a ser considerado doutrinariamente como contrato atípico no sistema jurídico anterior à vigência do Código Civil de 2002. O contrato de corretagem – em especial, da corretagem imobiliária -, atualmente, é contrato típico à luz do Código Civil em vigor, mas ainda assim apresenta uma forte ingerência das práticas cotidianas e habituais a seu respeito, conforme se exemplifica com a parte final do art. 724, do Código Civil, ao tratar do tema do arbitramento da remuneração (comissão) do corretor – segundo a natureza do negócio e

---

4 LÔBO, Paulo. *Direito Civil:* contratos. São Paulo: Saraiva, 2011, p. 100.
5 LÔBO, Paulo. *Direito Civil:* contratos, *op. cit.*, p. 99.

os **usos locais** –, quando não houver previsão em lei ou não for pactuada expressamente.

No momento atual, a natureza jurídica do contrato de corretagem é a de um contrato típico e autônomo, não se confundindo com outros tipos contratuais, tais como prestação de serviços, comissão, mandato, agência, fiança, entre outros[6].

A respeito da classificação do contrato de corretagem, considera-se que o negócio contratual é bilateral, oneroso, consensual, aleatório e autônomo (e não acessório a outro contrato), sendo este último ponto objeto de controvérsia. Inicialmente, trata-se de contrato bilateral em razão de constituir obrigações para ambos os contratantes (comitente e corretor): a do corretor de obter a aproximação do comitente ao terceiro para realização de outro contrato (exemplo: a compra e venda de imóvel); a do comitente de pagar a comissão em razão da obtenção do resultado útil da corretagem.

Além disso, o contrato de corretagem é oneroso, eis que gera para ambos os contratantes vantagens patrimoniais, a saber, o resultado útil da atividade de corretagem para o comitente, e a comissão em favor do corretor. Como bem alerta a doutrina a respeito, não é contrato de corretagem a "mediação gratuita"[7].

Cuida-se de contrato consensual (e não solene ou real), eis que basta a conjunção das vontades dos contratantes para sua celebração, não sendo exigida solenidade especial ou forma rígida (CC, art. 107), podendo ser pactuado verbalmente ou ainda tacitamente. Bastando o mero consenso, admite-se a formação do contrato de corretagem por variados meios, como entendimento verbal direto entre os contratantes, seja pelo contato presencial físico, seja pelo uso de instrumentos de comunicação em tempo real (telefone fixo, *fax*, telefone móvel, *smart phone,* terminais de computador, *tablet*) ou ainda por correspondência escrita ou virtual (carta, mensagem de aplicativo de comunicação, etc...). Pontes de Miranda já considerava a admissibilidade da prova exclusivamente testemunhal para demonstração do contrato, já que não seria o valor do contrato de compra e venda a ser considerado, e sim a atividade do corretor com vistas à obtenção do resultado útil da negociação[8].

---

6   Para o aprofundamento do tema, especialmente à luz do período de vigência do Código Civil de 1916, confira-se o capítulo 1, do livro COLTRO, Antônio Carlos Mathias. *Contrato de corretagem imobiliária, op. cit.*

7   GOMES, Orlando. *Contratos.* 18ª ed. Rio de Janeiro: Forense, 1999, p. 381.

8   MIRANDA, Francisco Cavalcanti Pontes de. *Tratado de Direito Privado.* Rio de Janeiro: Borsoi, 1972, p. 232.

É contrato aleatório como regra, porquanto a corretagem depende do resultado do seu trabalho para que o corretor tenha direito à percepção da comissão, situando-se neste ponto o "risco" da atividade[9]. Os contratos aleatórios são contratos bilaterais consoante os quais uma das prestações referente a um dos contratantes se sujeita a risco – total ou parcial – de não vir a ser exigível e, por isso, são também conhecidos como "contratos de risco"[10]. Contudo, a aleatoriedade não se revela fundamental à função do contrato de corretagem, sendo possível a pactuação de algum tipo de retribuição ao corretor ("remuneração comutativa") como contraprestação ao seu esforço, ainda que não seja atingido o resultado útil pretendido[11].

Finalmente, o contrato de corretagem é classificado como contrato autônomo (e independente), e não acessório. Neste ponto há certa divergência na doutrina, mas que foi superada em razão da regra do art. 725, do Código Civil brasileiro. Os autores que defendem a natureza acessória do contrato de corretagem se baseavam na noção de que a corretagem somente existiria em razão da celebração do contrato resultante da atividade, como no exemplo da compra e venda do imóvel, ensejando a cobrança da comissão pelo corretor do comitente[12]. Contudo, a orientação mais consentânea com a realidade da corretagem – inclusive imobiliária – revela a natureza principal do contrato de corretagem eis que o corretor não perderá o poder de exigir o pagamento da comissão quando houver obtido o resultado útil da sua atividade – o acordo de vontades entre os contratantes, por exemplo -, ainda que o negócio de compra e venda não venha a se ultimar por iniciativa de qualquer deles[13]. Como bem ressalta parcela da doutrina[14], a autônoma função econômica do contrato de corretagem destinado à prospecção de negócios não permite identificar qualquer vínculo de acessoriedade entre ele e o contrato a que o comitente celebrará com terceiro e que foi possível devido à aproximação realizada pelo corretor.

A polêmica envolve a questão da invalidade do contrato de compra e venda e, consequentemente, se ela repercute no contrato de corretagem. No exemplo da absoluta incapacidade do comitente/vendedor, ambos os contratos são nulos mas sem que entre eles haja relação de principal/aces-

---

9   COLTRO, Antônio Carlos Mathias. *Contrato de corretagem imobiliária, op. cit.*, p. 28.
10 LÔBO, Paulo. *Direito Civil:* contratos, *op. cit.*, p. 102.
11 TEPEDINO, Gustavo; KONDER, Carlos Nelson; BANDEIRA, Paula Greco. *Fundamentos...*, p. 391.
12 CARVALHO NETO, Antônio. *Contrato de mediação.* 3ª ed. Bauru: Jalovi, 1991, p. 29.
13 COLTRO, Antônio Carlos Mathias. *Contrato de corretagem imobiliária, op. cit.*, p. 29.
14 TEPEDINO, Gustavo; KONDER, Carlos Nelson; BANDEIRA, Paula Greco. *Fundamentos...*, p. 390.

sório. Ou seja: não se trata de o contrato de corretagem seguir a sorte do contrato de compra e venda, mas sim de ausência de requisito subjetivo de validade para ambos os contratos.

Quanto aos elementos do contrato de corretagem, há os requisitos subjetivos e objetivos. O corretor é a pessoa que, não sendo vinculada a outra por vínculo laboral ou por mandato (prestação de serviço ou qualquer outra relação de dependência), obriga-se perante o outro contratante a obter um ou mais negócios jurídicos, conforme as instruções que tiver recebido. O corretor pode ser pessoa física ou jurídica, exercente da atividade de corretagem. É fundamental que o corretor não tenha vínculo de subordinação com o comitente para configuração do contrato de corretagem e, por isso, sua atuação é independente, não podendo caracterizar vínculo trabalhista. O corretor atua de modo a aconselhar a conclusão do contrato, informando ao comitente a respeito das condições do negócio e buscando conciliar os interesses das pessoas que ele aproxima.

Não se tratando de corretores oficiais[15], os corretores livres não dependem de investidura em cargo ou função pública, estando sujeitos à legislação da profissão referente à corretagem, com atuação como intermediário em negócios bastante diversificados. Faz-se necessária sua plena capacidade civil e, no caso do corretor imobiliário, ele deve seguir às normas do Conselho Federal de Corretores de Imóveis[16], por força da Lei nº 6.530/78. Apesar de tal exigência, na prática revela-se possível que pessoa não inscrita no Conselho Regional de Corretores de Imóveis (CRCI) possa exigir o pagamento da sua comissão nos casos de corretagem eventual por conta da obtenção do resultado útil daquela intermediação, ainda que tal prática possa configurar contravenção penal (Decreto-Lei n. 3.688/41, art. 47), não gerando invalidade no contrato de corretagem[17]. Não se exige, portanto, que o corretor contratante exerça a função com habitualidade e em caráter profissional.

O comitente é aquele que contrata os serviços do corretor, com o objetivo de obter êxito na conclusão de determinado negócio, como no exemplo da venda de imóvel. O comitente precisa ser plenamente capaz para celebrar o contrato de corretagem, inexistindo qualquer restrição específica para tanto. O comitente é pessoa que contrata o corretor para buscar

---

15   Em trabalho anteriormente publicado, o coautor Thiago Ferreira Cardoso Neves defende que, atualmente, não há mais corretores oficiais (*Contratos mercantis*. 2ª ed. Rio de Janeiro: GZ, 2018. p. 209.

16   COLTRO, Antônio Carlos Mathias. *Contrato de corretagem imobiliária, op. cit.*, p. 40.

17   Para o aprofundamento do tema, remete-se ao capítulo 5, de COLTRO, Antônio Carlos Mathias. *Contrato de corretagem imobiliária, op. cit.*.

e identificar pessoas interessadas na celebração de um negócio; é, pois, o "dono do negócio"[18].

O objeto do contrato de corretagem deve ser lícito e possível (CC, art. 104), o que não foi reconhecido em caso de serviço prestado "por funcionário público ou autárquico, que usa de prestígio pessoal, a fim de obter financiamento de construção"[19]. A respeito do objeto, o próximo item abrangerá aspectos relevantes além do que foram acima destacados

2.2. Objeto e características do contrato

O objeto do contrato de corretagem é a aproximação entre o comitente (ou cliente) e terceira pessoa para a celebração de um negócio, ou seja, a realização da intermediação da relação para que os sujeitos possam concluir o negócio a que têm interesse. Não se pode confundir a corretagem com a mediação, eis que nesta o mediador não foi contatado por qualquer das partes e sua atuação precede à celebração do negócio. A mediação se caracteriza pela imparcialidade do mediador, ao revés do que ocorre com a pessoa do corretor que, por sua vez, deve buscar obter o melhor negócio para o comitente[20].

De todo modo, tal circunstância não autoriza que o corretor possa atuar de modo inescrupuloso, de modo a contribuir para que o terceiro possa ser prejudicado em virtude do negócio jurídico que irá celebrar com o comitente. A atuação baseada na cláusula geral da boa fé objetiva (CC, art. 422) não permite que o corretor atue de modo a propiciar lesão ao terceiro com quem o comitente poderá vir a contratar.

A cláusula geral da boa fé objetiva e a tutela da confiança têm enorme relevo atualmente na análise dos contratos e de suas consequências, razão pela qual "as informações devem ser prestadas, os cuidados tomados, a preocupação com a satisfação da contraparte deve ser uma constante"[21]. O princípio da boa fé objetiva, além de designar uma norma de conduta das partes da relação obrigacional qualificada pela lealdade, pela consideração dos interesses da outra parte (dimensão da eticidade), da colaboração intersubjetiva no tráfico do negócio, também serve de critério interpretativo

---

18 NEVES, Thiago Ferreira Cardoso. *Contratos comerciais, op. cit.*, p. 209.
19 COLTRO, Antônio Carlos Mathias. *Contrato de corretagem imobiliária, op. cit.*, p. 41.
20 NEVES, Thiago Ferreira Cardoso. *Contratos comerciais, op. cit.*, p. 204.
21 NEVES, José Roberto de Castro. *Contratos I*. Rio de Janeiro: GZ Editora, 2016, p. 20.

dos negócios contratuais e de norma impositiva de limites ao exercício de posições jurídicas ativas, tais como os direitos subjetivos e potestativos[22].

Há deveres laterais (ou anexos) que consistem no dever de cuidado e zelo com o outro contratante a respeito da sua segurança e do seu patrimônio, no dever de negociar com transparência e lealdade apresentando as informações relevantes para o negócio, no dever de abstenção acerca de medida que possa frustrar a satisfação do outro com o negócio, levando em conta a natureza e a finalidade do contrato[23]. O dever de informar, a cargo do corretor, abrange aspectos relativos aos riscos do negócio, possíveis alterações de valores envolvidos na possível negociação, ou qualquer outro dado relevante que possa interferir na celebração do contrato entre o comitente e a terceira pessoa (estranha ao contrato de corretagem), e sua inobservância poderá ensejar a responsabilidade civil do corretor junto ao comitente desde que constatados prejuízos decorrentes do não cumprimento do dever de informar.

Finalmente, as características do contrato de corretagem imobiliária seguem, *pari passu*, os critérios de sua classificação. Assim, pode-se reconhecer que o tipo contratual é dotado de informalidade, aleatoriedade, onerosidade, bilateralidade e autonomia. É contrato informal, pois não há exigência de qualquer forma ou solenidade especial para sua celebração. Trata-se de contrato aleatório, pois somente será considerado concluído com a conclusão do negócio entre o cliente e o terceiro (caso típico de obrigação de resultado). Cuida-se de contrato oneroso pois ambas as partes terão vantagens econômicas, com ganhos e perdas patrimoniais recíprocas. Há bilateralidade no contrato pois ambos – corretor e comitente – assumem obrigações recíprocas. E, finalmente, é contrato autônomo e independente do contrato que pode vir a ser celebrado, não havendo relação de principal--acessório entre o contrato de corretagem e o contrato a ser celebrado entre o comitente e o terceiro identificado pela atividade de corretagem.

2.3. A comissão do corretor

O contrato de corretagem é oneroso, de modo que ambas as partes têm interesses patrimoniais recíprocos. O cliente ou comitente quer obter um negócio e, para tal, contrata o corretor que, correspectivamente, quer ser remunerado pela sua atividade, mediante a percepção de uma comis-

---

22 GAMA, Guilherme Calmon Nogueira da. *Direito Civil:* Obrigações. São Paulo: Atlas, 2008, p. 97.
23 NEVES, José Roberto de Castro. *Contratos I, op. cit.*, p. 22.

são. A comissão, portanto, é a verba a ser percebida pelo corretor pela sua intermediação que leve à conclusão do negócio pretendido pelo cliente.

A comissão é acordada, comumente, sob três formas: fixa, variável e mista. A comissão fixa é aquela em que se determina um valor determinado ou percentual fixo sobre o valor do negócio. Variável é a comissão cujo valor ou percentual varia de acordo com o valor do negócio, observando um critério de proporcionalidade, em que ela será maior ou menor de acordo com o maior ou menor montante do contrato celebrado entre o cliente e o terceiro. Por fim, comissão mista é aquela em que se estabelece um percentual sobre o valor do negócio, mas se estabelece um valor mínimo, fixo, de comissão.

Na prática imobiliária é comum o emprego da forma fixa de comissionamento, sendo usualmente fixado um percentual de 5% (cinco por cento) sobre o valor da compra ou da venda, podendo, ainda, variar, chegando a 8% (oito por cento) sobre o valor do negócio, seguindo a orientação dos Conselhos Regionais de Corretores de Imóveis – CRESCI através de suas tabelas. Há que se observar que na ausência de estipulação contratual, e não chegando as partes a um consenso, caberá ao juiz arbitrar o valor da comissão a partir dos usos e costumes do lugar, na forma do art. 724 do Código Civil, de modo que o conhecimento da praxe do mercado imobiliário se revela de suma importância para a adequada remuneração do corretor.

2.4. A corretagem na incorporação imobiliária

A corretagem imobiliária, como visto, não se limita à incorporação imobiliária. Pelo contrário, inúmeros são os casos em que pessoas buscam a figura do corretor para negociar imóveis, tanto para venda, quanto para locação. São vendedores buscando interessados em adquirir seus imóveis, locadores que pretendem ocupar seus bens com vantagens econômicas em contrapartida, assim como adquirentes que procuram o melhor negócio dentro das condições pretendidas e locatários que buscam opções para a sua moradia ou seu negócio. Enfim, a corretagem é um campo fértil para os negócios imobiliários de modo amplo.

Não obstante, é na incorporação imobiliária que as discussões e conflitos se intensificam, dada a complexidade que estes negócios comumente envolvem, o que se reflete nas inúmeras discussões que desaguam no Poder Judiciário, como restará evidenciado nos item 2.4.2, bem como no campo legislativo, em que foi preciso a edição de uma lei para pacificar as infindáveis controvérsias existentes.

Todas essas questões se devem, particularmente, e como dito, à maior complexidade envolvendo a atividade de incorporação imobiliária, negócio esse de grande densidade social,[24] cujos atores têm grande importância não apenas no mercado imobiliário, mas na economia como um todo, na medida em que movimentam destacadamente empregos e capital, fazendo com que relevante fatia do PIB brasileiro seja representada por créditos e negócios envolvendo a incorporação imobiliária.

A incorporação imobiliária, na dicção do parágrafo único do art. 28 da Lei nº 4.591/1964, caracteriza-se como "a atividade exercida com o intuito de promover e realizar a construção, para alienação total ou parcial, de edificações compostas de unidades autônomas". Trata-se, pois, de uma atividade complexa, na medida em que envolve diversos agentes e negócios, cujo propósito é a construção e a venda, durante a obra, de unidades imobiliárias em edificações coletivas,[25] caracterizando-se, segundo parcela da doutrina, como uma promessa de compra e venda futura.[26]

Na referida atividade, o propósito é construir uma edificação sobre o solo, incorporando-a a ele (acessão), constituindo, pois, uma única coisa, com a posterior alienação de unidades individualizadas. Desse modo, é essencial para a caracterização da incorporação imobiliária a construção e a venda do bem imóvel, sendo que é a alienação das unidades que viabiliza o empreendimento.[27] E, para a referida venda, faz-se imprescindível a figura

---

24 Como observa Sylvio Capanema de Souza, a gênese do contrato de incorporação imobiliária, "sem qualquer dúvida, foi o crescimento quase incontrolável das cidades e o adensamento populacional, com a consequente especulação imobiliária, o que começou a se manifestar a partir da Revolução de 1930, que deu início ao processo de industrialização do país, até então essencialmente agrário". SOUZA, Sylvio Capanema de. *Contratos imobiliários*. In: SOUZA, Sylvio Capanema de; WERNER, José Guilherme Vasi; NEVES, Thiago Ferreira Cardoso. Direito do consumidor. Rio de Janeiro: Forense, 2018. p. 408.

25 Cf. CHALHUB, Melhim Namem. *Incorporação imobiliária*. 5ª ed. Rio de Janeiro: Forense, 2019. p. 7.

26 RIZZARDO, Arnaldo. *Condomínio edilício e incorporação imobiliária*. 4ª ed. Rio de Janeiro: Forense, 2015. p. 233.

27 Como leciona Caio Mário da Silva Pereira, na incorporação imobiliária "um indivíduo procura o proprietário de um terreno bem situado, e incute-lhe a ideia de realizar ali a edificação de um prédio coletivo, mas nenhum dos dois dispõe do numerário e nenhum deles tem possibilidade de levantar por empréstimo o capital, cada vez mais vultoso, necessário a levar a termo o empreendimento. Obtém, então, *opção* do proprietário, na qual se estipulam as condições em que este aliena o seu imóvel. Feito isto, vai o incorporador ao arquiteto, que lhe dá o projeto. O construtor lhe fornece o orçamento. De posse dos dados que lhe permitem calcular o aspecto econômico do negócio (participação do proprietário, custo da obra, benefício do construtor e lucro), oferece à venda as unidades. Aos candidatos à aquisição não dá um documento seu, definitivo ou provisório, mas deles recebe uma "proposta" de compra, em que vêm especificadas as condições de pagamento e outras minúcias. Somente quando já conta com o número de subscritores suficientes para suportar os encargos da obra é que

do corretor, que intermediará os negócios, daí porque ele é essencial para a atividade.

Ocorre, entretanto, que por sua atuação deve o corretor ser remunerado, como visto no item 2.3. É neste momento que se chega a uma das questões mais tormentosas dentro do ambiente do contrato de corretagem, que é a da responsabilidade pelo pagamento da comissão do corretor nas incorporações imobiliárias. Na prática, o sistema de plantão no lançamento dos empreendimentos imobiliários representa um modelo de corretagem exclusiva e que envolve a atuação nos *stands* das obras de incorporação imobiliária para recepcionar pessoas interessadas e, assim, colher dados para preenchimento de cadastros como etapa do serviço de corretagem[28]. Disso se infere a imprescindibilidade e a essencialidade da figura do corretor nesses negócios, o que, dada a profusão de negócios dessa natureza, leva inexoravelmente a inúmeros conflitos. Por essa razão, e visando minimizar as controvérsias, editou-se a Lei nº 13.786/2018, nomeada de Lei do Distrato, visando regulamentar, dentre outros aspectos, também esta matéria, seguindo a orientação de tese jurídica fixada pelo Superior Tribunal de Justiça no âmbito de diversos Recursos Especiais Repetitivos.

2.4.1. Pagamento da comissão

Como visto anteriormente, uma das questões mais tormentosas da prática imobiliária, notadamente nas incorporações imobiliárias, é a da atribuição da responsabilidade pelo pagamento da comissão do corretor.[29]

Desde logo, é preciso destacar que, como regra, e seguindo a orientação da lei, em particular o Código Civil (art. 722), a obrigação de pagar o corretor recai sobre o cliente ou comitente, isto é, aquele que o contratou para a prestação do serviço. Ora, se é o cliente ou comitente quem contrata o prestador de serviço, o dever de pagar a comissão não pode recair sobre aquele que não integrou a relação contratual de corretagem.[30] Tal conclusão

---

o incorporador a inicia". PEREIRA, Caio Mário da Silva. *Condomínio e incorporações*. 12ª ed. Atualizadores: Sylvio Capanema de Souza e Melhim Namem Chalhub. Rio de Janeiro: Forense, 2016. pp. 191-192.

28   ZULIANI, Ênio Santarelli. Comentários ao art. 723. In: NANNI, Giovanni Ettore (coord.). *Comentários ao Código Civil*: Direito Privado contemporâneo. São Paulo: Saraiva, 2019, p. 1.095.

29   Para um exame aprofundado do tema ver NEVES, Thiago Ferreira Cardoso. *Contratos mercantis*. 2ª ed. Rio de Janeiro: GZ, 2018. Pp. 216-225.

30   No mesmo sentido, GAGLIANO, Pablo Stolze; PAMPLONA FILHO, Rodolfo. *Novo curso de direito civil*: contratos em espécie. v. 4. t. II. 8ª ed. São Paulo: Saraiva, 2015.

deflui do próprio princípio da relatividade dos efeitos dos contratos, na medida em que estes só produzem efeitos entre as partes contratantes.

Por essa razão, e seguindo essa orientação, a obrigação de pagar a comissão do corretor na incorporação imobiliária é do incorporador, haja vista que na prática do mercado a venda é feita em seus *stands* de venda, geralmente montados no local em que o prédio será edificado, por intermédio de corretores por ele contratados. Assim, parece induvidoso que compete ao empreendedor pagar a comissão.

Questão, contudo, que suscita inúmeras controvérsias é a da possibilidade, ou não, de transferir esta obrigação ao comprador-consumidor. Em verdade, na prática imobiliária é comum atribuir-se ao adquirente do imóvel o pagamento da comissão, quantia essa que comumente é embutida no sinal, de modo a assegurar, desde o momento da concretização da venda, a satisfação do crédito do corretor, devido no mesmo instante em que o negócio é celebrado.

Durante muito tempo, doutrina e jurisprudência se debruçaram sobre o tema, chegando-se a entendimentos e decisões díspares. A tensão envolvendo os interesses das partes culminou com a afetação de diversos Recursos Especiais ao regime dos Recursos Repetitivos no âmbito do Superior Tribunal de Justiça, bem como a alteração da Lei de Condomínios e Incorporações – Lei nº 4.591/1964 - por meio da Lei nº 13.768/2018, a fim de estabilizar as relações e pacificar a conflituosa matéria.

Dada a relevância da discussão, os temas serão abordados em temas próprios e separados, a fim de deixar mais clara a solução encontrada.

2.4.2. Jurisprudência do STJ

A temática da obrigação de pagar a comissão dos corretores no âmbito dos contratos de compra e venda de imóveis em incorporação imobiliária povoou o Poder Judiciário por décadas. Vendedores e compradores se digladiaram por muito tempo, uma vez que, como visto anteriormente, era comum atribuir-se aos adquirentes a obrigação de pagar a remuneração dos profissionais de intermediação. O grande problema da questão dizia – e ainda diz – respeito principalmente à falta de informação acerca dessa obrigação, a qual muitas vezes é atribuída por meio de cláusulas obscuras e

---

p. 444; MELO, Marco Aurélio Bezerra de. *Direito civil*: contratos. 2ª ed. Rio de Janeiro: Forense, 2019. p. 721; SCAVONE JUNIOR, Luiz Antonio. *Direito imobiliário*: teoria e prática. 9ª ed. Rio de Janeiro: Forense, 2015. p. 352; COLTRO, Antônio Carlos Mathias. *Contrato de corretagem imobiliária*: doutrina, jurisprudência e regulamentação. 2ª ed. São Paulo: Atlas, 2007. p. 135.

tímidas no contrato de compra e venda ou de promessa de compra e venda, sem o devido destaque, e em outras vezes sequer são previstas contratualmente, estando a comissão do corretor, em verdade, ocultada e embutida no preço do negócio.

Por essa razão, não raras as vezes os compradores ingressavam - e ainda ingressam – com ações em Juízo para reclamar a devolução dos valores pagos, em sua visão, indevidamente. Tendo êxito ou não, as partes recorrem infinitamente, levando a discussão inevitavelmente para o Superior Tribunal de Justiça, a quem compete a interpretação definitiva em matéria de lei federal (CF, art. 105, III, c).

De tão controvertida, a matéria acabou afetada ao regime dos Recursos Especiais Repetitivos, tendo sido decidida em temas diversos, tendo em vista os inúmeros desdobramentos que a discussão provocou, assim pacificando a matéria no âmbito da jurisprudência do Tribunal Superior, vinculando os demais.

No Tema Repetitivo nº 938, que trazia a matéria principal, qual seja, a validade ou não da cláusula que transferia para o consumidor a obrigação de pagar a comissão de corretagem no âmbito das incorporações imobiliárias, o STJ entendeu que é plenamente possível a atribuição ao adquirente do imóvel do pagamento da remuneração devida ao corretor. Nada obstante, para que não se caracterize a abusividade da cláusula, faz-se necessário que a transferência da obrigação esteja prévia e expressamente prevista no contrato de compra e venda, e de modo destacado, informando-se o preço total da aquisição da unidade autônoma, destacando-se o valor da comissão.[31-32] É, pois, necessário que no contrato haja cláusula específica dispondo sobre a responsabilidade do comprador de arcar com o pagamento da comissão ao corretor, eis que a regra fundada nos costumes é a de que o dever de pagar o profissional seria do vendedor/incorporador imobiliário.

Observe-se, ainda, que no mesmo julgado entendeu-se que a cobrança da taxa de serviço de assessoria técnico-imobiliária – SATI –, referente aos

---

31 BRASIL, STJ, REsp Repetitivo 1.599.511/SP. Relator Ministro Paulo de Tarso Sanseverino. Segunda Seção. DJe 06/09/2016.

32 A questão, em que pese decidida no âmbito do Superior Tribunal de Justiça, permanece, no âmbito da doutrina, controvertida. O Professor e Desembargador do TJRJ Marco Aurélio Bezerra de Melo entende ser possível a referida transferência de obrigação em contratos paritários, em que os contratantes estão em situação de igualdade. Nada obstante, em se tratando de relação consumerista em contrato celebrado por adesão, defende não ser possível tal estipulação, tanto nos casos em que há déficit informacional, quanto nos casos de plena informação, isso porque embora informado não há para o consumidor a opção de afastar a cobrança, caracterizando-se como uma odiosa venda casada. MELO. Op. cit. pp. 721-724.

custos do serviço de esclarecimento técnico e jurídico acerca das cláusulas do contrato, é abusiva, na medida em que esse serviço é inerente à celebração do próprio contrato celebrado com o incorporador, não constituindo, pois, um serviço autônomo, como o é a corretagem, a justificar a sua cobrança.

Ainda sob o Tema Repetitivo nº 938, mas no âmbito de outro Recurso Especial, a Corte firmou posicionamento no sentido de que a pretensão para reaver os valores cobrados do adquirente, tanto de comissão de corretagem – quando a transferência da obrigação para o comprador não observar as condições firmadas pelo STJ –, quanto da taxa SATI, prescreve em 03 (três) anos, na forma do art. 206, § 3º, IV, do Código Civil, a contar da data da celebração do contrato, por configurar enriquecimento sem causa.[33]

Por fim, e para reforçar o entendimento anteriormente firmado, já no âmbito do Tema Repetitivo nº 960, o Superior Tribunal de Justiça entendeu pela validade da cláusula que transfere a obrigação de pagamento da comissão de corretagem ao adquirente no âmbito do *Programa Minha Casa, Minha Vida*, desde que também esteja previamente prevista no contrato e de modo destacado.[34]

Há, ainda, o tema referente à possível responsabilidade civil do corretor decorrente do dano sofrido pelo comprador da unidade devido ao atraso injustificado na entrega do apartamento, por exemplo, ou ainda quando houver frustração total devido à não realização do empreendimento[35]. O corretor, contudo, não é responsável pelas obrigações que decorrem do contrato de venda ou de compromisso de compra e venda da unidade e, por isso, não pode ser a ele atribuída a reparação do prejuízo sofrido pelo adquirente, ressalvada apenas a atuação em descumprimento aos deveres inerentes à boa fé.

Veja-se o caso de o corretor ou a sociedade imobiliária integrar grupo de sociedades integrado pela construtora e incorporadora imobiliária ou, ainda, em razão da identidade de sócios compondo a estrutura societária das empresas coligadas, o que pode pressupor o prévio conhecimento do corretor a respeito da prática cotidiana de descumprimento de prazos e contratos pelo vendedor/compromitente vendedor. Nestes casos – ainda

---

33 BRASIL, STJ, REsp Repetitivo 1.551.956/SP. Relator Ministro Paulo de Tarso Sanseverino. Segunda Seção. DJe 06/09/2016.

34 BRASIL, STJ, REsp Repetitivo 1.601.149/RS. Relator Ministro Paulo de Tarso Sanseverino. Relator para o Acórdão Ministro Ricardo Villas Bôas Cueva. Segunda Seção. DJe 15/08/2018.

35 ZULIANI, Ênio Santarelli. Comentários ao art. 723. In: NANNI, Giovanni Ettore (coord.). *Comentários ao Código Civil*: Direito Privado contemporâneo. São Paulo: Saraiva, 2019, p. 1.096.

que a título excepcional -, o corretor poderá ser solidariamente responsabilidade pela reparação dos danos causados ao comprador/compromissário, inclusive quanto à restituição do valor da comissão, sem prejuízo de eventual sanção penal, juntamente com o incorporador (em concurso de agentes), no caso de prestação de informações falsas sobre a constituição do condomínio, a alienação das frações ideais ou sobre a própria construção, nos termos do art. 65, § 1º, I, da Lei nº 4.591/1964.

2.4.3. Lei do Distrato

Posteriormente à fixação das referidas teses pelo Superior Tribunal de Justiça, sobreveio alteração na Lei nº 4.591/1964 – Lei de Condomínios e Incorporações -, por meio da Lei nº 13.768/2018, para tratar, dentre outros aspectos, da questão da obrigação de pagar a comissão de corretagem, pondo, assim, uma pá-de-cal na discussão.

A denominada *Lei do Distrato* incluiu à Lei nº 4.591/1964 o art. 35-A, que trata dos requisitos do contrato de compra e venda, promessa de venda, cessão ou promessa de cessão de unidades autônomas integrantes da incorporação imobiliária, para prever que quadro resumo deverá conter, expressamente, o valor referente à corretagem, suas condições de pagamento e a identificação precisa do seu beneficiário.

À toda evidência, a exigência legal tem como propósito conferir a máxima transparência ao contrato e, consequentemente, o pleno cumprimento do dever de informar, destacando, no tocante às condições de pagamento da comissão do corretor, quem é o seu responsável. Assim, e em consonância com a jurisprudência firmada pelo STJ, a atribuição de quem tem a obrigação de pagar a comissão deve estar prevista expressa e destacadamente no contrato, sendo válida a sua disposição.

Prosseguindo na regulamentação legal, o legislador também dispôs sobre a tormentosa questão da devolução dos valores pagos pelo adquirente quando do distrato ou do seu inadimplemento culposo. Neste caso, previu-se expressamente no art. 67-A, da Lei nº 4.591/64 que o comprador fará jus à devolução das parcelas pagas diretamente ao incorporador, descontado um percentual de 25% (vinte e cinco por cento), abatendo-se, ainda, a integralidade da comissão de corretagem, na medida em que não se pode atribuir ao profissional a responsabilidade pelo desfazimento do negócio após a sua conclusão. Reforça-se, neste ponto, a previsão contida no art. 725, do Código Civil, a respeito do direito à remuneração pelo corretor, bem como a circunstância de o contrato de corretagem não ser contrato acessório em relação ao outro negócio jurídico.

Por fim, a *novel* legislação ainda dispôs sobre a possibilidade do exercício do direito de arrependimento pelo adquirente, nos casos de compra de unidades em incorporação fora do *stand* de vendas do incorporador. Nestes casos, e consoante a regra disposta no art. 67-A, § 10, da Lei nº 4.591/1964, incluído pela Lei do Distrato, o comprador terá o prazo improrrogável de 7 (sete) dias para se arrepender da compra, fazendo jus à devolução de todos os valores pagos, inclusive a comissão de corretagem.

Como é possível perceber, pretendeu o legislador pacificar algumas controvérsias existentes na incorporação imobiliária, de modo a estabilizar as conflituosas relações e prestigiar a segurança jurídica.

3. Conclusão

Toda homenagem a um jurista do quilate de Sylvio Capanema de Souza deve primar pelo desenvolvimento de tema atual, relevante e, acima de tudo, objeto de preocupação do homenageado durante sua trajetória no Direito Civil. A corretagem imobiliária é, sem dúvida, um desses temas, a evidenciar a razão da sua escolha para ser abordado neste trabalho. O Direito é instrumento de pacificação social e, ao mesmo tempo, deve contemplar institutos e categorias que permitam proporcionar, simultaneamente, justiça e segurança jurídica nas relações jurídicas em geral.

Analisadas as principais questões envolvendo a corretagem imobiliária, é imperioso que todo e qualquer debate sobre as polêmicas teóricas e práticas a respeito de seus aspectos jurídicos não seja realizado sem o conhecimento de outras áreas do conhecimento humano, tais como a economia, a sociologia, a antropologia, etc. O modelo normativo atual, iluminado pelos referenciais constitucionais, associado ao inestimável trabalho que os tribunais e a doutrina vêm desempenhando, demonstram que o sistema jurídico brasileiro está em rumo acertado. Assim, destacam-se as orientações adotadas pelo Superior Tribunal de Justiça a respeito das teses jurídicas sobre a corretagem e a incorporação imobiliária, bem como a edição da Lei nº 13.768/18 quanto à inclusão de novos dispositivos na Lei nº 4.591/64, tornando mais seguro o ambiente negocial no segmento das aquisições de unidades através da atividade dos incorporadores imobiliários.

Os pontos destacados no trabalho a respeito do recorte da corretagem nas incorporações imobiliárias se alinham com as preocupações acadêmicas do homenageado Sylvio Capanema, sendo que todo o artigo ora finalizado foi inspirado pelas mais belas e eruditas lições que o Professor Capanema transmitiu aos coautores. É o reconhecimento para a eternidade de toda a vida e obra do Professor e do Desembargador Sylvio Capanema, sempre dedicado à causa da justiça e ao desenvolvimento econômico e social da nação brasileira.

Modos de Extinção do Contrato de Locação Imobiliária Urbana

Fatima Cristina Santoro Gerstenberger

Introdução

As locações de imóveis urbanos são reguladas pela Lei nº 8.245/91, que nestes quase trinta anos, somente sofreu duas alterações, a primeira em 2009, através da Lei nº 12.112 e a segunda em 2012, com a Lei nº 12.441. Então, é possível destacar a importância superlativa da Lei do Inquilinato, tendo em vista que o Código Civil de 2002 não trata a respeito da locação de prédios.

Neste contexto é pertinente análise sobre a conjuntura temporal da respectiva legislação, desde seu nascedouro. Assim, a chamada lei do inquilinato pode ser considerada audaciosa, inovadora, tendo sido elaborada por operadores do direito que enfrentaram durante anos uma legislação paternalista, sem um viés de isonomia na relação locador – locatário, o que resultou em uma grande crise no mercado imobiliário na década de 80.

A circunstância macroeconômica de surgimento da lei do inquilinato denota como uma legislação pode servir a sociedade, de modo a possibilitar celebração de negócios jurídicos mais seguros e eficientes. Deste modo, cumpre ressaltar que uma nova legislação pode vir a desburocratizar e estimular a atividade econômica organizada, como a Lei nº 8.245/91 que repercutiu no mercado imobiliário, além de trazer mais segurança jurídica e o apaziguamento de conflitos locatícios.

Desta maneira podemos falar de alguns aspectos da matéria, de forma didática, como por exemplo, que a locação imobiliária consiste em um negócio jurídico entre as partes denominadas como locador e o locatário, que desejam negociar o uso e gozo de determinado bem imóvel.

A presente definição, apesar de aparente simples compreensão, engloba uma série de questões conflituosas entre partes, as quais foram pacificadas justamente pela lei do inquilinato, e que são tratadas neste estudo, ao decorrer do texto.

Assim sendo, não resta dúvida de que a locação de imóveis constitui um dos temas mais importantes do direito contemporâneo.

Neste sentido, Luiz Antonio Scavone Junior argumenta que:

> A locação predial urbana é um contrato sintagmático pelo qual o locador se obriga, no decurso de lapso temporal determinado ou indeterminado, median-

te remuneração previamente acordada, paga pelo locatário, a fornecer-lhe o uso de imóvel residencial, não residencial ou comercial.[1]

Em relação a composição jurídica científica, é admissível apontar que este tipo de contrato, mencionado por Luiz Antonio Scavone Junio, em geral é bilateral, oneroso, comutativo, típico, consensual, não formal e de trato sucessivo.

Os imóveis urbanos são definidos como tal segundo sua destinação econômica e não por sua localização. A destinação do imóvel há de ser para moradia habitual, estadia restrita, ou fim empresarial.

Os requisitos essenciais de validade do ato jurídico locação são que o locador e o locatário sejam capazes, que o objeto seja lícito e que tome forma prescrita ou não proibida por lei.

Logo, por conseguinte, não serão reguladas pela Lei nº 8.245/91 as locações dos imóveis urbanos de propriedade da União, dos Estados e dos Municípios, de suas autarquias e fundações públicas; Caracterizados por vagas autônomas de garagem ou de espaços para estacionamento de veículos; Com relação aos espaços destinados à publicidade; Caracterizados como apart- hotéis, hotéis-residência ou equiparados, assim considerados aqueles que prestam serviços regulares a seus usuários e como tais sejam autorizados a funcionar; O arrendamento mercantil, conhecido como leasing, em qualquer de suas modalidades.

Sendo assim, o presente artigo delimita adequadamente seu espectro de análise, aborda cientificamente o tema tratado, com seu problema e hipótese decorrente, aponta o refencial teórico, e tem como objetivo o estudo dos modos de extinção do contrato de locação imobiliária urbana. Para tal reflexão, o estudo científico é realizado e ordenado nas três modalidades de locação: residencial, não residencial e de temporada.

Da Locação Residencial

A locação residencial é aquela destinada à moradia do locatário. Este tipo de locação está previsto nos artigos 46 e 47 da Lei nº 8.245/91.

A regra geral é a de que os contratos de locações residenciais ajustados por escrito e com prazo igual ou superior a 30 (trinta) meses se encerram ao final do termo estipulado.

---

1 SCAVONE JÚNIOR, Luiz Antonio. Direito imobiliário: teoria e prática. 10ª Ed. Rev., atual. E ampl. Rio de Janeiro: Forense, 2016. pp. 725-780.

Desta forma se o locatário, no vencimento do prazo da locação, não devolver o imóvel, poderá ser acionado pelo locador, através da propositura de ação de despejo, sem necessidade de notificação premonitória para reaver o imóvel.

O prazo da locação escrita e a não devolução do imóvel pelo locatário, após o término do contrato, são condições legais inseridas no artigo 46 para que se tenha a denúncia vazia.

É mister esclarecer que a denúncia vazia ou conhecida como condicionada, é aquela que permite ao locador retomar o imóvel locado, findo o prazo da locação, sem apresentação de qualquer motivo.

Se o locador não iniciar a ação de despejo dentro dos trinta dias subsequentes, ter- se-á presumida a sua vontade em prorrogar a locação por tempo indeterminado, mantidas todas as demais cláusulas contratuais.

Havendo essa prorrogação contratual por tempo indeterminado, o locador poderá, sem apresentar qualquer justificativa, a qualquer momento, denunciar a locação, porém deverá conceder ao locatário prazo de trinta dias para desocupar o imóvel.

A notificação é imprescindível para que se dê a propositura da ação de despejo. É importante esclarecer que esta comunicação deverá ser feita por carta com aviso de recebimento ou através de Cartório de Títulos e Documentos.

O artigo 47 trata dos casos em que a locação é ajustada verbalmente e dos casos em que é feita por escrito, mas com prazo inferior a trinta meses.

Denuncia cheia ou motivada nas locações residenciais é o direito que o locador possui de rescindir o contrato de locação residencial e retomar o imóvel nos contratos residenciais que vigoram por prazo indeterminado e eram escritos e ajustados com prazo inferior a trinta meses. Ele só pode exercer esse direito se observar uma das cinco hipóteses do artigo 47.

"I – Nos casos do art. 9º;

II – em decorrência de extinção do contrato de trabalho, se a ocupação do imóvel pelo locatário relacionada com o seu emprego;

III – se for pedido para uso próprio, de seu cônjuge ou companheiro, ou para uso residencial de ascendente ou descendente que não disponha, assim como seu cônjuge ou companheiro, de imóvel residencial próprio;

IV – se for pedido para demolição e edificação licenciada ou para a realização de obras aprovadas pelo Poder Público, que aumentem a área construída, em, no mínimo, vinte por cento ou, se o imóvel for destinado a exploração de hotel ou pensão, em cinqüenta por cento;

V – se a vigência ininterrupta da locação ultrapassar cinco anos."

Silvio de Salvo Venosa salienta que:

Como fica franqueada a possibilidade de denúncia vazia em todas as locações por escrito, com prazo igual ou superior a trinta meses, prazo será a vala comum das futuras locações. Preferirá, sem dúvida, o locador firmar contrato com esse prazo, a, na hipótese de prazo inferior, se submeter às denúncias cheias do artigo 47, ou aguardar a vigência ininterrupta da locação por mais de cinco anos.[2]

Diante do exposto, pode-se identificar que nos contratos para fins residenciais firmados com prazo igual ou superior a 30 meses poderão ser rescindidos mediante denúncia vazia, sendo que nos contratos com prazo inferior a 30 meses, somente poderão ser rescindidos mediante denúncia cheia, ou seja, justificada.

Outras hipóteses de desfazimento da relação locatícia estão descritas nos arts. 7º e 8º, que são os casos de extinção de usufruto ou de fideicomisso e alienação do imóvel no curso da locação, respectivamente.

Da Locação para Temporada

A locação para temporada está regulada nos arts. 48 a 50 da lei das locações. O artigo 48 traz a conceituação ao estabelecer este tipo de locação como aquela destinada à residência temporária do locatário, para a prática de lazer, realização de cursos, tratamento de saúde, feitura de obras em seu imóvel, e outros fatos que decorram tão somente de determinado tempo, e contratada por prazo não superior a noventa dias, esteja ou não mobilizado o imóvel.

Sylvio Capanema de Souza destaca que:

> No regime anterior a locação para temporada estava umbilicalmente ligada ao incentivo do turismo. Tanto assim que eram exigidas três condições para que uma locação pudesse se enquadrar no regime jurídico da temporada: que o prazo não excedesse a 90 dias, que o imóvel se situasse em orla marítima ou estação climática e que o locatário residisse em outra cidade.[3]

O locador deverá ficar atento ao término do prazo do contrato, uma vez que, vencendo a locação, se o locatário continuar no prédio locado, por mais de trinta dias, sem oposição do senhorio, presumir-se-á prorrogada a avença locatícia, sem prazo determinado, não mais sendo permitido ao loca-

---

2   VENOSA, Sílvio de Salvo. Lei do inquilinato comentada: doutrina e prática. 14ª ed. São Paulo: Atlas, 2015, p. 176.
3   SOUZA, Sylvio Capanema de. A lei do inquilinato comentada: artigo por artigo. 11ª ed. Rio de Janeiro: Forense, 2019, p. 228.

dor exigir o pagamento antecipado do aluguel e dos encargos, tendo- se em vista que passará a reger-se pelas normas atinentes à locação residencial.

Ocorrendo a prorrogação, o locador somente poderá denunciar o contrato após trinta meses de seu início ou nas hipóteses do art. 47, isto é, poderá pedir sua retomada, intentando ação de despejo, nos casos legais, ou seja, mediante denúncia cheia ou motivada.

Da Locação Não Residencial

As locações não residenciais são as destinadas à instalação e ao exercício de atividades, quer sejam lucrativas quer não, a exemplo escritórios, lojas, galpões, consultórios, agências, escolas, depósitos, barbearias, oficinas, repartições, associações ou entidades etc.

É conveniente sublinhar que a lei também considera como locação não residencial aquela em que pessoa jurídica for locatária, ainda que o imóvel seja destinado à residência de seus titulares, diretores, sócios, gerentes, executivos ou empregados.

Rizzardo define como:

> Não residencial, por seu turno, é o prédio que não se destina à moradia habitual do usuário, seus familiares ou dependentes. A finalidade , na maioria das vezes, é para uso comercial ou industrial.[4]

Diferentemente do que ocorre nas locações residenciais, as locações não residenciais podem ser ajustadas por qualquer prazo. Deste modo, findo o prazo convencionado, mesmo que inferior a trinta meses se admite a retomada do imóvel por denúncia imotivada.

Nas locações não residenciais, se a mesma se prorrogar por prazo indeterminado, o locador poderá retomar o imóvel a qualquer momento, concedendo ao locatário o prazo de trinta dias para a sua desocupação.

A Lei nº 8.245 de 1991 unificou a regulação da locação residencial e não residencial de prédios urbanos, nela incluída a antes denominada locação destinada a fins comerciais e industriais, ora acrescida da locação destinada a imóveis para sociedades civis de fins lucrativos (art. 51 à 57 e 71 à 75).

Nas locações não residenciais o princípio é o de que findo o prazo contratual, o locador está autorizado a exigir a restituição do imóvel.

---

4   RIZZARDO, Arnaldo. Contratos. 9ª ed. Rio de Janeiro: Forense, 2009, p. 483

A Lei nº 8.245/91 concede, no entanto, em algumas hipóteses ao locatário o direito de exigir a renovação do contrato.

Para que isso ocorra, é preciso que o contrato tenha sido celebrado por escrito e com prazo determinado mínimo de 5 (cinco) anos, ainda que somados os prazos ininterruptos, e que o locatário esteja explorando a sua atividade econômica no mesmo ramo pelo prazo mínimo e ininterrupto de 3 (três) anos.

Para exercer esse direito , caso não haja acordo de renovação entre as partes, o locatário obrigatoriamente tem que propor contra o locador a ação renovatória de aluguel, no prazo decadencial de no máximo um ano , até seis meses anteriores à finalização do prazo do contrato em vigor.

O locador poderá impedir a renovação do contrato apenas se preencher algum dos requisitos previstos no artigo 52 da lei nº 8.245/91, sendo o principal a retomada para uso próprio.

Segundo o art. 52, o locador não estará obrigado a renovar o contrato se por determinação do Poder Público, tiver que realizar no imóvel obras que importarem na sua radical transformação; ou para fazer modificações de tal natureza que aumente o valor do negócio ou da propriedade; o imóvel vier a ser utilizado por ele próprio ou para transferência de fundo de comércio existente há mais de um ano, sendo detentor da maioria do capital o locador, seu cônjuge, ascendente ou descendente. Além de que conforme parágrafo 1º do supracitado artigo, o imóvel não poderá ser destinado ao uso do mesmo ramo do locatário, salvo se a locação também envolvia o fundo de comércio, com as instalações e pertences. Já conforme seu parágrafo 2º, nas locações de espaço em *shopping centers* , o locador não poderá recusar a renovação do contrato com fundamento no inciso II deste artigo. O parágrafo 3º ainda estabelece que o locatário terá direito a indenização para ressarcimento dos prejuízos e dos lucros cessantes que tiver que arcar com mudança, perda do lugar e desvalorização do fundo de comércio, se a renovação não ocorrer em razão de proposta de terceiro, em melhores condições, ou se o locador, no prazo de três meses da entrega do imóvel, não der o destino alegado ou não iniciar as obras determinadas pelo Poder Público ou que declarou pretender realizar.

O seguinte art. 53 prevê que nas locações de imóveis utilizados por hospitais, unidades sanitárias oficiais, asilos, estabelecimentos de saúde e de ensino autorizados e fiscalizados pelo Poder Público, bem como por entidades religiosas devidamente registradas, o contrato somente poderá ser rescindido:

"I – nas hipóteses do art. 9º;

II – se o proprietário, promissário comprador ou promissário cessionário, em caráter irrevogável e imitido na posse, com título registrado, que haja quitado o preço da promessa ou que, não o tendo feito, seja autorizado pelo proprietário, pedir o imóvel para demolição, edificação, licenciada ou reforma que venha a resultar em aumento mínimo de cinqüenta por cento da área útil."

Sílvio de Salvo Venosa faz um comentário muito interessante sobre o artigo 53:

> A presente disposição tem um evidente sentido social, protegendo a permanência desses estabelecimentos que desempenham importante papel de assistência e educação. Por isso mesmo, a lei parte para uma grande restrição ao direito de propriedade e retira dessas locações o sistema ordinário do art. 56, qual seja a denúncia vazia das locações não residenciais. Trata-se de proteção inquilinária maior do que aquela concedida pela ação renovatória, uma vez que a permanência do inquilino no local independe de qualquer iniciativa legal. Também o prazo de desocupação decorrente do despejo é, nas situações que assim permitem, mais elástico (art. 63, § 3º).[5]

Merece consignar os termos do artigo 56 e seu parágrafo único acerca da locação não residencial:

"Nos demais casos de locação não residencial, o contrato por prazo determinado cessa, de pleno direito, findo o prazo estipulado, independentemente de notificação ou aviso.

Parágrafo único. Findo o prazo estipulado, se o locatário permanecer no imóvel por mais de trinta dias sem oposição do locador, presumir-se-á prorrogada a locação nas condições ajustadas, mas sem prazo determinado."

Sílvio de Salvo Venosa, finaliza destacando o artigo 57 que estabelece que:

> O contrato de locação por prazo indeterminado pode ser denunciado por escrito, pelo locador, concedidos ao locatário 30 dias para a desocupação. Mantém, portanto a lei a denominada denúncia vazia para os imóveis não residenciais, como regra geral. Terminado o prazo do contrato, cumpre ao locador promover a ação de despejo nos 30 dias seguintes; caso contrário, terá que notificar previamente.[6]

---

5 VENOSA, Sílvio de Salvo. Lei do inquilinato comentada: doutrina e prática. 14ª ed. São Paulo: Atlas, 2015, p.442.

6 VENOSA, Sílvio de Salvo. Lei do inquilinato comentada: doutrina e prática. 14ª ed. São Paulo: Atlas, 2015, p .442.

Conclusão

Em síntese, o presente artigo teve como objeto contribuir com a análise da legislação inquilinária, em especial quanto aos modos de extinção dos contratos imobiliários urbanos, nas modalidades residenciais, não residenciais e por temporada.

Cumpre ressaltar que a locação predial urbana é um dos mais importantes e usuais contratos no direito imobiliário, de modo a comprovar a importância do exame científico acadêmico da matéria.

Desta forma, é possível concluir que não resta dúvida de que a legislação vigente, por ter sido construída através da experiência de um seleto corpo de juristas, em destaque o nosso querido mestre Sylvio Capanema de Souza, grande operador prático do direito imobiliário, fez com que de forma límpida apresentasse as regras, direitos e obrigações dos principais atores da relação locatícia, compreendendo com exatidão os modos de extinção do Contrato de Locação Imobiliária Urbana.

Enfim, é pertinente destacar a necessidade de exame e produção científica acadêmica sobre matéria da locação imobiliária, e sobretudo o direito imobiliário em si. Autores, juristas e operadores das ciências jurídicas como o exímio mestre Sylvio Capanema de Souza desbravaram o caminho do desenvolvimento legislativo, através do conhecimento jurídico aplicado, de toda forma a entregar contribuições reais para sociedade. A própria lei do inquilinato proporcionou mais dinamismo, apaziguamento, harmonia e estabilidade para relações jurídicas contratuais, e eficiência para toda economia brasileira.

Referências Bibliográficas

RIZZARDO, Arnaldo. **Contratos**. 9ª ed. Rio de Janeiro: Editora Forense, 2009.

SCAVONE JUNIOR, Luiz Antonio. **Direito imobiliário:** teoria e prática. 15ª ed. Rio de Janeiro: Forense, 2020.

SOUZA, Sylvio Capanema de. **A lei do inquilinato comentada**: artigo por artigo. 11ª ed. Rio de Janeiro: Forense, 2019.

VENOSA, Sílvio de Salvo. **Lei do inquilinato comentada**: doutrina e prática. 14ª ed. São Paulo: Atlas, 2015.

Apontamentos sobre a *Res Sperata* no empreendimento de Shopping Center

João Augusto Basilio

Há tempos a doutrina e a jurisprudência discutem sobre o instituto da *Res Sperata* e quando ocorreria efetivamente sua incidência e qual seria a justificativa de sua cobrança perante os lojistas, bem como a legalidade de sua cobrança. Estes e outros pontos serão examinados a seguir.

Quanto a sua definição, segundo Thiago Cardoso Ferreira Neves[1], existem na doutrina quatro entendimentos a respeito do que seja a conceituação de *Res Sperata*:

> a) o primeiro entendimento defende que a referida cobrança equivaleria a contraprestação devida ao empreendedor pelo trabalho realizado antes da inauguração do Shopping, e ainda, durante o desenvolvimento de suas atividades;
>
> b) já o segundo, entende que a *Res Sperata* representaria tão somente uma forma de garantir que o lojista teria para ele um espaço reservado no empreendimento;
>
> c) o terceiro, por sua vez, sustenta que a referida remuneração nada mais seria do que uma "cobrança dissimulada de luvas"[2];
>
> d) por fim, o quarto entendimento doutrinário, afirma que a *Res Sperata* representaria apenas uma cobrança feita aos locatários diante dos diversos clientes que serão atraídos pelo Shopping Center em si, os quais serão usufruídos por seus integrantes.

Um conceito sucinto sobre o tema, é apresentado por Roberto Wilson Renault Pinto[3], que define a *Res Sperata*, como sendo: "(...) pagamento, feito pelo lojista ao empreendedor, a título de contraprestação pela fruição do fundo empresarial deste, durante o período contratual".

Apesar dos posicionamentos indicados acima, nos afiliamos ao entendimento de que a *Res Sperata* representaria a remuneração desembolsada pelos lojistas, devida ao empreendedor, diante do trabalho realizado pelo último para a criação e o desenvolvimento do Shopping Center, além de sua efetiva operacionalização, e os riscos que daí derivam.

---

1 Neves, Thiago Cardoso Ferreira. Contratos Mercantis. São Paulo: Atlas, 2013. p. 459-460.

2 Ibid. p. 459.

3 PINTO, Roberto Wilson Renault e OLIVEIRA, Fernando A. Albino de. Shopping Centers (Questões Jurídicas). São Paulo: Saraiva, 1991. p. 232.

Como bem se sabe, a concepção de um Shopping Center envolve, além de sua construção, a realização de estudos técnicos e de pesquisas de mercado, as quais visam avaliar a viabilidade do negócio em determinado local, trabalho que gera um custo para os empreendedores, os quais, por sua vez, quando do início de certa locação, fazem jus ao recebimento de uma contraprestação à altura.

Assim, percebe-se que a justificativa para a cobrança da *Res Sperata* se encontraria no contínuo estudo e evolução por parte dos empreendedores, bem como das comodidades por estes oferecidas, decorrentes de seus contínuos estudos e esforços, a serem usufruídos pelos lojistas.

Ou seja, a *Res Sperata* estaria respaldada diante do trabalho executado pelo empreendedor, de modo que sua incidência estaria permitida quando da entrada do lojista no Shopping Center, seja através da primeira locação do espaço, seja em substituição a outro locatário.

Já a licitude quanto a sua cobrança foi motivo de inúmeros debates controvertidos entre juristas e doutrinadores ao longo dos anos, sobretudo a questão atinente a sua natureza jurídica, se correspondente ou não a natureza locatícia e se sua cobrança seria lícita quando inserida nos contratos de locação.

Atualmente, consolidou-se o entendimento de que deve prevalecer as condições livremente pactuadas entre as partes, consoante artigo 54 da Lei nº 8.245/91, cujo texto dispõe que: *"Nas relações entre lojistas e empreendedores de shopping centers prevalecerão as condições livremente pactuadas nos contratos de locação respectivos e as disposições procedimentais previstas nesta lei".*

Após a leitura do texto legal acima referido, fica claro que na relação locatícia em shopping center, há uma proteção especial sobre a autonomia da vontade das partes que figuram no Contrato, de modo que, o que houver sido lícita e livremente pactuado prevalecerá. Tal proteção, inclusive, permite a existência de disposições atípicas, especiais, como é o caso da *Res Sperata*, com a finalidade de que o próprio empreendimento sobreviva[4].

Sobre a licitude do instituto, ressalta-se, ainda, o posicionamento do ilustríssimo doutrinador Sylvio Capanema de Souza[5], que, apesar de adotar argumentos distintos, também defende a viabilidade da cobrança da *Res Sperata* ao expor:

---

4   SOUZA, Sylvio Capanema de. A Lei do Inquilinato Comentada. 10ª. ed. rev., atual. e ampl. Rio de Janeiro: Forense, 2017. p. 252.

5   Ibid. p. 253.

"É absolutamente pacificado o entendimento no sentido de ser cobrado do futuro locatário uma quantia em dinheiro, como contrapartida da clientela que o empreendimento atrairá, e da qual o beneficiário será o lojista.

Não se pode duvidar que o *shopping* é um irresistível polo de atração de consumidores, que acorrem aos milhares, seduzidos pelas vantagens por ele oferecidas, tais como, maior segurança, estacionamento, área de lazer, cinemas, teatros, praças de alimentação e, sobretudo, maior variedade de oferta de produtos. Ao se inaugurar o empreendimento, o lojista, em geral, ainda não dispõe de um fundo empresarial próprio, absorvendo os benefícios do chamado 'sobre fundo', que é do próprio *shopping*, como um todo."

Assim, se empreendedor e lojista entabularam a cláusula de cobrança da "Res Sperata" nas locações de espaços em shopping center, é certo que tal convenção não será considerada abusiva, haja visto o comando contido no artigo 54 da Lei de Locações.

Neste sentido, já se manifestou o Superior Tribunal de Justiça ao consolidar o entendimento de que, ainda que a relação entre lojista e empreendedor de shopping center seja atípica, a Lei do Inquilinato preceitua que devem prevalecer as condições livremente pactuadas no respectivo contrato e as disposições procedimentais nela previstas:

> PROCESSUAL CIVIL. DISSÍDIO JURISPRUDENCIAL ALEGADO. AUSÊNCIA DE FUNDAMENTAÇÃO. SÚMULA 284/STF. Não se conhece do recurso pela alínea c do permissivo constitucional em virtude da ausência de fundamentação. Incidência, na espécie, do óbice constante da Súmula nº 284/STF. LOCAÇÃO. EXECUÇÃO EXTRAJUDICIAL. PENHORA SOBRE BEM DE FAMÍLIA DE FIADOR. POSSIBILIDADE. LEI Nº 8.009/90, ARTIGO 1º, INCISO VII. LOCAÇÃO DE ESPAÇO EM SHOPPING CENTER. LEI DO INQUILINATO. APLICAÇÃO. 1. A teor do artigo 1º da Lei nº 8.009/1990, o bem imóvel destinado à moradia da entidade familiar é impenhorável e não responderá pela dívida contraída pelos cônjuges, pais ou filhos que sejam seus proprietários e nele residam, salvo nas hipóteses previstas no artigo 3º da aludida norma. 2. Ainda que a relação entre lojista e empreendedor de shopping center seja atípica, a Lei do Inquilinato preceitua que devem prevalecer as condições livremente pactuadas no respectivo contrato e as disposições procedimentais nela previstas. Precedente da Terceira Seção. 3. Recurso especial não provido.[6]

Diante do reconhecimento expresso acerca da legalidade das cláusulas livremente convencionadas pelas partes, é evidente que o instituto *Res Sperata* teve sua cobrança legitimada. Inclusive, para assegurar o objetivo para a qual a mesma foi criada: remunerar o empreendedor pelas vantagens ofertadas aos lojistas e pelos riscos financeiros e empresariais por ele assumido.

---

6   (STJ - REsp: 1107241 SP 2008/0285842-2, Relator: Ministro JORGE MUSSI, Data de Julgamento: 19/08/2009, T5 - QUINTA TURMA, Data de Publicação: --> DJe 14/09/2009)

Tal contraprestação se justifica, como dito, pois é o empreendedor que concede a possibilidade ao lojista de usufruir do estabelecimento comercial e das vantagens de se estabelecer em um local que já possui a infraestrutura necessária, facilitando, assim, o exercício da sua atividade mercantil.[7]

Relevante abordar, neste ponto, discussão relacionada ao conceito e aplicação do chamado "fundo de comércio" em Shopping Centers, visto que a sua utilização também fomentaria a existência da cobrança da *Res Sperata*.

Em que pese uma parte da doutrina afirmar que o fundo de comércio seria do empreendimento e outra indicar a titularidade por parte dos lojistas, em nosso ponto de vista, ambas as posições seriam inadequadas diante da complexa dinâmica apresentada nesses empreendimentos.

Isso porque não se pode analisar de forma individual o papel dos integrantes de um Shopping Center, de forma que se deve considerar, para tanto, empreendedor e lojista como partes indissociáveis no tocante ao exercício da atividade do empreendimento, uma vez que o sucesso de um está inegavelmente atrelado ao sucesso de outro.

Ante o exposto, válido frisar o entendimento esposado por Paula Miguel[8], que sustenta:

> "a questão não é de fundo de comércio, mas de fundo empresarial, cujo sentido é mais amplo, logo, tanto o gestor do centro, quanto os lojistas, têm fundo empresarial. O shopping porque atrai clientes, e os lojistas porque, individualmente, são capazes de atrair grande número de clientes para o centro comercial"

Diante disso, aparenta acertado o entendimento doutrinário no sentido de que existiriam dois fundos de comércio no Shopping Center, um de titularidade do empreendedor, e outro, por sua vez, do lojista, sendo certo que a análise caso a caso seria primordial para avaliar a importância de um fundo perante o outro, principalmente, para questões envolvendo ação revisional ou renovatória, por exemplo.

Assim, o fundo de titularidade do empreendedor, chamado de sobrefundo por Ives Gandra é, em certa medida, utilizado pelos lojistas, em razão das vantagens e facilidades oferecidas pelo empreendedor e é em razão

---

7 COELHO, Fabio Ulhoa. Curso de Direito Comercial: direito de empresa, vol. 1. 11º Ed. São Paulo; editora Saraiva, 2007, p. 115.

8 GAMA, Guilherme Calmon Nogueira da *apud* MIGUEL, Paula *apud* LEMKE, Nardim Darcy. Contrato de Shopping Center. Revista da EMERJ – v.5 nº 18 – 2002. p. 187-227. p. 224. Disponível em: https://www.emerj.tjrj.jus.br/revistaemerj_online/edicoes/revista18/revista18_187.pdf. Acesso em: 07 de jul.20.

desse uso que também se justifica a contraprestação paga pelo lojista, denominada *res sperata*.[9]

Nesse sentido é o posicionamento firmado pela Corte de Justiça de São Paulo, que fortalecendo a legitimidade da *res sperata*, sedimentou o entendimento de que este instituto figura como contribuição correspondente à retribuição paga pelo lojista ingressante ao empreendedor do shopping pela estrutura e parcela do fundo de comércio cedida a ele pelo empreendedor:

> APELAÇÃO CÍVEL. AÇÃO INDENIZATÓRIA. LOCAÇÃO DE LOJA EM SHOPPING CENTER. AGRAVO RETIDO NÃO CONHECIDO. PRELIMINAR DE ILEGITIMIDADE AD CAUSAM. TEORIA DA ASSERÇÃO. ANÁLISE NO MÉRITO. VÍCIO DE CONSENTIMENTO NÃO CONFIGURADO. CLÁUSULA RES SPERATA. LEGALIDADE. SUCUMBENCIA RECÍPROCA NÃO CONFIGURADA. SENTENÇA MANTIDA. (...) 3. A locação de lojas em shopping center é um contrato complexo, já que o instrumento congrega cláusulas que nascem não apenas da vontade da lei, mas também da liberdade contratual exercida pelas partes. Portanto, estes pactos, por sua natureza e peculiaridades, são regidos por regras próprias, livremente pactuadas pelas partes, conforme dispõe o art. 54 da Lei nº 8.245/1991. 4. A parte autora, dentro do seu ônus de demonstrar os fatos constitutivos de seu direito (art. 333, I, do CPC/1973, atual art. 373, I, do CPC/2015), não demonstrou qualquer vício de consentimento apto a macular o contrato de locação firmado entre as partes. 5. Não se verifica qualquer irregularidade na cláusula contratual que prevê a contribuição correspondente à retribuição paga pelo lojista ingressante ao empreendedor do shopping pela estrutura e parcela do fundo de comércio cedida a ele pelo empreendedor, res sperata. 4.1. É valida esta clausula quando acordada de forma oral, visto que a legislação não impõe a forma escrita para a sua inserção no negócio jurídico, tornando válida, assim, a sua exigência, mesmo que a apelante, em reserva mental, não aceitasse assumir ou questionasse a sua legalidade. Inteligência dos arts. 107 e 110 do Código Civil. 6. Sendo julgadas improcedentes tanto a ação de conhecimento, como a reconvenção apresentada, a sucumbência será integral em cada um dos procedimentos diante de suas autonomias e não proporcional ou parcial, devendo as partes que lhe deram causa suportar todos os encargos deles decorrentes. 7. Agravo retido não conhecido. Apelação desprovida.[10]

Já o mestre Modesto Carvalhosa entende que a *res sperata* tem sua natureza controvertida e também pode ser vista como pagamento para re-

---

9   COELHO, Fabio Ulhoa. Curso de Direito Comercial: direito de empresa, vol. 1. 11º Ed. São Paulo; editora Saraiva, 2007, p. 115.

10 TJ-DF – APC: 0004075-50.2013.8.07.0004, Relator: GISLENE PINHEIRO, Data de Julgamento: 16/08/2017, 7ª TURMA CÍVEL, Data de Publicação: Publicado no DJE : 21/08/2017 . Pág.: 893-900)

serva do imóvel ou para garantia de locação e não somente como forma de pagamento pelos serviços ofertados pelo empreendedor.[11]

É possível vislumbrar que essa dissonância quanto a origem da *res sperata* reflete diretamente nos entendimentos jurisprudenciais dos tribunais brasileiros. Contudo, apesar da denominação controversa, o reconhecimento da validade e licitude da sua cobrança é unânime, como é o exemplo do recente julgado proferido pelo Tribunal de Justiça do Estado de São Paulo:

> PROPOSTA DE LOCAÇÃO DE IMÓVEL EM SHOPPING CENTER RESILIÇÃO UNILATERAL PELA INQUILINA PERDA DOS VALORES PAGOS RES SPERATA LEGITIMIDADE DE SUA COBRANÇA. **É legítima a cobrança antecipada de valor a título de reserva de uso de área em Shopping Center (res sperata)**, que remunera o empreendedor pelas vantagens que confere ao lojista interessado em se estabelecer em complexo comercial notoriamente valorizado. - Recurso provido.[12]

No entendimento do Relator Edgard Rosa, é legítima a cobrança da *res sperata* em razão desta funcionar como forma de reserva do ponto comercial no Shopping Center para uso do lojista, de modo que a sua legitimidade é prestigiada pela Corte e deve prevalecer, desde que observados os requisitos indispensáveis, quais sejam: capacidade das partes, objeto lícito e forma prescrita ou não defesa em lei.

Inclusive, observa-se em outro julgado, que o Tribunal de Justiça do Estado de São Paulo conceitua *res sperata* como taxa de adesão por utilização de área em Shopping Center e confirma a validade do instituto, ainda que seja avençado de forma verbal, desde que também sejam observados os requisitos dos contratos em geral.[13]

Os julgados explorados acima estão em consonância com o posicionamento firmado por Maria Helena Diniz, a qual entende que "o empreendedor, antes de construir o centro comercial, firma um contrato a título de reserva de localização (*res sperata*) com o futuro lojista, que pagará certa

---

11 CARVALHOSA. Modesto. Considerações sobre relações jurídicas em "shopping centers". In PINTO, Roberto Wilson Renault; OLIVEIRA, Fernando A. Albino de (Coord.). Shopping Centers: questões jurídicas: doutrina e jurisprudência. São Paulo: Saraiva. 1991. p. 175.

12 (TJ-SP - APL: 02014879520128260100 SP 0201487-95.2012.8.26.0100, Relator: Edgard Rosa, Data de Julgamento: 13/02/2014, 25ª Câmara de Direito Privado, Data de Publicação: 14/02/2014)

13 (TJ-SP - APL: 40300910320138260114 SP 4030091-03.2013.8.26.0114, Relator: Paulo Ayrosa, Data de Julgamento: 05/04/2016, 31ª Câmara de Direito Privado, Data de Publicação: 05/04/2016

quantia periódica durante a fase de construção, angariando-se, assim, recursos até a conclusão da obra".[14]

Em contrapartida, destaca-se o entendimento do Tribunal de Justiça do Estado de Santa Catarina, o qual conceitua a *res sperata* como uma contraprestação destinada a remunerar a estrutura técnica futura do shopping center, colocada à disposição do lojista:

> "A res sperata, como sabido, é devida em virtude da fruição do estabelecimento mercantil e do fundo de comércio do shopping center, o que não ocorreu na hipótese em apreço, posto que a apelada sequer procedeu a instalação da sua loja. A res sperata é instituto típico dos contratos de locação de salas em shopping centers, os quais têm como característica um futuro usufruto pelos locatários, das instalações do empreendimento (praça de alimentação, estacionamento, decoração etc.) e da própria aglomeração do comércio. [...] 'Conclui-se, pois, que, apesar de legítima a cobrança antecipada, a res sperata somente passa a ser usufruída quando da inauguração do empreendimento, pela disponibilização de mercadorias ou serviços aos clientes que se dirijam ao shopping center e lá tirem proveito das instalações preparadas pela administradora."[15]

Conclui-se a partir dos julgados colacionados que a concepção de *"res sperata"* não é unificada. Entretanto, o instituto é acompanhado da ideia de contraprestação paga pelo lojista, em razão das vantagens obtidas ao utilizar-se de uma estrutura apta e capaz de lhe auxiliar na exploração de uma atividade lucrativa, razão pela qual é amplamente aceito pela doutrina e pela jurisprudência enquanto instituto legítimo, lícito e legal.

A Diferença entre *Res Sperata* e Luvas

Importante salientar que há aqueles que entendem que o instituto da "res sperata" pode ser denominado também como luvas, coparticipação, direito de reserva, taxa de adesão, de cessão de uso, de integração ou de utilização, que admite a sua cobrança, visto que todas essas nomenclaturas importariam no mesmo resultado: valor pactuado entre as partes pela coparticipação de espaço comercial.[16]

---

14   DINIZ, Maria Helena. Tratado teórico e prático dos contratos. 6. ed. ver., ampl. e atual. de acordo como o novo código civil (lei nº 10.406 de 10-1-2002), o Projeto de Lei nº 6.960/2002 e a Lei nº 11.101/2005. São Paulo: Saraiva. 2006. v.1. p. 240.

15   TJ-SC - AC: 115193 SC 2005.011519-3, Relator: Eládio Torret Rocha, Data de Julgamento: 03/09/2009, Quarta Câmara de Direito Civil, Data de Publicação: Apelação Cível n. de Itajaí)

16   TJ-SP - APL: 10061771920178260114 SP 1006177-19.2017.8.26.0114, Relator: Dimas Rubens Fonseca, Data de Julgamento: 15/10/2018, 28ª Câmara de Direito Privado, Data de Publicação: 15/10/2018

Não obstante, se faz necessário esclarecer que apesar de parte da doutrina se valer dos termos "Luvas" e "*res sperata*" como se sinônimos fossem, este não é o caso.

A esse respeito preceitua o conceituado civilista Gustavo Tepedino[17]:

> "a ***res sperata*** é a forma de 'remunerar a atividade de organização e planejamento posta à disposição do conjunto de lojas, independentemente do fundo de comércio pertencente ao lojista e que se traduz nas luvas, hoje asseguradas pela Lei nº 8.245/91'."

Sylvio Capanema de Souza[18], maior especialista em Locações do país, por sua vez, afirma:

> "Nos shopping-centers os futuros lojistas, para garantir a locação dos espaços, quando de sua construção, pagam o que se convencionou chamar de "res sperata", que, entretanto não se confunde com as "luvas", consistindo em remuneração do incorporador pela clientela futura, conquistada pela força atrativa do próprio shopping, que é irresistível para a grande maioria dos consumidores."

Em nossa concepção, o pagamento das "luvas" surgiria em duas hipóteses: na primeira, seu pagamento estaria vinculado à aquisição de um fundo de comércio já existente; na segunda, representaria uma forma de fraude fiscal, em que a quantia seria cobrada à título de "adiantamento não levado à tributação" do valor de parte dos aluguéis a serem pagos, de modo que o aluguel previsto no contrato seria inferior ao valor ajustado.

Apesar do pagamento de "luvas" também ocorrer como forma de remuneração ao locador, é evidente que a sua finalidade não se confunde com o pagamento da "res sperata", haja vista a licitude envolta ao instituto.

Verifica-se que a jurisprudência adotada pelo Tribunal de Justiça do Rio de Janeiro acompanha a distinção dos institutos e a separação de suas finalidades:

> INDENIZATÓRIA. LOCAÇÃO DE LOJA DE SHOPPING CENTER. ALEGAÇÃO DE NEGLIGÊNCIA ADMINISTRATIVA DO SHOPPING COM O CONSEQUENTE DECLÍNIO DO LOCAL. PEDIDO DE RESTITUIÇÃO DE VALORES QUE SE MOSTRA INCABÍVEL

---

17 GAMA, Guilherme Calmon Nogueira da *apud* TEPEDINO, Gustavo. Contrato de Shopping Center. Revista da EMERJ – v.5 nº 18 – 2002. pp. 187-227. pp. 203-204. Disponível em: https://www.emerj.tjrj.jus.br/revistaemerj_online/edicoes/revista18/revista18_187.pdf. Acesso em: 07 de jul.20

18 SOUZA, Sylvio Capanema de. A proteção legal do fundo empresarial: evolução e"ratio essendi". Disponível em: https://www.editorajc.com.br/a-protecao-legal-do-fundo-empresarial-evolucao-e-ratio-essendi/. Acesso em: 06 de jul. 2020.

> DIANTE DA INSUFICIÊNCIA PROBRATÓRIA DOS MESMOS. COBRANÇA DE RES SPERATA QUE, SENDO LÍCITA, NÃO SE CONFUNDE COM A ILÍCITA COBRANÇA DE LUVAS, VEDADA PELO NOSSA LEGISLAÇÃO LOCATÍCIA. (...) Como ponto mais sensível da questão, temos o pedido de restituição do elevado valor pago a título de res sperata sob a alegação de que a má administração do shopping ocasionou o fechamento de várias lojas e consequente declínio do comércio no local. O contrato de "reserva de localização" ou res sperata é típico das locações de lojas situadas em shopping centers pode ser visto como um pagamento pela valorização do local em função do investimento do empreendedor beneficiando o lojista que venha a se instalar no shopping, prática lícita que não se confunde, sob hipótese alguma, com a ilícita cobrança de "luvas", vedada pela nossa lei locatícia em seu art. 43 inciso III e art. 45(...).[19]

Em seu voto, o Relator Marcos Alcino de Azevedo Torres entende que a *res sperata* corresponde a um pagamento pela valorização do local em função do investimento do empreendedor beneficiando o lojista que venha a se instalar no shopping, prática lícita que não se confunde com a ilícita cobrança de "luvas", cobrança esta assemelhada à antecipação não declarada ao fisco de parte aluguéis e vedada pela Lei de Locação.

Assim, em que pese existam julgados que as considerem sinônimo, é imperioso que se tenha atenção à individualidade dos casos e os fatos que estão sendo analisados.

O Instituto *Res Sperata* e seus Impactos no Cenário Jurídico Atual

Diante dos apontamentos acima, é possível verificar que a interpretação quanto a definição e aplicabilidade do instituto *res sperata* é difundida a partir das mais variadas concepções, seja pelos doutrinadores, seja pelo poder judiciário.

Desse modo, em razão da necessidade de se apresentar soluções aos conflitos apresentados, o entendimento jurisprudencial encontra-se em constante mutação. Sobretudo acerca das questões voltadas para o impacto da aplicação da *res sperata* e suas consequências, tanto para o empreendedor quanto para o lojista.

Uma das questões que se coloca em exame é a possibilidade de **devolução da verba paga a título de *res sperata*** em caso de rescisão do contrato de locação.

---

19 TJ-RJ - APL: 00017828820068190208 RIO DE JANEIRO MEIER REGIONAL 1 VARA CIVEL, Relator: MARCOS ALCINO DE AZEVEDO TORRES, Data de Julgamento: 25/08/2009, DÉCIMA NONA CÂMARA CÍVEL, Data de Publicação: 09/10/2009

Verifica-se que em alguns casos, os lojistas buscam a rescisão do contrato por estarem insatisfeitos com os serviços prestados pelo empreendedor, relacionando seu insucesso a ausência de incentivos necessários que pudessem auxiliá-los a alcançar os resultados esperados.

Entretanto, entendemos que o ingresso do lojista no empreendimento em nada diminui o risco decorrente de sua atividade negocial, já que a competência do lojista no comando de sua atividade é que será imprescindível para o sucesso de seu negócio, não se podendo esperar que o lojista venha a obter sucesso garantido apenas por usufruir das vantagens concedidas pelo empreendedor.

Ou seja, o pagamento da "res sperata" não garantirá a lucratividade do comerciante, tal verba visa apenas retribuir o empreendedor pelos esforços desprendidos para que o lojista tenha todas as condições favoráveis para que atinja o sucesso. Contudo, caso isto não aconteça, o complexo comercial não poderá ser responsabilizado.

Para estes casos em que o lojista busca a rescisão do contrato, com fundamento na inexistência de lucro e a consequente devolução do valor pago a título de *res sperata*, ressalta-se que a jurisprudência majoritária entende que esse valor não poderá ser devolvido:

> LOCAÇÃO -SHOPPING CENTER - "RES SPERATA" - DEVOLUÇÃO -PONTO COMERCIAL - INSUCESSO DO LOJISTA - DESCABIMENTO. Res sperata é uma prestação retributiva das vantagens de se estabelecer num complexo comercial que possui já uma clientela constituída, sendo licita sua cobrança em face do art. 54 da Lei 8.245/91. Em princípio, referido valor, porque pertinente a reserva feita pelo lojista interessado em participar do empreendimento, não é devolvido quando de sua saída, salvo se comprovado que a frustração da "res sperata" se deveu a culpa do empreendedor do shopping. Inexistindo inadimplemento contratual por parte do empreendedor do shopping, não tendo sido demonstrada sua culpa peio insucesso do lojista locatário que desse causa à rescisão do contrato de locação, incabível a indenização reclamada ou abatimento do referido valor com os débitos locatícios.[20]

Em seu voto, o Relator explica que somente se restar demonstrado que o empreendedor foi inadimplente quanto as suas obrigações assumidas é que se poderá falar em devolução integral ou proporcional de *res sperata*. Porém, para haver esse reembolso será necessário verificar o nexo causal entre a culpabilidade do empreendedor e o efetivo prejuízo causado ao lojista.

Importante destacar trecho do acórdão, no qual o Relator vislumbrou a impossibilidade de devolução da *res sperata*:

---

20 TJ-SP - APL: 990092402129 SP, Relator Clóvis Castelo, Data de Julgamento:20/09/2010, 35' Câmara de Direito Privado, Data de Publicação: 23/09/2010

"Inexistindo inadimplemento contratual por parte do empreendedor do shopping, não tendo sido demonstrada sua culpa pelo insucesso do lojista-locatário que desse causa a rescisão do contrato de locação, incabível a indenização reclamada. **Nem se alegue, ainda, que a res sperata, por se confundir com o "ponto comercial" ou "fundo de comercio", deveria ser restituído ao lojista quando de sua saída ao empreendimento**. Primeiro porque, como visto anteriormente, o fundo de comercio, no caso, pertence ao empreendedor do shopping, que cede parcela dele ao lojista ingressante, mediante o pagamento de quantia a título de res sperata. Segundo, porque, ainda que seja possível que o lojista tenha formado um fundo de comércio, definido este como o produto da atividade do comerciante, que com o passar do tempo, atrai para o local clientela fiel formando um ponto comercial que confere valor próprio ao local, evidente que tal "plus" deveria ter sido demonstrado"

Inclusive, salienta-se o entendimento também do Tribunal de Justiça do Estado do Goiás, o qual afirma que a *res sperata* não pode ser confundida com o valor pago a título de locação, visto que o pagamento deste instituto independe do tempo de permanência do lojista no imóvel e da duração do seu contrato.

Isso porque a sua cobrança não está vinculada ao tempo, mas sim do fato do empreendedor ter disponibilizado todo o seu know-how. Assim, se o comerciante usufruiu das vantagens ofertadas, ainda que provisoriamente, não há que se falar em devolução da *res sperata*:

> APELAÇÕES CÍVEIS. RESOLUÇÃO DE CONTRATO. CARACTERIZAÇÃO DO EMPREENDIMENTO COMERCIAL COMO SHOPPING CENTER. RES SPERATA. 1. Shopping center é um empreendimento caracterizado por um planejamento mercadológico que envolve a distribuição do espaço e a definição de ramos de atividades, com organização da concorrência interna, de ações publicitárias e promocionais conjuntas. Desta forma o empreendimento Mega Moda Shopping pode ser classificado como shopping center. 2. A remuneração ao empreendedor pela organização, planejamento e investimentos realizados em prol do estabelecimento e, por consequência lógica, dos lojistas, é chamada de res sperata, luvas ou cessão de direito de uso. 3. A res sperata é uma verba desvinculada do contrato de locação, tanto que pactuada em instrumento diverso. Desta forma, embora se relacionem, não se confundem, sendo que a rescisão do contrato de locação não implica na falta de exigibilidade das parcelas devidas pelo uso da estrutura técnica. 4. **O ingresso e desfruto de todas as vantagens oferecidas pelo aglomerado comercial enseja o pagamento da res sperata, sendo indiferente a duração da locação**, pois, conforme dito, trata-se de parcela una. RECURSOS CONHECIDOS, SENDO O PRIMEIRO DESPROVIDO E O SEGUNDO PROVIDO.[21]

---

21   TJ-GO – APL: 00645024820188090051, Relator: LEOBINO VALENTE CHAVES, Data de Julgamento: 10/04/2019, 2ª Câmara Cível, Data de Publicação: DJ de 10/04/2019)

Nessa toada, conclui-se que a *res sperata* é devida integralmente pelo locatário, ainda que venha desocupar o imóvel antes do contrato ser finalizado, de modo que não há que se falar em devolução dos valores ou em pagamento proporcional ao tempo utilizado, salvo se houver conduta desabonadora por parte do empreendedor.

Em consonância com o que afirmamos aqui, colaciona-se também o precedente do Tribunal de Justiça do Estado de Minas Gerais, o qual afirma que rescindido o contrato, não cabe a restituição do valor pago a título de res sperata. Inclusive, sedimenta que **inexiste abusividade na cláusula que impede essa devolução**:

> APELAÇÃO CÍVEL - DESPEJO - REIVINDICATÓRIA - RES SPERATA - DEVOLUÇÃO - IMPOSSIBILIDADE - AUSÊNCIA DE PROVA DA MÁ-FÉ DA CONTRATADA - EQUILÍBRIO CONTRATUAL - SENTENÇA CONFIRMADA. Não é devida a devolução do valor pago a título de res sperata por ocasião da rescisão do contrato de locação, pois tal valor é pago em retribuição às vantagens de se estabelecer em complexo comercial que possui clientela constituída. É assente o entendimento de que a boa-fé se presume e a má-fé se prova, na esteira do entendimento da súmula nº 375 do e. STJ. Inexistente prova sobre a abusividade de contratação, impõe-se a manutenção da cláusula contratual livremente acordada entre partes maiores e capazes.[22]

Importante salientar que o não pagamento da *res sperata*, validamente pactuada entre as partes, pode ensejar na **execução do crédito**. Além disso, entendemos que o inadimplemento do lojista quanto ao pagamento desse valor, seja ele estipulado no contrato de locação ou em instrumento apartado, caracteriza infração contratual e poderá ensejar a rescisão do contrato com o consequente despejo do lojista por infração contratual.

Questão relevante que se impõe e merece comentário é o entendimento de que, sendo a cobrança de *res sperata* uma contraprestação paga pelo lojista em favor do empreendedor, se faz necessário que haja o engajamento deste quando da construção do *shopping center*.

Assim, estudos e planejamentos são necessários para a implementação do *tenant mix*, que nada mais é do que o estudo preliminar realizado pelo empreendedor, visando a melhor forma de alocar as operações comerciais, de forma distribuída, evitando, assim, a concorrência desigual, e ainda, buscando maximizar o lucro das operações.

---

22 TJ-MG - AC: 10701140031538002 MG, Relator: Manoel dos Reis Morais, Data de Julgamento: 04/07/2017, Câmaras Cíveis / 10ª CÂMARA CÍVEL, Data de Publicação: 14/07/2017

Por se tratar de uma condição base para a cobrança da *res sperata*, caso não seja cumprida pelo empreendedor, haverá violação ao princípio da boa-fé, ensejando, assim, na devolução da parcela cobrada a título de *res sperata*, sob pena de enriquecimento sem causa do locador. [23]

Nesse sentido é o posicionamento do Superior Tribunal de Justiça, o qual afirma que *"o lojista pode deixar de efetuar o pagamento das prestações previstas no (contrato de direito de reserva de área comercial para instalação de loja e de integração no 'tenant mix' do centro comercial) se o empreendedor descumpre com a sua obrigação de instalar loja âncora no local previsto, em prejuízo do pequeno lojista."* [24]

> Locação comercial. "Shopping center". Negócio jurídico complexo. "Res sperata". Ampla liberdade de contratação conferida pelo art. 54 da Lei 8.245/91. **Centro comercial não inaugurado. Inadimplemento contratual. Devolução de quantias pagas a título de direito de utilização de estrutura técnica e de locação.** Lucros cessantes inexistentes. Atividade que nem sequer foi iniciada. Risco da atividade empresarial. Apelo parcialmente provido. [25]

A *Res Sperata* e do Direito Comparado

Apesar de poucas referencias obtidas à respeito do tema no âmbito internacional, interessante abordar que, especificamente quanto a dinâmica da *Res Sperata*, como vista no Brasil, é possível identificar a existência de cobrança de valores nesse sentido tanto nos Estados Unidos quanto em Portugal, nos quais seriam conhecidos, respectivamente, como "*agreement to lease*" e "chave" ou "valor de ingresso".

Seguindo a lógica dissertada no presente estudo, nestes países, tais cobranças também estariam ligadas ao pagamento antecipado de certa quantia visando a reserva da localização ou acesso à estrutura.

---

23 TJ-PR - APL: 10393145 PR 1039314-5 (Acórdão), Relator: Juiz Antonio Domingos Ramina Junior, Data de Julgamento: 14/08/2013, 11ª Câmara Cível, Data de Publicação: DJ: 1176 03/09/2013)

24 STJ - REsp: 152497 SP 1997/0075403-0, Relator: Ministro RUY ROSADO DE AGUIAR, Data de Julgamento: 15/08/2002, T4 - QUARTA TURMA, Data de Publicação: DJ 30.09.2002 p. 263

25 TJSP; Apelação Cível 1005001-95.2016.8.26.0451; Relator (a): Soares Levada; Órgão Julgador: 34ª Câmara de Direito Privado; Foro de Piracicaba - 6ª Vara Cível; Data do Julgamento: 18/02/2019; Data de Registro: 20/02/2019

Nos dizeres de Edson Carlos Pereira[26]: "O *agreement to lease* corresponde à figura da *res sperata* existente no Brasil, ou seja, é um pré-contrato, estabelecido entre as partes anteriormente à construção do empreendimento".

O referido autor aponta, ainda, que a cobrança da r*es sperata* não seria praticada em todos os países, lembrando que não há menção na Argentina sobre a existência de elementos obrigacionais atípicos nos contratos de shopping centers, e que, no Uruguai, se verificaria apenas que a fixação do aluguel em shopping centers seguiria a tendência brasileira e americana.[27]

Por fim, é preciso que se diga que a cobrança de *res sperata* depende da situação mercadológica de cada shopping, haja vista que somente se justifica a cobrança em shoppings onde há uma oferta aquecida de lojistas querendo fazer do empreendimento. Em outras palavras, um shopping que não atraia novos lojistas, dificilmente conseguirá cobrar *res sperata*. Ao contrário, há muitos casos em que o empreendedor paga determinada quantia ao lojista para que ele se instale no shopping, cobrança essa que é conhecida como tenant *allowance*.

---

26 PEREIRA, Edson Carlos. Controvérsias Contratuais em Shopping Centers. p. 127. Disponível em: http://www.dominiopublico.gov.br/download/teste/arqs/cp043690.pdf. Acesso em: 08 de jul. 20.

27 Ibid. p. 125.

Da Fiança Locatícia
Contrato de Fiança

Carlos Santos de Oliveira

1. Considerações iniciais

A fiança é modalidade de garantia pessoal. O fiador, ao assumir tal encargo, se responsabiliza pelo pagamento da dívida eventualmente não paga pelo devedor, respondendo com seu patrimônio. O fiador é estranho a relação obrigacional garantida. As garantias podem ser reais e pessoais. As garantias reais podem ser exemplificadas como: penhor, anticrese, hipoteca, propriedade fiduciária. A garantia pessoal pode ser exemplificada através da fiança, que é modalidade de garantia civil e do aval que é modalidade de garantia cambiária. O aval é prestado através de um ato jurídico (declaração unilateral de vontade)[1], destinando-se a garantir obrigações cambiárias, enquanto a fiança é contrato, garantia civil, destinando-se a garantir qualquer modalidade de obrigação.

É contrato através do qual determinada pessoa se obriga ao pagamento de dívida contraída por terceiro (devedor), juntamente com o credor da obrigação, caso o devedor (afiançado) não a quite. Este conceito pode ser extraído da redação do artigo 818, do Código Civil, que assim dispõe: *"Pelo contrato de fiança, uma pessoa garante satisfazer ao credor uma obrigação assumida pelo devedor, caso este não a cumpra"*.

1.1. Espécies de fiança

A fiança pode ser convencional, legal ou judicial[2]. Por convencional entende-se aquela na qual as partes livremente pactuam a garantia. A fiança

---

1 GONÇALVES, Carlos Roberto. *Direito Civil Brasileiro, Contratos e Atos Unilaterais de Vontade* volume III, Saraiva, 9ª edição, 2012, p. 557, verbis: *"O aval também constitui garantia pessoal, mas não se confunde com a fiança. Esta é uma garantia fidejussória ampla, que acede a qualquer espécie de obrigação, seja convencional, legal ou judicial. O aval, no entanto, é instituto do direito cambiário, restrito aos débitos submetidos aos princípios deste. Trata-se de declaração unilateral e não de contrato"*.

2 BEVILAQUA, Clóvis. *Código Civil dos Estados Unidos do Brasil, Obrigações*, volume V, Livraria Francisco Alves, 1926, p. 241, verbis: *"Define o código a fiança convencional, que é a de que se devia ocupar, nesta parte. Além da convencional, existe a fiança legal, exigida por lei, como no caso em que os imóveis do tutor não valerem o patrimônio do menor (artigo 419), e a judicial (civil ou criminal), ordenada pelo juiz, ex-officio, ou a requerimento da parte"*.

legal é aquela determinada por lei, enquanto a judicial promana de ordem judicial exarada em processo.

Exemplo de fiança legal: caução fidejussória prestada pelo usufrutuário, se assim exigir o outorgante do usufruto (artigo 1400 do CC); garantia a ser prestada pelo tutor, caso os bens do tutelado sejam de valor considerável (artigo 1.745, parágrafo único, CC). Exemplo de fiança judicial: hipótese de cumprimento provisório da sentença (art. 520, inciso IV, CPC);.hipótese de, em ação possessória, o réu comprovar que o autor provisoriamente mantido ou reintegrado na posse, carece de idoneidade financeira para, no caso de sucumbência, responder por perdas e danos (art. 559, CPC).

1.2. Classificação

É contrato acessório, consensual, unilateral, se gratuito, bilateral, se oneroso, de duração, formal, *intuitu personae*. É acessório[3] porque não existe de forma autônoma, ou seja, somente terá existência com a função de garantir um contrato principal, realizado de forma antecedente ou concomitante a fiança. O contrato principal pode ser de mútuo, de locação, dentre outros. O fiador concede garantia ao credor, responsabilizando-se pelo cumprimento das obrigações assumidas pelo devedor do contrato principal, caso este não as cumpra.

Se gratuito, é contrato benéfico e unilateral, porque somente trará ônus para uma das partes (fiador) e benefício para a outra (credor da obrigação principal). Não se vislumbra qualquer obrigação para o credor, senão para o fiador, que passa a ostentar a posição de garante do contrato principal. A gratuidade é da natureza[4] do contrato de fiança. Assim, se caracteriza como contrato benéfico, não admitindo interpretação extensiva, conforme a segunda parte do artigo 819, do CC. A fiança gratuita, por ser unilateral e benéfica, somente admite interpretação restritiva, ou seja, o fiador somente poderá ser responsabilizado nos precisos termos que a fiança foi pactuada[5]. Inadmissível que se interprete de forma extensiva determinada

---

3   SERPA LOPES, Miguel Maria de. *Curso de Direito Civil – Fontes das Obrigações: Contratos*, volume IV, 5ª edição, Biblioteca Jurídica Freitas Bastos, 1999, p. 501, verbis: *"O caráter acessório da fiança consiste em não poder ela existir senão pressupondo um contrato a que deve ficar vinculada como elemento de garantia".*

4   SERPA LOPES, Miguel Maria de. *Curso de Direito Civil – Fontes das Obrigações: Contratos*, volume IV, 5ª edição, Biblioteca Jurídica Freitas Bastos, 1999, p. 502, verbis: *"Como já se disse, a gratuidade é da natureza e não da essência da fiança".*

5   BEVILAQUA, Clóvis. *Código Civil dos Estados Unidos do Brasil, Obrigações*, volume V, Livraria Francisco Alves, 1926, p. 241, verbis: *"Não admitir interpretação extensiva quer dizer que o fiador não responde senão, precisamente, por aquilo que declarou no instrumento da fiança. Em caso de dúvida, a interpretação será em favor do que presta a fiança".*

cláusula do contrato de fiança, em prejuízo do fiador. Destaque-se o teor da Súmula 214, do Colendo Superior Tribunal de Justiça, que ratifica a regra da interpretação restritiva do contrato de fiança[6], bem como o contido no artigo 114 do Código Civil, que dispõe a respeito da regra de interpretação dos negócios jurídicos benéficos[7]. Segue julgado do Colendo Superior Tribunal de Justiça, da lavra do eminente Ministro Luís Felipe Salomão, que embora não tratando especificamente da fiança locatícia, estabelece diretriz no sentido de que a interpretação restritiva vincula o fiador ao que consta do contrato, concluindo pela responsabilidade do fiador, quando da prorrogação da avença, caso esta responsabilidade esteja expressamente pactuada[8].

---

6   Súmula 214, do Colendo Superior Tribunal de Justiça, verbis: "*O fiador da locação não responde por obrigações resultantes de aditamento ao qual não anuiu*".

7   Art. 114 – Código Civil: "*Os negócios jurídicos benéficos e a renúncia interpretam-se estritamente*".

8   RECURSO ESPECIAL Nº 1.253.411 – CE – RELATOR – MINISTRO LUIS FELIPE SALOMÃO – RECURSO ESPECIAL. **PRORROGAÇÃO DE FIANÇA** EM CONTRATO BANCÁRIO. JULGAMENTO AFETADO À SEGUNDA SEÇÃO PARA PACIFICAÇÃO DA MATÉRIA NO ÂMBITO DO STJ. CONTRATO BANCÁRIO. CARACTERIZA-SE POR SER, EM REGRA, CATIVO E DE LONGA DURAÇÃO, PRORROGANDO-SE SUCESSIVAMENTE. **FIANÇA PREVENDO CLARAMENTE SUA PRORROGAÇÃO, CASO OCORRA A DA AVENÇA PRINCIPAL**. INTERPRETAÇÃO EXTENSIVA. INEXISTÊNCIA. APLICAÇÃO DA MESMA EXEGESE PACIFICADA NO ÂMBITO DO STJ – ANTES MESMO DA NOVA REDAÇÃO CONFERIDA AO ART. 39 DA LEI DO INQUILINATO PELA LEI Nº 12.112/2009 – NO TOCANTE À ADMISSÃO DA PRORROGAÇÃO DA FIANÇA EM CONTRATO DE LOCAÇÃO, QUANDO EXPRESSAMENTE PREVISTA NA PACTUAÇÃO ACESSÓRIA. FIADORES QUE, DURANTE O PRAZO DE PRORROGAÇÃO CONTRATUAL, NÃO PROMOVERAM NOTIFICAÇÃO RESILITÓRIA, NOS MOLDES DO DISPOSTO NO ART. 835 DO CC. PRETENSÃO DE EXONERAÇÃO DA FIANÇA. INVIABILIDADE. 1. A fiança foi pactuada para garantia fidejussória de dívida de sociedade empresária da qual eram sócios os recorrentes, previamente definido o montante e a possibilidade de prorrogação da avença principal e da acessória, constando da sentença que a presente ação de exoneração da fiança somente foi proposta após o ajuizamento anterior, pelo Banco, da ação de execução em face da devedora principal e dos fiadores. 2. **A prorrogação do contrato principal, a par de ser circunstância prevista em cláusula contratual – previsível no panorama contratual -, comporta ser solucionada adotando-se a mesma diretriz conferida para fiança em contrato de locação – antes mesmo da nova redação do art. 39 da Lei do Inquilinato pela Lei nº 12.112/2009 -, pois é a mesma matéria disciplinada pelo Código Civil**. 3. **A interpretação extensiva da fiança constitui em utilizar analogia para ampliar as obrigações do fiador ou a duração do contrato acessório, não o sendo a observância àquilo que foi expressamente pactuado**, sendo certo que as causas específicas legais de extinção da Documento: 50490260 – EMENTA / ACORDÃO – Site certificado – DJe: 04/08/2015 Página 1 de 2 Superior Tribunal de Justiça fiança são taxativas. 4. **Com efeito, não há falar em nulidade da disposição contratual que prevê prorrogação da fiança, pois não admitir interpretação extensiva significa tão somente que o fiador responde, precisamente, por aquilo que declarou no instrumento da fiança**. 5. Porém, independentemente das disposições contratuais, é reconhecida a

Se oneroso, passa então a ser classificado como bilateral, vislumbrando-se, nesta hipótese, obrigações para ambas as partes. O afiançado tem obrigação de remunerar o fiador, enquanto este tem a obrigação de garantir a obrigação da qual o afiançado é devedor. A fiança prestada mediante remuneração se assemelha ao contrato de seguro, destacando-se que a onerosidade da avença se torna mais nítida nos contratos de fiança bancária.

É consensual, porque basta o consenso, a manifestação de vontade, para que produza efeitos no mundo jurídico. É formal, conforme preconiza o artigo 819, primeira parte, que exige que a fiança seja prestada por escrito. Não há que se falar em fiança verbal[9], dependendo a sua validade, de ser realizado na forma escrita.

É personalíssimo, porque realizado com base na confiança e, também levando em consideração as qualidades ostentadas pelo afiançado. Por ser *intuito personae*, extingue-se pela morte do fiador, e também pela morte do afiançado.

Da Vênia Conjugal

Importante destacar a necessidade de outorga uxória, para a pactuação do contrato de fiança, se casado o fiador. Esta regra deverá ser observada caso o fiador possua o estado de convivente (união estável comprovada). Dispõe o artigo 1647, inciso III, a respeito da impossibilidade de um dos cônjuges, sem autorização do outro, prestar fiança ou aval, exceto no regime da separação absoluta. Portanto, para a validade da fiança prestada por fiador casado, ou que mantenha união estável comprovada, é necessário que obtenha a autorização de seu consorte.

O juiz poderá, nestes casos suprir a negativa de vênia conjugal, caso um dos cônjuges negue sem motivo justo ou, lhe seja impossível concedê-la (art. 1.648, do CC). Apenas na hipótese de regime da separação absoluta

---

faculdade do fiador de, no período de prorrogação contratual, promover notificação resilitória, nos moldes do disposto no art. 835 do Código Civil. 6. Recurso especial não provido.

---

9   BEVILAQUA, Clóvis. *Código Civil dos Estados Unidos do Brasil, Obrigações*, volume V, Livraria Francisco Alves, 1926, p. 248, verbis: "*O Código Civil brasileiro, a semelhança do suíço das obrigações e do alemão, exige a forma escrita como substancial da fiança. Sempre se entendeu que a fiança deverá ser expressa, porque assumir obrigações de outrem é ato que pressupõe manifestação positiva e certa da vontade. Mas esta qualidade da fiança não se concilia bem com a forma verbal. Por isso o Código não conhece fiança que não seja dada por escrito, nos termos que as partes quiserem estabelecer, seja uma carta ou um outro documento*".

é que não haverá a exigência da outorga uxória, sendo válida a fiança. A separação absoluta de bens é a separação convencional de bens, realizada através de pacto antenupcial (artigos 1.687 e 1.688 do Código Civil), não se confundindo com o regime da separação legal ou obrigatória de bens (artigo 1.641, do Código Civil).

A falta de outorga uxória, quando exigida, tornará anulável a fiança. A anulabilidade poderá ser arguida pelo cônjuge a quem competia conceder a outorga, ou os seus herdeiros, no prazo decadencial de dois anos, a contar do término da sociedade conjugal (artigos. 1.649 e 1.650, do CC).

Das partes

A fiança é realizada entre credor da obrigação principal e fiador, não necessitando do consentimento do devedor (afiançado). Neste sentido dispõe o artigo 820, do CC: *"Pode-se estipular a fiança, ainda que sem o consentimento do devedor ou contra a sua vontade"*. A manifestação de vontade válida, neste caso, é a do credor e do fiador[10]. Nada obsta que haja a concordância do devedor, mas a lei não exige que esta se encontre presente, para outorgar validade ao contrato de fiança. O devedor pode até indicar o fiador, cumprindo exigência formulada pelo credor, o que é normal no mundo dos negócios, contudo, caberá ao credor aceitar ou não o fiador indicado, não havendo necessidade de anuência por parte do devedor.

A fiança, portanto, poderá ser prestada pelo fiador de forma completamente independente da vontade do devedor e, até mesmo contra a vontade deste. Imaginemos a hipótese em que um homem tem muito carinho por uma mulher, contudo, não é correspondido. Esta mulher, em determinado momento de suas relações de negócio, necessita de fiador para garantir determinada obrigação. O homem se propõe a prestar a fiança e a mulher, por orgulho ou outro motivo, não permite. O homem procura diretamente o credor e celebram o contrato de fiança. Este será válido mesmo que o credor esteja ciente da contrariedade manifestada pela mulher, que é a devedora da obrigação garantida.

---

10 BEVILAQUA, Clóvis. *Código Civil dos Estados Unidos do Brasil, Obrigações*, volume V, Livraria Francisco Alves, 1926, p. 249, verbis: *"Em regra, o fiador presta um obsequio ao devedor, e intervém por solicitação deste. Mas é certo que a fiança é contrato, cujos sujeitos são o credor e o fiador. O escopo da fiança é assegurar a solvência do devedor; mas este não figura no ato, senão para a indicação do objeto da fiança. É, pois, conforme aos princípios que se possa estipular fiança na ignorância, sem o consentimento, e até com a oposição do devedor"*.

Do objeto

O objeto do contrato de fiança é a obrigação garantida pelo fiador. Esta obrigação deve existir, quando da realização da fiança, ou seja, a garantia deverá ser aposta a obrigação existente. Contudo, o legislador admite que a fiança possa ter por objeto obrigação futura, portanto, ainda não existente quando da celebração do contrato de garantia. Dispõe o artigo 821, do CC, que *"as dívidas futuras podem ser objeto de fiança"*. Mas, para que o fiador possa vir a ser demandado em razão da obrigação assumida, a dívida que então era futura, tem que se tornar presente, ou seja, tem que se fazer certa e líquida. Admite-se, pois, que a prestação de fiança tenha por objeto dívida futura, mas a responsabilidade do fiador somente poderá ser exigida a partir do momento que a obrigação principal do devedor afiançado se tornar certa e líquida.

A obrigação principal, na hipótese do artigo 821, é condicional[11], enquanto a fiança não se encontra subordinada a qualquer condição. Em razão de a fiança ser um contrato acessório esta, se garantir obrigação futura, somente poderá ser exigível quando a condição se realizar, tornando a obrigação principal certa e líquida. Além da necessidade de a obrigação principal se tornar existente, deverá ainda ocorrer o não cumprimento desta obrigação por parte do devedor natural, para que esta possa vir a ser exigida do fiador.

O objeto da fiança, que é a garantia da obrigação principal, sendo ilimitada, pode abranger toda a obrigação, compreendendo os acessórios, inclusive despesas judiciais desde a citação. Este objeto pode ser limitado pelas partes, dependendo, para tanto, que a limitação seja objetiva e encontre o estabelecimento de seus parâmetros em cláusula contratual expressa. De acordo com a dicção do artigo 822, do CC, se não houver limitação expressa, a garantia abrangerá o todo, de forma ilimitada[12].

---

11 SERPA LOPES, Miguel Maria de. *Curso de Direito Civil – Fontes das Obrigações: Contratos*, volume IV, 5ª edição, Biblioteca Jurídica Freitas Bastos, 1999, p. 508, verbis: *"Condicional é o contrato principal, porém não a fiança, a qual só começa a existir a partir do momento em que, com a superveniência do evento condicional, a dívida principal inicia a sua existência jurídica. A fiança, ainda que visando um débito futuro, converte-se, "ipso facto", num contrato puro e simples, tornando-se-lhe inaplicáveis as regras inerentes aos direitos condicionais".*

12 GONÇALVES, Carlos Roberto. *Direito Civil Brasileiro, Contratos e Atos Unilaterais de Vontade*, volume III, Saraiva, 9ª edição, 2012, pp. 560, verbis: *"É princípio assente em todos os códigos que a fiança não pode ir além dos limites estabelecidos no contrato. Todavia, quando seja determinado o objeto da fiança, sem a declaração de que ela se limita a dívida principal, entende-se que ela compreende os seus acessórios, incluindo as despesas judiciais".*

A interpretação restritiva exigida para o contrato de fiança possui o condão de delimitar as obrigações do fiador, que somente responderá pelo que estiver expresso no contrato. Se for estabelecida limitação, e desta cláusula constar que o fiador não responderá pelos acessórios da dívida, ou pelas despesas judiciais, estas passam a não incluir o objeto da fiança.

Por acessórios da dívida principal entende-se, por exemplo, os juros cobrados por empréstimo de dinheiro. Caso não haja a limitação contratual, o acessório acompanhará o principal, integrando, portanto, a obrigação garantida, por força de lei. Também se inclui na obrigação principal, caso não haja limitação, sendo de responsabilidade do fiador, as despesas judiciais, desde a citação do fiador, porque a partir da citação passa o fiador a ter ciência inequívoca de que o afiançado não cumpriu a obrigação e que está sendo demandado para sanar a inexecução do devedor[13].

A limitação pode dizer respeito ao objeto da fiança, ou ao tempo em que esta fiança permanecerá em vigor. Se a dívida liquida e certa possui determinado valor, pode a fiança ser limitada a garantir metade da dívida, por exemplo. Assim temos uma limitação relativa ao objeto da garantia. Quanto a este aspecto, dispõe o artigo 823, do CC, que a fiança pode ser prestada em valor inferior ao valor da obrigação principal. Pode, ainda, ser contraída em condições menos onerosas, dependendo, para tanto, que o ajuste conste de cláusula contratual expressa. Uma fiança contraída em condições menos onerosas seria, por exemplo, quando o cumprimento da obrigação for exigível em lugar mais cômodo para o fiador[14]. Se a obrigação de garantir encontrar uma data final, independentemente da extinção do contrato principal, a hipótese será de limitação temporal da fiança. Neste caso, haverá a

---

13 TEPEDINO, Gustavo; BARBOZA, Heloisa Helena; MORAES, Maria Celina Bodin de. *Código Civil Interpretado conforme a Constituição da República*, Vol. II, Editora Renovar, 2006, pp. 637, verbis: "*Entre os acessórios da dívida principal, o CC coloca as despesas judiciais, isto é, todas as despesas feitas pelo credor com o processo promovido para exigir o cumprimento da obrigação. No entanto, somente serão devidas tais despesas pelo fiador após a sua citação (Caio Mário da Silva Pereira, Instituições, p. 498), pois, conforme Clóvis Bevilaqua, se "o fiador não for citado para pagar, e a ação correr somente contra o devedor principal, não responde o fiador pelas despesas judiciais, que poderia ter evitado, pagando a dívida, ou apresentando defesa suficiente (Código Civil, p. 250)'*".

14 BEVILAQUA, Clóvis. *Código Civil dos Estados Unidos do Brasil, Obrigações*, volume V, Livraria Francisco Alves, 1926, p. 251, verbis: "*A fiança pode ser menos onerosa do que a obrigação principal, sob qualquer das relações, que acabam de ser indicadas. Pode referir-se, apenas, a uma parte da dívida; ter prazo mais curto; ser exigível em lugar mais cômodo para o fiador; ser condicional, quando a dívida for pura e simples; estabelecer um encargo ao credor*".

fiança, mas assumida em período de tempo menor do que aquele relativo à obrigação principal.

O dispositivo em comento (artigo 823), impõe limitação ao valor da garantia, que não poderá ultrapassar o valor da obrigação principal. Ocorrendo situação em que a garantia ultrapasse o valor da obrigação principal, não haverá nenhuma situação de nulidade ou de anulabilidade, permitindo o legislador que ocorra a redução do valor da garantia, adequando-o ao valor da obrigação principal, mantendo-se a garantia. O que exceder ao valor da obrigação principal, não poderá ser exigido do fiador, que assim, tem a sua responsabilidade limitada ao montante do débito garantido[15].

Das Garantias Locatícias

Aspectos gerais

As garantias locatícias se encontram previstas no artigo 37 da lei do inquilinato (Lei nº 8.245/91), destacando-se a caução, que pode ser móvel ou imóvel: a fiança; o seguro de fiança locatícia; bem como a cessão fiduciária de quotas de fundo de investimento, garantia esta constante do inciso IV, do artigo 37, que foi acrescentado pela Lei nº 11.196, de 21/11/2005. Destaca, ainda, o parágrafo único, do dispositivo em comento, que é vedada, sob pena de nulidade, a outorga de mais de uma das modalidades de garantia num mesmo contrato, visando proteger o locatário, no sentido de que este não fique demasiadamente onerado[16]. Aduza-se que a garantia locatícia é opção do locador, que pode perfeitamente realizar o contrato de locação sem exigir qualquer das modalidades de garantia por parte do locatário.

A previsão contida no parágrafo único, do artigo 37, vem sendo mitigada pela doutrina e pela jurisprudência. Sylvio Capanema de Souza[17] entende que *"nada impede, por exemplo, que a fiança seja prestada por dois ou mais fiadores, o que não importa em dualidade de garantia, e sim em multiplicidade subjetiva dos devedores garantes. Além do mais, a pluralidade de fiadores os favorece, na medida em que dilui, entre eles, a responsabilidade".*

---

15 TEPEDINO, Gustavo; BARBOZA, Heloisa Helena; MORAES, Maria Celina Bodin de. *Código Civil Interpretado conforme a Constituição da República*, Vol. II, Editora Renovar, 2006, pp. 637/638, verbis: *"O objeto da fiança pode compreender a obrigação principal no todo ou em parte. No entanto, ainda pela regra da acessoriedade, a fiança tem como limite o valor da obrigação principal, sendo este seu teto máximo".*

16 CAPANEMA de Souza, Sylvio. *A Lei do Inquilinato Comentada*, Editora Gen / Forense, 8ª edição, Rio de Janeiro, 2012, p. 164.

17 CAPANEMA de Souza, Sylvio. *A Lei do Inquilinato Comentada*, Editora Gen / Forense, 8ª edição, Rio de Janeiro, 2012, p. 164.

A jurisprudência do Colendo Superior Tribunal de Justiça entende que, na hipótese de o contrato ser firmado com dupla garantia, não seria a hipótese de nulidade da cláusula, mas sim de uma das garantias, prevalecendo, por exemplo, a primeira delas, ou a que fosse escolhida pelo locador[18].

Da Fiança Locatícia

A fiança é a mais tradicional das garantias locatícias. É uma garantia pessoal, também conhecida como fidejussória, prestada por terceiro, podendo ser gratuita ou onerosa. O fiador garante a dívida do locatário, com o seu patrimônio, caracterizando-se como contrato benéfico, se gratuita a fiança. Se benéfico o contrato, não admitirá, por exemplo, interpretação extensiva, não respondendo o fiador por obrigações além daquelas contratadas e garantidas.

A fiança locatícia encontra previsão no inciso II, do artigo 37, da legislação do inquilinato. Contudo, a regulamentação do contrato de fiança se encontra no Código Civil, sendo esta a razão da explanação inicial a respeito de aspectos importantes do contrato de fiança. Os dispositivos do código civil, que regulam o contrato de fiança têm aplicação aos contratos de fiança locatícia.

O seguro de fiança locatícia (inciso II, artigo 37, Lei do Inquilinato) é modalidade de garantia onerosa, prestada por seguradoras, devidamente autorizadas, que se responsabilizam pela quitação da dívida, em caso de inadimplemento do locatário. É modalidade onerosa de garantia, devendo abranger a totalidade das obrigações do locatário, conforme previsão inserta no artigo 41 da lei específica[19]. Encontra atualmente regulamentação na Circular SUSEP nº 587, de 10 de junho de 2019, que dispõe sobre regras e

---

18 REsp 94815 / SP – Relator Ministro FELIX FISCHER – QUINTA TURMA – eDJ 28/09/1998 – PROCESSUAL CIVIL. RECURSO ESPECIAL. ADMISSIBILIDADE. DISSÍDIO. JULGADOS DO MESMO TRIBUNAL. SÚMULA 13/STJ. ART. 37 DA LEI Nº 8245/91. DUPLA GARANTIA. – "A divergência entre julgados do mesmo Tribunal não enseja recurso especial." (Súmula 13/STJ). – Ao verificar a existência de **dupla garantia** no **contrato locatício** – nulidade prevista no parágrafo único do art. 37 da Lei nº 8245/91 – compete ao julgador auferir, no caso concreto, baseado em critérios objetivos, qual garantia deve subsistir. – Não há como, a partir da interpretação do referido artigo de lei, concluir pela existência de hierarquia ou prevalência de uma determinada garantia sobre a outra. – Recurso especial não conhecido.

19 CAPANEMA de Souza, Sylvio, A Lei do Inquilinato Comentada, 8ª edição, editora Gen/Forense, Rio de Janeiro, 2013, p. 180, verbis "*As entidades representativas dos diversos segmentos do mercado sempre insistiram na necessidade de se regulamentar o seguro fiança, tornando-o viável. Finalmente, a Superintendência de Seguros Privados editou a sua Circular nº 1, datada de 14 de janeiro de 1992, que aprovou novas condições para o seguro de fiança locatícia*".

critérios para a elaboração e a comercialização de planos de seguro do ramo Fiança Locatícia.

Quanto a cobertura, preconiza o art. 2º da referida Circular que *"o seguro fiança locatícia destina-se a garantir o pagamento de indenização, ao segurado, pelos prejuízos que venha a sofrer em decorrência do inadimplemento das obrigações contratuais do locatário previstas no contrato de locação do imóvel, de acordo com as coberturas contratadas e limites da apólice"*. Portanto, as partes podem dispor a respeito da cobertura que pretendem. Eventual responsabilização da seguradora estará limitada a cobertura contratada, dentro dos limites contratuais.

Analisando o mesmo dispositivo, no parágrafo primeiro dispõe que *"a cobertura de falta de pagamento de aluguéis é a cobertura básica do plano de seguro fiança locatícia, sendo de contratação obrigatória"*. Mais adiante, no parágrafo 2º dispõe que *"o plano de seguro fiança locatícia poderá prever outras coberturas para garantir as demais obrigações do locatário previstas no contrato de locação, as quais serão de contratação facultativa, respeitado o disposto nos §§ 1º e 2º do art. 3º, mediante pagamento de prêmio adicional"*. Resumindo, a fiança locatícia deverá ser contratada nos moldes exigidos pelo contrato (art. 3º, § 1º da Circular Susep), contudo, a regulamentação dispõe que a cobertura relativa à falta de pagamento de aluguéis é básica, de contratação obrigatória. Com relação a coberturas outras, estas serão facultativas e, observarão as exigências do contrato, tudo mediante pagamento de prêmio adicional.

Na Circular Susep, há disposição (art. 13 e parágrafos), de que o prazo de vigência do contrato de seguro fiança locatícia será o mesmo do respectivo contrato de locação e que, na hipótese de prorrogação da locação por prazo indeterminado, ou por força de ato normativo, a cobertura do seguro somente persistirá mediante análise do risco e aceitação de nova proposta por parte da seguradora. Caso a seguradora aceite a proposta, a apólice será renovada pelo prazo estipulado entre segurado e garantido, com possibilidade de renovações posteriores, na forma da legislação vigente. As eventuais renovações também dependerão de análise de risco e aceitação de nova proposta por parte da seguradora. Assim, preocupou-se a regulamentação, com a análise dos riscos que deve se procedida pela Seguradora, quando da eventual renovação da locação, ou continuidade desta por prazo indeterminado, tudo mediante aceitação da seguradora.

Das limitações da fiança locatícia

A fiança, por ser contrato benéfico, interpreta-se de forma restritiva (artigo 819, parte final, CC). Desta forma, como já vimos, as partes podem limitar a fiança aos termos da manifestação de vontade contratual. Contudo, para além da possibilidade de limitação quantitativa, há que se perquirir também a respeito da limitação temporal. Neste sentido temos a interpretação conferida ao disposto no artigo 39 da lei do inquilinato, que assim dispõe: *"Salvo disposição contratual em contrário, qualquer das garantias da locação se estende até a efetiva devolução do imóvel, ainda que prorrogada a locação por prazo indeterminado, por força desta lei"*. Este dispositivo foi alterado pelo Lei nº 12.112/09, que acresceu a respectiva parte final, no sentido de que "a extensão das garantias até a efetiva entrega das chaves se verificaria mesmo estando prorrogada a locação por prazo indeterminado".

Portanto, a controvérsia gira em torno da limitação temporal da garantia oferecida pelo fiador, no contrato de locação. Esta, na forma da legislação de regência, se estende até a efetiva devolução do imóvel (entrega das chaves), mesmo diante de prorrogação da locação por prazo indeterminado. A única possibilidade de o fiador não permanecer na qualidade de garante do contrato, até a entrega das chaves do imóvel, é constar cláusula contratual em contrário. Se esta cláusula for inexistente, haverá a responsabilidade do fiador até a efetiva devolução das chaves, inclusive se o contrato estiver vigendo por prazo indeterminado[20].

A modificação legislativa pretendeu outorgar segurança jurídica nas contratações, considerando que havia corrente doutrinária e jurisprudencial que defendia que o fiador, no contrato com prazo, não permanecia garante quando o contrato fosse prorrogado por prazo indeterminado. A inovação legislativa adotou o posicionamento majoritário da jurisprudência do Colendo Superior Tribunal de Justiça à época.

Merece destaque o teor da já mencionada Súmula 214, do Superior Tribunal de Justiça, que bem retrata o posicionamento da Corte no sentido de conferir ao contrato de fiança uma interpretação não extensiva. A referida súmula assim expressa: *"O fiador na locação não responde por obrigações resultantes de aditamento ao qual não anuiu"*. A jurisprudência do Superior Tribunal de Justiça tem se posicionado no sentido de acolher a não responsabilidade do fiador, na hipótese de ocorrer novação sem a anuência do fiador. Se anuir, continua responsável. Se não ocorrer a novação, mesmo que não tenha anuído, também continua responsável. Esta interpretação se encontra em consonância com o disposto no artigo 366 do CC, que expres-

---

20 CAPANEMA de Souza, Sylvio, A Lei do Inquilinato Comentada, 8ª edição, editora Gen/Forense, Rio de Janeiro, 2013, p. 180, <u>verbis</u>: *"Com o novo sistema, para que a garantia, qualquer que seja, não se estenda até a efetiva entrega das chaves, será preciso constar do contrato uma expressa disposição em contrário. Como é fácil perceber, inverteu-se o sistema da lei anterior, com o sacrifício da melhor doutrina e dos princípios hermenêuticos"*.

samente dispõe que *"importa exoneração do fiador a novação feita sem o seu consenso com o devedor principal"*.

Neste sentido também merece destaque o enunciado 547, da VI Jornada de Direito Civil, que assim dispõe: *"Na hipótese de alteração da obrigação principal sem o consentimento do fiador, a exoneração deste é automática, não se aplicando o disposto no artigo 835, do CC quanto a necessidade de permanecer obrigado pelo prazo de 60 (sessenta) dias após a notificação ao credor, ou de 120 (cento e vinte) dias no caso de fiança locatícia"*.

Dos Efeitos da Fiança

A fiança é contrato acessório, criando para o fiador uma obrigação subsidiária de responder pela dívida do devedor, caso este se torne inadimplente. Desta forma, por sua natureza acessória e subsidiária, o legislador permite que o fiador exija que primeiro sejam executados os bens do devedor, ao invés de primeiro serem demandados os seus. É prerrogativa outorgada ao fiador, que a doutrina denomina de "benefício de ordem" ou "benefício de excussão", encontrando-se previsto no artigo 827 e seu parágrafo único.

Na hipótese de mora, poderá o credor acionar o fiador. Contudo, poderá este exigir que primeiro seja acionado o devedor, porque este foi o responsável pela constituição da dívida. O benefício de ordem deverá ser arguido pelo fiador, até o prazo final da contestação da lide, sob pena de preclusão[21]. Passado o prazo da contestação, com ou sem apresentação da defesa tempestiva, não poderá mais o fiador arguir o benefício.

No parágrafo único, do artigo 827, do CC, se estipulou exigência que, se não cumprida, inviabiliza ao fiador o exercício do direito de invocar o benefício de ordem. Deverá o fiador concomitantemente com a arguição do benefício, nomear bens do devedor, localizados no mesmo município, livres e desembaraçados, quantos bastem para solver o débito. Portanto, ao disponibilizar ao fiador o benefício de ordem, o legislador civil não perdeu de vista a preocupação com a situação do credor, na medida em que somente permite a utilização do benefício em situações nas quais o devedor possua

---

21 BEVILAQUA, Clóvis, Código Civil dos Estados Unidos do Brasil, Obrigações, volume V, Livraria Francisco Alves, 1926, p. 257, verbis: *"Mas já não poderá invocar, utilmente, se a lide estiver contestada, porque, então, entende-se que o pleito está, definitivamente, travado, e seria injusto gravame imposto ao credor permitir que todo o seu esforço, tempo e dispêndio com o processo resultassem, a última hora, perdidos, pelo benefício concedido ao fiador"*.

bens livres e desembaraçados, situados no mesmo município e que sejam suficientes para solver a dívida. Na hipótese de o devedor não possuir bens que cumpram as exigências legais, ficará o fiador impedido de arguir em seu favor o benefício de ordem[22], podendo o credor acionar diretamente o garante.

O disposto no artigo 828, do CC, prevê hipóteses que, se ocorrentes, retiram do fiador a possibilidade de exigir o benefício de ordem. Com efeito, este não aproveitará ao fiador, na medida em que a ele renunciar expressamente. Também não aproveitará ao fiador, na hipótese de ele se obrigar como principal pagador, ou devedor solidário. Se o devedor for insolvente ou falido, também não terá o fiador direito ao benefício de ordem.

As hipóteses de renúncia expressa ou de assunção da qualidade de principal pagador ou devedor solidário (incisos I e II, art. 828, CC), deverão constar do contrato de fiança ou de aditamento posterior. Quanto a renúncia, esta poderá ser tácita, caso resultante, de acordo com a doutrina, do não exercício do direito a exigir o benefício de ordem até a contestação da lide[23].

Quando se obriga como principal pagador, ou devedor solidário, o fiador renuncia automaticamente[24] a possibilidade de invocar o benefício de ordem. O principal pagador é aquele que responde pela dívida em primeiro lugar e, no que diz respeito a solidariedade, esta decorre ou da lei ou do contrato e, desta forma, autoriza o credor a exigir a dívida de qualquer dos garantes solidários, independentemente de ordem.

Não é demais lembrar que, nos negócios que envolvem garantia fidejussória, principalmente naqueles relativos a fiança em locação de imóveis urbanos, quer residenciais, quer não residenciais, e também naqueles relativos a fiança bancária, tornou-se comum a cláusula de renúncia ao benefício de ordem, primeiro, por haver autorização legal para a referida renúncia,

---

22 TEPEDINO, Gustavo; BARBOZA, Heloisa Helena; MORAES, Maria Celina Bodin de, In Código Civil Interpretado conforme a Constituição da República, Vol. II, Editora Renovar, 2006, p. 643, *verbis*: *"Exigir do fiador a nomeação de bens para cobrir a dívida significa dizer que o benefício de ordem não pode ser invocado se o devedor não possuir tais bens, ou os possuir sem as condições apontadas no dispositivo, isto é, livres e desembaraçados e sitos no mesmo município".*

23 BEVILAQUA, Clóvis, Código Civil dos Estados Unidos do Brasil, Obrigações, volume V, Livraria Francisco Alves, 1926, p. 258, <u>verbis</u>: *"A renúncia do benefício pode ser expressa, quando inserta no próprio instrumento da fiança; ou tácita, quando o fiador acionado não invoca o benefício antes da contestação da lide".*

24 BEVILAQUA, Clóvis, Código Civil dos Estados Unidos do Brasil, Obrigações, volume V, Livraria Francisco Alves, 1926, pp. 258/259, *verbis*: *"Há renúncia, ainda, quando o fiador se declara principal pagador ou devedor solidário. Consideram os autores estes casos como de renúncia tácita; mas há neles, apenas, modos diferentes de afirmar a renúncia. Quem assume a responsabilidade de principal pagador ou se faz solidário com o devedor principal, "ipso facto" afirma a renúncia do benefício de ordem".*

segundo, porque a prática do mercado impõe que a mesma conste dos contratos, como uma garantia maior ao credor. A jurisprudência do Colendo Superior Tribunal de Justiça é assente neste sentido[25].

O inciso III refere-se a situação em que o devedor for comprovadamente insolvente ou falido. Assim, o devedor não está em condições de responder pela dívida, não possuindo patrimônio suficiente para garantir a dívida ao credor. O legislador, então, retira o direito de o fiador exigir o benefício de ordem, sob pena de o credor ter esvaziada a sua garantia contratual. Basta a caracterização da condição de insolvente ou de falido do devedor, para que o fiador não possa utilizar o referido benefício, sem necessidade de qualquer cláusula contratual neste sentido.

O "benefício da divisão" (art. 829, CC), tem aplicação na fiança prestada conjuntamente a um só débito, por mais de um fiador. A prestação de fiança conjunta importa em solidariedade entre os fiadores, ressalvando a estes a possibilidade de se reservarem o benefício da divisão, afastando a solidariedade legal.

Portanto, por "benefício da divisão" entende-se a cláusula contratual aposta em contrato de fiança prestada por mais de um fiador, relativamente a uma única dívida, através da qual os fiadores determinam expressamente a parte da obrigação principal pela qual ficarão responsáveis, afastando, desta forma, a solidariedade legal. Se os fiadores conjuntos não se reservarem expressamente o benefício de ordem, serão considerados solidários, podendo o credor cobrar a totalidade da dívida de qualquer dos fiadores, independentemente de qualquer ordem de preferência.

Estipulado o benefício de ordem, cada fiador responderá exclusivamente pela parte da dívida que se obrigou, não respondendo por nada

---

25   AgRg no AgRg no AREsp 174654 / RS – Relator Ministro RAUL ARAÚJO – QUARTA TURMA – DJe 20/06/2014 – PROCESSUAL CIVIL E CIVIL. **FIANÇA. CLÁUSULA DE EXONERAÇÃO DE BENEFÍCIO DE ORDEM. VALIDADE.** PRECEDENTES DESTA CORTE. ALÍNEA "C". DISSENSO JURISPRUDENCIAL NÃO DEMONSTRADO. FALTA DE COTEJO ANALÍTICO. DECISÃO MANTIDA PELOS PRÓPRIOS FUNDAMENTOS. AGRAVO REGIMENTAL NÃO PROVIDO. 1. A orientação desta Corte Superior de que "**É válida a cláusula contratual em que o fiador renuncia ao benefício de origem**. Inteligência do art. 1.492, I, do Código Civil de 1916 [art. 828, I, do Código Civil atual]" (REsp 851.507/RS, Rel. Ministro ARNALDO ESTEVES LIMA, QUINTA TURMA, julgado em 8/11/2007, DJ de 7/2/2008). 2. O apelo nobre interposto com fundamento na existência de dissídio pretoriano deve observar o que dispõem os arts. 541, parágrafo único, do CPC e 255, §§ 1º e 2º, do RISTJ. Na hipótese, contudo, os recorrentes deixaram de mencionar as circunstâncias que identificam ou assemelham os acórdãos confrontados. Não procederam, portanto, ao devido cotejo analítico entre os arestos paradigmas trazidos no especial e a hipótese dos autos, de modo que não ficou evidenciada a sugerida divergência pretoriana. 3. Agravo regimental a que se nega provimento.

mais. Nesta hipótese, competirá ao credor buscar a satisfação da obrigação, caso inadimplida pelo devedor, de cada fiador, na proporção das responsabilidades assumidas quando da estipulação do referido benefício.

O fiador, quando chamado ao pagamento da dívida e o realiza integralmente, sub-roga-se nos direitos do credor, legitimando-se a acionar, via regressiva, o devedor original, com a pretensão de se ressarcir aos prejuízos resultantes do pagamento da dívida garantida. A primeira parte do artigo 831, CC, destaca o direito à sub-rogação do fiador em face do devedor primitivo, enquanto que a segunda parte autoriza o fiador que pagar integralmente a dívida objeto da garantia a demandar cada um dos outros fiadores, cobrando a respectiva cota parte de cada um, na hipótese de haver mais de um fiador garantindo a mesma dívida.

Da exoneração do fiador, na fiança com ou sem prazo

O legislador civil inovou relativamente a codificação anterior quando, na forma do antigo artigo 1500, do Código Civil de 1916, o fiador permanecia obrigado por todos os efeitos da fiança *"anteriores ao ato amigável, ou à sentença que o exonerar"*. Desta forma, sob a égide da codificação anterior, a resilição unilateral era possível, mais seus efeitos não se mostravam imediatos. Ou decorreriam de consenso do credor, quando o antigo código falava em *"anteriores ao ato amigável"*, deixando de ter a natureza de resilição unilateral e passando a ostentar as características de um distrato. Ou seus efeitos apenas decorreriam a partir da sentença que decretasse a exoneração, ficando vinculados a uma sentença judicial que, por óbvio, somente seria prolatada após o transcurso da instrução processual, permanecendo ainda pendente de trânsito em julgado. Confira-se o comentário de Clovis Bevilaqua ao artigo 1500, do código anterior[26].

A redação atual do artigo 835, seguindo a linha de pensamento defendida por Clovis Bevilaqua, permite que o ato unilateral de renúncia promovido pelo fiador, quando o contrato for sem limitação de prazo, produza

---

26 BEVILAQUA, Clóvis, Código Civil dos Estados Unidos do Brasil, Obrigações, volume V, Livraria Francisco Alves, 1926, p. 267, <u>verbis</u>: *"Poderá acontecer que o credor não queira lhe reconhecer esse direito, e não lhe restitua a carta de fiança. Recorrerá, então, ao poder judiciário, que o libertará por sentença. Até a decisão definitiva do juiz, durarão os efeitos da fiança, diz nosso artigo. Não é justo. Se o juiz reconhece que o fiador tinha o direito de exonerar-se da fiança, não devia o Código sujeitá-lo as consequências do capricho do credor. Desde o momento em que este tivesse sido notificado da resolução do fiador de eximir-se aos ônus da fiança deviam cessar os efeitos da fiança de tempo indeterminado, quer se conformasse o credor com a nova situação, quer, sem fundamento jurídico, pretendesse a permanência da anterior".*

seus efeitos em sessenta dias após a notificação do credor, prescindindo de anuência do credor, ou de confirmação por sentença judicial.

Merece destaque, por oportuno, o disposto no artigo 40, inciso X, da Lei nº 8.245/91 (Lei do Inquilinato), dispositivo este que foi acrescentado pelo Lei nº 12.112, de 09/12/2009. Assim dispõe o referido artigo 40: *"O locador poderá exigir novo fiador ou a substituição da modalidade de garantia, nos seguintes casos:"* .... X – *"prorrogação da locação por prazo indeterminado uma vez notificado o locador pelo fiador de sua intenção de desoneração, ficando obrigado por todos os efeitos da fiança, durante 120 (cento e vinte) dias após a notificação ao locador"*.

A legislação do inquilinato também prevê a hipótese de resilição unilateral do contrato de fiança pelo fiador, desde que sem prazo o contrato. Contudo, estipula que o fiador permanecerá obrigado por todos os efeitos da fiança pelo prazo de 120 (cento e vinte) dias, ou seja, por prazo maior do que aquele previsto para fianças que não sejam locatícias.

Quando o contrato de fiança possui prazo determinado não se aplicam o disposto no artigo 835, do Código Civil, nem no artigo 40, inciso X, da Lei 8.245/91, ficando o fiador obrigado durante o período fixado em contrato. Contudo, mesmo nesta hipótese, poderá haver situação que autorize a extinção do contrato de fiança, o que não se confunde com a hipótese de resilição unilateral prevista nos dispositivos acima. A fiança, por ser contrato *intuito personae*, baseado na confiança, pode ser extinto, mesmo que seja por prazo determinado, com fundamento da *quebra da confiança* que legitimou a contratação, dependendo, para tanto, que este fundamento seja reconhecido por sentença judicial.

O artigo 836 autoriza concluir que o contrato de fiança possuir natureza *intuito personae*. Este dispositivo é reprodução do artigo 1.501 da antiga codificação civil e, segundo Clovis Bevilaqua[27], contém contradição, na medida em que primeiro, afirma que "a obrigação do fiador passa aos herdeiros" e, posteriormente, afirma que "a responsabilidade da fiança se limita ao tempo decorrido até a morte do fiador, e não pode ultrapassar as forças da herança". Ora, se a responsabilidade decorrente do contrato de fiança se limita ao tempo decorrido até a morte do fiador, é certo que somente passam aos herdeiros os débitos eventualmente constituídos até a morte

---

27 BEVILAQUA, Clóvis, Código Civil dos Estados Unidos do Brasil, Obrigações, volume V, Livraria Francisco Alves, 1926, p. 268, verbis: *"A obrigação do fiador passa-lhe aos herdeiros, começa por declarar o artigo; mas acrescentando que a responsabilidade da fiança se limita ao tempo decorrido até a morte do fiador, destrói o que acabava de afirmar. Conciliando as duas proposições, devemos entender o pensamento da lei como segue: a fiança extingue-se com a morte do fiador, mas a responsabilidade incorrida até esse tempo se transfere aos herdeiros"*.

do fiador. E mais, os herdeiros somente respondem por estes débitos, se as forças da herança assim comportarem, conforme preconizam a parte final do artigo 836, bem como a primeira parte do artigo 1.792, ambos da codificação civil.

Da extinção da fiança

Enquanto negócio jurídico, a fiança convencional também poderá ser extinta por qualquer das causas de nulidade ou anulabilidade previstas na codificação civil. Se o contrato de fiança for constituído mediante incidência de qualquer dos defeitos do negócio jurídico, desde que comprovado, poderá ter a sua anulabilidade decretada, ou a declaração de nulidade, caso constituído em ofensa aos artigos 166 e 167 do Código Civil.

Conforme leciona Caio Mário da Silva Pereira[28], *"a fiança pode cessar por três ordens de causas: fato do fiador, fato do credor, extinção da obrigação garantida"*. Segundo o referido doutrinador, a primeira causa se encontra prevista no artigo 835. A segunda tem previsão nos incisos do artigo 838, enquanto a terceira se caracterizaria quando a fiança viesse a ser extinta em razão da extinção da obrigação principal, por qualquer modalidade. A obrigação principal pode ser extinta de forma direta, pelo pagamento, ou de forma indireta, como se dá, por exemplo, quando ocorre a compensação, a confusão, novação, dentre outras modalidades de extinção indireta da obrigação. Pode ocorrer, também, a extinção da obrigação pela prescrição, o que causará a extinção da fiança.

De acordo com o disposto no artigo 837, do Código Civil *"o fiador pode opor ao credor as exceções que lhe forem pessoais, e as extintivas da obrigação que competem ao devedor principal, se não provierem simplesmente de incapacidade pessoal, salvo o caso do mútuo feito a pessoa menor"*. O contrato de fiança é realizado entre fiador e credor, visando garantir este último em razão de eventual mora do devedor, afiançado.

Portanto, o legislador autoriza que o fiador possa arguir em face do credor, as exceções que lhe forem pessoais, como por exemplo, a nulidade ou anulabilidade do contrato de fiança, o término do prazo da fiança. Está também autorizado a arguir em sua defesa as exceções que sejam extintivas da obrigação e que deveriam ser arguidas pelo devedor, tais como: prescrição, pagamento direto ou indireto. Nesta segunda hipótese, a possibilidade de o fiador poder arguir estas exceções, se justifica porque elas trazem

---

28 PEREIRA, Caio Mário da Silva Pereira. *Instituições de Direito Civil*, volume III, 20ª edição, Editora Forense, 2016, p. 475.

como consequência, se comprovadas, a extinção da fiança, que é contrato acessório.

Não está o fiador autorizado a arguir exceções pessoais do devedor[29], porque somente a este compete argui-las. O fiador somente poderá arguir exceções que competem ao devedor principal, quando estas estiverem relacionadas a própria dívida objeto da cobrança. Contudo, utilizando-se da mesma norma contida no artigo 824 do Código Civil, o legislador autoriza o fiador a arguir exceção pessoal do devedor principal, que decorra simplesmente da incapacidade pessoal do devedor[30], salvo a hipótese do mútuo feito à pessoa menor. Nesta última hipótese, somente em situações que envolvam mútuo feito à menor, não poderá o fiador arguir exceção pessoal do devedor que provenha simplesmente de sua incapacidade.

O artigo 838, do Código Civil, dispõe a respeito das modalidades de extinção da fiança que decorrem de "fato do fiador". O fiador, solidário ou não, fica desobrigado da obrigação assumida quando, sem o seu consentimento, o credor concede moratória ao devedor. A situação versada neste inciso I expõe a limitação do contrato de fiança, bem como a necessidade de sua interpretação de forma restritiva, a benefício do fiador. Com efeito, o simples fato de conceder o credor, sem anuência do fiador, moratória ao devedor demonstra que foi extrapolado o conteúdo da fiança concedida.

Moratória, neste caso, não se confunde com mero retardo ou mesmo permissão de pagamento após o prazo do vencimento, com inclusão dos consectários contratuais. A moratória[31] que se mostra capaz de desobrigar

---

29 TEPEDINO, Gustavo; BARBOZA, Heloisa Helena; MORAES, Maria Celina Bodin de, In Código Civil Interpretado conforme a Constituição da República, Vol. II, Editora Renovar, 2006, p. 652, verbis: *"Não pode o fiador, porém, recorrer às exceções pessoais do devedor para pleitear a extinção da fiança, uma vez que só pode opor ao devedor principal as defesas inerentes à dívida, ainda que pertencentes ao devedor (Carvalho Santos, Código Civil, p. 489)"*.

30 TEPEDINO, Gustavo; BARBOZA, Heloisa Helena; MORAES, Maria Celina Bodin de, In Código Civil Interpretado conforme a Constituição da República, Vol. II, Editora Renovar, 2006, p. 652, verbis: *'A última parte do dispositivo reproduz a regra do parágrafo único, do art. 824, do CC. O mútuo feito a menor, sem autorização prévia daquele sob cuja guarda estiver, não pode ser reavido nem do mutuário, nem do fiador (v. art. 588). Neste caso, ainda que a incapacidade seja pessoal do devedor, a exceção pode ser eficazmente invocada pelo fiador, para extinguir a fiança (Carvalho Santos, Código Civil, p. 490)"*.

31 SERPA LOPES, Miguel Maria de, Curso de Direito Civil – Fontes das Obrigações: Contratos, volume IV, 5ª edição, Biblioteca Jurídica Freitas Bastos, 1999, p. 532, verbis: *"Não é qualquer prorrogação ou espera no recebimento de um débito vencido que pode dar lugar ao término da fiança, pois que se, com tal delonga, resultar um prejuízo ao fiador, o modo terminativo já não se inclui no inciso I, senão no inciso II, do art.*

o fiador, caso não conte com a sua anuência, primeiro, deverá ser expressa, segundo, deverá retratar a concessão de prazo maior, com repactuação da dívida, de molde a restar caracterizado agravamento da garantia retratada pela fiança.

No inciso II, do artigo 838, se traduz nova causa de liberação do devedor, que se dá *"se, por fato do credor, for impossível a sub-rogação nos seus direitos e preferências"*. O sub-rogação encontra previsão específica no artigo 831 do Código Civil e constitui direito do fiador, que quita integralmente a dívida. É o direito de sub-rogar-se nos direitos e ações do credor, para poder eventualmente recuperar seu prejuízo em face do devedor principal, afiançado. Constitui direito do fiador, não podendo o credor proceder de forma a impossibilitar que exerça este direito. Se assim proceder o credor, dará ensejo a desobrigação legal do fiador.

Por fim, por fato do credor, o fiador, ainda que solidário, ficará desobrigado *"se o credor, em pagamento da dívida, aceitar amigavelmente do devedor objeto diverso do que este era obrigado a lhe dar, ainda que depois venha a perdê-lo por evicção"*. A situação retratada é aquela relativa a dação em pagamento, quando o credor aceita amigavelmente que o devedor quite a sua obrigação entregando objeto diverso daquele que era obrigado. A dação em pagamento é meio liberatório indireto da obrigação, proibindo expressamente o legislador que haja nova vinculação do fiador, em caso de renascimento da dívida primitiva, em razão da evicção.

A dação em pagamento, uma vez realizada amigavelmente entre credor e devedor, importa em extinção da dívida garantida pela fiança. Assim opera-se a desobrigação do fiador[32]. Este, não se torna novamente garante, caso a obrigação primitiva seja restabelecida em decorrência da evicção, mesmo porque o fiador assim não se obrigou.

1.502 (atual art. 838). Para justificar-se a aplicação do inciso I do supracitado art. 1.502 (atual art. 838), é necessário que a moratória haja sido concedida expressamente, de modo a constituir um direito suscetível de ser oposto pelo devedor, se a obrigação lhe for exigida, antes da expiração do prazo assim concedido. Não se trata de uma simples tolerância".

32 BEVILAQUA, Clóvis, Código Civil dos Estados Unidos do Brasil, Obrigações, volume V, Livraria Francisco Alves, 1926, p. 241, verbis: *"Se o objeto dado em pagamento vier a ser evicto, o que aliás somente poderá acontecer, quando o pagamento consistir em coisa certa, não revive a fiança, embora se restaure a obrigação principal, porque o fiador apenas assegurou o pagamento, não assumiu a responsabilidade pela evicção, que constitui outra relação de direito".*

Considerações finais

A fiança locatícia considerando a sua natureza contratual, deverá observar as regras insertas na codificação civil, quando regula o contrato de fiança. Quanto outorgada a fiança em contrato de locação, havendo controvérsia a ser dirimida, o operador do direito deverá se valer das normas constantes da legislação do inquilinato, que é especial, e também das normas gerais da codificação civil. Esta a razão de uma abordagem das normas do código civil, juntamente com dispositivos da lei do inquilinato. Não há como se proceder ao estudo da "fiança locatícia", sem observância dos princípios que norteiam essa modalidade de contratação.

Importante destacar, por fim, que as regras relativas as garantias locatícias visam outorgar um mínimo de segurança jurídica ao contrato de locação, quer residencial, quer comercial. As hipóteses de limitação da fiança, de interpretação restritiva, permitem que as partes, no exercício da autonomia da vontade, possam discutir a extensão e os limites da garantia.

O Seguro de Fiança Locatícia

Nagib Slaibi Filho

1. Introdução

Agradeço à EMERJ mais esta oportunidade de homenagear Sylvio Capanema de Souza, com quem partilhamos constante companheirismo em décadas de docência na escola judicial, em entidades culturais e associativas da magistratura, em centenas de eventos jurídicos, tudo em prol da arte, da técnica e da ciência do Direito.

Instigante é o tema que me foi indicado, o seguro de fiança locatícia, pela sua importância nesta lenta, constante e surpreendente transição do Direito do Inquilinato, nascido no ambiente hermético que exigia a rígida previsão legal para os direitos reais, e consequentes efeitos *erga omnes*, para a crescente relativização visando ao consensualismo dos direitos obrigacionais.

Tal transição compreende a passagem da legalidade estrita, fundada em rígida previsão da lei, para a liberdade consensual dos contratos.

Mais uma vez, não a oposição, mas a complementação inerente ao binômio liberdade/segurança.

2. Liberdade/segurança

Quanto maior a segurança, menor a liberdade. Quanto maior a liberdade, menor a segurança.

Até hoje, certamente por inspiração atávica, muitos esperam que as relações locatícias sejam permeadas pela segurança, com o caráter que se espera perene dos direitos reais.

Esquecem muitos que se trata de relação jurídica continuada, incidindo a antiga parêmia de que *contractus qui habent tratum sucessivum et dependentiam de futuro rebus sic stantibus intelliguntur* (contratos que tem trato *sucessivo* e dependência do futuro devem ser entendidos como se as coisas assim permanecerem).[1]

Impossível manter as relações sociais durante longo período imobilizadas e imunes às alterações trazidas pelo tempo.

---

1 Inesquecível a lembrança de Sylvio Capanema, com voz forte e retumbante, proferindo a frase latina no salão do Hotel Glória, apinhado com 1.200 admiradores extasiasdos!

E o que impulsionou tudo isso, com a mutação das relações sociais em passo muito mais rápido que nos séculos anteriores, foi a crescente compreensão de todos os agentes sociais sobre a transcendência do direito de moradia como fundamento do individualismo, como, aliás, tem sido a evolução do pensamento desde a devastação e os horrores da II Grande Guerra Mundial.

De fato, no século XIX e grande parte do século XX, a locação de imóveis tinha a sua fonte no Direito Real, como decorrência do direito de propriedade de uso, gozo e alienação da coisa.

Em alguns países, como em alguns Estados americanos, se o inquilino não paga o aluguel, simplesmente é despejado pelo locador, com o apoio da polícia se necessário.

E era assim no nosso Direito como se vê o desalijo compulsório pelo próprio senhorio em Aluísio de Azevedo, em *O Cortiço,* lançado em 1890, retratando a vida em uma habitação coletiva do Rio de Janeiro, explicando como o comportamento dos personagens decorre das influências do meio, da raça e do momento histórico, uma das obras mais importantes do naturalismo.

Por isso, o também Desembargador do Rio de Janeiro, Francisco Cavalcante Pontes de Miranda afirmava sempre que a ação de despejo tinha a natureza de ação executiva[2]; hoje ninguém lhe nega o caráter obrigacional e a relatividade que conecta tão só locador e inquilino, embora tal seja atenuado, na locação residencial, considerado o seu caráter *intuitu familiae*.

Examinemos rapidamente cada garantia locatícia, para neles pesquisar sobre a égide de direito real ou obrigacional.

Caução e fiança são garantias reais, aquela por destituir o caucionante do uso e gozo do bem caucionado; esta por lhe excluir o poder de disponibilidade do bem imóvel durante o tempo do contrato.

O fiador garante com os seus bens o pagamento das dívidas do afiançado se ele não as honrar. Sua propriedade é resolúvel para cumprir a garantia que prometeu. Claro que, pela influência real, o fiador deve trazer a anuência do seu cônjuge, independentemente do regime de bens e, com o disposto nos arts. 1723 e 1725, aplica-se o mesmo à união estável entre homem e mulher e, com a força de precedentes judiciais, também nas relações homoafetivas.

O caucionário ou caucionante, que pode ser o inquilino ou terceiro, garante as obrigações dele pelo depósito dos aluguéis, que a lei restringe a,

---

[2] PONTES DE MIRANDA, Francisco Cavalcante. *Tratado das Ações*. São Paulo: Revista dos Tribunais, 1998. tomo I.

no máximo, três prestações. Para o inquilino residencial, isto significa que terá de garantir com economias equivalentes a mais de um mês de salário, a se admitir o antigo critério de que deveria destinar 1/3 do salário para a moradia, aí compreendendo as tarifas condominiais e tributos como o IPTU.

Também a cessão fiduciária de quotas de fundo de investimento tem aspectos reais pelo registro no administrador do fundo e imunidade a penhora, alienação e indisponibilidade enquanto viger a locação, assim excluindo do titular o uso e a disponibilidade do bem.[3]

3. O Seguro de fiança locatícia

O seguro de fiança locatícia é o contrato entre o inquilino e a seguradora que o locador admite na formação do contrato de locação para garantir os prejuízos sofridos em caso da inadimplência quanto aos aluguéis ou mesmo quanto às demais obrigações do inquilino.

É um contrato em que intenta substituir as garantias reais da fiança e da caução, pois sempre é dificultoso encontrar o fiador para garantir a locação sem remuneração, com bens imóveis. Também a caução não pode ultrapassar três meses do aluguel.

O seguro de fiança locatícia tem nítido caráter obrigacional, em se tratando de garantia por seguro em caso do indébito das obrigações do locatário. A seguradora garante o pagamento dos débitos do inquilino com o seguro que institui com este para o caso de seu inadimplemento.

O preço do seguro de fiança tem custo personalizado para cada cliente, pois o valor é obtido após análise cadastral, das cláusulas contratadas e do risco a ser segurado. Para custos variáveis, como luz, água e outros, calcula-se como base a média de gastos. Nas locações não residenciais, com pessoa jurídica ou empresa em fase de constituição, é possível calcular por

---

[3] Trata-se, portanto, da quarta modalidade de garantia, e sua aplicação dar-se-á nos termos da lei mencionada – por meio de quotas de fundo de investimento ou de títulos de capitalização – cujas aplicações financeiras serão dadas como garantia ao locador quando da assinatura do contrato. O titular dessas quotas pode ser o locatário ou terceiro. O fundo de investimento, destinado à garantia dos Contratos de Locação de Imóveis, será negociado ou não na bolsa de valores, porém será administrado pela Comissão de Valores Mobiliários – CVM, e suas cotas terão natureza de fiança e serão entregues ao locador no caso de inadimplência do locatário. Ressalte-se que as cotas do fundo garantidor ficam indisponíveis, inalienáveis e impenhoráveis durante todo o prazo em que viger a relação locatícia – se previamente registrada junto ao administrador – pelo locatário ou pelo cedente, no caso de terceiro. RIBEIRO, Arnaldo de Souza. Cessão fiduciária de quotas de fundo de investimento. Disponível em: https://www.recantodasletras.com.br/textosjuridicos/5159964. Acesso em 26 jul. 2020.

estimativa o valor antes da análise cadastral, embora o valor definitivo exija a aprovação do cadastro.

O cedente fiduciário das quotas de investimento as dá como garantia para o pagamento das dívidas do inquilino.

Geralmente, em quase todas as ocorrências de garantia locatícia, porque limitada esta aos tipos previstos na lei, o garantidor deposita coisa que oferece alta solvabilidade para ser excutida pelo locador em caso de inadimplência dos débitos.

Sobre o seguro de fiança, dispõe a Lei nº 8.245/91, a Lei ou Estatuto do Inquilinato Urbano, que pretendeu regular todas as situações das locações urbanas:

> Art. 37. No contrato de locação, pode o locador exigir do locatário as seguintes modalidades de garantia:
>
> I – caução;
>
> II – fiança;
>
> III – seguro de fiança locatícia.
>
> IV – cessão fiduciária de quotas de fundo de investimento. (Incluído pela Lei nº 11.196, de 2005.)[4]
>
> Parágrafo único. É vedada, sob pena de nulidade, mais de uma das modalidades de garantia num mesmo contrato de locação.
>
> Art. 40. O locador poderá exigir novo fiador ou a substituição da modalidade de garantia, nos seguintes casos:
>
> I – morte do fiador;
>
> ~~II – ausência, interdição, falência ou insolvência do fiador, declaradas judicialmente;~~
>
> II – ausência, interdição, recuperação judicial, falência ou insolvência do fiador, declaradas judicialmente; (Redação dada pela Lei nº 12.112, de 2009.)
>
> III – alienação ou gravação de todos os bens imóveis do fiador ou sua mudança de residência sem comunicação ao locador;
>
> IV – exoneração do fiador;
>
> V – prorrogação da locação por prazo indeterminado, sendo a fiança ajustada por prazo certo;
>
> VI – desaparecimento dos bens móveis;
>
> VII – desapropriação ou alienação do imóvel.
>
> VIII – exoneração de garantia constituída por quotas de fundo de investimento; (Incluído pela Lei nº 11.196, de 2005.)

---

4   Lei nº 11.196, de 21 de novembro de 2005, art. 88. *As instituições autorizadas pela Comissão de Valores Mobiliários – CVM para o exercício da administração de carteira de títulos e valores mobiliários ficam autorizadas a constituir fundos de investimento que permitam a cessão de suas quotas em garantia de locação imobiliária.*

IX – liquidação ou encerramento do fundo de investimento de que trata o inciso IV do art. 37 desta Lei. (Incluído pela Lei nº 11.196, de 2005.)

X – prorrogação da locação por prazo indeterminado, uma vez notificado o locador pelo fiador de sua intenção de desoneração, ficando obrigado por todos os efeitos da fiança, durante 120 (cento e vinte) dias após a notificação ao locador. (Incluído pela Lei nº 12.112, de 2009.)

Parágrafo único. O locador poderá notificar o locatário para apresentar nova garantia locatícia no prazo de 30 (trinta) dias, sob pena de desfazimento da locação. (Incluído pela Lei nº 12.112, de 2009.)

Art. 41. O seguro de fiança locatícia abrangerá a totalidade das obrigações do locatário.

O seguro de fiança locatícia hoje é regido pela Circular SUSEP nº 587/2019, alterada pela Circular SUSEP nº 594/2019, que instituiu novas regras no mercado.

Entre as principais características está a proibição de um mesmo contrato de locação ter mais de um seguro desse tipo; que o prazo de vigência das garantias do seguro seja o mesmo do contrato de locação.

A seguir, alguns trechos da Circular SUSEP nº 587, de 10/06/2019, e publicada no DOU no dia seguinte:

> Dispõe sobre regras e critérios para a elaboração e a comercialização de planos de seguro do ramo Fiança Locatícia.
>
> O Superintendente da Superintendência de Seguros Privados – SUSEP, no uso das atribuições que lhe confere o art. 36, alíneas "b" e "c", do Decreto-Lei nº 73, de 21 de novembro de 1966 e
>
> Considerando o que consta no Processo SUSEP nº 15414.619344/2018-30.
>
> Resolve:
>
> Art. 1 º Estabelecer regras e critérios para a elaboração e a comercialização de planos de seguro do ramo Fiança Locatícia.
>
> Art. 2º O seguro fiança locatícia destina-se a garantir o pagamento de indenização, ao segurado, pelos prejuízos que venha a sofrer em decorrência do inadimplemento das obrigações contratuais do locatário previstas no contrato de locação do imóvel, de acordo com as coberturas contratadas e limites da apólice.
>
> § 1º A cobertura de falta de pagamento de alugueis é a cobertura básica do plano de seguro fiança locatícia, sendo de contratação obrigatória.
>
> § 2º O plano de seguro fiança locatícia poderá prever outras coberturas para garantir as demais obrigações do locatário previstas no contrato de locação, as quais serão de contratação facultativa, respeitado o disposto nos §§ 1º e 2º do art. 3º, mediante pagamento de prêmio adicional.
>
> Art. 3º O seguro fiança locatícia é um contrato acessório ao contrato de locação.
>
> § 1º O seguro fiança locatícia deve respeitar as cláusulas do contrato de locação e sua legislação específica, principalmente, no que diz respeito às obrigações do locatário que devem ser garantidas.

§ 2º As obrigações do locatário serão garantidas através da contratação da cobertura básica, mencionada no § 1º do art. 2º, em conjunto com as coberturas adicionais, mencionadas no § 2º do art. 2º, necessárias para atendimento ao disposto no parágrafo anterior.

§ 3º O atendimento ao disposto no § 1º deste artigo é de responsabilidade da seguradora e do corretor de seguros, se houver.

Art. 4º Para fins desta Circular, define-se como:

I – segurado: locador do imóvel, conforme definido no contrato de locação coberto pelo contrato de fiança locatícia;

II – garantido: locatário do imóvel, conforme definido no contrato de locação coberto pelo contrato de fiança locatícia;

III – expectativa de sinistro: período compreendido entre a 1º (primeira) inadimplência do garantido e a caracterização de sinistro;

IV – sinistro: inadimplência das obrigações do garantido, cobertas pelo seguro, caracterizado nos termos desta circular.

[...]

Art. 8º A apólice deverá conter em seu frontispício, além das informações mínimas exigidas por normativo específico, a identificação do garantido, o percentual e o valor da remuneração do estipulante, se houver.

Art. 9º A seguradora e o corretor de seguros, se houver, deverão informar o percentual e o valor da comissão de corretagem aplicados à apólice, sempre que estes forem solicitados pelo garantido ou pelo segurado.

Art. 10. A seguradora deverá encaminhar cópia da apólice ao segurado e ao garantido, através dos meios legais permitidos.

Art. 11. É vedada a contratação de mais de um seguro fiança locatícia cobrindo o mesmo contrato de locação.

Art. 12. Da proposta e das Condições Gerais do plano de seguro fiança locatícia deverão constar, em destaque, as seguintes informações:

I – "O seguro fiança locatícia é destinado à garantia dos prejuízos sofridos pelo locador em função de inadimplência do locatário";

II – "O seguro fiança locatícia não isenta o locatário de nenhuma obrigação prevista no contrato de locação";

III – "O prêmio é a contrapartida paga à seguradora para que esta assuma os riscos de inadimplência do garantido, o qual não será retornado ao locatário ao final da vigência da apólice";

IV – "A falta de pagamento dos prêmios poderá acarretar o ajuste do prazo de vigência da apólice, a suspensão da cobertura ou até o cancelamento da apólice. O segurado visando manter a cobertura original da apólice poderá realizar o pagamento dos prêmios inadimplidos"; e

V – "O segurado ou o garantido poderão solicitar, a qualquer tempo, que a seguradora ou o corretor de seguros, se houver, informe o percentual e o valor da comissão de corretagem aplicada à apólice".

Art. 13. O prazo de vigência do contrato de seguro fiança locatícia é o mesmo do respectivo contrato de locação.

§ 1º Na hipótese de prorrogação do contrato de locação por prazo indeterminado, ou por força de ato normativo, a cobertura do seguro somente persistirá mediante análise do risco e aceitação de nova proposta por parte da seguradora.

§ 2º Caso a seguradora aceite a proposta mencionada no parágrafo anterior, a apólice será renovada pelo prazo estipulado entre segurado e garantido, com possibilidade de renovações posteriores, na forma da legislação vigente.

§ 3º As renovações posteriores mencionadas no parágrafo anterior também dependerão de análise de risco e aceitação de nova proposta por parte da seguradora.

[...]

Art. 15. Os limites da apólice correspondem ao valor máximo de responsabilidade assumido pela seguradora, pela apólice (Limite Máximo de Garantia – LMG) e por cobertura contratada (Limite Máximo de Cobertura – LMI).

Parágrafo único. Os limites da apólice serão definidos mediante acordo entre segurado e garantido e em consonância com o contrato de locação.

(Redação do artigo dada pela Circular SUSEP Nº 594 DE 26/11/2019):

[...]

Art. 19. A forma de contratação do seguro fiança locatícia é primeiro risco absoluto.

Art. 20. O garantido é o responsável pelo pagamento do prêmio do seguro.

§ 1º A seguradora deverá comunicar ao segurado a falta de pagamento de qualquer parcela do prêmio.

§ 2º O segurado poderá efetuar o pagamento dos prêmios, na hipótese de inadimplência do garantido, para manter a cobertura do seguro.

§ 3º A seguradora deve deixar claro, nas Condições Contratuais, os critérios e procedimentos a serem adotados pelo segurado para a manutenção da cobertura mencionada no parágrafo anterior.

[...]

Art. 23. O sinistro estará caracterizado:

I – pela decretação do despejo; ou

II – pelo abandono do imóvel; ou

III – pela entrega amigável das chaves.

§ 1º Caracterizado o sinistro, considera-se como data do sinistro a data do início do período de expectativa de sinistro, a qual corresponde à primeira inadimplência do garantido.

§ 2º A caracterização ou comunicação do sinistro ocorridas fora do prazo de vigência da apólice não são fatos que justifiquem a negativa do sinistro.

Art. 24. A indenização será calculada com base nos prejuízos verificados até a data:

I – determinada na sentença decretatória para a desocupação voluntária do imóvel, ou a data da desocupação voluntária do imóvel, se esta ocorrer primeiro, no caso de decretação do despejo;

II – em que o segurado foi imitido na posse do imóvel, no caso de abandono do imóvel;

III – do recibo de entrega das chaves, no caso de entrega amigável das mesmas.

Art. 25. Quando contratada cobertura para danos físicos ao imóvel e em caso de divergências sobre a avaliação dos danos ao imóvel, a seguradora deverá propor ao segurado, por meio de correspondência escrita ou outro meio legal permitido, no prazo máximo de 15 (quinze) dias, a contar da data da contestação por parte do interessado, a designação de um perito independente.

Parágrafo único. O perito independente será pago, em partes iguais, pelo segurado e pela seguradora.

[...]

Art. 29. Esta Circular entra em vigor na data de sua publicação, ficando revogada a Circular SUSEP nº 347/2007.

SOLANGE PAIVA VIEIRA

Conclusão

Quando foi elaborada a Lei do Inquilinato, pelas condições extraordinárias então reinantes no início da década de 90, com altíssima inflação e carência de ao menos seis milhões de moradias, estabeleceram-se tais condições rígidas quanto às garantias, limitando-as no conteúdo e na forma, como encontradas na Lei n. 8.245/91.

Hoje não mais subsistem as condições que vicejavam há três décadas.

Não mais existe a espantosa inflação, que muitas vezes chegava a 80% ao mês, e que foi vencida com o Plano Real, de 1994.

Hoje os índices inflacionários são pequenos, e, consequentemente, também os juros sobre o capital.

Programas de habitação incrementados pelos Governos facilitaram as construções e a aquisição da casa própria, reduzindo, em muito, a carência de imóveis, principalmente residenciais.

O desenvolvimento dos centros de comércio, com a segurança e a facilidade de acesso, conseguiu restringir, em muito, o comércio de rua, e, consequentemente, nesta última década, se vê o anúncio comum de imóveis posto à disposição dos locadores.

Antes podia se esperar a renda mensal de 1% do valor do imóvel; hoje está em pouco mais de 0,3%.

O aluguel duela com as taxas condominiais e com o imposto predial: muitos imóveis são dados em locação pelo senhorio simplesmente para transferir os encargos condominiais e tributários para o inquilino.

Se não houver acordo sobre a revisão do aluguel, o inquilino muitas vezes se retira e vai ocupar outro imóvel no mesmo prédio ou cercanias.

A rentabilidade do capital no mercado financeiro muitas vezes pouco se diferencia da rentabilidade do imóvel.

Antes o inquilino procurava os imóveis, principalmente residenciais.

Hoje o alto custo de taxas condominiais e tributos sobre o imóvel conduz o locador muitas vezes a aceitar a locação a baixo custo, sem esperar a remuneração devida pelo uso do imóvel.[5]

Em tal quadro, a exigência de garantia da locação muitas vezes perde a importância e basta a garantia pessoal do próprio inquilino.

Aliás, é a garantia pessoal do inquilino que prevalece nas novas formas de locação, algumas mascaradas de prestação de serviços, outras admitindo contratos sem os prazos previstos na lei etc.

A conclusão é que a locação, neste século XXI, perdeu quase completamente o seu fundamento de direito real para se fundar em direito obrigacional.

A segurança na relação locatícia não mais fica jungida aos tipos previstos em lei, mas o que passa a vicejar é a liberdade, a autonomia de vontade das partes na busca do abrigo de moradia.

---

5   *A Fundação Instituto de Pesquisas Econômicas (Fipe) calcula todos os meses a taxa de rentabilidade do aluguel. O último ano em que o retorno com a locação chegou a 0,5% do preço de venda foi 2013, antes do início da recessão, em 2014. No ano passado, o valor de aluguel passou a representar, em média, 0,37% do valor de venda. Uma comparação ajuda a entender como os preços de venda e de locação se comportaram de maneiras diferentes na crise. Em janeiro de 2015, o valor de venda dos imóveis havia subido 12,7%, em 12 meses, segundo a Fipe. Em 2017, último ano da crise, esse valor de venda havia caído apenas 0,74%, também em 12 meses. Enquanto isso, as locações, que subiam 1,6% em janeiro de 2015, caíram 2,9% em janeiro de 2017.* Disponível em: https://www.gazetadopovo.com.br/economia/crise-aposentou-regra-de-ouro-de-rentabilidade-do-aluguel-ac7wdbtrqhji27tp12yiy7rhl/ Copyright © 2020, Gazeta do Povo. Todos os direitos reservados.

A Propriedade Imobiliária na Legalidade Constitucional

Anderson Schreiber

1. Homenagem a Sylvio Capanema

Acolhi prontamente o convite para participar desta obra em homenagem a Sylvio Capanema. Sua atuação como magistrado, advogado e autor, especialmente no campo do direito imobiliário,[1] deixam uma marca profunda no direito civil brasileiro, mas não é esse o aspecto que eu escolheria para relembrá-lo. Escolheria sua simplicidade e carisma, que comprovam que um jurista precisa ser, antes de tudo, um humanista, um inveterado apaixonado pelas coisas da alma. Sylvio sabia, como ninguém, transportar suas plateias não para o frio olimpo do cientificismo jurídico, mas para a sensibilidade calorosa de Copacabana. E, com isso, trouxe mais luz ao nosso direito civil que muitas teses sofisticadas. Quem teve o prazer de ouvi-lo, nunca lhe foi indiferente, nunca manteve a expressão inalterada; sorriu e chorou de emoção com suas falas. Sylvio Capanema não se contentou em conhecer o direito civil; viveu-o com intensidade e alegria. Esse é o seu maior legado.

2. O novo direito imobiliário brasileiro

O direito imobiliário brasileiro vem sofrendo profunda transformação nas últimas décadas. Visto, no passado, como um campo do direito tradicionalmente identificado com a disciplina das locações prediais e com as incorporações imobiliárias, hoje assume sentido bem mais amplo. O objeto do direito imobiliário alarga-se imensamente. Não se trata apenas do surgimento de novas estruturas negociais – como, por exemplo, o festejado *built to suit*, introduzido pela Lei nº 12.744/2012, que acrescentou o artigo 54-A à Lei nº 8.245/1991 –, mas de uma genuína ampliação de fronteiras. De um lado, a participação cada vez mais ativa dos Municípios no (re)desenho das cidades, associada a uma maior interação entre o Poder Público (em suas três esferas) e o setor privado, resultou em novas e criativas modalidades de empreendimentos imobiliários, como as operações urbanas consorciadas, cujo efeito transformador já se faz sentir em algumas cidades do Brasil. De outro lado, uma certa instabilidade do mercado de ações, gerada por

---

1   As locações prediais urbanas, por exemplo, tiveram em Sylvio Capanema um de seus principais e mais profundos estudiosos. A sua *Lei do Inquilinato Comentada*, referência fundamental na matéria, alcançou nada menos que doze edições, a mais recente delas publicada neste ano de 2020.

sucessivas crises financeiras, abriu espaço para o surgimento de novas formas de investimento no campo imobiliário – comumente visto como "porto seguro" em momentos de incerteza econômica –, não apenas por meio dos já conhecidos fundos de investimentos imobiliários, mas também através de instrumentos cada vez mais sofisticados, como a cédula de crédito imobiliário, o certificado de recebíveis imobiliários e os CEPACs – Certificados de Potencial Adicional de Construção, regulamentados pela Instrução CVM 401, de 29 de dezembro de 2003.

Em outras palavras, o direito imobiliário deixa de ser um campo exclusivamente centrado sobre a disciplina jurídica da propriedade imóvel, para passar a abranger também institutos inovadores que se dirigem *a fomentar* empreendimentos imobiliários, ou que a tais empreendimentos se associam de forma indivisível, como se vê em tantas questões relativas à regulamentação do transporte urbano, à conservação do meio ambiente sadio, à proteção do patrimônio histórico e cultural, questões que, embora não sejam *"imobiliárias"* no sentido tradicional do termo, passam a integrar o conjunto de preocupações do *novo direito imobiliário brasileiro* – que deixa, assim, de ser um setor específico dos direitos reais para se converter em um ramo multidisciplinar, que exige a combinação de noções típicas do direito administrativo, do direito ambiental, do direito econômico e do direito tributário, entre outros.

Toda essa candente transformação torna oportuno revisitar o direito imobiliário em uma perspectiva comprometida com a realização dos valores fundamentais nas relações privadas. A profusão de novos institutos no âmbito imobiliário[2] não deve sugerir a adesão a lógicas puramente setoriais, inspiradas em inovações de ocasião, ditadas exclusivamente por pontuais necessidades de mercado, mas deve, muito ao contrário, exprimir uma visão sistêmica deste ramo do direito, que, amparada na máxima concretização dos valores constitucionais, atribua-lhe unidade, sentido e direção. Eis o único caminho metodológico para evitar a fragmentação do direito imobiliário em correntes antagônicas e inconciliáveis, cada qual se valendo das soluções que considere mais apropriadas aos seus próprios objetivos setoriais, reproduzindo de modo insuperável os intensos conflitos ideológicos que sempre cercaram, no campo ou na cidade, o uso da propriedade imóvel.

---

2   Para um exame panorâmico de alguns destes institutos, seja consentido remeter a Anderson Schreiber, *Direito Imobiliário na Perspectiva Civil-Constitucional*, in Fábio de Oliveira Azevedo e Marco Aurélio Bezerra de Melo (coords.), *Direito Imobiliário: escritos em homenagem ao Professor Ricardo Pereira Lira*, São Paulo: Atlas, 2015, pp. 47-66.

3. Propriedade imobiliária: estrutura e função. O que é, afinal a função social da propriedade?

A propriedade imobiliária passou, como se sabe, por um severo redimensionamento da proteção que lhe é dispensada pelo ordenamento jurídico. A concepção exacerbadamente individualista da propriedade privada foi gradativamente temperada por uma visão do domínio funcionalizada à realização também de interesses sociais, como fruto de uma ótica mais solidária e menos excludente das relações entre particulares. Desempenha um papel chave nesse processo a noção de *função social da propriedade*.

Quanto ao próprio conceito de função social da propriedade permanece ainda alguma incerteza. O conteúdo ideológico sugerido pela expressão faz com que nela se vislumbre, vez por outra, uma ameaça de negação à propriedade privada e ao próprio sistema capitalista.[3] O temor explica-se, em parte, diante da própria evolução histórica do conceito de função social, que surge, na obra do constitucionalista francês Leon Duguit, como contraposição ao direito subjetivo de propriedade.[4] É só por meio de árduos esforços da doutrina italiana que a função social vem se consolidar como elemento interno do domínio, capaz de alterar a estrutura desse instituto jurídico,[5] sem desnaturá-lo por completo.

É seminal nesse particular a lição de Salvatore Pugliatti, que, transcendendo uma visão puramente estrutural dos institutos jurídicos, identifica neles uma função, que consiste, em suas palavras, na *"razão genética*

---

[3] Exemplo disso se tem na seguinte ementa: "Ninguém nega ao Poder Público o direito de instituir parques nacionais, estaduais ou municipais, contanto que o faça respeitando o sagrado direito de propriedade assegurado pela Constituição Federal anterior (artigo 153, §22) e pela vigente (artigo 5º, inciso XXII). (...) O fato de o legislador constitucional garantir o direito de propriedade, mas exigir que ele atenda a sua função social (XXIII) não chegou ao ponto de transformar a propriedade em mera função e em pesado ônus e injustificável dever para o proprietário" (Trecho do voto proferido pelo Min. Garcia Vieira, do Superior Tribunal de Justiça, no Recurso Especial 32.222-8/PR, julgado em 17 de maio de 1993). A ementa do acórdão já sugeria a investida contra a ideologia socialista: "Da queda do muro de Berlim e do desmantelamento do império comunista russo sopram ventos liberais em todo o mundo. O Estado todo poderoso e proprietário de todos os bens e que preserva apenas o interesse coletivo, em detrimento dos direitos e interesses individuais, perde a sobrevivência."

[4] Leon Duguit, *Les Transformations du Droit Privé Depuis le Code Napoléon*, Paris: Armand Colin, 1ª ed., 1913, sobretudo pp. 152 e ss. Para detalhada análise da lógica funcional de Duguit e de sua crítica ao direito subjetivo, ver, entre nós, José Fernando De Castro Farias, *A Origem do Direito de Solidariedade*, Rio de Janeiro: Renovar, 1998, pp. 222-236.

[5] Cf. Gustavo Tepedino, *Contornos Constitucionais da Propriedade Privada*, in *Temas de Direito Civil*, Rio de Janeiro: Renovar, 1999, sobretudo pp. 277-283.

do instituto" e, por isso mesmo, no seu elemento caracterizador.[6] Das lições do Professor de Messina se extrai, em síntese, que: (i) a função corresponde ao interesse que o ordenamento visa tutelar por meio de um determinado instituto jurídico; e (ii) a função de um instituto jurídico pré-determina a sua estrutura. Tem-se, assim, como explica didaticamente Pietro Perlingieri, que todo instituto jurídico tem, a um só tempo, estrutura e função: com efeito, "*estrutura e função respondem a duas indagações que se põem em torno do fato. O como é? evidencia a estrutura, o para que serve? evidencia a função.*"[7]

Na concepção exacerbadamente individualista do direito de propriedade, definido pelo *Code Napoléon* como o direito de usar e dispor das coisas "*de la manière la plus absolue*",[8] parece evidente que a função da propriedade correspondia unicamente ao interesse (ou simplesmente à vontade) do proprietário. O titular do direito de propriedade era dotado de um direito quase absoluto, cuja amplitude esbarrava apenas em limitações de caráter negativo, obrigações de *não fazer* que lhe eram impostas pelo Poder Público. E mesmo essas obrigações negativas eram consideradas excepcionais, externas, estranhas ao instituto da propriedade em si, visto por muitos como um direito natural do Homem.

A tudo isso veio se opor a ideia de função social. A crise de legitimação da propriedade privada e o movimento solidarista evidenciaram a necessidade de se tutelar, com o instituto da propriedade, não apenas os interesses individuais e patrimoniais do proprietário, mas também interesses supraindividuais, de caráter existencial, que poderiam ser prejudicados pelo irresponsável exercício do domínio (como a preservação do meio ambiente, a proteção do bem-estar dos trabalhadores no campo e assim por diante). A função da propriedade deixa, assim, de estar centrada sobre o livre querer do proprietário para passar a abarcar também a tutela de interesses sociais

---

6   Salvatore Pugliatti, *La Proprietà nel Nuovo Diritto*, Milano: Dott. A. Giuffrè Editore, 1964, p. 300: "*Non soltanto la struttura per sè conduce inevitabilmente al tipo che si può descrivere, ma non individuare, bensì inoltre la funzione esclusivamente è idonea a fungere da criterio d'individuazione: essa, infatti, dà la ragione genetica dello strumento, e la ragione permanente del suo impiego, cioè la ragione d'essere (oltre a quella di essere stato). La base verso cui gravita e alla quale si collegano le linee strutturali di un dato istituto, è costituita dall'interesse al quale è consacrata la tutela. L'interesse tutelato è il centro di unificazione rispetto al quale si compongono gli elementi strutturali dell'istituto (...)*".

7   Pietro Perlingieri, *Perfis do Direito Civil – Introdução ao Direito Civil Constitucional*, Rio de Janeiro: Renovar, 1999, p. 94.

8   "*Article 544 La propriété est le droit de jouir et disposer des choses de la manière la plus absolue, pourvu qu'on n'en fasse pas un usage prohibé par les lois ou par les règlements.*"

relevantes. Como se vê, a modificação é essencialmente de função, mas a inserção de interesses sociais no elemento funcional gera, por via reflexa, uma remodelação da estrutura do direito de propriedade.[9] A propriedade passa a ser vista não mais como direito absoluto ou *"poder inviolável e sagrado"* do proprietário, mas como situação jurídica subjetiva complexa em que se inserem direitos, deveres, ônus, obrigações.[10]

Esses deveres não equivalem àqueles de caráter negativo, considerados externos ao domínio e impostos ao proprietário em nome do interesse público ou do poder administrativo de polícia. São deveres de caráter promocional ou positivo[11] atribuídos ao titular do domínio como consequência do próprio direito de propriedade; sua origem não se situa em um fator externo qualquer que justifique a limitação do exercício do direito, mas, ao contrário, encontra sua gênese no interior do próprio instituto, mais precisamente em seu elemento funcional.

Esclareça-se que funcionalizar a propriedade ao atendimento de interesses sociais não significa, de modo algum, propor o aniquilamento dos direitos individuais ou pregar a negação da propriedade privada. Muito pelo

---

[9] Sobre o perfil estrutural do direito de propriedade, confira-se a lição de Marco Aurélio Bezerra de Melo, *Comentários ao artigo 1.228,* in Anderson Schreiber et al., *Código Civil Comentado: doutrina e jurisprudência*, Rio de Janeiro: Forense, 2019, p. 858: "A propriedade pode ser conceituada sinteticamente como sendo o poder de senhoria que uma pessoa exerce sobre uma coisa, dela excluindo qualquer ingerência de terceiros. Em uma ótica descritiva, a propriedade é definida segundo as suas características, e sob esse prisma podemos dizer que a propriedade é um direito subjetivo, absoluto, elástico, perpétuo, complexo e limitado, pelo qual uma pessoa submete determinado bem ao seu poder e interesse."

[10] "A construção, fundamental para a compreensão das inúmeras modalidades contemporâneas de propriedade, serve de moldura para uma posterior elaboração doutrinária, que entrevê na propriedade não mais uma situação de poder, por si só e abstratamente considerada, o direito subjetivo por excelência, mas *una situazione giuridica soggetiva típica e complessa*, necessariamente em conflito ou coligada com outras, que encontra a sua legitimidade na concreta relação jurídica na qual se insere" (Gustavo Tepedino, *Contornos Constitucionais da Propriedade Privada*, cit., p. 279).

[11] "Em um sistema inspirado na solidariedade política, econômica e social e no pleno desenvolvimento da pessoa (...) o conteúdo da função social assume um papel do tipo promocional, no sentido de que a disciplina das formas de propriedade e as suas interpretações deveriam ser atuadas para garantir e para promover os valores sobre os quais se funda o ordenamento. E isso não se realiza somente finalizando a disciplina dos limites à função social" (Pietro Perlingieri, *Perfis do Direito Civil*, cit., p. 226). Nada obstante, não é incomum que autores identifiquem também nas limitações administrativas à propriedade uma manifestação de sua função social. A verdade é que os fundamentos das limitações administrativas, embora historicamente diversos da função social, repousavam, em última análise, sobre os interesses supra-individuais que a função social veio a atrair para o interior da relação jurídica de propriedade.

contrário. A função social, impondo ao proprietário a observância de determinados valores sociais, legitima a propriedade capitalista e a compatibiliza com a democracia social que caracteriza os sistemas políticos contemporâneos – tendo sido, por isso, registre-se, tratada como engodo por civilistas mais progressistas, como Orlando Gomes.[12] Em uma visão funcional do domínio, o proprietário permanece como beneficiário imediato, e quase sempre predominante, da propriedade; apenas se impõe a ele que exerça o seu direito atendendo também aos interesses sociais. A propriedade se mantém privada, mas se afasta da definição individualista de *"poder absoluto do proprietário"* para buscar na conformação ao interesse social a sua legitimação, ou seja, a razão e o fundamento de sua proteção jurídica.[13] Nessa nova concepção, a propriedade passa a ser tutelada apenas na medida em que observe os interesses sociais relevantes.

A expressão *"interesses sociais relevantes"* é dotada, todavia, de certa indefinição, e bem se sabe que ao espírito dos juristas a indefinição aparece quase sempre como uma porta aberta à arbitrariedade e ao casuísmo. Daí a tendência a se estabelecer parâmetros objetivos para a especificação do conteúdo das cláusulas gerais e dos conceitos jurídicos abertos ou indeterminados.[14] Em uma sociedade democrática, a definição dos interesses sociais relevantes que devem nortear o exercício da propriedade imobiliária deve ser buscada no próprio direito positivo, começando-se, naturalmente, pela Constituição.[15]

---

12 Orlando Gomes, *Direitos Reais*, Rio de Janeiro: Forense, 2001, 18ª ed., p. 109: "Se não chega a ser uma mentira convencional, é um conceito ancilar do regime capitalista; por isso que, para os socialistas autênticos, a fórmula função social, sobre ser uma concepção sociológica e não um conceito técnico-jurídico, revela profunda hipocrisia pois 'mais não serve do que para embelezar e esconder a substância da propriedade capitalística'. É que legitima o lucro ao configurar a atividade do produtor de riqueza, do empresário, do capitalista, como exercício de uma profissão no interesse geral. Seu conteúdo essencial permanece intangível, assim como seus componentes estruturais. A propriedade continua privada, isto é, exclusiva e transmissível livremente. Do fato de poder ser desapropriada com maior facilidade e de poder ser nacionalizada com maior desenvoltura não resulta que a sua substância se estaria deteriorando." ().

13 A necessidade de buscar a legitimação da propriedade não em seu conteúdo, mas em seus fins, remonta a P. J. Proudhon, *Théorie de la Proprieté. Suivie d'un Nouveau Plan d'Exposition Perpétuelle*, Paris: Librarie Internationalle, 1871, p. 128.

14 Antonio Junqueira de Azevedo, *Insuficiências, deficiências e desatualização do Projeto de Código Civil na questão da boa-fé objetiva nos contratos*, in *Revista Trimestral de Direito Civil*, ano 1, vol. 1, Rio de Janeiro: Padma, 2000, p. 11: "Os conceitos jurídicos indeterminados – especialmente o bando dos quatro, a que me referi – continuam a ser usados, mas, agora, no paradigma de hoje, o pós-moderno, com diretrizes materiais."

15 Recorde-se que "o Código Civil de 2002 tratou expressamente da função social da propriedade, mas, pelo prisma topográfico, foi descuidado ao inserir a função social em

4. A função social da propriedade imobiliária na Constituição

O Constituinte declara já no artigo 5º, XXIII, que *"a propriedade atenderá a sua função social."*[16] A função social aparece também no artigo 170, III, da Constituição, entre os princípios da ordem econômica. Até aqui, não há, todavia, qualquer indicação que aconselhe ou auxilie a delimitação dos interesses sociais relevantes que a propriedade funcionalizada deve reverenciar. A vagueza é superada nos artigos 182 e 186 do texto constitucional, em que se indica interesses que devem ser atendidos pela propriedade imobiliária, urbana e rural.

Vale dizer: ao contrário da experiência constitucional anterior, em que a função social da propriedade era mencionada sem maior detalhamento, a Constituição de 1988 atribuiu um conteúdo substancial à noção, estipulando parâmetros concretos de cumprimento no tocante à propriedade imobiliária, como se pode ver do artigo 186, que, ao tratar da função social da propriedade imóvel rural, menciona o atendimento ao *"aproveitamento racional e adequado"*, a *"utilização adequada dos recursos naturais disponíveis e preservação do meio ambiente"*, a *"observância das disposições que regulam as relações de trabalho"* e *"exploração que favoreça o bem-estar dos proprietários e dos trabalhadores."* A jurisprudência brasileira vem interpretando como meramente exemplificativos os incisos do artigo 186, de modo a atribuir ao comando constitucional o sentido de um *conteúdo mí-*

---

parágrafo do art. 1.228, cujo *caput* segue sendo servil à concepção puramente estrutural e pretensamente neutra do domínio. Melhor seria que tivesse fundido *caput* e parágrafo único, a demonstrar que a função é elemento indispensável do conceito de propriedade no direito contemporâneo. Pelo prisma substancial, o art. 1.228, § 1º, pouco acrescentou ao que já se extraía, até com maior clareza, do texto constitucional. Limitou-se a afirmar que 'o direito de propriedade deve ser exercido em consonância com as suas finalidades econômicas e sociais e de modo que sejam preservados, de conformidade com o estabelecido em lei especial, a flora, a fauna, as belezas naturais, o equilíbrio ecológico e o patrimônio histórico e artístico, bem como evitada a poluição do ar e das águas'. A remissão à lei especial evidencia que o Código Civil preferiu escapar à consolidação do conceito de função social como noção aplicativa e manter a ideia sob estrita reserva de lei, o que contrasta com o reconhecimento atual de que o legislador não detém o monopólio para indicar os interesses socialmente relevantes, que podem, antes do mais, ser extraídos do texto constitucional, norma fundamental da ordem jurídica brasileira." (Anderson Schreiber, *Manual de Direito Civil Contemporâneo*, São Paulo: Saraiva, 2020, p. 763).

16 A inclusão da função social da propriedade no artigo 5º produz o efeito de inseri-la também entre as cláusulas pétreas, a salvo do Poder Constituinte Derivado, na medida em que, conforme dispõe o artigo 60, §4º, IV, do texto constitucional: "Não será objeto de deliberação a proposta de emenda tendente a abolir: (...) IV – os direitos e garantias individuais."

nimo para atendimento da função social da propriedade rural, sem prejuízo de outras exigências que possam ser identificadas pelo Poder Judiciário e pela doutrina, como, por exemplo, o pagamento dos tributos incidentes sobre o bem imóvel.[17]

Já em relação à propriedade imobiliária urbana, o artigo 182, §2º, da Constituição da República determina expressamente que esta somente cumpre sua função social quando atende às exigências do plano diretor da cidade. A norma é aparentemente tímida, na medida em que, vazia de sentido substancial, acaba por remeter ao Poder Público Municipal a definição, por meio do plano diretor, de exigências concretas de cumprimento da função social da propriedade imobiliária urbana. Diferentemente, portanto, do que fez em relação à propriedade imobiliária rural, em que já indicou parâmetros substanciais mínimos de cumprimento da função social, o Constituinte parece ter preferido, no tocante à propriedade imóvel urbana, uma solução de remessa à normativa infraconstitucional (no caso, o plano diretor). Tal opção constitucional não pode, naturalmente, ser interpretada como esvaziamento da noção, sendo de se recordar que o *caput* do próprio artigo 182, ao tratar do pleno desenvolvimento das *"funções sociais da cidade"*, indica aquele que deve ser o parâmetro substancial central de toda e qualquer política de desenvolvimento urbano: *"garantir o bem-estar de seus habitantes"*.

A pergunta que se coloca, todavia, é a seguinte: qual a consequência do descumprimento da função social da propriedade imobiliária urbana ou rural, tal qual delineada pela Constituição da República? Reconhecida doutrinariamente como elemento interno do domínio e autêntica *"razão de ser"* do direito de propriedade, parece certo que o descumprimento da função social deveria, conceitualmente, privar integralmente de tutela o proprietário. O Constituinte brasileiro optou, contudo, por um escalonamento gradativo das consequências do descumprimento da função social da propriedade imobiliária, como se vê do §4º do artigo 182 da Constituição, que alude a penas sucessivas para o proprietário do solo urbano não edificado, subutilizado ou não utilizado, dentre as quais *"parcelamento ou edificação compulsórios"*, *"imposto sobre a propriedade predial e territorial urbana progressivo no tempo"* e *"desapropriação com pagamento mediante títulos da dívida pública de emissão previamente aprovada pelo Senado Federal, com prazo de resgate de até dez anos, em parcelas anuais, iguais e sucessivas, assegurados o valor real da indenização e os juros legais."*

---

17   Seja permitido remeter a Anderson Schreiber, *A Função Social da Propriedade na Prática Jurisprudencial Brasileira,* in *Direito Civil e Constituição,* São Paulo: Atlas, pp. 243-266.

O remédio mais extremo previsto pela Constituição não consiste, como se vê, na perda do direito de propriedade, como decorreria da noção técnica de função social da propriedade, mas sim em desapropriação com pagamento de preço, ainda que mediante títulos de dívida pública com prazo de resgate de até dez anos, "*assegurados o valor real da indenização e os juros legais.*" A norma revela que o avanço constitucional na matéria, se foi grande em relação à experiência constitucional anterior, também encontrou limites, especialmente no tocante aos instrumentos de concretização da função social. Talvez o Constituinte tenha depositado sua confiança na aplicação efetiva dos instrumentos intermediários (como a tributação progressiva), que, se bem utilizados, compensariam a ausência de uma medida mais extrema contra o proprietário que exerce sua propriedade de modo antissocial. Não foi, todavia, o que se verificou até o momento na prática brasileira, cabendo renovada atenção à matéria.

5. A concretização da função social da propriedade

Já se mencionou que os artigos 182 e 186 da Constituição indicam um conteúdo mínimo da função social da propriedade, mas não excluem outros interesses sociais relevantes que possam ser tangenciados pelo exercício concreto da propriedade imobiliária urbana ou rural em diferentes hipóteses fáticas. Mesmo aí o tecido em que se perquire a identificação dos interesses sociais relevantes deve ser sempre o direito positivo, privilegiando-se a garantia da legalidade em uma sociedade democrática. Trata-se, portanto, não de converter a função social da propriedade em noção-meio para a realização da justiça de cada um, mas de extrair do próprio texto constitucional, em análise sistemática, outros interesses juridicamente protegidos que devem integrar a proteção funcional da propriedade privada.

Um exemplo de preocupação constitucional que ganha relevo no tocante ao direito imobiliário é a tutela do patrimônio histórico, artístico e cultural. Aqui, há de se reconhecer que toda propriedade imóvel é parte necessariamente integrante de um ambiente que a circunda. Seu uso interfere diretamente nesse ambiente, seja ele rural ou urbano. A proteção do meio ambiente sadio e equilibrado – diretiva constitucional (artigo 225)[18] – configura, portanto, preocupação intrínseca ao direito imobiliário, que não se pode realizar sem o respeito às normas ambientais e, mais que isso, sem a promoção de relações ambientalmente sustentáveis a partir do uso da

---

18 "Art. 225. Todos têm direito ao meio ambiente ecologicamente equilibrado, bem de uso comum do povo e essencial à sadia qualidade de vida, impondo-se ao Poder Público e à coletividade o dever de defendê-lo e preservá-lo para as presentes e futuras gerações."

propriedade imóvel. Do mesmo modo que toda propriedade imóvel integra indissociavelmente o ecossistema que a circunda, insere-se igualmente em um ambiente cultural, histórico e artístico, com a qual precisa se manter em constante diálogo.

A tutela do patrimônio histórico, artístico e cultural consubstancia-se em mandamento constitucional (artigos 23, III e IV, 24, VII e VIII, 30, IX, 216, V, entre outros) intimamente afeto ao direito imobiliário. Também aqui, a abordagem mais atual transcende a mera abstenção de lesar, mas impõe, na medida das possibilidades concretas, um dever promocional, consubstanciado na coordenação entre o uso da propriedade imóvel e a realização da vocação cultural, histórica e artística pertinente à edificação.

Cumpre registrar, nessa direção, que o Poder Público tem se valido, com frequência cada vez maior, de instrumentos de intervenção protetiva, que restringem as faculdades tradicionais do proprietário, especialmente a demolição de edificações. É o que se vê, por exemplo, no instituto do tombamento, que, aliás, tem sido estendido para alcançar não apenas edificações, mas também atividades de caráter cultural, histórico e artístico. Há, ainda, soluções criativas nesse campo, como a declaração de que determinados imóveis são "bens protegidos" ou "bens tutelados", condições jurídicas que não chegam a produzir tantas restrições quanto o tombamento, mas que tornam dependentes de autorização municipal determinadas alterações do imóvel, que podem comprometer o conjunto arquitetônico ou cultural no qual a propriedade se insere.[19]

Tais intervenções devem ser preferencialmente instituídas não em bloco, de modo amplamente genérico, mas com vistas à realidade concreta de cada imóvel, com amparo nos necessários estudos de natureza técnica. Faz-se necessário, ainda, desenvolver na realidade brasileira mecanismos que não exprimam mero ônus ao proprietário privado, mas que também forneçam incentivos e estímulos à conservação do patrimônio cultural, histórico e artístico, como benefícios tributários e outras vantagens típicas da atividade de fomento, que sirvam a instar os proprietários e possuidores a uma atuação proativa. A função social da propriedade, como dito, não deve ser vista como dever meramente negativo, mas como aspecto funcional e determinante da propriedade privada, a exigir sua efetiva promoção em concreto.

---

19 Como exemplo, pode-se citar o Decreto Municipal do Rio de Janeiro 28.224, de 26 de julho de 2007, que contém extensa lista de imóveis considerados bens preservados, bens tutelados e bens tombados.

6. Conclusão

Toda a imensa transformação do direito imobiliário, com seus novos horizontes e seus novos institutos, não deve ser interpretada como o surgimento de um novo nicho jurídico, guiado por princípios próprios ou por uma lógica específica, destacada dos demais setores da ordem jurídica. A unidade do ordenamento impõe-se como postulado saudável, a exigir do aplicador do direito a coordenação entre os novos mecanismos e os valores constitucionais que incidem e continuam a incidir sobre a titularidade e o uso de toda e qualquer propriedade imóvel. Somente uma visão unitária, guiada pela Constituição, é capaz de garantir uma aplicação harmônica e consistente dos novos institutos de direito imobiliário, reconectando-o permanentemente com o projeto constitucional, que estabelece parâmetros bastante claros para o acesso e a utilização da propriedade imóvel urbana e rural.

Aspectos Controvertidos do Contrato *Built to Suit*:
Natureza Jurídica, Atipicidade e Revisão em Tempos de Pandemia

Alexandre Junqueira Gomide

Introdução

Recordo-me como se fosse ontem. Há aproximadamente dois anos, em mais um seminário jurídico em que tive o privilégio de falar ao lado do inesquecível jurista Sylvio Capanema, fui cumprimentado com um abraço e o amigo, com o sorriso habitual, dividiu comigo sua recente alegria: a neta Beatriz Capanema tinha acabado de ministrar aula na UERJ a respeito do contrato 'built to suit'.

Sylvio, orgulhoso e com brilho nos olhos, dizia que a aula da neta tinha sido excelente e ele próprio teve o privilégio de acompanhar. Para a minha felicidade, Capanema ressaltou que a preparação da aula havia sido realizada com base no meu livro[1], com cujo exemplar eu o havia presenteado pouco tempo antes.

E é exatamente sobre esse tema que presto a minha singela homenagem a um dos maiores juristas que já tive o privilégio de conhecer.

1. Contrato *built to suit*: conceito e natureza jurídica

O contrato *built to suit* é modelo de negócio jurídico em que o empreendedor imobiliário reforma ou edifica determinado imóvel sob medida ao ocupante e, finalizada a obra, cede o uso da edificação por período determinado[2]. Como se nota, algumas prestações obrigacionais estão presentes nessa modalidade contratual.

---

1 GOMIDE, Alexandre Junqueira. *Contratos built to suit:* aspectos controvertidos decorrentes de uma nova modalidade contratual. São Paulo: Revista dos Tribunais, 2017.

2 Segundo Rodrigo Leonardo Xavier, o o *built to suit é um* contrato em que um empreendedor se obriga a construir ou reformar um imóvel para adaptá-lo às necessidades específicas de um usuário que, por sua vez, receberá o direito ao uso e/ou fruição desse bem por determinado prazo, mediante o pagamento de uma contraprestação que engloba a remuneração pelo uso e, também, a restituição e retribuição do investimento realizado. (LEONARDO, Rodrigo Xavier. O contrato *built to suit*. In: CARVALHOSA, Modesto. *Tratado de Direito Empresarial*. t. IV. São Paulo: Revista dos Tribunais - Thomson Reuters, 2016, p. 421).

Podemos dizer que o contrato *built to suit* sempre possuirá a prestação da locação, uma vez que haverá a cessão da fruição e uso da coisa (obrigação de dar), mediante remuneração. Da mesma forma, sempre haverá a prestação da empreitada (obrigação de fazer), porque o *built to suit* requer a realização de construção ou substancial reforma do imóvel que será cedido ao ocupante. Também poderá haver a prestação da compra e venda quando, por exemplo, o empreendedor adquire o imóvel onde será realizada a construção. Nesses termos, é possível imaginarmos:

a) Empreitada + Locação = *Built to Suit*

b) Compra e Venda + Empreitada + Locação = *Built to suit*

Segundo Rodrigo Xavier Leonardo[3], são elementos indispensáveis para a qualificação do *built to suit* (i) a estipulação da obrigação de fazer, adquirir, construir ou reformar determinado bem imóvel para cedê-lo ao uso e/ou fruição onerosamente; (ii) a previsão do preço para pagamento pelo credor do uso e/ou fruição, mediante prestação que envolva a retribuição pelo uso e pelo investimento e, por fim, (iii) a determinação de prazo certo para a cessão do uso.

A união de tipos contratuais distintos torna difícil a determinação da natureza jurídica do instituto. Estamos diante de contrato de locação pura e simplesmente? Ou contrato de locação com aspectos menos relevantes envolvendo as prestações da empreitada? A discussão da natureza jurídica, como se vê, caminha ao lado da análise da tipicidade ou atipicidade do contrato.

A considerar a combinação de todos esses elementos no negócio jurídico do contrato *built to suit* é possível asseverar a sua atipicidade? Em princípio, sim. Todavia, como se sabe, o contrato *built to suit* possui previsão expressa no art. 54-A da Lei do Inquilinato, o que, para alguns[4], teria

---

3 LEONARDO, Rodrigo Xavier. O contrato built to suit. In: CARVALHOSA, Modesto. *Tratado de Direito Empresarial*. t. IV. São Paulo: Revista dos Tribunais - Thomson Reuters, 2016, p. 427.

4 Luiz Antonio Scavone Junior sustenta que o simples fato de se alterar o nome de um contrato ou de sua contraprestação não altera a sua natureza jurídica. Ainda segundo Scavone, a natureza jurídica do contrato *built to suit* é pura e simplesmente de locação de imóvel. (SCAVONE JUNIOR, Luis Antonio. *Contrato "built to suit" e a Lei do Inquilinato*. Disponível em: http://www.scavone.adv.br/index.php?contrato-built-to-suit--e-a-lei-do-inquilinato. Acesso em 7 jul. 2015). Também defendendo a tipicidade do contrato de locação, Daniel Cardoso Gomes assevera que a questão da atipicidade dos contratos *built to suit* e os problemas decorrentes da possível interpretação literal sob égide da Lei nº 8.245/91 foram "resolvidos" com a promulgação da Lei nº 12.744/2012 que, segundo o autor, "normatizou" o contrato *built to suit*. Daniel Gomes afirma que

tornado o *built to suit* uma espécie de locação ou mesmo um contrato de locação comercial pura e simplesmente. Não é como pensamos.

2. Em defesa da atipicidade do *built to suit*

No contrato *built to suit*, a prestação da locação não é referencial. As prestações da empreitada e, eventualmente, da compra e venda, também possuem extrema relevância. É justamente a somatória das prestações que faz surgir o *built to suit*.

Não nos parece existir um tipo de referência dominante. O contrato *built to suit* não é um contrato de locação atípico, muito menos um contrato de "locação empresarial"[5]. A esse respeito, correta é a interpretação de Cristiano de Souza Zanetti[6] ao afirmar que não há sentido em qualificar o contrato *built to suit* como locação atípica, dado que a locação é justamente um tipo contratual. Haveria, portanto, uma *contraditio in terminis*.

O contrato *built to suit* não é, portanto, contrato típico, porque a prestação de fazer decorrente da empreitada desnatura a tipicidade da locação. A prestação da locação não é tipo dominante, a nosso ver. Não é, portanto, *mais* locação e *menos* empreitada, mas, sim, locação e empreitada, o que justifica a atipicidade.

Tratando a respeito das obrigações do contrato *built to suit* e ressaltando a dificuldade de sua qualificação jurídica, Cristiano de Souza Zanetti[7] afirma que as prestações que qualificam a figura são, de um lado, a construção somada à cessão do uso e fruição e, de outro, o pagamento das prestações periódicas. Troca-se, essencialmente, certo valor pela construção e posterior locação. Constrói-se para alugar e se aluga porque foi construído.

---

o contrato *built to suit* possui elementos próprios, específicos, que o diferencia do contrato ordinário de locação, razão pela qual seria correto afirmar que o contrato *built to suit* é uma espécie da qual o contrato de locação é gênero. Daniel Cardoso. *Contratos Built to suit: Novas Perspectivas em face da Lei nº 12.744/2012*. Rio de Janeiro: Lumen Juris, 2016. pp. 50-52.

---

5   Expressão utilizada por Marcelo José Lomba Valença (VALENÇA, Marcelo José Lomba. Built-to-suit – operação de crédito imobiliário estruturada. *Revista de Direito Bancário e do Mercado de Capitais*. v. 8 nº 27, janeiro – março 2005. p. 330).

6   ZANETTI, Cristiano de Sousa. Build to Suit – Qualificação e Consequências. In: BAPTISTA, Luiz Olavo; e ALMEIDA PRADO, Maurício (org.). *Construção Civil e Direito*. São Paulo: Lex Magister, 2011. p. 108.

7   ZANETTI, Cristiano de Sousa. Build to Suit – Qualificação e Consequências. In: BAPTISTA, Luiz Olavo; e ALMEIDA PRADO, Maurício (org.). *Construção Civil e Direito*. São Paulo: Lex Magister, 2011. p. 113.

Para reforçarmos a importância da prestação da empreitada no *built to suit*, reportamo-nos às lições de Menezes Cordeiro[8]. Segundo o autor, para avaliarmos se determinada prestação é relevante o suficiente para tornar determinado contrato atípico misto, exige-se um juízo valorativo:

a) o valor econômico relativo da prestação (no caso do *built to suit,* verificar se empreitada representa uma parcela pequena da remuneração mensal);

b) a viabilidade do contrato sem a prestação tida como menos importante; (no caso do *built to suit,* verificar se, caso inexistisse a prestação da empreitada, o contrato, ainda assim, subsistiria);

Realizando tal exercício, verificamos que além da prestação da empreitada possuir valor econômico relevante (talvez até superior à cessão do uso), não há qualquer possibilidade de se falar na viabilidade do contrato *built to suit* sem a execução da obra.

No *built to suit* a construção não é uma prestação de segunda importância. Muito ao contrário, sua devida execução é imprescindível para que seja atingido o objetivo perseguido pelas partes. Nesses termos, o *built to suit* e a locação respondem a exigências diversas, embora semelhantes e, portanto, são contratos distintos.

Em julgado proferido também antes do advento da Lei nº 12.744/2012, o Tribunal de Justiça de São Paulo[9] já manifestava que a natureza do contrato *built to suit* diferia daquela do contrato de locação. Segundo o julgado, o *built to suit* não é um contrato "puramente de locação de imóvel, visto que esta é apenas uma de suas facetas, na medida em que apresenta elementos dos contratos de construção, empreitada, financiamento e incorporação, além de outras características próprias".

Para nós, ainda que o legislador tenha procurado prever disposições a respeito dos contratos *built to suit* na Lei do Inquilinato, traçando, até certo ponto, alguns limites contratuais, bem como nomeando essa modalidade contratual de "locação", tais fatores não tornam o *built to suit* um contrato típico de locação[10]. O nome conferido pelo legislador ao contrato não é fator preponderante para a sua natureza jurídica.

---

8   MENEZES CORDEIRO, António. *Tratado de Direito Civil Português*. Direito das obrigações: contratos e negócios unilaterais. v. II. Tomo II. Coimbra: Almedina, 2010. p. 214.

9   Tribunal de Justiça de São Paulo, Apelação com Revisão 9156991-70.2008.8.26.0000. Relator (a): Antonio Benedito Ribeiro Pinto; Órgão Julgador: 25ª Câmara de Direito Privado; Foro Regional XI - Pinheiros - 5ª V. CÍVEL; Data do Julgamento: 04/05/2011; Data de Registro: 14/06/2011.

10 Outro não é o entendimento do Des. Marcondes D´Angelo que, mesmo antes do advento da Lei nº 12.744/2012 ressaltou que o contrato *built to suit* é "um contrato

Em razão das suas características próprias, da união de diversos tipos contratuais, da distinção da causa de contratar da locação e da insuficiência do artigo 54-A para regular por completo essa modalidade de contrato, entendemos que o regime da atipicidade se mostra mais adequado ao *built to suit*.

Ademais, embora o artigo 54-A, da Lei do Inquilinato tenha resolvido alguns problemas práticos, temos dúvidas se foi correta a opção do legislador em prever essa modalidade contratual na Lei do Inquilinato. Como bem adverte Rodrigo Leonardo Xavier[11], na locação imobiliária ordinária existe uma grande assimetria que desprivilegia o locatário em relação ao locador. O dirigismo contratual da Lei do Inquilinato, segundo o autor, é o resultado de uma política legislativa para diminuir a assimetria nesses contratos. No *built to suit*, contudo, as contingências negociais e a posição jurídica e econômica de cada um dos contratantes é substancialmente diferente.

3. A disciplina jurídica do contrato *built to suit*

Uma vez que o contrato *built to suit* possui previsão na Lei nº 8.245/1991, mas é modalidade de contrato atípico, qual a disciplina jurídica desse negócio jurídico? Como fontes reguladoras, temos:

(i) A Lei nº 12.744/2012, que alterou o artigo 4º e inseriu o art. 54-A, na Lei nº 8.245/91, a cujos limites estarão adstritas as partes, inclusive nas *disposições procedimentais* da Lei (à exceção da ação revisional a que as partes poderão renunciar);

(ii) "as condições livremente pactuadas no contrato respectivo" (art. 54-A);

(iii) usos e costumes da operação econômica dos contratos *built to suit*;

(iv) as normas e princípios estabelecidos no Código Civil para a generalidade dos contratos;

---

atípico com normas próprias que, se ignoradas, o desnaturam". (Tribunal de Justiça de São Paulo, Apelação 9156991-70.2008.8.26.0000, Rel. Antônio Benedito Ribeiro Pinto. j. 04 de maio de 2011). No mesmo sentido, também em julgado proferido antes da Lei nº 12.744/2012, asseverou o Des. Amorim Cantuária, que "Built to suit (em português: "construído para servir") é uma expressão conhecida no mercado imobiliário usado para identificar contratos de locação a longo prazo no qual o imóvel é construído para atender os interesses do locatário, já predeterminado. Trata-se, portanto, um contrato atípico (CC art. 425). [...] Não é, portanto, uma singela locação de imóveis". (Tribunal de Justiça de São Paulo, Apelação 0036632-84.2007.8.26.0000, Rel. Amorim Cantuária, j. 11 de maio de 2011).

---

11 LEONARDO, Rodrigo Xavier. O contrato built to suit. In: CARVALHOSA, Modesto. *Tratado de Direito Empresarial*. t. IV. São Paulo: Revista dos Tribunais - Thomson Reuters, 2016, p. 429.

(v) por fim, valendo-nos de uma aplicação analógica, (a) as demais disposições da Lei nº 8.245/91; (b) as disposições do contrato de empreitada no Código Civil (artigos 610 a 626) e (c) as disposições do contrato de compra e venda no Código Civil (artigos 481 a 504) e (d) as disposições do contrato de locação previsto no Código Civil (artigos 565 a 578).

Embora atípico, as partes não podem fugir do regime estabelecido no próprio artigo 54-A, da Lei nº 8.245/1991. Sem prejuízo, a atipicidade desse negócio jurídico impõe o necessário respeito aos termos convencionais e à operação econômica envolvida. É justamente por isso que defendemos que a interpretação do referido contrato deve se dar nos exatos termos das cláusulas do contrato e na alocação de riscos estabelecida pelas partes, respeitado o referido dispositivo legal.

Todavia, havendo incompletude contratual e sendo necessário ao intérprete a aplicação de outras fontes jurídicas para a resolução do conflito, ou seja, se as normas convencionais e o artigo 54-A forem insuficientes, caberá o recurso da aplicação das normas e princípios gerais que regulam os contratos em geral, sem prejuízo, ao final, da aplicação analógica dos contratos tipos que compõem o *built to suit*.

Contudo, reitere-se que, nesse modelo de contrato, onde os contratantes normalmente são empresas, a alocação de riscos estabelecida no contrato deve ser respeitada pelo intérprete. O respeito às cláusulas do contrato *built to suit* é imprescindível para o negócio em si, considerando, por exemplo, os elevados riscos envolvidos ao empreendedor, que se obriga a construir imóveis imponentes, dada a promessa de remuneração ao longo dos próximos anos.

Ademais, o respeito à alocação dos riscos envolvidos no contrato *built to suit* não decorre apenas da natureza jurídica desse contrato, mas, também, nos termos da Lei de Liberdade Econômica que, recentemente, alterou o Código Civil para determinar que, nos contratos civis e empresariais, deve o intérprete observar e respeitar a alocação de riscos definida pelas partes (art. 421-A, inciso II).

4. *Built to suit*, cláusula penal e revisão contratual

A regra geral da extinção contratual na locação (art. 4º, da Lei nº 8.245/1991) tem roupagem distinta no contrato *built to suit*. A multa, como se sabe, não sofre a redução proporcional. Pelo contrário, o art. 54-A, § 2º, determina que em caso de denúncia antecipada do vínculo pelo locatário, "compromete-se este a cumprir a multa convencionada, que não excederá, porém, a soma dos valores dos aluguéis a receber até o termo final da locação".

Em razão de tal dispositivo, nota-se que o artigo 54-A permite que os contratantes fixem cláusula penal em caso de extinção unilateral e imotivada exercida por uma das partes, que não sofrerá a redução proporcional dos contratos típicos de locação. Naturalmente a liberdade contratual permite que os contratantes, caso assim consintam, estabeleçam redução *convencional* da multa (dependendo, por exemplo, do momento em que a resilição é realizada).

Não obstante o necessário respeito aos termos do contrato, como medida *excepcionalíssima*, a considerar que o art. 413, do Código Civil, não pode ser derrogado mesmo em contratos empresariais, na hipótese de o caso concreto demonstrar que a multa (mesmo diante da limitação estabelecida do art. 54-A, § 2º) continua elevada, o juiz, justificadamente, poderá realizar a redução, observando, com cautela, as peculiaridades e operação econômica do *built to suit*. Reitere-se que essa situação é bastante excepcional, sobretudo porque a própria Lei já estabelece um teto para a multa e, mais uma vez, porque a alocação dos riscos estabelecida pelas partes há de ser respeitada.

É importante destacar que no contrato *built to suit*, a denúncia imotivada do contrato é direito potestativo do ocupante. Se o objetivo é extinguir o contrato, é desnecessário invocar o artigo 478, do Código Civil, bastando manifestar o interesse em resilir unilateralmente o contrato. Isso não significa, contudo, que o ocupante fica isento do pagamento da multa contratual. A cláusula penal se impõe porque eventual dificuldade financeira da empresa (ainda que decorra, por exemplo, dos nefastos efeitos do coronavírus) não é fundamento para pleitear a extinção do contrato *sem culpa*[12].

Outra questão que, em tempos pandêmicos, poderia exsurgir, seria indagar se os efeitos do coronavírus podem permitir ao ocupante de um imóvel em contrato *built to suit*, em vez de buscar a extinção do vínculo, pleitear a sua manutenção, mas com redução das parcelas, ou seja, a revisão do contrato.

Antes de avançarmos nesse tema, relevante relembrar que o empreendedor imobiliário, ao celebrar um contrato *built to suit*, está sujeito a maiores riscos do que o futuro ocupante. O empreendedor, responsável pela construção (ou substancial reforma), despenderá elevados recursos

---

12   Nesse sentido, vide recente artigo produzido em coautoria com José Fernando Simão: GOMIDE, Alexandre Junqueira; SIMÃO, José Fernando. Incorporação imobiliária: resolução/revisão dos contratos de promessa de compra e venda em tempos de pandemia. Disponível em: https://www.migalhas.com.br/coluna/migalhas-edilicias/328583/incorporacao-imobiliaria-resolucao-revisao-dos-contratos-de-promessa-de-compra-e-venda-em-tempos-de-pandemia.

financeiros para desenvolver e entregar o imóvel. Recebido o imóvel, o ocupante também pagará uma elevada soma em dinheiro, mas de forma diluída ao longo dos próximos anos. O ocupante não remunera apenas a cessão do uso, mas, também, a construção do imóvel.

Em razão dos substanciais valores a que o empreendedor está sujeito para a construção do imóvel é que normalmente os contratos *built to suit* possuem elevada cláusula penal para o caso de denúncia antecipada do vínculo. Além disso, o artigo 54-A, § 1º, permite que os contratantes renunciem ao direito de revisão do valor dos aluguéis durante o prazo de vigência do contrato de locação.

O objetivo é que o empreendedor, sujeito aos maiores riscos do contrato, tenha maior previsibilidade e segurança de que o valor prometido pelo ocupante pela remuneração do contrato, será pago ao longo dos próximos anos. Até porque, reitere-se, os riscos do ocupante (que não realiza investimentos para construir o imóvel) são substancialmente inferiores aos riscos do empreendedor.

A ação revisional de aluguéis tem por fundamento ajustar a remuneração ao preço de mercado. Assim, a considerar a permissão à renúncia da ação revisional, ainda que a avaliação imobiliária determine que a remuneração mensal é elevada, o pacto dos contratantes é que se impõe, razão pela qual o valor não poderá ser alterado.

Ainda que a disposição da lei permita às partes afastarem a ação revisional, resta saber se, em razão da pandemia, o ocupante do imóvel pode pleitear a redução da remuneração mensal (ainda que por curto período) não em decorrência de queda do valor de mercado locativo, mas das dificuldades impostas no cumprimento do contrato em decorrência dos efeitos da pandemia.

Em artigo escrito em coautoria com José Fernando Simão[13], tratando a respeito dos efeitos da pandemia do COVID-19 nos contratos, destacamos que

> [..] fosse acolhida a ideia de que a dificuldade financeira superveniente autorizaria a revisão contratual, a segurança das relações jurídicas estaria ameaçada sobremaneira, e aniquilado estaria o princípio do *pacta sunt servanda*. Não há dúvidas de que o argumento da dificuldade econômica seria tese sedutora ao devedor que pretendesse inadimplir ou mesmo obter melhores condições da sua contraprestação obrigacional.

---

13 GOMIDE, Alexandre Junqueira; SIMÃO, José Fernando. Incorporação imobiliária: resolução/revisão dos contratos de promessa de compra e venda em tempos de pandemia. Disponível em: https://www.migalhas.com.br/arquivos/2020/6/0DEC29988048F8_edilicias.pdf. Acesso em 30 jul. 2020.

A alegação de dificuldade financeira para o cumprimento da obrigação pecuniária, em nossa opinião, não pode ser o fundamento para a revisão do contrato. Contudo, reconhecemos a possibilidade de revisão do aluguel, em contratos de locação, quando o fundamento é a drástica alteração da base objetiva do negócio jurídico decorrente da pandemia com efeitos não previsíveis[14]. Assim, o fechamento do comércio, por exemplo, que impede o locatário utilizar a coisa, pode ser fundamento para a revisão.

Mas é necessário atentar que, na locação, o aluguel remunera apenas a prestação referente à cessão do uso do imóvel. Já no contrato *built to suit*, o valor pago mensalmente tem por escopo remunerar não apenas a prestação da cessão do uso, mas, também, a construção do imóvel, prestação muitas vezes superior à primeira.

Assim, a revisão da remuneração da prestação que é paga pelo ocupante requer maior atenção e cautela, pelo magistrado. Em nossa opinião, somente será possível a revisão do preço no contrato *built to suit* quando restar provado que o ocupante ficou impedido de utilizar o imóvel. Trata-se de situação excepcional, considerando que os imóveis construídos nesse tipo de operação, em sua maioria, são utilizados para farmácias, supermercados, centros de logísticas e assim por diante. Contudo, se o imóvel é uma academia, um prédio comercial, a alteração da base objetiva do negócio jurídico pode, excepcionalmente, ensejar a revisão do preço. Nessa hipótese, a revisão deve atentar que, no *built to suit*, a remuneração mensal tem por objetivo remunerar não apenas a cessão do uso, mas, sobretudo, a construção do imóvel.

É por isso que, em nossa opinião, no contrato *built to suit*, a excepcional revisão deve buscar, primordialmente, o *diferimento* do pagamento ao longo do tempo e não a *redução* do valor da prestação.

Imaginar que as premissas para a revisão do contrato *built to suit* são as mesmas para a revisão do contrato típico de locação é um enorme equívoco. Daí a necessidade de reafirmarmos que o contrato *built to suit*, por suas particularidades, riscos envolvidos e demais características, não se amolda ao contrato típico de locação. A atipicidade, como se vê, não é meramente uma discussão acadêmica.

---

14   Nesse sentido, vide SIMÃO, José Fernando. Pandemia e locação – algumas reflexões necessárias após a concessão de liminares pelo Poder Judiciário. Um diálogo necessário com Aline de Miranda Valverde Terra e Fabio Azevedo. Disponível em: https://www.migalhas.com.br/arquivos/2020/4/71AD0005D5AFC3_locacao.pdf. Acesso em 29 jul. 2020.

Efeitos da Recuperação Judicial na Incorporação Imobiliária

Maria Cristina de Brito Lima

Introdução

Em entrevista à Associação de Dirigentes de Empresas do Mercado Imobiliário-ADAMIRJ[1], o ilustre e saudoso Professor Sylvio Capanema, com a clareza e objetividade que lhe eram peculiares, abordou pontos importantes sobre as características dos contratos na incorporação imobiliária. Das ponderações do Mestre Capanema na citada conversa, destaca-se a relevância da seguinte frase: *"Na incorporação imobiliária, a promessa de compra e venda consiste num dos negócios jurídicos mais praticados, podendo se referir à coisa futura, quando o imóvel ainda não está construído, incidindo sobre a fração ideal do terreno, correspondente à unidade subsequente".*

E é pensando nelas, nas promessas de compra e venda de unidade em construção realizadas, que vamos analisar os efeitos da recuperação judicial nas sociedades empresárias incorporadoras, principalmente frente ao consumidor, destinatário das mercadorias por elas comercializadas.

Regida pela Lei nº 4.591, de 16/12/1964, a qual recebeu diversas alterações, sendo a mais recente a da Lei nº 13.786, de 27.12.2018, sem afastar a incidência do Código Civil, do Código do Consumidor e outros diplomas legais, a incorporação imobiliária representa atividade econômica exercida com o intuito de promover e realizar a construção, para alienação total ou parcial, de edificações ou conjunto de edificações compostas de unidades autônomas. A rigor, a incorporadora é a pessoa física ou jurídica que se compromete ou efetiva a venda de frações ideais de terreno, objetivando a vinculação de tais frações a unidades autônomas em edificações a serem construídas; logo, o cerne da incorporação não é a construção, mas a promessa de alienação futura de unidades autônomas. Não é, entretanto, demais ressaltar que é a incorporadora — porque responsável pela articulação do empreendimento imobiliário — a empresa que corre mais riscos neste tipo de atividade. O incorporador é o responsável jurídico pela incorporação, comprometendo-se a entregar o empreendimento, ainda que tenha totalmente sido construído por uma empresa parceira.

Assim é que se constitui prática comum na implementação dos projetos imobiliários as parcerias entre incorporadoras e construtoras, embora

---

1 Entrevista concedida em 10.5.2017, disponível em: http://www.ademi.org.br/article.php3?id_article=70425

possam aquelas acabarem até mesmo absorvendo a finalidade de construção civil, promovendo, como deve ser, as medidas legais necessárias junto ao órgão registrário.

Vale evidenciar que, independentemente da atuação conjunta ou individualizada, a incorporação imobiliária é uma atividade econômica e independentemente da estrutura societária que adote (S/A, Ltda ou mesmo a novel sociedade unipessoal) ostenta a empresarialidade como característica que a habilita aos ditames da Lei nº 11.101/2005 (LRJF). Uma incorporadora imobiliária é uma sociedade empresária e, portanto, pode se valer do ferramental jurídico que lhe é posto à disposição pela supracitada lei, dentre estes, e em especial, a recuperação judicial ou extrajudicial.

Nessa linha, tem-se que o ordenamento pátrio disponibiliza meios para viabilizar que uma sociedade empresária em crise econômico-financeira possa superar esta situação, recuperando-se com a intervenção judicial, ou mesmo extrajudicialmente, com o fito de manter a empresa no mercado, salvaguardando empregos e interesses dos credores, cumprindo, em síntese, a sua função social, gerando estímulo à atividade econômica.

Por outro lado, a recuperação judicial de uma incorporadora imobiliária tem contornos muito especiais e que precisam ser considerados, quer frente à complexidade da estrutura societária negocial desenvolvida para a realização e venda das unidades dos empreendimentos imobiliários; quer frente aos compradores em potencial destas unidades: os consumidores, mormente se se considerar que sua vulnerabilidade se sobreleva quando se trata da aquisição de sua moradia ("de sua *casa própria*".

Passa-se, assim, à análise dos efeitos de uma recuperação judicial de incorporadora imobiliária quanto a estes dois pontos cruciais: a estrutura societária negocial de uma incorporadora e o consumidor comprador.

Da estrutura societária negocial das incorporadoras imobiliárias: As SPEs

Por força da Lei nº 10.931/2004, que trouxe significativa alteração a Lei nº 4.591/1964, como fruto de experiência adquirida em situações pretéritas[2], adequou-se à relação jurídica de que se trata o instituto do patrimônio de afetação (artigos 31-A, 31-B, 31-C, 31-D, 31-E e 31-F). Por ele, facultou-se ao incorporador submeter a incorporação ao regime de afetação, pelo qual o terreno e as acessões objeto da incorporação imobiliária, bem como os

---

[2] Refiro-me ao caso Encol. Para maiores esclarecimentos leia: Patrimônio de afetação: o caso Encol. Disponível em: https://jus.com.br/artigos/47503/patrimonio-de-afetacao-o-caso-encol. Acessado em 17.7.20.

demais bens e direitos a ela vinculados, poderiam se manter apartados do patrimônio do incorporador, constituindo-se o patrimônio de afetação, o qual deve ser destinado à consecução da incorporação correspondente e à entrega das unidades imobiliárias aos respectivos adquirentes. O patrimônio afetado não se comunica com os demais bens, direitos e obrigações do patrimônio geral do incorporador ou de outros patrimônios de afetação por ele constituídos e só responde por dívidas e obrigações vinculadas à incorporação respectiva.

Embora não haja obrigatoriedade da afetação, o fato é que ela vingou no cenário jurídico imobiliário, especialmente pela possibilidade trazida pela SPE – Sociedade de Propósito Específico[3], para alegria de CHALHUB (2003:95), que rechaçava, com veemência, a facultatividade conferida pelo artigo 31-A (L.4591/1964) aos incorporadores, por entender que *"a afetação se trata de um instrumento de proteção da economia popular, na medida em que visa a captação de recursos provenientes da venda antecipada de unidade em construção"*.

Sociedade de propósito específico-SPE — com previsão legal delineada pela Lei nº 11.079/2004, art. 9º — tem aplicação restrita e pode se revestir de quaisquer dos modelos societários, mas preferencialmente aqueles que prevejam segregação de capital e limitação de responsabilidade, previstos na legislação brasileira. Logo, é a modalidade de pessoa jurídica que se amolda como uma luva aos negócios relacionados à incorporação imobiliária, pois sua estrutura negocial permite que nela se reúnam interesses e recursos específicos, com total independência patrimonial dos sócios (ou sócio), para a consecução de empreendimento de objeto específico e determinado. Afetado o patrimônio à SPE, não há falar em conflito de interesses entre credores do incorporador e os da própria SPE, por força do empreendimento seu objeto. É esta a solução protetiva do adquirente das unidades imobiliárias do empreendimento desenhada pelo legislador, conforme consta do artigo 31-A §1º da Lei nº 4.591/64[4].

---

3 Modelo organizacional societário que tem objeto único, podendo sua constituição ser pluripessoal ou unipessoal. Embora este modelo possa ser constituído como sociedade simples (C.C., 997/1.038), para os fins de incorporação imobiliária a adoção da sociedade limitada (C.C., 1.052/1.087) tem se mostrado mais adequada justamente por conta das possibilidades jurídicas reconhecidas, sem questionamentos, às sociedades empresárias (vide Lei nº 11.101/2005).

4 *"Art. 31-A § 1º O patrimônio de afetação não se comunica com os demais bens, direitos e obrigações do patrimônio geral do incorporador ou de outros patrimônios de afetação por ele constituídos e só responde por dívidas e obrigações vinculadas à incorporação respectiva. (Incluído pela Lei nº 10.931, de 2004)"*

As sociedades incorporadoras, de forma geral, vêm nas SPEs um importante instrumento negocial, já que torna os seus empreendimentos altamente atraentes aos consumidores, seus clientes, pela segurança que lhes garante.

Entretanto, ainda que baldados os esforços do legislador para conferir maior proteção ao consumidor, algumas questões relacionadas aos problemas enfrentados pelo incorporador acabam atingindo as SPEs por ele constituídas, alguns deles, na verdade, para a própria segurança de todos. O caso de duas grandes incorporadoras brasileiras pode contribuir na reflexão que ora se desenvolve.

Em fevereiro de 2018, a PDG Realty S.A. Empreendimentos e Participações, sociedade por ações de capital aberto, com atuação em mais de 70 municípios dos do território nacional, que, enfrentando a crise do setor imobiliário pela retração de mercado, ingressou com requerimento de recuperação judicial, levando como correquerentes 512 SPEs para uma demanda que tem por escopo renegociar um passivo de mais de R$ 6.200.000,00.

Para o litisconsórcio ativo, a recuperanda requerente alegou que *"a definição dos rumos estratégicos e o processo decisório do Grupo PDG mantinham-se centralizados na companhia; nesse sentido, sob a orientação estratégica unificada da administração do Grupo PDG, a Companhia e as demais requerentes (SPEs) compõem um grupo coeso e interligado, cujas atividades se desenvolvem de forma coordenada, sujeitas a uma mesma direção única"*[5]. Acresceu, ainda, a empresa requerente que *"essa atuação coordenada gerou entre elas também forte vínculo negocial"*.

O fato foi inicialmente percebido no mercado como uma bomba, pois muitos contratos de promessa de compra e venda estavam em curso, com consumidores ávidos por notícia a respeito da entrega de sua unidade imobiliária.

Por outro lado, forçoso reconhecer que, no caso, justamente por conta da forte integração empresarial do grupo, a inclusão de todas as SPEs (512), representativas de seus empreendimentos no País, na recuperação judicial mostrou-se providência relevante e benéfica, na medida em que suas relações obrigacionais com o mercado, especialmente para concessão de crédito, se dão de forma combinada, sendo a PDG avalista da totalidade dos contratos de financiamento à produção de ativos firmados pelas SPEs no âmbito do Sistema Financeiro Habitacional (SFH).

---

5   Processo 1016422-34.2017.8.26.0100, em curso junto ao juízo da 1ª Vara de Falências e Recuperações Judiciais – Foro Central Cível – Tribunal de Justiça de São Paulo.

Assim é que eventual impontualidade ou o próprio pedido de recuperação judicial da PDG poderia acabar dando azo ao vencimento antecipado de todos os contratos de financiamento à produção dos ativos, em flagrante prejuízo para as SPEs e os adquirentes de suas unidades imobiliárias, que poderiam acabar tendo que se valer, então, da regra ínsita no artigo 31-F §1º da Lei de Incorporação Imobiliária (Lei nº 4.591/64), quando o condomínio dos adquirentes, por convocação da sua comissão de representantes ou, na sua falta, de um sexto dos titulares de frações ideais, teria que instituir o condomínio, formalmente, deliberando, em seguida, sobre os termos da continuação da obra ou da liquidação do patrimônio de afetação, nos termos do art. 43, inciso III, da citada lei reitora da matéria.

A mesma situação foi observada no requerimento de recuperação judicial do Grupo João Fortes Engenharia[6], levado a efeito no mês de abril de 2020, tendo como culminância o impacto causado pela pandemia da COVID-19 na atividade econômica. A *holding* (João Fortes Engenharia S.A.) trouxe para o polo ativo do requerimento recuperacional 61 subsidiárias (SPEs) e a João Fortes Construtora Ltda, as suas 17 subsidiárias. Na mesma linha do Grupo PDG, evidenciou-se no caso *"o intenso cruzamento de garantias entre as empresas do Grupo João Fortes, seja em razão da garantia prestada pela holding em quase todos financiamentos contraídos pelas SPEs, seja por força de garantias reais constituídas com ativos de determinadas SPEs em benefício de dívidas contraídas por outras empresas do Grupo, seja pela existência de mútuos entre as sociedades do grupo"*.

Dessa forma, tem-se que o litisconsórcio ativo formado pelo incorporador e as SPEs por ele constituídas no requerimento de recuperação judicial, apesar se apresentar como fato assustador aos olhos dos adquirentes das unidades imobiliárias, mostra-se, ao fim e ao cabo, mais benéfico, pois acaba por fortalecer justamente o instrumento da afetação, instituído com o objetivo de proteger a economia popular.

Do Consumidor Comprador

A oferta e a apresentação de unidades imobiliárias ao mercado devem assegurar informações corretas, claras, precisas, conforme orienta o artigo 31, do Código de Proteção e defesa do Consumidor. Sabe-se que a vulnerabilidade constitui o princípio-motor da política nacional das relações de consumo, premissa esta fixada no artigo 4º, I do supramencionado diploma legal, que legitima toda a proteção conferida ao consumidor.

---

6   Processo 0085645-87.2020.8.19.0001, em curso junto ao juízo da 4ª Vara Empresarial – Foro Central – Tribunal de Justiça do Rio de Janeiro.

E é nessa linha que deve ser trazida à baila para uma análise mais específica sobre os efeitos da recuperação judicial de incorporador imobiliário na relação de consumo, a vulnerabilidade jurídica do consumidor de unidade imobiliária a ser construída ou já em construção. Inegável que a falta de conhecimento jurídico, contábil ou econômico e de seus reflexos na relação consumo em questão pode fazer com que este consumidor experimente grande dor e sofrimento, especialmente se a hipótese, por exemplo, for aquela da aquisição da "*casa própria*".

A ausência de informação adequada, conforme direito básico reconhecido no artigo 6º, III do Código de Proteção e Defesa do Consumidor, gera no consumidor a insegurança, a desconfiança, que, de certa forma, desestabiliza o mercado imobiliário, paralisado até que mais seja dito e esclarecido. Muitos consumidores, ante a notícia do deferimento de recuperação judicial da fornecedora de produto que lhe é tão caro e tão custoso (*casa própria)*, quase que imediatamente se desesperam e atribuem a grande infortúnio a situação que lhe parece adversa. Em um primeiro momento, quer de volta o que pagou; imediatamente a seguir, pensa que melhor será receber a unidade contratada, pois o valor a receber não seria suficiente à aquisição de outra unidade com as mesmas características; por fim, lança mão de todos os questionamentos condicionantes que tem pela ausência de informação a respeito da condução do seu contrato e roga apenas a Deus a misericórdia de não ser obrigado a pagar mais do que já pagou, pois seu prejuízo, a essa altura, se mostra imenso.

Tudo isso pode ser evitado ou, ao menos, minimizado, se as empresas incorporadoras em processo recuperacional, paralelamente à discriminação pormenorizada dos meios de recuperação a serem empregados, conforme previsto no artigo 50 e seus incisos, da LRJF, também apresentassem informações adequadas e bem detalhadas aos consumidores adquirentes de unidades imobiliários acerca dos seus contratos. Note-se que poucos são os consumidores que se preocupam, conforme pontuado por BRAGA (2016), em seguir as cinco principais precauções que o adquirente deve ter ao comprar imóvel na planta: (i) contratar um advogado especialista na área de direito imobiliário; (ii) retirar certidão do Memorial de Incorporação no Cartório de Registro de Imóveis competente; (iii) planejar financeiramente a compra do imóvel; (iv) buscar informações com outros clientes da incorporadora; e (v) verificar se o patrimônio da incorporadora é suficiente para cobrir possível inadimplência ao contrato.

Por tudo, importa considerar que os efeitos da recuperação judicial nas relações jurídicas firmadas por incorporadoras com consumidores são intensos e podem minar a expectativa legítima por estes empenhada na consecução de um interesse fundamental: a moradia.

Nessa linha, insta reconhecer que há mais um foco a ser observado pelo incorporador no curso de um processo recuperacional: a experiência positiva que ele deve garantir ao consumidor. Se este estiver consciente de que se trata de um processo tende a não abalar a avença firmada (promessa de entrega de unidade imobiliária), haverá a possiblidade de a incorporadora sair mais fortalecida da crise econômico-financeira, sendo o consumidor o defensor de sua marca; e nos dias que se seguem ao encerramento da recuperação, valer-se do *advocacy marketing* para realavancar negócios se mostra uma saída de grande impacto a baixo custo.

Referências Bibliográficas

BOSCARDIN, Ivan Mercadante. *Mercado imobiliário: sociedade de propósito específico (SPE) e o patrimônio de afetação.* Disponível em: https://jus.com.br/artigos/36311/sociedade-de-proposito-especifico-spe-e-o-patrimonio-de-afetacao-no-mercado-imobiliario. Acessado em 18.7.20.

BRAGA, Lucas. **As 5 principais precauções que o adquirente deve ter ao comprar imóvel na planta. Disponível em:** https://lucasdbb.jusbrasil.com.br/artigos/392620912/as-5-principais-precaucoes-que-o-adquirente-deve-ter-ao-comprar-imovel-na-planta. Acessado em 18.7.20.

CARVALHO, Gabriel Luiz de. *Sociedade de propósito específico.* Disponível em: https://jus.com.br/artigos/10756/sociedade-de-proposito-especifico. Acessado em 18.7.20.

CHALHUB, Melhim Namem. **Da incorporação imobiliária**. Rio de Janeiro: Editora Renovar, 2003.

DANGUI, Alexandre. *Da Sociedade de propósito específico nas Incorporações Imobiliárias*. Disponível em: https://alexpastro.jusbrasil.com.br/artigos/582639107/da-sociedade-de-proposito-especifico-nas-incorporacoes-imobiliarias. Acessado em 18.7.20.

SACAVONE JÚNIOR, Luiz Antônio. **Direito Imobiliário-Teoria e prática**. Rio de Janeiro: Forense, 2016.

Legislação Eletrônica: Código Civil - Lei nº 4.591/1964 - Lei nº 11.101/2005

Arrendamento Mercantil Imobiliário: Por Que Esse Contrato Não Se Popularizou?

Paulo Maximilian

SUMÁRIO: **1.** Introdução. **2.** Histórico: Surgimento do contrato no mundo e no Brasil. **3.** Conceito. **4.** Modalidades. **5.** Percalços Judiciais. **6.** Arrendamento Mercantil Imobiliário. **7.** Conclusão

1. Introdução

Antes de se tratar do arrendamento mercantil imobiliário de imóveis, ou *leasing*[1] imobiliário, faz-se necessária uma pequena abordagem histórica explicando o surgimento desse modelo de contrato a partir de uma ideia que, em determinada situação, visava solucionar uma questão prática. Na parte de conceito e modalidades se perceberá tratar, na verdade, de um *mix* de contratos[2] que suscita enormes controvérsias tanto no campo prático como no teórico. Passar-se-á pelos percalços judiciais e ao final uma explicação sobre as dificuldades de aplicação prática do *leasing* no caso dos imóveis.

2. Histórico: Surgimento do contrato no mundo e no Brasil

Arnoldo Wald, em artigo intitulado *"Histórico e desenvolvimento do leasing"*[3] aponta a Antiguidade como origem para os autores que consideram o referido contrato como forma peculiar de locação[4]. Para Fábio

---

1 *"Leasing*, do inglês norte-americano, é composto do sufixo *ing*, que exprime ação verbal, e do verbo *to lease*, traduzido como ato de alugar ou arrendar. O locador é o *lessor*, e o locatário o *lessee*. No Brasil, chamado de arrendamento mercantil, as partes são o arrendante, ou arrendador, e o arrendatário. Numa tentativa de aportuguesar, Bulgarelli sugere lísingue. Em termos de tradução, sugiro lísin, com todo o respeito ao mestre. Mas parece que devemos ficar mesmo é com o original *leasing*, inclusive em termos de *marketing"* (Mariani, Irineu. Leasing em tópicos. *Revista da Ajuris*, v. 26, nº 79, pp. 125-147, set. 2000).

2 Colhe-se do *site* do Banco Central – Bacen (www.bcb.gov.br/htms/bc_atende/ leasing.shtm) a seguinte explicação: *"As empresas vendedoras de bens costumam apresentar o leasing como mais uma forma de financiamento, mas o contrato deve ser lido com atenção, pois trata-se de operação com características próprias".*

3 Wald, Arnoldo. Histórico e desenvolvimento do *leasing*. *Revista Forense*, ano 71, v. 250, pp. 14-26, 1975.

4 El Mokhtar Bey (*De la symbiotique dans les leasing et crédit-bail mobiliers.* Paris: Dalloz, p. 4), *apud* Arnoldo Wald (*op. cit.*, p. 13) faz remontar às origens do *leasing* ao Império Babilônico e ao Egito. Assim, o instituto teria uma primeira formulação no Código de

Konder Comparato[5], o historiador do Direito não terá dificuldades em associar o contrato de arrendamento mercantil com o *"velho censo reservatório para as necessidades industriais do momento"*[6], que era muito comum na Idade Média.

Inegavelmente, contudo, para os propósitos de se analisar o *leasing* praticado atualmente, mais importantes foram dois fatos ocorridos nos EUA. O surgimento do *renting*, na década de 20, verdadeira ampliação do contrato de locação com o acréscimo dos deveres do locador, incorporando a garantia de assistência técnica, revisões, consertos etc.[7] E depois o famoso *Lend and Lease Act*, por meio do qual, em 1941, durante a 2ª Guerra Mundial, o Presidente Franklin Delano Roosevelt determinou o empréstimo de armamentos e outros materiais bélicos para os países aliados, com a (até então inédita) condição de que, terminada a guerra os mesmos deveriam devolver ou adquirir o material emprestado.

E, foi justamente por se utilizar dessa ideia governamental (para salvar sua própria empresa) que o californiano D. P. Boothe Jr., percebeu, então, um novo "nicho" comercial a ser explorado, tendo fundado, em 1952, a *United States Leasing* que, com um capital inicial de US$ 20.000,00, passou, já no ano de 1954 a realizar operações no valor de US$ 3.000.000,00.[8]

No Brasil, como resumido por Caio Mário da Silva Pereira, a prática teria sido adotada pela primeira vez no ano de 1967, com a empresa *Rent-*

Hamurabi, no início do século XVIII, antes de Cristo. No Egito, a ideia de *leasing*, ou de *renting*, teria aparecido já na época dos soberanos Tinitas, ou seja, aproximadamente no ano 3000 antes de Cristo, quando reinava o extraordinário administrador, o Mestre dos Dois Países. Naquele tempo, o rico que alugava seus instrumentos de trabalho ou seu escravo a outro rico, o proprietário que alugava seu imóvel a um *moushkenou* ou pequeno homem (pessoa de condição social baixa), para uma estação ou um período mais longo, fazia, de acordo com o caso, e sem sabê-lo, uma operação de *leasing* ou de *renting*.

---

5   COMPARATO Fábio Konder. Contrato de *leasing*, RT, nº 389, p. 13, 1968
6   *"...quando os capitais mobiliários escasseavam, a pressão das necessidades criou o censo ou renda fundiária, que dava ensejo à alienação de imóveis, sem que o adquirente houvesse de pagar o preço à vista ou a curto prazo. O alienante conservava, pelo contrato, um autêntico direito real de garantia sobre o imóvel, enquanto perdurasse o pagamento da renda perpétua."* **(COMPARATO, Fábio Konder. *idem*)**
7   Ibidem.
8   Assim, como se verifica no citado artigo de Arnoldo Wald (*op. cit*. P. 15), colhendo informações da revista *Fortune*, em 1961, a outra empresa criada pelo pioneiro, a *Boothe Leasing Corporation* que, partira de um capital inicial de US$ 400.000,00, alcança a marca de impressionantes 2.700 clientes, movimentando US$ 66.000.000,00 e aumentando o seu capital para US$ 8.000.000,00, ou seja, vinte vezes o valor inicialmente aplicado.

a-Maq (de propriedade do Sr. Carlos Maria Monteiro), tendo permanecido em caráter experimental até meados dos anos 1970. Mas, pela ausência de regulamentação, houve, inicialmente, dificuldades de expansão do setor, ao passo que, em 1974, buscando estabelecer obrigações tributárias, foi editada a Lei nº 6.099/74 que, definia o *leasing*,[9] renomeando-o como Arrendamento Mercantil.

Depois, com a edição da Lei nº 7.132/83, que alterou o conceito da legislação anterior[10], vindo a permitir a celebração do contrato de arrendamento entre uma instituição financeira e uma pessoa física, o que antes era impossível, o *leasing* ganhou o mercado e passou a ser oferecido à toda sociedade, tornando-se excelente opção para os que buscavam iniciar ou expandir seus negócios, sem, no entanto, comprometer o capital a ser investido.

Com isso, as empresas de *leasing* foram se multiplicando e, assim como ocorrera com as empresas de cartões de crédito, a atividade foi "encampada", direta ou indiretamente, pelas instituições financeiras.

E, mais recentemente, importante alteração foi promovida por conta da Lei nº 13.043/2014 que facilitou os tramites para cobrança da dívida ou recuperação do bem arrendado.

3. Conceito[11]

Em que pese certo inconformismo por parte da doutrina com a denominação adotada no direito positivo

---

9 **Lei nº 6.099/1974: Art. 1º** "O tratamento tributário das operações de arrendamento mercantil reger-se-á pelas disposições desta Lei. **Parágrafo único.** Considera-se arrendamento mercantil a operação realizada entre pessoas jurídicas, que tenha por objeto o arrendamento de bens adquiridos a terceiros pela arrendadora, para fins de uso próprio da arrendatária e que atendam às especificações desta."

10 Dispõe o artigo da Lei nova: "Considera-se arrendamento mercantil, para os efeitos desta Lei, o negócio jurídico realizado entre pessoa jurídica, na qualidade de arrendatária, e que tenha por objeto o arrendamento de bens adquiridos pela arrendadora, segundo especificações da arrendatária, e para uso próprio desta".

11 Colhe-se do *site* do Banco Central – Bacen (www.bcb.gov.br/htms/bc_atende/ leasing. shtm) a seguinte explicação: "As empresas vendedoras de bens costumam apresentar o *leasing* como mais uma forma de financiamento, mas o contrato deve ser lido com atenção, pois trata-se de operação com características próprias. O *leasing*, também denominado arrendamento mercantil, é uma operação em que o proprietário (arrendador, empresa de arrendamento mercantil) de um bem móvel ou imóvel cede a terceiro (arrendatário, cliente, 'comprador') o uso desse bem por prazo determinado,

(arrendamento),¹² no que tange à conceituação, não há grande dissonância. Para Fran Martins:¹³ *"(...) o contrato segundo o qual uma pessoa jurídica arrenda a uma pessoa física ou jurídica, por tempo determinado, um bem comprado pela primeira de acordo com as instruções da segunda, cabendo ao arrendatário a opção de adquirir o bem arrendado findo o contrato, mediante um preço residual previamente fixado"*. No entender prático de Etienne Alberto, citado por Caio Mário da Silva Pereira:¹⁴ *"(...) uma operação de arrendamento e financiamento, com o propósito de assegurar ao usuário, sem a entrada de numerário de sua parte, o uso imediato de equipamentos destinados à sua atividade, cuja aquisição é feita pela entidade arrendadora"*.

De forma mais completa, Roberto Ruozi,¹⁵ citado por Álvaro Antônio S. B. de Aquino,¹⁶ ensina que:

> *"O leasing é uma operação de financiamento a médio ou a longo prazo, calçada em um contrato de locação de bens móveis ou imóveis. Integra essa operação um intermediário financeiro que intervém entre o produtor do bem objeto do contrato e a empresa que dele necessita, adquirindo do primeiro o referido bem e cedendo-o em locação à segunda, o qual se obriga, irretratavelmente, a pagar ao intermediário financeiro um determinado número de prestações periódicas, por conta de uma importância global superior ao custo dos bens, cuja proprie-*

> *recebendo em troca uma contraprestação. Esta operação se assemelha, no sentido financeiro, a um financiamento que utilize o bem como garantia e que pode ser amortizado num determinado número de 'aluguéis' (prestações) periódicos, acrescidos do valor residual garantido e do valor devido pela opção de compra. Ao final do contrato de arrendamento, o arrendatário tem as seguintes opções: – comprar o bem por valor previamente contratado; – renovar o contrato por um novo prazo, tendo como principal o valor residual; – devolver o bem ao arrendador".*

---

12 "Envolvendo uma operação financeira, forçoso é ressaltar que o *nomen iuris* – arrendamento mercantil – não é adequado. Melhor seria designá-lo de arrendamento financeiro" **(AQUINO, Álvaro Antônio Sagulo Borges de. Leasing – Responsabilidade civil. *Revista Forense*, v. 324, p. 5);** "No seminário realizado pelo Idort em São Paulo, Ary Oswaldo Mattos Filho exclamava: 'de maneira arbitrária o leasing para mim é arrendamento. Aqueles que encontrarem uma palavra melhor para batizar esse cristão não batizado ainda, estejam à vontade" **(BULGARELLI, Waldírio. Contratos mercantis. 4ª ed. São Paulo: Atlas, 1986).**

13 Martins, Fran, *op. cit.*, p. 522.

14 Pereira, Caio Mário da Silva. *Leasing* (arrendamento mercantil). *Revista Forense*, v. 287, p. 7.

15 Ruozi, Roberto. *Il leasing*, p. 23.

16 Aquino, Álvaro Antônio Sagulo Borges de, *op. cit.*, p. 6.

dade, ao término do contrato, pode ser transferida a título oneroso, do intermediário financeiro à empresa locatária, por iniciativa desta última".

4. Modalidades

Embora existam posições diferentes na doutrina, majoritária e corretamente se destacam três formas principais:

O leasing *operacional (*leasing *industrial),* também conhecido como *renting,* é a operação realizada diretamente com o fabricante/vendedor, que se obriga a prestar assistência técnica e manutenção durante a locação. Enquanto não termina o pagamento das parcelas e é feita a opção pela compra, a empresa arrendante continua proprietária do bem. Consiste na forma que vem sendo utilizada pelas empresas fabricantes de tratores, máquinas industriais e fotocopiadoras (*v.g.*, Xerox, Canon, IBM[17]).

O leasing *financeiro* é o verdadeiro *leasing* contando com uma empresa na posição de intermediária entre o fabricante/vendedor e o arrendatário, encaixando sua definição prática no próprio conceito do contrato, isto é, a arrendante atua adquirindo o bem, e possibilitando ao arrendatário o uso por determinado período mediante o pagamento de prestações. No término do prazo fixado, este terá a tríplice opção (renovar, devolver ou adquirir). É o caso clássico da compra de veículos, salientando-se que, nessa modalidade, não há obrigação de prestar assistência técnica do bem adquirido pois, como falado, o contrato se dá entre o arrendatário e a empresa financiadora.

O lease-back *(ou* sale lease-back*)*[18] possui uma característica que o diferencia das demais modalidades, que é justamente o fato de confundirem-se na mesma pessoa o arrendatário e o fornecedor do bem, funcionando como se fosse um empréstimo com dação do bem (objeto do contrato) em garantia. Todavia, não o é, pois se transfere a propriedade do bem, garantindo-se, entretanto, o direito de recomprá-lo. Conforme expõe, Carlos

---

17 Essa modalidade de *leasing* está excluída dos benefícios fiscais trazidos pela Lei nº 6.099/1974.

18 Lei nº 6.099/1974, art. 9º: "As operações de arrendamento mercantil contratadas com o próprio vendedor do bem ou com pessoas jurídicas a ele vinculadas, mediante quaisquer das relações previstas no art. 2º desta Lei, poderão também ser realizadas por instituições financeiras expressamente autorizadas pelo Conselho Monetário Nacional, que estabelecerá as condições para a realização das operações previstas neste artigo. (*Redação dada pela Lei nº 7.132, de 1983.*) Parágrafo único. Nos casos deste artigo, o prejuízo decorrente da venda do bem não será dedutível na determinação do lucro real. (*Redação dada pela Lei nº 7.132, de 1983.*)"

Alberto Di Agustini,[19] o bem faz parte do ativo imobilizado da empresa arrendatária, sendo uma forma de viabilizar recursos de longo prazo através de sua venda (com a opção de recomprá-lo)[20].

5. Percalços Judiciais

Ao longo dos anos a disponibilização do contrato de arrendamento mercantil ao mercado sofreu três grandes abalos decorrentes de entendimentos judiciais que minavam, ora a credibilidade do contrato, ora sua lucratividade, gerando desinteresse na oferta pelos agentes financeiros.

Com o permissivo legal (Lei nº 8.880/1994)[21] das empresas arrendadoras captarem dinheiro no exterior para realização dos contratos de *leasing*, fornecendo opção ao consumidor de atrelar o valor da parcela à moeda estrangeira captada e sua respectiva variação cambial, foram efetuados milhares de contratos dessa maneira. As discussões começaram com a maxi-desvalorização do Real frente ao Dólar em janeiro de 1999, assoberbando os tribunais que só encontraram solução quando a E. 2ª Seção do STJ, já em fevereiro de 2003, julgou o REsp. 472.592-SP e decidiu que as prestações vencidas a partir de 19.01.1999 deveriam ser reajustadas pela metade da variação cambial verificada na época, devendo a outra metade ser arcada pelas empresas de *leasing*[22].

Concomitantemente à essa discussão, uma outra, muito mais séria, quase decretou o fim do leasing no País. Mesmo não havendo na Resolução nº 2.309/1996 do Conselho Monetário Nacional (CMN) qualquer vedação, doutrina e jurisprudência começaram a entender que se houvesse anteci-

---

19 Di Agustini, Carlos Alberto. *Leasing*. São Paulo: Atlas, 1995. p. 25.

20 Outras formas de leasing: **Self-leasing** a operação é realizada entre empresas ligadas ou coligadas, podendo ser efetuado de duas formas distintas. Na primeira, as empresas vinculadas assumem posições de arrendador, arrendatário e vendedor. Na segunda, o arrendador é o mesmo fabricante e cede o bem em arrendamento. Tal modalidade foi expressamente excluída dos benefícios insculpidos na Lei nº 6.099/1974. O **dummy corporation leasing**, que não é praticado no Brasil, consiste no *trust* do Direito anglo-saxônico e à *société de paille* (sociedade de palha) do Direito francês. Nesse tipo de *leasing*, insere-se uma empresa entre os investidores e arrendatários que emite debêntures, com as quais obtém numerários para a aquisição dos bens que, futuramente, serão dados em locação à empresa arrendatária

21 Lei nº 8.880/1994, art. 6º: "É nula de pleno direito a contratação de reajuste vinculado à variação cambial, exceto quando expressamente autorizado por lei federal e nos contratos de arrendamento mercantil celebrados entre pessoas residentes e domiciliadas no país, com base em captação de recursos provenientes do exterior."

22 STJ, 2ª Seção, REsp 472.594-SP, Rel. p/ Acórdão Min. Aldir Passarinho Júnior, j. 12.02.2003

pação, total ou parcial dos valores estipulados a título de Valor Residual, haveria uma descaracterização do contrato, transmudando-se para compra e venda parcelada[23]. No E. STJ, na época, a questão foi pacificada no julgamento dos Embargos de Divergência no Recurso Especial nº 230.239-RS, que serviu, até, como precedente para edição, em maio de 2002, da Súmula nº 263: *A cobrança antecipada do valor residual (VRG) descaracteriza o contrato de arrendamento mercantil, transformando-o em compra e venda a prestação.*

A decisão, *smj*, equivocada fez despencar a celebração dos contratos no País[24] e, em menos de um ano a questão voltou à tona. Por ocasião do julgamento dos Embargos de Divergência no Recurso Especial de nº 213.828-RS, em maio de 2003, a Corte Especial do STJ afastou o uso da Súmula nº 263, tendo sido a mesma cancelada pela 2ª Seção em agosto daquele ano, quando do julgamento dos Recursos Especiais de ns. 443.143-GO e 470.632-SP. Assim, em maio de 2004, uma nova Súmula, a de nº 293, foi editada, com o seguinte teor: *A cobrança antecipada do valor residual garantido (VRG) não descaracteriza o contrato de arrendamento mercantil.*

O terceiro e (até aqui) último percalço, se deu quando as decisões judiciais passaram a - com base numa equivocada interpretação de que o VR (Valor Residual) pago antecipadamente somente se prestava a antecipar a parcela final de opção de compra - entender que se o locatário (consumidor) não ficasse com o bem, por vontade manifestada ou em razão de inadimplência (devolução ou retomada), a arrendadora deveria devolver integralmente o VRG pago sob pena de enriquecimento imotivado. Em razão do alto grau de inadimplência, que gerava enormes riscos ao contrato, esses julgamentos equivocados atrapalhavam muito o cálculo final do contrato e, consequentemente, encareciam bastante a operação.

Tal situação durou muito tempo e somente foi resolvida em 27.02.2013 por ocasião do julgamento do REsp. Repetitivo 1.099.212-RJ, que deu ense-

---

23 Em março de 1999, a SDE/MJ editou a Portaria nº 3, que, em aditamento ao rol enunciativo dos incisos do artigo 51 do CPDC, dispunha, em seu item 15, sobre a nulidade das cláusulas que *"Estabeleçam, em contrato de arrendamento mercantil (leasing) a exigência do pagamento antecipado do valor residual garantido (VRG), sem a previsão de devolução desse montante, corrigido monetariamente, se não exercida a opção de compra do bem".*

24 Relação de anos/contratos informada pela ABEL (Associação Brasileira de Empresa de Leasing): 1999 (1.690.377 contratos); 2000 (1.162.501 contratos); 2001 (732.947 contratos); 2002 (468.617 contratos); 2003 (328.823 contratos); 2004 (532.037 contratos); 2005 (871.587 contratos); 2006 (1.357.223 contratos); 2007 (2.479.986 contratos); 2008 (4.276.708 contratos). A representação gráfica, com certeza, teria um formato de V, sendo os anos de 2002/2003, durante a vigência da malsinada súmula 263, o ponto mais baixo.

jo, em 24.02.2016, à edição da súmula 564 de seguinte redação: "No caso de reintegração de posse em arrendamento mercantil financeiro, quando a soma da importância antecipada a título de valor residual garantido (VRG) com o valor da venda do bem ultrapassar o total do VRG previsto contratualmente, o arrendatário terá direito de receber a respectiva diferença, cabendo, porém, se estipulado no contrato, o prévio desconto de outras despesas ou encargos pactuados."

6. Arrendamento Mercantil Imobiliário

No caso específico dos imóveis, a Lei nº 9.514/97 (Sistema de Financiamento Imobiliário) com sua redação alterada pela Lei nº 10.931/04, disciplinou no art. 5º, §2º que: *"As operações de comercialização de imóveis, com pagamento parcelado, de arrendamento mercantil de imóveis e de financiamento imobiliário em geral poderão ser pactuadas nas mesmas condições permitidas para as entidades autorizadas a operar no SFI"*. Mas mesmo assim o contrato não se popularizou.

Os contratos mais praticados (leasing financeiro de maquinário, automóveis, aeronaves e equipamentos de informática) têm em comum a inafastável depreciação do bem arrendado, não só pelo uso/desgaste, como também pela certeza de que avanços tecnológicos surgirão durante o tempo do contrato. Já no caso dos imóveis, nos quais os prazos são, via de regra, mais longos, existe uma grande dificuldade de se calcular essa depreciação, pois, usualmente, ao fim do contrato o bem vale mais do que quando efetuada sua avaliação inicial, não só pelo simples acerto do preço no tempo, mas também pela possibilidade de valorizações decorrentes de melhorias e/ou fatores externos (*v.g.* imóveis valorizados por obras na via pública). Tal ponto impacta no cálculo do VR (valor residual) que deve acompanhar a parcela mensal devida pelo uso do bem alheio.

Questão prática a gerar discórdia entre os contratantes pode surgir, justamente, quando for preciso efetuar benfeitorias no imóvel, pois, pelo disposto no art. 1219 do CC[25], como possuidor de boa-fé, teria o arrendatário direito ao ressarcimento das benfeitorias necessárias e úteis. Sendo um contrato de longa duração, com opção de compra exercida somente no final, fica fácil de imaginar que o arrendatário não queira esperar 10 ou 20 anos para negociar tal reembolso (usualmente preferindo descontos em

---

25 NCC- Art. 1.219. O possuidor de boa-fé tem direito à indenização das benfeitorias necessárias e úteis, bem como, quanto às voluptuárias, se não lhe forem pagas, a levantá-las, quando o puder sem detrimento da coisa, e poderá exercer o direito de retenção pelo valor das benfeitorias necessárias e úteis.

parcelas vincendas). Mas, pelo lado do arrendador, existe uma expectativa legítima de que o imóvel passe ao patrimônio do arrendatário, de modo que não faria sentido promover qualquer reembolso. A solução passa, necessariamente, pela negociação prévia, com inserção de cláusula clara e objetiva afastando esse tipo de restituição, incompatível com o *leasing* financeiro por essência.

Mas, sem dúvidas, o que mais afasta os agentes financeiros é o risco de má compreensão do *leasing* como um contrato diferenciado em contendas judiciais, principalmente na questão da devolução das parcelas do adiantamento do VR quando o bem não é adquirido pelo arrendatário. Ainda que a questão tenha se pacificado no E. STJ, como se demonstrou, há sempre o receio de que os julgadores restrinjam a utilização da súmula 564 aos bens móveis, pois, quando se trata de residências as questões contratuais são valoradas sob o prisma do direito fundamental à moradia. Assim, se forem utilizadas as regras ordinárias do Código Civil (art. 413[26]) e Legislação Consumerista (art. 53[27]) o contrato restará equiparado a compra e venda parcelada[28], prejudicando-se, de forma absoluta, a garantia pactuada originalmente.

Conquanto se entenda que o risco de depreciação é pequeno pois, os imóveis tendem a valorizar no tempo, o que afastaria o prejuízo do arrendador com a devolução[29], pode ocorrer desvalorização (*v.g.* aumento da crimi-

---

26 NCC - Art. 413. A penalidade deve ser reduzida equitativamente pelo juiz se a obrigação principal tiver sido cumprida em parte, ou se o montante da penalidade for manifestamente excessivo, tendo-se em vista a natureza e a finalidade do negócio.

27 CPDC - Art. 53. Nos contratos de compra e venda de móveis ou imóveis mediante pagamento em prestações, bem como nas alienações fiduciárias em garantia, consideram-se nulas de pleno direito as cláusulas que estabeleçam a perda total das prestações pagas em benefício do credor que, em razão do inadimplemento, pleitear a resolução do contrato e a retomada do produto alienado.

28 "Tais regras colidem com os dispositivos do Código de Defesa do Consumidor (art. 53) e, ainda, com o art. 413 do Código Civil, para citar apenas os principais, impedindo cláusulas que privilegiem o credor em detrimento do devedor. Tais regras garantem ao arrendatário que, sem dúvida, é promitente comprador do bem, direito à restituição de parte das importâncias pagas a título de amortização, em caso de inadimplemento, bem assim, à redução da penalidade na proporção da parte do contrato já cumprida. Estas Razoes, embora haja outras, são mais do que suficientes para tornar inconveniente essa modalidade de negócio financeiro para os imóveis em geral..." **(AVVAD, Pedro Elias. Direito Imobiliário: Teoria Geral e Negócios Imobiliários, Renovar, 2006)**

29 "Caso o arrendatário não opte pela compra do bem, ou mesmo na hipótese de haver a rescisão do contrato por inadimplemento, o valor residual eventualmente antecipado deverá ser restituído pelo arrendador, não podendo haver retenção como compensação por eventual prejuízo pela desvalorização do bem verificada quando da venda a terceiro, haja vista que raramente o imóvel se desvalorizará. Ao contrário, a tendência

nalidade em determinada região) e, ademais, não se pode desconsiderar o fato de que o bem será alienado em leilão, o que, *de per si*, representa um decréscimo em seu valor.

7. Conclusão

Ainda que haja muitos agentes financeiros, com acirrada competição para ganhar espaço no mercado, não se estranha o fato de serem poucos os que oferecem o arrendamento mercantil imobiliário em seu portfólio de produtos, representando um percentual discretíssimo de 0,15% (zero vírgula quinze por cento) no todo dos *leasings* celebrados no País[30]:

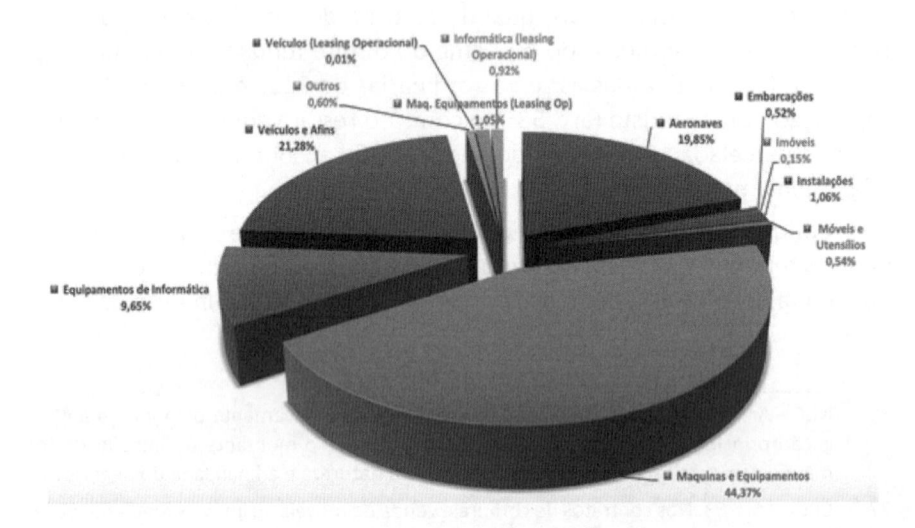

Além dos motivos apontados no item 5 *supra*, uma diferença significativa a explicar a baixa procura pelo *leasing* imobiliário é a larga oferta de imóveis para locação em contratos de longa duração (que não ocorre a preços competitivos com carros, aviões ou máquinas), através da qual a pessoa interessada paga valor menor do que se tivesse que pagar pelo uso somado a cota de adiantamento do VR.

é que o bem se valorize, não havendo, pois, prejuízo, para o arrendador, mas sim, lucro. O arrendador, então, já terá sido devidamente remunerado pelo pagamento dos aluguéis inerentes à ocupação do bem pelo arrendatário durante a vigência do contrato." **(NEVES, Thiago Ferreira Cardoso. Contratos Mercantis. 2a ed., Rio de Janeiro: GZ, 2018, p. 355)**

---

30   http://www.leasingabel.com.br/wp-content/uploads/2020/07/Informacoes-do-Setor-no-Contexto-do-Credito-no-Brasil_mar2020.pdf

E, representando os imóveis uma garantia muito firme, há vários outros contratos de aquisição (e não de locação com opção), tais como a alienação fiduciária por exemplo, que melhor se adequam aos anseios das pessoas físicas.

Entende-se, então, que na ponderação de vantagens e desvantagens do *leasing*, esse contrato se mostra muito mais adequado aos bens móveis (que desvalorizam no tempo), restando para o segmento imobiliário, os contratos celebrados com grandes empresas, que podem usar terrenos e galpões sem precisar inclui-los em seu patrimônio, utilizando benesses fiscais e, mais importante, pagando as parcelas do VR (valor residual) com o uso do bem arrendado, o que não ocorre no caso das pessoas físicas em suas moradias.

A Letra e a Cédula de Crédito Imobiliário – Contornos de Direito Cambiário

Márcio Souza Guimarães

Introdução

A pequena e singela homenagem que faço ao querido amigo Sylvio Capanema, incentivador da primeira hora, é sobre um tema que o empolgava muito, por ter sido um dos maiores defensores do incremento e mobilidade ao crédito no direito imobiliário. Como consequência, via, com entusiasmo, a maior circulação de riqueza, gerando desenvolvimento econômico e social, com a criação de postos de trabalho e arrecadação de tributos. Dedico esse arrazoado ao nosso mestre Capanema, que continuará a ensinar e reverberar alegria e otimismo por onde passar.

O longo e difícil caminho percorrido pela história do crédito brasileiro, incluindo o crédito imobiliário, é um capítulo que precisa avançar, com maior oferta por diferentes entidades e garantias satisfatórias para a operação. A concentração brasileira de instituições financeiras é notadamente um entrave ao crédito, o que vem sendo modificado com o surgimento das *fintechs* e novos agentes de mercado. Além disso, o Brasil tem uma crise habitacional considerável[1], que desde a década de 60 tem sido enfrentada com financiamentos lastreados nas antigas Letra Imobiliária (Lei nº 4.380/1964)[2] e Letra Hipotecária (Decreto-Lei nº 2.478/1988, substituindo o Decreto 370 de 1890), ambas emitidas pelo Sistema Financeiro da Habitação, concentrado no extinto Banco Nacional da Habitação – muito conhecido pela sigla "BNH".

Diante de um tríplice fundamento: a) tornar mais atrativo o crédito para os adquirentes de imóveis; b) financiar os construtores e c) autorizar as instituições financeiras buscar recursos no mercado para ofertar crédito, a Lei nº 10.931/1994 insere no ordenamento jurídico a letra de crédito imobiliário e a cédula de crédito imobiliário, ambos idealizados pelo Poder Executivo, criados com a edição da Medida Provisória 2.223/2001 e suas sucessivas reedições.

Por já haver inúmeros trabalhos sobre as Letras e Cédulas de Crédito Imobiliários, optamos por dar um corte à análise, sob a égide do direito

---

1 "Agenda ONU Habitat": http://habitat3.org/wp-content/uploads/NUA-Portuguese-Brazil.pdf, acesso em 27 de julho de 2020.
2 Substituídas pela Letra Imobiliária Garantida (arts. 63 a 98 da Lei nº 13.097/2015).

cambiário, procurando contribuir com o estudo desses títulos, trazendo à baila algumas questões que demandam atenção especial.

1. Títulos de Crédito

É de Cesare Vivante a definição clássica de título de crédito[3], consistente em que se trata do documento necessário ao exercício do direito literal e autônomo nele mencionado, atualmente inserto no art. 887 do Código Civil[4]. Assim os princípios de direito cambiário (cartularidade, literalidade e autonomia) se fazem presentes, dando azo à necessária circulação célere e segura do crédito, diferenciando as obrigações cambiais daquelas de direito civil, campo em que inúmeros questionamentos sobre a existência, validade e eficácia dos negócios jurídicos podem ser suscitados, gerando insegurança às partes negociantes. O direito comercial demanda rapidez e segurança jurídica nas tratativas, como identificado nos institutos do aceite, do endosso e do aval, os quais se amoldam com perfeição aos preceitos de Vivante, possibilitando que o endossatário da cambial, por exemplo, a receba apenas com atenção ao que constar disposto *literalmente* no documento corporificador do crédito (*cártula*), sem qualquer apreciação da origem da obrigação.

Ao lado das cambiais tradicionais, como a letra de câmbio, a nota promissória, a duplicata e o cheque, há títulos de crédito que, não obstante materializem um crédito, assumirão alguns contornos próprios, de acordo com o propósito da sua emissão[5], como a letra de crédito imobiliário – LCI) e a cédula de crédito imobiliário – CCI), que serão destinatárias de apontamentos específicos no curto ensaio que se apresenta.

2. Letra de Crédito Imobiliário

As letras de crédito imobiliário – LCI se afiguram como títulos de crédito emitidos por bancos e outros agentes de crédito para se capitalizarem e reinvestirem os recursos no mercado imobiliário. Sua criação se materializou com a edição da medida provisória 2.223/2001, e sucessivas reedições, posteriormente convertida na Lei nº 10.931/2004.

---

3   VIVANTE, Cesare. Trattato dee Diritto Commerciale. 3.ed. Milão: F. Vallardi., 1906. v. 3, p. 154.

4   Art. 887. "O título de crédito, documento necessário ao exercício do direito literal e autônomo nele contido, somente produz efeito quando preencha os requisitos da lei."

5   São denominados por Rubens Requião de "outros títulos de crédito". REQUIÃO, Rubens. Curso de Direito Comercial, 2º v., São Paulo: Saraiva, 19ª ed., 1993, p. XX.

Podemos afirmar que o Superior Tribunal de Justiça chancelou o posicionamento de que a prescrição para sua cobrança é aquela prevista no art. 70 da Lei Uniforme de Genebra – LUG, de três anos. Apesar do julgado se referir à Letra Imobiliária (Lei nº 4.380/64), a razão de decidir é a mesma, se aplicada à LCI, por ambas estarem classificadas como título de crédito impróprio e a lei instituidora não ter previsto prazo prescricional diferenciado:

> (...) LETRA IMOBILIÁRIA VENCIDA. RESGATE. NATUREZA JURÍDICA DE TÍTULO DE CRÉDITO. PRAZO PRESCRICIONAL TRIENAL (ART. 70, LEI UNIFORME). PRESCRIÇÃO ACOLHIDA. LITIGÂNCIA DE MÁ-FÉ REPELIDA. AUSÊNCIA DE FATO NOVO A JUSTIFICAR A MODIFICAÇÃO DO ENTENDIMENTO ADOTADO NA DECISÃO RECORRIDA. DESPROVIMENTO.[6]

A natureza cambial da LCI é evidente, aplicando-se os princípios do direito cambiário, notadamente a autonomia. Em caso julgado pelo Tribunal Regional Federal da 4ª Região, aplicando precedente do Superior Tribunal de Justiça, afastou-se a alegação da natureza alimentar de uma LCI, rechaçando o argumento de que fora adquirida com recursos oriundos de verba rescisória de contrato de trabalho e depósitos do FGTS, sendo a razão de decidir o princípio da autonomia cambial[7].

---

6 STJ – AREsp: 928566 GO 2016/0145113-9, Relator: Ministro MOURA RIBEIRO, Data de Publicação: DJ 23/06/2016.

7 AGRAVO DE INSTRUMENTO. PROCESSUAL CIVIL. CAMBIÁRIO. EXECUÇÃO DE TÍTULO EXTRAJUDICIAL. BACENJUD. POSSIBILIDADE DE PENHORA DE VALORES DE NATUREZA ORIGINARIAMENTE ALIMENTAR UTILIZADOS NA AQUISIÇÃO DE LCI - LETRA DE CRÉDITO IMOBILIÁRIO. 1. Possível a penhora de valores originariamente decorrentes de rescisão de contrato de trabalho e depósitos do FGTS, que foram aplicados em investimento de Letra de Crédito Imobiliário – LCI (entendimento do STJ). 2. Não se mostra razoável, como regra, admitir que verbas alimentares não utilizadas no período para a própria subsistência, sejam transformadas em aplicações ou investimentos financeiros e continuem a gozar do benefício da impenhorabilidade (Ministra Nancy Andrighi; RE 1.330.567) 3. A Letra de Crédito Imobiliário – LCI é um título de crédito nominativo de livre negociação, representativo de promessa de pagamento em dinheiro, cuja emissão é exclusiva de instituições financeiras para a captação de recurso (Lei nº 10.931/2004). 4. Em face da **autonomia e da abstração** – características dos títulos de crédito – é afastada a alegação de que a LCI mantém a mesma natureza – alimentar – dos valores utilizados na sua aquisição. 5. Agravo de instrumento desprovido. (grifamos). TRF-4 – AG: 50097026620194040000 5009702-66.2019.4.04.0000, Relator: CÂNDIDO ALFREDO SILVA LEAL JUNIOR, Data de Julgamento: 26/06/2019, QUARTA TURMA. Há julgados que limitam a penhora em 40 (quarenta) salários mínimos, citando precedentes do Superior Tribunal de Justiça e do Supremo Tribunal Federal: TJSC, AI 4004170-74.2018.8.24.0000. Publicação: 11.12.201. TJRS, AI 70082680703, 15ª Câmara Cível, Des. Otávio Augusto Barcellos, Julg.: 23.10.2019. De qualquer forma, não resta descaracterizada a autonomia da LCIs.

Apesar de se assemelharem muito às letras hipotecárias – LH[8], são mais abrangentes, como leciona Marlon Tomazette[9], sendo utilizadas em escala muito maior. O escasso uso das LHs foi pontuado por Fran Martins[10], ao asseverar que: *apesar de regularmente estruturadas, as letras hipotecárias, não tiveram aceitação, sendo, ao longo dos anos, pouquíssimas vezes utilizadas, e atualmente sem uso efetivo*. A causa para tanto é a constatação de que a garantia hipotecária, própria da LH, caiu praticamente em desuso, sendo substituída pela fiduciária. Além disso, o credor da LH tinha como garantia o patrimônio da instituição financeira emissora, o que pode parecer, à primeira vista, como estimulante, porém foge ao conceito de alocação de risco calculado tanto pelo tomador do crédito (agente financeiro), quanto pelo investidor[11].

Com a criação da LCI fica evidente que o objeto da garantia é preciso, dando margem à análise do risco que ambas as partes estão dispostas a assumir, como se depreende da redação do art. 12 da Lei nº 10.931/2004:

> *Os bancos comerciais, os bancos múltiplos com carteira de crédito imobiliário, a Caixa Econômica Federal, as sociedades de crédito imobiliário, as associações de poupança e empréstimo, as companhias hipotecárias e demais espécies de instituições que, para as operações a que se refere este artigo, venham a ser expressamente autorizadas pelo Banco Central do Brasil, poderão emitir, independentemente de tradição efetiva, Letra de Crédito Imobiliário – LCI,* **lastreada por créditos imobiliários garantidos por hipoteca ou por alienação fiduciária de coisa imóvel, conferindo aos seus tomadores direito de crédito pelo valor nominal, juros e, se for o caso, atualização monetária nelas estipulados**. (grifamos)

A LCI será sempre nominativa, afastando-se a possibilidade de ser emitida ao portador, como disposto no art. 12, §1º da Lei nº 10.931/2004, seguindo a disposição da Lei nº 8.021/1990[12], que já vedava esta modali-

---

8   Lei nº 7.684/1988.

9   TOMAZETTE, Marlon. Curso de Direito Empresarial, v. 2, 11ª ed. São Paulo: Saraiva, 2020, p. 428.

10 MARTINS, Fran. Títulos de Crédito, v. 2, 11ª ed. Rio de Janeiro: Forense, 1999, p. 246.

11 O mercado é pautado pelo incentivo, previsibilidade e segurança jurídica. O direito comercial, desde a sua origem remota, tem uma marca: "é feito pelos comerciantes e para os comerciantes", i.e., não será a lei que pautará as atividades mercantis, mas sim a prática, a qual indicará como a lei deve ser elaborada.

12 Art. 1º. "A partir da vigência desta lei, fica vedado o pagamento ou resgate de qualquer título ou aplicação, bem como dos seus rendimentos ou ganhos, a beneficiário não identificado." No mesmo sentido a Lei nº 8.088/1990, em seu art. 19: "Art. 19. Todos os títulos, valores mobiliários e cambiais serão emitidos sempre sob a forma nominativa, sendo transmissíveis somente por endosso em preto."

dade de emissão. Apesar de posição contrária de Ricardo Fiúza[13], em nosso entendimento o Código Civil de 2002[14] não autorizou a emissão de títulos ao portador, tampouco revogou a Lei nº 8.021/1990[15]. Apenas indicou que leis especiais cambiais poderiam prever tal modalidade, o que não ocorreu desde 2002, e não deve ocorrer. Andou mal o novo diploma civil brasileiro. A não identificação do credor de um título gera risco elevado de evasão fiscal, corrupção e outras formas ilícitas de transferência de valores sem o conhecimento de quem é o destinatário.

A transferência do crédito contido na LCI é matéria muito peculiar. A lei dispõe que é *transferível mediante endosso em preto* (12, §1º da Lei nº 10.931/2004), reiterando a norma da impossibilidade do título ser criado ou se tornar um título ao portador (endosso em branco[16]). Dentre os atributos do direito cambiário, a circulabilidade é característica marcante – o crédito materializado em título de crédito é, por natureza, transferível. Todavia, interessante notar a regra inserta no art. 12, §1º, IX, da Lei nº 10.931/2004, ao exigir previsão expressa da cláusula "à ordem" na cambial para que seja endossável. A conclusão que se pode extrair é a de que a LCI, em regra, não é transferível pela via do endosso, contrariando a máxima cambial da transferibilidade dos créditos. E mesmo havendo cláusula "à ordem", excetua a regra do art. 11 da LUG, respondendo o endossante apenas pela veracidade do título, *mas contra ele não será admitido direito de cobrança regressiva* (art. 16 da Lei nº 10.931/2004). Mais técnico seria a lei ter indicado que na LCI somente é admissível o endosso sem garantia, nos termos do art. 15 da LUG[17]. Trata-se de regras com nítido conteúdo de precificação na trans-

---

13 "O novo Código Civil, nesta parte, vem a reintroduzir no direito positivo os títulos ao portador. Isto porque a Lei nº 8.021/1990 (art. 2º) extinguiu todos os títulos ao portador, inclusive nas ações das sociedades anônimas, a pretexto de assegurar a identificação dos contribuintes para fins fiscais. Ressalvada a legislação especial de regência de cada título de crédito, todos os demais títulos poderão, a partir de agora, ser emitidos sob a modalidade ao portador, ficando revogada a Lei nº 8.021/1990 relativamente a essa questão". FIÚZA, Ricardo. Novo Código Civil comentado. São Paulo: Saraiva, 2002, pp. 802-803.

14 Arts. 904 a 909 do Código Civil.

15 No mesmo sentido Ivo Waisberg. WAISBERG, Ivo. Comentários ao Código Civil (coord. Giovanni Ettore Nanni), São Paulo: Saraiva, 2019, p. 1.262.

16 Art. 14 da LUG. "O endosso transmite todos os direitos emergentes da letra. Se o endosso for em branco, o portador pode:
1º) preencher o espaço em branco, quer com o seu nome, quer com o nome de outra pessoa;
2º) endossar de novo a letra em branco ou a favor de outra pessoa;
3º) remeter a letra a um terceiro, sem preencher o espaço em branco e sem a endossar."

17 Art. 15. "O endossante, salvo cláusula em contrário, é garante tanto da aceitação como

ferência do crédito. O endossante (cedente) não fica vinculado à cadeia cambial e o endossatário (cessionário) assume risco maior, com o direito de realizar a cobrança somente em face do emitente da LCI o que, certamente, fará com que o deságio seja maior, dependendo da operação e de quem se afigura como devedor principal. A justificativa para tal excepcionalidade é a de que o emitente é sempre um agente financeiro autorizado, cuja liquidez sofre intensa fiscalização do Banco Central e do próprio mercado, ainda mais no Brasil em que há intensa concentração, com poucos agentes financiadores imobiliários.

Desde 2020, com a edição da Lei nº 13.986, a LCI poderá ser emitida sob a forma escritural (LCI digital)[18], por meio do lançamento em sistema eletrônico do emissor, e deverá ser registrada ou depositada em entidade autorizada pelo Banco Central do Brasil a exercer a atividade de registro ou de depósito centralizado de ativos financeiros[19]. A modificação legal advinda tem o condão de dar maior circulabilidade à cambial e imprimir segurança jurídica, facilitando o acesso ao crédito. Quando se concentra em um registro central a emissão de LCIs escriturais diminui-se a assimetria informacional, tendo como consequência sua melhor precificação e alocação de risco pelos investidores.

Característica também interessante da LCI é o tipo de garantia prevista para a obrigação cambial nela contida. O art. 14 da Lei nº 10.931/2004 indica que a *LCI poderá contar com garantia fidejussória adicional de instituição financeira*. Na teoria clássica de direito cambiário a garantia admissível para os títulos de crédito é o aval[20]. A questão que a regra prevista para a garantia das LCIs suscita é a admissibilidade do aval como garantia cambial. Parece-nos que em se tratando de direito privado, com a liberdade que as partes têm para contratar, valendo-se dos instrumentos lícitos disponíveis no mercado, a resposta é afirmativa. A redação do art. 14 não trilhou a mesma indigitada regra do endosso (restringindo ao endosso sem garantia). Ao dispor que "poderá contar com a garantia fidejussória", e não "apenas poderá contar com a garantia fidejussória" temos que o aval é admitido, com

---

do pagamento da letra. O endossante pode proibir um novo endosso, e, neste caso, não garante o pagamento às pessoas a quem a letra for posteriormente endossada."

18 Sobre a emissão do título virtual e o princípio cartularidade, verificar o que escrevemos abaixo em relação à CCI digital.
19 12, §2º da Lei nº 10.931/2004.
20 MIRANDA, Pontes de. Tratado de Direito Cambiário, v. I. Campinas: Bookseller, 2000, p. 361.

todas as suas características, principalmente a de que o avalista é coobrigado cambial responsável da mesma maneira que a pessoa por ele avalizada[21].

Ainda sobre o instituo do aval, verifica-se na segunda alínea da redação do art. 32 da LUG, que a obrigação do avalista *mantém-se, mesmo no caso de a obrigação que ele garantiu ser nula por qualquer razão que não seja um vício de forma*. Desta feita, vislumbramos que, apesar de possível a existência de aval na LCI, a garantia será de alto risco para o dador do aval, podendo ser demandado pelo seu pagamento mesmo na hipótese de nulidade da obrigação principal. E nesse caso apenas lhe restará adimplir a obrigação cambial (autônoma) e buscar a satisfação, via regresso, pelo emitente da cambial.

Ao dispor o art. 14 da Lei nº 10.931/2004 que a garantia fidejussória é admissível apenas se se tratar de outra instituição financeira, concluímos que pretende-se dar robustez à garantia, além de evitar que o crédito imobiliário fique ao alvedrio da solvência de outros garantidores de mercado que podem ostentar fragilidade quando do adimplemento ou estejam submetidos ao regime do direito das empresas em dificuldade. Isso decorre da regra de que as instituições financeiras não estão elencadas no rol das entidades que podem se valer, num primeiro momento, dos institutos do direito das empresas em dificuldade (recuperação judicial, extrajudicial ou falência)[22], como dispõe o art. 2º da Lei nº 11.101/2005. A norma de insolvência assim foi elaborada com fundamento nos regimes especiais de liquidação judicial e extrajudicial, administrados pelos agentes reguladores específicos – para as instituições financeiras, o BACEN (Lei nº 6.024/74). Assim, afastada está por completo a possibilidade de recuperação judicial ou extrajudicial da emitente ou da garantidora de uma LCI. Apesar do indigitado art. 2º também afastar a sua falência, não é correto o texto legal. Diante de uma crise financeira ou econômica de uma instituição financeira, será decretado o Regime de Administração Especial Temporário – RAET (DL 2.321/87), a intervenção ou a liquidação extrajudicial pelo BACEN (arts. 2º

---

21 Art. 32 da LUG. "O dador de aval é responsável da mesma maneira que a pessoa por ele afiançada.
A sua obrigação mantém-se, mesmo no caso de a obrigação que ele garantiu ser nula por qualquer razão que não seja um vício de forma." Como cediço, o vocábulo "afiançada" foi fruto de equívoco da tradução da lei, originalmente redigida em francês, quando da sua adoção pelo direito brasileiro. O correto é "avalizada".

22 Art. 2º. "Esta Lei não se aplica a:
II – instituição financeira pública ou privada, cooperativa de crédito, consórcio, entidade de previdência complementar, sociedade operadora de plano de assistência à saúde, sociedade seguradora, sociedade de capitalização e outras entidades legalmente equiparadas às anteriores."

e 15 da Lei nº 6.024/1974), com vistas a minorar o denominado risco sistémico advindo de um fato de tal natureza na economia. Ocorre que, em determinado momento do procedimento de liquidação extrajudicial, caso o ativo não seja *suficiente para cobrir pelo menos a metade do valor dos créditos quirografários, ou quando houver fundados indícios de crimes falimentares*[23], o liquidante nomeado pelo BACEN tem o dever de requerer a autofalência da instituição, seguindo-se o trâmite da Lei nº 11.101/2005 (falência tradicional). Portanto, a falência de um agente financeiro é possível, em contradição ao art. 2º da Lei nº 11.101/2005.

Com tais considerações cambiais, tem-se a LCI como um título de crédito classificado pelo mercado como de investimento de baixo risco. Isto porque a *causa debendi* que autoriza a sua emissão é a existência de *créditos imobiliários garantidos por hipoteca ou por alienação fiduciária de coisa imóvel, conferindo aos seus tomadores direito de crédito pelo valor nominal, juros e, se for o caso, atualização monetária nelas estipulados* (art. 12 da Lei nº 10.931/2004). Além do lastro em créditos imobiliários ainda há previsão de que o montante dos créditos não pode exceder o valor da LCI, tampouco o prazo de vencimento pode ser superior aos previstos nas obrigações imobiliárias garantidoras[24]. Todavia, não se pode confundir a causa prevista em lei para sua emissão (*causa debendi*) com a natureza do crédito disposto na LCI. De tal raciocínio decorre a assertiva de que o credor de uma LCI será sempre detentor de um crédito quirografário, e não de um crédito com garantia real, como já decidiu o Tribunal de Justiça de São Paulo, para fins de classificação no quadro geral de credores de uma massa falida[25].

---

23   Art. 21, *b*, da Lei nº 6.024/74.

24   Art. 15. "A LCI poderá ser garantida por um ou mais créditos imobiliários, mas a soma do principal das LCI emitidas não poderá exceder o valor total dos créditos imobiliários em poder da instituição emitente.
§ 1º A LCI não poderá ter prazo de vencimento superior ao prazo de quaisquer dos créditos imobiliários que lhe servem de lastro.
§ 2º O crédito imobiliário caucionado poderá ser substituído por outro crédito da mesma natureza por iniciativa do emitente da LCI, nos casos de liquidação ou vencimento antecipados do crédito, ou por solicitação justificada do credor da letra."

25   Agravo de instrumento. Recurso interposto contra a r. decisão que julgou improcedente a impugnação apresentada, mantendo a classificação do crédito como quirografário e condenando os agravantes ao pagamento de honorários advocatícios sucumbenciais no valor de R$ 5.000,00. Pretendida reclassificação do crédito oriundo de LCI, de quirografário para crédito com garantia real. Descabimento. Matéria já pacificada no âmbito da 1ª Câmara Reservada de Direito Empresarial. Precedentes jurisprudenciais proferidos na própria falência do Banco BVA. Aplicabilidade do Código de Defesa do Consumidor às instituições financeiras (Súmula 297 do C. STJ) que não acarreta, necessariamente, a interpretação das regras previstas na Lei nº. 10.931/2004 de maneira mais favorável aos agravantes. Hipótese que ensejaria indevida desigualdade entre os

3. Cédula de Crédito Imobiliário

A Cédula de Crédito Imobiliário (CCI) é um título de crédito impróprio, tal qual a LCI, emitido por detentores de créditos imobiliários (art. 18 da lei 10.931/2004), podendo representar a totalidade do crédito, ou suas frações, não podendo a soma das CCI fracionárias emitidas em relação a cada crédito exceder o valor total do crédito que elas representam. Como o intuito do presente ensaio é focar nos aspectos de direito cambiário, notamos que a primeira característica da CCI é a incidência do princípio da literalidade. A literalidade é interpretada pelo adágio de que "não existem direitos fora da cambial"[26]. Assim, ao dispor que deve constar do título a alusão de tratar-se da representação total ou fracionada do crédito[27], o tomador do crédito tem ciência, de antemão, da sua origem.

Também em atenção ao princípio da literalidade, a CCI deve identificar o imóvel objeto do crédito imobiliário, com a indicação da respectiva matrícula no Registro de Imóveis competente e do registro da constituição

---

agravantes e outros tantos consumidores do Banco falido, cujos créditos encontram-se sujeitos ao concurso universal da falência. Eventual informe publicitário (ausente nos autos) a respeito da segurança do investimento em LCI que não ensejaria o reconhecimento da existência de garantia real, ausente a aquiescência do Bacen com essa condição. Patrimônio de afetação igualmente não caracterizado. Ordenamento jurídico que não contempla previsão legal nesse sentido para a proteção de créditos oriundos de LCI. Desnecessidade de análise de todas as questões levantadas pelas partes, se por uma, ou algumas delas, já se tem firmado o convencimento. Ausência de afronta ao comando estabelecido no artigo 489, § 1º, inciso IV, do Código de Processo Civil de 2015. Demais argumentos veiculados pelos agravantes que se mostram incapazes de infirmar as conclusões adotadas pelo julgador. Decisão judicial que deve ser interpretada a partir da conjugação de todos os seus elementos e em conformidade com o princípio da boa-fé, a teor do que disciplina o artigo 489, § 3º, do CPC/15. Precedentes jurisprudenciais, inclusive do C. Superior Tribunal de Justiça. Agravo de instrumento desprovido.
(TJ-SP 22231726020178260000 SP 2223172-60.2017.8.26.0000, Relator: Carlos Dias Motta, Data de Julgamento: 18/04/2018, 1ª Câmara Reservada de Direito Empresarial, Data de Publicação: 19/04/2018)

---

26 Tulio Ascarelli indica que: "O direito decorrente do título é literal no sentido de que, quanto ao conteúdo, à extensão e às modalidades desse direito, é decisivo exclusivamente o teor do título." ASCARELLI, Tullio. Teoria Geral dos Títulos de Crédito. Campinas: Servanda, 2013. p. 88. No mesmo sentido Newton de Lucca assevera que: "a literalidade visa à subordinação dos direitos cartulares unicamente ao 'teor da escritura', atribuindo relevância jurídica somente aos elementos expressos na cártula". DE LUCCA, Newton. Aspectos da Teoria Geral dos Títulos de Crédito. São Paulo: Pioneira, 1979. p. 52.

27 Art. 18, § 1º, da Lei nº 10.931/2004

da garantia, se for o caso[28], além do valor do crédito (ou o respectivo contrato[29]) que representa e outros requisitos básicos dispostos no art. 19 da Lei nº 10.931/2004. São compreendidos como requisitos formais do título, cuja ausência acarretará vício que invalidará a sua natureza de título de crédito, inobstante não implicar a invalidade do negócio jurídico que lhe deu origem[30]. A ausência de um dos requisitos formais terá como consequência a perda da sua força executiva, podendo o credor se valer da ação conhecimento, pelo rito monitório, por se amoldar com perfeição ao conceito de um escrito particular de dívida[31], como já assentado pelo Superior Tribunal de Justiça[32].

Em relação à prescrição da CCI, fazemos aqui os mesmos apontamentos expostos para a LCI, incidindo o prazo trienal disposto no art. 70 da LUG.

Ao contrário da LCI, em que os bancos (em regra)[33] buscam recursos no mercado para o financiamento imobiliário, a CCI é emitida após a operação

---

28 Art. 19, III, da Lei nº 10.931/2004.

29 Art. 20. "A CCI é título executivo extrajudicial, exigível pelo valor apurado de acordo com as cláusulas e condições pactuadas no contrato que lhe deu origem."

30 Art. 888 do Código Civil. "A omissão de qualquer requisito legal, que tire ao escrito a sua validade como título de crédito, não implica a invalidade do negócio jurídico que lhe deu origem." No mesmo sentido o art. 2º da LUG. "O escrito em que faltar algum dos requisitos indicados no artigo anterior não produzirá efeito como letra, salvo nos casos determinados nas alíneas seguintes:
A letra em que se não indique a época do pagamento entende-se pagável à vista.
Na falta de indicação especial, o lugar designado ao lado do nome do sacado considera-se como sendo o lugar do pagamento, e, ao mesmo tempo, o lugar do domicílio do sacado.
A letra sem indicação do lugar onde foi passada considera-se como tendo-o sido no lugar designado, ao lado do nome do sacador."

31 Art. 700 do Código de Processo Civil. "A ação monitória pode ser proposta por aquele que afirmar, com base em prova escrita sem eficácia de título executivo, ter direito de exigir do devedor capaz:
I - o pagamento de quantia em dinheiro;"

32 AgRg no AREsp 128720 / SP. Ministro Luis Felipe Salomão. 4ª Turma. Julg: 05/02/2013. DJe 14/02/2013, cujo seguinte trecho destacamos: "3. A pacífica jurisprudência do STJ entende ser desnecessária a perquirição do negócio jurídico que subjaz à emissão do título na petição de ação monitória; contudo, "nada impede que o requerido oponha embargos à monitória, discutindo o negócio jurídico subjacente, inclusive a sua eventual prescrição, pois o cheque [no caso dos autos, duplicata], em decorrência do lapso temporal, já não mais ostenta os caracteres cambiários inerentes ao título crédito". (REsp 926.312/SP, Rel. Ministro Luis Felipe Salomão, Quarta Turma, julgado em 20/9/2011, DJe 17/10/2011)."

33 Apesar do § 1º do art. 18 da Lei nº 10.931/2004 não restringir a emissão da CCI por agentes financeiros (ao contrário da LCI), admitindo qualquer pessoa, tal hipótese é muito rara.

de financiamento. O empréstimo já foi consolidado para os adquirentes de imóveis e, em vez de aguardar o adimplemento do crédito, a CCI é sacada em favor de quem desejar investir em títulos com lastro importante para fins de risco – operações imobiliárias. Note-se que não se trata de título com garantia real, em todos os casos, autorizando a lei sua emissão com ou sem garantia (§ 3º do art. 18 da Lei nº 10.931/2004)[34]. Contudo, figurando como emitentes instituições que têm alto índice de liquidez[35], ainda mais se tratando de origem em operações imobiliárias, a CCI se afigura como um título com alto grau de atratividade.

Outro princípio de direito cambial aplicável à CCI é a cartularidade. O § 3º do art. 18 da Lei nº 10.931/2004 dispõe que a CCI pode ser emitida sob a forma escritural ou cartular[36]. À primeira leitura pode parecer que a forma escritural (CCI virtual ou digital) é modalidade distinta da CCI cartular (documental), como sugere a redação do dispositivo legal. A primeira hipótese se baseia na possibilidade da CCI ser emitida por meio de registros eletrônicos, objeto de importante modificação legislativa no ano de 2020 (Lei nº 13.986), que versou sobre a emissão de títulos de crédito escriturais, alterando diversas legislações. Apesar do "ar inovativo" desta lei, o Código Civil, desde 2002, já continha previsão nesse sentido, admitindo a emissão de títulos virtuais. É certo que, por evidente, a Convenção de Genebra, datada de 1930, internalizada no Brasil, em 1966 (LUG), não poderia tratar de um documento emitido em meio digital. Com efeito, a crítica que fazemos à falta de técnica do legislador ao tentar distinguir a CCI escritural da CCI cartular, se baseia no fato de que a CCI é sempre cartular, isto é, sempre documental[37]. A diferença é que a primeira (CCI digital) será um documento digital e a segunda (CCI cartular), um documento físico. O Prof. Marco Aurélio Greco, em obra pioneira sobre os documentos virtuais, bem definiu a era do átomo ao byte[38], dispondo que a diferença consistia no documento ser identificado de forma física (átomo) ou digital (byte).

---

34 Reiteramos os apontamentos que fizemos para a LCI sobre a natureza de crédito quirografário para fins de classificação em quadro geral de credores na falência.

35 Reiteramos nossos apontamentos realizados sobre a fiscalização da solvência dos agentes financeiros, pelo BACEN.

36 Art. 18, § 3º. "A CCI poderá ser emitida com ou sem garantia, real ou fidejussória, sob a forma escritural ou cartular."

37 Sobre os títulos de crédito virtuais: GARDINO, Adriana Valéria Pugliesi. Títulos de Crédito Eletrônicos: Noções Gerais e Aspectos Processuais. in Títulos de Crédito. PENTEADO, Mauro Rodrigues (coord.). São Paulo: Walmar, 2004. p. 16.

38 GRECO, Marco Aurélio. Internet e Direito, 2ª ed. São Paulo: Dialética, 2000, p. 16.

Assim sendo, em nosso sentir a CCI é sempre cartular, independendo se o documento é digital ou físico[39]. A relevância da sua diferenciação se concretiza para fins de execução da cambial, hipótese em que a cártula deve ser exigida[40]. Simples será a instrução da inicial com a CCI física. Contudo para que se possa executar uma CCI digital o portador deve demonstrar que o sistema legal de emissão de um documento virtual foi obedecido, com certificação digital que garanta a existência do documento (Infraestrutura de Chaves Públicas – ICP Brasil)[41], não bastando apenas que o emitente saque a CCI com base no sistema digital particular que utiliza.

Quanto à transferência da CCI, dispõe o art. 19, XII, da Lei nº 10.931/2004 que será possível a inserção da *cláusula à ordem, se endossável*, levando-se à mesma conclusão extraída em relação à LCI: a CCI, em regra, não é transferível pela via do endosso.

Indaga-se sobre a possibilidade da CCI ser transmissível de outra forma, que não pela via do endosso; e a resposta é afirmativa. A cláusula proibitiva de endosso ("não à ordem") impede a transferência do crédito com as suas características cambiais, mas não com a natureza de uma cessão civil de crédito[42]. Caso assim o seja, afastando a característica cambial do

---

39 Ana Paula Gordilho Pessoa assim também indica: "Apoiando-se na definição de documento de Carnelutti, é fácil inferir que a teoria dos documentos não apresenta qualquer restrição a sua desmaterialização. Mesmo considerando que a ideia de documento tende a identificar-se com um texto redigido por escrito, não mais subsiste a necessidade de base física papel. Quando Vivante adotou a remissão a documento, abriu a possibilidade para que o direito pudesse ser contido em qualquer suporte material – desde que represente uma coisa que possa fazer conhecer um fato." PESSOA, Ana Paula Gordilho. Breves Reflexões sobre os Títulos de Crédito no Novo Código Civil in Títulos de Crédito. PENTEADO, Mauro Rodrigues (coord.). São Paulo: Editora Walmar, 2004. p. 16.

40 Cesare Vivante assim dispunha, em lição que ainda prevalece nos dias atuais: "Diz-se que o direito mencionado no título é literal porquanto ele existe segundo o teor do documento. Diz-se que o direito é autônomo, porque a posse de boa-fé enseja um direito próprio, que não pode ser limitado ou destruído pelas relações existentes entre os precedentes possuidores e o devedor. **Diz-se que o título é o documento necessário para exercitar o direito, por que enquanto o título existe o devedor deve exibi-lo para exercitar todos os direitos**, seja principal, seja acessório, que ele porta consigo e não se pode fazer qualquer mudança na posse do título sem anotá-la sobre o mesmo. Este é o conceito jurídico, preciso e limitado que deve substituir-se à frase vulgar pela qual se consigna que o direito está incorporado no título" (grifamos). VIVANTE, Cesare. Trattato de Diritto Commerciale. 3ª ed, v. 3. Milão: F. Vallardi., 1906, p. 154.

41 NEGRÃO, Ricardo. Manual de Direito Comercial e de Empresa, v. 2, 3ª ed. São Paulo: Saraiva, 2012, p. 48.

42 Art. 11 da LUG. "Toda letra de câmbio, mesmo que não envolva expressamente a cláusula à ordem, é transmissível por via de endosso.

endosso, será possível a discussão de todos os aspectos inerentes à emissão da cambial, sua *causa debendi* e transferência, o que não terá lugar na hipótese de endosso, presente o marcante princípio da autonomia cambial que acarreta a incidência da regra da "inoponibilidade das exceções pessoais"[43].

Em sendo a CCI transferida pela via do endosso, será na modalidade de endosso próprio ou ordinário, ao contrário do que ocorre com a LCI, onde apenas é cabível o endosso sem garantia, como já discorremos acima.

Na modalidade CCI digital a sua transferência poderá ocorrer por meio de sistema de entidade autorizada pelo Banco Central do Brasil a exercer a atividade de depósito centralizado de ativos financeiros na qual a CCI tenha sido depositada[44]. Contudo, caso transferível pela via do endosso (art. 19, XII da Lei nº 10.931/2004) deverá seguir a mesma regra que já declinamos, com a aposição de assinatura digital (com certificação eletrônica) no título quando da sua transferência.

O art. 19 da Lei nº 10.931/2004 prevê que a *CCI deverá conter a modalidade da garantia, se for o caso* (inciso IV). As mesmas considerações que fizemos para a LCI se aplicam à CCI, sendo perfeitamente admissível o aval como garantia cambial.

Tradicionalmente, o adimplemento de uma obrigação cambial somente se perfaz com o resgate do título de crédito, em atenção ao princípio da cartularidade (o crédito está contido na cártula). O art. 24 da Lei nº 10.931/2004, contrariando tal regra cambial, explicita que *o resgate da dívida representada pela CCI prova-se com a declaração de quitação, emitida pelo credor, ou, na falta desta, por outros meios admitidos em direito*. Em nosso sentir, a diretiva legal deve ser enfrentada com muita cautela. Na hipótese da CCI ter sido emitida com a possibilidade de transferência pela via do endosso, o credor da cambial somente deverá realizar o pagamento caso lhe seja apresentada a cártula, sob pena de, no dizer de Tulio Ascarelli, pagar duas vezes[45]. Isso pode ocorrer se o endossatário (credor) receber

---

Quando o sacador tiver inserido na letra as palavras "não à ordem", ou uma expressão equivalente, a letra só é transmissível pela forma e com os efeitos de uma cessão ordinária de créditos."

---

43 Luiz Emygdio F. da Rosa Jr ensina que: "Quem for demandado por obrigação resultante de um título de crédito não pode opor ao portador exceções fundadas em relações pessoais com o sacador, ou com portadores anteriores, salvo se o portador o adquiriu conscientemente em detrimento do devedor." Títulos de Crédito. Rio de Janeiro: Renovar, 2000, p. 450.
44 Art. 22 da Lei nº 10.931/2004.
45 "E isso no sentido de que o devedor, que, independentemente da mesma, executar a prestação, procederá a seu risco e ficará, portanto, exposto a efetuá-lo uma segunda vez, desde que o título lhe seja apresentado por quem demonstre ser o titular." ASCARELLI, Tulio. Teoria Geral dos Títulos de Crédito. Campinas: Red Livros, 1999, p. 338.

o valor do crédito, subscrevendo a declaração de quitação, sem a entrega (resgate) da CCI e, em seguida, endossá-la novamente. O novo endossatário, figurando como credor da cadeia cambial, não terá a possibilidade de ter ciência do pagamento já realizado, recebendo o título de boa-fé, podendo perfeitamente cobrá-lo dos demais coobrigados (endossantes e avalistas), bem como do devedor principal (instituição emitente), o qual já efetuou o pagamento. Em suma, a interpretação do art. 24 em comento deve se dar sob à égide do direto cambiário, extraindo-se a conclusão de que a sua literalidade só tem incidência para a CCI que não seja transmissível por endosso, mas sim por cessão civil de crédito, hipótese em que não há autonomia da obrigação cambial, sendo cabível a discussão de todas as defesas inerentes à relação jurídica subjacente à emissão do título de crédito.

Conclusão

As LCIs e as CCIs *são títulos de crédito impróprios instituídos para fomentar o crédito imobiliário, com características próprias ao*s tomadores do crédito, sejam os próprios agentes financeiros ou os investidores[46]. Para tanto, a Lei nº 10.931/2004 imprimiu regras voltadas ao mercado de crédito imobiliário, provavelmente inspiradas pelos próprios agentes que atuam nessa seara. Talvez por tal razão tenham descuidado na aplicação da melhor técnica de direito cambiário aos títulos de crédito criados, pecando, principalmente, no tratamento dado ao endosso, ao aval e à possibilidade de sua emissão digital. Entretanto, com a aplicação do apuro técnico da doutrina clássica de títulos de crédito, é possível driblar alguns dos tortuosos contornos da Lei nº 10.931/2004, dando-lhe interpretação apta à gerar segurança jurídica aos investidores de tais cambiais, de grande relevância para o Brasil, país ainda muito carecedor de habitações e, como nosso querido Prof. Capanema dizia, *ávidos pela* casa própria, mas que ainda se afigura como realidade distante para a maioria dos brasileiros.

---

46 Sobre os aspectos regulatórios das LCIs e CCIs, especialmente a Resolução 3.614/2010, verificar o estudo realizado por Leonardo Araújo Marques em As Letras e Cédulas de Crédito Imobiliário – A Evolução dos Títulos de Crédito Vinculados ao Financiamento Imobiliário. **in** Direito Imobiliário – Escritos em Homenagem ao Professor Ricardo Pereira Lira (coord. AZEVEDO, Fábio de Oliveira e DE MELO, Marco Aurélio Bezerra). São Paulo: Atlas, 2005, pp. 844-859.

Referências Bibliográficas

ASCARELLI, Tullio. Teoria Geral dos Títulos de Crédito. Campinas: Servanda, 2013.

DE LUCCA, Newton. Aspectos da Teoria Geral dos Títulos de Crédito. São Paulo: Pioneira, 1979.

GARDINO, Adriana Valéria Pugliesi. Títulos de Crédito Eletrônicos: Noções Gerais e Aspectos Processuais. in Títulos de Crédito. PENTEADO, Mauro Rodrigues (coord.). São Paulo: Walmar, 2004.

GRECO, Marco Aurélio. Internet e Direito, 2ª ed. São Paulo: Dialética, 2000.

Fran. Títulos de Crédito, v. 2, 11ª ed. Rio de Janeiro: Forense, 1999.

MARQUES, Leonardo Araújo. As Letras e Cédulas de Crédito Imobiliário – A Evolução dos Títulos de Crédito Vinculados ao Financiamento Imobiliário. in Direito Imobiliário – Escritos em Homenagem ao Professor Ricardo Pereira Lira (coord. AZEVEDO, Fábio de Oliveira e DE MELO, Marco Aurélio Bezerra). São Paulo: Atlas, 2005.

MIRANDA, Pontes de. Tratado de Direito Cambiário, v. I. Campinas: Bookseller, 2000.

NEGRÃO, Ricardo. Manual de Direito Comercial e de Empresa, v. 2, 3ª ed. São Paulo: Saraiva, 2012.

PESSOA, Ana Paula Gordilho. Breves Reflexões sobre os Títulos de Crédito no Novo Código Civil in Títulos de Crédito. PENTEADO, Mauro Rodrigues (Coordenador). São Paulo: Editora Walmar, 2004.

REQUIÃO, Rubens. Curso de Direito Comercial, 2º v., São Paulo: Saraiva, 19ª ed., 1993.

ROSA JR, Luiz Emygdio F. Títulos de Crédito. Rio de Janeiro: Renovar, 2000.

TOMAZETTE, Marlon. Curso de Direito Empresarial, v. 2, 11ª ed. São Paulo: Saraiva, 2020.

VIVANTE, Cesare. Trattato de Diritto Commerciale. 3ª ed, v. 3. Milão: F. Vallardi., 1906.

WAISBERG, Ivo. Comentários ao Código Civil (coord. Giovanni Ettore Nanni), São Paulo: Saraiva, 2019.

Locação em Shopping Center: um Caso de Sucesso

José-Ricardo Pereira Lira

Perspectiva histórica

É sabido que o shopping center surgiu no Brasil em meados dos anos 60 e que, daquela década até o início dos anos 90, juristas e magistrados muito discutiram sobre a natureza da relação contratual estabelecida entre empreendedores e lojistas, até que sobreveio a legislação hoje vigente, que eliminou as controvérsias então existentes.

Para que se compreenda o modelo legal que rege o contrato de cessão remunerada de uso de espaço comercial nesses empreendimentos, vale tecer uma rápida recapitulação do histórico desse negócio, desde a chegada do shopping center ao país.

Em 18 de outubro de 1991, foi editada entre nós a ainda vigente Lei nº 8.245, fruto do brilho incontestável de Sylvio Capanema, jurista que, ao lado de Geraldo Beire Simões e Pedro Cantisano, liderou o processo de reforma da legislação do inquilinato então levado a efeito, com a apresentação ao Congresso Nacional do anteprojeto de lei que pautou os debates da época.

A Lei nº 8.245/1991, como se sabe, consolidou, em um mesmo estatuto, as regras da locação predial urbana, tanto residenciais, como não residenciais, até então previstas na Lei nº 6.649, de 16.05.1979, conforme alterada, e no Decreto nº 24.150, de 20.04.1934, este voltado à renovação compulsória das locações não residenciais.

O propósito primordial da reforma de 1991 era o de combater a escassez de oferta de imóveis residenciais para locação, diante da resistência a esse tipo de investimento, por parte dos proprietários, diante da dificuldade então enfrentada na retomada dos imóveis locados.

Com efeito, pela Lei nº 6.649/1979, a retomada do imóvel residencial subordinava-se à chamada *denúncia cheia*, em que a possibilidade de concessão do despejo era restrita a poucas hipóteses, como a retomada para uso próprio do locador, de seu descendente ou ascendente.

Nesse período, também por questões relacionadas à administração da Justiça, os obstáculos para a recuperação judicial da posse dos imóveis locados, inclusive em caso de falta de pagamento de aluguel, eram tamanhos que produziram, no mercado brasileiro, um cruel paradoxo, qual seja, o crescente e intenso retraimento da oferta de locações residenciais, em período de gigantesco déficit habitacional.

Confrontados por esse desafio monumental e inspirados no aforisma segundo o qual *in medio consistit virtus*, os encarregados da reforma da lei, perseguindo eficiência na conciliação entre o socialmente justo e o economicamente equilibrado, apresentaram a proposta vitoriosa, admitindo a *denúncia vazia* na locação residencial, desde que para contratos escritos com prazo de duração igual ou superior a trinta meses.

Consta que a novidade refletiu, com vigor, positivamente, no setor, aumentando, de pronto, a oferta de imóveis residenciais para locação, com a correlata redução de aluguéis, fenômeno que favoreceu, também, a construção civil, com lançamentos de novos prédios para moradia e consequente melhora na geração de empregos e na arrecadação de impostos.

O shopping center até a reforma de 1991

Coube à Lei nº 8.245/1991 tratar, pela primeira vez no direito positivo, da cessão remunerada de espaço comercial em shopping center, em preceito assim redigido: "*Nas relações entre lojistas e empreendedores de shopping center, prevalecerão as condições livremente pactuadas nos contratos de locação respectivos e as disposições procedimentais previstas nesta lei.*"

Ao estabelecer que as condições negociais acertadas entre lojistas e empreendedores devem ser pactuadas "*nos contratos de locação respectivos*", o ordenamento adotou, como opção legislativa, a qualificação dessa relação contratual como de locação.

Tal classificação nem sempre foi pacífica. Entre a chegada do primeiro shopping ao país, em 1966, e a sanção da atual Lei de Locações, em 1991, esse especial segmento do mercado varejista vivenciou momentos marcados por ricos debates sobre a correta natureza da cessão remunerada de espaço comercial em shopping center.

Procurando segurança jurídica, com a definição do correto enquadramento conceitual do negócio, a Abrasce – Associação Brasileira de Shopping Centers solicitou aos advogados José Soares Arruda e Carlos Augusto da Silveira Lobo que coordenassem obra – hoje esgotada – designada Shopping Centers: Aspectos Jurídicos, editada pela Revista dos Tribunais, São Paulo, em 1984.

O precioso opúsculo reuniu pronunciamentos de mestres do quilate de Caio Mario da Silva Pereira, Orlando Gomes, Luiz Antônio de Andrade, entre outros juristas, além de uma percuciente manifestação do economista Carlos Langoni, todos dedicados à avaliação de cláusulas típicas de um modelo de negócio ainda tido por todos, na ocasião, como *sui generis*.

Entre essas estipulações diferenciadas, podemos citar a que estabelece a remuneração do empreendedor com base em um piso mensal conjugado com um percentual do faturamento do lojista, a que fixa o piso dobrado no Natal, a que estabelece rígida demarcação do ramo de negócio autorizado no espaço, ou a que prevê adesão dos lojistas às campanhas promocionais coletivas, como obrigação contratual, entre outras previsões estranhas às locações não residenciais tradicionais, mesmo quando lidam com lojas de rua ou de galerias com lojas vendidas.

Predominavam, no período que antecedeu a legislação vigente, duas grandes correntes: (a) a que defendia que a relação entre lojistas e empreendedores era de locação, ainda que com cláusulas especiais que davam vida a um novo modelo de negócio; e (b) em posição contrária, a que definia o contrato como atípico, sem subsunção às regras aplicáveis à locação.

Em certo momento, houve quem construísse a tese do contrato misto, mesclando traços da locação e da parceria (contrato de sociedade), com elementos inéditos no comércio jurídico brasileiro. A teoria da sociedade entre lojistas e empreendedores não prosperou, todavia, em vista do piso remuneratório fixado no contrato, que afastava a possibilidade de o proprietário do empreendimento participar de prejuízos dos lojistas, concentrando-se seu risco na compra do imóvel, construção do complexo, obtenção dos respectivos financiamentos, concepção e gestão do shopping, entre outros.

Interessante mencionar que o debate sobre a natureza do contrato não tinha fins puramente teóricos. Ao revés, tratava-se de controvérsia com elevada relevância prática. Por exemplo, para os que acreditavam tratar-se de uma locação com particularidades incapazes de afetar a tipicidade contratual, a relação entre lojista e empreendedor atraía o regime da renovação compulsória dos contratos. Já para os que concluíam pela configuração de contrato atípico, sem sujeição à estrutura normativa da locação, o resultado seria o oposto, a afastar a ação renovatória.

Ilustram o impacto da divergência de entendimentos no dia a dia do relacionamento comercial entre lojistas e empreendedores os seguintes precedentes, ambos do período imediatamente anterior ao da Lei nº 8.245, de outubro de 1991:

> "Loja em 'Shopping Centers'. É contrato de locação compatível com o regime jurídico do Dec. 24.150. A harmonia do direito não é quebrada pela aplicação dos institutos existentes para a locação, enquanto que o entendimento divergente, a par de instigante e especulativo, nada tem a oferecer, como objetivo maior." (Tribunal de Alçada Cível do Rio de Janeiro, Apelação Cível nº 596/1991, Relator Roberto Wider, 4ª Câmara Cível, julgado em 09/05/1991).
>
> "Locação comercial. Contrato. 'Shopping centers' - Contrato Atípico. À locação de lojas e espaços nos 'shopping centers' não se aplica a lei de luvas. Carência de ação. Contrato atípico distinto em sua essência da locação comercial." (Tribunal de Alçada Cível do Rio de Janeiro, Agravo de Instrumento nº 98/1989, Relator Gualberto Gonçalves de Miranda, 7ª Câmara Cível, julgado em 24/05/1989).

Vale dizer que, dependendo da posição da Câmara julgadora, um lojista poderia emplacar uma renovatória, ou ser julgado carecedor de ação, unicamente em razão da qualificação jurídica do contrato de cessão remunerada de uso de espaço em shopping center.

A Lei nº 8.245 e a segurança jurídica no setor de shopping centers

Era de instabilidade o ambiente no segmento empresarial, quando a reforma da lei de locações foi aprovada no Congresso Nacional.

No que concerne ao shopping center, após amplo debate com os setores interessados, consagrou-se o regime legal hoje vigente, em que se conjugam, de um lado, no plano do direito material, a liberdade de contratar e, de outro, na perspectiva do direito adjetivo, a sujeição das partes às normas processuais comuns às locações em geral.

Releia-se o texto da lei: *Art. 54. Nas relações entre lojistas e empreendedores de shopping center, prevalecerão as condições livremente pactuadas nos contratos de locação respectivos e as disposições procedimentais previstas nesta lei."*

Eliminaram-se, assim, as controvérsias sobre a natureza dessa relação, a qual, por força da opção legislativa, passou a ser de locação, ainda que sem as restrições do dirigismo contratual que recai sobre as locações tradicionais, prevalecendo, no espaço em shopping center, o respeito à autonomia da vontade dos empresários que participam do negócio.

Em shopping center, portanto, o contrato de locação pode definir as condições econômicas e operacionais inerentes ao empreendimento, sujeitando-se as partes, paralelamente, às regras processuais das locações em geral.

Entre as condições econômicas suscetíveis de livre pactuação podem ser mencionadas, por exemplo, as cláusulas sobre forma de remuneração do empreendedor, ou sobre o critério de rateio entre os lojistas das despesas comuns necessárias à operação do complexo comercial.

No campo da autonomia para o estabelecimento de normas operacionais, encontram-se aquelas relacionadas ao funcionamento do empreendimento, como horários uniformes de abertura e fechamento de lojas, as que delimitam os ramos de atividade de cada lojista e as que regulam o processo de coparticipação da comunidade de lojistas em lançamentos conjuntos de modas de estação, de liquidação de estoques, entre outras previsões que conferem unidade ao empreendimento, na ótica do frequentador.

De outro lado, como resultado da sujeição de seus contratos às regras processuais aplicáveis às locações em geral, o piso remuneratório (no jargão, o "aluguel mensal mínimo") devido por lojistas a empreendedores tem sua razoabilidade reavaliada, de tempos em tempos, pelo Poder Judiciário, que pode modificar o valor respectivo, para adequá-lo àqueles praticados na mesma praça, isto é, no mesmo shopping.

O controle judicial ocorre por meio da ação revisional, que pode ser ajuizada tanto por locadores como por locatários, ou no âmbito da ação renovatória, que constitui prerrogativa exclusiva dos locatários.

A locação em shopping center no STJ

O tempo evidenciou que a relação entre o empreendedor e o lojista de shopping center não se inclui entre aquelas em que uma das partes é hipossuficiente diante da outra. Ao revés, a regra é de um vínculo entre empresários, ambos peritos no exercício da livre iniciativa, não cabendo cogitar-se, no caso, de protecionismo legal em favor de um desses agentes da economia de mercado.

Efetivamente, mostrou a experiência que a locação em shopping center apresenta como locatários empresas poderosas como as grandes lojas de departamentos (C&A, Renner, Lojas Americanas), as chamadas "megalojas" (Centauro, Casas Bahia, Fast Shop), bancos de varejo (Bradesco, Itaú, Santander), concessionárias de telecomunicações (Claro, TIM, Vivo), grandes redes exibidoras de filmes (UCI, Cinemark, Playarte), gigantes internacionais do fornecimento do *fast food* (McDonald's, Burger King), ou mesmo, em alguns casos, elegantes *griffes* estrangeiras (Armani, Chanel, Ermenegildo Zegna), além de ícones da tecnologia, como a Apple ou a Samsung.

Paralelamente, quando não são desse porte enorme, entre as demais lojas do setor estão, em sua grande maioria, empresas que operam sob marcas exploradas em regime de franquia, que constituem organizações sofisticadas e aparelhadas por consultores experientes, tanto da área econômica, como da jurídica. São exemplos de franquias comuns nos shoppings: O Boticário, Subway, Bob's, Spoleto, Arezzo, Cacau Show, Casa do Pão de Queijo, Hering, entre muitas outras.

No rol de lojistas, figuram, ainda, aqueles que operam cadeias próprias de lojas, assim atendendo à clientela de diferentes regiões do país. Quem visita um shopping de Brasília, pega um avião e ingressa num shopping de Recife ou de Porto Alegre, poderá encontrar as seguintes lojas satélites: Crawford, TNG, Brooksfield, entre tantas.

Mencionem-se, ainda, os pujantes grupos empresariais que reúnem a titularidade de diversas marcas, como, por exemplo: o grupo In Brands, que explora as lojas Richards, Ellus, VR Collezioni, Salinas, entre outras, ou o grupo Restoque, responsável pela Le Lis Blanc, Dudalina, John John, Bobô, Rosa Chá, para citar algumas, ou ainda o grupo Soma, titular da Farm e da Animale, que se acha em franca expansão, com recursos de um IPO de julho de 2020 em que captou no mercado, em plena pandemia da Covid-19, R$ 1,8 bi.

Atento ao jogo empresarial que se trava entre lojista e empreendedor de shopping center, o Superior Tribunal de Justiça tem tido a oportunidade de reafirmar e consolidar, no plano jurisprudencial, o norte estabelecido em lei, no sentido de garantir o respeito à liberdade de contratar, no âmbito dessa relação contratual, como se infere dos seguintes julgados:

> "Recurso especial. Direito civil e processual civil. Locação de espaço em shopping center. Ação de despejo por falta de pagamento. Aplicação do art. 54 da Lei de Locações. Cobrança em dobro do aluguel no mês de dezembro. Concreção do princípio da autonomia privada. Necessidade de respeito aos princípios da obrigatoriedade ('pacta sunt servanda') e da relatividade dos contratos ('inter alios acta'). Manutenção das cláusulas contratuais livremente pactuadas. Recurso especial provido.
>
> 1. Afastamento pelo acórdão recorrido de cláusula livremente pactuada entre as partes, costumeiramente praticada no mercado imobiliário, prevendo, no contrato de locação de espaço em shopping center, o pagamento em dobro do aluguel no mês de dezembro.
>
> 2. O controle judicial sobre eventuais cláusulas abusivas em contratos empresariais é mais restrito do que em outros setores do Direito Privado, pois as negociações são entabuladas entre profissionais da área empresarial, observando regras costumeiramente seguidas pelos integrantes desse setor da economia.
>
> 3. Concreção do princípio da autonomia privada no plano do Direito Empresarial, com maior força do que em outros setores do Direito Privado, em face da necessidade de prevalência dos princípios da livre iniciativa, da livre concorrência e da função social da empresa.
>
> 4. Recurso especial provido." (REsp 1409849/PR, Rel. Ministro Paulo de Tarso Sanseverino, Terceira Turma, julgado em 26/04/2016, DJe 05/05/2016).

> "Recursos especiais dos demandados - Ação declaratória de inexigibilidade contratual ajuizada por sindicato de lojistas objetivando o afastamento da cláusula de raio utilizada na locação de espaços em shopping center (...)
>
> 6. Na hipótese, a 'cláusula de raio' inserta em contratos de locação de espaço em shopping center ou normas gerais do empreendimento não é abusiva, pois o shopping center constitui uma estrutura comercial híbrida e peculiar e as diversas cláusulas extravagantes insertas nos ajustes locatícios servem para justificar e garantir o fim econômico do empreendimento.
>
> 7. O controle judicial sobre eventuais cláusulas abusivas em contratos de cunho empresarial é restrito, face a concretude do princípio da autonomia privada e, ainda, em decorrência de prevalência da livre iniciativa, do pacta sunt servanda, da função social da empresa e da livre concorrência de mercado. (...)
>
> 10. Os ajustes locatícios, notadamente aqueles firmados para locação de espaço em shopping center, não constituem meros contratos de adesão, pois são de livre estipulação/comutativo entre os contratantes, sem a preponderância de um sobre outro, onde tanto locador como locatário estão livres para pactuarem as cláusulas contratuais que melhor assistam às suas necessidades." (...) (REsp 1535727/RS, Rel. Ministro Marco Buzzi, Quarta Turma, julgado em 10/05/2016, DJe 20/06/2016).

> "Recurso especial. Direito empresarial. Locação de espaço em shopping center. Cláusula contratual limitadora do valor da revisão judicial do aluguel mensal mínimo. Renúncia parcial. Validade. Preservação do princípio do pacta sunt servanda.
>
> 1. Ação declaratória de nulidade de cláusula contratual cumulada com pedido revisional do valor do aluguel mensal mínimo.
>
> 2. Recurso especial que veicula a pretensão de que seja reconhecida a validade de cláusula de contrato de locação de imóvel situado em shopping center que estabelece critérios para a revisão judicial do aluguel mensal mínimo.
>
> 3. O princípio do pacta sunt servanda, embora temperado pela necessidade de observância da função social do contrato, da probidade e da boa-fé, especialmente no âmbito das relações empresariais, deve prevalecer.
>
> 4. A cláusula que institui parâmetros para a revisão judicial do aluguel mínimo visa a estabelecer o equilíbrio econômico do contrato e viabilizar a continuidade da relação negocial firmada, além de derivar da forma organizacional dos shoppings centers, que têm como uma de suas características a intensa cooperação entre os empreendedores e os lojistas.
>
> 5. A renúncia parcial ao direito de revisão é compatível com a legislação pertinente, os princípios e as particularidades aplicáveis à complexa modalidade de locação de espaço em shopping center.
>
> 6. Recurso especial provido."
>
> (REsp 1413818/DF, Rel. Ministro Ricardo Villas Bôas Cueva, Terceira Turma, julgado em 14/10/2014, DJe 21/10/2014).

A Lei da Liberdade Econômica e a locação em shopping center

A Lei nº 13.874, de 20.09.2019, instituiu a Declaração de Direitos de Liberdade Econômica, estabelecendo garantias de livre mercado, entre outras providências.

O Capítulo II dessa Lei cuida *"Da Declaração de Direitos de Liberdade Econômica"*, constando de seu art. 3º o seguinte:

> *"Art. 3º – São direitos de toda pessoa, natural ou jurídica, essenciais para o desenvolvimento e o crescimento econômicos do País, observado o disposto no parágrafo único do art. 170 da Constituição Federal: (...)*
>
> *V - gozar de presunção de boa-fé nos atos praticados no exercício da atividade econômica, para os quais as dúvidas de interpretação do direito civil, empresarial, econômico e urbanístico serão resolvidas de forma a preservar a autonomia privada, exceto se houver expressa disposição legal em contrário; (...)*
>
> *VIII – ter a garantia de que os negócios jurídicos empresariais paritários serão objeto de livre estipulação das partes pactuantes, de forma a aplicar todas as regras de direito empresarial apenas de maneira subsidiária ao avençado, exceto normas de ordem pública;"* (...).

No que concerne aos negócios paritários, a Lei da Liberdade Econômica inseriu novo preceito no Código Civil, com a seguinte redação:

> "Art. 421-A. Os contratos civis e empresariais presumem-se paritários e simétricos até a presença de elementos concretos que justifiquem o afastamento dessa presunção, ressalvados os regimes jurídicos previstos em leis especiais, garantido também que:
>
> I – as partes negociantes poderão estabelecer parâmetros objetivos para a interpretação das cláusulas negociais e de seus pressupostos de revisão ou de resolução;
>
> II – a alocação de riscos definida pelas partes deve ser respeitada e observada; e
>
> III – a revisão contratual somente ocorrerá de maneira excepcional e limitada."

Significa dizer que, com a nova legislação, a liberdade de contratar assegurada na Lei de Locações, no âmbito da relação entre lojistas e empreendedores, encontra-se reafirmada, ganhando importância os termos em que redigidos os respectivos instrumentos contratuais, no que concerne aos diferentes aspectos desse trato comercial.

A rigor, a autonomia da vontade em contratos do gênero encontra-se até aumentada, não só em razão dos incisos do art. 421-A do Código Civil, acima reproduzido, mas também a partir do § 2º inserto no art. 113 do Código Civil pela nova lei, segundo o qual *"as partes poderão livremente pactuar regras de interpretação, de preenchimento de lacunas e de integração dos negócios jurídicos diversas daquelas previstas em lei."*

Para encerrar, mencione-se tema que, por certo, ainda suscitará embates, a saber: o conceito de *"ordem pública"*, para os fins do inciso VIII do artigo 3º, acima transcrito. Note-se que o dispositivo prevê que os negócios jurídicos empresariais paritários serão objeto de livre estipulação, *"de forma a aplicar todas as regras de direito empresarial apenas de maneira subsidiária ao avençado, exceto normas de ordem pública"*.

Em princípio, não parece ter sido a *ratio* da lei estabelecer o confronto clássico entre normas supletivas e normas cogentes, para dizer o óbvio: que somente as primeiras podem ser afastadas pela vontade das partes.

A depender de estudos complementares, faz mais sentido concluir que o objetivo da lei foi o de admitir, no campo do direito empresarial, o afastamento convencional de normas cogentes (a exemplo do que ocorre com o negócio jurídico processual, no processo civil), ressalvadas hipóteses em que a norma assume feição de ordem pública, assim entendida quando sua aplicação, em concreto, produza efeitos que ultrapassem os interesses exclusivos das partes (v.g., por analogia, como no requisito para a configuração da repercussão geral, conforme art. 1.035, § 1º, do CPC). O tempo melhor dirá.

A Saga de um Imóvel Carioca:
o Caso Síria v. Egito Revisitado

Lauro Gama Jr.

> "Saudade é um pouco como a fome.
> Só passa quando se come a presença."
>
> Clarice Lispector

1. Introdução

Poucos sabem, mas Sylvio Capanema era também versado em Direito Internacional Privado, matéria que ensinou por décadas na (hoje) Universidade Cândido Mendes.[1] Por suas mãos, ingressei no magistério superior, lecionando DIPr, o que faço até hoje na PUC-Rio. Igualmente por suas mãos, há alguns anos, fui consultado para uma causa interessantíssima, e que arrebataria qualquer internacionalista. Infelizmente, a causa não foi adiante, por razões conjunturais do país autor da ação.

Neste breve artigo relato o caso, analiso suas circunstâncias jurídicas e encaminho uma possível solução. E o faço com propósito puramente acadêmico, sem receio de ferir a ética profissional, eis que os fatos narrados são públicos e envolvem entes públicos, ainda que estrangeiros.

2. O caso

Quem mora no Rio de Janeiro deve saber que o imóvel da Rua Muniz Barreto nº 99, Botafogo, serve à missão consular da República Árabe do Egito. Até a mudança para Brasília, em meados da década de 1960, o prédio serviu à Embaixada do Egito.

Porém, o imóvel pertence à Síria (*rectius:* República Árabe Síria), como prova o seu registro imobiliário. Foi adquirido, em dezembro de 1951, pela comunidade síria estabelecida no Brasil e registrado em nome da República Árabe Síria para servir à missão diplomática daquele país, quando o Rio de Janeiro ainda era a capital do Brasil.

Em fevereiro de 1958, adveio a união do Egito e da Síria e o estabelecimento da República Árabe Unida (RAU), primeiro passo para a construção

---

1 Sylvio Capanema atualizou a obra de Tito Fulgêncio, *Direito Internacional Privado,* Rio de Janeiro: Forense, 1979. Também proferiu parecer sobre a situação do ex-Governador Leonel Brizola, antes que retornasse do exílio ao Brasil.

de uma *"nação pan-árabe",* baseada nas ideias nacionalistas, seculares e estatizantes em voga na época.[2]

Unidos os dois países, o imóvel carioca passou a servir de local da Embaixada da República Árabe Unida. Em setembro de 1961, quando se desfez pacificamente a união, um diplomata egípcio estava à frente da Embaixada da RAU no Brasil e, como melhor se verá adiante, seguiu ocupando o imóvel, agora como embaixador da República Árabe do Egito.

Apesar das tentativas feitas no passado para a retomada do imóvel, a República Árabe Síria jamais conseguiu reaver a posse direta do imóvel que lhe pertence e que segue ocupado, atualmente, pela missão consular da República Árabe do Egito.

3. A Ação Cível Originária (ACO) nº 298, de 1982, julgada pelo STF

Em dezembro de 1980, a Síria propôs *ação reivindicatória* contra o Egito, no Supremo Tribunal Federal (Ação Cível Originária (ACO) nº 298), reivindicando a propriedade do referido imóvel.

Alegou, em essência, que, o imóvel reivindicando servira de sede da Embaixada da RAU no Brasil até setembro de 1961. Finda a representação diplomática, o imóvel deveria retornar à posse plena e exclusiva da Síria, sua proprietária. Porém, assim não permitiu o então Embaixador da RAU, que, sendo egípcio, ali instalou a Embaixada do Egito, o que obrigou a Síria a alugar outro imóvel, na Gávea, para instalar sua Embaixada.

Citada, a República do Egito invocou sua *imunidade de jurisdição* perante a Judiciário brasileiro, recusando-se, portanto, a submeter-se ao STF. Inconformada, a Síria argumentou que, versando a ação sobre direitos reais relativos a bens situados no território em que é demandado o Estado estrangeiro, a imunidade seria meramente *relativa,* autorizando, pois, o exercício da jurisdição brasileira sobre o Egito. Segundo a doutrina do Direito Internacional Público, a aquisição da propriedade, a locação ou posse de imóvel, ainda que para a sede de representação diplomática, constituem *atos de gestão (iure gestionis)* e não *atos de império (iure imperii)* praticados pelo Estado estrangeiro.

A Síria alegou, ainda, que *"o único Tribunal do mundo competente para a presente questão é o Supremo Tribunal Federal da República Federativa do Brasil",*[3] dada a letra do art. 89, I, do CPC/73, que estabelecia – tal como hoje o faz o art. 23, I, do CPC/2015 – a *exclusividade da jurisdição brasileira*

---

2   Ver *Wikipedia:* https://pt.wikipedia.org/wiki/Rep%C3%BAblica_%C3%81rabe_Unida.
3   Acórdão, p. 30/31.

para conhecer de ações relativas a imóveis situados no Brasil.[4] Disse, por fim, que o reconhecimento da imunidade absoluta de jurisdição do Egito representaria *denegação de justiça,* acarretando a responsabilidade internacional do Estado brasileiro.

O então Subprocurador-Geral da República, J. F. Resek, opinou dizendo ser patente o direito da República do Egito de recusar a jurisdição brasileira, *"mesmo aos olhos de uma ainda confusa e pouco convincente parcela da doutrina, que insiste em raciocinar à base da distinção entre 'atos de império' e 'atos de gestão'.* E disse, ainda, que a espécie não tinha a ver com qualquer questão privatística, *"mas diz respeito ao domínio de imóvel diplomático num contexto de sucessão de Estados".*[5]

Em meados de 1982, o STF decidiu, por maioria apertada, reconhecer a *imunidade absoluta* de jurisdição da República Árabe do Egito, extinguindo o processo sem julgamento do mérito, na forma do art. 267, VI, do CPC/73. Confira-se a ementa do julgado:

> INTERNACIONAL PÚBLICO. Imunidade de jurisdição. Ação de Estado estrangeiro contra outro, perante a Justiça brasileira. 1) Demanda que tem por objeto imóvel situado no Brasil, originariamente adquirido pela República da Síria, depois utilizado pela República Árabe Unida, e, desfeita a união dos dois Estados, retido pela República Árabe do Egito. 2) Imunidade de jurisdição, invocada pelo Estado-réu e no caso não afastada pelo fato de constituir objeto da demanda um imóvel situado no Brasil. 3) Antecedendo ao aspecto da aplicabilidade do direito interno brasileiro sobre propriedade imobiliária situada no Brasil, a imunidade de jurisdição se afirma pela circunstância de a solução da controvérsia entre os dois Estados estrangeiros depender de prévio exame de questão, regida pelo direito internacional público, atinente aos efeitos, entre os Estados estrangeiros litigantes, de atos de sua união e posterior separação. Impossibilidade de definição da Justiça brasileira sobre tal questão prévia, concernente a relações jurídicas entre os Estados litigantes.
>
> (j. 14.4.1982, Rel. p/ Acórdão Min. Décio Miranda)

Primeiro a votar, o Min. Soares Muñoz reconheceu a competência do STF para conhecer do litígio, à luz do art. 119, I, "c", da Constituição de 1969, e *rejeitou* a preliminar de imunidade absoluta de jurisdição invocada pela República Árabe do Egito. Entendeu, em síntese, que a criação e a desagregação da RAU não deixaram vestígio sobre a propriedade do imóvel objeto da ação, que permaneceu registrado em nome da República da Síria, sem qualquer ônus. Assim, caberia ao Egito alegar e provar a existência de ato legislativo ou tratado entre os dois países que houvesse decidido sobre

---

4 Esta norma encontra-se, com idêntica dicção, no art. 23, I, do CPC/2015.

5 Acórdão, p. 16.

o destino dos imóveis diplomáticos possuídos, no estrangeiro, pela RAU, após o desfazimento da união. Notou também que, naquela ocasião, não se podia mais falar em aplicação da Convenção de Viena sobre Relações Diplomáticas, ratificada pelo Brasil em 1964, eis que no imóvel se encontrava, como ainda hoje se encontra, a missão consular do Egito e não mais sua missão diplomática. E a Convenção de Viena sobre Relações Consulares, ratificada pelo Brasil em 1967, embora reconheça a inviolabilidade dos locais consulares, não os isenta da jurisdição brasileira (art. 31).

O voto do Min. Néri da Silveira enfatizou que a imunidade de jurisdição do Estado estrangeiro deveria ser considerada com as restrições oriundas do Direito Internacional Público moderno, segundo o qual, *"dentre outros, a violação de direitos fundamentais, reconhecidos pela Constituição ou leis de um Estado, deve receber dos tribunais nacionais competentes remédio efetivo".* Portanto, o direito fundamental de propriedade imobiliária brasileira deveria merecer a prestação jurisdicional cabível. Assim, também rejeitou a preliminar levantada pelo Egito e ordenou o prosseguimento da ação.

A divergência foi aberta com o Min. Clóvis Ramalhete, que votou pela extinção do processo sem julgamento do mérito, por faltar-lhe possibilidade jurídica (art. 267, VI, CPC/73). Segundo ele, a lide diz com a *sucessão de Estados estrangeiros na ordem internacional* qualificando-se, pois, como matéria estranha à jurisdição do STF.[6] A RAU recebera do Egito e da Síria o exercício dos atributos da soberania de ambos e passara a gerir as relações exteriores deles, em seu lugar. A propriedade do imóvel em disputa havia sido automaticamente transferida à RAU, em virtude da transferência de soberania operada pela união dos dois países. Afirmou, ainda, que a extinção do processo não resultaria em *denegação de justiça*, pois permaneciam abertos às partes os métodos pacíficos de soluções de disputas, bem como o recurso à Corte Internacional de Justiça ou à arbitragem.[7]

Em seguida, votaram os Min. Firmino Paz e Rafael Mayer, rejeitando a preliminar de imunidade de jurisdição e ordenando o prosseguimento da ação.

O Min. Décio Miranda acompanhou o Min. Clóvis Ramalhete, entendendo faltar jurisdição ao STF para apreciar os efeitos da dissolução de uma união entre Estados, tal como ocorrido com a RAU.

Ao votar, o Min. Moreira Alves, inicialmente notou, quanto à imunidade de jurisdição alegada pelo Egito, que o Direito Internacional moderno se orientava claramente pela admissão da imunidade apenas *relativa*. Desse modo, a imunidade deveria prevalecer somente no tocante aos atos sobe-

---

6   Acórdão, pp. 55/57.
7   Acórdão, p. 61.

ranos públicos *(iure imperii)* de um Estado, mas não em relação aos seus atos privados *(iure gestionis)*.[8] Reconheceu, porém, a complexidade do caso concreto, que envolve questão de Direito Internacional Público, a saber: se houve ou não sucessão de Estados, e que tal questão seria indissociável e preliminar à questão concernente à titularidade da propriedade imobiliária e à qualificação da posse.[9] Ao final, acompanhou o Min. Décio Miranda e o Min. Clóvis Ramalhete para extinguir o feito, por falta de jurisdição do STF.

No curso do julgamento, houve intenso debate entre os Ministros da Corte sobre o risco de omissão do STF em prestar a jurisdição pleiteada e da violação do princípio da não-denegação de justiça, ainda mais se tratando de disputa sobre imóvel sito no Brasil.[10] Nessa ocasião, o Min. Soares Muñoz afirmou que, no caso, houve sucessão de Estados e, finda a RAU, voltou-se ao *statu quo ante*, *"como é público e notório. O único resquício é o do Consulado do Egito continuar na posse do imóvel pertence à Síria."*[11]

Por fim, votaram os Min. Cordeiro Guerra e Djaci Falcão, acompanhando os Min. Décio Miranda, Clóvis Ramalhete e Moreira Alves pela extinção do processo, sem julgamento do mérito.

Assim, por maioria apertada, de um voto apenas, o STF julgou extinto o feito.[12]

4. A posição atual do STF: imunidade *relativa* de jurisdição do Estado estrangeiro

Desde 1989, com o julgamento unânime da Ap. Cível 9.696[13], o STF orientou-se no sentido de *relativizar* a imunidade de jurisdição do Estado estrangeiro para disputas meramente patrimoniais, como a presente. O voto do Min. J. F. Resek, reconhecido internacionalista, foi determinante para tal mudança. Disse ele: *"não podemos mais, neste Plenário, dizer que há uma sólida regra de direito internacional costumeiro, a partir do momento em*

---

8   Acórdão, pp. 83/4.
9   Acórdão, p. 88.
10 Acórdão, p. 102.
11 Acórdão, p. 104.
12 Votaram a favor da rejeição da preliminar de impunidade de jurisdição e prosseguimento do feito os Min. Soares Muñoz, Néri da Silveira, Firmino Paz e Rafael Mayer. Contudo, os Min. Clóvis Ramalhete, Décio Miranda, Moreira Alves, Cordeiro Guerra e Djaci Falcão formaram a maioria que votou pela extinção do processo, por impossibilidade jurídica.
13 STF – Pleno, Ap. Cível 9.696, *Genny de Oliveira* v *República Democrática da Alemanha*, j. 31.5.1989, Min. Sydney Sanchez.

que desertam dessa regra os Estados Unidos da América, a Grã-Bretanha e tantos outros países do hemisfério norte. Portanto, o único fundamento que tínhamos — já que as Convenções de Viena não nos socorrem a tal propósito — para proclamar a imunidade do Estado estrangeiro em nossa tradicional jurisprudência, desapareceu: podia dar-se por raquítico ao final da década de setenta, e hoje não há mais como invocá-lo."[14]

Hoje é sólida, tanto no STF como no STJ, a tese da *imunidade relativa* de jurisdição, que permite a atuação da Justiça brasileira nas situações que envolvam atos de gestão *(iure gestionis)* praticados por Estado estrangeiro.[15]

---

14 Acórdão STF-Pleno, Ap. Cível 9.696, p. 29.

15 Confira-se: STF, ACO 575, *Distrito Federal v. República dos Camarões*, Min. Celso de Mello, j. 1º.8.2000. *"*EMENTA: IMUNIDADE DE JURISDIÇÃO. LITÍGIO ENTRE ESTADO ESTRANGEIRO E O DISTRITO FEDERAL. AÇÃO CIVIL DE REPARAÇÃO PATRIMONIAL (ACIDENTE QUE ENVOLVE VEÍCULO DIPLOMÁTICO). COMPETÊNCIA ORIGINÁRIA DO SUPREMO TRIBUNAL FEDERAL (CF, ART. 102, I, "e"). EVOLUÇÃO DO TEMA NA DOUTRINA, NA LEGISLAÇÃO COMPARADA E NA JURISPRUDÊNCIA DO SUPREMO TRIBUNAL FEDERAL: DA IMUNIDADE JURISDICIONAL ABSOLUTA À IMUNIDADE JURISDICIONAL MERAMENTE RELATIVA. PRECEDENTES DO STF (RTJ 133/159 e RTJ 161/643- 644). DESPACHO: O Distrito Federal promove a presente ação civil de reparação patrimonial contra a República dos Camarões, sob a alegação de que um membro integrante da Missão Diplomática desse Estado estrangeiro, "dirigindo veículo pertencente à Embaixada" (placas CD-602), teria ocasionado danos materiais ao patrimônio público local, eis que o automóvel conduzido pelo diplomata Jean-Blaise Konn, desenvolvendo velocidade excessiva (fls. 17), "chocou-se com um poste de iluminação pública", causando os prejuízos cujo valor se acha estimado na peça documental produzida a fls. 45. (...). Como se sabe, a imunidade de jurisdição dos Estados estrangeiros deriva, ordinariamente, de um princípio básico - o princípio da comitas gentium - consagrado pela prática consuetudinária internacional, assentado em premissas teóricas e em concepções políticas, que, fundadas na essencial igualdade entre as soberanias estatais, legitimavam o reconhecimento de que par in parem non habet imperium vel judicium, consoante enfatizado pelo magistério da doutrina (...). Essa orientação, contudo, sofreu abrandamentos, que, na vigência da presente ordem constitucional, foram introduzidos pelo Supremo Tribunal Federal, quando do julgamento da Apelação Cível 9.696-SP, Rel. Min. SYDNEY SANCHES (RTJ 133/159) e do Ag 139.671-DF (AgRg), Rel. Min. CELSO DE MELLO (RTJ 161/643-644). Em função dessa nova orientação, a jurisprudência firmada pelo Supremo Tribunal Federal, tratando-se de atuação de Estado estrangeiro em matéria de ordem privada, notadamente em conflitos de natureza trabalhista, consolidou-se no sentido de atribuir caráter meramente relativo à imunidade de jurisdição, tal como reconhecida pelo direito internacional público e consagrada na prática internacional. (...). O novo quadro normativo que se delineou no plano do direito internacional, e também no âmbito do direito comparado, permitiu - ante a realidade do sistema de direito positivo dele emergente - que se construísse a teoria da imunidade jurisdicional relativa dos Estados soberanos, tendo-se presente, para esse específico efeito, a natureza do ato motivador da instauração da causa em juízo, de tal modo que deixa de prevalecer, ainda que excepcionalmente, a prerrogativa institucional da imunidade de jurisdição, sempre que o Estado estrangeiro, atuando em matéria de ordem estrita-*

5. O *embróglio* tem solução?

Tendo em vista o tempo decorrido e os contornos da atual conjuntura política nos dois países interessados, parecem inviáveis ou, pelo menos, improváveis, uma solução diplomática e amigável para a questão, ou mesmo a via judicial perante a Corte Internacional de Justiça, ou a arbitral.

De todo modo, qualquer resolução, por órgão internacional, deste específico litígio entre a República Árabe da Síria e a República Árabe do Egito, seria *ineficaz* perante a ordem jurídica brasileira. É que, estando o imóvel situado no Brasil, é da Justiça brasileira a *exclusiva* competência *(rectius:* jurisdição) para apreciar e julgar ação que se lhe refira, como prevê o art. 23, I, do CPC/2015.[16] Logo, qualquer *sentença estrangeira* sobre o imóvel seria insuscetível de homologação e, portanto, *ineficaz* perante o ordenamento brasileiro.[17]

Por outro lado, afirmar que a Justiça brasileira está impedida de solucionar litígio relativo a imóvel aqui situado parece não se coadunar com alguns princípios fundamentais de nosso ordenamento.

Primeiramente, o princípio do *acesso à justiça* (art. 5º, XXXV, CFRB). Embora dirigido ao legislador, seu intento é permitir o acesso plural e universal ao Poder Judiciário, afastando requisitos desproporcionais ou inviabilizadores da submissão de pleitos.[18] Nessa mesma linha, o outro lado da moeda: a obrigação internacional assumida pelo Estado brasileiro, perante seus pares, de evitar a *denegação de justiça.* Ou seja, o compromisso, no plano formal, de *não obstruir o acesso de litigantes estrangeiros aos seus*

> *mente privada, intervir em domínio estranho àquele em que se praticam os atos jure imperii. Doutrina. Legislação comparada. Precedente do STF. A teoria da imunidade limitada ou restrita objetiva institucionalizar solução jurídica que concilie o postulado básico da imunidade jurisdicional do Estado estrangeiro com a necessidade de fazer prevalecer, por decisão do Tribunal do foro, o legítimo direito do particular ao ressarcimento dos prejuízos que venha a sofrer em decorrência de comportamento imputável a agentes diplomáticos, que, agindo ilicitamente, tenham atuado more privatorum em nome do País que representam perante o Estado acreditado (o Brasil, no caso). (...)."*

16   Art. 23. Compete à autoridade judiciária brasileira, com exclusão de qualquer outra: I – conhecer de ações relativas a imóveis situados no Brasil; (...)

17   Confira-se: STF-Pleno, SE 3989 AgR, Min. Rafael Mayer, j. 17.3.1988; SEC 7209, Min. Ellen Gracie, j. 30.9.2004; SE 7101 AgR, Rel. Min. Maurício Corrêa, j. 15.10.2003. Veja-se também: STJ – Corte Especial, SEC 12300, Min. Mauro Campbell Marques, j. 5.9.2018.

18   Confira-se: STF-Pleno, RE 640905, Min. Luiz Fux, j. 15.12.2016; ADI 2139, Min. Cármen Lúcia, j. 1º.8.2018.

tribunais competentes e, no plano material, de *não privar o litigante estrangeiro de certos direitos fundamentais*.[19]

Assim, deve-se privilegiar a orientação do STF no tocante à imunidade *relativa* de jurisdição, abrindo-se à Síria a chance de rediscutir com o Egito a posse e propriedade do imóvel registrado em seu nome na Justiça brasileira.[20] Cabe lembrar que, na hipótese de sentença terminativa do processo sem resolução de mérito, não se forma coisa julgada material, de modo que, na espécie, a Síria poderá ajuizar nova ação, pois a ACO nº 298 não foi extinta por reconhecimento de perempção, litispendência ou coisa julgada (art. 267, V, CPC/73).

Lembre-se, ainda, que a questão diz com o *direito fundamental de propriedade,* inscrito no art. 5º, XXII, CRFB. Essencialmente, a lide envolve a *posse direta* de imóvel cuja propriedade se acha contínua e regularmente registrada em nome da República Árabe da Síria, e sem ônus. A presunção relativa emanada do sistema registral brasileiro estabelece que o registro, até prova em contrário, atribui eficácia jurídica e validade perante terceiros, nacionais ou estrangeiros.[21]

No plano processual, a *ação possessória,* antecedida de notificação resilitória de comodato do imóvel, parece medida adequada na espécie. Instaurada a lide, impor-se-á ao réu, isto é: à República Árabe do Egito, o ônus de provar a existência de fato impeditivo, modificativo ou extintivo do direito do autor, nos termos do art. 373 do CPC/2015.

Nem se diga que o Egito teria, pelo decurso do tempo, adquirido a propriedade do imóvel, pois a *usucapião* não é reconhecida a Estados estrangeiros. O art. 11, §2º, da Lei de Introdução às Normas do Direito Brasileiro (antiga Lei de Introdução ao Código Civil) *proíbe* a aquisição por Estados estrangeiros de bens imóveis no Brasil.[22] De outro lado, o

---

19 CANÇADO TRINDADE, A.A. *A denegação de justiça no Direito Internacional: doutrina, jurisprudência, prática dos Estados*. Revista de informação legislativa : v. 16, n. 62 (abr./jun. 1979), p. 27, 35. Ver também, do mesmo autor: *Princípios do direito internacional contemporâneo*. Brasília: FUNAG, 2017, p. 303/329.

20 No caso concreto, parece manter-se a competência do STF para apreciar e julgar a ação, consoante interpretação analógica do art. 102, I, "e", da CRFB: Compete ao Supremo Tribunal Federal, precipuamente, a guarda da Constituição, cabendo-lhe: I – processar e julgar, originariamente: (...) e) o litígio entre Estado estrangeiro ou organismo internacional e a União, o Estado, o Distrito Federal ou o Território; (...).

21 Cf. art. 252 da Lei nº 6.015/73 e art. 1245 do Código Civil.

22 Confira-se a dicção da norma: "Art. 11. (...) §2º Os Governos estrangeiros, bem como as organizações de qualquer natureza, que eles tenham constituído, dirijam ou hajam investido de funções públicas, não poderão adquirir no Brasil bens imóveis ou suscep-

STF já rejeitou pleito de *usucapião* de imóvel formulado por Estado estrangeiro. [23]

Este é daqueles casos em que a passagem do tempo não cura a ferida. Daí a exemplar lição (e desabafo) do Min. Soares Muñoz, ao ratificar seu voto na ACO nº 298: *"[d]e modo que, entre a denegação de justiça e as dificuldades na execução de uma decisão, optei pela solução destas, enfrentando-as, porque o juiz não deve fugir à função jurisdicional, em face dos eventuais percalços que possam surgir na execução da sentença. O dever dos Tribunais é dar a prestação jurisdicional e tomar as medidas adequadas, no sentido de que as suas decisões sejam respeitadas e executadas".* [24]

---

tíveis de desapropriação; §3º Os Governos estrangeiros podem adquirir a propriedade dos prédios necessários à sede dos representantes diplomáticos ou dos agentes consulares." A Lei nº 4.331/64 dispôs sobre a aquisição, por Governos estrangeiros, no Distrito Federal, de imóveis necessários à residência dos agentes diplomáticos das respectivas Missões Diplomáticas.

23 STF-Pleno, Ap. Cível 9691/DF, Rel. Min. Francisco Resek, j. 6.11.1985. Em 1970, o Reino dos Países Baixos comprou, com autorização do Min. das Relações Exteriores, lote de terreno no Distrito Federal com a finalidade de estender os jardins da residência de seu ministro-conselheiro. Todavia, jamais levou a escritura de compra e venda a registro. Dez anos depois, o imóvel foi levado à praça, por dívidas do anterior proprietário, em cujo nome continuava registrado, e arrematado por terceira pessoa. O Reino dos Países Baixos ajuizou ação de usucapião do imóvel, que foi julgada improcedente, dentre outras razões, porque a licença do MRE expirara em 1977, sem que o Reino Unido tivesse adquirido a propriedade do imóvel. Confira-se a ementa do julgado: "APELAÇÃO CÍVEL. GOVERNO ESTRANGEIRO. AQUISIÇÃO DE IMÓVEL. ESCRITURA NÃO INSCRITA NO REGISTRO DE IMÓVEIS. IMÓVEL LEVADO A PRAÇA, ARREMATADO E REGISTRADO POR TERCEIRA PESSOA. AÇÃO DE USUCAPIÃO JULGADA IMPROCEDENTE. I - Não tendo o Estado-autor adquirido a propriedade do terreno enquanto titular da licença do Ministério das Relações Exteriores (Lei nº 4.331/64) não poderia mais tarde adquiri-lo, fosse por compra, fosse por usucapião. II - Não há justo título em caso de omissão do registro imobiliário (precedentes no STF). III - Contudo, não tendo havido reconvenção, não podia a sentença recorrida determinar que o autor entregasse ao réu o imóvel em causa, mas tão-só declarar improcedente a ação de usucapião. Apelação provida em parte mínima."

24 Acórdão, p. 105.

Contrato Preliminar Unilateral:
Estrutura, Função e Qualificação

Fabio de Oliveira Azevedo

> **SUMÁRIO: 1.** Contrato preliminar. **1.1.** Considerações iniciais. **1.2.** Tratativas e contrato preliminar. **1.3.** Dimensão negocial e obrigacional do contrato preliminar. **2.** Contrato preliminar unilateral. **3.** Prazo para exigir o cumprimento do contrato preliminar unilateral. **4.** As situações jurídicas das partes e a decadência. **5.** A desnecessidade do registro do contrato preliminar unilateral. **6.** Diversas possibilidades de qualificação da opção.

1. Contrato preliminar

1.1. Considerações iniciais

O contrato preliminar era uma categoria absolutamente desconsiderada pelo Código Civil de 1916[1]. Um desprezo inteiramente injusto. Afinal de contas, já durante a sua vigência esse contrato passou a ter utilização e importância amplamente difundidas na sociedade brasileira. O Código Civil de 2002 corrigiu a omissão e disciplinou o contrato preliminar em seus arts. 462 a 466, embora optando por regular o tema na teoria geral dos contratos (Título V do Livro I da Parte Especial), em vez de incluí-lo entre os contratos em espécie (Título VI do Livro I da Parte Especial).

De qualquer modo, a figura não era ignorada pelo ordenamento jurídico, ao menos desde a década de 30 do século passado. A legislação brasileira tratava pontualmente de uma espécie do gênero contrato preliminar: o compromisso de compra e venda, regulado pelo Decreto-Lei nº 58 de 1937 (Dispõe sobre o loteamento e a venda de terrenos para pagamento em prestações). E, posteriormente, pela Lei nº 6.766 de 1979 (Dispõe sobre o parcelamento do solo urbano).

---

1   Caio Mario da Silva Pereira (Instituições de Direito Civil, Vol. III, atualizador Regis Fichtner, 14ª edição, p. 69) lembra que "o nosso direito anterior, pela voz dos grandes mestres (Teixeira de Freitas, Correia Teles), aludia, a seu turno, à hipótese de alguém obrigar-se a vender, o que significa sem dúvida reconhecer o contrato preliminar de compra e venda". Afinal de contas, apesar da omissão legislativa, "a figura não é nova. Já era conhecida dos romanos, não como um contrato propriamente dito, revestido das características e acompanhado dos efeitos dos contratos, porém como um pacto, que os romanistas generalizam como pactum de contrahendo, por indução das espécies especificamente individuadas nas fontes: pactum de mutuando, pactum de comodando, e menos relevantemente pactum de emendo"

Esse contrato preliminar, através do qual se assume o dever de celebrar um contrato futuro e definitivo (locação, compra e venda ou até mesmo um outro contrato preliminar[2]) pode ser classificado[3] em: a) *bilateral (ou sinalagmático)* quando duas ou mais pessoas contratam e todas assumem o dever de celebrar o contrato definitivo (ex. "a" e "b" contratam e ambos assumem o dever de celebrar uma compra e venda futura); b) *unilateral (não sinalagmático)*, quando duas ou mais pessoas contratam, mas só uma delas assume o dever de celebrar o contrato definitivo (ex. "a" e "b" contratam, mas só "a" que assume o dever de vender para "b" nos três meses seguintes, sem que "b" assuma o dever de comprar, criando uma *promessa de venda unilateral*).

E, por sua vez, o contrato preliminar unilateral ainda pode ser classificado[4] em: a) *oneroso*, quando ambas as partes visam obter vantagens ou benefícios, impondo-se encargos reciprocamente em benefício uma da outra; b) *gratuito ou benéfico*, quando apenas uma parte aufere vantagem, enquanto a outra assume o encargo.

Como regra geral, o contrato unilateral é gratuito. Mas a correspondência fática não retrata uma correlação jurídica. As classificações são autônomas. A classificação dos contratos em unilaterais e bilaterais considera o número de obrigações assumidas, o conteúdo da obrigação. Já a classificação dos contratos onerosos ou gratuitos recai sobre o objetivo das partes.

Em princípio, é possível afirmar que o contrato preliminar unilateral é gratuito, pois só a parte que assumiu o dever de celebrar o contrato definitivo sofre desvantagem econômica. No entanto, nada impede que a autonomia privada incentive a criação de um contrato preliminar unilateral oneroso. Seria a hipótese de duas pessoas celebrarem um contrato preliminar unilateral com o prazo de dois anos, intervalo dentro do qual uma

---

2   Existe uma acesa divergência sobre a admissibilidade da promessa de doação. No âmbito do Superior Tribunal de Justiça a 2ª Seção, após divergências entre a 3ª e 4ª Turmas, julgou os EResp 125859 e admitiu a promessa de doação para um único caso, nulificando-o nos demais:"o acordo celebrado quando do desquite amigável, homologado por sentença, que contém promessa de doação de bens do casal aos filhos, é exigível em ação cominatória".
    Sobre o tema, confira-se o magnífico trabalho de Maria Celina Bodin ("Notas sobre a promessa de doação", artigo publicado na revista eletrônica civilistica.com). Nesse sentido, igualmente, são as lições do excelente Marco Aurélio Bezerra de Melo (Direito Civil. Contratos. 3ª ed., Gen/Forense, pp. 425/427).

3   Nesse sentido, Caio Mario da Silva Pereira (p. 71) e João de Matos Antunes Varela (Direito das Obrigações, Almedina, 11ª ed., p. 382).

4   Nesse sentido, João de Matos Antunes Varela (Direito das Obrigações, Almedina, 11ª ed., p. 405).

delas fica obrigada a vender um determinado imóvel, mas sem que a outra esteja obrigada a comprar. No entanto, como esse contrato pode gerar uma desvantagem econômica para o proprietário-promitente, uma vez que o imóvel pode se valorizar nesse período de dois anos e ele ser obrigado a vender pelo valor histórico contratado, fica ajustado que esse compromisso de vender – com o correspondente direito de comprar - será remunerado com um valor estabelecido previamente pelas partes. Em suma, uma das partes pagaria para poder exigir da outra o compromisso de vender.

O legislador reservou apenas o art. 466 do Código Civil para, de modo especifico, cuidar do contrato preliminar unilateral. No entanto, os arts. 462 a 465 do CC estabelecem regras que tem aplicação aos contratos preliminares de uma maneira geral, e não exclusivamente ao bilateral, de modo que os artigos são aplicados tanto para um como para outro.

Mas é certo que a experiência social[5] revela ser o contrato preliminar bilateral de promessa de compra e venda o mais utilizado contrato preliminar no comércio jurídico. Um contrato preliminar *bilateral*, pois duas pessoas assumem o dever de celebrar o contrato futuro. A construção civil catapultou a importância desse instituto, de forma que a incorporação imobiliária, entendida como atividade (art. 28, parágrafo único, da Lei nº 4.591/64), o emprega para alavancar a sua operação econômica, com o imóvel sendo negociado ainda durante a construção, ficando acertado que ele será vendido tão logo esteja pronto. Em suma, o contrato preliminar de promessa de compra e venda atua como ferramenta para materializar o arranjo de interesses entre construtor e adquirente.

O Direito Comparado também dedica especial atenção ao instituto. A explicação é simples: o interesse em tornar jurídico o acerto pelo qual duas pessoas prometem contratar futuramente, como vender e comprar um bem, reflete a realidade de quase todas as nações ocidentais, sem falar em

---

5   Enzo Ropo (O Contrato, Almedina, p. 102) aborda a função econômica e jurídica do contrato-promessa: "a peculiaridade de tal instrumento jurídico é justamente esta: as partes já definem os termos essenciais da operação econômica que tencionam realizar (suponhamos, a venda de um imóvel por um certo preço) mas não querem passar de imediato a actuá-la juridicamente, não querem concluir, desde já, o contrato produtor de efeitos jurídicos-econômicos próprios da operação; preferem remeter a produção de tais efeitos para um momento subsequente, mas, ao mesmo tempo, desejam a certeza de que estes efeitos se produzirão no momento oportuno, e por isso não aceitam deixar o futuro cumprimento da operação à boa vontade, ao sentido ético, à correção recíproca, fazendo-a, ao invés, desde logo matéria de um vínculo jurídico. Estipulam, então, um contrato preliminar, do qual nasce precisamente a obrigação de concluir, no futuro, o contrato definitivo, e, com isso, de realizar efetivamente a operação econômica prosseguida".

algumas orientais. Nesse caso, divergem os países e a doutrina em relação à nomenclatura a ser utilizada[6].

Em Portugal, é utilizada a expressão contrato-promessa. Já os alemães se referem a "contrato conclusão" ("Vorvetrag"). Na França, fala-se em "avant-contrat", "promesse de contrat" ou simplesmente "compromiss". Nos EUA a referência é feita ao "contrato para fazer um contrato futuro" ("The contract to make future contract").

O Brasil alinhou-se a Itália ("contrato preliminare" ou "ante-contrato") ao adotar a expressão "contrato preliminar".

Em suma, diversas expressões tentam didaticamente traduzir e rotular essa peculiar adequação de interesses, tais como "compromisso de contratar", "contrato preparatório", "contrato anterior", "antecontrato", "pré-contrato", "promessa de contratar", "promessa de contrato futuro" ou "contrato compromisso".

O ponto central do contrato preliminar recai sobre o desinteresse ou impossibilidade de realizar imediatamente um determinado contrato. Daí porque as partes assumem o dever de celebrá-lo no futuro. As razões são as mais variadas. Em geral, é utilizado porque a parte não tem condições de cumprir a prestação imediatamente, como pagar o preço, sendo esse um cotidiano exemplo na promessa de compra e venda de imóvel pronto, que até já poderia ser vendido, embora as partes estipulem que o preço será pago parceladamente. Nesse caso, não se vende o imóvel. O proprietário só promete vendê-lo. Enquanto o promissário promete comprá-lo.

As causas[7] contratuais são muitas e diversas.

Durante o inventário dos bens de pessoa falecida, os direitos dos co-erdeiros quanto à propriedade e posse da herança são considerados indivisíveis até a partilha (art. 1791, parágrafo único, do CC[8]). Desse modo, não pode um bem ser individualmente alienado, sob pena de ineficácia da cessão de direitos hereditários ou da alienação sem autorização judicial (art. 1793, § 2º e 3º do CC[9]). Resta ao herdeiro o contrato preliminar, através do qual ele ajusta que irá vender após a partilha e o registro do formal.

---

6   São as diversas nomenclaturas empregadas no direito comparado. Sobre o tema, consultar Ver Varela, p. 379.

7   Sobre a causa contratual, existe um importante artigo escrito por Maria Celina Bodin ("A Causa do Contrato"), publicado na revista eletrônica civilistica.com.

8   Art. 1.791. A herança defere-se como um todo unitário, ainda que vários sejam os herdeiros. Parágrafo único. Até a partilha, o direito dos co-herdeiros, quanto à propriedade e posse da herança, será indivisível, e regular-se-á pelas normas relativas ao condomínio.

9   Art. 1.793. O direito à sucessão aberta, bem como o quinhão de que disponha o co--herdeiro, pode ser objeto de cessão por escritura pública.

Duas pessoas jurídicas, interessadas em um determinado leilão[10], podem decidir que formarão um grupo para atuação em parceria. Esse ajuste será concretizado através da criação de uma terceira pessoa jurídica, cujo capital social será representado proporcionalmente pelo investimento de cada uma delas. Nesse caso, a celebração do contrato de sociedade só faria sentido se o grupo fosse vitorioso no certame. O contrato preliminar de sociedade consistiria em negócio jurídico bilateral pelo qual as duas sociedades se obrigam a contratar a sociedade, desde que vençam a disputa.

Sobre a expressão promitente e promissários algumas observações podem ser feitas. Nos contratos preliminares bilaterais, as partes são promitentes reciprocamente, pois uma promete a outra celebrar o contrato prometido, e ao mesmo tempo são promissárias, assim entendida aquela para quem é dirigida a promessa. Podem as partes do contrato preliminar bilateral, em suma, ser classificadas como promitentes, ou simplesmente promitente e promissária. As duas formas parecem corretas, embora o legislador brasileiro prefira se referir as duas como promitentes (art. 1418 do CC).

Mas no contrato preliminar unilateral é diferente. As partes devem ser qualificadas como *promitente* e *promissária*. O promitente assume, sozinho, o dever de celebrar o contrato definitivo. E a sua promessa é dirigida ao promissário, alguém que nada prometeu, embora seja titular de uma situação jurídica que lhe permite exigir a celebração do contrato definitivo.

O contrato preliminar, seja unilateral ou bilateral, precisa respeitar todos os requisitos essenciais exigidos para o contrato definitivo (art. 462 do CC). A única exceção recai sobre a forma, que o preliminar não precisa observar. Desse modo, no exemplo em que apenas uma das partes assume o dever de vender, sem que a outra assuma o dever de comprar, ainda que o contrato de compra e venda exija instrumento público (art. 108 do CC) ou particular (art. 1417 do CC) nada impede que o preliminar o dispense para ser celebrado por instrumento particular ou até verbalmente. No entanto, se o definitivo exige a autorização do cônjuge, o preliminar também deverá exigi-lo. Do contrário, haverá nulidade do contrato preliminar (art. 166, VII, do CC).

---

§ 1º Os direitos, conferidos ao herdeiro em consequência de substituição ou de direito de acrescer, presumem-se não abrangidos pela cessão feita anteriormente.

§ 2º É ineficaz a cessão, pelo co-herdeiro, de seu direito hereditário sobre qualquer bem da herança considerado singularmente.

§ 3º Ineficaz é a disposição, sem prévia autorização do juiz da sucessão, por qualquer herdeiro, de bem componente do acervo hereditário, pendente a indivisibilidade.

10   Este exemplo é apresentado por Fabio Ulhoa Coelho (Curso de Direito Civil, Saraiva, p. 87).

Interessante é pensar na hipótese de um contrato preliminar verbal. A compra e venda, contrato principal, exige escritura pública e em raros casos instrumento particular (ex. art. 38 da Lei nº 9.514/97) quando o imóvel ultrapassa o valor de 30 salários mínimos (art. 108 do CC). E seria nula se fosse celebrada por instrumento particular (art. 166, IV, do CC). Pelo mesmo fundamento, também seria nula uma promessa de compra e venda verbal, pois o art. 1417 do CC exige ao menos o instrumento particular.

Pode ocorrer, no entanto, de duas pessoas acertarem verbalmente que irão celebrar a promessa de compra e venda de um imóvel anunciado a venda[11]. Como a proposta, já se ultrapassou a fase das negociações preliminares. O negócio está fechado entre as partes. Afinal, a proposta já foi aceita verbalmente. O preço, o imóvel, a forma de pagamento, enfim, tudo foi negociado e acertado entre as partes, eventualmente até com a intermediação de uma imobiliária, representante convencional (art. 116 do CC) que testemunhou todo o ajuste e que tem a prova desse acerto verbal, como e mail´s trocados entre as partes. E até mesmo independentemente de arras (sinal), que é etapa de cumprimento de um contrato e não de formação, sendo, por isso, dispensável para o contrato existir validamente. Para a realização do contrato de promessa, faltam apenas as certidões. Nesse caso, se o proprietário voltar atrás ou aceitar proposta mais vantajosa de outra pessoa, a hipótese será de inadimplemento de um contrato preliminar verbal (o art. 462 do CC dispensa o instrumento particular exigido para a promessa). Em outras palavras, um contrato preliminar (verbal) cujo objeto é a celebração de outro contrato preliminar (por instrumento particular ou público, ou seja, uma promessa de promessa, um contrato preliminar de contrato preliminar).

1.2. Tratativas e contrato preliminar

A formação dos contratos é um processo[12]. Algumas vezes complexo e longo. Um conjunto de atos destinados a um fim. De um desejo pura-

---

11 Sobre a admissibilidade da promessa de promessa, ver Varela, p. 380: "não se mostra impensável, nem destituído de interesse, que possa concluir-se um contrato-promessa cujo objecto seta também um contrato-promessa".

12 A obrigação enquanto um processo é objeto de uma importante obra escrita no Brasil: "A Obrigação como Processo", de Clovis do Couto e Silva (Editora FGV). Esse trabalho foi escrito em 1964 e com ele o autor candidatou-se à cátedra de direito civil da Faculdade Direito da Universidade Federal do Rio Grande do Sul. Embora sem negar que a expressão obrigação como processo - como totalidade, como estrutura ou forma - era conhecida e empregada por autores germânicos clássicos como Karl Larenz (*Das Schuldverhältnis als Gefüge und als Prozeâ*), o ineditismo do seu trabalho é atribuído

mente psíquico de contratar são externados posteriormente alguns comportamentos iniciais, que traduzem conversas prévias sobre o bem ou as condições de contratação. Em geral recaem sobre sondagens entre os interessados. E podem chegar até a elaboração de carta de intenção ou qualquer outro ato que não traduza de forma inequívoca uma proposta de contratação. Até mesmo o usual convite para elaboração de proposta se inclui na fase das tratativas.

Das negociações preliminares ou tratativas passa-se a formulação e apresentação de uma proposta. A partir desse estágio o CC passa a disciplinar a formação dos contratos, ao dotar a proposta, em regra, de obrigatoriedade para o proponente (art. 427 do CC) e facultar que o oblato exija o seu cumprimento.

O contrato, porém, será formado quando a proposta for aceita. Nesse momento se dá o acordo de vontades, a justificar a formação de uma única vontade contratual.

Há nítida diferença, estrutural e funcional[13], entre o contrato preliminar e a fase pré-contratual. O contrato preliminar é um contrato formado. Passou por todos os estágios do processo formativo. As suas partes negociaram preliminarmente. A proposta foi formulada e depois aceita pelo destinatário.

A fase pré-contratual[14], ao contrário, envolve a mera possibilidade de um contrato vir a ser formado. Ele ainda não existe, embora comportamentos revelem a intenção de um contrato vir a ser potencialmente formado. Se

---

ao foco em torno da função da obrigação como polarização em torno de um fim que é o adimplemento e a satisfação dos interesses do credor.

13   "Da estrutura à função – novos estudos de teoria do direito" (Norberto Bobbio, ed. Manole). A obra propõe que uma análise da estrutura lógica do direito, baseada na pureza e objetividade da ciência, ceda espaço para um exame funcional das categorias jurídica, comprometida com o seu tempo e necessidade sociais próprias das transformações.

14   Na perspectiva da responsabilidade civil, a boa-fé objetiva já atua como fonte criadora de deveres acessórios durante as negociações preliminares (art. 422 do CC). A frustração imotivada de expectativa legítima criada em virtude de uma fase avançada dessas tratativas pode gerar o dever de indenizar por responsabilidade civil pré-negocial ou pré-contratual. Responsabilidade extracontratual, para a doutrina majoritária brasileira. Nesse caso, o debate recai sobre o fundamento ser o 186 do CC ou o art. 187 do CC, ambos combinados com o art. 927 do CC. O efeito prático seria responsabilizar objetiva ou subjetivamente o causador de dano injusto, conforme se adote um ou outro (Sobre o tema recomenda-se a leitura da obra "a responsabilidade civil pré-contratual – teoria geral e responsabilidade pela ruptura das negociações contratuais, de Regis Fichtner Pereira, Ed. Renovar). Diferente será o fundamento da responsabilidade pelo inadimplemento do contrato preliminar, que é contratual e baseada no art. 389 do CC. Em sendo subjetiva, haverá uma presunção de culpa do inadimplente.

uma pessoa se dirige a outra para indagar se ela venderia um apartamento, não há proposta alguma formulada, mas uma simples sondagem, sem eficácia vinculativa alguma. É o caso de corretores desleais que telefonam para proprietários informando que possuem clientes interessados em comprar imóvel naquele edifício, em pura especulação para despertar interesse na venda.

1.3. Natureza negocial e obrigacional do contrato preliminar

O contrato preliminar é um contrato perfeito e formado. Por isso o seu lugar mais adequado deveria ser o título VI (contratos em espécie) e não o título V (contratos em geral). É um negócio jurídico bilateral pelo qual é assumido o dever de celebrar um contrato futuro, sendo esse dever assumido por uma (preliminar unilateral), duas (preliminar bilateral) ou mais de duas pessoas (preliminar plurilateral). Deve, por isso, a sua estrutura ser examinada inicialmente a partir das particularidades do negócio jurídico, de forma a respeitar os pressupostos de existência, os requisitos de validade e os fatores de eficácia dos negócios jurídicos em geral.

Obrigatoriamente o contrato preliminar exige a presença de dois ou mais sujeitos. Sem isso, será inexistente, um não contrato, sem ingresso no mundo jurídico. E também exige a adequação a ordem jurídica, de modo a respeitar os requisitos de validade impostos pelo ordenamento (ex. art. 166 e 171 do CC). Além do mais, ainda que exista validamente, pode ocorrer desse contrato não produzir efeitos em relação a uma ou algumas pessoas (ineficácia relativa) ou simplesmente não produzir efeito algum (ineficácia absoluta).

Em segundo lugar, e para além de um negócio jurídico, a estrutura do contrato preliminar exige o seu exame em perspectiva obrigacional. Ao ser criado um contrato preliminar, é assumido o dever de celebrar um contrato definitivo. Cria-se uma obrigação de fazer bem peculiar, consistente em declarar a vontade necessária para a realização do contrato definitivo.

Pode uma questão ligada ao contrato preliminar envolver o seu adimplemento substancial, a caracterizar o abuso do direito de extinguir o contrato. E pode um contrato preliminar suscitar dúvidas sobre o percentual de juros que poderá ser cobrado, a incidência de honorários advocatícios e muitas outras discussões que recaem sobre o inadimplemento das obrigações e seus efeitos. Daí porque a dimensão negocial e obrigacional precisa ser investigada inicial e separadamente.

2. Contrato preliminar unilateral

Todo contrato é um negócio jurídico bilateral. Afinal de contas, todo contrato estruturalmente exige, ao menos, duas manifestações de vontade. Naturalmente, enquanto espécie contratual, também é possível afirmar que todo contrato preliminar é um negócio jurídico bilateral. A aparente dificuldade, com relação à afirmação, parece recair sobre a distinção entre negócio jurídico unilateral e bilateral e contrato unilateral e bilateral.

A classificação do negócio jurídico em unilateral e bilateral envolve o número de vontades emitidas. O negócio unilateral exige apenas uma declaração de vontade para tornar apta a produção de efeitos jurídicos. É o caso do testamento, no qual o testador externa a sua vontade com muita liberdade, que se torna apta a produzir os efeitos jurídicos desejados.

Diferente é a classificação do contrato em unilateral e bilateral. O ponto central aqui não recai sobre o número de vontades emitidas, mas sim sobre a quantidade de obrigações que serão assumidas. No contrato unilateral existe, como em qualquer contrato, ao menos duas manifestações de vontade, daí por que o contrato unilateral é um negócio jurídico bilateral.

Diz-se contrato unilateral, todavia, porque apesar de duas pessoas manifestarem vontade, apenas uma delas assumirá obrigação. É o caso da doação, no qual doador e donatário manifestam vontade de diminuir e aumentar o patrimônio reciprocamente. Porém, apesar de duas manifestações de vontade (negócio jurídico bilateral), apenas o doador terá a obrigação de transferir um bem do seu patrimônio e assim diminuí-lo (requisito objetivo da doação).

No contrato preliminar unilateral acontece o mesmo. Existe, como em todo contrato, um negócio jurídico bilateral, uma vez que (ao menos) duas pessoas manifestam vontade de celebrar um contrato definitivo. No entanto, apenas uma das partes é promitente, ou seja, assume o dever de celebrar o contrato definitivo. A outra apenas usufrui a posição de vantagem, sendo a destinatária da promessa, mas sem a reciprocidade de ter o dever de celebrar o contrato definitivo.

O Código Civil previu o contrato preliminar unilateral no art. 466 ao estabelecer que "se a promessa de contrato for unilateral, o credor, sob pena de ficar a mesma sem efeito, deverá manifestar-se no prazo nela previsto, ou, inexistindo este, no que lhe for razoavelmente assinado pelo devedor".

Pelo dispositivo duas pessoas podem celebrar um contrato e apenas uma delas afirmar que irá celebrar um contrato definitivo. A primeira (promitente) assume o dever de celebrar o contrato definitivo. A segunda (promissária) passa a ter a possibilidade de exigir o seu cumprimento, com a celebração do contrato prometido. Nas palavras de Marco Aurélio Bezerra de Melo, há uma "manifestação de vontade receptícia pela qual o promitente se dirige ao promissário com o objetivo de realizar um contrato, sendo que a este é reservado o direito potestativo de contratar ou não."[15]

3. Prazo para exigir o cumprimento do contrato preliminar unilateral

Qualificar a posição de cada sujeito no contrato preliminar unilateral contribui para resolver algumas questões importantes. De acordo com a regra do art. 466 do CC, sempre haverá um prazo para exigir a celebração do contrato definitivo. Ficou claro, em afirmação do valor da segurança jurídica, que o devedor-promitente não poderia ficar sujeito indefinidamente à vontade ou aos caprichos do promissário, que poderia, décadas após a celebração do contrato preliminar unilateral, surpreendentemente resolver exigir a celebração do contrato definitivo.

Na primeira parte, as partes espontaneamente convencionam um prazo, dentro do qual o promissário pode exigir que o promitente cumpra o dever de celebrar o contrato definitivo. Serio o caso do promissário (ou credor, na expressão utilizada pelo art. 466 do CC) estabelecer contratualmente que terá até noventa dias para exigir a celebração do contrato definitivo, a contar da celebração do contrato preliminar. Cumpre ao credor-promissário, nesse caso, exigir do devedor-promitente a celebração do contrato nesse período, sob pena de perder o seu direito, assinalando as condições da contratação para cumprir o dever de colaboração contratual.

Na segunda parte, se os contratantes não assinalaram um prazo dentro do qual o credor-promissário pode exigir do devedor-promitente a celebração do contrato definitivo, pode o próprio devedor-promissário se liberar da obrigação ao assinalar um prazo razoável para que o credor diga se deseja ou não exigir a celebração do contrato definitivo.

Essa exteriorização de vontade pelo devedor-promissário pode ser feita por qualquer meio idôneo, por não haver exigência de forma no artigo. Uma notificação extrajudicial, A.R. (aviso de recebimento) ou até mesmo um e-mail com um prazo razoável para o promitente celebrar o contrato definitivo bastaria para desobriga-lo e afirmar a transitoriedade própria das relações obrigacionais.

Seria o caso, por exemplo, do promitente conferir ao promissário, no contrato preliminar unilateral que assinaram, um prazo de noventa dias, dentro do qual deve o promissário dizer se deseja, ou não, a celebração do contrato definitivo. O desejo de utilizar esse direito deve ser externado

---

15   Marco Aurélio Bezerra de Melo (obra cit., p. 265).

por um meio inequívoco. No entanto, se o contrato preliminar não previu prazo, cumpre ao promissário comunicar o promitente e assinalar um prazo razoável, a ser examinado no caso concreto de acordo com a complexidade do negócio e sempre com base na função integrativa que exerce o principio da boa-fé objetiva. Nesse caso, não sendo cumprido o prazo, perderá o promissário o direito de exigir.

4. As situações jurídicas das partes

O direito do credor de exigir a celebração do contrato definitivo parece ostentar natureza potestativa e não subjetiva. Assim, o prazo para exigir o contrato definitivo é decadencial convencional e não prescricional. Depende de arguição e não pode ser pronunciado de ofício pelo juiz (art. 211 do CC), ainda que a iniciativa de exigir a celebração do contrato definitivo não respeite o prazo contratual estipulado ou o assinalado pelo devedor, a quem compete arguir a decadência. Não poderá ser suspenso, interrompido ou obstado, salvo na hipótese de favorecer absolutamente incapaz (art. 208 do CC). E poderá ser objeto de renúncia expressa ou tácita pelo devedor-promitente (art. 209 do CC).

Existem diversos critérios para distinguir o direito subjetivo do potestativo. A posição do sujeito passivo é o primeiro critério. Se o devedor tiver o dever de cumprir uma prestação o direito será subjetivo. Já se lhe competir um simples estado de sujeição o direito será potestativo, com a possibilidade de uma parte interferir na esfera jurídica alheia. Portanto, a possibilidade de violação de um direito irá apontar a natureza subjetiva ou potestativa. Em segundo lugar, a natureza da sentença proferida no caso de exercício da pretensão permite dizer que são imprescritíveis as pretensões meramente declaratórias, ficando sujeitas a prescrição as sentenças condenatórias, ao passo que na decadência as decisões judiciais serão constitutivas.

No contrato preliminar, a recalcitrância do devedor-promitente em celebrar o contrato definitivo autoriza que o credor-promissário ajuíze uma demanda judicial baseada no art. 466-A do Código de Processo Civil. Em suma, o credor não pedirá a condenação do devedor a celebrar o contrato definitivo. Pedirá, com base no próprio texto, uma sentença "que produza os mesmos efeitos do contrato a ser firmado".

Existem direitos potestativos que são exercidos extrajudicialmente, como é o caso de resilir unilateral um contrato através de simples notificação extrajudicial. Mas há direitos potestativos que só podem ser exercidos judicialmente, como é o caso daqueles que dependem de uma sentença judicial para desfazer o ato jurídico (ex. divórcio, anulação de atos jurídicos ou pedidos de substituição da vontade do devedor por uma decisão judicial).

E mais: a sentença que julga procedente o pedido na forma do art. 466-A, do Código de Processo Civil, tem natureza constitutiva, pois a sua eficácia preponderante, no dispositivo, é produzir o mesmo efeito que seria produzido se o contrato preliminar fosse cumprido, com a celebração do contrato definitivo. Vale dizer, a sentença irá constituir a eficácia do negócio que não foi voluntariamente realizado pelo devedor. Se fosse uma compra e venda de imóvel (promessa de venda unilateral) o contrato definitivo que deixou de ser realizado, a sentença, tal qual o contrato, poderia ser levada ao registro imobiliário para constituir a propriedade imobiliária.

5. A desnecessidade do registro do contrato preliminar unilateral

O art. 463, parágrafo único, estabelece que o "contrato preliminar deverá ser levado ao registro competente". Mas não especifica qual é o propósito desse registro. E muito menos qual seria a consequência dele não ser registrado.

É preciso destacar, nessa questão, a dimensão obrigacional que o contrato preliminar unilateral possui. Por ele, cria-se uma relação jurídica obrigacional cuja prestação, dever principal da obrigação, consiste em um fazer peculiar, uma declaração de vontade com a qual irá surgir o contrato definitivo.

Os contratos em geral devem ser cumpridos. A obrigatoriedade é um dos pilares em que se assenta o direito contratual, enquanto afirmação da estabilidade das relações sociais que representa importante viés do princípio da segurança jurídica e da própria boa-fé objetiva, por corresponder a principal expectativa que possui o credor. Nessa linha, a obrigatoriedade de qualquer contrato não está condicionada a registro algum. Deve ser simplesmente ser cumprido. E, em caso de inadimplemento, o processo civil disponibiliza mecanismos para coibir a ilegalidade e dar o credor uma resposta satisfatória.

Em passado recente, essa resposta era tão somente as perdas e danos, fruto de um espirito liberal que afirmava a impossibilidade de um devedor ser compelido a prestar um fato. O processo civil evoluiu, instrumentalizando e aparelhando o credor com ferramentas mais eficazes. Em suma, embora realmente o Estado não possa forçar o cidadão a contratar, ao menos sem ofensa a dignidade da pessoa humana, não é incompatível com a tutela da pessoa humana a adoção de mecanismos de pressão psicológica, a obtenção de resultado prático equivalente ou a substituição da vontade por uma decisão judicial.

Mas o fantasma do liberalismo não deixou de assombrar a legislação brasileira, inclusive o "novo" CC. Basta ler o art. 247 do CC, quando afirma que "incorre na obrigação de indenizar perdas e danos" o devedor que inadimplir obrigação de fazer infungível. Em sentido oposto, o art. 499 do CPC diz que "a obrigação somente será convertida em perdas e danos" em dois casos: a) se o credor preferir abrir mão da tutela específica; b) se for impossível obter a tutela específica ou a obtenção do resultado prático equivalente.

Nesse ambiente deve ser compreendido o CC. Especialmente se for considerada a época em que o anteprojeto foi elaborado, no fim da década de 60 do século passado. Na ocasião, realmente a solução das perdas e danos era a única possível, não se cogitando de sentença substitutiva da vontade.

O STF teve oportunidade de examinar o tema, relativamente ao contrato preliminar bilateral de compromisso de compra e venda, cujo raciocínio é inteiramente compatível e expansivo ao contrato preliminar unilateral. Na ocasião, a base discutida era o Decreto-Lei nº 58 de 1937, cujo art. 22 realmente exige o registro do compromisso de compra e venda para facultar a utilização da ação de adjudicação compulsória, cujo pedido, em síntese, é de substituição da vontade por uma decisão judicial. O raciocínio é perfeitamente aplicável ao contrato preliminar unilateral. Na Súmula do STF encontram-se três enunciados: a) Súmula 166; b) Súmula 167; c) Súmula 413.

O STF interpretou literalmente o art. 22 e exigiu o registro. Não atribuiu ao registro qualquer outra função, que não a de requisito para tutela processual substitutiva, na época baseada no art. 639 do CPC/73, na ocasião em vigor. Sem ele, caberia ao credor tão somente buscar a solução vetusta das perdas e danos. Em 88, com a Constituição da República, o STJ foi criado e passou a ser competente para apreciar a questão. E a corte, ao contrário do STF, passou a decidir favoravelmente a ação de adjudicação compulsória mesmo sem o registro, que passou a ser interpretado com outra função, posição sedimentada em dois verbetes: a) Súmula 84; b) Súmula 239.

Nesta última, decidiu com todas as letras que "o direito à adjudicação compulsória não se condiciona ao registro do compromisso de compra e venda no cartório do registro de imóveis".

O fundamento para a decisão recaiu sobre a natureza pessoal e não real da adjudicação compulsória. Entendeu que se trata apenas de uma obrigação de fazer descumprida, de modo a dispensar a necessidade de existir, para a ação de obrigação de fazer substitutiva, um direito real à aquisição (direito do promitente comprador, pelo art. 1417 do CC) ou qualquer outro, embora, para o surgimento do direito real, sem dúvida alguma se exija o registro.

Uma mudança significativa, especialmente se considerada a literalidade do art. 22 do Decreto-Lei nº 58-37. Atualmente, a literalidade dos arts. 1417 e 1418 do CC também conduziriam a solução das perdas e danos. Pelo art. 1418 do CC apenas o titular de direito real poderá pedir a adjudicação compulsória. E pelo art. 1417 do CC só é titular de direito real o promitente comprador que levou a registro o seu negócio jurídico. Pronto: o silogismo subsuntivo conduziria a impossibilidade de adjudicação compulsória do contrato preliminar sem registro, em retrocesso indesejado.

Reconheça-se, ao menos, a coerência desse dispositivo - e de algum modo até o mérito - no propósito do Código de transportar para a legislação um tema sedimentado na jurisprudência do tribunal superior (STF). Não pode a culta comissão elaboradora do anteprojeto, que se tornou o projeto 634-B, ser responsabilizada pelo período em que o trabalho hibernou no Congresso Nacional por quase duas décadas. E, muito menos, culpada pelas transformações ocorridas nesse intervalo, em especial a previsão (1988) e implementação (1989) de outro tribunal competente para julgar direito civil em geral (STJ). E, em especial, pela alteração do posicionamento quando confrontado com o STF (Súmula 239 do STJ vs. Súmula 158 do STF).

A interpretação mais correta precisa contextualizar todos esses dados. Não pode ser a-histórica. Especialmente em relação ao art. 463, parágrafo único, do CC, deve ser considerado que o registro é necessário sim, como está previsto, mas apenas para cumprir uma determinada função: atribuir eficácia em relação a terceiros para o contrato preliminar unilateral ou bilateral, efeito natural e próprio do direito real que o registro irá criar. Porém, independente de registro, o contrato é eficaz entre as suas partes e deve ser cumprido. Se descumprido o art. 501, do CPC, dará ao credor a possibilidade de exigir a substituição da vontade por uma decisão judicial.

É importante notar que o art. 501 do CPC em nenhum momento se refere a direito real, este sim dependente de registro. Ao contrário, fala o dispositivo tão somente em contrato pelo qual tenha uma parte se comprometido a celebrar um outro contrato, denominado como definitivo, o que abrange o contrato preliminar unilateral e o bilateral.

6. Diversas possibilidades de qualificar a opção

Mario Júlio de Almeida Costa distingue o contrato preliminar do pacto de opção, assim entendido, de acordo com esse autor, o "acordo em que uma das partes se vincula à respectiva declaração de vontade negocial, correspondente ao negócio visado, e a outra tem a faculdade de aceita-la ou não, considerando-se essa declaração da primeira uma proposta irrevogável".

O art. 1331 do Código Civil Italiano (Libro Quarto), afirma que *"Opzione Quando le parti convengono che una di esse rimanga vincolata alla propria dichiarazione e l'altra abbia facoltà di accettarla o meno, la dichiarazione della prima si considera quale proposta irrevocabile per gli effetti previsti dall'art. 1329"*.

Nesse caso, o legislador italiano expressamente desejou equiparar a opção a proposta, para atribuir-lhe essa natureza.

No Brasil, a qualificação da manifestação de vontade exteriorizada para formar a denominada opção, especialmente considerando a omissão da legislação brasileira, não pode ser feita em termos absolutos, apriorísticos e muito menos em abstrato, com desprezo a função prática e jurídica buscada pelos sujeitos da relação. Dito de outro modo, a opção reflete um acerto de interesses que não admite uma única e exclusiva qualificação.

Nesse sentido, a opção pode ter ao menos três possibilidades de qualificação, que refletirão diferentes arranjos de interesses, a exigir o confronto com o caso concreto e suas particularidades: a) simples negociação preliminar; b) proposta; c) contrato[16].

Em primeiro lugar, a opção poderá ser uma *negociação preliminar* quando as partes, em conversas iniciais, oferecerem a possibilidade de realização do contrato definitivo. Não será uma proposta, por não conter todos os requisitos do contrato a ser celebrado. E muito menos será um contrato, por ausência dos seus elementos essenciais, notadamente o preço. É o caso de corretores, em lançamentos imobiliários, que solicitam aos interessados a entrega de cheques a título de "reserva de unidade" para a compra de imóvel em empreendimento cuja venda ainda não se iniciou. Não há contrato, não há proposta, pois sequer se sabe o preço que custará o bem.

Em segundo lugar, a opção poderá ser uma *proposta*, tal como prevê o Código Civil Italiano. Basta pensar na hipótese em que alguém dirige para outra pessoa uma correspondência contendo todas as condições para a venda do seu apartamento, e, além disso, oferece ao oblato a opção de comprá-lo dentro do prazo de dois meses a partir da aceitação da opção. Até então, não houve manifestação de vontade pelas duas partes, sem a qual não há contrato, mas apenas pelo proprietário. Há uma proposta de opção, vale dizer, o proprietário elaborou uma proposta para a celebração de contrato preliminar unilateral. Se aceita a proposta ocorre o acordo de vontades, e passa o destinatário a qualidade de promissário, podendo, então, exigir do promitente a celebração do contrato definitivo.

---

16 Caio Mario (obra cit., p. 71) afirma a natureza contratual da opção. Diz o autor, discordado da posição italiana que atribui a natureza de proposta para a opção: "não podemos concordar cm a tese pois ele resulta de um acordo de vontades, ao contrário da oferta que se acha à espera de que venha a aceitação. O que, por certo, perturba o bom entendimento é a confusão que ainda se faz entre o contrato preliminar (unilateral e bilateral) e o definitivo. Dá-se a opção quando duas pessoas *ajustam* que uma delas terá *preferência* para a realização de um contrato, caso se resolva celebrá-lo. Como contrato unilateral gera obrigações para uma das partes, ao passo que a outra tem a liberdade de efetuar ou não o contrato, conforme suas conveniências.

Em terceiro lugar, a opção pode ser um *contrato preliminar unilateral*. Nesse caso, qualificada como "contrato de opção" ou "negócio de opção". Pense-se na hipótese em que um "instrumento contratual" – a qualificar - seja assinado por duas pessoas, traduzindo específicos interesses de um e de outro. Uma delas, proprietária de um imóvel, deseja muito adquirir um bem anunciado a venda. Inclusive, se dispõe a pagar valor um pouco acima da média praticada pelo mercado. Porém, por não ter recursos para pagar o preço, informa precisar vender o seu imóvel, o que tentará fazer dentro do prazo que conceder o proprietário. Só que esse interessado precisa ter a certeza de que, se vier a vender o seu imóvel, o promitente que ofereceu a opção de compra irá cumprir a sua obrigação e vender o apartamento desejado. Haverá, nesse caso, um negócio jurídico bilateral (as duas partes manifestarem vontade e regularam os seus interesses). Além disso, outros interesses poderiam justificar o contrato de opção, como a necessidade de prazo para obter um empréstimo, liberar eventual gravame que recaia sobre o bem ou mesmo para refletir se deseja ou não realizar a compra.

Nada impede, ainda, que o contrato de opção seja bilateral. Uma das partes pode decidir se irá ou não comprar. E a outra decidir sobre a conveniência ou não da venda. Em caso de manifestação de uma delas, a outra ficará obrigada a realizar o contrato. Mas pode ocorrer de nenhuma delas decidir no prazo ajustado. Nesse caso, diferente da promessa de compra e venda, na qual as partes assumem o dever de contratar, a opção bilateral criará apenas a simples possibilidade de um contrato de compra e venda vir a se celebrado, a depender do desejo de um ou do outro. Se dentro do prazo, as partes não exercitarem a prerrogativa de compra e venda, o contrato será pura e simplesmente extinto pelo termo final, diferente da promessa de compra e venda, que será inadimplida se o contrato definitivo não for feito.

7. Bibliografia

BOBBIO, Norberto. "Da estrutura à função – novos estudos de teoria do direito", Ed. Manole.

BODIN, Maria Celina. "Notas sobre a promessa de doação", artigo publicado na revista eletrônica civilistica.com.

BODIN, Maria Celina. "A Causa do Contrato", publicado na revista eletrônica civilistica.com.

COELHO, Fabio Ulhoa. Curso de Direito Civil, Saraiva, p. 87.

FICHTNER, REGIS. "A responsabilidade civil pré-contratual – teoria geral e responsabilidade pela ruptura das negociações contratuais", Ed. Renovar.

MELO, Marco Aurélio Bezerra. "Direito Civil. Contratos. 3ª ed., Ed. Gen/ Forense.

PEREIRA, Caio Mario da Silva. Instituições de Direito Civil, Vol. III, atualizador Regis Fichtner, 14ª edição, pág. 69.

ROPO, Enzo. O Contrato, Almedina, p. 102.

SILVA, CLÓVIS COUTO. "A Obrigação como Processo", Editora FGV.

VARELA, João de Matos Antunes. Direito das Obrigações, Almedina, 11ª ed., p. 382.

Distrato Imobiliário na Jurisprudência do STJ: a Resolução dos Contratos Imobiliários Anteriormente à Lei nº 13.786/2018 (Lei do Distrato)

Ricardo Villas Bôas Cueva

"Morrer é continuar".
Sem título (13/5/1921), Fernando Pessoa

SUMÁRIO: **1.** Introdução; **2.** Precedentes do STJ anteriores à Lei do Distrato; **3.** A Lei do Distrato; **4.** Consolidação da jurisprudência: temas 970 e 971; **5.** Considerações finais.

1. Introdução

A persistente crise econômica dos últimos anos levou a um impasse no setor de construção civil, já que a quantidade de resilições unilaterais chegou a quase metade dos contratos de compra e venda de imóveis. A Lei de Incorporação Imobiliária (Lei nº 4.591/1964), apesar de oferecer resposta a essa situação, foi reinterpretada pelos tribunais para proteger o consumidor-adquirente, com forte impacto nos negócios imobiliários, até o advento da Lei nº 13.786/2018, também conhecida como Lei do Distrato, que deu novo regramento à desistência dos compradores.

Até então os tribunais cuidaram de apreciar questões como o montante de retenção pelo vendedor, o momento e a forma de devolução das parcelas ao comprador, a indenização pelo atraso na entrega do imóvel, a cumulação de danos materiais e da cláusula penal, entre outras questões.

O presente artigo – escrito para o livro em homenagem a Sylvio Capanema de Souza, notável advogado e magistrado, que contribuiu como professor para a formação de várias gerações de profissionais – procura resumir a evolução da jurisprudência do Superior do Tribunal de Justiça sobre o tema, destacando a relevante participação do saudoso jurista para a consolidação dos precedentes daquela Corte.

2. Precedentes do STJ anteriores à Lei do Distrato

Uma das questões mais controvertidas no STJ antes do advento da nova lei era o montante da retenção pela incorporadora diante da desistência do promitente comprador. Discutia-se a conveniência ou não de tarifar a percentagem do valor pago, em vista das peculiaridades dos casos levados a juízo, muito discrepantes, o que não recomendaria uma prefixação, mas acabou prevalecendo o entendimento de que o percentual da retenção poderia variar de 10% a 25% do valor pago, observadas as circunstâncias de cada caso.¹

Quanto ao momento e à forma de devolução ao promitente comprador dos valores pagos, consolidou-se a jurisprudência no sentido da abusividade da cláusula contratual que determina a restituição dos valores devidos somente ao término da obra ou de forma parcelada.²

Veja-se a Súmula nº 543/STJ:

> "Na hipótese de resolução de contrato de promessa de compra e venda de imóvel submetido ao Código de Defesa do Consumidor, deve ocorrer a imediata restituição das parcelas pagas pelo promitente comprador – integralmente, em caso de culpa exclusiva do promitente vendedor/construtor, ou parcialmente, caso tenha sido o comprador quem deu causa ao desfazimento".

No que diz respeito ao atraso na entrega do imóvel, já se havia firmado a compreensão de que o simples descumprimento contratual não gera dano moral indenizável, salvo se as circunstâncias específicas do caso concreto possam provocar graves lesões à personalidade dos compradores.³

---

1 AgInt no AgRd no AREsp 816.434/Df, rel. Min. Bellizze, 3ª Turma, j. em 27/9/2016; REsp 1.364.510/SP, rel. Min. Moura Ribeiro, 3ª Turma, j. em 1/12/2015; AgRg no AREsp 728.256/DF, rel. Min. Marco Buzzi, 4ª Turma, j. em 15/9/2015; AgRg no AREsp 600.887/PE, rel,Min. Raul Araújo, 4ª Turma, j. em 19/5/2015.

2 Em sede de recuso repetitivo, a Segunda Seção decidiu que *"em contratos submetidos ao Código de Defesa do Consumidor, **é abusiva a cláusula contratual que determina a restituição dos valores devidos somente ao término da obra ou de forma parcelada, na hipótese de resolução de contrato de promessa de compra e venda de imóvel, por culpa de quaisquer contratantes.** Em tais avenças, deve ocorrer a imediata restituição das parcelas pagas pelo promitente comprador – integralmente, em caso de culpa exclusiva do promitente vendedor/construtor, ou parcialmente, caso tenha sido o comprador quem deu causa ao desfazimento."* (REsp 1.300.418/SC, Rel. Ministro LUIS FELIPE SALOMÃO, SEGUNDA SEÇÃO, julgado em 13/11/2013, DJe 10/12/2013). Cf. também o AgRg no AREsp 807.880/DF, Rel. Ministro RAUL ARAÚJO, QUARTA TURMA, julgado em 19/04/2016, DJe 29/04/2016.

3 *"Muito embora o entendimento de que o simples descumprimento contratual não provoca danos morais indenizáveis, tem-se que, na hipótese de atraso na entrega de unidade imobiliária, o STJ tem entendido que as circunstâncias do caso concreto podem configurar lesão extrapatrimonial.* Na hipótese dos autos, contudo, em razão de não ter sido invocado nenhum fato extraordinário que tenha ofendido o âmago da personalidade dos recorrentes, não há que se falar em abalo moral indenizável." (REsp nº 1.611.276/SP, Rel. Ministra NANCY ANDRIGHI, TERCEIRA TURMA, julgado em 25/4/2017, DJe 2/5/2017). Além disso: *"O mero inadimplemento contratual não enseja, por si só, indenização por dano moral. 'Salvo circunstância excepcional que coloque o contratante em situação de extraordinária angústia ou humilhação, não há*

Relativamente ao atraso na entrega do imóvel, já se consolidara a jurisprudência no sentido da cumulação de danos materiais e da cláusula penal, de modo a ser devida: (a) indenização correspondente à cláusula penal moratória, e (b) indenização por lucros cessantes pela não fruição do imóvel durante o tempo da mora da promitente vendedora.[4]

Admitia-se também a inversão da cláusula penal, ou seja, a cláusula penal inserta em contratos bilaterais, onerosos e comutativos deveria voltar-se aos contratantes indistintamente, ainda que redigida apenas em favor de uma das partes.[5]

Em situações de uso prolongado do imóvel e de inadimplemento do promitente-comprador, declarada a resolução do contrato de compra e venda de imóvel e o retorno das partes ao estado anterior, já se entendia cabível a indenização pelo tempo em que o comprador ocupou o bem,

---

dano moral. Isso porque, o dissabor inerente à expectativa frustrada decorrente de inadimplemento contratual se insere no cotidiano das relações comerciais e não implica lesão à honra ou violação da dignidade humana'". (AgRg no AgRg no Ag 546.608/RJ, Rel. Ministra MARIA ISABEL GALLOTTI, QUARTA TURMA, julgado em 3/5/2012, DJe 9/5/2012).

4 *"É possível cumular a cláusula penal decorrente da mora com indenização por lucros cessantes quando há atraso na entrega do imóvel pela construtora. Precedentes."* (REsp 1.642.314/SE, Rel. Ministra NANCY ANDRIGHI, TERCEIRA TURMA, julgado em 16/3/2017, DJe 22/3/2017). Também: *"Nos termos da jurisprudência assentada do STJ, a inexecução do contrato de compra e venda e de mútuo, em razão de atraso na entrega do imóvel na data acordada,* **enseja além da indenização correspondente** *à cláusula penal moratória, o pagamento de indenização por lucros cessantes pela não fruição do imóvel durante o tempo da mora da promitente construtora e pelo agente financeiro, na qualidade de demandado solidário. Precedentes."* (AgInt no AREsp 1.003.447/DF, Rel. Ministro LUIS FELIPE SALOMÃO, QUARTA TURMA, julgado em 14/3/2017, DJe 20/3/2017). E ainda: *"É perfeitamente possível cumular a cláusula penal decorrente da mora com indenização por lucros cessantes pela não fruição do imóvel, pois aquela tem natureza moratória, enquanto esta é compensatória, razão pela qual não há que se falar em bis in idem."* (AgRg no REsp 1544333/DF, Rel. Ministro MARCO AURÉLIO BELLIZZE, TERCEIRA TURMA, julgado em 27/10/2015, DJe 13/11/2015).

5 *"É possível a inversão da cláusula penal moratória em favor do consumidor, na hipótese de inadimplemento do promitente vendedor, consubstanciado na ausência de entrega do imóvel. Precedentes."* (REsp 1.611.276/SP, Rel. Ministra NANCY ANDRIGHI, TERCEIRA TURMA, julgado em 25/4/2017, DJe 2/5/2017). Também: *"Com esteio na jurisprudência desta Corte de Justiça, havendo previsão contratual de multa moratória no caso de descumprimento do pacto por parte do consumidor, esta sanção pode incidir em reprimenda ao fornecedor, caso seja o culpado pela mora ou inadimplemento."* (EDcl no AgInt no AREsp 925.424/SP, Rel. Ministro MARCO AURÉLIO BELLIZZE, TERCEIRA TURMA, julgado em 21/02/2017, DJe 07/03/2017).

desde a data em que a posse lhe foi transferida, a fim de evitar enriquecimento ilícito.[6]

Os chamados "juros no pé" – os juros cobrados na fase construção – também foram objeto de acesa controvérsia. Prevaleceu, contudo, o entendimento de que, na compra e venda de imóvel parcelado diretamente com a incorporadora, é possível a incidência de juros compensatórios, mesmo antes da entrega das chaves. Com isso, procurou-se conferir maior transparência ao contrato, assegurando-se o direito de informação do consumidor.[7]

De outro lado, também era sólido o entendimento no sentido de não se admitir a cumulação da perda das arras com a multa compensatória (cláusula penal). Trata-se de consequências diversas do inadimplemento, que se prestam a diferentes fins e, que somadas, criam vantagem exagerada ou enriquecimento sem causa do vendedor.[8]

---

[6] *"No caso em julgamento, considerando suas peculiaridades, a taxa de ocupação deve incidir desde o início da permanência no imóvel até sua efetiva devolução, tendo em vista a necessidade de não gerar enriquecimento sem causa por parte do promissário comprador."* (REsp 1.211.323/MS, Rel. Ministro LUIS FELIPE SALOMÃO, QUARTA TURMA, julgado em 1º/10/2015, DJe 20/10/2015). Também: *"A jurisprudência desta Corte orienta que 'declarada a resolução do contrato de compra e venda de imóvel e o retorno das partes ao estado anterior, é cabível a indenização pelo tempo em que o comprador ocupou o bem, desde a data em que a posse lhe foi transferida, a fim de evitar enriquecimento ilícito'"* (AgInt no AREsp 191.430/DF, Rel. Ministra MARIA ISABEL GALLOTTI, QUARTA TURMA, julgado em 9/3/2017, DJe 14/03/2017). E ainda: *"A inadimplência do promitente comprador não justifica a perda dos valores pagos a título de preço, ainda que prevista contratualmente, mas o promitente vendedor tem direito à indenização do que poderia auferir a título de locação, no período em que o imóvel esteve ocupado por aquele."* (REsp 416.338/RJ, Rel. Ministro ARI PARGENDLER, TERCEIRA TURMA, julgado em 03/04/2003, DJ 02/06/2003).

[7] *"Não se considera abusiva cláusula contratual que preveja a cobrança de juros antes da entrega das chaves, que, ademais, confere maior transparência ao contrato e vem ao encontro do direito à informação do consumidor (art. 6º, III, do CDC), abrindo a possibilidade de correção de eventuais abusos. No caso concreto, a exclusão dos juros compensatórios convencionados entre as partes, correspondentes às parcelas pagas antes da efetiva entrega das chaves, altera o equilíbrio financeiro da operação e a comutatividade da avença.(...)Embargos de divergência providos, para reformar o acórdão embargado e reconhecer a legalidade da cláusula do contrato de promessa de compra e venda de imóvel que previu a cobrança de juros compensatórios de 1% (um por cento) a partir da assinatura do contrato"* (EREsp 670.117/PB, Rel. Ministro SIDNEI BENETI, Rel. p/ Acórdão Ministro ANTONIO CARLOS FERREIRA, SEGUNDA SEÇÃO, julgado em 13/6/2012, DJe 26/11/2012).

[8] *"Validade da previsão de arras confirmatórias e cláusula penal compensatória num mesmo contrato, prevalecendo esta no caso de resolução por inadimplemento."* (REsp 1.381.652/SP, Rel. Ministro PAULO DE TARSO SANSEVERINO, TERCEIRA TURMA, julgado em 12/8/2014, DJe 5/9/2014). Também: *"Pactuada a venda de imóvel com o*

Chegou-se mesmo a admitir a revisão de contratos findos, ou seja, aqueles nos quais, " *apesar de ter havido a quitação ampla, geral e irrevogável, se tenha constatado a existência de cláusula de decaimento (abusiva), prevendo a perda total ou substancial das prestações pagas pelo consumidor, em nítida afronta aos ditames do CDC e aos princípios da boa-fé objetiva e do equilíbrio contratual.*" [9]

A invocação de princípios e regras supostamente violados, além do desequilíbrio contratual, eram suficientes para justificar a intervenção do Judiciário e invalidar negócio jurídico regular, pactuado livremente entre as partes, sem a indicação de vício de consentimento ou de afronta à ordem pública.

3. A Lei do Distrato (Lei nº 13.768/2018)

É fácil perceber que a insegurança jurídica ensejada por repetidas intervenções judiciais e agravada pelas várias crises econômicas acabaria por conduzir a uma revisão legislativa. Não foi surpresa, assim, que a Lei nº 13.786/2018, também conhecida como Lei do Distrato, tenha alterado substancialmente as Leis nºs 4.591/1964 (Lei das Incorporações Imobiliárias) e 6.766/1979 (Lei do Parcelamento Solo Urbano).

No que tange à Lei das Incorporações Imobiliárias, a nova lei exige que os contratos tenham quadro-resumo e autoriza a prorrogação do prazo de entrega do imóvel por até 180 dias (cláusula de tolerância). A extinção do contrato de promessa de compra e venda também ganhou nova disciplina (artigos 43-A e 67-A).

Anteriormente, convém lembrar que a Medida Provisória nº 2.221/2001, convertida na Lei nº 10.391/2004, alterou o art. 32, § 2º da Lei nº 4.591/1964, ao caracterizar como irretratáveis os contratos de compra e venda, promessa de venda, cessão ou promessa de cessão de unidades autônomas. A resilição unilateral era, portanto, vedada desde 2001. Mas é

---

pagamento de arras confirmatórias como sinal – que têm a função apenas de assegurar o negócio jurídico -, com o seu desfazimento, a restituição das arras é de rigor, sob pena de se criar vantagem exagerada em favor do vendedor." (REsp 907.856/DF, Rel. Ministro SIDNEI BENETI, TERCEIRA TURMA, julgado em 19/6/2008, DJe 1º/7/2008). E ainda: *"As arras possuem natureza indenizatória, servindo para compensar em parte os prejuízos suportados, de modo que também devem ser levadas em consideração ao se fixar o percentual de retenção sobre os valores pagos pelo comprador."* (REsp 1.224.921/PR, Rel. Ministra NANCY ANDRIGHI, TERCEIRA TURMA, julgado em 26/4/2011, DJe 11/5/2011).

9 REsp 1.412.662/RS, Rel. Ministro LUIS FELIPE SALOMÃO, QUARTA TURMA, julgado em 1º/9/2016, DJe 28/9/2016.

evidente que tais contratos podiam ser extintos, seja por descumprimento contratual (art. 465 CC/02) ou por onerosidade excessiva (art. 478 CC/02).

Os tribunais, contudo, passaram a interpretar extensivamente o art. 32, § 2º da Lei de Incorporações imobiliárias, admitindo a extinção do contrato não apenas nessas hipóteses. Em consequência, os adquirentes passaram a demandar a extinção dos contratos com a expectativa de receber restituição de elevado percentual dos valores pagos (entre 80% e 90%). Em 2016, por exemplo, cerca de 45% das vendas de imóveis na planta foram canceladas.[10]

Pode-se entender a Lei do Distrato como reação a esse estado de coisas, ainda que não seja incomum questionar-se a necessidade e o equilíbrio do novo regramento, segundo o qual o direito de arrependimento, ecoando o art. 49 do CDC, configura-se apenas para "os contratos firmados em estande de vendas e fora da sede do incorporador ou do estabelecimento comercial" (art. 35-A, VIII, e art. 67-A, § 10, da Lei nº 13.786/2018).

Consoante a nova lei, o distrato ou a resolução por inadimplemento do adquirente permitem que este receba as quantias pagas ao incorporador, deduzidas, cumulativamente, a comissão de corretagem e a pena convencio0nal, que não deve exceder a 25% do valor pago. Em se tratando de incorporação sujeita a patrimônio de afetação, a retenção pode chegar a 50% do valor pago (art. 67-A, § 5º). O adquirente reponde, ademais, relativamente ao período em que o imóvel esteve à sua disposição, pelos impostos reais, pelas cotas de condomínio, bem como pelo valor correspondente à fruição do imóvel de mais encargos (art. 67-A, § 2º).

No STJ, *não há, ainda,* precedentes sobre a nova lei, mas já se consolidou o entendimento quanto à sua aplicabilidade no tempo e à antiga jurisprudência.

4. Consolidação da jurisprudência: temas 970 e 971

No REsp *nº 1.635.428/SC*[11], julgado como recurso repetitivo, o relator, Ministro Luiz Felipe Salomão, lembrou que, na audiência pública realizada no STJ no dia 27/8/2018 para debate dos temas repetitivos 970 e 971, o professor Sylvio Capanema, *"afirmou a natureza compensatória da cláusula penal, traduzindo sua cumulação com lucros cessantes, ou com qualquer outra verba a título de perdas e danos, em um bis in idem repudiado pela*

---

10 GOMIDE, Alexandre Junqueira, "Lei nº 13.786/2018 (Lei dos "Distratos"): primeiras impressões a respeito da extinção da relação contratual", RDI nº 51, maio/junho 2019.

11 SEGUNDA SEÇÃO, julgado em 22/05/2019, DJe 25/06/2019

ordem jurídica brasileira", posto que *"a cláusula penal não é punitiva, mas, ao contrário, substitui a obrigação que visa garantir, não havendo, portanto, como cumulá-la com qualquer outra análoga a perdas e danos, sob pena de enriquecimento indevido do próprio credor".*

Em seu voto-vencido, a Ministra Fátima Nancy Andrighi sustentou que desde 2009 já consolidara a jurisprudência do STJ no sentido de se admitir a cumulação da cláusula penal moratória com lucros cessantes.

Em sentido oposto, mas em linha com o voto condutor, a Ministra Maria Isabel Gallotti argumentou que as cláusulas penais equivalem a uma prefixação das perdas e danos. O prejuízo é único e permitir a cumulação caracterizaria *bis in idem*. Na mesma toada, o Ministro Raul Araújo lembrou a importância de afastar a inversão, pois não seria razoável admitir em favor do adquirente uma cláusula penal que tomasse por base de cálculo o valor do imóvel. Apenas o valor da cláusula, correspondente ao valor da prestação, pode ser usado como *parâmetro para determinar a indenização pelo perí*odo de mora da incorporadora, vedada a cumulação com lucros cessantes.

Veja-se a tese então firmada (tema 970):

> *"A cláusula penal moratória tem a finalidade de indenizar pelo adimplemento tardio da obrigação, e, em regra, estabelecida em valor equivalente ao locativo, afasta-se sua cumulação com lucros cessantes".*

Do mesmo modo, quanto ao tema do REsp *nº 1.614.721/DF*[12], a audiência pública foi enriquecida com a participação do professor Sylvio Capanema, que defendeu ser impossível inverter a cláusula penal, seja em razão da natureza jurídica contrastante das prestações, seja porque o princípio da autonomia da vontade não se compadece com intervenção judicial para estatuir pena não prevista no negócio jurídico livremente pactuado entre as partes.

O relator, Ministro Luiz Felipe Salomão, embora considerando *"abusiva a prática de estipular cláusula penal exclusivamente ao consumidor, para a hipótese de mora ou de inadimplemento contratual absoluto, ficando isento de tal repreenda o fornecedor em situações de análogo descumprimento da avença"*, ressaltou o equívoco de inverter, pura e simplesmente a multa moratória, o que resultaria em indenização *"exorbitante, desproporcional, a ensejar desequilíbrio contratual e enriquecimento sem causa, em indevido benefício do promitente comprador"*. Como a obrigação da incorporadora é de fazer e a do adquirente, de dar, só haverá simetria na inversão se se

---

12 SEGUNDA SEÇÃO, julgado em 22/05/2019, DJe 25/06/2019.

levar em consideração que se trata de obrigações de natureza heterogênea, quem impõem sua conversão em dinheiro, após apuração por arbitramento.

Em seu voto-vencido, para repelir a possibilidade de cláusula penal inexistente no contrato, a Ministra Maria Isabel Gallotti louvou-se também na manifestação do professor Sylvio Capanema na audiência pública:

> "Não há, à luz da doutrina tradicional, como reverter as sanções de prestações tão diferentes em sua natureza. Por outro lado, todos nós sabemos, desde Savigny, que o negócio jurídico é autorregulamentação dos interesses privados. Como poderia o judiciário criar uma pena para uma das partes, que não está prevista no contrato? E, também se ressaltou que, desde Clóvis, a cláusula penal compensatória não permite qualquer outra pretensão de perdas e danos. Então, o que se poderia fazer nesse caso seria, como disse o Professor Simão, pleitear a nulidade da cláusula ou encontrar uma outra solução que não agrida de maneira tão formal esses conhecimentos tradicionais da doutrina jurídica."

Em conclusão, divergindo do voto condutor, a Ministra Gallotti ponderou que *"a intervenção estatal, com o exacerbamento na proteção conferida aos compradores de imóveis, não pode servir de desestímulo à construção civil, o que certamente redundaria em um contexto desfavorável ao consumidor, com o aparecimento de dificuldades no acesso ao almejado bem. A proteção do interesse dos consumidores, portanto, deve ser exercida de forma equilibrada, sem descurar da coletividade, o que ensejará a sustentabilidade e a estabilidade entre os interesses envolvidos na incorporação imobiliária."*

Além dos argumentos jurídicos já discutidos, a divergência valeu-se de estudos econômicos apresentados na audiência pública, como o de Gustavo Franco, no qual se demonstra que a entrega das chaves é momento decisivo para o empreendimento imobiliário, pois é só então que o fluxo de caixa do incorporador se torna positivo. Sem o imóvel pronto, não há garantia que atraia o agente financeiro, e sem financiamento dificilmente haverá liquidez, de modo que não há incentivo para atrasar a entrega do imóvel, salvo nas hipóteses de má-fé. Na verdade, o incentivo perverso para não adimplir a obrigação é do adquirente, que pode se beneficiar do dinheiro e seus frutos, impingindo ao grupo de compradores e à construtora o ônus da falta de liquidez para dar continuidade à obra, em típico comportamento *free rider*.

Confira-se a tese naquela ocasião aprovada (tema 971):

> "No contrato de adesão firmado entre o comprador e a construtora/incorporadora, havendo previsão de cláusula penal apenas para o inadimplemento do adquirente, deverá ela ser considerada para a fixação da indenização pelo inadimplemento do vendedor. As obrigações heterogêneas (obrigações de fazer e de dar) serão convertidas em dinheiro, por arbitramento judicial".

Previamente ao julgamento dos repetitivos, *é bom lembrar,* a Segunda Seção acolheu questão de ordem proposta pelo relator[13], em sintonia com o entendimento fixado no STF[14], para que a Lei nº 13.786/18 somente seja aplicada a casos futuros, afastada sua incidência aos contratos celebrados antes de seu advento, mesmo que seja possível imaginar situações em que a nova lei seja invocada para nortear, em caráter principiológico, decisões futuras. Foram, assim, aplacados os temores de que as decisões *do STJ, com eficácia vinculante,* pudessem afetar situações regidas pela normatividade que prevalecia anteriormente.

5. Considerações finais

Como se viu, a jurisprudência do STJ acerca das resilições de contratos imobiliários foi consolidada em precedentes vinculantes, com o julgamento pela Segunda Seção daquela Corte de recursos repetitivos relatados pelo Ministro Luis Felipe Salomão (temas 970 e 971), devidamente precedido de audiência pública, na qual teve destacada participação o professor Sylvio Capanema.

Enquanto na primeira tese afastou-se a cumulação da cláusula penal moratória com lucros cessantes, em consonância com a jurisprudência dominante do STJ, na segunda inovou-se: não se admitiu a "inversão" pura e simples da cláusula penal, mas, nos contratos de adesão, determinou-se deva ser considerada para fixar a indenização por inadimplemento de vendedor, por meio de arbitramento judicial.

O julgamento dos repetitivos e a fixação dessas teses vinculantes foram importantes para uniformizar o entendimento do STJ sobre os temas aqui referidos, em prol do tratamento isonômico de todos os casos anteriores à Lei do Distrato. Além disso, a questão de ordem aprovada pela Segunda Seção, no sentido de aplicar a nova lei apenas aos contratos celebrados sob sua vigência, contribuiu para promover segurança jurídica.

---

13   Na sessão da Segunda Seção de 27/3/2019.

14   Cf. AI 251.533, Relator: Ministro CELSO DE MELLO, julgado em 25/10/1999, publicado em DJ 23/11/99, p. 32: *"tratando-se de contrato legitimamente celebrado, as partes têm o direito de vê-lo cumprido, nos termos da lei contemporânea ao seu nascimento, a regular, inclusive, os seus efeitos. Os efeitos do contrato ficam condicionados à lei vigente no momento em que foi firmado pelas partes. Aí, não há que invocar o efeito imediato da lei nova [...], uma lei nova não pode estender-se, com a finalidade de regê-los, aos efeitos futuros de contratos anteriormente pactuados, pois, se tal situação se revelasse possível, o Estado passaria a dispor de um temível poder de intervenção na esfera das relações contratuais privadas em curso de execução, afetando, em seus aspectos essenciais, a própria causa geradora daquelas conseqüências jurídicas".*

O Código de Defesa do Consumidor, seus Princípios Estruturantes e sua Incidência sobre os Negócios Jurídicos no Mercado Imobiliário

Werson Rêgo

Sejam de agradecimento as nossas primeiras palavras. Agradecimento à Escola da Magistratura do Estado do Rio de Janeiro, na pessoa de seu Diretor-Geral, Des. André Gustavo Correa de Andrade, pela iniciativa de prestar às devidas homenagens ao querido mestre e amigo Sylvio Capanema de Souza, Professor Emérito da EMERJ. Agradecimento idêntico endereço aos coordenadores desta obra coletiva, pelo gentil convite a mim formulado para integrar tão significativa homenagem, ao lado de grandes nomes do Direito. Finalmente, um agradecimento especial ao Des. Marco Aurélio Bezerra de Melo, querido amigo e coordenador do Curso de Extensão em Direito Imobiliário da EMERJ, que sugeriu o tema deste artigo, correspondente ao da aula que ministrei para a Turma XII do supramencionado curso, que recebera o nome de nosso ilustre homenageado.

Este artigo, pois, não trás em si grandes pretensões. Apenas compila, com objetividade e simplicidade (duas dentre as tantas virtudes de Sylvio Capanema), pensamentos e reflexões compartilhados com os nossos alunos, em sala de aula. Nem de longe tem a pretensão de servir de manual sobre **aplicação** de princípios, sobre o que, advirto desde logo, **nada abordo.** Penso que a ninguém compete dizer como outrem deve interpretar e/ou aplicar normas jurídicas, na medida em que, com Lênio Streck, acredito que "interpretar é o desdobrar das próprias possibilidades".

1. Introdução

Vivemos dias de grandes transformações. A quadra atual é muito rica, de resgate da dignidade dos valores humanos, da cidadania, de liberalismo e crescimento econômico, da ética dos mercados, onde devem imperar os princípios da eqüidade, da boa-fé e da solidariedade. Entremeados por alguns períodos de crises, vimos a consolidação de importantes conquistas sócio-econômicas e novas políticas de bem-estar social ainda estão em processo de implantação. O mercado imobiliário, por sua vez, experimentou bons e maus momentos, não atravessando, ileso, os altos e baixos da economia nacional. Esses fenômenos permitiram a um número cada vez maior de brasileiros desejar, realizar e/ou ver frustrado o sonho da aquisição da moradia própria, fatos que refletiram em expressivo aumento do volume de ações ajuizadas perante o Poder Judiciário.

O mercado imobiliário, ainda se recuperando da grave crise econômica que atingiu o país (entre 2014 e 2016), do expressivo volume de "distratos" (entre 2015 e 2018) e do impacto econômico das decisões judiciais (proferidas entre 2016 e 2019), vê-se, agora, diante de novos desafios, decorrentes de emergência de saúde pública de importância internacional que atingiu, violentamente, a saúde publica, senão, também, diversos mercados e as mais variadas relações.

A sociedade civil, consciente de seus direitos e responsabilidades, reclama transformações profundas, visando ao que se chama Justiça Social. O mercado imobiliário, de vitais implicações para a economia e para a sociedade, vem, de um modo geral, acompanhando tais evoluções e oferecendo respostas positivas. Urge, porém, encontrar alternativas para a excepcionalidade do momento atual, em que as relações jurídicas foram impactadas em sua integralidade, como um todo. Estamos, todos nós, diante de situações extraordinárias que, por isso mesmo, exigem medidas igualmente extraordinárias e verdadeiros desafios hermenêuticos. Há que se buscar harmonia e equilíbrio, bom senso e consensos. Há que se gerar estabilidade e segurança jurídica. Há que se avaliar impactos/consequências.

Especificamente sobre os negócios jurídicos imobiliários, há que se ter em conta tanto as relações jurídicas paritárias (regidas pela codificação civil comum e por leis especiais extravagantes), quanto as relações jurídicas assimétricas (como as de consumo, subsumida ao campo de incidência principiológico-normativo da legislação consumerista). Observar, em relação a estas, as dificuldades culturais, sociais e econômicas da população, a complexidade das transações imobiliárias – em larga escala instrumentalizadas em contratos por adesão -, o desequilíbrio de forças entre os contratantes, a vulnerabilidade e a hipossuficiência do consumidor. Há que se observar, e igualmente respeitar, as liberdades econômicas, a racionalidade intrínseca dos mercados, as legítimas expectativas de todos os agentes econômicos que neles atuam. Há que sopesar e ponderar. Há que se auto-conter, para entregar-se a cada um o que for seu, por direito.

Eis o campo fértil sobre o qual incide o Código de Proteção e Defesa do Consumidor, a fim de efetivamente prevenir e/ou reparar grave lesão aos direitos daqueles que, vulneráveis, ingressam em uma relação jurídica. Rico em princípios jurídicos, o sistema de proteção e defesa do consumidor dota o julgador do instrumental necessário à extração da justiça contida nas regras jurídicas, permitindo-lhe atingir o seu objetivo maior, que é o estabelecimento do equilíbrio e da harmonia entre os sujeitos de uma relação de consumo. Não lhe basta, porém, a simples existência de princípios. É imperativa a sua correta aplicação. E, para corretamente interpretar e aplicar princípios, é preciso conhecê-los e compreendê-los. Em breves linhas, discorrerei sobre as peculiaridades do mercado imobiliário e sobre princípios – em geral e na legislação consumerista.

2. O Mercado Imobiliário – Linhas Gerais

Mercado é o ambiente social ou virtual no qual os agentes econômicos procedem à troca de bens e serviços por uma unidade monetária ou por outros bens. Nesse sentido, se denomina mercado imobiliário aquele que envolve as seguintes atividades: a) as atividades imobiliárias propriamente ditas – aquelas em que são negociados terrenos e o que neles vier a ser incorporado; b) as atividades de geração e fomento de recursos financeiros para o desenvolvimento da primeira.

É um mercado especializado e altamente complexo. Reconhecidamente importante para o desenvolvimento econômico de um país, tem por principal tarefa atender aos anseios de moradia das populações. Inúmeras as suas particularidades. Apenas para o que interessa ao presente texto, destacaria as seguintes:

a) o produto imobiliário, bem fundamental de alto valor, tem sua aquisição normalmente dependente de financiamentos de longo prazo;

b) o produto imobiliário possui um longo ciclo de aquisição-uso-reaquisição, com o comprometimento de uma considerável parcela do orçamento familiar durante um longo período de tempo;

c) o produto imobiliário tem vida útil longa, que implica em um extenso período de uso e manutenção, durante o qual o imóvel deve atender às necessidades e satisfazer as legítimas expectativas dos usuários;

d) o produto imobiliário é único e não seriado, com localização permanente, o que faz cada construção única, dificultando a constância de processos e todos os demais aspectos que envolvem a sua produção.

2.1. O Mercado Imobiliário – Elementos Subjetivos e Objetivos

Componentes subjetivos – sujeitos ou agentes econômicos – definidos, em sentido amplo, como sendo quaisquer entidades que pertencem e atuam em determinado sistema econômico, responsáveis pelas ações econômicas que nele se desenvolvem. Podem ser pessoas naturais, pessoas jurídicas (pública ou privada, nacional ou estrangeira), coletividades, entidades despersonalizadas.

Os principais agentes econômicos que atuam no mercado imobiliário são:

a) como **fornecedores** – aqueles que organizam os fatores produtivos e destinam o resultado de suas atividades ao mercado imobiliário, com o objetivo de maximizar seus lucros. São os agentes produtores de bens e prestadores de serviços que desenvolvem a atividade imobiliária propriamente dita (exemplos: incorporadoras, construtoras, imobiliárias – nas operações de corretagem e/ou intermediação imobiliária de compra e venda), ou que geram e fomentam recursos financeiros para tanto (exemplos: associações de poupança e empréstimo, sociedades de crédito imobiliário, bancos comerciais, bancos de investimentos, bancos múltiplos, as companhias securitizadoras, fundos de investimento imobiliário, seguradoras, fundos de pensão, agências avaliadoras de risco, agentes fiduciários).

b) como **consumidores** – são os agentes que adquirem ou utilizam os bens e/ou os serviços antes mencionados como destinatários finais. Tem por objetivo satisfazer suas necessidades individuais ou familiares.

c) Governo – administrações públicas: federais, estaduais e municipais. Tem por objetivo a realização de políticas de bem-estar social.

Componentes objetivos – produtos e serviços.

O que caracteriza o negócio jurídico imobiliário é o objeto das prestações, que recaem sobre bens imóveis ou sobre direitos correlatos. A atividade imobiliária propriamente dita envolve, insisto, a negociação de terrenos e do que neles vier a ser incorporado. Nesse sentido, o produto imobiliário seria a acessão como um todo. Unidades autônomas (para fins residenciais, não residenciais ou comerciais) seriam apenas parte do produto, assim como as áreas comuns, as áreas de lazer e toda a infra-estrutura que um empreendimento proporciona aos usuários.

Entre os principais serviços, as atividades remuneradas desenvolvidas pelas construtoras, pelas imobiliárias (corretagem e/ou intermediação imobiliária de compra e venda) e pelas instituições financeiras (financiamentos imobiliários), pelas companhias securitizadoras.

2.2. Mercado Imobiliário e Legislação Correlata

O mercado imobiliário envolve uma grande diversidade de agentes, o que enseja cadeias obrigacionais complexas, a demandar cada vez mais especialização e profissionalização. Diversas são as leis que regem os distintos institutos e que incidem, em interpretação sistemática, às relações que nele se desenvolvem. Merecem especial referência as seguintes:

Lei nº 4.591/64 – tipificou e regulamentou a atividade da **incorporação imobiliária**. Definiu os sujeitos da relação jurídica, seus direitos e obrigações, a responsabilidade do incorporador. Diversos instrumentos contratuais dão corpo à atividade incorporadora imobiliária, mas, no que se relaciona ao objeto deste texto, cito apenas o contrato de promessa de compra e venda de unidade autônoma como coisa futura e o contrato de compra e venda com pacto adjeto de alienação fiduciária.

Lei nº 6.530/68 – regulamentou a atividade de **corretagem imobiliária**, disciplinando o funcionamento de seus órgãos de fiscalização. De conhecimento imperativo pelo profissional que atua na intermediação imobiliária.

Lei nº 6.766/79 – dispõe sobre o **parcelamento do solo urbano**, mediante loteamentos ou desmembramentos, os requisitos urbanísticos, entre outros.

Lei nº 8.668/93 (alterada pelas Leis nº 9.779/99 e 12.024/09) – criou os **Fundos de Investimentos Imobiliários – FII**, sob a forma de condomínio fechado, que tem por objetivo aplicar recursos no desenvolvimento de empreendimentos imobiliários ou em imóveis prontos (como hotéis, shopping centers, edifícios comerciais, escolas, loteamentos, entre outros). Suas quotas constituem valores mobiliários sujeitos ao regime da Lei nº 6.385/76, admitida a emissão sob a forma escritural (Artigo 3.º da Lei nº 8.668/93). A constituição, a administração, o funcionamento, a oferta pública de distribuição de cotas e a divulgação das informações dos Fundos de Investimento Imobiliário estão previstos na Instrução CVM 472, de 31 de outubro de 2008.

Lei nº 9.514/97 – dispõe sobre o **Sistema Financeiro Imobiliário**. Pela sua importância, é considerada o marco regulatório do próprio mercado imobiliário. Definiu-lhe a estruturação, criou ativos padronizados e de fácil circulação – como o Certificado de Recebíveis Imobiliários (CRI) -, disciplinou a atividade de securitização imobiliária, regulou o regime fiduciário sobre lastro dos CRIs, implementou condições regulatórias que reforçaram a segurança jurídica dos credores – dentre as quais a instituição da alienação fiduciária sobre bens imóveis. Trouxe ordem e unidade ao mercado imobiliário, pelo que deve ser interpretada segundo os fins a que se destina – a exigir conhecimentos mais aprofundados dos seus intérpretes.

Lei nº 10.257/01 – conhecida como **Estatuto da Cidade**, também faz referência às transações imobiliárias. Garante a regulamentação dos artigos 182 e 183 da Constituição da República, que tratam da política de desenvolvimento urbano e da função social de uma propriedade. O Estatuto da Cidade objetiva tornar democrática a gestão de cidades do Brasil através de instrumentos como, por exemplo, o Plano Diretor, obrigatório para qualquer cidade que tenha mais de vinte mil habitantes ou são consideradas aglomerados urbanos.

Lei nº 10.931/04 – alterou a Lei nº 4.591/64, dispondo sobre o **patrimônio de afetação** de incorporações imobiliárias, reforçando, ainda mais, a segurança jurídica dos credores de títulos de base imobiliária. Consolidou, no ordenamento jurídico brasileiro, títulos de base imobiliária criados pela Medida Provisória nº 2.223/01 (as Cédulas de Crédito Imobiliário – CCI e as Letras de Crédito Imobiliário – LCI). Pode-se afirmar que, após a sua entrada em vigor, o mercado imobiliário experimentou forte impulso e expansão, beneficiados pelas condições macroeconômicas do país e por incentivos tributários e fiscais significativos. Exige, de igual modo, conhecimentos mais aprofundados dos seus intérpretes.

Lei nº 13.465/17 – versa sobre a **regularização fundiária rural e urbana – REURB**.

Lei nº 13.777/18 – versa sobre o **regime jurídico da multipropriedade**.

Lei nº 13.786/18 – conhecida como "**Lei dos Distratos**", reafirma a irretratabilidade e a irrevogabilidade dos contratos de promessa de compra e venda de imóveis "na planta", corrigindo distorções decorrentes de equivocada jurisprudência que reconhecia um inexistente "direito de desistência", com gravíssimas consequências para incorporadores e adquirentes "não desistentes".

Código Civil – é o direito comum nas relações privadas entre sujeitos em "igualdade de forças e armas". Em diálogo das fontes normativas, tem aplicação complementar e subsidiária.

Código de Defesa do Consumidor – é a legislação de regência de todas as relações jurídicas em que presentes a figura jurídica do consumidor. Em diálogo de coerência com a Constituição da República e dada a sua natureza de sobreestrutura jurídica multidisciplinar, tem incidência em qualquer ramo do Direito onde se faça presente um sujeito que se amolde ao conceito jurídico de consumidor. Legislação principiológica, que se especializa *rationae personae*, é composta por normas de ordem pública e de interesse social, que dispõem sobre a proteção dos sujeitos especiais de direitos com representatividade constitucional e vulneráveis no mercado de consumo. Sua observância é imperativa e indeclinável, em obediência aos mandamentos constitucionais inseridos nos arts. 5º, XXXII e 170, V, da Constituição da República, bem assim art. 48, dos ADCT.

3. Princípios: Definição, Dimensões e Funções

Não é de hoje que se discute o estudo de princípios jurídicos, quer dentro da teoria geral do direito, quer, mais especificamente, no contexto de cada ramo específico do direito[1]. Uma das grandes dificuldades na apli-

---

1   Sobre os princípios fundamentais do processo civil, por exemplo, Fritz Baur, *"Vom Wert oder Unwert der Prozeßrechtsgrundsätze"*, in *Studi in Onore di Tito Carnacini*, v.

cação de legislações principiológicas, como o CDC, reside, exatamente, no fato de que esse tipo de interpretação não nos foi ensinada nos bancos universitários. Daí, a primeira advertência que ora faço: **princípios não são panaceia**. A correta utilização de princípios não se dá por atos de vontade, mas **de conhecimento**. E não se pode interpretar ou aplicar o que não se conhece ou se compreende.

Sem embargo, prevalece o entendimento pela conveniência da manutenção dos estudos a respeito dos princípios jurídicos, "a despeito de que, ao sabor do tempo e do lugar, esses princípios possam provocar conseqüências diferentes daquelas imaginadas e queridas por seus idealizadores e, máxime, pela lei que os adotou"[2]. Avancemos, portanto.

Princípios e regras são normas, porque ambos dizem o que deve ser. São razões para juízos concretos de dever-ser. Nada obstante, distinguem-se entre si, não apenas em gradualmente [graus de generalidade], senão, também, qualitativamente.

ROBERT ALEXY nos ensina que a distinção entre regras e princípios *"constitui a estrutura de uma teoria normativo-material dos direitos fundamentais e, com isso, um ponto de partida para a resposta à pergunta acerca das possibilidades e dos limites da racionalidade no âmbito dos direitos fundamentais"*, sendo, *"uma das colunas-mestras do edifício da teoria dos direitos fundamentais"*[3].

PIETRO DE SANCHÍS[4] adverte que nem na linguagem legislativa, judicial ou teórica há emprego minimamente uniforme do vocábulo "princípios", sendo a 'zona de penumbra' mais ampla do que 'a de certeza'. Sem prejuízo disso, prevalece o entendimento de que os princípios podem ser *informativos* ou *fundamentais*. Aqueles são considerados quase como que

---

II, t. I, Giuffrè, Milão, 1984, pp. 25-40, se manifesta favoravelmente ao estudo desses princípios, embora criticando-os, mas acentuando a necessidade de sua preservação e apontando caminhos que devem ser seguidos para evitar abusos, quer pelas partes, quer pelo Juiz.

2 **NERY JR.**, Nelson. Recursos no Processo Civil: Princípios Fundamentais e Teoria Geral dos Recursos, Ed. RT, S. Paulo, 1990, nº 3, p. 121.

3 **ALEXY**, Robert. **Teoria dos Direitos Fundamentais**. Suhrkamp Verlag, 1986, trad. Virgílio Afonso da Silva da 5ª edição alemã, *Theorie der Grundrechte,* publicada pela Suhrkamp Verlag, 2006. São Paulo: Malheiros Editores, 2008, p. 85.

4 **SANCHÍS**, Luis Pietro: *"[n]i en el lenguage del legislador, ni en el de los jueces, ni en el de la teoría del Derecho existe un empleo mínimamente uniforme de la expresión 'principios', hasta el punto de que, recordando la terminología de Hart, cabe decir que aquí la 'zona de penumbra' resulta más ampla que el 'nucleo de certeza'"* **(Ley, Princípios, Derechos**. Madrid: Editorial Dykinson, 1998. pp. 48-49).

axiomas, pois, prescindem de maiores indagações e não precisam ser demonstrados. Fundam-se em critérios estritamente técnicos e lógicos, não possuindo praticamente nenhum conteúdo ideológico. Já os fundamentais são aqueles a respeito dos quais o sistema jurídico pode fazer opções, levando em consideração aspectos políticos e ideológicos. Por essa razão, admitem que a eles se contraponham outros, de conteúdo diverso, dependendo do alvedrio do sistema que os está adotando[5].

LUÍS ROBERTO BARROSO[6] nos ensina que os princípios constitucionais figuram como **uma síntese dos valores éticos e morais abrigados no ordenamento jurídico**. Indicam a **ideologia da sociedade, seus postulados básicos, seus fins**. Conferem **unidade e harmonia ao sistema**, integrando suas diferentes partes e **atenuando tensões normativas**. Servem de **guia para o intérprete**, cuja atuação deveria ser pautada pela identificação do princípio maior que regeria o tema apreciado, descendo do mais genérico ao mais específico, até chegar à formulação da regra concreta que regeria a espécie. Conteriam, portanto, maior carga valorativa, um fundamento ético, uma decisão política relevante, e indicariam uma determinada direção a seguir.

ALEXY[7], por sua vez, defende que princípios são "**mandamentos de otimização**, que são caracterizados por poderem ser **satisfeitos em graus variados** e pelo fato de que **a medida devida de sua satisfação não depende somente das possibilidades fáticas**, mas **também das possibilidades jurídicas**".

PÉREZ LUÑO[8] apresenta **três dimensões** ou **funções essenciais** dos princípios:

a) **dimensão metodológica ou de conhecimento** – figuram como *critério de orientação* para o conhecimento, interpretação e aplicação de outras normas jurídicas;

b) **dimensão ontológica ou de essência** – reportam-se ao ordenamento jurídico como fonte do Direito (expressa ou tácita);

c) **dimensão axiológica ou valorativa** – com significado de axioma ou postulado ético informador da ordem jurídica.

---

5   **NERY JR.**, Nelson. Recursos no Processo Civil, cit., nº 3, p. 121.
6   **BARROSO**, Luis Roberto. Fundamentos teóricos e filosóficos do novo direito constitucional brasileiro. In BARROSO, Luis Roberto (Org.). In **A nova interpretação constitucional: ponderação, direitos fundamentais e relações privadas**. Rio de Janeiro: Renovar Boreal, 2003, pp. 29-31.
7   **ALEXY**, Robert. op. cit., p. 90.
8   **PÉREZ LUÑO**, A. *E. Derechos humanos, Estado de Derecho y Constitución*, pp. 289-290.

Realço, portanto, as principais funções desempenhadas pelos princípios, conforme suas dimensões:

a) função estruturante – conferir **unidade e harmonia** ao sistema jurídico, atuando como **colunas-mestras do edifício jurídico;**

b) função interpretativa – condicionar a atividade do intérprete, servir de norte, diretrizes magnas do sistema jurídico, de fio condutor do intérprete, lente de exame de toda e qualquer questão submetida ao julgado[9].

Assim posta a questão, em sala de aula faço a seguinte analogia: o intérprete (julgador) é o **navegador**, tendo na lei o seu **mapa** e, nos princípios, a sua **bússola**, que apontará a direção correta a seguir. De nada adiantará ao navegador ter um mapa e uma bússola se não souber a maneira correta de utilizá-los. Não basta o desejo de chegar a algum lugar (vontade); é imprescindível saber se e como é possível fazê-lo (conhecimento).

Nesse sentido, ALEXY[10] nos ensina que os princípios são **normas que ordenam** que **algo seja realizado** na **maior medida possível**, dentro das **possibilidades jurídicas e fáticas existentes**. O âmbito das possibilidades jurídicas é determinado pelos princípios e regras colidentes.

4. Considerações sobre a Legislação Consumerista

4.1. Lei nº 8.078/90 – origem constitucional, *ratio essendi* e fins

Decorrência de chamamento constitucional expresso (art. 48, ADCT), para dar efetividade aos princípios constitucionais insculpidos nos artigos 5º, XXXII e 170, V, vem a lume, em 11 de setembro de 1990, o Código de Defesa do Consumidor.

Composto por **normas de ordem pública e de interesse social**, operou, inegavelmente, uma revolução em nosso sistema jurídico, regrando, primordialmente, a produção e a comercialização de produtos e serviços, pelo prisma da tutela dos interesses de um dos sujeitos que atuam no mercado de consumo. Mas não só. A legislação brasileira não se restringiu à tutela jurídica do consumidor (dito padrão), estendendo o seu espectro originário a outros que, não sendo consumidores, em sentido estrito, seriam a eles equiparados, para fins de tutela jurídica.

---

9 **CAVALIERI FILHO**, Sérgio. **Programa de Direito do Consumidor**. São Paulo: Atlas S.A, 2008, p. 27

10 **ALEXY**, Robert. op.cit., p. 90

A idéia de **vulnerabilidade** permeia todo o Direito do Consumidor. É a *ratio essendi* do Código de Proteção e Defesa do Consumidor: este só existe porque o consumidor é vulnerável e necessita de proteção e defesa. O reconhecimento dessa vulnerabilidade constitui o princípio primeiro a orientar a Política Nacional das Relações de Consumo – artigo 4º, I, da Lei nº 8.078/90.

Proteger e defender o consumidor, porém, não significa carrear-lhe privilégios. A finalidade precípua da legislação consumerista é o estabelecimento do **equilíbrio** e da **harmonia** entre os sujeitos da relação jurídica de consumo e, na medida em que reconhece a vulnerabilidade do consumidor, coloca à disposição deste institutos e instrumentos que a mitiguem. O fundamento teórico reside no princípio maior da **igualdade** entre todos: igualdade de oportunidades, igualdade de tratamento, igualdade de forças, igualdade de armas. Alcançando-se a igualdade, a harmonia e a paz social restarão naturalmente estabelecidas.

JOSÉ GERALDO BRITO FILOMENO pontua que o Código de Defesa do Consumidor "vale muito mais pela perspectiva e diretrizes que fixa para a efetiva defesa ou proteção do consumidor (...) do que pela exaustão das normas que tendem a esses objetivos", visto que, por mais detalhado que fosse, o conjunto das normas protetivas seria, sempre, insuscetível de cobrir todo o vasto campo de incidência pretendido pelo legislador. Daí, a opção por uma lei principiológica, que contemplasse preceitos gerais, princípios fundamentais, perspectivas, diretrizes.

Os princípios gerais das relações de consumo estão enumerados nos arts. 1º ao 7º do Código. Tudo o quanto lhes seguem acaba por ser uma projeção e detalhamento desses princípios gerais, de modo a conferir-lhes efetividade e concretude.

4.2. Princípios Estruturantes do Código de Defesa do Consumidor e sua Incidência aos Negócios Jurídicos Imobiliários

A seguir, uma brevíssima síntese dos princípios estruturantes do sistema de proteção e defesa do consumidor, visualizados, na perspectiva de ALEXY, como **"mandamentos de otimização"**, que podem ser **"satisfeitos em graus variados** e pelo fato de que **a medida devida de sua satisfação não depende somente das possibilidades fáticas,** mas **também das possibilidades jurídicas"**.

4.2.1. Do Protecionismo e do Imperativo de Ordem Pública e Interesse Social (art. 1º, CDC)

O caráter de **ordem pública** e de **interesse social** das normas do CDC reforça meu entendimento de que o Direito do Consumidor deve ser analisado em conformidade com sua **dimensão coletiva**. Os magistrados devem conhecer dessa matéria *ex officio, em qualquer tempo ou grau de jurisdição*, não estando adstritos ao princípio dispositivo e nem à preclusão.

A utilização do vocábulo "consumidor" no singular poderia sugerir tratar-se de um direito individual, o que, para mim, é um grande equívoco que conduz, muitas vezes, à tomada de decisões sem a necessária avaliação de seu impacto social. Melhor teria andado o legislador se tivesse utilizado o vocábulo no plural (Direito dos Consumidores). Por isso, sustento, há anos, que o Direito do Consumidor tem natureza transindividual – a atrair a intervenção obrigatória do Ministério Público, em todas as demandas que versem sobre Direito do Consumidor, nos termos do art. 127, *caput,* da Constituição da República -, que comporta tutela individual, individual homogênea, coletiva ou difusa conforme a natureza do bem jurídico ameaçado e/ou violado. Por isso, a preocupação que todos devemos ter – especialmente a magistratura – com os impactos das decisões judiciais no mercado de consumo, vez que, não raro, entrarão em rota de colisão direitos fundamentais individuais e direitos fundamentais coletivos, a exigir ponderação, sopesamento e visão consequencialista para o bem-estar da coletividade de consumidores.

4.2.2. Da Vulnerabilidade do Consumidor (art. 4º, I, CDC)

PAULO VALÉRIO DAL PAI MORAES[11] afirma que o **princípio da vulnerabilidade** decorre, diretamente, do **princípio da igualdade**, com vistas ao estabelecimento da liberdade, na medida em que "somente pode ser reconhecido igual alguém que não está subjugado por outrem".

Vulnerabilidade é a qualidade ou estado de vulnerável que, por sua vez, significa o que pode ser vulnerado, magoado, prejudicado, ofendido; o que é frágil, que pode ser atacado ou ferido. Nas relações de consumo, trata-se de presunção material (e, portanto, absoluta) estabelecida pelo legislador em benefício do sujeito econômico que ostenta tais características, o consumidor.

O princípio contido no art. 4º, I, do CDC é **estruturante** e **condicionante** de todo um sistema que visa, a partir do reconhecimento dessa vulnerabilidade pelo legislador, a igualar o regime de forças entre os sujeitos da relação de consumo, assegurando efetividade ao princípio constitucional da isonomia, estabelecendo, em conseqüência, a harmonia nesse relaciona-

---

[11] Sobre o tema, de maneira aprofundada, recomenda-se a leitura de **PAULO VALÉRIO DAL PAI MORAES,** *Código de Defesa do Consumidor: o princípio da vulnerabilidade no contrato, na publicidade e nas demais práticas comerciais – interpretação sistemática do Direito*, 2ª ed., Porto Alegre: Editora Síntese, 2001.

mento. O CDC cuida do consumidor, por evidente, de maneira desigual, não para outorgar-lhe privilégios (vantagens indevidas), mas, sim, prerrogativas legais (materiais e instrumentais). Persegue-se o desiderato constitucional da igualdade real (material), à luz do postulado aristotélico. Logo, não fere o princípio constitucional da isonomia o tratamento diferenciado – protetivo e defensivo – dispensado pelo legislador infraconstitucional ao consumidor, o que se legitima pela discrepante e insustentável relação de forças existente entre este e aqueles que detêm os mecanismos de controle da produção no mercado de consumo (fornecedores), bem assim pelo propósito de se estabelecer o equilíbrio e a harmonia nas relações constituídas entre consumidor-fornecedor.

Não se deve, porém, confundir *vulnerabilidade* com *incapacidade*. O consumidor é um agente econômico vulnerável e não um agente econômico incapaz de decidir, de contrair obrigações, de assumir responsabilidades. Excesso de proteção, decorrente de um paternalismo exacerbado, o impede de crescer, de amadurecer e se fortalecer. A intervenção do Estado no domínio privado das relações de consumo deve se dar, prioritariamente, com investimentos em orientação e educação para o consumo, visando à formação e à preparação de consumidores responsáveis e conscientes. Intervenções outras só se justificam para prevenir, conter, corrigir, reprimir e punir falhas/desvios de mercado, práticas abusivas, violações e ofensas a direitos dos consumidores. Um insucesso do consumidor, por si só, não caracteriza um comportamento antijurídico do fornecedor.

4.2.3. Da Transparência e da Harmonia (art. 4º, caput, CDC)

O art. 4º, *caput*, do CDC, posiciona a **transparência** e a **harmonia** das relações de consumo dentre os **objetivos** da Política Nacional das Relações de Consumo, o que é de extrema relevância e complementa o comentário ao princípio da vulnerabilidade, acima. Isto porque os mercados são ambientes em que as decisões são tomadas pelas pessoas (físicas e jurídicas). Não são nem bons, nem ruins; apenas são. Devem ser, sempre, equilibrados e harmônicos, para o bem de todos.

O sistema de proteção e defesa do consumidor reconhece como direitos básicos deste, fundamentais à liberdade de escolha e à igualdade nas contratações, a educação para o consumo e a prestação de informações necessárias, claras, adequadas, precisas e suficientes (*the right to be informed*). Para além disso, tais informações devem ser totalmente verdadeiras, sem ardis capazes de induzi-lo ao erro. Valoriza-se o consentimento informado do consumidor, a sua manifestação qualificada da vontade, ou seja, aquela formal e materialmente livre, informada e esclarecida, refletida e, portanto, consciente. Trata-se, em síntese, da proteção da confiança do consumidor.

A **transparência**, nesse cenário de proteção à confiança do consumidor, revela-se uma **derivação lógica e natural do princípio da boa-fé objetiva**, na busca do estabelecimento de um **novo patamar ético-negocial** para o mercado de consumo. Ser transparente é ser cristalino; é a qualidade daquilo que se permite ser visto por inteiro, sem véus, sem filtros, sem "pegadinhas". Transparente é a relação que não abriga informações total ou parcialmente falsas, "meias-verdades", ou "verdades ocultas". É o que se vê; é a satisfação das legítimas expectativas criadas.

A **harmonia** das relações jurídicas de consumo, a seu turno, só é alcançada quando não nos olvidamos da bilateralidade delas, do necessário equilíbrio de direitos e deveres entre os contratantes. Logo, não há se falar em direitos apenas para um dos lados e deveres para o outro, exclusivamente. Ambos os agentes [econômicos], sejam consumidores ou fornecedores, têm legítimas expectativas [econômicas] em relação ao objeto da avença [prestação economicamente apreciável]. Daí, a intervenção do Estado no domínio privado das relações de consumo, visando à proteção e defesa do agente econômico vulnerável, só se legitimar naquelas situações em que o vulnerável estiver exposto ou for vítima das falhas, dos abusos, dos desvios, das distorções de mercado. Não se cogita dessa intervenção em situações de normalidade.

É um equívoco [muito comum] se analisar a harmonia e o equilíbrio da relação de consumo a partir do seu resultado final, de trás para frente. Renomados autores, inclusive, relativizam manifestações de vontades sem vícios, livres e conscientes, negando-lhes qualquer eficácia, apenas em razão do resultado, independentemente da existência de qualquer ato reprovável, imputável ao fornecedor – com o que, com o devido respeito, evidentemente, não concordo. O insucesso faz parte da vida negocial e nem sempre decorre da existência de falhas de mercado, senão, de más escolhas. E não há problemas nisso. Primordial é a análise do *iter,* da formação e do desenvolvimento da relação jurídica, do comportamento sincero, leal e respeitoso dos sujeitos dessa relação, entre si. Não existe relação jurídica em que os sujeitos estejam em posição de igualdade absoluta; sempre haverá alguém em posição de vantagem (*match position*). O que não se pode permitir ou tolerar é o abuso dessa posição de vantagem, ou a tomada de decisões a partir de informações viciadas.

Destarte, um certo grau de intervenção governamental é necessário, justificável e aceitável para reduzir as assimetrias de informações, visando ao **auxílio** das pessoas que não costumam agir racionalmente, para que **evitem decisões de maior custo**, ao passo que não causam nenhum prejuízo às pessoas que agiriam de forma racional. Orientar é a chave; a educação, o caminho.

4.2.4. Da Atuação Governamental (art. 4º, II, CDC)

A Constituição da República de 1988 impôs ao Estado a atuação em defesa do consumidor, na forma da lei. Desta forma, está igualmente comprometido com o atendimento das necessidades dos consumidores, o respeito à sua dignidade, saúde e segurança, a proteção de seus interesses econômicos, a melhoria da sua qualidade de vida, competindo-lhe não apenas desenvolver atividades nesse sentido, senão, também, incentivar a sociedade civil a participar e contribuir com os mesmos esforços, através de entidades representativas, com esses mesmos objetivos.

Em relação aos mercados, a atividade governamental apresenta-se de grande importância no âmbito da regulação, definindo as balizas éticas, econômicas e jurídicas que servirão de limites ao comportamento dos agentes econômicos, assumindo para si a responsabilidade por segmentos não abraçados pela iniciativa privada. Inegavelmente, deve atuar na prevenção, na contenção, na correção e na repressão de todo e qualquer desvio, falha ou distorção de mercado, punindo exemplarmente os maus fornecedores – especialmente, os litigantes habituais, ou seja, aqueles que sistematicamente atentam contra direitos do consumidor. O Estado também desempenha papel de alta relevância na fiscalização e controle da segurança, da qualidade, da adequação, da durabilidade e do desempenho de produtos e serviços oferecidos ao consumidor.

Tão importante quanto as ações anteriores é o papel do Estado na formação de uma cultura de consumo responsável, sustentável e consciente, através do investimento em educação para o consumo, em orientações ao consumidor, desde o ensino fundamental, reduzindo a assimetria informacional existente, preparando-o, aconselhando-o e apontando, eventualmente, qual seria o melhor caminho a seguir e os motivos, para que o próprio consumidor consiga formular juízos de valor a respeito da oportunidade e conveniência da prática de determinado ato de consumo, distanciando-se de decisões/escolhas que lhe imponham maior custo. Respeitar a dignidade do consumidor é, sobretudo, respeitar a sua liberdade de escolha. Limitar a liberdade e a autonomia do consumidor para decidir e se responsabilizar por decisões isentas de vícios significa cassar-lhe a própria dignidade, porque lhe subtrai a capacidade plena sobre os seus atos. Assim agindo, o Estado não trata o consumidor como um sujeito vulnerável, mas como um sujeito incapaz.

4.2.5. Da Boa-Fé Objetiva e da Equidade (art. 4º, III, CDC)

Relações de consumo são jurídicas e econômicas, integradas por agentes econômicos, que se vinculam, voluntária e juridicamente, ao cumprimento de prestações com equivalente conteúdo econômico, do que resulta a necessidade de se encontrar o seu *justo equilíbrio*.

O *justo equilíbrio* será alcançado com a preservação da incolumidade das **duas bases** sobre as quais se estruturam todas as relações jurídicas, a saber: (i) a base moral e; (ii) a base econômica. Tais bases devem se manter íntegras e estáveis, livres de vícios ou distorções, em todas as fases do relacionamento, desde antes de sua formação (fase pré-contratual) *v.g.* art. 35, I e art. 84, §1º (*princípio da vinculação da oferta*), passando pelo momento da formação do vínculo e por toda a fase de execução do contrato (fase contratual), até o seu fim natural (adimplemento das prestações), persistindo mesmo após o término da relação (fase pós-contratual).

A **base moral** de toda e qualquer relação jurídica é a **boa-fé**, que, ao longo dos tempos, evoluiu do plano *subjetivo, intencional ou psicológico,* para um padrão *objetivo* de comportamento dos partícipes da relação. A boa-fé assume, assim, nas relações jurídicas de consumo, ao mesmo tempo, a função de princípio e de cláusula geral. Visa à garantia da ética relacional, criando deveres especiais de conduta, servindo de padrão de comportamento para os agentes econômicos e, também, de paradigma hermenêutico dos contratos de consumo. Ainda que nada tenha sido explicitamente convencionado pelas partes sobre este princípio, mesmo assim, a boa-fé objetiva atuará cumprindo em sua tríplice função (ex: arts. 4º, III, 47, 51, IV). Seria, por assim dizer, o princípio de maior relevância para o sistema de proteção e defesa do consumidor, jamais olvidado.

Inerente à boa-fé relacional, portanto, os deveres de satisfazer as legítimas expectativas do outro parceiro contratual; de informação, de orientação e de aconselhamento; de cooperação, para que o contrato atinja seus objetivos econômicos e cumpra a sua função social; de renegociação, a fim de permitir que o outro parceiro contratual cumpra, dignamente, as prestações voluntariamente assumidas — **ainda que de modo diverso do originalmente pactuado** (desde que subsista o interesse do credor nessas prestações), sem levá-lo à ruína, preservando-se o contrato.

A **base econômica** de toda e qualquer relação jurídica reside no equilíbrio das prestações, consubstanciado no princípio da **equidade.** Sabe-se que inexiste igualdade absoluta entre os agentes econômicos. Um deles sempre estará em posição de vantagem (*match position*). Nenhum problema há nisso. O que não é tolerado pelo direito é o abuso da posição de vantagem, a obtenção de um benefício exagerado às custas de um ônus excessivo imposto ao outro parceiro contratual.

Tal comportamento desmedido viola tanto o princípio da equidade, quanto o princípio da boa-fé, o que justifica a intervenção do Estado, no limite do necessário para o estabelecimento do equilíbrio e da harmonia naquele relacionamento.

Assim, estando o consumidor em posição de desvantagem exagerada em uma relação contratual, é direito dele a *modificação* do contrato, dele extirpando as cláusulas que se revelem abusivas, assegurando-se o equilíbrio da base econômica desde a gênese dessa relação, ou, se o desequilíbrio econômico não decorre da existência de uma cláusula abusiva – e, portanto, nula -, mas de um fato superveniente, que tornou a prestação excessivamente onerosa para o consumidor, pode optar pela manutenção do contrato (*princípio da conservação dos contratos*), com a *revisão* judicial forçada das cláusulas que estabelecem a forma ou o modo de cumprimento de suas prestações, permitindo-lhe honrar os compromissos assumidos de maneira menos onerosa e que não o conduza à ruína econômica.

Veja-se que, nesse caso, diferentemente do sistema da legislação civil comum, a onerosidade excessiva não é causa da resolução do contrato, mas de sua revisão. No sistema comum, a preservação do contrato está nas mãos do credor, que poderá optar pela preservação do contrato se concordar em "modificar eqüitativamente as condições do contrato" (art. 479, Código Civil). No sistema consumerista, a revisão das cláusulas contratuais e a conservação do contrato são direito do consumidor, ainda que a isso se oponha o fornecedor (art. 6º, V, parte final, CDC). A intervenção judicial, na hipótese de resistência do fornecedor, será necessária. Em situações tais, deverá o magistrado pesquisar a intenção das partes quando da celebração do contrato (art. 85, CC) e sopesar as circunstâncias que ensejaram o pedido de modificação ou revisão. Após cognição exauriente, o magistrado proferirá sentença determinativa (que terá natureza integrativa do negócio jurídico de consumo), preservando o conteúdo substancial da avença, criando as novas circunstâncias que modificarão a cláusula e alterando o seu modo de cumprimento. Importante realçar que, nessas situações, não há desfalque no crédito do fornecedor, senão, alívio nas prestações do consumidor.

Também em decorrência da boa-fé e da equidade podemos mencionar outros princípios, igualmente relacionados aos contratos de consumo e que incidem sobre os contratos imobiliários, como, por exemplo, o *princípio da interpretação contratual mais favorável ao consumidor* (art. 47, CDC), o *princípio da conservação* (interpreta-se o contrato de consumo de modo a fazer com que suas cláusulas tenham aplicação, extraindo-se delas a máxima utilidade), o *princípio da proibição de cláusulas abusivas* (art. 6, IV e art. 51).

5. À Guisa de Fechamento

Evidentemente, muito mais poderia e deveria ser dito sobre o tema proposto, mas o objetivo deste trabalho longe está de ser exauriente. Refletem estas linhas apressadas, tão somente, um resumo das lições que transmitimos aos nossos alunos do Curso de Extensão em Direito Imobiliário, na

Escola da Magistratura do Estado do Rio de Janeiro – EMERJ, com o apoio e enfrentamento de casos concretos.

Recomenda-se, enfaticamente, em complementação, a leitura das obras citadas ao longo do texto, que fornecem os subsídios teóricos necessários à correta aplicação dos princípios. Não basta conhecê-los. É preciso que se entenda o que são, quais as suas funções, dimensões e a correta forma de aplicá-los e ponderá-los. A partir daí, o intérprete terá a sua disposição um manancial de recursos que lhe permitirão extrair o máximo de cada norma jurídica, na busca da justiça do caso concreto, sem ativismos ou alternatividade, mas com conhecimento. A isso nos exortava, diuturnamente, o mestre Capanema, cuja lembrança carinhosa remanescerá eternamente guardada em nossos corações.

A Cessão Temporária de Imóveis por Meio das Plataformas Digitais

Luis Felipe Salomão
Renata Graça

1. Introdução

O título escolhido ao presente artigo não é aleatório. Foi pensado de modo a aliar o arcabouço legislativo existente sobre a matéria às novas relações contratuais decorrentes do uso da tecnologia, aqui envolvendo as plataformas de "locação" ou "hospedagem" por curto prazo – terminologias que se alternam tantas vezes no enfrentamento ao tema.

De fato, a escolha envolve o debate acerca da natureza jurídica da relação estabelecida entre o proprietário que cede onerosamente o seu imóvel, por prazo determinado, e o respectivo cessionário, a quem caberá o seu uso, intermediada por plataformas digitais.

O emprego da tecnologia nas relações pessoais como forma de dinamização dos negócios jurídicos é inconteste, sendo desafio do jurista, na atualidade, pensar soluções normativas com base nos limites inerentes à atuação do legislador, incapaz de antever as possíveis realidades para as quais a lei é concebida.

A cessão onerosa e temporária de imóveis – ou de partes de unidade imobiliária (cômodos) – mesmo que associada à prestação de serviços eventuais, sempre existiu. Questão nova a ser trazida a debate é a potencialização das cessões de imóveis por curto ou "curtíssimo" prazo – com a permanência do cessionário, muitas vezes, durante um único dia – por meio de plataformas virtuais, especialmente em razão dos impactos advindos desta forma negocial no direito de vizinhança, nas relações estabelecidas no âmbito dos condomínios residenciais, principalmente edilícios, e no direito de propriedade.

Nesse contexto, sobressai a discussão envolvendo a cessão de imóvel por curta temporada por meio de plataformas digitais responsáveis pela conexão entre pessoas que, de um lado, desejam disponibilizar onerosamente o seu imóvel e, de outro, aquelas interessadas no uso do imóvel por certo prazo.

2. O modelo negocial das plataformas *on-line* para a cessão temporária de imóveis

O modelo negocial envolvendo as plataformas digitais envolve, em linhas gerais, três partes: o cedente do imóvel, o cessionário (ou "hóspede") e a plataforma, que instrumentaliza o negócio. Em linhas gerais, os usuários são previamente cadatrados e indicam as condições do negócio (características do imóvel, preço, eventual oferta de serviços anexos, entre outros).

Assim, indaga-se: o modelo negocial indicado pode ser enquadrado em uma das formas contratuais existentes no ordenamento jurídico? De maneira pontual, a intermediação pela plataforma é capaz de desnaturar a relação locatícia entre as partes, ou, ao revés, amolda-se ao contrato de hospedagem, nos termos da legislação vigente? Seria a hipótese, por outro lado, de um *tertium genus*, a se permitir tratamento jurídico híbrido à relação? Por fim, o mencionado modelo negocial tem o condão de alterar a finalidade ou a destinação da unidade imobiliária de residencial para comercial, afrontando, assim, as convenções de condomínios residenciais?

São essas as instigantes questões que têm gerado discussão crescente nas três esferas de Poderes, notadamente no Poder Judiciário, em virtude, como muitos defendem, da ausência de normatividade própria sobre a matéria, o que reflete no cotidiano de inúmeras famílias.

Ressalte-se que a temática aqui apresentada refere-se, entre várias, apenas a uma vertente voltada à problematização dessa forma negocial, sendo muitos os litígios relacionados à "economia de compartilhamento" (ou "economia colaborativa") – já denominada em estudos estrangeiros como *sharing economy*.

Pontue-se que o termo *sharing economy*[1] – ou economia de compartilhamento, como sugere a tradução – consagra a adoção de uma perspectiva de consumo que se afasta da lógica tradicional de "acumulação" para aproximar-se da lógica do "amplo acesso". Tal circunstância é percebida sob o enfoque daquele que oferta o bem ou o serviço – possibilitando a exploração econômica e social do bem em sua plenitude –, assim como de quem o adquire – permitindo o uso desse mesmo bem quando não possui interesse ou até condições financeiras para a sua aquisição.

De modo geral, essa é a concepção do modelo de cessão de imóvel por curto prazo intermediado por plataformas on-line.

---

1 "A chamada economia do compartilhamento constitui o que diversos autores caracterizam como uma nova etapa no processo de desenvolvimento econômico, simbolizado pela superação da lógica de consumo em massa e visando ao acúmulo de bens, típica do final do último século, por um momento em que o mercado, já saturado por crises financeiras e pautado por necessidades ligadas à sustentabilidade e ao uso racional dos bens, passa a privilegiar novas formas de acesso a bens e a serviços. Em última instância, a economia do compartilhamento está baseada no uso de tecnologia da informação em prol da otimização do uso de recursos através de sua redistribuição, compartilhamento e aproveitamento de suas capacidades excedentes" (SOUZA, Carlos Affonso Pereira de; LEMOS, Ronaldo. In Revista de Direito da Cidade, vol. 8, nº 4. ISSN 2317-7721, pp. 1.757- 1.777).

3. A legislação envolvendo as locações para temporada e os contratos de hospedagem

A locação de coisa, como referiu Beviláqua, tinha no cerne a temporariedade mediante remuneração da cessão do uso e gozo de uma coisa infungível.[2] Nesse sentido, foi estabelecido fio condutor do qual foi erigido o pensamento legislativo posterior, ou melhor, o ponto de partida para o subsequente debate sobre a matéria, cujas idas e vindas, no que se refere à sua presença na codificação civil, deixaram marcas ainda hoje visíveis no Código Civil em vigor, como, por exemplo, no art. 565[3], que reproduz o art. 1.188 do códex revogado.

No que concerne às **locações de imóveis urbanos** e os procedimentos que lhes são pertinentes, a Lei nº 8.245/1991 prevê, entre suas modalidades, a locação residencial (art. 47), a locação para temporada (arts. 48 a 50) e a locação não residencial (arts. 51 a 57).

A definição legal de locação para temporada, a qual, em princípio, mais se aproxima do modelo negocial em análise, é a seguinte:

> Art. 48. Considera-se **locação para temporada** aquela destinada à residência temporária do locatário, para prática de lazer, realização de cursos, tratamento de saúde, feitura de obras em seu imóvel, e outros fatos que decorrem tão-somente de determinado tempo, e contratada por prazo não superior a noventa dias, esteja ou não mobiliado o imóvel.
>
> Parágrafo único. No caso de a locação envolver imóvel mobiliado, constará do contrato, obrigatoriamente, a descrição dos móveis e utensílios que o guarnecem, bem como o estado em que se encontram.
>
> Art. 49. O locador poderá receber de uma só vez e antecipadamente os aluguéis e encargos, bem como exigir qualquer das modalidades de garantia previstas no art. 37 para atender as demais obrigações do contrato.
>
> Art. 50. Findo o prazo ajustado, se o locatário permanecer no imóvel sem oposição do locador por mais de trinta dias, presumir - se - á prorrogada a locação por tempo indeterminado, não mais sendo exigível o pagamento antecipado do aluguel e dos encargos.

Por sua vez, a Lei nº 11.771/2008, que estabelece normas sobre a Política Nacional de Turismo, define os meios de hospedagem nos seguintes termos:

---

2 Beviláqua, Clóvis. Código Civil dos Estados Unidos do Brasil, comentado, v. 2. Rio de Janeiro: Rio, 1980, p. 289.

3 Art. 565 do Código Civil: Na locação de coisas, uma das partes se obriga a ceder à outra, por tempo determinado ou não, o uso e gozo de coisa não fungível, mediante certa retribuição.

> Art. 23. Consideram-se meios de hospedagem os **empreendimentos ou estabelecimentos,** independentemente de sua forma de constituição, destinados a prestar serviços de alojamento temporário, ofertados em unidades de freqüência individual e de uso exclusivo do hóspede, bem como outros serviços necessários aos usuários, denominados de **serviços de hospedagem**, mediante adoção de instrumento contratual, tácito ou expresso, e **cobrança de diária**.
> [...]
> 3º Não descaracteriza a prestação de serviços de hospedagem a divisão do empreendimento em unidades hoteleiras, assim entendida a atribuição de natureza jurídica autônoma às unidades habitacionais que o compõem, sob titularidade de diversas pessoas, desde que sua destinação funcional seja apenas e exclusivamente a de meio de hospedagem.
>
> 4º Entende-se por diária o preço de hospedagem correspondente à utilização da unidade habitacional e dos serviços incluídos, no período de 24 (vinte e quatro) horas, compreendido nos horários fixados para entrada e saída de hóspedes.

De saída, destacam-se como principais pontos de diferenciação entre as aludidas modalidades negociais o **exercício de atividade comercial** e a **prestação de serviços anexos** à disponibilização de moradia.

É possível extrair, pois, como elemento preponderante da hospedagem, a prestação de serviços (os chamados "serviços de hospedagem"), bem como o desempenho de atividade de comércio, ao contrário do que ocorre com a previsão de aluguel para temporada.

É bem de ver que o contrato de hospedagem constitui negócio atípico, por não possuir regramento específico – tendo seu conceito consubstanciado na citada definição legal de hospedagem –, e misto, na medida em que ostenta elementos de outros contratos.

Como balizamento doutrinário imprescindível sobre o tema, não se poderia deixar de mencionar as valiosas lições do inesquecível Sylvio Capanema[4]:

> Cabe ressaltar, finalmente, que a locação por temporada não se confunde com aquelas celebradas em apart-hotéis, hotéis-residência ou assemelhados, cujo regime jurídico se subsume ao sistema do Código Civil, na forma do que dispõe o artigo 1, parágrafo único, alínea a, nº 4, ficando estas últimas fora do pálio protetor da Lei do Inquilinato.
>
> A diferença é que nas locações de imóveis por temporada, ainda que mobiliados, o locador não fornece serviços regulares ao locatário, tal como se exige nos apart-hotéis.
>
> Nestes, há um **misto de contrato de locação de coisa e de locação de serviços, caracterizando, muito mais, o contrato atípico de hospedagem**.

---

[4] SOUZA, Sylvio Capanema de. A Lei do Inquilinato comentada: artigo por artigo. 8 ed. Rio de Janeiro: Forense, 2012, pp. 154-155.

Também a jurisprudência sinaliza entendimento convergente sobre a questão, tendo o Superior Tribunal de Justiça, em recente julgamento, consignado o caráter preponderante de prestação de serviços no contrato de hospedagem[5].

Demonstra-se, portanto, que os serviços prestados na hospedagem constituem elemento inerente à sua configuração, sendo esta a sua tônica[6].

Ademais, os serviços ofertados – a exemplo de alimentação, limpeza, carregamento de bagagem, *concierge*, garagem, serviços de quarto (disponibilização de bebidas em frigobar e de produtos de higiene pessoal), sistema de telefonia, central de recados (entrega de correspondências e mensagens) e outros – encontram-se vinculados exclusivamente à atividade hoteleira.

Apesar das diferenças no tipo de estabelecimento – considerando as grandes redes hoteleiras ou as pequenas pousadas e hospedarias –, a atividade desenvolvida pelo "hospedeiro" é eminentemente empresarial, afastando-se, nesse ponto, da locação com fins residenciais para temporada.

Já o contrato de locação destina-se funcionalmente à cessão do uso e gozo do imóvel pelo proprietário e, embora possa estar associado à prestação de alguns serviços – sobretudo na locação residencial para temporada, estes são eventuais e dissociados do intuito de lucro[7].

---

5 "O contrato de hospedagem encerra múltiplas prestações devidas pelo fornecedor hospedeiro ao consumidor hóspede, sendo o acesso às unidades de repouso individual, apesar de principal, apenas uma parcela do complexo de serviços envolvido em referido acordo de vontades (REsp nº 1.734.750/SP, relatora Ministra NANCY ANDRIGHI, TERCEIRA TURMA, julgado em 9/4/2019, DJe 12/4/2019).

6 "Quem hospeda oferece mais que o espaço para acomodação; disponibiliza também serviços. Não há uma hierarquia entre as obrigações de dar (a coisa) e fazer (serviços); têm elas a mesma importância. É nessa soma de obrigações que se encontra a distinção entre locação e hospedagem" (GUIMARÃES, Paulo Jorge Scartezzini. *Dos contratos de hospedagem, de transporte de passageiros e de turismo*. 2ª ed. São Paulo: Saraiva, 2010, pp. 4-5).

7 Ainda, mesmo que acertado entre as partes a contratação, por exemplo, de diarista para a limpeza do local durante a estadia do contratante, esse acréscimo não torna o contrato menos distante do tipo locação por temporada. Isso, pois não haverá aqui verdadeira prestação de serviços de hospedagem por parte do proprietário, mas sim sua intermediação, visto possuir maior facilidade em conhecer prestadores de serviços de limpeza. Não havendo o escopo de lucro com a intermediação por parte do proprietário, resta prejudicada a compreensão de que se trata de serviço e, mais ainda, de que compreende "serviço de hospedagem" (NALIN, Paulo; MENIN, Leonardo Catto. *A propriedade imobiliária em condomínios edilícios e as novas formas de contratação*: AIRBNB e o problema de sua qualificação contratual. In Desafios e perspectivas do direito imobiliário contemporâneo. Orgs.: CAMPOS, Aline França; BRITO, Beatriz Gontijo de. Vol. 2. Belo Horizonte: Editora D'Plácido, 2019. 238 p. ISBN: 978-65-5059-005-5 1. Direito. 2. Direito Civil. I. Título, pp. 153-154).

A doutrina tradicional preconiza que a oferta de serviços complementares e acessórios, na locação não transmuta o contrato em hospedagem. Nesta linha, o insuperável Pontes de Miranda[8] há muito nos ensinava:

> O locador de cômodo que admite dar café ao locatário, ou ordenar que lhe lustre os calçados ou lhe passem a ferro as roupas, não se faz hospedeiro (...) O que é preciso é que haja prestação do locus e dos serviços próprios, de jeito que a posse do cliente seja a de hóspede, e não a de locatário, e nessa posse, portanto, haja as intercorrências legítimas do hospedeiro.

4. A qualificação jurídica dos contratos de cessão temporária de imóveis intermediados pelas referidas plataformas digitais

O debate acerca da qualificação jurídica das referidas relações contratuais sobressai como ponto de central importância, sobretudo em razão das inúmeras controvérsias que têm aportado ao Judiciário, seja no âmbito das relações societárias, trabalhistas, penais e, no atual contexto de crise, até mesmo em questões de saúde pública.

No ponto, é interessante destacar as recentes demandas em que se discute a extensão da restrição do serviço de reservas feitas pelos aplicativos de locação de imóveis durante o período de pandemia da covid-19, considerando-se a proibição, por decretos municipais, de funcionamento dos estabelecimentos de hospedagem. Debateu-se, nessas situações, ainda que em sede de liminar e ante a perspectiva de conflitos federativos, se os serviços prestados pelas plataformas indicadas, por sua natureza, estariam inseridos na contenção estabelecida por esses decretos[9]. As decisões foram proferidas em caráter liminar[10], mas não há dúvida de que revelam a dimensão do debate quanto à natureza jurídica das já reportadas plataformas virtuais.

---

8   PONTES DE MIRANDA, Francisco Cavalcanti. Tratado de Direito Privado, v. XLVI. 3ª ed. São Paulo: Revista dos Tribunais, 1984, § 5.029, nº 1, p. 319

9   Como exemplo, cita-se o art. 8º do Decreto Municipal nº 33/2020, de Paraty – RJ, que restringiu o funcionamento de "pousadas, campings, hostels, e qualquer outra modalidade de hospedagem remunerada nas plataformas de vendas *on-line* de diárias".

10 **STF** – Rcl nº 40.161 MC/RJ, relator Ministro ALEXANDRE DE MORAES, decisão proferida em 29/4/2020; SL nº 1334/RS, relator Ministro DIAS TOFFOLI, decisão proferida em 26/5/2020; **STP nº 183/RJ**, relator Ministro PRESIDENTE DIAS TOFFOLI, decisão proferida em 24/4/2020. **STJ** – SLS nº 2693/RJ, relator Ministro João Otávio de Noronha, decisão monocrática j. 23/4/2020.

Especificamente quanto ao tema que nos foi proposto, a questão ganha relevo diante das controvérsias decorrentes da imposição de restrições ao exercício do referido modelo negocial por condomínios residenciais.

Em breves considerações, as teses contrapostas consistem primordialmente, na proibição da cessão do imóvel sob a justificativa de que o modelo negocial constitui hospedagem, desvirtuando, assim, a finalidade residencial do imóvel (prédio).

Em contrapartida, defende-se que a disponibilização do imóvel, nesses termos, não descaracteriza a locação ou sua finalidade residencial, sendo a restrição imposta ao proprietário, nessa condição, medida de esvaziamento dos poderes inerentes à propriedade, mormente do direito de conferir proveito econômico ao bem.

A propósito, está em debate no Superior Tribunal de Justiça, ressalvados os contornos fáticos do caso concreto, controvérsia jurídica análoga em que um condomínio de Porto Alegre busca impedir o exercício da atividade por parte de dois condôminos, uma senhora e seu filho, sob a premissa de desvirtuamento da finalidade residencial do prédio[11].

Retomando o instigante debate, após a análise dos principais elementos que envolvem os contratos de locação e a hospedagem, tendo em conta a concepção do modelo de cessão de imóveis por plataformas digitais (origem e funcionamento), concluímos não ser possível enquadrar essa modalidade contratual, com perfeição inequívoca, em nenhuma das previsões existentes no ordenamento.

Isso porque, como visto, as plataformas oferecem diversas modalidades de disponibilização de imóveis para temporada, ora evidenciadas por serviços exclusivos de residência temporária – praticados, no mais das vezes, por pessoas naturais que buscam conferir destinação econômica ao imóvel –, ora vinculadas essencialmente aos serviços de hospedagem, em nítida atividade empresarial.

A categorização da referida modalidade negocial no atual estágio legislativo, pois, mostra-se atípica e dependerá da análise específica da situação em cada caso, aproximando-se ora do modelo comercial de hospedagem, ora do modelo de locação para temporada. Contudo, é certo que, na maioria das situações que dizem respeito à cessão por proprietários no âmbito de condomínios residenciais edilícios, não se enquadraria na modalidade negocial de hospedagem, conforme afirmamos.

---

11   REsp nº 1.819.075/RS.

No entanto, tem-se observado que, em muitos casos, as restrições ou proibições impostas pelos condomínios edilícios levam em conta elementos que não têm o condão de descaracterizar a finalidade residencial do imóvel.

Fundamentos como a alta rotatividade, a ausência de vínculo entre os ocupantes dos imóveis e os demais condôminos, a interferência nas questões de segurança do condomínio, o pagamento de "diárias" ou mesmo a nomenclatura utilizada para o cessionário do imóvel como "hóspede", a nosso juízo não devem servir, por si sós, para a configuração de atividade de exploração comercial do imóvel ou, como alguns defendem, para a transmutação da finalidade do prédio de residencial para comercial, sob pena de desvirtuamento da própria definição legal.

Nesse passo, invocam-se questões que miram, em verdade, a preservação dos direitos de vizinhança, que, por certo, deverão sempre ser resguardados, mas não são a seara legal para coibir o uso nocivo da propriedade. Somadas a isso, citam-se importantes questões formais previstas na legislação para a caracterização de atividade comercial de hospedagem, a exemplo da necessidade de adequação ao Plano Diretor do Município e ao recolhimento dos tributos devidos em caso de atividade empresarial, com sua vinculação a "empreendimentos ou estabelecimentos". Logo, o negócio realizado por condôminos que não desempenham atividade de empresário não traduz o uso comercial do imóvel.

Vale destacar que, no âmbito legislativo, encontra-se em trâmite o projeto de lei (PL nº 2.474/2019, de autoria do Senador Angelo Coronel) que propõe a alteração da Lei nº 8.245, de 18 de outubro de 1991, "para disciplinar a locação de imóveis residenciais por temporada por meio de plataformas de intermediação ou no âmbito da economia compartilhada", fazendo inserir o art. 50-A ao referido estatuto legal[12].

O fato é que, no Parlamento, o tratamento da matéria incursiona-se na esfera da lei de locações, a indicar tendência a ser seguida pelo legislador.

A propósito, trecho do recente parecer da Comissão de Constituição e Justiça do Senado Federal sobre o projeto:

> Em nosso entendimento, a locação de imóvel por meio do uso de aplicativos não significa transformar condomínios edilícios inteiros em hotéis ou apart--hotéis, dormitórios ou assemelhados.

---

12   Art. 50-A. É vedada a locação para temporada contratada por meio de aplicativos ou plataformas de intermediação em condomínios edilícios de uso exclusivamente residencial, salvo se houver expressa previsão na convenção de condomínio prevista no art. 1.333 da Lei nº 10.406, de 10 de janeiro de 2002 (Código Civil).

> A locação de imóvel urbano prevista na Lei de Inquilinato já previa locação de imóveis para temporada, permitindo a rotatividade de locatários nestes imóveis.
>
> Com efeito, o caput do art. 48 da Lei do Inquilinato já fixava que a locação para temporada é aquela destinada à residência temporária do locatário, para prática de lazer, realização de cursos, tratamento de saúde, feitura de obras em seu imóvel, e outros fatos que decorrem tão somente de determinado tempo, e contratada por prazo não superior a noventa dias, esteja ou não mobiliado o imóvel.

No direito comparado, diversas legislações conferem tratamento híbrido à atividade, justamente considerando as modalidades que comportam o sistema, tais como a destinação exclusiva do imóvel ao(s) ocupante(s), o compartilhamento do imóvel com o proprietário, a destinação da área do local (se residencial ou comercial), entre outras[13].

Ponto comum, a toda evidência, é a crescente produção legislativa envolvendo a matéria – com a definição da abrangência e dos limites das atividades desenvolvidas –, em razão do aumento progressivo da utilização do sistema em todo o mundo e da insegurança advinda do vácuo legislativo.

Nessa toada, para além da necessidade de uma norma de regência específica, revela-se de extrema importância a delimitação ou regulamentação mínima para o exercício da atividade, como a que se nota, por exemplo, na exigência de cadastramento prévio dos hóspedes nos condomínios, como forma de viabilizar e otimizar o controle da atividade.

Consequentemente, as restrições impostas pelas convenções condominiais devem voltar-se à segurança e ao bom convívio social, visando dar concretude aos direitos e deveres dos condôminos, sem, contudo, retirar do proprietário a sua legítima prerrogativa de conferir destinação econômica ao imóvel.

Conclusão

Nesse contexto, nossa avaliação é de que a restrição da atividade de cessão de imóvel intermediadas por plataformas digitais não poderá afastar-se de critérios de razoabilidade da norma, suprimindo do proprietário o seu legítimo exercício de usar, gozar e dispor da coisa, nos termos do art. 1.228 do Código Civil.[14]

---

13   APA 6th ed. CHAD, Marzen; PRUM, D.A. Alberts, RJ, 2017. The new sharing economy: The role of property, tort, and contract law for managing the Airbnb model. New York University Journal of law and business, 13 (2), 295-336.

14   Art. 1.228 do Código Civil. O proprietário tem a faculdade de usar, gozar e dispor da coisa, e o direito de reavê-la do poder de quem quer que injustamente a possua ou detenha.

O direito de propriedade deve atender à sua função social, compreendendo, nesse aspecto, tanto as questões relativas ao aproveitamento racional e adequado da coisa, quanto a qualidade de vida das pessoas – notadamente quando de trata do uso do bem em relação à coletividade –, bem assim o desenvolvimento de atividades econômicas por meio de seu uso.

Todas estas questões, portanto, integram o direito de propriedade e, nesta linha, devem ser sopesadas na análise da legalidade das limitações impostas ao cessionário do imóvel.

§ 1º O direito de propriedade deve ser exercido em consonância com as suas finalidades econômicas e sociais e de modo que sejam preservados, de conformidade com o estabelecido em lei especial, a flora, a fauna, as belezas naturais, o equilíbrio ecológico e o patrimônio histórico e artístico, bem como evitada a poluição do ar e das águas.

Tutela Provisória nos Interditos Possessórios

José Roberto Mello Porto

1. Introdução

Uma central peculiaridade do procedimento dos interditos possessórios típicos que o torna especial é a previsão da concessão de uma tutela provisória específica, por dispensar o requisito da urgência (perigo de dano ou o risco ao resultado útil do processo), com o objetivo de emprestar maior efetividade à proteção possessória, quando a lesão à posse do autor for nova, isto é, datar menos de ano e dia. Trata-se de autêntica tutela da evidência, modalidade de provimento sumarizado que possui como requisito único a probabilidade máxima de existência do direito pleiteado.

Chama atenção, aliás, que o legislador, embora tenha organizado considerável e didaticamente a temática da tutela provisória, criando rol específico de cabimento das tutelas de evidência no art. 311, tenha deixado de fora a chamada "liminar possessória"[1]. Ao contrário do que ocorreu com a ação de depósito, que deixou de possuir procedimento especial previsto, passando a bastar a menção ao direito à tutela de evidência (art. 311, III), optou-se por manter o rito específico para o debate possessória de força nova.

Não se aplica o procedimento especial o regramento atinente à tutela de urgência requerida em caráter antecedente (arts. 303 e 304), tendo em vista a diferença de natureza jurídica. Entendemos, porém, que a modalidade pode ter a posse como objeto, na medida em que há compatibilidade entre a estabilização e a tutela possessória[2].

2. Requisitos

Os requisitos para sua concessão estão estampados no art. 561, que traz os elementos que o autor deve expor na petição inicial: sua posse (anterior), o ato de agressão praticado pelo réu e sua data, bem como o atual cenário (sua posse turbada ou a perda da posse esbulhada).

Aparentemente, se trataria de requisitos da exordial no procedimento especial, mas, na realidade, se está diante de um ônus específico da prova

---

1 Para Daniel Neves, a previsão seria suficiente para retirar a possessória do rol dos procedimentos especiais (NEVES, Daniel Amorim Assumpção. *Manual de Direito Processual Civil.* 12ª ed. Salvador: JusPodivm, 2020).

2 A esse respeito, ver: MELO, Marco Aurélio Bezerra de; MELLO PORTO, José Roberto. *Posse e Usucapião – direito material e direito processual.* Salvador: JusPodivm, 2020.

para que se obtenha a tutela provisória, como percebe a melhor interpretação doutrinária[3] e evidencia o art. 562 ao garantir o deferimento da liminar, quando "devidamente instruída a petição inicial". A propósitos, o rol de exigências é taxativo e objetivo, não cabendo ao juiz perquirir sobre a urgência[4].

A doutrina aponta, em acréscimo, outros elementos que, logicamente, devem compor a petição inicial, como a individualização do bem, apesar da flexibilização desse aspecto quando o objeto possuir área desconhecida[5], como já admitiu o Superior Tribunal de Justiça[6]. Por outro lado, o tribunal entende que a notificação prévia dos ocupantes não é documento essencial para a propositura, possuindo, no entanto, relevância para comprovação da data da turbação ou do esbulho[7].

Uma última questão que se apresenta diz respeito à necessidade de requerimento expresso de concessão de tutela provisória para seu deferimento. Para alguns autores, o juiz, buscando restabelecer a regularidade jurídica da situação, poderia expedir o mandado de ofício. Outros, porém, exigem pleito específico por parte do autor, em homenagem ao princípio dispositivo, aplicando-se o entendimento majoritário no tocante à concessão de tutela antecipada sem pedido, por se tratar de provimento satisfativo[8].

A analogia, contudo, é imperfeita, já que um dos principais argumentos para a proibição da concessão de tutela de urgência oficiosa é a responsabilidade provisória estatuída pelo art. 302, que não se aplica à tutela de evidência. Até por isso, inclusive, há quem sustente a possibilidade de deferimento desta espécie de ofício[9].

---

3   GOUVEIA FILHO, Roberto P. Campos; COSTA FILHO, Venceslau Tavares. Comentário ao art. 561. In: STRECK, Lenio et al. (orgs.). *Comentários ao Código de Processo Civil*. São Paulo: Saraiva, 2016; NEVES, Daniel Amorim Assumpção. *Manual de Direito Processual Civil*. 12ª ed. Salvador: JusPodivm, 2020.

4   THAMAY, Rennan. *Manual de Direito Processual Civil*. 2ª ed. São Paulo: Saraiva, 2019, p. 710.

5   MEDINA, José Miguel Garcia. *Código de Processo Civil Comentado*. 6ª ed. São Paulo: Revista dos Tribunais, 2020, p. 970.

6   REsp 435.969/RJ, Rel. Ministro Jorge Scartezzini, Quarta Turma, julgado em 24/08/2004.

7   REsp 1.263.164-DF, 4ª turma, Rel. Min. Marco Buzzi, por unanimidade, julgado em 22/11/2016.

8   NEVES, Daniel Amorim Assumpção. *Manual de Direito Processual Civil*. 12ª ed. Salvador: JusPodivm, 2020.

9   BODART, Bruno V. da Rós. *Tutela de evidência*: teoria da cognição, análise econômica do direito processual e comentários sobre o novo CPC. 2ª ed. São Paulo: Revista dos Tribunais, 2015.

3. Meios de prova

Os meios de provar os requisitos não sofrem restrição, mas, para que se obtenha a liminar, é intuitivo que a prova documental (ou, ao menos, documentada) deva ser suficiente. Aqui, se insere a prova emprestada[10], viável na hipótese de registro de esbulho como fato delituoso, na seara criminal. Por sua vez, documentos comprobatórios do domínio ou de outros direitos reais, por si só, não possuem força persuasiva suficiente para obter o deferimento, haja vista que não fundamentam a causa de pedir referente à posse.

Outro elemento de convicção relevante é a ata notarial, na qual um tabelião atesta os fatos constitutivos do direito do autor, reduzindo-os a termo dotado de fé pública. Também se pode cogitar de depoimentos escritos de testemunhas e, nesse caso, é comum que o magistrado prefira confirmá-los na audiência de justificação. Se, contudo, houver autenticação em cartório, é inegável que seu valor probante se eleva[11].

4. Momentos de concessão

A tutela de evidência do procedimento especial, na esteira do que o Código prevê para a tutela de urgência em geral, pode ser concedida liminarmente ou após justificação prévia.

4.1. Liminar

Se a petição inicial for capaz de desincumbir o autor do peculiar ônus da prova trazido pelo art. 561, trazendo elementos de convicção que o juiz julgue suficientes sobre a posse exercida antes da agressão, o ato de agressão, sua data e sua continuidade até o momento atual, o magistrado deve deferir a tutela possessória provisória, liminarmente.

---

10 Nesse sentido: MONTENEGRO FILHO, Misael. *Ações possessórias no novo CPC*. São Paulo: Atlas, 2017. Em sentido contrário: THEODORO JÚNIOR, Humberto. *Curso de Direito Processual Civil*. 54ª ed. vol. 2. Rio de Janeiro: Forense, 2020.

11 Em sentido mais restritivo: "As declarações de terceiro, mesmo quando tomadas perante tabelião, não suprem a prova testemunhal, que só pode ser eficazmente produzida quando o depoimento é colhido diretamente pelo magistrado, dentro das regras do contraditório e do procedimento legal traçado para a produção desse tipo de prova oral." (THEODORO JÚNIOR, Humberto. *Curso de Direito Processual Civil*. 54ª ed. vol. 2. Rio de Janeiro: Forense, 2020). Na mesma linha, entendendo se tratar de "desvio inadmissível das garantias que cercam a produção de prova oral em juízo." (NEVES, Daniel Amorim Assumpção. *Manual de Direito Processual Civil*. 12ª ed. Salvador: JusPodivm, 2020).

Significa dizer que, antes da oitiva do réu, será expedido o mandado adequado para a retomada do bem ou para a manutenção da posse. Note-se que, nesse ponto, o legislador utiliza a expressão com o rigor técnico, de acordo com seu significado correto: o momento procedimental que precede a citação do réu.

Nesse cenário, o réu será citado, integrando a relação processual (art. 238), e intimado acerca da tutela (art. 269). De acordo com a lei processual, o autor deve promover a citação em cinco dias, o que significa que trazer aos autos os elementos necessários para que o juízo seja capaz de aperfeiçoar o ato comunicativo.

Um aspecto, porém, merece atenção: o conteúdo da intimação, além de envolver a cientificação acerca da liminar, envolve a provocação para que o réu conteste a ação, em quinze dias (art. 564). Seguindo-se a literalidade do dispositivo, que só se justifica pela reprodução da correspondente orientação no Código de Processo Civil de 1973, o procedimento especial seria ainda mais excepcional, ao se excluir a audiência conciliatória ou mediadora do art. 334.

Nos parece que essa não é a melhor leitura, ao destoar do espírito do diploma processual geral, que estimula as partes a participarem ativamente da pacificação social. Viola a razoabilidade, como já mencionado, que, nas ações possessórias de força velha, bem como nas petitórias, esteja prevista a realização do ato, por se seguir o procedimento comum, e, nas possessórias de força nova, em que o conflito é contemporâneo ao ajuizamento, se salte, diretamente, para a defesa do réu.

Por isso, sustentamos que, se convencido do direito à reintegração ou à manutenção, o juiz defira a liminar, cite o demandado, mas o intime para comparecer à audiência, iniciando-se o prazo para contestação somente após, conforme o art. 335. De todo modo, a contagem do prazo se dará nos moldes do art. 231.

4.1.1. Restrição contra a Fazenda Pública

Mantendo o regramento do diploma anterior, o Código Fux traz restrição processual à concessão de tutela provisória de evidência contra as pessoas jurídicas de direito público, afastando a liminar, ao exigir a "prévia audiência" de seus representantes judiciais" (art. 562, parágrafo único).

Apesar da utilização do termo "audiência", é seguro afirmar que a obrigação se refere à (oportunização de) manifestação por parte dos procuradores (ou do prefeito, no caso do ente municipal). Basta a possibilidade de oitiva, em prazo razoável, portanto.

Existem vozes na doutrina, porém, a mitigar a previsão[12]. Inicialmente, como bem sublinham José Miguel Garcia Medina[13], Roberto Gouveia Filho e Venceslau Costa Filho[14], a restrição apenas diz respeito à tutela de evidência própria das possessórias, não à antecipação na forma do art. 300, caso haja urgência (perigo de dano), aplicando-se o art. 9º, parágrafo único, I, do Código.

Por sua vez, Welder Queiroz dos Santos propõe a leitura conjunta com o art. 2º da lei 8.437/92, intimando o Poder Público, após a decisão, para que se manifeste, em setenta e duas horas – após do que, o juiz poderá rever o provimento, se persuadido[15].

Nessa esteira, entendemos que o dispositivo merece filtragem constitucional, exigindo juízo de proporcionalidade *in concreto*. A dicção legal não pode colocar em último plano a efetividade jurisdicional, ignorando que o mandado possessório é fruto da tutela mais célere que aquela pela via ordinária – onde, aliás, não há restrição qualquer - e, por isso, exigirá, em certos casos, a pronta resposta do Judiciário, sendo desproporcional aguardar o prazo administrativo para a intimação e o prazo processual de manifestação. Na verdade, esse prazo ainda será dilatado pela necessária intimação pessoal do procurador, comprometendo a tempestividade da decisão acerca da tutela provisória.

Não podem existir, no ordenamento neoprocessual e neoconstitucional, exigências processuais absolutas. O devido processo legal substancial, filtro de razoabilidade e proporcionalidade de todas as normas infraconstitucionais, impõe a leitura do comando de maneira ponderada, instrumental e efetiva, autorizando seu afastamento quando houver risco concreto de perda de eficácia da decisão pretendida. Por conta disso, afigura-se viável reconhecer, diante das circunstâncias concretas, a inconstitucionalidade do comando, por ser desproporcional e violador do devido processo legal substancial.

---

12 Não excepcionando o regramento: MARCATO, Antonio Carlos. *Procedimentos Especiais*. 17ª ed. São Paulo: Atlas, 2017.

13 MEDINA, José Miguel Garcia. *Código de Processo Civil Comentado*. 6ª ed. São Paulo: Revista dos Tribunais, 2020, p. 973.

14 GOUVEIA FILHO, Roberto P. Campos; COSTA FILHO, Venceslau Tavares. Comentário ao art. 562. In: STRECK, Lenio *et al.* (orgs.). *Comentários ao Código de Processo Civil*. São Paulo: Saraiva, 2016.

15 SANTOS, Welder Queiroz dos. Comentário ao art. 567. In: CABRAL, Antonio do Passo; CRAMER, Ronaldo (coords.). *Comentários ao Novo Código de Processo Civil*. Rio de Janeiro: Forense, 2015.

4.2. Audiência de justificação

Pode ser, por lado outro, que os elementos acostados à inicial não bastem para convencer o magistrado acerca do direito à tutela de evidência. Nesse caso, deverá ser designada audiência de justificação, para oitiva das testemunhas já apontadas. Esse juízo de insuficiência também pode decorrer de decisão do tribunal, em agravo de instrumento que combate o deferimento da liminar, determinando a designação do ato, como já reconheceu o Superior Tribunal de Justiça[16].

O ato funciona, assim, como uma nova chance de persuasão, com a novidade consistente na prova oral a ser produzida. Por isso, é correta a lição segundo a qual o magistrado não pode indeferir a tutela provisória sem a designação da audiência[17], que se revela como um direito do autor. O próprio Código o corrobora, ao prever exclusivamente duas saídas: a concessão da liminar e seu indeferimento, com conseguinte promoção do ato em análise (art. 562), como esclarece o Superior Tribunal de Justiça[18].

O objeto da prova oral serão os requisitos para a tutela de evidência estampados taxativamente no art. 561. A extensão dos meios de prova, entretanto, inaugura divergência doutrinária relevante. Segundo um primeiro entendimento, apenas as testemunhas do autor podem ser ouvidas, nesse momento, porque não há previsão de apresentação de rol de depoentes

---

[16] O Tribunal de origem, ao cassar a decisão que deferiu a liminar por entender necessária a realização da audiência de justificação, deu estrito cumprimento ao aludido dispositivo legal, valendo ressaltar que o fato de o réu já ter apresentado contestação não impossibilita a realização da referida audiência, sobretudo porque, além de a contestação ter sido oferecida de forma prematura, pois o prazo não havia sequer iniciado, o processo está suspenso na origem desde então, não havendo que se falar em retrocesso procedimental. (REsp 1668360/MG, Rel. Ministro Marco Aurélio Bellizze, Terceira Turma, julgado em 05/12/2017)

[17] MEDINA, José Miguel Garcia. *Código de Processo Civil Comentado*. 6ª ed. São Paulo: Revista dos Tribunais, 2020, p. 972.

[18] Se a petição inicial não traz provas suficientes para justificar a expedição de mandado liminar de posse, deve o juiz cumprir o que dispõe a segunda parte do art. 928 do CPC e determinar a realização de audiência de justificação prévia com o fim de permitir ao autor a oportunidade de comprovar suas alegações. (REsp 900.534/RS, Rel. Ministro João Otávio de Noronha, Quarta Turma, julgado em 01/12/2009). No mesmo sentido: É compreensão desta Corte que, não estando a inicial devidamente instruída com elementos que comprovem o preenchimento dos requisitos do art. 927 do Código de Processo Civil, deverá o magistrado designar audiência de justificação com o intuito de possibilitar ao autor da ação a demonstração do alegado. Precedentes. (AgRg no AREsp 785.261/MT, Rel. Ministro Marco Aurélio Bellizze, Terceira Turma, julgado em 24/11/2015). Veja-se, ainda: AgRg no AREsp 38.991/MT, Rel. Ministro Raul Araújo, Quarta Turma, julgado em 07/08/2014.

pelo réu, que, de resto, poderia se utilizar dessa manobra para protelar o reexame da medida provisória[19], sendo-lhe permitido apenas inquirir os presentes.

Parece, contudo, que tal lógica não prestigia o contraditório, enquanto vetor de legitimação da atividade jurisdicional. As pretensões primárias (discussão da posse) autoral e defensiva têm idêntico pesa, sob a ótica do acesso à justiça. Se, de um lado, soa bastante razoável que não haja diferimento de prazo para a juntada de lista de testemunhas de defesa, com ulterior intimação individualizada, pela celeridade que denota o procedimento especial, de outro, não pode haver impedimento para que se ouçam aquelas levadas pela parte ao ato.

Apesar de haver quem considere que a oitiva desses depoentes não intimados seria mera faculdade do magistrado[20], é preferível reputá-la como direito processual subjetivo do defendente. Note-se que, pela delicadeza do direito material em jogo, o próprio julgador terá interesse na melhor compreensão fática da matéria, aprofundando-se, na medida do possível, o grau de cognição.

Em uma interpretação conforme a Constituição (art. 1º e 562, parte final, CPC/15), estamos convencidos de que o magistrado, na busca da verdade real, permita que o réu também apresente as suas testemunhas e proceda de modo a tornar a referida audiência o mais dialética possível, nada obstante, em respeito à lei processual, apresente posteriormente a sua contestação. O efeito processual de uma liminar que tenha por objeto a desocupação de um bem imóvel é algo notavelmente grave para que a justiça se contente com a versão trazida apenas por uma das partes.

Por se tratar, como dito, de análise cognitiva sumária, restrita a certos elementos de convicção, as testemunhas ouvidas nessa etapa inaugural não necessariamente deverão ser as mesmas a depor na audiência de instrução e julgamento, sendo plenamente viável a apresentação de listagem diversa, na etapa de saneamento.

Nem por isso, os depoimentos colhidos na audiência de justificação possuem menor valor probatório que os posteriores, tendo em vista a adoção (e persistência) do sistema do livre convencimento motivado (art. 371), cabendo ao julgador sopesar as narrativas por ocasião da sentença.

Quando a apreciação do pedido de tutela de evidência se der por ocasião da audiência de justificação, a doutrina já reconhecia, sob a égide do CPC/73, uma rara situação em que o *ius vocatio* se diferenciava do início do

---

19   MARCATO, Antonio Carlos. *Procedimentos Especiais*. 17ª ed. São Paulo: Atlas, 2017.
20   MONTENEGRO FILHO, Misael. *Ações possessórias no novo CPC*. São Paulo: Atlas, 2017.

prazo para a apresentação de defesa[21], já que o réu é citado para comparecer à audiência, não para contestar. No atual Código, o procedimento comum tem esse traço, por conta da audiência de conciliação ou de mediação.

A propósito, existe decisão do Superior Tribunal de Justiça indicando não se tratar propriamente de citação para comparecer ao ato, mas sim de "chamamento para acompanhar a assentada de justificação", com citação ulterior[22]. A *ratio*, porém, se pautava no conceito legal de citação estampado no diploma anterior, que confundia a integração do réu ao processo com a sua defesa (art. 213 do CPC/73). Hoje, é indubitável que se trata de autêntica citação, por convocar o réu "para integrar a relação processual" (art. 238), postergando a contestação[23].

Chama atenção, dentro desse tema, o entendimento do tribunal no sentido da ausência de nulidade na hipótese de não citação do réu para a audiência[24]. O julgado, proferido à época do CPC revogado, assinalava que não se trataria de autêntica citação, mas apenas de chamado para comparecer ao ato, sendo a citação realizada após, quando o réu deveria apresentar defesa. Além disso, se sublinhou que o ordenamento autoriza a concessão *inaudita altera parte*, portanto o deferimento liminar após justificação não seria inválido.

Com todas as vênias, o padrão decisório deve ser superado, na vigência do Código Fux, que, como dito, esclarece que citação e intimação para defesa são atos distintos. Além disso, a relativização ao contraditório prévio deve se dar na exata medida autorizada pelo legislador, ponderado no processo democrático de elaboração das normas, o que se extrai do art. 9º, parágrafo único, complementado pelo art. 562, autorizador da medida liminar tão somente antes da audiência de justificação.

---

21 FABRÍCIO, Adroaldo Furtado. Comentário ao art. 557. In: WAMBIER, Teresa Arruda Alvim *et al.* (coords.). *Breves Comentários ao novo Código de Processo Civil*. São Paulo: Revista dos Tribunais, 2015.

22 REsp 890.598/RJ, Rel. Ministro Luis Felipe Salomão, Quarta Turma, julgado em 23/11/2010.

23 MEDINA, José Miguel Garcia. *Código de Processo Civil Comentado*. 6ª ed. São Paulo: Revista dos Tribunais, 2020, p. 973.

24 Ação de reintegração de posse, em que a liminar foi deferida em audiência de justificação prévia, realizada sem a anterior citação do réu. O termo citação é utilizado de maneira imprópria no art. 928 do CPC, na medida em que o réu não deve apresentar contestação na audiência de justificação prévia, nem é obrigado a comparecer. A liminar possui caráter provisório e seria temerário permitir a sua revogação, em sede de recurso especial, apenas em razão da ausência de comparecimento do réu na audiência de justificação, mormente quando o réu nem ao menos se insurge contra a existência de posse do autor. (REsp 1232904/SP, Rel. Ministra Nancy Andrighi, Terceira Turma, julgado em 14/05/2013)

Ouvidas as testemunhas – e as partes, mesmo que informalmente, como sói ocorrer, inclusive com finalidade de viabilizar a autocomposição, dando-lhe contornos análogos à audiência de conciliação ou de mediação, como defendemos –, o juiz decidirá sobre a expedição do mandado. Se convencido do preenchimento dos requisitos para a tutela de evidência, deve a deferir, porque "suficiente a justificação".

Duas ocasiões se abrem para a decisão: a própria audiência ou, posteriormente, em gabinete. A distinção é relevante, porque a lei processual indica que o prazo para contestar se inicia com a intimação acerca do deferimento ou do indeferimento.

Se a apreciação final da tutela provisória se der na própria audiência, as partes são intimadas nesse ato (art. 1.003, §1º). Para Daniel Neves[25] e Antônio Marcato[26], mesmo que o réu compareça desacompanhado de advogado, a norma se aplicaria, assim como se o réu, intimado, não aparecesse.

Temos reservas quanto a tal conclusão, porque o dispositivo, previsto no tratamento da teoria geral dos recursos, menciona destacadamente alguns sujeitos (advogados, defensores, membros do Ministério Público), nada falando sobre as partes – até porque não ostentam capacidade postulatória, havendo nulidade por ausência deste pressuposto processual.

Evidentemente, a citação deve se operar de acordo com os ditames gerais do Código, priorizando-se a citação real (postal ou por oficial de justiça), e, apenas subsidiariamente, incidindo as modalidades fictas (por hora certa ou por edital), e o ato intimatório para a audiência será realizado da mesma forma, comunicado na mesma ocasião. Se o réu constitui advogado e comparece à audiência, o prazo, de fato, começará a ser contado do dia seguinte.

Contudo, se o réu não constitui advogado, não há autorização para a fluência imediata do interregno para contestar, o que, inclusive pelo princípio da cooperação, do qual decorrem os deveres de esclarecimento, prevenção e auxílio, justifica uma nova intimação pessoal do réu para que conteste a ação. Ademais, tecnicamente, não há que se falar em revelia, porque esta é a ausência de defesa, que pode perfeitamente ser apresentada, no momento adequado. Tampouco haverá nomeação de curador especial na audiência, porque a decretação da revelia é requisito para tanto (art. 72, II).

---

25 NEVES, Daniel Amorim Assumpção. *Manual de Direito Processual Civil*. 12ª ed. Salvador: JusPodivm, 2020.

26 "Não comparecendo à audiência de justificação, apesar de regularmente citado, nem se fazendo representar por advogado, o réu estará intimado do ato, sem necessidade de outra formalidade legal, iniciando-se a fluência do prazo para resposta no primeiro dia útil seguinte." (MARCATO, Antonio Carlos. *Procedimentos Especiais*. 17ª ed. São Paulo: Atlas, 2017.

Assim, se o juiz percebe a vulnerabilidade jurídica da parte ré, deverá indagá-lo sobre o desejo de constituir advogado ou se fazer assistir pela Defensoria Pública, intimando, nesse último caso, o defensor para a audiência, pessoalmente (art. 186, §1º), o que imporá o adiamento do ato, se impossível o pronto comparecimento do agente público. Partindo de tais premissas, é preferível que, no mandado de citação, haja questionamento expresso sobre essa intenção do demandado e, se indicada a assistência jurídica gratuita, o juízo poderá intimar, com antecedência adequada, o defensor.

Por outro lado, se a decisão interlocutória for proferida *a posteriori*, publicando-se pelos meios adequados, será necessária a intimação do réu a seu respeito, bem como para que apresente contestação, no prazo legal de quinze dias. De acordo com o Superior Tribunal de Justiça, a intimação deve se dar na pessoa do advogado do demandado[27].

5. Caução

A concessão de tutela provisória, em juízo de cognição sumária, se restringe a uma avaliação de probabilidade e de verossimilhança. Por essa razão, a lei processual traz instrumentos de modo a garantir que a reversibilidade futura da decisão não prejudique quem suportou seu ônus – um traço característico da tutela provisória. Em síntese, quem se beneficia da tutela no curso do processo pode sucumbir ao seu fim, na avaliação exauriente do magistrado.

Essa lógica está especificamente replicada no tratamento das ações possessórias, onde se deixa aberta a margem para que o réu prove que o autor não tem condições financeiras para reparar danos que a manutenção ou a reintegração da posse tenham causado ao demandado. Nesse caso, poderá pedir ao juiz que defina uma caução (art. 559).

Apesar da expressa menção à caução em favor do réu, a norma deve incidir também no caso de o réu pleitear proteção possessória e a decisão provisório o favorecer (como quando a liminar é indeferida), por motivos de isonomia endoprocessual (art. 7º), fruto do dever de auxílio inerente ao princípio da cooperação (art. 6º)[28].

---

27 Quando o réu possuir advogado constituído nos autos, o prazo da contestação flui a partir da intimação, feita ao procurador, da decisão que deferir ou não a medida liminar. (REsp 39.647/MG, Rel. Ministro Barros Monteiro, Quarta Turma, julgado em 12/04/1994). No mesmo sentido: REsp 47.107/MT, Rel. Ministro Cesar Asfor Rocha, Quarta Turma, julgado em 19/06/1997; AgInt no REsp 1258864/RJ, Rel. Ministro Raul Araújo, Quarta Turma, julgado em 06/06/2017.

28 Enunciado 180 do FPPC: A prestação de caução prevista no art. 559 poderá ser determinada pelo juiz, caso o réu obtenha a proteção possessória, nos termos no art. 556.

Tal garantia pode ser real ou fidejussória, de acordo com o dispositivo, sendo certo que quaisquer modalidades devem ser admitidas, se tiverem aptidão concreta para ressalvar eventuais perdas ocorridas.

A previsão legal traz dois momentos: o réu deve provar a falta de idoneidade financeira do autor e, passo seguinte, o juiz abriria prazo de cinco dias para que requeresse a exigência de caução. Somente depois, o autor será intimado para a prestar, sob pena de ter que depositar o bem disputado. O comando exige releitura crítica, em primeiro lugar, porque tanto o prazo pode ser dilatado pelo magistrado, com base no art. 139, VI[29].

Além disso, o procedimento deve ser simplificado e, se convencido o julgador, prontamente deve intimar o autor para que forneça a garantia, em homenagem à celeridade e à duração razoável do processo[30]. Por outro lado, embora a lei não preveja, a avaliação quanto à idoneidade financeira pode demandar algum aprofundamento cognitivo, através da designação de audiência especial ou da juntada de documentação.

Qualquer decisão deve sempre, porém, ser proferida após a oitiva da parte contrária, em respeito ao contraditório prévio (art. 9º) e como vedação às decisões surpresa (art. 10), não bastando a intimação da parte beneficiada pela tutela para que forneça a garantia, ou seja, após o decidido. Sequer se cogite a inserção da hipótese dentro da exceção atinente à tutela de urgência (art. 9º, parágrafo único, I), porque o risco que a justifica não é do mesmo grau daquele encontrado no caso em tela, porque a caução, embora recomendável e até necessária, não será subitamente prestada, demandando o decurso de prazos processuais e administrativos.

A lei processual afasta a obrigação de prestar caução para a parte hipossuficiente sob a ótica econômica. Na ponderação entre o acesso à justiça desses sujeitos e o risco de prejuízo a ser suportado pela parte contrária, caso o convencimento do magistrado se inverta ao final do processo, o legislador prefere o primeiro, o que passa por uma ótica instrumental da jurisdição.

Note-se que a distinção é correta, não se falando em beneficiário da gratuidade de justiça e sim em impossibilidade material de prestar a caução[31]. Afinal, pode ser que a parte tenha condições de pagar as custas pro-

---

29 Enunciado 179 do FPPC: O prazo de cinco dias para prestar caução pode ser dilatado, nos termos do art. 139, inciso VI.

30 FABRÍCIO, Adroaldo Furtado. Comentário ao art. 557. In: WAMBIER, Teresa Arruda Alvim *et al.* (coords.). *Breves Comentários ao novo Código de Processo Civil*. São Paulo: Revista dos Tribunais, 2015.

31 Em sentido contrário: "A regra é de difícil compreensão. Sendo requisito da exigência de prestação da caução a falta de idoneidade financeira, como afastá-la para os economicamente hipossuficientes? Ao que parece, o dispositivo se valeu de expres-

cessuais, mas não de garantir o juízo pelo valor da posse – parâmetro a ser utilizado para verificar a idoneidade da caução[32].

Por fim, há quem considere que a Fazenda Pública deva estar inserida na exceção legal, presumindo-se a necessidade financeira de isenção de caução[33]. No entanto, a presunção pretendida parece não encontrar amparo no próprio diploma processual geral que, quando teve a intenção de afastar exigências financeiras do Poder Público, o fez expressamente e por várias vezes (veja-se, por exemplo, os arts. 91, 1.021, §5º, e 1.026, §3º.

6. Recorribilidade

A decisão sobre a tutela provisória, liminar ou após justificação, é de enorme relevância, pela sua interseção com o mérito do processo, razão pela qual pode ser alvo de imediato recurso de agravo de instrumento. Trata-se de hipótese típica de cabimento, isenta de dúvidas acerca desse requisito de admissibilidade, haja vista o art. 1.015, I, do CPC.

Quando houver deferimento de tutela de evidência liminarmente, o réu, citado para integrar a relação processual e intimado acerca da decisão concessiva, pode agravar de imediato. A contagem do prazo se fará na forma do art. 231 e seus incisos (art. 1.003, §2º). É possível, inclusive, que se recorra de mais de uma decisão prolatada anteriormente à citação no mesmo agravo, de acordo com o Superior Tribunal de Justiça[34].

Outra possibilidade é rediscutir a matéria em contestação, trazendo novos fatos e fundamentos jurídicos e pleiteando a reconsideração da decisão, o que não ofende a preclusão justamente por conta da modificação (complementação) dos elementos debatidos[35]. Assim, o juiz decidirá, efeti-

---

sões diferentes para indicar o autor que não tem condições de arcar com eventuais perdas e danos do réu, e ao mesmo tempo prevê que essa condição é causa para a exigência e dispensa da caução. O paradoxo criado pela norma é garantia de polêmica." (NEVES, Daniel Amorim Assumpção. *Manual de Direito Processual Civil*. 12ª ed. Salvador: JusPodivm, 2020).

---

32 Enunciado 178 do FPPC: O valor da causa nas ações fundadas em posse, tais como as ações possessórias, os embargos de terceiro e a oposição, deve considerar a expressão econômica da posse, que não obrigatoriamente coincide com o valor da propriedade.

33 SANTOS, Welder Queiroz dos. Comentário ao art. 559. In: CABRAL, Antonio do Passo; CRAMER, Ronaldo (coords.). *Comentários ao Novo Código de Processo Civil*. Rio de Janeiro: Forense, 2015.

34 REsp 1628773/GO, Rel. Ministra Nancy Andrighi, Terceira Turma, julgado em 21/05/2019.

35 THEODORO JÚNIOR, Humberto. *Curso de Direito Processual Civil*. 54ª ed. vol. 2. Rio de Janeiro: Forense, 2020.

vamente, questão outra (art. 505), podendo dela a parte interessada agravar, inclusive.

Seguindo essa lógica, aliás, o réu possui um duplo caminho: agravar, de imediato, da decisão concessiva e/ou, na peça de defesa, solicitar a revogação da tutela.

Também o autor pode ter interesse em recorrer, seja do indeferimento da liminar, contando-se o prazo de sua intimação da decisão, seja do seu conteúdo, ainda que concessivo o provimento (como, por exemplo, do prazo fixado pelo juiz para desocupação), já que, como bem concluiu o Superior Tribunal de Justiça[36], esses aspectos acessórios também integram decisão interlocutória que versa sobre tutela provisória, como exige o legislador.

Quando a tutela for decidida após a integração do polo passivo, na audiência de justificação ou em gabinete, após o ato, o prazo se conta da mesma forma: em dias úteis e principiando nos moldes do art. 231.

Cabe indagar se o réu deveria ser pessoalmente intimado dessa decisão. Como visto, o Superior Tribunal de Justiça decidiu, diversas vezes no diploma revogado, que basta a intimação do advogado para que se inicie o prazo para contestação[37]. No entanto, o Código Fux traz expressa menção à necessidade de intimação da parte quando o ato tiver que ser praticado diretamente por si, principiando o prazo na data da comunicação (art. 231, §3º). Apesar do caráter executivo do provimento, a desapossamento do bem é ato que só pode ser praticado pelo próprio réu, ainda que, se não o fizer, terá sua vontade substituída. Desse modo, entendemos que o réu deva ser pessoalmente cientificado.

Hipótese prática e relevante é a da decisão proferida em audiência. De acordo com o CPC, o prazo para a interposição de recursos começa a correr da data em que são os advogados, a sociedade de advogados, a Advocacia Pública, a Defensoria Pública ou o Ministério Público intimados da decisão, considerando-se intimados na audiência quando nesta é proferida a decisão ou sentença (art. 1.003, § 1º).

---

36 O conceito de "decisão interlocutória que versa sobre tutela provisória" abrange as decisões que examinam a presença ou não dos pressupostos que justificam o deferimento, indeferimento, revogação ou alteração da tutela provisória e, também, as decisões que dizem respeito ao prazo e ao modo de cumprimento da tutela, a adequação, suficiência, proporcionalidade ou razoabilidade da técnica de efetiva da tutela provisória e, ainda, a necessidade ou dispensa de garantias para a concessão, revogação ou alteração da tutela provisória. (REsp 1752049/PR, Rel. Ministra Nancy Andrighi, Terceira Turma, julgado em 12/03/2019)

37 AgInt no REsp 1258864/RJ, Rel. Ministro Raul Araújo, Quarta Turma, julgado em 06/06/2017.

Contudo, o Superior Tribunal de Justiça, em recurso repetitivo[38], consagrou o entendimento de que, conquanto a Fazenda Pública, a Defensoria e o Ministério Público sejam intimados (ou seja, tomem ciência) da decisão na própria audiência, o prazo recursal apenas começa a contar com a intimação pessoal de seus agentes políticos. Embora questão tenha sido julgada pela 3ª Seção, responsável pela matéria penal e processual penal, entendemos que, pela identidade da *ratio decidendi*, deva ser aplicada ao processo civil e, naturalmente, ao processo coletivo. O Supremo Tribunal Federal, a propósito, possui o mesmo entendimento[39].

Por fim, acerca da recorribilidade, é imperioso recordar que o Superior Tribunal de Justiça, em sede de recurso repetitivo[40], definiu a tese da taxatividade mitigada no rol do art. 1.015, admitindo a pronta impugnação por agravo, caso haja urgência calcada na futura inutilidade do recurso em sede de apelação ou contrarrazões (previsão textual do art. 1.009, §1º). Como houve modulação dos efeitos da decisão, apenas as interlocutórias proferidas após a publicação do acórdão (19/12/2018) se submetem à sistemática da taxatividade mitigada. No paradigmático julgamento, assentou-se que o manejo do mandado de segurança enquanto sucedâneo seria incabível.

Encontrou-se um agradável, embora aparentemente contraditório, meio termo: a parte que sentir que a impugnação apenas na apelação pode tornar inútil o recurso, por conta da urgência na decisão, pode agravar de imediato. Em tal caso, caberá ao tribunal competente avaliar a real urgência, sempre ligada à inutilidade do recurso de apelação a respeito.

Nesse ponto, podem acontecer algumas situações: se o tribunal julgar que há urgência, conhecerá do agravo e o julgará. A matéria, decidida, não poderá ser levantada novamente na apelação, porque preclusa. Por outro lado, se o tribunal entender que não é caso de urgência, a questão poderá

---

38   HC 296.759-RS, 3a Seção, Rel. Min. Rogério Schietti Cruz, por maioria, julgado em 23/8/2017.

39   HC 125270, 2ª turma, Rel. Min. Teori Zavascki.

40   Assim, nos termos do art. 1.036 e seguintes do CPC/2015, fixa-se a seguinte tese jurídica: O rol do art. 1.015 do CPC é de taxatividade mitigada, por isso admite a interposição de agravo de instrumento quando verificada a urgência decorrente da inutilidade do julgamento da questão no recurso de apelação.
Embora não haja risco de as partes que confiaram na absoluta taxatividade serem surpreendidas pela tese jurídica firmada neste recurso especial repetitivo, pois somente haverá preclusão quando o recurso eventualmente interposto pela parte venha a ser admitido pelo Tribunal, modulam-se os efeitos da presente decisão, a fim de que a tese jurídica apenas seja aplicável às decisões interlocutórias proferidas após a publicação do presente acórdão. (REsp 1696396/MT, Rel. Ministra Nancy Andrighi, Corte Especial, julgado em 05/12/2018)

ser rediscutida em apelação, inexistindo preclusão consumativa. Também a parte que não agravou porque seguiu o rol do art. 1.015, ainda que houvesse, teoricamente, urgência, não se prejudica, não se falando em preclusão lógica ou temporal. O cenário, portanto, inspira segurança jurídica, a ser desdobrado para os pleitos possessórios.

Primeiras Linhas Sobre a Restituição ao Consumidor das Quantias Pagas ao Incorporador em Caso de Desfazimento do Vínculo Contratual na Lei nº 13.786/2018

Flávio Tartuce
Marco Aurélio Bezerra de Melo

A Lei nº 13.786, de 27 de dezembro de 2018, incluiu o artigo 67-A na Lei nº 4591/1964, que disciplina o regramento das incorporações imobiliárias, com o objetivo de supostamente estabelecer maior nível de segurança jurídica na apuração das perdas e danos do consumidor, promitente comprador de imóvel, junto às incorporadoras imobiliárias.

Nessa linha, o adquirente que der causa ao desfazimento do vínculo negocial, fará *jus* à restituição do que houver pago diretamente ao incorporador, com atualização monetária, deduzindo-se o valor que fora pago a título de comissão de corretagem e à pena convencional, que não poderá exceder a 25% da quantia desembolsada. Como se pode perceber, nova a lei nesse ponto não inovou em relação ao que vinha sendo praticado pela jurisprudência, que continuará oscilando entre 10, 15, 20 e 25% da possibilidade de perda, analisando o caso concreto e reduzindo a penalidade, conforme critérios como valorização superveniente do imóvel, atraso na entrega, causa justificada para o inadimplemento como doença, desemprego, entre outros fatores.

Nessa linha, a propósito, a afirmação n. 6 constante da Edição 110 da ferramenta *Jurisprudência em Teses* do STJ: "no caso de rescisão de contratos envolvendo compra e venda de imóveis por culpa do comprador, é razoável ao vendedor que a retenção seja arbitrada entre 10% e 25% dos valores pagos, conforme as circunstâncias de cada caso, avaliando-se os prejuízos suportados". A edição é dedicada ao compromisso de compra e venda de imóveis, tendo sido publicada pelo Tribunal em outubro de 2018, com a citação dos seguintes precedentes: Ag. Int. no AREsp. 1.200.273/DF, Rel. Ministro MARCO BUZZI, QUARTA TURMA, Julgado em 19/06/2018, DJE 26/06/2018; Ag. Int. no REsp. 1.395.252/SP, Rel. Ministro MOURA RIBEIRO, TERCEIRA TURMA, Julgado em 05/06/2018, DJE 15/06/2018; Ag. Int no REsp. 1.692.346/DF, Rel. Ministro ANTONIO CARLOS FERREIRA, QUARTA TURMA, Julgado em 19/04/2018, DJE 26/04/2018; Ag. Int. no AREsp. 1.121.909/SP, Rel. Ministro LÁZARO GUIMARÃES (DESEMBARGADOR CONVOCADO DO TRF 5ª REGIÃO), QUARTA TURMA, Julgado em 20/02/2018, DJE 28/02/2018; Ag. Int. no AREsp. 1.140.299/SP, Rel. Ministro MARCO AURÉLIO BELLIZZE, TERCEIRA TURMA, Julgado em 05/12/2017, DJE 19/12/2017 e Ag. Int.

no AREsp. 1.062.082/AM, Rel. Ministro LUIS FELIPE SALOMÃO, QUARTA TURMA, Julgado em 18/05/2017, DJE 23/05/2017).

Também fica mantida a possibilidade de perda de um valor à semelhança de um aluguel, se a unidade autônoma for disponibilizada regularmente para o adquirente, além das despesas de natureza *propter rem* que incidirem sobre o imóvel. Na forma da nova lei, deverão ser assumidos pelo promitente comprador à luz do parágrafo segundo do artigo 67-A, da Lei nº 4591/1964 os valores referentes a "I – quantias correspondentes aos impostos reais incidentes sobre o imóvel; II – cotas de condomínio e contribuições devidas a associações de moradores; III – valor correspondente à fruição do imóvel, equivalente a 0,5% (cinco décimos por cento) sobre o valor atualizado do contrato, *pro rata die*; IV – demais encargos incidentes sobre o imóvel e despesas previstas no contrato." Essa previsão também se encontra em consonância com o pensamento majoritário da doutrina e jurisprudência até a edição da norma emergente.

Porém, causa-nos enorme estranheza, senão perplexidade, a penalidade prevista para os casos de incorporação imobiliária submetida a patrimônio de afetação, que o § 5º do artigo 67-A da Lei nº 4591/1964 passa a estabelecer no patamar máximo de até 50 %. A ideia parece ter sido a de fomentar a utilização dessa importante garantia para o complexo negócio de incorporação imobiliária. Entretanto, esse fundamento não pode servir para transformar a extinção do contrato em uma fonte de enriquecimento sem causa. Uma pena de perda da metade do que se gastou, acrescida de outros valores como a própria indenização pela utilização do imóvel, não se sustenta juridicamente, na nossa opinião doutrinária.

No mundo dos fatos, por essa previsão legal, o promitente comprador poderá perder até mais de cinquenta por cento do que foi pago, pois não raro, autorizado pela tese fixada em recurso repetitivo no Superior Tribunal de Justiça, é transmitido a ele o pagamento da comissão de corretagem, desde que previamente informado o preço total da aquisição da unidade autônoma e com o destaque do valor da comissão de corretagem. (STJ, REsp. 1.599.511/SP, Rel. Ministro PAULO DE TARSO SANSEVERINO, SEGUNDA SEÇÃO, julgado em 24/08/2016, DJe 06/09/2016)

Cremos que as decisões judiciais, com a prudência necessária exigida na arte de julgar, hão de manter o patamar médio de dez por cento de perda, podendo, excepcionalmente, chegar a 25 %, aplicando-se o verbete sumular 543 do próprio STJ, aprovado na Segunda Seção do colendo Superior Tribunal de Justiça em 31 de agosto de 2015, *in verbis*: "Na hipótese de resolução de contrato de promessa de compra e venda de imóvel submetido ao Código de Defesa do Consumidor, deve ocorrer a imediata restituição das parcelas pagas pelo promitente comprador – integralmente, em caso de culpa exclusiva do promitente vendedor/construtor, ou parcialmente, caso tenha sido o comprador quem deu causa ao desfazimento". No nosso entender essa súmula jurisprudencial não se encontra superada pela nova lei.

Note-se que a lei fala em *até cinquenta por cento*, cabendo aos atores jurídicos não permitir essa disparatada perda aos consumidores, bastando para tanto reduzir o montante da penalidade, corrigindo o abuso e desproporção que a aplicação desse patamar traduziria. Releve-se que mesmo o artigo 413 do Código Civil, que por sua natureza rege relações paritárias como regra-geral, contém dispositivo que determina ao julgador reduzir a cláusula penal quando "o montante da penalidade for manifestamente excessivo, tendo-se em vista a natureza e a finalidade do negócio." A nossa opinião é que esse dispositivo aplica-se à nova lei e às relações de consumo, sem qualquer limitação, até porque não há qualquer previsão nela que o exclui.

E mesmo se houvesse, vale lembrar que há tempos tem-se entendido que se trata de uma norma cogente ou de ordem pública, que não pode ser afastada, por exemplo, por acordo entre as partes ou previsão contratual. Nesse sentido, da recente jurisprudência superior: "a despeito de a cláusula penal ser pacto acessório oriundo de convenção entre os contratantes, a sua fixação não fica circunscrita ao poder da vontade das partes contratantes, pois o ordenamento jurídico estatui normas cogentes para o seu controle" (STJ, Ag. Int. nos EDcl. no REsp. 1.517.702/SP, Rel. Ministro PAULO DE TARSO SANSEVERINO, TERCEIRA TURMA, julgado em 28/08/2018, DJe 05/09/2018). Ou, ainda, explicando os fundamentos do dispositivo, que conta com o nosso apoio: "o controle judicial da cláusula penal abusiva exsurgiu, portanto, como norma de ordem pública, objetivando a concretização do princípio da equidade – mediante a preservação da equivalência material do pacto – e a imposição do paradigma da eticidade aos negócios jurídicos. Nessa perspectiva, uma vez constatado o caráter manifestamente excessivo da pena contratada, deverá o magistrado, independentemente de requerimento do devedor, proceder à sua redução, a fim de fazer o ajuste necessário para que se alcance um montante razoável, o qual, malgrado seu conteúdo sancionatório, não poderá resultar em vedado enriquecimento sem causa. (...). Assim, figurando a redução da cláusula penal como norma de ordem pública, cognoscível de ofício pelo magistrado, ante sua relevância social decorrente dos escopos de preservação do equilíbrio material dos contratos e de repressão ao enriquecimento sem causa, não há falar em inobservância ao princípio da adstrição (o chamado vício de julgamento *extra petita*), em preclusão consumativa ou em desrespeito aos limites devolutivos da apelação" (STJ, REsp. 1.447.247/SP, Rel. Ministro LUIS FELIPE SALOMÃO, QUARTA TURMA, julgado em 19/04/2018, DJe 04/06/2018)

Sem embargo dessa argumentação, em se tratando de relações consumeristas que em regra estão presentes nas aquisições imobiliárias, com muito maior razão essa convicção há de se fazer presente, pois o artigo 53 da Lei nº 8.078/1990 enuncia como sendo nula de pleno direito a cláusula de perdimento das prestações pagas em razão daquelas que deixou de pagar. É verdade que a perda não é total, mas devolver o imóvel e perder cinquenta por cento ou até mais do que se pagou é algo que extrapola os limites do razoável e do desejado equilíbrio contratual.

Imagine-se, a título de exemplo, um consumidor que investe todas as suas economias para a compra de um imóvel visando a sua moradia e de sua família, com uma entrada de valor considerável correspondente a cerca de metade do valor do bem. Logo em seguida, fica ele desempregado, não podendo mais arcar com o pagamento das parcelas que assumiu. Haverá a perda de metade do que pagou? Entendemos que não, sendo necessário aplicar, nessa hipótese fática, o que consta do art. 413 do Código Civil, podendo a penalidade ser reduzida ao patamar de 10% do montante pago, na linha do entendimento jurisprudencial anterior, aqui citado.

Temos a impressão que é necessário sempre lembrar que não se encontra revogado – e nem poderia, por se tratar de cláusula pétrea – o princípio maior que norteia as relações de consumo, de reconhecimento da vulnerabilidade do consumidor, sem embargo da afirmação de ser o Código de Defesa do Consumidor uma norma principiológica, com fundamento constitucional (arts. 5º, inc. XXXII e 170, inc. V, da CF/1998). Além disso, nas relações de consumo, o risco do empreendimento é do fornecedor e qualquer tentativa legal de transferi-lo ao consumidor pode ser atacada com o argumento de inconstitucionalidade.

Como palavras finais, será que as publicidades nas vendas de imóveis em incorporação imobiliária vão advertir com transparência as consequências de eventual inadimplemento no pagamento das prestações? Será que teremos, nos mais diversos canais de comunicação, um aviso com a seguinte dicção: "atenção: a falta de pagamento das parcelas do contrato gera a perda da metade do que pagou"? Por óbvio que se essa advertência constar, e deveria constar pela lógica informativa adotada pelo CDC, a maioria das pessoas não celebrará tais negócios. Talvez o tempo demonstre que a nova lei é uma *norma afugentadora* desses contratos de aquisição de imóveis, havendo a necessidade de sua correta interpretação, de acordo com a nossa realidade jurídica.

O Dano Moral no Direito Imobiliário

André Gustavo Corrêa de Andrade

1. Introdução

Um inquestionável e grande avanço para a sociedade brasileira no plano jurídico foi a consagração, na Constituição Federal (art. 5º, V e X), do direito à indenização pelo dano decorrente de violação da esfera moral da pessoa. Essa mudança foi representativa de uma importante guinada no direito brasileiro, que passou de uma visão jurídica marcadamente patrimonialista para uma visão mais personalista, com a proteção jurídico-constitucional não apenas dos direitos materiais ou patrimoniais[1], mas também, e principalmente, dos direitos imateriais ou da personalidade, que encontram sua expressão genérica no princípio da dignidade da pessoa humana (inciso III do art. 1º). Passou-se a reconhecer, explicitamente, a primazia do direito de "ser" sobre o direito de "ter".

Nesse novo cenário, doutrina e jurisprudência começaram a construir as bases daquilo que consideram dever ou não entrar no rol dos chamados "danos morais indenizáveis". Essa construção vem sendo feita com algumas marchas e contramarchas, que denotam que ainda há um considerável déficit de compreensão acerca do próprio conceito de dano moral.

Uma das consequências práticas do reconhecimento constitucional e legal da reparabilidade do dano moral foi o aumento exponencial de pedidos de indenização desse tipo de dano, muitas vezes em casos, situações ou áreas do direito nos quais antes nem sequer se cogitava que ele pudesse estar presente. Uma dessas áreas em que antes da Constituição Federal de 1988 muito raramente se reconhecia a existência de danos morais é a do direito imobiliário.

O objetivo do presente trabalho é trazer algumas ideias acerca das circunstâncias e situações que indicam a existência de dano moral nas relações que envolvem bens imóveis.

O direito imobiliário é um campo vasto, que abrange não apenas as relações negociais ou contratuais, mas, em um sentido mais amplo, também outros tipos de relação, como as relações condominiais e de vizinhança, assim como situações de fato, como no caso da posse sobre bens imóveis.

Nas relações não negociais parece que o reconhecimento ou a identificação do dano moral se dá de forma mais intuitiva. Assim ocorre, por exem-

---

1 Os direitos patrimoniais encontram sua expressão básica no inciso XXII do art. 5º da Carta Constitucional, segundo o qual "é garantido o direito de propriedade".

plo, nas relações de vizinhança ou entre condôminos, quando um (mau) vizinho, em evidente abuso do seu direito de propriedade, realiza festas de madrugada, com música em alto volume, trazendo perturbação para a paz e o sossego dos vizinhos.[2] Mas é em relação ao descumprimento de obrigações contratuais imobiliárias que surgem as principais dúvidas sobre a configuração do dano moral.

Antes, porém, de adentrar especificamente o tema do dano moral nas relações imobiliárias, cabe estabelecer algumas premissas teóricas importantes.

2. A evolução do conceito de dano moral

Toda e qualquer discussão acerca da ocorrência de dano moral deve ser antecedida do conceito em relação a essa espécie de dano.

Era comum encontrar na doutrina uma conceituação do dano moral que se pode chamar de "negativa", porque buscava definir essa espécie de dano em contraposição ao dano material ou patrimonial. Procurava-se, desse modo, conceituar o dano moral por exclusão.

Na doutrina francesa, os irmãos Mazeaud indicavam que "dano moral é o que não afeta de modo algum o patrimônio e causa tão-só uma dor moral à vítima".[3] Savatier definia o dano moral como "todo sofrimento humano que não resulta de uma perda pecuniária".[4]

Agostinho Alvim adotou conceito expresso por Scialoia: "Dano moral ou não patrimonial é o dano causado injustamente a outrem, que não atinja ou diminua o seu patrimônio."[5]

Segundo Aguiar Dias: "Quando ao dano não correspondem as características do dano patrimonial, dizemos que estamos em presença do dano moral."[6]

---

2   Assim decidiu a 5ª Turma Cível do TJDF: https://migalhas.uol.com.br/arquivos/2016/10/art20161021-09.pdf.

3   MAZEAUD, Henry y Leon; TUNC, André. *Tratado Teórico y Práctico de la Responsabilidad Civil Delictual y Contractual*. 1961, p. 424. Em sua tradução castelhana: "(...) *el prejuicio moral es 'el que no atañe en modo alguno al patrimonio y causa tan sólo um dolor moral'* ".

4   SAVATIER, René. *Traité de la Responsabilité Civile en Droit Français*, tomo 2, nº 525, p. 92. No original: "*Nous entendons par dommage moral toute souffrance humaine ne résultant pás d'une perte pécuniaire.*"

5   ALVIM, Agostinho. *Da inexecução das obrigações e suas conseqüências*, nº 157, p. 195.

6   AGUIAR DIAS, José de. *Da responsabilidade civil*. v. 2, p. 852.

Esse modo de conceituar o dano moral nada esclarecia a respeito de seu conteúdo e não permitia uma precisa compreensão do fenômeno. Definia-se essa espécie de dano com uma ideia negativa, algumas vezes acompanhada de uma fórmula redundante, usando expressões que fazem alusão ao aspecto moral do dano, sem verdadeiramente explicá-lo.

A insuficiência da concepção negativa levou à busca de um objeto para o dano moral. Procurando adentrar o próprio conteúdo dessa espécie de dano, parte da doutrina apresenta definições que têm, em comum, a referência ao estado anímico, psicológico ou espiritual da pessoa. Busca-se, assim, identificar o dano moral com a dor, em seu sentido mais amplo, englobando não apenas a dor física, mas também os sentimentos negativos, como a tristeza, a angústia, a amargura, a vergonha, a humilhação. É a dor moral ou o sofrimento do indivíduo.

Aguiar Dias, já citado, reproduzindo lição de Minozzi, observava que para caracterizar o dano moral impõe-se compreendê-lo em seu conteúdo, que "não é o dinheiro nem coisa comercialmente reduzida a dinheiro, mas a dor, o espanto, a emoção, a vergonha, a injúria física ou moral, em geral uma dolorosa sensação experimentada pela pessoa, atribuída à palavra dor o mais largo significado."[7]

Silvio Rodrigues referia-se ao dano moral como "a dor, a mágoa, a tristeza infligida injustamente a outrem."[8]

Antonio Chaves, tratando do dano moral, afirmou que: "Seu elemento característico é a dor, tomado o termo em seu sentido amplo, abrangendo tanto os sofrimentos meramente físicos, como os morais propriamente ditos." Assim sendo, apresentou a seguinte definição: "Dano moral, portanto, é a dor resultante da violação de um bem juridicamente tutelado, sem repercussão patrimonial. Seja a dor física – dor-sensação, como a denomina Carpenter – nascida de uma lesão material; seja a dor moral – dor-sentimento – de causa material."[9]

Para Carlos Alberto Bittar, os danos morais "se traduzem em turbações de ânimo, em reações desagradáveis, desconfortáveis ou constrangedoras, ou outras desse nível, produzidas na esfera do lesado".[10]

Percebeu-se, posteriormente, que as mudanças no estado de alma do lesado não constituiriam o próprio *dano*, mas seriam *efeitos* ou *resultados* dessa espécie de dano. Em outros termos, esses efeitos ou resultados se-

---

7   AGUIAR DIAS, José de. *Idem*.
8   RODRIGUES, Silvio. *Direito Civil. Responsabilidade civil.* v. 4, p. 206.
9   CHAVES, Antonio. *Tratado de Direito Civil*. V. 3, p. 607.
10 BITTAR, Carlos Alberto. *Reparação civil por danos morais*. 1994, p. 31.

riam decorrência[11] do dano moral, que lhes é antecedente.[12] O dano moral, dentro dessa concepção, é caracterizado pela ofensa a uma dada categoria de interesses ou direitos – os quais, comumente, provocam consequências, efeitos ou resultados que parte da doutrina confunde com o próprio dano.

Brebbia observou que: "De todas as classificações que se formulam a respeito dos danos reconhecidos pelo Direito, é, sem deixar lugar à menor dúvida, a mais importante, a distinção que se efetua tendo em conta à natureza do direito violado, ou, o que é a mesma coisa, do bem jurídico menoscabado."[13] Válido, portanto, concluir que o dano moral está relacionado à violação de uma classe especial de direitos, fundamentais para o homem: os *direitos da personalidade* ou *personalíssimos*, que são expressões da *dignidade da pessoa humana*.

A noção de dano moral como lesão a direito da personalidade é hoje difundida por grande parte da doutrina. Para o Professor Sergio Cavalieri Filho, "o dano moral é lesão de bem integrante da personalidade, tal como a honra, a liberdade, a saúde, a integridade psicológica, causando dor, sofrimento, tristeza, vexame e humilhação à vítima".[14]

No ensino de Carlos Alberto Bittar: "Qualificam-se como morais os danos em razão da esfera da subjetividade, ou do plano valorativo da pessoa na sociedade em que repercute o fato violador, havendo-se, portanto, como tais aqueles que atingem os aspectos mais íntimos da personalidade humana (o da intimidade e da consideração pessoal), ou o da própria valoração da pessoa no meio em que vive e atua (o da reputação ou da consideração social)."[15]

Yussef Said Cahali, citando lição de Dalmartello, considera mais razoável caracterizar o dano moral pelos seus próprios elementos, "como a privação ou diminuição daqueles bens que têm um valor precípuo na vida do homem e que são a paz, a tranquilidade de espírito, a liberdade individual,

---

11 Não necessária, como se verá adiante.

12 Apenas do ponto de vista lógico, mas não necessariamente cronológico, já que, em muitas situações, como se verá adiante, pode o dano moral surgir com a própria alteração do estado anímico do ofendido.

13 BREBBIA, Roberto H. *Op. cit.*, nº 21, p. 67. No original: *"De todas las clasificaciones que se formulan de los daños reconocidos por el Derecho, es, sin dejar lugar a la menor duda, la más importante, la distinción que se efectúa teniendo en cuenta la naturaleza del derecho subjetivo violado, o, lo que es lo mismo, del bien jurídico menoscabado."*

14 CAVALIERI FILHO, Sergio. *Programa de responsabilidade civil*, p. 74.

15 BITTAR, Carlos Alberto. *Op. cit.*, p. 41.

a integridade individual, a integridade física, a honra e os demais sagrados afetos".[16]

Antonio Jeová Santos observa que: "Num sistema que coloca o homem como epicentro do Direito, o reconhecimento do dano moral, como entidade passível de gerar indenização, é o coroar do reconhecimento dos direitos da personalidade."[17]

Paulo Luiz Netto Lôbo, em estudo específico sobre a interação dos direitos da personalidade com o dano moral, conclui, peremptoriamente, que "não há outras hipóteses de danos morais além das violações aos direitos da personalidade."[18]

No mesmo sentido, o Professor Sergio Cavalieri Filho, embora adicione o detrimento anímico ao conceito: "o dano moral é lesão de bem integrante da personalidade, tal como a honra, a liberdade, a saúde, a integridade psicológica, causando dor, sofrimento, tristeza, vexame e humilhação à vítima".[19]

Brebbia, coerente com toda a sua argumentação, considera morais ou extrapatrimoniais "aqueles danos produzidos à raiz da violação de algum dos direitos da personalidade".[20]

O reconhecimento de que o dano moral é caracterizado pela *ofensa a algum direito da personalidade* não significa uma total dissociação do dano moral da dor. Há situações em que o bem ou direito da personalidade consiste no próprio bem estar psíquico da pessoa, que é, muitas vezes, atingido de forma injusta, dando ensejo, por isso, ao direito de indenização por dano moral.

3. Dano moral em caso de descumprimento de obrigação contratual

Já se tornou lugar comum, na doutrina e na jurisprudência, a afirmação de que o simples inadimplemento ou o mero descumprimento de obrigação contratual pode causar dano material, mas não caracteriza dano moral.[21] O

---

16 CAHALI, Yussef Said. *Dano moral*, p. 20.

17 SANTOS, Antonio Jeová. *Op. cit.*, p. 57.

18 LÔBO, Pedro Luiz Netto. *Op. cit.*, p. 364.

19 CAVALIERI FILHO, Sergio. *Programa de responsabilidade civil*, p. 74.

20 BREBBIA, Roberto H. *Op. cit.*, p. 76. No original: "(...) *aquellos daños producidos a raíz de la violación de alguno de los derechos inherentes a la personalidad.*"

21 STJ, RESP 338162/MG, DJU de 18.2.2002, 4ª Turma, Min. Sálvio de Figueiredo Teixeira: "O inadimplemento do contrato, por si só, pode acarretar danos materiais e indenização por perdas e danos, mas, em regra, não dá margem ao dano moral, que pressupõe ofensa anormal à personalidade. Embora a inobservância das cláusulas contratuais por uma das partes possa trazer desconforto ao outro contratante – e

credor que deixa de receber o valor que lhe é devido e tem que recorrer ao Judiciário para buscar o cumprimento de sua obrigação com muita frequência se sente aborrecido, contrariado, revoltado e inconformado. Mas tais estados psicológicos não constituem, em si considerados, um dano moral indenizável, nem um sinal dessa espécie de dano. Constituem não mais que a natural reação a desavenças e conflitos sociais que decorrem da vida em sociedade ou dos embates do dia-a-dia.[22] É, como já se disse, o preço por viver em uma sociedade de massa.

O direito à indenização por dano moral deve, em linha de princípio, ficar circunscrito a danos que revelem um mínimo de gravidade, em consonância com a máxima *"De minimis non curat praetor"*.[23] Seguindo esse raciocínio, o art. 496º, 1, do Código Civil português estabelece expressamente que a gravidade do dano não-patrimonial constitui condição de sua reparabilidade: "Na fixação da indemnização deve atender-se aos danos não patrimoniais que, pela sua gravidade, mereçam a tutela do direito." Em escólio ao referido dispositivo legal, Antunes Varela observa que: "A gravidade do dano há-de medir-se por um padrão objetivo (conquanto a apreciação deva ter em linha de conta as circunstâncias de cada caso), e não à luz de factores subjectivos (de uma sensibilidade particularmente embotada ou especialmente requintada)."[24]

Isso não significa que, *a priori*, o descumprimento de obrigação contratual não possa provocar dano moral. Ao contrário, a doutrina de há muito já fala no *dano moral contratual*[25] (decorrente de responsabilidade civil contratual), em contraposição a *dano moral extracontratual* (decorrente de responsabilidade civil extracontratual, delitual ou aquiliana), pois, como observa Ramón Daniel Pizarro: "Um fato ilícito não deixa de ser tal, nem modifica sua natureza, pela mera circunstância de produzir-se 'dentro' de uma obrigação preexistente que resulta descumprida ou 'fora' dela."[26]

Fundamental para a compreensão do tema é a distinção entre a *patrimonialidade da prestação* e a *extrapatrimonialidade do interesse do credor*

---

normalmente o traz – trata-se, em princípio, do desconforto a que todos podem estar sujeitos, pela própria vida em sociedade."

22 VARELA, João de Matos Antunes. *Das obrigações em geral*, vol. I, p. 606.

23 "O pretor não se ocupa com coisas insignificantes." Em sua variante mais moderna: *"De minimis non curat lex"* ("A lei não cuida de pequenas coisas").

24 VARELA, João de Matos Antunes. *Das obrigações em geral*, v. 1, p. 606.

25 Ver PIZARRO, Ramón Daniel. *Daño moral*, p. 143.

26 *Idem*.

ou dos bens afetados.²⁷ Embora a prestação tenha conteúdo patrimonial, o interesse do credor na prestação pode, conforme as circunstâncias, apresentar um caráter extrapatrimonial, porque ligado à sua saúde ou de pessoas de sua família, ao seu lazer, à sua comodidade, ao seu bem-estar, à sua educação, aos seus projetos intelectuais. Ninguém há de negar a natureza não-patrimonial do interesse subjacente a diversos tipos de relação contratual: do paciente que vai ser submetido a uma cirurgia estética; do consumidor que adquire em uma agência um pacote turístico; do passageiro de transporte coletivo; do contratante de um serviço de bufê para uma festa; do comprador de um imóvel, para o qual pretende mudar-se logo depois do casamento. Estabelecida a distinção entre a patrimonialidade da prestação e a extrapatrimonialidade da utilidade desta ou do interesse do credor, fica mais fácil admitir a existência e a ressarcibilidade do dano moral derivado do inadimplemento de obrigação contratual.

Pode-se, assim, falar em *dano moral contratual* (decorrente de responsabilidade civil contratual), em contraposição a *dano moral extracontratual* (resultante de responsabilidade civil extracontratual, delitual ou aquiliana).

4. Pressupostos do dano moral contratual

Assentada a ideia da possibilidade de um dano moral contratual, cabe definir quando se está diante de "mero" ou "simples" inadimplemento de obrigação contratual e quando se está diante de um verdadeiro dano moral.

Para a configuração do dano moral contratual, impõe-se, em primeiro lugar, a existência de uma *obrigação preexistente*, emanada de um contrato ou de um ato jurídico válido. Se o ato for nulo, não há que falar em responsabilidade contratual. Pizarro observa, com propriedade, que o dano moral também poderá surgir da anulação ou declaração de nulidade de um contrato ou de um ato jurídico, mas, nesses casos, a responsabilidade civil será de natureza extracontratual.²⁸

Em seguida há de ter ocorrido o *inadimplemento da obrigação*, relativo ou absoluto. O inadimplemento será relativo quando a obrigação insatisfeita ainda puder ser cumprida proveitosamente para o credor; será absoluto quando não houver emenda possível.²⁹

---

27   *Ibidem*, p. 144.

28   *Ibidem*, p. 153.

29   No magistério de Pontes de Miranda (*Tratado de Direito Privado. Direito das obrigações*, tomo 26, p. 9): "O que deixou de adimplir prestação que não poderia demorar incorreu em inadimplemento, e não há emenda possível. Chamou-se a isso *inadimplemento absoluto*, por ser relativo o outro, uma vez que se poderia *"emendare moram."*

O direito à indenização pressupõe, também, a *existência de um fator de atribuição de responsabilidade*, que poderá ser de natureza subjetiva (dolo ou culpa) ou objetiva (responsabilidade objetiva), dependendo da espécie de obrigação e da relação jurídica estabelecida.

Por fim, o inadimplemento deverá ser relacionado como causa, direta ou indireta, de lesão a algum direito da personalidade. A violação de algum direito psíquico da personalidade (direito ao sossego, à tranquilidade, à paz de espírito) também é suficiente para a configuração do dano moral contratual.[30] Assim, a *lesão a direito da personalidade* e o *nexo de causalidade* constituem requisitos do dano moral contratual.[31]

A doutrina, na verdade, acusa uma tendência, se não ao desaparecimento, de relativização da tradicional divisão da responsabilidade civil em contratual e extracontratual, a partir da constatação de que os contratos cada vez menos retiram sua força da vontade das partes, em razão da crescente interferência do direito positivo nas relações jurídicas. O emprego disseminado dos contratos de adesão na sociedade de consumo coloca em xeque o princípio da autonomia da vontade e retira a razão de ser da *summa divisio* da responsabilidade civil.[32]

5. O comportamento do ofensor como fator determinante para a caracterização do dano moral

Em um grande número de casos a identificação do dano moral contratual é uma operação intelectual que não apresenta problemas. Não há dúvida a respeito do dano não patrimonial quando um passageiro de trans-

---

30 A questão foi objeto da Súmula 75 do Tribunal de Justiça do Estado do Rio de Janeiro: "O simples descumprimento de dever legal ou contratual, por caracterizar mero aborrecimento, em princípio, não configura dano moral, salvo se da infração advém circunstância que atenta contra a dignidade da parte."

31 Sobre os requisitos ou pressupostos da responsabilidade civil por dano moral por descumprimento contratual, veja-se Ramón Daniel Pizarro, *Daño Moral*, p. 152 *et seq.*

32 Para Mariano Izquierdo Tolsada, a proliferação dos contratos de adesão, contratos-tipo, contratos normativos e outras formas de contratação afastadas do padrão do modelo romano aproximam a esfera da contratação do âmbito da responsabilidade civil aquiliana. Nas palavras do autor, "tanto mais nos afastemos do modelo da autonomia contratual, tanto mais recomendável será unificar as esferas [de responsabilidade], não apenas do ponto de vista metodológico, mas também no que se refere às consequências práticas." (La unificación de la responsabilidad civil contratual y extracontratual (visión europea). In: *Responsabilidad por Daños en el Tercer Milenio*, p. 110). No original: "(...) *tanto más nos alejemos del modelo de la autonomía contractual, tanto más recomendable será unificar las esferas, no ya sólo desde el punto de vista metodológico, sino también en orden a las consecuencias prácticas.*"

porte coletivo é vítima de lesões corporais graves, ou quando uma paciente vem a apresentar uma deformidade em consequência de cirurgia estética, ou, ainda, quando um consumidor vê seu nome indevidamente inscrito em cadastro de inadimplentes. Nos exemplos mencionados, o bem da personalidade atingido é facilmente identificável.

Em outros casos, contudo, a indicação de que o dano moral se configura quando houver lesão a algum bem da personalidade pode parecer vaga demais, por não ser tão evidente o atributo pessoal atingido. Isto se dá porque há situações em que o bem da personalidade vulnerado é a própria tranquilidade ou o bem-estar espiritual, perturbados por um inadimplemento contratual, causador de aborrecimento, intranquilidade e desassossego.

É induvidoso que o *sistema afetivo* do homem, porque componente de sua personalidade, é merecedor de proteção jurídica. As lesões injustas aos sentimentos de outrem são por si só indenizáveis, independentemente de qualquer outra repercussão que o ato lesivo possa ter provocado, seja na esfera pessoal, seja na esfera patrimonial da vítima. Este, o magistério de Capelo de Souza: "(...) o nosso direito tutela directamente o sistema afectivo do homem, tomando como bens juridicamente protegidos diversos sentimentos seus e a própria estrutura mais ou menos estável e persistente do seu comportamento afectivo."[33] Observa o autor que "os danos afectivos são também ressarcíveis autonomamente, em situações de não existência de lesões corporais, por exemplo, nos casos de violação do sentimento religioso, do sentimento da honra, da paz e da tranquilidade espiritual, etc.".[34]

Como distinguir, no entanto, nas situações de perturbação do espírito, o dano moral do "mero" aborrecimento que todo descumprimento de obrigação contratual potencialmente pode causar? A resposta a tal indagação encontra-se não na reação da vítima – afinal, essa pode ser mais ou menos sensível à violação de um direito –, mas no comportamento do contratante inadimplente, que, muitas vezes, age de forma particularmente censurável e ultrajante, demonstrando verdadeiro descaso para com o direito alheio. O aborrecimento, a contrariedade e outros sentimentos negativos que ordinariamente já acometem aquele que vê descumprida uma obrigação pactuada em muitos casos são agravados pela conduta maliciosa ou desdenhosa do contratante.

A falta de cumprimento de uma obrigação contratual pode constituir mero aborrecimento, quando o obrigado deixa de cumprir a obrigação em razão de dificuldades financeiras, ou quando razoavelmente discorda

---

33 CAPELO DE SOUZA, Rabindranath Valentino Aleixo. *O direito geral de personalidade*, p. 229.

34 *Ibidem*, p. 231.

da interpretação de alguma cláusula contratual ou de alguma obrigação legal. Caracterizará dano moral, porém, quando o devedor, podendo e devendo cumprir sua obrigação, não o faz por malícia ou por inconsideração para com a outra parte da relação. A conduta abusiva do obrigado será, então, determinante para a própria configuração ou, ao menos, para a reparabilidade do dano moral, consistente no abalo "psicológico" ou "emocional" do titular do direito violado.[35]

Isso vale tanto para o dano moral contratual quanto para o dano moral extracontratual. Assim, *v.g.*, o que poderia ser considerado um incômodo causado por um vizinho pode vir a ser qualificado como dano moral, consistente na violação da tranquilidade ou do sossego alheios, quando for causado por espírito de emulação, persecução ou, mesmo, por indiferença pelos direitos de outrem.

Do mesmo modo, o exercício abusivo de um direito[36] poderá configurar dano moral,[37] como no caso do ajuizamento de demanda temerária, ciente o autor da sua falta de fundamento.[38] Em tal situação, determinantes para a caracterização do dano não patrimonial serão não apenas o aborrecimento ou o constrangimento sofridos com a propositura da ação infundada, mas também o comportamento abusivo por parte do autor da ação.

6. Dano moral resultante de mora ou atraso no cumprimento de obrigação contratual

Percebe-se uma tendência no sentido do redimensionamento do conceito de dano moral, que tem sido alargado para compreender situações

---

35 Nesse sentido, Capelo de Souza, *O Direito Geral de Personalidade*, p. 232, registra: "Limitando ainda a ressarcibilidade das lesões afectivas, em matéria de culpa do lesante, dever-se-á exigir aqui o dolo ou uma particular negligência."

36 O Código Civil trata do abuso de direito no art. 187: "Também comete ato ilícito o titular de um direito que, ao exercê-lo, excede manifestamente os limites impostos pelo seu fim econômico ou social, pela boa-fé ou pelos bons costumes."

37 No sentido da possibilidade de o dano moral derivar de abuso de direito, PUIG, Luis Niel Puig (Abuso del derecho. In: *Responsabilidad por daños en el tercer milenio*, p. 1.080): "Se através do ato ou omissão, exercitado com abuso de direito, deriva um dano a outrem, procede sua reparação, incluindo tanto os danos patrimoniais como os extrapatrimoniais." No original: "*Si a través del acto u omisión, ejercitado en abuso del derecho deriva un daño a outro, procede su reparación, incluyendo tanto los daños patrimoniales como los extrapatrimoniales.*"

38 O art. 14, II, do Código de Processo Civil indica, dentre os deveres da parte, o de: "não formular pretensões, nem alegar defesa, cientes de que são destituídas de fundamento". A parte que viola esse dever é considerada litigante de má-fé, nos termos do art. 17 do CPC, e deve indenizar a parte contrária dos prejuízos por esta sofridos, de acordo com o art.18 do mesmo Código.

antes não cogitadas. Trata-se de fenômeno complexo, para o qual contribuiu, induvidosamente, a consagração constitucional do direito à indenização do dano moral.

Outro fator importante para essa remodelagem do conceito foi a massificação das relações de consumo, que levou à elaboração de um Código de Defesa do Consumidor,[39] no qual o direito à indenização do dano moral foi incluído entre os direitos básicos do consumidor[40] e onde foram estabelecidos mecanismos que visaram a reduzir a situação de desequilíbrio entre os dois atores da relação de consumo, tais como a inversão do ônus da prova em prol do consumidor[41] e a responsabilidade objetiva do fornecedor.[42]

Além disso, concorreu para o alargamento do conceito de dano moral a ampliação do acesso do consumidor à justiça por intermédio dos juizados especiais cíveis, fundados nos princípios da oralidade, simplicidade, informalidade, economia processual e celeridade.[43] Nos juizados especiais, os consumidores encontram um local onde podem encaminhar pretensões que, pelo seu reduzido valor econômico, antes escapavam ao exame do Judiciário. A gratuidade dos serviços prestados nos juizados, aliada à simplicidade e à relativa rapidez do procedimento, estimulou o ajuizamento de demandas que antes se encontravam represadas.

Esses e outros fatores contribuíram para a identificação do dano moral em situações que antes escapavam à órbita dessa figura. A partir de então, começou-se a relacionar, repetidamente, o dano moral com aborrecimentos e constrangimentos sofridos pelo contratante em consequência do

---

39 Lei nº 8.078/90. O art. 5º, XXXII, da Constituição Federal inseriu, no rol dos direitos e garantias fundamentais, a defesa do consumidor, que constitui, também, nos termos do art. 170, V, da Carta Constitucional, princípio geral da ordem econômica. Finalmente, o referido Código veio a cumprir comando expresso da Constituição Federal, cujo artigo 48 estabeleceu: "O Congresso Nacional, dentro de cento e vinte dias da promulgação da Constituição, elaborará código de defesa do consumidor."

40 Estabelece o art. 6º, VI, do Código de Defesa do Consumidor, ser direito básico do consumidor: "a efetiva prevenção e reparação de danos patrimoniais e morais, individuais, coletivos e difusos".

41 O art. 6º, VIII, do Código de Defesa do Consumidor indica, também entre os direitos básicos do consumidor: "a facilitação da defesa de seus direitos, inclusive com a inversão do ônus da prova, a seu favor, no processo civil, quando, a critério do juiz, for verossímil a alegação ou quando for ele hipossuficiente, segundo as regras ordinárias de experiência".

42 Nos termos dos artigos 12 e 14 do Código de Defesa do Consumidor.

43 Estabelece o art. 2º da Lei nº 9.099/95, que criou os juizados especiais cíveis e criminais: "O processo orientar-se-á pelos critérios da oralidade, simplicidade, informalidade, economia processual e celeridade, buscando, sempre que possível, a conciliação ou a transação."

retardamento no cumprimento de obrigação contratual, embora muitas decisões ainda repudiem a ideia de que um fato como esse possa gerar dano não patrimonial, salvo em circunstâncias excepcionalmente graves. Essa vinculação entre a demora no cumprimento de uma obrigação contratual e o dano moral gradativamente começou a ser feita também no juízo comum, alcançando as relações jurídicas mais variadas.

7. O dano moral nas relações de direito imobiliário

No campo do direito imobiliário a jurisprudência tem reconhecido o dano moral em vários casos de inadimplemento de obrigação contratual. Uma das situações mais frequentes é a da promessa de compra e venda de imóvel em construção que não é entregue no prazo e nem após o período de tolerância, principalmente quando a dilação é de monta ou quando o retardamento causa constrangimentos que vão além do simples aborrecimento pela demora em si.

A jurisprudência do Superior Tribunal de Justiça firmou o entendimento de que: "o dano moral, na hipótese de atraso na entrega de unidade imobiliária, não se presume, configurando-se apenas quando houver circunstâncias excepcionais que, devidamente comprovadas, importem em significativa e anormal violação a direito da personalidade dos promitentes compradores."[44]

Para a configuração do dano moral não seria, pois, bastante o simples atraso na entrega do imóvel em construção. Haveria a necessidade de algum fato ou de alguma circunstância adicional, que qualifique esse descumprimento obrigacional como violador de um direito da personalidade, ou que pudesse trazer, como consequência, a ofensa a um direito personalíssimo.

Esse componente a mais pode ser, como já reconheceu o STJ, a frustração causada ao adquirente pelo excessivo atraso no recebimento de imóvel que fora comprado para moradia própria e da família.[45] Em contraposição, não se configuraria, a princípio, o dano moral se o imóvel tivesse sido adquirido como investimento, especulação imobiliária ou se se tratasse de imóvel comercial.

O tempo de atraso na entrega do imóvel parece desempenhar um papel importante na configuração do dano moral, independentemente da destinação que se pretenda dar ao imóvel. Nesse sentido, o STJ já confirmou

---

44 AgInt no Resp 1656217/SP, publicado em 01/9/2017.
45 AgInt no AResp 1367859/SP, publicado em 18/6/2019.

acórdão que reconheceu o dano moral por ser o atraso na entrega do imóvel superior a dois anos.[46]

Percebe-se que o comportamento do obrigado tem constituído um elemento importante no reconhecimento do dano moral, o que sugere, algumas vezes, uma certa tendência a aplicar a indenização do dano moral com caráter punitivo ou exemplar, não apenas compensatório. É o que ocorre em casos nos quais se denota a falta de boa-fé do incorporador, construtor ou vendedor, que deixam de informar ao comprador acerca de algum aspecto importante em relação ao imóvel adquirido ou, durante a execução da avença, mostram desprezo ou pouco caso por algum direito do adquirente.

Em relação ao contrato de locação de imóveis, já se reconheceu o dano moral no descumprimento, pelo locatário, do seu dever de arcar com a sua obrigação contratual de pagar a conta de energia elétrica, levando à inscrição do nome do locador em cadastro de inadimplentes.[47]

Dano moral haveria, também, na hipótese de imóvel locado para fins residenciais, sem indicação da existência de problemas de infiltração ou de outra natureza que fazem com que o imóvel não se encontre em condições razoáveis de habitação.

Com a entrada em vigor da nova Lei Geral de Proteção de Dados Pessoais (Lei nº 13.709/2018), sentença de primeiro grau reconheceu o direito de indenização por dano moral em favor de adquirente de unidade imobiliária, em razão do compartilhamento indevido de dados pessoais deste com empresas estranhas à relação contratual, o que teria levado o adquirente do imóvel a ser assediado com ofertas de instituições financeiras, consórcios, empresas de arquitetura e construção e fornecimento de mobiliário planejado. Considerou a sentença que "os dados surgem como bens jurídicos tutelados pela ordem jurídica, porquanto relacionados a diversos outros direitos também fundamentais".[48]

Esses são apenas alguns exemplos extraídos da jurisprudência de danos morais envolvendo, direta ou indiretamente, relações imobiliárias, a demonstrar que essa espécie de dano tem sido identificado em situações nas quais antes apenas se reconhecia o dano material. O fundamental para a identificação do dano moral, como indicado, é que, nas relações contratuais de qualquer natureza esteja demonstrado que, para além do descumprimento de uma obrigação contratual ou legal, haja a violação de algum direito da personalidade.

---

46   AgInt no Resp 1776797/RO, publicado em 24/9/2020.
47   AgInt no AResp 1417778/MA, publicado em 05/6/2019.
48   https://www.capitaldigital.com.br/wp-content/uploads/2020/09/TJSP.pdf.

8. Conclusão

O reconhecimento do direito à indenização por dano moral constituiu uma grande conquista civilizatória, por reconhecer a centralidade da dignidade da pessoa humana no ordenamento jurídico e a fundamentalidade dos direitos da personalidade.

No que se refere às relações contratuais, há que ter atenção para não buscar o alargamento inconsequente do conceito de dano moral. A inconsistência ou incoerência na identificação de situações de dano moral pode, ao longo do tempo, enfraquecer o respectivo direito de indenização, levando a uma reação no sentido do não reconhecimento desse tipo de dano onde ele efetivamente se configura. Pode levar também, como algumas vezes tem levado, à fixação de indenizações em valores inferiores aos que deveriam ser fixados.

Por isso, é importante que doutrina e jurisprudência estabeleçam padrões claros para as situações caracterizadoras do dano não patrimonial. Uma interpretação coerente e consistente acerca das hipóteses caracterizadoras de dano moral é importante porque valoriza e protege mais adequadamente os direitos da personalidade, que são os mais caros a todos nós, na medida em que constituem reflexos da nossa dignidade.

Referências bibliográficas:

ALVIM, Agostinho. *Da inexecução das obrigações e suas consequências*. São Paulo: Saraiva. 1959.

AGUIAR DIAS, José de. *Da responsabilidade civil*. v. 2, Rio de Janeiro: Forense, 8ª ed. 1987.

BITTAR, Carlos Alberto. Os Direitos da Personalidade. 4ª ed. Rio de Janeiro: Forense Universitária. 2000.

BREBBIA, Roberto H. El Daño Moral. Córdoba: Orbir. 2ª ed. 1967.

CAHALI, Yussef Said. *Dano moral*. 2ª ed. São Paulo: São Paulo: RT. 1998.

CAPELO DE SOUZA, Rabidranath Valentino Aleixo. Direito Geral de Personalidade. Coimbra: Coimbra Editora. 1995.

CAVALIERI FILHO, Sergio. *Programa de responsabilidade civil*. 5ª ed. São Paulo: Malheiros. 2004.

CHAVES, Antonio. *Tratado de Direito Civil*. v. 3. São Paulo: RT. 1985

LÔBO, Pedro Luiz Netto. Danos morais e direitos da personalidade. *In*: *Grande Temas da Atualidade: Dano Moral*. Rio de Janeiro: Forense. 2002.

MAZEAUD, Henry y Leon; TUNC, André. *Tratado Teórico y Práctico de la Responsabilidad Civil Delictual y Contractual*. Buenos Aires: Europa-América. 1961.

PIZARRO, Ramón Daniel. Daño Moral. Buenos Aires: Hammurabi. 2000.

PONTES DE MIRANDA, Francisco Cavalcanti. *Tratado de Direito Privado. Direito das obrigações*, tomo 26. 1959.

PUIG, Luis Niel. Abuso del derecho. In: Responsabilidad por daños em el tercer milenio. Buenos Aires: Abeledo-Perrot. 1997.

RODRIGUES, Silvio. *Direito Civil. Responsabilidade civil*. v. 4. São Paulo: Saraiva. 1989.

SANTOS, Antonio Jeová. *Dano Moral Indenizável*. 3ª ed. São Paulo: Método. 2001.

SAVATIER, René. *Traité de la Responsabilité Civile en Droit Français*, tomo 2. Paris: L.G.D.J. 1951.

TOLSADA, Mariano Izquierdo. La unificación de la responsabilidad civil contratual y extracontratual (visión europea). *In*: *Responsabilidad por Daños en el Tercer Milenio*. Buenos Aires: Abeledo-Perrot. 1997.

VARELA, João de Matos Antunes. *Das Obrigações em Geral*. v. 1. 10ª ed. Coimbra: Almedina. 2000.

Parte 2

DIREITO DAS COISAS

Função Social e o Conflito Propriedade-Posse

Marcos Alcino de Azevedo Torres

> **SUMARIO: I.** Introdução. **II.** O problema. **III.** A posse e o procedimento para sua (des)proteção. **IV.** O novo CPC e a influência dos princípios na solução das questões processuais. **V.** As regras de proteção à posse no novo código de processo civil e a necessidade de conjuga-las com os princípios constitucionais e o direito civil. **VI.** Qual o direito de propriedade está garantido na C.F. **VII.** Porque se protege a posse. **VIII.** Conclusão.

I. Introdução

Tendo sido agraciado com o honroso convite dos organizadores para participar de uma obra em homenagem ao advogado, desembargador e novamente advogado Silvio Capanema de Souza, professor ilustre de uma geração de juristas notáveis e exemplo de atuação moral e profissional, que nos deixou nesse ano de 2020, após brava luta contra a Covid-19, pandemia que assolou o mundo, pretendo no presente texto analisar a função social da propriedade e da posse no viés do conflito que se materializa com frequência no judiciário e que tem servido, ao longo dos anos de pano de fundo para discussões dogmáticas interessantes.

Tanto a posse quanto a propriedade são institutos jurídicos que demandam complexidade no seu exame, não só pela grande importância econômica de cada um mas também e principalmente porque desde o final do século XIX começarem as tensões quanto aos impactos sociais do exercício do direito que corresponde a cada uma delas, ainda que se pudesse perceber que desde a primeira concessão de sesmaria, inspirada na Lei nº 1.375 de D. Fernando como Rei de Portugal, era exigido do concessionário, futuro proprietário o exercício da posse da terra com função social. Pelo menos em tese, havia a impossibilidade de converter-se a propriedade pública pertencente a coroa em propriedade privada, quando o concessionário não tivesse cultivo e moradia nas terras concedidas.

Tenho dito com frequência que nesse embate posse-propriedade, a posse é vista como um instituto antipático, um patinho feio das histórias em quadrinho, uma vez que normalmente representa a disputa entre aquele que "não tem direito" em face daquele que "tem direito" (*ius possessionis x ius possidendi*), em especial tratando-se de bem imóvel, onde esse embate se mostra mais contundente e sensível.

Isso porque, em geral, as ações possessórias em qualquer de suas espécies, são ajuizadas por aquele que apresenta-se como titular da propriedade do bem, que nessas circunstancias apresenta-se como "tendo direito" a posse, usurpada porque aquele ou aqueles indicados como réus, que na visão do autor da demanda "não tem direito" à proteção possessória, em razão da injustiça da posse e da má-fé, desconsiderando qualquer qualificação funcional seja à propriedade seja a posse do ou dos ocupantes, situação de grande relevância acredito, para uma solução judicial que se espera adequada e conforme os ditames constitucionais vigentes.

Como de hábito, o titular da propriedade que não tem posse porque a perdera por um dos modos ordinários estabelecidos no código civil (art. 1223 e 1224) ou porque nunca a teve, como por ex. se dá numa aquisição derivada da propriedade na qual o transmitente, que já não tinha posse para transferir faz inserir em cláusula do contrato de compra e venda que a transmite juntamente com o domínio e o direito de ação. O pano de fundo do conflito intersubjetivo nasce quando alguém sustenta ter a posse em razão de ter o título de propriedade em face de outrem que está na situação de fato que corresponde a um controle sobre a coisa, ainda que provisório e sua exploração econômica, ou seja está de fato na posse do bem em disputa. Hobbes há muito tempo atrás deixou registrado: "onde não há o seu, isto é, não há propriedade, não poder haver injustiça."[1]

II. O problema

No contexto do conflito propriedade x posse interessante observação faz Jacques Távora Alfonsin quando assinala que a primeira situação que chama a atenção nos chamados conflitos pela posse da terra (conflitos fundiários) é "o grande poder de abstração que qualquer intérprete da realidade ou do ordenamento atribui ao título de propriedade, para a solução do caso", possibilitando um distanciamento provocado pela "opacidade da matricula do imóvel" em contraponto ao conhecimento empírico do espaço disputado", de tal modo que "ninguém obtém a mínima pista sobre o uso que o proprietário faz da coisa que é titular."[2]

A respeito dessa dificuldade de interpretação dos conflitos propriedade x posse com base nesta, salienta Marco Aurélio B. de Melo que o "direito ao título de propriedade de um imóvel no modelo econômico, político e jurídico a que o Brasil se insere pode ser considerado um "novo direito" considerando que "a ocupação dessas áreas" de um modo geral, "ocorre

---

1 MALMESBURY, Thomas Hobbes. *Leviatã*. Trad. João Paulo Monteiro e Maria B. Nizza da Silva. S. Paulo: Editor Victor Civita, p. 86.

2 ALFONSIN, Jacques Távora. O acesso à terra como conteúdo de direitos humanos fundamentais à alimentação e à moradia. Porto Alegre: Sergio Fabris Editor, 2003, p. 65.

sem a observância do modelo clássico burguês de aquisição imobiliária (ex. compra e venda e sucessão hereditária)."[3]

Essa situação tem origem na nossa forma inicial de exploração da terra. Ainda que nas cartas de sesmarias constassem a obrigação de cultivo e moradia, quem estava próximo ao poder central obtinha terras além daquelas que podia explorar, ou seja, pudesse dar uma função social a terra recebida graciosamente do governo central autorizado pelo Rei de Portugal, a despeito da tentativa de Tomé de Souza no Regimento expedido em 17 de dezembro de 1548, ter criado a obrigação de residência do beneficiário por pelo menos três anos, proibindo a venda das terras nesse período e limitando a extensão das terras à capacidade de aproveitamento.[4]

Naqueles tempos por certo que a fiscalização do governo central era muito mais difícil do que hoje com o sistema de imagens fornecidas por empresas de internet. Hoje é possível saber as terras (imóveis, rurais e urbanos) que estão abandonadas sem qualquer função social que autorizam a arrecadação prevista no art. Do CC/02 e também na Lei de Regularização Fundiária. Veja-se em 1781 o que disse o Brigadeiro Francisco J. Roscio sobre a Capitania de S. Pedro do Sul, hoje Rio Grande do Sul:

> "As terras fechadas ou terminadas, entre as raias declaradas nesta relação, todas estão povoadas, mas todas desertas. Cada morador não se contenta com poucas léguas de terra, entendendo que todas lhe serão precisas, ainda que só se servem de uma insignificante parte junto à sua cabana; e por isso, ainda que toda a campanha está deserta, todos os campos são dados em tem senhorios."[5]

O abuso continua e os favores obtidos por aqueles que já tinham algum poder político e proximidade com o governo foi sobremodo prejudicial na destruição inicial de nossas terras e na continuidade em sua distribuição.

Cerca de 25 anos após o registro do Brigadeiro acima referido, em 1808 referindo-se à mesma Capitania, Manuel Antonio Magalhaes registra a distribuição equivocada de terras pelo governo central:

> "O abuso que há nesta capitania de terem alguns moradores tomado três, quatro sesmarias, com dez, doze e mais léguas de terras é prejudicialíssimo não só

---

3   MELO, Marco Aurélio B. de. Legitimação de Posse dos Imóveis Urbanos e o Direito à Moradia. Ed. Lumen Juris, 2008, p. 34, forjado que fora ao tempo que o respeitável civilista atuava nos quadros da Defensoria Publica do E. do Rio de Janeiro.

4   TORRES. M.A. de Azevedo. A Propriedade e Posse. Um Confronto em torno da Função Social, 2ª ed, 2ª tiragem. Lumen Juris Editora, pp. 24-25.

5   Apud TORRES. M.A. de Azevedo. A Propriedade e Posse. Um Confronto em torno da Função Social, 2ª ed, 2ª tiragem. Lumen Juris Editora, p. 29

a S.A.R., mas aos povos em geral; e ao mesmo tempo que há famílias que não possuem um palmo, e tudo isto com falsos enganos feitos a S.A.R. e aos seus delegados. Um homem que tinha proteção tirava uma sesmaria em seu nome, outra em nome do filho mais velho, outra em nome da filha e filho que ainda estavam no berço, e deste modo há caso de quatro e mais sesmarias; este pernicioso abuso parece se deveria evitar;"[6]

Veja-se a preocupação do referido cidadão com a prejudicialidade do sistema não só ao Rei mas também para o povo em geral e ainda que tivéssemos abundancia de terras, haviam pessoas que não tinha um palmo de terra, usando expressão que vem até nossos dias, para morar e plantar.

Saindo do sul do Brasil e indo para extremidade oposto, no sertão do Brasil encontramos o registro de que um sertanista chamado Domingos Afonso Certão, que era dono de grande parte do é hoje conhecido como Estado do Piauí, que arrendava sítios para quem quisesse colocar gados, ao custo de dez réis de foro para cada área, sendo dono de 31 fazendas de gado as quais deixara para os Jesuitas em 1711 mas o Marques de Pombal confiscou para a Coroa após expulsão dos religiosos, passando depois para União por força da independência e para o Estado do Piauí, pelo art. 7º das Disposições Transitórias da Constituição de 1946.[7]

Portanto, esta situação calamitosa de outrora se manteve ao longo dos séculos mesmo depois da nossa lei de terras de 1850 e o que é mais grave, se antes nas cartas de sesmarias constava a obrigação de moradia e cultivo da terra, com a convalidação destas em propriedade particular, ficou o proprietário livre de obrigações, gerando uma propriedade absoluta e sem qualquer tipo de ingerência governamental.

Nesse sentido também a opinião de Laura Beck ao afirmar que a lei de terras e seu regulamento de 1854, forneceu as bases legislativas para "a disciplina jurídica do direito de propriedade nos moldes liberais, ou seja, um direito absoluto, exclusivo, perpétuo, exercido sobre limites precisos, não condicionado pela gama de deveres que caracterizava o domínio sesmarial."[8]

No caso de imóvel urbano é verdade a afirmação de Charles Abrams de que para o homem urbano "não existe escassez de terra" mas existem "problemas de uso efetivo da terra e organização de seu espaço, mas es-

---

6   Idem, idem
7   Idem, p. 31.
8   VARELA, Laura Beck. Das Propriedades à Propriedade: Função social e Reconstrução de um direito. A Reconstrução do Direito Privado. Ed. RT, org. Judith M. Costa, 2002, pp. 756/757.

sencialmente o sistema urbano pode provê-lo com mais do que suficiente espaço para trabalho, moradia, diversões e uma variedade de outras atividades"[9], tudo a depender do planejamento urbano que envolva melhor distribuição da terra, em especial em razão, como assinalam os autores, de mudança de uma sociedade ruralista para "um mundo predominantemente urbano", provocando "problemas de espaço físico nas metrópoles, fundamentalmente em virtude da falta de um planejamento adequado, com desperdício de áreas úteis."[10].

Alie-se a essa situação a deficiência de planejamento pelos entes da Federação, a desorganização na ocupação de terras públicas, o que contribui sobremodo para a questão da (in)segurança da posse e em regra dá azo ao nascimento de conflitos fundiários. Segundo o noticiou a imprensa, em auditoria realizada pelo TCU no SPU (Sistema de Patrimônio da União), cerca de 34.347 ocupantes cadastrados estão mortos, num cadastro que abrange cerca de 595,7 imóveis, sendo que de 292.247 pessoas físicas, 33.186 não tem registro no Cadastro de Pessoas Físicas da Receita Federal, além de outras falhas que impossibilitam a identificação dos ocupantes[11].

A pandemia que se instalou no mundo no final de 2019 e que chegou ao Brasil em fevereiro de 2020, gerou uma serie de situações que provocaram e estão provocando mudanças no mapa de exploração do urbano. A realização de diversos tipos de eventos como shows, seminários, lives (com milhares e milhões de assistentes), cerimonias, cultos e celebrações religiosas, aulas, futebol etc., pela internet tem levado todos a refletirem sobre a utilização de espaços urbanos, ociosos nesse tempo do chamado lockdown (confinamento) em especial o chamado home office (trabalho em casa) que levou as grandes corporações (empresas das mais diversas, instituições financeiras dentre outras) a conclusão que é melhor o trabalho de casa. Tal conclusão implica no redimensionamento do transporte urbano de passa, utilização de edifícios de escritórios e até mesmo hotéis transformaram quartos em pequenos espaços de trabalho, alugando-os por dia de ocupação.

O homem se reinventou e com ele a ocupação do espaço urbano neste período de pandemia que conforme noticiário do dia 23.08.2020 no Brasil

---

9 ABRAM, Charles. O uso da terra na Cidade. A urbanização da Humanidade. RJ, Zahar, 1972, p. 134, apud Guilherme Calmon N da Gama. Reconhecimento extrajudicial da usucapião e o novo Código de Processo Civil, Revista de Processo, vol. 259/2016, pp. 371-402, set/2016, p. 372.

10 GAMA. Guilherme Calmon N. Reconhecimento extrajudicial da usucapião e o novo Código de Processo Civil, Revista de Processo, vol. 259/2016, pp. 371-402, set/2016, p. 373.

11 Jornal O Globo, Pais, 26.04.2017, p. 6, autora Renta Mariz.

já havia contaminado cerca de 3.605.726 e provocado a morte de 114.772[12]. Muitos deixaram suas moradias nas cidades próximo ao movimento frenético nelas existentes para se isolarem em sítios de lazer, transformando-os em local de trabalho e eventos.

Contudo os conflitos pela posse da terra, urbana ou rural ainda são frequentes, considerando ser a terra espaço vital para alimentação e moradia do homem. Na primeira hipótese (terra urbana), proprietários, em regra grandes empresas (privadas e públicas), autarquias, deixam imóveis de sua propriedade abandonados, portanto sem cumprirem qualquer função social litigam contra pessoas que, movidos pela necessidade de moradia, se instalam nesses imóveis abandonados. Na segunda hipótese (terra rural), em regra a disputa é mais cruel e se dá entre proprietários de grandes extensões de terra – latifundiários (pessoas físicas ou jurídicas) contra trabalhadores rurais, sem terra, que disputam a posse de área necessária, não só a moradia mas prioritariamente à lavoura de subsistência, situação que vigora, como já afirmado, desde os tempos das sesmarias, perpassando pela Lei de Terras até nossos dias.

Nas terras urbanas surge também a questão relativa à remoção (ainda que hoje não tão frequente como outrora) de grupos de pessoas que ocupam esses imóveis abandonados pelo titular para ali construírem suas moradias, provocando impactos não só nas relações de trabalho dessas pessoas (normalmente trabalhadores domésticos, prestadores de serviço, biscateiros etc), mas também e principalmente nas relações sociais (novos núcleos de amizades, vizinhança etc), culturais, levando aquelas pessoas a recomeçarem suas vidas e de suas famílias (crianças tem que mudar de escolas etc.) ignorando todas as dificuldades desse reinicio, tudo em razão da insegurança da posse do solo urbano ocupado por tais pessoas.

Não raro, por ocasião de grandes intervenções no espaço urbano, como ocorreu em passado recente na cidade do Rio de Janeiro por força de eventos esportivos (Olimpíadas, Copa do Mundo de Futebol), encarecem o custo de vida no local da intervenção, gerando aumento de alugueres, pressão do mercado imobiliário, provocando o fenômeno que se tornou conhecido como gentrificação[13]. Muitas dessas intervenções geraram um lega-

---

12   Cf informação constante do sitio eletrônico do GI:https://g1.globo.com/bemestar/coronavirus/noticia/2020/08/23/casos-e-mortes-por-coronavirus-no-brasil-em-23-de-agosto-segundo-consorcio-de-veiculos-de-imprensa.ghtml

13   Essa expressão tem, conforme registra Pedro Veiga, tem origem no termo inglês "gentrificacion" e "tem como princípio básico a alteração de perfil de determinada área fundamentado na substituição social da população que a habita, ou seja, a população que originariamente ocupa a área a ser modernizada, acaba, muitas vezes, de forma compulsória ou não, tendo de deixar a região em virtude de sua valorização." VEIGA,

do de abandono e de alto custo para administração pública, colocando em dúvida as possíveis vantagens que tais empreendimentos produzem para um pais, estado ou município.

III. A posse e o procedimento para sua (des)proteção.

O conflito propriedade x posse, surge de um reflexo dos impactos econômicos sobre a distribuição do espaço vital de radicação ou de sobrevivência na expressão de Hernandes Gil. De um lado um sujeito (pessoa física ou jurídica) que logrou pelo sistema econômico vigente, adquirir a propriedade em face daquele(s) que não dispõem da mesma condição aquisitiva. A situação se acentua diante da dificuldade natural de atender às demandas das pessoas carentes com a construção de moradias populares ou parcelamento de lotes para as áreas rurais a despeito dos programas governamentais a respeito em especial o ultimo de grande vulto que se tornou conhecido como Minha Casa Minha Vida.

Some-se a esse fator econômico, a inadequação das regras procedimentais para o trato dos conflitos propriedade x posse, pois ignoram posições sociais que legitimam a diferenciação de procedimento e, se uma vez, o Estado possui "o dever de viabilizar o acesso de todos à justiça (e aos bens sociais)" é razoável concluir que "aqueles que merecem procedimentos (técnicas processuais) diferenciadas são exatamente os que possuem dificuldades de enfrentar as formalidades do procedimento comum"[14], mesmo com a assistência de órgãos governamentais como a Defensoria Pública, cujo o acesso não se dá de modo simples, considerando a relação defensor x necessitado.

Antonio Rafael Ferreira sustenta a inadequação da sistemática processual (ainda que agora se tenha uma referência no novo código de processo) no atendimento às demandas coletivas da posse pontuando que se tem "uma tutela processual adequada e efetiva quando se dispõe de um procedimento adequado" que seja "sensível a atender as peculiaridades do caso concreto, sem negligenciar os atributos da relação de direito material em foco"[15], direito material este que no tema em exame é inequivocamente considerado espinhoso e de difícil percepção.

Pedro R. da Motta. O Conceito de Revitalização e as Mudanças Sofridas pela Zona Portuária da Cidade do Rio de Janeiro, Ed. Lumen Juris, 2016, p. 19.

---

14 MARINONI, Luiz Guilherme. Técnica processual e tutela dos direitos. SP, Revista dos Tribunais, 2004, pp. 190-191.

15 FERREIRA. Antonio Rafael Marchezan. Tutela possessória e a remoção forçada de grupos vulneráveis e famílias de baixa renda. Revista Eletronica de Direito Processual, vol. XIV, p. 92.

Outro aspecto relevante a considerar é que o novo Código Civil deu especial relevância a posse, inclusive no capitulo que cuida da propriedade, com destaque para a posse funcionalizada pela moradia e pelo trabalho em confronto com a propriedade não funcionalizada punindo, de certo modo, a inércia do titular do direito, ao reduzir todos os prazos para aquisição da propriedade por usucapião, instituto que sem sombra de dúvidas privilegia a posse em detrimento da propriedade.

IV. O novo CPC e a influência dos princípios na solução das questões processuais

O novo código de processo civil introduziu em sua sistemática uma mudança estrutural de grande relevância. Não se pode mais examinar a dinâmica do processo sem considerar a influência dos princípios inseridos na sua sistemática. Todos os institutos processuais deverão ser lidos à luz de uma visão principiológica, não só aquela contida em sua parte geral mas também dos princípios constitucionais vigentes como abaixo se verá. Por óbvio que tal leitura também deverá estar presente no ato mais importante que é o ato de decidir (decisões interlocutórias, sentenças e acórdãos).

O novo código de processo civil, trouxe uma parte geral, na qual cuida das normas processuais e de sua aplicação, estabelecendo linhas gerais de aplicação e interpretação das referidas normas no Livro I e nesse passo separando sua estrutura em dois capítulos, fixando no capítulo I as "normas fundamentais do processo civil" e certamente a norma mais importante está inserida no artigo 1º : "O processo civil será ordenado, disciplinado e interpretado conforme os valores e as normas fundamentais estabelecidos na Constituição da República Federativa do Brasil, observando-se as disposições deste Código."

Essa novidade no código de processo civil porque não dizer no direito processual dá força normativa para um processo civil à luz da constituição conforme ocorreu com o direito civil por força de movimento doutrinário, embora o direito processual civil já consagrasse diversos princípios constitucionais, como do contraditório, do devido processo legal, da inafastabilidade da jurisdição dentre outros. Tal inclusão seria para uns autores a admissão, agora expressa da "teoria do direito processual constitucional"[16] ou simplesmente "direito processual constitucional"[17] sendo portanto a

---

16   PINHO. Humberto Dalla B. de. Direito Processual Civil Contemporâneo, Saraiva, 6ª Ed, 2015, p. 123

17   BERMUDES, Sergio. CPC de 2015. Inovações. Vol 1. GZ Editora, 2016, p. 6.

"constitucionalização do Direito Processual" uma "das características do direito contemporâneo."[18]

Contudo, parece que há um acanhamento na leitura do dispositivo pelos processualistas, como se ele fosse direcionado apenas aos princípios constitucionais relativos ao processo, aqueles já bem conhecidos e acima referidos.[19] Por certo a mudança estrutural não se refere apenas aos princípios clássicos do direito processual, Em verdade, diz muito mais pois implica em considerar, em nosso modo de ver, que a legislação processual deve ser, em cada momento de interpretação, confrontada com os princípios e valores constitucionais fundantes da república, permitindo com isso atingir à sua função instrumental de modo pleno, envolvendo partes, auxiliares do juízo e todos aqueles que atuam no processo, advogados, defensores, Ministério Público, em especial o juiz no julgamento do caso concreto. Neste passo é importante destacar que o magistrado deve realizar um juízo de confrontação para aferir se a conclusão que lhe parece razoável no julgamento, está conforme a dignidade da pessoa humana; se ela contribui ou não para erradicação da pobreza, para redução das desigualdades sociais, possibilitando a construção de uma sociedade mais justa e solidária (art. 1º inc. III e art. 3º inc. I e III da C.F.). Se não estiver em conformidade com os princípios constitucionais deverá ser revista pelas instancias superiores sob o fundamento de violação da C.F. e eventualmente dos próprios princípios processuais inseridos no sistema processual.

Importante realçar e reforçar, que o impacto dos princípios não pode se dar apenas na teoria processual. Deverá o juiz velar, na marcha de cada processo sob sua direção, a observância, como já faz, das regras de processo mas também a influência que a atuação de cada principio terá no desenrolar do processo. É necessário dar concretude aos princípios e valores que o sistema reconhece, protegendo os interesses dignos de tutela.

Parece comungar deste entendimento Paulo Cesar P. Carneiro em texto elaborado para obra coletiva sobre o novo código de processo civil, na seguinte passagem:

---

18   JUNIOR. Fredie Didier. Curso de Direito Processual Civil, 17ª edição. Editora JusPodium, 2015, p.46.

19   Ver por todos Alexandre F. Camara, in o Novo Processo Civil, Editora Atlas, 2015, p. 5, na seguinte passagem: "O processo civil brasileiro é construído a partir de um modelo estabelecido pela Constituição da República. É o chamado *modelo constitucional de processo civil,* expressão que designa o conjunto de princípios constitucionais destinados a disciplinar o processo civil (e não só o civil, mas todo e qualquer tipo de processo) que se desenvolve no Brasil."

"Dentre as normas presentes neste primeiro Livro do novo Código, as quais serão objeto de estudos a seguir, tem-se os princípios do acesso à justiça, do devido processo legal, da duração razoável do processo, da cooperação, da igualdade de tratamento, do contraditório, da publicidade, da motivação, do atendimento aos fins sociais, das exigências do bem comum, da dignidade da pessoa humana, da eficiência e da proporcionalidade. (...)

O processo passa a dar efetividade à própria Constituição. Ele, no cumprimento de suas atribuições, mais tutela a Constituição do que esta a ele, afinal, coloca em movimento e dá vida aos princípios fundamentais."[20]

Aliás, em reforço ao que ora se sustenta, tem-se a redação do artigo 8º do referido código que assinala que na aplicação do ordenamento jurídico – por óbvio que se refere não apenas ao direito processual mas também ao direito material considerando que o processo é um dos instrumentos postos à disposição do indivíduo para proteção de seus interesses – o juiz atenderá aos fins sociais e as exigências do bem comum (disposições semelhantes ao vetusto art. 5º da conhecida Lei de Introdução), resguardando e promovendo a dignidade da pessoa humana.

Esta última referência – dignidade da pessoa humana – implica, como já assinalado, na leitura do direito processual à luz da constituição, o que naturalmente faz toda diferença na na solução dos conflitos interpessoais de direito privado existentes em cada processo.

É necessário que tais princípios e valores ganhem efetividade, isto é, se materializem no mundo dos fatos, em aproximação tão íntima quanto possível entre o dever-ser normativo e o ser da realidade social[21], circunstancia que no exame do conflito propriedade x posse deve ser levada em consideração no momento de se apresentar uma solução justa e adequada ao caso concreto.

A aplicação dos princípios constitucionais em matéria de propriedade-posse tem peso relevantíssimo considerando que de regra o confronto se dá tendo como fio condutor o princípio constitucional da função social.

---

20 CARNEIRO, Paulo Cezar Pinheiro. In: WAMBIER, Teresa Arruda Alvim; DIDIER JR, Fredie;TALAMINI, Eduardo; DANTAS, Bruno (Coord.). Breves comentários ao novo código de processo civil. 3ª ed. São Paulo: Revista dos Tribunais, 2016.

21 BARROSO, Luis Roberto. O direito Constitucional e a efetividade de suas normas. 3ª ed: Renovar, 1996, p. 83.

V. As regras de proteção à posse no novo código de processo civil e a necessidade de conjuga-las com os princípios constitucionais e o direito civil

Em relação as demandas possessórias a redação dos dispositivos do novo código de processo é praticamente idêntica aos do código de processo civil de 1973 com pequena variação na questão relativa à propositura de demanda dominial (reivindicatória) quando em curso ação possessória disputando a posse do mesmo bem na hipótese de envolver terceiro, isto é, pessoa estranha à demanda possessória, além de algumas novidades do artigo 554 que serão abaixo analisadas.

A novidade, em boa hora inserida no texto do novo código está logo no primeiro artigo do capitulo (art. 554) o qual, mantendo a regra da fungibilidade entre as ações possessórias, fez a inclusão de três parágrafos a respeito das demandas que envolvessem grande número de pessoas. Contudo é importante salientar a leitura que deve o operador realizar para atender à carga axiológica introduzida pelos artigos 1º e 8º já referidos.

A terra, esse bem essencial para radicação e sobrevivência do homem, como assinala Carlos Marés, "não precisa de chaves de ignição como as máquinas, nem de senhas como os computadores, ela trabalha para qualquer um que a amanhe e arroje a semente, pode ser uma mão livre, pode ser escrava, pode ser sob contrato ou por simples necessidade."[22]

O civilista espanhol Hernandez Gil acentua que a posse é "a instituição de maior densidade social, enquanto expressa de maneira primária a projeção do homem sobre o exterior, como instituição apoiada no acontecer social que sua ordenação jurídica resulta de certo modo incipiente"[23]. No mesmo sentido Fábio Caldas ao afirmar que a "posse é um fato social inevitável no meio social" e que "é incontestável que a apropriação de bens e a estabilidade na posse constituem fatores extremamente importantes na formação da civilização ocidental, independentemente do tempo e do espaço, uma vez que a posse se revela como fenômeno constante, sendo irrelevante a natureza política do regime que impera no país."[24], daí porque a situação que demanda do interprete reflexão cautelosa na solução das situações que a vida apresenta cotidianamente.

---

22 Prefácio ao livro: Usucapião sobre Terras Públicas e Devolutas de Cláudio Grande Junior,Ed. Lumen Juris, 2017, p. XI.

23 GIL, Antonio Hernandez. La Posesión como instituición jurídica y socual. Madri: Espasa Calpe,1987, p. 750.

24 ARAÚJO, Fábio Caldas de. Posse. Editora Forense, 2007, p. 14.

Não se perca de vista, a afirmação de que o direito processual é um instrumento de efetivação de direitos. O processo não é um fim em si mesmo, mas antes um instrumento de efetivação do direito material. Com efeito, esta é uma "premissa fundamental para que a técnica processual melhor atenda seu objeto e cumpra sua finalidade", como corolário lógico da "efetividade do processo e, por consequência, seu atributo de instrumento de tutela de direitos."[25]

Como já salientado, em regra, numa demanda possessória tem-se num polo o titular do direito de propriedade e de outro alguém que tem a posse nascida de uma detenção independente, que se converteu em posse, após ter cessado a clandestinidade ou a violência, uma ou outra, presente no momento da tomada da coisa (artigos 1.204 combinado com artigo. 1208 ambos do Código Civil) ou vice-versa, isto é, quando o possuidor procura repelir aquele que diz ter posse com base no título de propriedade que dispõe.

Não se pode ter dúvida, a despeito de todos os estudos já realizados, que até hoje o embate entre uma situação dita de direito e outra com prevalência da situação fática não é de simples solução. Até nossos dias se discute em doutrina, aqui e alhures se a posse é um fato ou um direito ou ambos com opiniões doutrinárias em vários sentidos. [26]

VII. Qual o direito de propriedade está garantido na C.F.

O direito de propriedade privada, está atrelado a liberdade do homem com reflexos na sua conduta como titular de direito, correspondendo a um complexo de direitos, faculdades com reflexos econômicos e sociais relevantes, consagradas nas expressões usar, gozar, fruir, reivindicar contidas no art. 1228 do CC/02, mas também corresponde a um "feixe de obrigações, entre os quais interesses não proprietários e interesses sociais", com "relevo para a comunidade, implicando no reconhecimento de que o direito de propriedade é uma relação jurídica complexa" implicando em admitir como

---

25 FERREIRA, Antonio Rafael M., op. cit., p. 92.

26 Abstraindo-se da citação de autores clássicos como Lafaytte, Astolpho Rezende, Tito Fulgêncio, consultem Papano, Kiper, Dillon e Causse. Derechos Reales, Ed.Depalma, Buenos Aires, 1993, p. 55 a 58; Jose de O. Ascensão. Direito Civil. Reais, 4ª ed, Coimbra Editora Ltda, pp. 83 e ss; Manuel Rodrigues. A Posse. Estudo de Direito Civil Portugues. Almedina, 1996, pp. 33 e ss.; Caio Mario da S. Pereira. Direitos Reais, v. IV, Forense, 20ª ed., pp. 19 e ss; Marco Aurelio B. de Melo. Direito das Coisas. Atlas, 2015, pp. 33 e ss.; Guilherme Calmon N. da Gama. Direitos Reais. Atlas, 2011, p. 84 e ss. E de modo exaustivo indicando todas as posições e sugerindo uma natureza diversa das tradicionalmente apontadas consultem Moreira Alves. Posse. Estudo Dogmático. Vol. II, Ed. Forense, 1990, pp. 69 a 137.

ideia nela incluída a "bilateralidade que se estabelece entre os sujeitos, visando a tutela de um interesse."[27]

A importância econômica do direito de propriedade é indiscutível, daí sua proteção garantida constitucionalmente (artigo 5º inc. XXII da CF), como um direito fundamental do cidadão e sua inclusão dentre os princípios que regem a ordem econômica nacional (art. 170 inc. II da CF) de modo que a proteção dada a posse, como posse em sí, numa eventual demanda, será quase sempre uma proteção provisória. Enquanto não se der a transformação da posse em propriedade pela usucapião ou por algum modo de aquisição previsto na lei, o proprietário poderá reivindicar a coisa de quem injustamente a possua ou detenha, daí porque, em regra, o proprietário sagra-se vencedor mesmo quando se trate de demanda possessória.

Contudo, há necessidade de uma releitura das teorias possessórias[28] para adequá-las a nossa realidade social, visando atender aos vetores contidos no art. 1º e 3º da C.F., e tal situação só será possível se o judiciário, bem compreender a questão relativa a função social da propriedade e a função social da posse, dando efetividade e concretude a tal princípio (da função social), afastando-se de posições abstratas e teóricas, para, no exame do caso concreto decidir a favor daquele que tem cumprido com a função social do seu direito (considerando nesta hipótese como direitos tanto a propriedade quanto a posse).

Na lúcida lição de Miguel Reale a posse do novo código civil é distinta daquela que ultrapassou a história lastreada em "critérios formalistas da tradição romanista, a qual não distingue a posse simples, ou improdutiva, da posse acompanhada de obras e serviços realizados nos bens possuídos", tendo "sido revisto e atualizado o antigo conceito de posse, em consonância com os fins sociais da propriedade"[29].

Essa releitura implica em considerar "plenamente justificada a tutela jurídica da posse como instituto autônomo, a merecer, independentemente de sua relação com o direito de propriedade, um trato especial, apropriado à sua vocação natural de instrumento concretizador"[30] do princípio da função social.

---

27 TORRES, M.A. de A., MOTA, M., MOURA, E.A da C. A Nova Dogmática do direito de propriedade no Estado Constitucional e Democrático de Direito. Editar, 2016, p. 31.

28 Consultem a respeito: Releituras da teoria possessória: da posse como projeção do direito de propriedade a um instituto autônomo e transformador da realidade social, Marlene de Paula Pereira, in Transformações do direito de Propriedade Privada, Coord. Mauricio Mota e Marcos A. Torres, Ed. Elsevier, 2009, p. 147.

29 REALE, Miguel. O Projeto do Novo Código Civil, 2ª ed., SP, Saraiva, 1999, p. 33

30 ZAVASCKI, Teori Albino. A Tutela da Posse na Constituição e no Novo Código Civil, Revista Direito e Democracia, vol. 5, n. 1, 2004, p. 9.

Até mesmo conceitos arraigados na teoria da posse como *corpus* e *animus* necessitam de uma revisitação para melhor compreendermos que posse é essa que merece especial proteção do sistema. A propósito merece transcrição a lição de Ruy Ruben Ruschel:

> "Aquele que, por exemplo, cerca um imóvel adequado à produção e deixa-o ao léo, esperando que se valorize para revendê-lo, não pode alegar que dele dispõe para a sua função social. Por certo não está exercendo o uso ou o gozo do bem; a rigor sequer tem-no à disposição para o objetivo social. Ele cuida apenas de seu interesse próprio, egoístico. Logo, não é possuidor do imóvel. Numa hipótese desta estaria presente, talvez, o *corpus*, a detenção da coisa, mas faltaria o *animus*, caracterizado como a vontade de ter a coisa segundo seu aproveitamento social."[31]

O principiar desta discussão passa pela interpretação civil-constitucional de que a propriedade que o sistema protege no inc. XXII do art. 5º Constituição Federal como direito fundamental do cidadão é aquela que cumpre com a função social prevista no inc. XXIII do mesmo artigo, com observância das diretrizes contidas no artigo 182 para a propriedade urbana e no artigo 186 para a propriedade rural, ambos da Constituição Federal ou seja a tutela da propriedade só se mostra razoável se o proprietário tiver dando cumprimento a função social do bem objeto de sua titularidade, levando-se em consideração que tal função não é algo extrínseco ao direito mas sim intrínseco, fazendo parte de sua estrutura, de modo que sua ausência traz reflexos ao próprio conceito.

O direito, como produto das relações humanas em sociedade, acompanha e reflete, necessariamente, em suas perspectivas, as necessidades sociais de seu tempo. A satisfação dessas necessidades será, então, considerada como um direito absoluto", nas palavras de Mangabeira Unger.[32]

A proposito Eros Roberto Grau ao analisar a propriedade que não cumpre com sua função social assinalou:

> "Logo – sigo pelo caminho de raciocínio coerentemente – não há, na hipótese de propriedade que não cumpre sua função social, "propriedade" desapropriável. Pois é evidente que só se pode desapropriar a propriedade; onde ela não existe, não há o que desapropriar.
>
> Em conseqüência – prossigo – se, em caso como tal, o Estado *desapropria* essa *propriedade* (que não cumpre sua função social, repita-se), indenizando o "pro-

---

31   RUSCHEL, Ruy Ruben. Repensar o Direito das Coisas. Direito Constitucional em Tempos de Crise. Porto Alegre:Sagra Luzzatto Editores, 1ª ed. 1997, pp. 156/157.grifou-se.

32   UNGER, Roberto Mangabeira. Conhecimento e Política. RJ: Trad. de Edyla Mangabeira Unger.Forense, l978. p. 346

prietário" o pagamento dessa indenização consubstancia pagamento indevido, ao qual corresponderá o enriquecimento sem causa do *proprietário*.

A hipótese, se um mínimo de coerência nos for exigido, há de conduzir à perda do bem e não a essa estranha "desapropriação."[33]

Fachin entende que, se o eixo da discussão fosse colocado de outro modo, isto é, ao invés de a propriedade ter uma função social, se tornar ela uma função social, possibilitaria concluir que não há direito de propriedade sem função social, o que poderia permitir a um Estado democrático arrecadar os imóveis sem indenização, pois se não há direito, não há o que indenizar.[34]

Por outro lado, ainda que o sistema proteja qualquer situação possessória (posse simples ou meramente civil e a posse qualificada pelo trabalho e/ou moradia), aquela situação que estiver qualificada por uma posse que cumpra com a função social inerente ao bem possuído, o que se dá em regra conforme a natureza do bem, levando-se em consideração a mutiplicidade dominial,[35] deve ser considerada como o interesse a ser protegido pelo sistema. Como tenho sustentado, no confronto entre a posse funcionalizada e uma propriedade vazia de função, portanto desqualificada porque não cumpre com sua função social, haverá o encobrimento do direito de reivindicar a coisa, devendo ser dada proteção à posse e não a propriedade.[36]

Em outras palavras no caso concreto, que é exatamente aquele que está posto perante o judiciário, deverá o juiz verificar se o proprietário reivindicante está cumprindo com a função social da propriedade para só então deferir-lhe a proteção buscada, ou seja, além da prova da titularidade

---

33 GRAU, Eros Roberto. A ordem econômica na Constituição de l988: interpretação e crítica. 2ª ed. Ed.R.T., 1991 p.316, itálico no original.

34 FACHIN, Luiz E. Terras Devolutas e a Questão Agrária Brasileira. RT nº 629, 1988, p. 56.

35 Ver nosso texto: Impacto das novas ideias na dogmática do Direito de Propriedade. A multiplicidade dominial, in Transformações do Direito de Propriedade Privada, Coord. Mauricio Mota e Marcos A. Torres, Ed. Elsevier, 2009, p. 81.

36 A respeito consulte nosso: A Propriedade e a Posse. Um confronto em torno da Função Social. Lumen Juris Editora, 2ª ed. Em sentido oposto Arruda Alvim assinala: "Uma abrangência maior que possa ser atribuída à função social da posse, geralmente, por invocação dessa função da posse (em detrimento do direito de propriedade), tem severos inconvenientes ao lado da ilegalidade e inconstitucionalidade que podem ser identificadas. ...é a posse a condição material do exercício do direito de propriedade; a posse existe, principalmente, para o proprietário. Esse perfil fundamental da posse, onde a sua explicação é primordialmente realizada à luz do direito de propriedade, torna ainda mais precária a possibilidade de invocação da posse contra o domínio."(ALVIM, Arruda.A função social da propriedade, os diversos tipos de direito de propriedade e a função social da posse. in 10 anos do Código Civil. Desafios e perspectivas. Coord Silvio de S. Venosa et all. Edi Atlas, SP. 2010, p. 580)

constante do RGI, deve também ser exigida, para que mereça proteção do sistema, a prova de que está cumprindo com a função social e que foi impedido de assim continuar a fazê-lo em razão do esbulho praticado pelo réu.

VII. Porque se deve proteger a posse.

Como entidade econômica e socialmente relevante a posse autônoma, isto é, aquela que não é decorrência do direito de propriedade deve ser protegida por si mesma. Não que a posse decorrente do *jus possidendi* não mereça proteção, pois assim afirmar seria um absurdo perante nosso sistema, contudo não se pode deixar de considerar a autonomia da posse.

Essa autonomia põe em cheque a afirmação de que a posse é a visibilidade da propriedade constante do CC/16 e do CC/02 por inspiração das ideias de Ihering, pois " a circunstância de a posse ter o mesmo conteúdo que a propriedade não significa que a ordem jurídica proteja a posse em razão da propriedade. A posse não é o exercício da propriedade ou de qualquer outro direito".[37]

Joel Dias assinala que a razão da proteção da posse "nasce e se encerra na finalidade existencial da própria posse, podendo ser mensurada pelo grau de normalidade do poder fático e através de um critério finalístico, via de regra social e econômico." Salienta ainda que o objetivo da tutela é "permitir que o bem realize a sua perfeita, adequada e tranquila destinação socioeconômica, em benefício do titular do poder fático e dentro de um determinado contexto social."[38]

Ora não há dúvida de que a posse do titular do domínio quando exercida com função social merece total tutela, como também merece a posse daquele que não tem qualquer título a lhe assegurar mas que a está exercendo de modo qualificado pela função social.

Esta posse que nasce desvinculada de qualquer relação jurídica, demanda maior complexidade na sua defesa, pois a maioria dos autores a consideram como um ato de usurpação que deve ser combatido e para outros, dentre os quais nos incluímos, essa posse autônoma daquele que deu uma função social a terra não deve ser afastada, pois é digna de tutela por sua conformidade com os ditames constitucionais.

---

37 TEPEDINO, Gustavo. MONTEIRO FILHO, C.E. do R., RENTERIA, P. Direitos Reais. Gen/Ed. Forense, 2020, p. 33.

38 JUNIOR, Joel Dias Figueira. Lineamento sobre a posse e as ações possessórias. In Direito Imobiliário, Coord. Fábio Oliveira Azevedo e Marco Aurélio B. de Melo, Ed. Atlas, 2015, p. 332

De um modo geral esses imóveis estão vazios e sem qualquer utilização, possibilitando assim o ingresso daquele que busca a terra para morar, plantar ou exercer atividade econômica.

Por certo que a situação de apossamento da coisa por um estranho ou por um considerável número de pessoas só se torna possível quando o titular do direito sobre a coisa dela se descuidou por si mesmo ou por eventuais representantes, por não agirem com zelo e cuidado sobre a coisa. Se houver violência ou clandestinidade a situação daquele que ingressou na coisa será de mero detentor, não tendo, em face do titular do direito, proteção possessória porque posse não tem ainda. Mas uma vez cessado os vícios possessórios ou inexistente esses atos que viciam a tomada da coisa, a situação converte-se em posse, merecendo então proteção.

Importante definir nesse confronto entre o proprietário e o possuidor quem está cumprindo com a função social conforme a natureza do bem para decidir qual interesse está a merecer tutela do sistema, pois a CF só protege a propriedade que cumpre com sua função social. "Nessa perspectiva, é de se rever o debate em torno da posse e de sua função social. O fato de a propriedade ter sua função social expressamente prevista no rol das garantias constitucionais não lhe confere qualquer precedência hierárquica em relação à posse."[39]

Vale observar, neste passo, as ponderações de Humberto T. Junior:

> "O que a Constituição protege é o direito de propriedade usado regularmente, sem abusos, e com ressalva da sua função social (C.F. artigo 153, § 22). Nenhum direito, de ordem patrimonial, é absoluto, de maneira a assegurar ao seu titular o exercício abusivo e sem as limitações impostas pela convivência em sociedade."[40]

Na mesma linha e de modo mais direto no que diz respeito às demandas posse x propriedade Didier Junior enfatiza:

> "Desde modo, pode-se afirmar que a Constituição de 1988 criou um novo pressuposto para a obtenção da proteção processual possessória: a prova do cumprimento da *função social*. Assim, o art. 927 do CPC que enumera os pressupostos para a concessão da proteção possessória, deve ser aplicado como se ali houvesse um novo inciso (o inciso V), que se reputa um pressuposto implícito, decorrente do modelo constitucional de proteção da propriedade. A correta

---

39 TEPEDINO, Gustavo. MONTEIRO FILHO, C.E. do R., RENTERIA, P. Direitos Reais. Gen/Ed. Forense, 2020, p 34

40 JUNIOR, Humberto Theodoro. Posse e Propriedade. Livraria e Editora Universitária de Direito Ltda, 3ª edição, SP, 1988, p. 14.

interpretação dos dispositivos constitucionais leva à *reconstrução* do sistema de tutela processual da posse, que passa a ser *iluminado* pela exigência de observância da *função social da propriedade*."[41]

Havendo posse, que se passou a chamar de posse civil e que chamo de posse simples (sem exercício de qualquer função) que não pode ser ignorada diante da potencialidade de uso que representa para o titular do domínio, deve-se refletir, numa eventual demanda, se ela merece algum tipo de proteção. Entendo que não, pois o titular não transformou o estado de potencia em uso, mas, não se pode ignorar seu direito de defender o seu título. O que se quer dizer é que não se deve deferir proteção liminar numa situação que não se evidencie o cumprimento da função social da propriedade, como prova pré-constituída à semelhança com o direito líquido e certo protegido por mandado de segurança.

Neste sentido Fachin salienta que "o largo alcance da função social não é congruente com o deferimento de proteção possessória ao titular do domínio cuja propriedade não cumpra integralmente sua função social. *E que ficou sem proteção possessória constitucional a propriedade que não cumprir a sua função social*."[42]

A despeito da propriedade ser um direito fundamental o "descumprimento do dever social de proprietário significa uma lesão ao direito fundamental de acesso à propriedade" e nesta hipótese "as garantias ligadas normalmente à propriedade, notadamente à da exclusão das pretensões pessessórias de outrem, devem ser afastadas" na precisa observação de Fabio Comparato.[43]

VIII. Conclusão

Esse deve ser o enfoque atual: diante da ausência de função social da propriedade em confronto com a função social da posse. Qual situação é digna de tutela? Qual delas está em conformidade com os princípios constitucionais que agora o Código de Processo Civil inseriu na sistemática processual? Assim, se já não eram de fácil solução as ações possessórias no

---

41 JUNIOR, Fredie Didier. A função social da propriedade e a tutela processual da posse. Revista de Processo 2008 – Repro 161, p. 18. Destaques no original.

42 FACHIN, Luiz Edson. O estatuto constitucional da proteção possessória. Leituras complementares de Direito Civil. Cristiano C. de Farias (coord). Ed. Jus Podium, 2007, p. 271. Destaques nossos.

43 COMPARATO. Fabio Konder. Direitos e deveres fundamentais em matéria da propriedade. Revisto do Centro de Estudos Judiciários, v. 1, n. 3, p. 97.

passado, com mais esse componente, se tornaram demandas complexas, que demandam atenção especial dos magistrados, defensores públicos, advogados, M. Público, que estão diretamente ligados aos litígios, além de outros segmentos da sociedade civil.

Por outro lado, nas demandas coletivas, deverá o juiz preferencialmente instaurar procedimento de mediação, considerando que, como salientado ao longo do texto, a instalação de pessoas que necessitam de moradia (urbana ou rural) normalmente se dá em imóvel que não está cumprindo qualquer função social e, portanto, qualquer "retardamento" do exame judicial monocrático, não poderá ser considerado desrespeito ao princípio da razoável duração do processo e nem prejudicial ao titular do domínio, uma vez que este já não desfrutava economicamente do bem objeto de seu direito.

Por fim, seja nas demandas individuais seja nas demandas coletivas da posse (estas certamente com maior repercussão social) há um pressuposto implícito a ser considerado pelo magistrado na solução da demanda: a prova prévia de cumprimento da função social da propriedade. Não havendo essa prova pré-constituída ou em decorrência de audiência prévia de justificação, não se pode deferir proteção possessória ao autor da ação, sob pena de assim fazê-lo proferir decisão que fere frontalmente a Constituição Federal, passível de cassação monocrática pela instancia de segundo grau.

Referência

ABRAM, Charles. O uso da terra na Cidade. A urbanização da Humanidade. RJ, Zahar, 1972.

ALFONSIN, Jacques Távora. O acesso à terra como conteúdo de direitos humanos fundamentais à alimentação e à moradia. Porto Alegre: Sergio Fabris Editor, 2003.

ALVES. Moreira Alves. Posse. Estudo Dogmático. Vol. II, Ed. Forense, 1990.

ALVIM, Arruda. A função social da propriedade, os diversos tipos de direito de propriedade e a função social da posse. in 10 anos do Código Civil. Desafios e perspectivas. Coord Silvio de S. Venosa et all. Edi Atlas, SP. 2010

ARAÚJO, Fábio Caldas de. Posse. Editora Forense, 2007.

ASCENSÃO. Jose de O. Direito Civil. Reais, 4ª ed, Coimbra Editora Ltda,

BARROSO, Luis Roberto. O direito Constitucional e a efetividade de suas normas. 3ª ed: Renovar, 1996.

BERMUDES, Sergio. CPC de 2015. Inovações. Vol 1. GZ Editora, 2016.

CAMARA.Alexandre F. Novo Processo Civil, Editora Atlas, 2015.

CARNEIRO. Paulo Cezar Pinheiro. In: WAMBIER, Teresa Arruda Alvim; DIDIER JR, Fredie;TALAMINI, Eduardo; DANTAS, Bruno (Coord.). Breves comentários ao novo código de processo civil. 3ª ed. São Paulo: Revista dos Tribunais, 2016.

COMPARATO. Fabio Konder. Direitos e deveres fundamentais em matéria da propriedade. Revisto do Centro de Estudos Judiciários, v. 1, nº 3.

FACHIN, Luiz E. Terras Devolutas e a Questão Agrária Brasileira. RT nº 629, 1988.

FACHIN, Luiz Edson. O estatuto constitucional da proteção possessória. Leituras complementares de Direito Civil. Cristiano C. de Farias (coord). Ed. Jus Podium, 2007.

FERREIRA. Antonio Rafael Marchezan. Tutela possessória e a remoção forçada de grupos vulneráveis e famílias de baixa renda. Revista Eletronica de Direito Processual, vol. XIV.

GAMA. Guilherme Calmon N. Reconhecimento extrajudicial da usucapião e o novo Código de Processo Civil, Revista de Processo, vol. 259/2016, set/2016.

GAMA. Guilherme Calmon N. Direitos Reais. Atlas, 2011

GIL, Antonio Hernandez. La Posesión como instituición jurídica y socual. Madri: Espasa Calpe,1987.

GRAU, Eros Roberto. A ordem econômica na Constituição de l988: interpretação e crítica. 2ª ed. Ed.R.T., 1991.

JUNIOR, Fredie Didier. A função social da propriedade e a tutela processual da posse. Revista de Processo 2008 – Repro 161.

JUNIOR, Humberto Theodoro. Posse e Propriedade. Livraria e Editora Universitária de Direito Ltda, 3ª edição, SP, 1988.

JUNIOR, Joel Dias Figueira. Lineamento sobre a posse e as ações possessórias. In Direito Imobiliário, Coord. Fábio Oliveira Azevedo e Marco Aurélio B. de Melo, Ed. Atlas, 2015.

JUNIOR. Cláudio Grande. Usucapião sobre Terras Públicas e Devolutas. ,Ed. Lumen Juris, 2017.

JUNIOR. Fredie Didier. Curso de Direito Processual Civil, 17ª edição. Editora JusPodium, 2015.

MALMESBURY, Thomas Hobbes. *Leviatã*. Trad. João Paulo Monteiro e Maria B. Nizza da Silva. S. Paulo: Editor Victor Civita.

MARINONI, Luiz Guilherme. Técnica processual e tutela dos direitos. SP, Revista dos Tribunais, 2004.

MELO, Marco Aurélio B. de. Legitimação de Posse dos Imóveis Urbanos e o Direito à Moradia. Ed. Lumen Juris, 2008.

MELO. Marco Aurelio B. de. Direito das Coisas. Atlas, 2015.

PAPANO, Kiper, Dillon e Causse. Derechos Reales, Ed.Depalma, Buenos Aires, 1993

PEREIRA. Caio Mario da S. Pereira. Direitos Reais, v. IV, Forense, 20ª ed.

PEREIRA. Marlene de Paula. Releituras da teoria possessória: da posse como projeção do direito de propriedade a um instituto autônomo e transformador da realidade social. in Transformações do direito de Propriedade Privada, Coord. Mauricio Mota e Marcos A. Torres, Ed. Elsevier, 2009.

PINHO. Humberto Dalla B. de. Direito Processual Civil Contemporâneo, Saraiva, 6ª Ed, 2015.

REALE, Miguel. O Projeto do Novo Código Civil, 2ª ed., SP, Saraiva, 1999.

RODRIGUES. Manuel A Posse. Estudo de Direito Civil Portugues. Almedina, 1996.

RUSCHEL. Ruy Ruben. Repensar o Direito das Coisas. Direito Constitucional em Tempos de Crise. Porto Alegre:Sagra Luzzatto Editores, 1ª ed. 1997.

TEPEDINO, Gustavo. MONTEIRO FILHO, C.E. do R., RENTERIA, P. Direitos Reais. Gen/Ed. Forense, 2020.

TORRES, M.A. de A., MOTA, M., MOURA, E.A da C. A Nova Dogmática do direito de propriedade no Estado Constitucional e Democrático de Direito. Editar, 2016.

TORRES. M.A. de Azevedo. A Propriedade e Posse. Um Confronto em torno da Função Social, 2ª ed, 2ª tiragem. Lumen Juris Editora.

TORRES. M.A. de Azevedo. Impacto das novas ideias na dogmática do Direito de Propriedade. A multiplicidade dominial, in Transformações do Direito de Propriedade Privada, Coord. Mauricio Mota e Marcos A. Torres, Ed. Elsevier, 2009.

UNGER, Roberto Mangabeira. Conhecimento e Política. RJ: Trad. de Edyla Mangabeira Unger.Forense, l978.

VARELA, Laura Beck. Das Propriedades à Propriedade: Função social e Reconstrução de um direito.A Reconstrução do Direito Privado. Ed. RT, org. Judith M. Costa, 2002.

VEIGA, Pedro R. da Motta. O Conceito de Revitalização e as Mudanças Sofridas pela Zona Portuária da Cidade do Rio de Janeiro, Ed. Lumen Juris, 2016.

ZAVASCKI, Teori Albino. A Tutela da Posse na Constituição e no Novo Código Civil, Revista Direito e Democracia, vol. 5, nº 1, 2004.

Pedido Liminar e Audiência de Justificação à Luz da Função Social da Posse

Flávia de Almeida Viveiros de Castro

> Foi aqui seu moço
> Que eu, Mato Grosso e o Joca
> Construímos nossa maloca
> Mais um dia nem quero lembrar
> Veio os homens com as ferramentas
> o dono mando derruba;
>
> Peguemo todas nossas coisas
> E fumos pro meio da rua
> Apreciar a demolição
> Que tristeza que eu sentia
> Cada tábua que caia
> Doía no coração
>
> **Saudosa Maloca – Adoniran Barbosa**

A pretexto de uma introdução

Sylvio Capanema de Souza, professor, advogado, magistrado, foi, para nós, juízes, um exemplo de persistência na tarefa cotidiana de buscar a justiça na solução do caso concreto. A posse, tema deste texto, foi por ele analisada em vários julgamentos, dos quais destacam-se, pela relevância e repercussão no ambiente social, aqueles que trataram da questão do pedido liminar.

A posse será aqui abordada no cenário da experiência urbana, por ser este o contexto que, com mais assiduidade, se materializa nas dezenas de processos levados a julgamento, quase todos com pedido de medida liminar ou mesmo de tutela antecipada, quando os requisitos específicos do conceito próprio de urgência não estão presentes.

A decisão sobre a reintegração ou manutenção da posse *initio litis* não é isenta de repercussões relevantes no campo social, sofrendo o impacto da constatação de estar vinculada à moradia, direito fundamental, de matriz social, a ser analisado dentro do arcabouço jurídico constitucional dos direitos vinculados à dignidade da pessoa humana.

A cidade é o ambiente adequado para que se realize um estudo acerca da questão possessória, por ser ela, no dizer de Andressa Marques Pinto[1], o continente das experiências humanas. Ela reflete, no Brasil, um processo de desenvolvimento e urbanização extremamente excludente e legitimador de grupos privilegiados, local onde as subjetividades são esvanecidas e onde se acirram as desigualdades.

É justamente neste contexto que se explora, para a análise dos institutos processuais da liminar e da audiência prévia de justificação, o valor da função social da posse, tão historicamente negligenciado, em decorrência do enfoque conservador dado ao tema, pelo qual analisa-se o fenômeno da posse como se apêndice fosse da propriedade privada, fazendo sempre prevalecer os interesses proprietários, em detrimento daqueles que demonstram o efetivo uso e fruição do imóvel objeto da lide.

Com a publicização do direito civil, a partir da análise constitucional do direito privado, os institutos jurídicos estritamente privatistas passam a ser vistos sob a ótica de valores e princípios vinculados à dignidade da pessoa humana, cláusula geral de tutela, tomada como valor máximo pelo ordenamento, como esclarece Gustavo Tepedino:

> "Com efeito, a escolha da dignidade da pessoa humana como fundamento da República, associada ao objetivo fundamental de erradicação da pobreza e da marginalização, e de redução das desigualdades sociais, juntamente com a previsão do § 2º do art. 5º no sentido da não exclusão de quaisquer direitos e garantias, mesmo que não expressos, desde que decorrentes dos princípios adotados pelo texto maior, configuram uma verdadeira cláusula geral de tutela e promoção da pessoa humana, tomada como valor máximo pelo ordenamento"[2]

Neste contexto, que demanda atenção à pessoa e suas circunstâncias, a função social da posse encontrar-se-á vinculada à moradia, cabendo ao juiz, na análise do caso concreto, libertar o tema da mera análise relativa à legitimação da propriedade, para engrandece-lo com o debate acerca do reconhecimento do direito dos que não são donos, porém materializam, no dia a dia, o exercício das funcionalidades do domínio.

---

1 PINTO, Marques Andressa Experiência Urbana na Literatura Brasileira: o caso Rubem Fonseca, IN Darandina Revisteletrônica – http://www.ufjf.br/darandina/. Anais do Simpósio Internacional Literatura, Crítica,Cultura VI – Disciplina, Cânone: Continuidades & Rupturas, realizado entre 28 e 31 de maio de 2012 pelo PPGLetras: Estudos Literários, na Faculdade de Letras da Universidade Federal de Juiz de Fora.

2 TEPEDINO, Gustavo Temas de Direito Civil, Rio de janeiro: Renovar, 1999, p. 48

Desta forma, este pequeno estudo irá destacar, com olhos voltados para o paradigma da função social, a relevância da audiência de justificação prévia para a concessão ou não da liminar em ação possessória.

A Liminar Possessória

> Tá vendo aquela igreja, moço?
> Onde o padre diz amém
> Pus o sino e o badalo
> Enchi minha mão de calo
> Lá eu trabalhei também
> Lá foi que valeu a pena
> Tem quermesse, tem novena
> E o padre me deixa entrar
> Foi lá que Cristo me disse
> Rapaz deixe de tolice
> Não se deixe amedrontar
> Fui eu quem criou a terra
> Enchi o rio, fiz a serra
> Não deixei nada faltar
>
> **Cidadão – Zé Ramalho**

Não faz muito tempo, a análise dos requisitos para a concessão de medida liminar em tutela possessória limitava-se à constatação da presença ou não dos elementos elencados nos incisos do artigo 927 do CPC de 1973: a posse, a turbação ou esbulho, a data em que este ocorreu. O texto deste dispositivo legal não se alterou na redação do artigo 561 do Código de 2015, bem como não sofreu mudança o conteúdo disposto no artigo 928, do Código de 1973 vis a vis com o dispositivo 562 do novel diploma legal.

Então, afinal, o que mudou? A principal modificação vem do disposto no artigo 1º do CPC de 2015, que aponta para a necessidade de se interpretar o processo civil à luz da Constituição e de seus princípios.[3] Tal significa que a principiologia constitucional passa a orientar a leitura e aplicação do CPC a fim de direcionar o processo para resultados substancialmente justos, superando o período pretérito de exagerado formalismo.

---

3   Art. 1º O processo civil será ordenado, disciplinado e interpretado conforme os valores e as normas fundamentais estabelecidos na Constituição da República Federativa do Brasil, observando-se as disposições deste Código; Brasil, Código de Processo Civil, 2015; IN http://www.planalto.gov.br/ccivil_03/_ato2015-2018/2015/lei/l13105.htm

Ao contrário do que afirma Cássio Scarpinella Bueno[4] o destaque conferido à Constituição na compreensão, interpretação e aplicação do Código de Processo Civil não é apenas uma iniciativa importante para *"fins didáticos e quiçá educacionais"*. A relevância deste capítulo ultrapassa o ambiente acadêmico de longe, atingindo o dia a dia da materialização das normas de processo civil, nos casos concretos, obrigando o intérprete e aplicador do direito a pautar sua leitura da situação litigiosa pelos princípios da Carta Magna.

Dentro desta visão principiológica e valorativa do processo civil há que ser destacada a sua função social que, conforme JJ. Calmon de Passos[5], *"em termos de direito público, é da sua própria essência que todo e qualquer direito ou poder seja exercido no interesse coletivo, pelo que lhe seria conatural uma função social como motivo e não como limite."*

Ainda conforme o eminente professor da UFBA o produto do direito – a sentença – é um permanente fazer, nunca um definitivamente feito e nesta instância, de fazer o direito na apreciação do caso concreto, materializando-o na situação posta em julgamento, é que passam a ser diretamente utilizados (não como mera referência ilustrativa, mas como guia decisório) os princípios e valores constitucionais.

No dizer de Calmon de Passos, que cita Gomes Canotilho:[6]

> "A ideia de procedimento fez-se indissociável dos direitos fundamentais, mas a participação "no" e "através" do procedimento já não é tanto um instrumento funcional da democratização, mas uma dimensão intrinsecamente complementadora, integradora e garantidora do direito material. O direito... processual não é apenas um meio adequado de realização de um direito subjetivo material preexistente, pois a relação entre direito processual... não se reduz a uma relação de meio/fim, antes se reconduz a uma relação de integração";

Destaca-se, ainda, o que foi pontuado por Eduardo de Avelar Lamy[7] sobre a tutela conferida pelo Juiz no processo, que para o professora da UFSC é:

---

4 BUENO, Cássio Scarpinella Novo Código de Processo Civil anotado; 2ª ed., rev., atual. e ampl.; São Paulo: Saraiva; 2016, p. 47.

5 PASSOS, JJ Calmon Função Social do Processo, agosto de 2002, IN https://jus.com.br/artigos/3198/funcao-social-do-processo

6 cf. Canotilho, Tópicos de um Curso de Mestrado sobre direitos fundamentais, procedimento, processo e organização, em Boletim da Faculdade de Direito da Universidade de Coimbra, v. LXVI, 1990, pp. 151 e ss.

7 LAMY, Eduardo de Avela Considerações sobre a influência dos valores e direitos fundamentais no âmbito da teoria processual IN https://www.scielo.br/scielo.php?script=sci_arttext&pid=S2177-70552014000200013#back2;

> *"muito mais do que uma resposta da jurisdição ao pleito que lhe é formulado, pois o direito contemporâneo encontra-se impregnado pelos valores humanitários. Tais valores conclamam cada indivíduo, especialmente os operadores jurídicos, para um compromisso em relação à solução dos conflitos"*

A partir, portanto, desta visão do processo, como consolidador dos valores e princípios fundamentais inscritos na Constituição, é que se há de analisar o pedido liminar em ações possessórias.

Tal tutela, liminar, não representa (apesar de ser equivocadamente identificada desta maneira), uma providência cautelar, um instituto que vise garantir a exequibilidade futura do provimento jurisdicional derradeiro. Trata-se, em realidade, de uma tutela que antecipa o mérito, ainda que tenha caráter provisório.

Conforme esclarece Rogério Tadeu Romano[8], esta medida não discute uma eventual providência futura, não se indaga sobre um direito insatisfeito, a ser verificado. A proteção é dada para a situação concreta, a fim de manter a ordem pública, reagindo-se, rapidamente, a qualquer ofensa à posse.

Trata-se de decisão satisfativa e de mérito, apesar de orientada por cognição parcial. Ao início do processo o juiz, se deferir a liminar, estará concedendo ao autor justo aquilo que pretendia receber.

Desta forma, a realização de audiência de justificação parecer ser de rigor, já que o provimento a ser obtido (ou não) liminarmente será de fato de dificílima alteração. Isto por que, retirados os moradores do espaço ocupado, muitas vezes com destruição de bens, acessões e benfeitorias, não se vislumbra hipótese de que possam retornar se, mais tarde, a lide for julgada em desfavor do autor.

Conforme lição de Capanema, na dúvida sobre a melhor posse, a liminar não deve ser concedida, mesmo que o autor ostente título de propriedade, já que:

> *"a complexidade da matéria jurídica invocada e principalmente as relevantes repercussões sociais, recomendam que não se conceda a liminar, até que melhor se aprofunde a cognição";* [9]

---

8   ROMANO, Rogério Tadeu Liminar Cautelar e Liminar Possessória, 02/2019, IN https://jus.com.br/artigos 72023;

9   Agravo de Instrumento. 7314/00,10ª Câmara Cível, TJRJ., Relator Desembargador Sylvio Capanema de Souza,16/08/2000;

E ainda:

> "Na espécie dos autos, como é comum acontecer, as versões de ambas as partes são confusas, nebulosas e contraditórias... nestes casos, tudo recomenda que não se conceda a liminar, remetendo-se a solução do conflito possessório para o final da instrução, quando há exaurida a cognição"; [10]

A métrica que se utilizará, *initio litis*, no exame da situação possessória não será apenas aquela dos requisitos formais do artigo 561 do Diploma dos Ritos. Estas condições, que não deixarão de ser apuradas, cedem espaço à eficácia irradiante da função social, como valor fundamental atribuído não apenas à propriedade, mas sobretudo à posse, já que esta é, por definição, função: moradia, trabalho, proteção ambiental, acolhimento, produção.

Na lição de Marco Aurélio Bezerra de Melo, citado por Eduardo Cambi[11]
:

> "a compreensão da melhor posse não deve mais se fundar apenas no justo título, mas sim se a posse está cumprindo adequadamente a sua função social.... a posse, na dimensão constitucional, é extensão dos bens da personalidade, devendo ser considerada à luz do valor da dignidade humana, voltada à tutela da moradia, do trabalho, do aproveitamento do solo e da potencialização do mínimo existencial "

Para melhor decidir, portanto, o juiz estará obrigado a – não havendo clareza com referência à situação posta em juízo – realizar a audiência de justificação, não sendo tal decisão uma opção discricionária, mas vinculada ao paradigma constitucional da função social.

A seguir se pontuará o escopo desta audiência, meio de prova e meio de defesa, como se verá.

A Audiência de Justificação

> "Eram cinco horas da manhã e o cortiço acordava, abrindo, não os olhos, mas a sua infinidade de portas e janelas alinhadas. Um acordar alegre e farto de quem dormiu de uma assentada sete horas de chumbo. Como que se sentiam

---

10 Agravo de Instrumento 11681/00, 10ª Câmara Cível, TJRJ. Relator Desembargador Sylvio Capanema de Souza, 11/09/2001;

11 MELO, Marco Aurelio, apud CAMBI, Eduardo, Função Social da Posse e Ações Possessórias (releitura do artigo 927,I do CPC de 1973 e perspectiva de interpretação para o artigo 561 I do NCPC. IN Revista de Processo, vol. 247/2015, pp. 387-407, set. 2015;

ainda na indolência de neblina as derradeiras notas da última guitarra da noite antecedente, dissolvendo-se à luz loura e tenra da aurora, que nem um suspiro de saudade perdido em terra alheia"; (O Cortiço, Aluizio Azevedo)

Como já pontuado, a audiência de justificação prévia torna-se uma obrigação para o magistrado que enfrenta o pedido de tutela liminar em ação possessória, dado que a verificação dos requisitos do artigo 561 do CPC é insuficiente para a aferição da concretização da função social da posse, quer pelo autor, quer pelo(s) réu(s) e sem a presença deste paradigma não se concederá a medida antecipatória de mérito.

Conforme linhas acima, não basta o título de propriedade, a cerca de arame farpado, o casebre abandonado, o vigia da rua, o mato aparado de quando em vez, para que se conclua que o autor tem posse sobre o imóvel litigioso. É necessário provar que esta suposta posse tem função, que serve à moradia, ao plantio, ao trabalho, à indústria, que é útil e desfrutada pelo demandante, que respeita o meio ambiente, que garante os direitos laborais.

Sendo a tutela satisfativa, conforme já referido, necessário se faz que o réu seja ouvido e que possa contradizer o que for afirmado em audiência de justificação pelas testemunhas do autor e até mesmo pelo próprio requerente. Sua citação e intimação para o ato é de rigor e deve ser pessoal.

A despeito de entendimento diverso, no sentido de que apenas ao autor caberia demonstrar a sua alegada posse na audiência de justificação prévia, não se pensa assim: a questão posta em Juízo contempla, como já registrado neste texto, grande repercussão social, seja o processo individual ou coletivo, direitos fundamentais estão em jogo: moradia e trabalho em destaque, pelo que se torna absolutamente necessário ouvir autor e réu, bem como permitir que este último possa realizar a justificação da posse que afirma ter, pois só assim o magistrado poderá decidir de forma fundamentada, embora com cognição restrita, não se justificando a postergação do contraditório para depois da decisão liminar, já que neste momento pouco ou nada poderá fazer o demandado para demonstrar que possui melhor posse.

Ressalte-se que a justificação da posse, seja pelo autor, seja pelo réu, deve ser dar em audiência, sendo assegurado às partes o direito de ampla manifestação. Nenhuma prova documental será suficiente para o objetivo em comento.

A audiência de justificação de posse passa a ser entendida não apenas como meio de prova, por parte do autor, mas como meio de defesa, em favor do réu, o que torna fundamental a presença do demandado ao ato. Sendo devidamente intimado e não comparecendo, há de se concluir pela concessão da medida liminar, ante o desinteresse demonstrado pelo requerido.

Finaliza-se este breve comentário registrando que a audiência de justificação em tutela possessória objetiva a prova da posse do autor, que teria sido turbada ou esbulhada, mas também enseja a possibilidade de defesa da posse do réu, de seu caráter justo e defensável, de sua função no contexto em que inserida.

Dois pontos e um final

> *"Afinal, somos nós que preenchemos os vazios da cidade, somos nós que a fazemos existir. Somos responsáveis por suas injustiças, por sua violência, sua segregação. Somos culpados pelo que não queremos ver" Sombras da cidade, o espaço na narrativa brasileira contemporânea.* Regina Dalcastagné,

A expansão urbana no Brasil não atendeu aos reclamos sociais: ocorreu de forma excludente, deixando as pessoas de mais baixa renda nas franjas da cidade, desalijadas de serviços públicos, os mais básicos, partícipes de um processo de modernização pleonasticamente violento. Conforme afirmado por RUBEM FONSECA no conto *Intestino Grosso*: "Eu nada tenho a ver com Guimarães Rosa, estou escrevendo sobre pessoas empilhadas nas cidades enquanto os tecnocratas afiam o arame farpado"" (FONSECA, 1994, p. 468).

É neste cenário que surgem os conflitos cotidianos sobre a posse, até pouco tempo atrás tratada como caso de polícia e não de justiça.

A propriedade, então, reinava absoluta e qualquer reivindicação de posse era inicialmente tida como ato ilícito, muitas vezes tachado de criminoso.

Com a constitucionalização do direito civil e seu processo abre-se a oportunidade de examinar o instituto em comento a partir do seu principal elemento: a função social. Desta forma, a posse indireta, do proprietário, não prevalecerá sobre a direta do possuidor, se provado for que aquele jamais exerceu de fato quaisquer dos poderes do domínio, mantendo com o bem em disputa relação de pura especulação, quando não de literal abandono.

Há dois aspectos dessa questão que cumpre destacar: o primeiro é que a decisão liminar em ação possessória reflete antecipação do mérito, do provimento jurisdicional final e, como tal, carece de prova robusta, que só pode ser obtida em audiência de justificação, em que ambas as partes estejam presentes e possam fazer suas alegações e comprovações. O segundo diz respeito ao vetor constitucional, consubstanciado na função social, que irá direcionar a interpretação e aplicação do direito ao caso concreto.

A investigação dos requisitos do artigo 561 do CPC é pauta insuficiente para que se defira a medida liminar. Há um poder-dever do Juiz em realizar a audiência prévia de justificação, intimando ambas as partes para que compareçam e justifiquem as posses que afirmam ter. Só assim deixará o magistrado de repetir expressões tão vazias, quanto corroídas pelo lugar comum sobre "segurança jurídica", "paz social"; "ordem pública", para mergulhar nas nuances do conflito, em busca da solução mais adequada para o litígio, a qual não deixará de incluir o bem estar e a dignidade das pessoas envolvidas na situação jurídica concreta.

O ponto final deste texto é a saudade. Do professor, do jurista, do colega. A saudade, entretanto, talvez não seja um encerramento. Conforme a canção:

> "e quando eu tiver saído para fora do teu círculo/Tempo, Tempo, Tempo, Tempo/Não serei nem terás sido/ Ainda assim acredito/Ser possível reunirmo-nos/ Num outro nível de vínculo/Tempo, Tempo, Tempo, Tempo;" (Oração ao Tempo, Caetano Veloso).

Referências Bibliográficas

BUENO, Cássio Scarpinella Novo Código de Processo Civil anotado; 2ª ed., rev., atual. e ampl.; São Paulo: Saraiva, p. 47, 2016;

CAMBI, Eduardo e GALDURÓZ Eduardo, Função Social da Posse e Ações Possessórias (releitura do artigo 927 I do CPC/1973 e Perspectiva de Interpretação para o artigo 561, I do NCPC; Revista de Processo, vol 247/2015, pp. 387-407, setembro de 2015;

DALCASTAGNÉ, Regina, Sombras da cidade, o espaço na narrativa brasileira contemporânea. In: Literatura e exclusão. Grupo de Estudos em Literatura Brasileira Contemporânea, nº 21. Brasília: Universidade de Brasília, 2003;

LAMY, Eduardo de Avela Considerações sobre a influência dos valores e direitos fundamentais no âmbito da teoria processual IN https://www.scielo.br/scielo.php?script=sci_arttext&pid=S2177-70552014000200013#back2, Acesso em 20/07/2020;

MELO, Marco Aurelio, apud CAMBI, Eduardo, Função Social da Posse e Ações Possessórias (releitura do artigo 927,I do CPC de 1973 e perspectiva de interpretação para o artigo 561 I do NCPC. IN Revista de Processo, vol. 247/2015, pp. 387-407, set. 2015;

PASSOS, JJ Calmon Função Social do Processo, agosto de 2002, IN https://jus.com.br/artigos/3198/funcao-social-do-processo; acesso em 22/07/2020;

PINTO, Marques Andressa Experiência Urbana na Literatura Brasileira: o caso Rubem Fonseca, IN Darandina Revisteletrônica - http://www.ufjf.br/darandina/. Anais do Simpósio Internacional Literatura, Crítica,Cultura

VI – Disciplina, Cânone: Continuidades & Rupturas, realizado entre 28 e 31 de maio de 2012 pelo PPGLetras: Estudos Literários, na Faculdade de Letras da Universidade Federal de Juiz de Fora;

ROMANO, Rogério Tadeu Liminar Cautelar e Liminar Possessória, 02/2019, IN https://jus.com.br/artigos 72023; Acesso em 15/07/2020;

ROCHA, Felippe Borring e Oliveira Luisa Tostes A Justificação Prévia nas Tutelas de Urgências: em busca do sentido do artigo 300 §2º do novo CPC, IN Revista Jurídica da Seção Judiciária de Pernambuco p.87/101; Acesso em 17/07/2020;

SANTOS, João Paulo Marques e Brasil, Júlio César Mendes Ações Possessórias: A Perda da Força Cogente da Decisão Liminar Possessória em Razão do Tempo. IN Revista dos Tribunais, vol 989/2018, pp. 141/158, março de 2018;

TEPEDINO, Gustavo Temas de Direito Civil, Rio de janeiro: Renovar, 1999, p. 48;

Revisitando o Princípio da Taxatividade dos Direitos Reais

Gustavo Kloh

1. Introdução

Neste texto, iremos revisitar o princípio da taxatividade dos direitos reais, que, em trabalho que publicamos há mais de dez anos, viemos a denominar de "regra dos *numerus clausus*."[1] Exporemos as ideias básicas que foram lá defendidas, traremos tais visões à conferência diante do relevante trabalho publicado por Roberta Medina Maia,[2] e veremos de que modo os "novos direitos reais" (laje e legitimação na posse) podem ou não influir nesta visão anteriormente defendida. A taxatividade, ou tipicidade, em uma leitura inicial, pode ser entendida como a obrigatoriedade de previsão legal dos tipos de direitos reais, não podendo a autonomia privada dar origem a direitos reais que não correspondam a estes modelos positivados em lei.

2. Significado Tradicional da Taxatividade dos Direitos Reais

O Código Civil de 1916, como última manifestação da mentalidade codificante do século XIX,[3] não se apresentava flexível em relação à criação de direitos reais. O art. 674 elencava quais os direitos reais admitidos dentro do regime originário do Código Civil, e, naquele momento, a ideia era que todos nos ativéssemos a esta lista. Confirmando essa visão, Beviláqua desde sempre defendeu que a enumeração prevista no supracitado dispositivo era exaustiva, face à necessidade de publicidade quanto ao exercício de direitos que, inegavelmente, afetavam a terceiros.[4] A oponibilidade *erga omnes* da relação entre sujeito e coisa recomendava cautelas. Na proposta de Beviláqua, não explicitamente, vemos a concretização da transição histórica que aproxima a concepção de direito real como *tipo* e a afasta da possibilidade de ampliação de pactos reais oriunda da *gewere* medieval.[5] A

---

1 "**O Princípio da Tipicidade dos Direitos Reais ou a Regra dos *Numerus Clausus*'**", em MORAES, Maria Celina Bodin de (coord.). **Princípios do Direito Civil Contemporâneo**. Rio de Janeiro, Renovar, 2006.

2 **Teoria Geral dos Direitos Reais**. Rio de Janeiro, Renovar, 2013.

3 Conforme WIEACKER, Franz. **História do Direito Privado Moderno**. 2ª ed. Lisboa, Fundação Calouste Gulbenkian, 1967, p. 578.

4 BEVILACQUA, Clóvis. **Código Civil dos EUB**, 11ª ed. atualizada por A. BEVILACQUA e I. BEVILACQUA. Rio de Janeiro, Francisco Alves, 1958, vol. III, p. 181.

5 Para ler mais sobre o assunto, ROMAN GARCIA, Afonso. **La Tipicidad em los Derechos Reales**. Montecorvo, Madrid, 1994, pp. 37 e ss.

tipicidade surge neste quadrante como um elemento garantidor da transição do modelo real medieval para o modelo real burguês, expurgando os pactos feudais do sistema de Direito Civil.

Os motivos defendidos por Beviláqua prevaleceram em nossa doutrina. Todos ressalvavam, contudo, que a lista do art. 674 pode ser acrescida de hipóteses legais outras. Um direito real, portanto, poderia ser admitido mesmo sem constar da lista do art. 674, desde que estivesse consignado em Lei. Dentre estes, exemplificava-se o direito real decorrente da eficácia perante terceiros do compromisso de compra e venda registrado, na forma da Lei nº 6.766/79, bem como a alienação fiduciária de bens móveis prevista no Decreto-Lei nº 911/69. Com uma visão bastante arguta, Silvio Rodrigues[6] defendia que, mesmo que se aventasse a possibilidade da criação de direitos reais não previstos em lei, por se entender, por exemplo, que a publicidade não seria essencial, em relação aos bens imóveis, esbarrar-se-ia na impossibilidade de se registrar estes novos direitos, quer sejam alvo de inscrição, quer sejam alvo de transcrição (unificadas na égide da Lei nº 6.015/73). E sem registro o direito não se constituiria. A mencionada lista, bastante ampliada, é reproduzida com mesmo propósito no art. 1.225 do Código Civil de 2002.

3. A tipicidade ou taxatividade aberta e fechada

A discussão do tipo é substancialmente relevante no pensamento civilista, quando se examina o significado de "taxatividade", ou "tipicidade". Oliveira Ascensão[7] nos dá notícia de que o ponto inicial da discussão sobre o tipo foi posto por Radbruch, na distinção por ele feita entre conceitos normativos e ordinatórios. Os conceitos normativos trariam proposições categóricas cujo fato-origem só nos poria em curso de colisão com uma única consequência possível.[8] Já os conceitos ordinatórios serviriam para determinar em qual conjunto metodológico uma categoria jurídica pode ser posicionada; sua atuação não é unidirecional, já que transcende estes paradigmas. São os chamados tipos.[9]

---

6   RODRIGUES, Silvio. **Direito Civil**. São Paulo, Saraiva, 1995, vol. V, p. 8.

7   OLIVEIRA ASCENSÃO, José de. **A Tipicidade dos Direitos Reais**. Lisboa, Faculdade de Direito de Lisboa, 1968, p. 22.

8   O que, em parte, corresponderia à referência feita por K. LARENZ a HEGEL, no que diz respeito à distinção feita pelo filósofo entre conceitos abstratos e concretos. Ver LARENZ, Karl. **Metodologia da Ciência do Direito**, tradução de J. LAMEGO, 3ª ed., Lisboa, Fundação Calouste Gulbenkian, 1997, pp. 650 e ss.

9   LARENZ, *op. cit.*, p. 658.

Da visão de Larenz se extrai que o sentido vulgar da palavra tipo não está tão equivocado assim;[10] se um conjunto de categorias (ou, na tradução da "Metodologia" feita por José Lamego, "classes") podem ser reduzidos a uma ideia comum, estamos diante de um tipo. Além disto, temos o tipo concreto, conjunto de situações de vida que se enfeixam em um liame comum. Podemos imaginar, portanto, um raciocínio típico, em oposição a um raciocínio conceitual.

No Direito Civil brasileiro, nomeadamente Gustavo Tepedino[11] e André Gondinho,[12] corroboram o entendimento de Oliveira Ascensão,[13] no sentido de que o que diferencia o tipicidade fechada (*numerus clausus*) da tipicidade (aberta), na seara dos direitos reais, seria o fato da primeira representar limitação quanto às categorias que seriam admitidas como direitos reais, e a segunda limitação quanto ao preenchimento, pela vontade autônoma, do conteúdo destas categorias. Conforme Gondinho: *"Para tanto, o legislador procura encerrar, na descrição do tipo (estatuto), todos os elementos relevantes para a produção do almejado efeito prático, mas não precisa encerrar nela tudo o que é possível de ser descrito. Quando assim acontece, o tipo representará um quadro ou descrição fundamental que não exclui outros elementos juridicamente relevantes que lhe sejam exteriores. O fato ou a situação em causa pode ter, pois, um conteúdo extratípico, e por isto dizemos que o tipo é aberto. Em outras palavras, o tipo aberto consiste na descrição essencial de uma situação a qual é outorgada um regime legal, mas sem impedir que outros elementos não previstos na descrição legislativa venham a integrar aquele estatuto jurídico, conquanto respeitem os limites fundamentais ali fixados."*

Percebe-se que a virada fundamental consiste em reavaliar a estrutura dos direitos reais, não só diante da redação das codificações, mas perante também de sua operacionalização e que, provavelmente, o entendimento que temos sobre o tipo e a tipicidade deveria ser revisto, no sentido de se implantar um modo típico de pensar estruturas categóricas – discussão esta que em nada se confunde com o fato dos direitos reais serem em *numerus clausus* ou *apertus*, verdadeira questão abordada por este e por outros trabalhos sobre a "tipicidade".

Toda e qualquer discussão sobre a tipicidade dos direitos reais, portanto, deve se pautar pelas seguintes questões: deve haver possibilidade de

---

10   LARENZ, *op. cit.*, p. 657.
11   TEPEDINO, Gustavo. **Multipropriedade Imobiliária.** São Paulo, Saraiva, 1993, pp. 82 e ss.
12   GONDINHO, André. **Direitos Reais e Autonomia da Vontade (O Princípio da Tipicidade dos Direitos Reais).** Rio de Janeiro, Renovar, 2000, p. 85.
13   OLIVEIRA ASCENSÃO, *op. cit,* p. 61.

se criar novos direitos reais sem que haja previsão legal para estas figuras; e, em havendo esta previsão legal, deve ela reduzir o âmbito de atuação da autonomia privada, ou, ao contrário, deve privilegiar a emissão de vontade do estipulante através da redação de regras genéricas, que possibilitem a variação do conteúdo deste mesmo direito? Em relação à primeira pergunta, a resposta é negativa, em relação à segunda, tende a ser positiva.

4. Tipicidade ou Taxatividade como Regra

Muito mais do que apenas um suposto no sistema do direito, a taxatividade dos direitos reais é uma opção ideologicamente fundada, que busca controlar em quais hipóteses teremos ou não a atuação de um particular sobre a esfera de outro. Igualmente se observa, por exemplo, taxatividade dos negócios jurídicos unilaterais, somente admitidos mediante previsão legal. Desta análise deriva a conclusão de que a taxatividade é uma opção brasileira (mas não espanhola, por exemplo).[14] A taxatividade foi por nós explicitamente adotada, assim preferimos fazer, e, na linha do pensamento de Silvio Rodrigues,[15] faltam meios para fazer diferente – ao menos por enquanto. Tepedino e Gondinho já na década passada abriam caminho para a "tipicidade aberta", para a prevalência de uma leitura mais flexibilizadora do tipo real, com amparo no pensamento de Oliveira Ascenção e nas considerações de Larenz.

Defendemos no texto de 2006 que a taxatividade era apenas uma regra. Não era essencial ao sistema jurídico civil, em especial diante do fato de que esta conformação não se confunde com o pensamento típico nem com as ideias sobre tipo. Por outro lado, lembramos as características fundamentais dos princípios, tão bem resumidos por Inocêncio Mártires Coelho:[16] grau de abstração: os princípios jurídicos possuem um grau de abstração mais elevado que o das regras de direito. Grau de determinabilidade na aplicação aos casos concretos: as regras, por serem mais determinadas, comportam aplicação direta, enquanto os princípios, porque formulados de maneira vaga e indeterminada, dependem da mediação concretizadora dos legisladores e dos juízes. Caráter de fundamentalidade no sistema de fontes do direito: os princípios, pela sua natureza e finalidade, são dotados de im-

---

14 ROMAN GARCIA, op. cit., p. 131.

15 O art. 1.227 do CC consagra esta visão, ao estabelecer que a transmissão de direitos reais depende de registo, o que, em um sistema de registrabilidade fechada (Lei 6.015/73), ocasiona a limitação da possibilidade de constituição, como o Rodrigues defendera anteriormente.

16 COELHO, Inocêncio Mártires. **Interpretação Constitucional**. Porto Alegre, Sergio Antonio Fabris Editor, 1997, pp. 86-87.

portância fundamental na constituição e estruturação do sistema jurídico. Proximidade da ideia de direito: os princípios são *standards* juridicamente vinculantes, radicados nas exigências de justiça ou na ideia de direito, ao passo que as regras podem ser normas vinculativas de conteúdo meramente funcional. Natureza normogenética: os princípios estão na base das regras, a que servem de *ratio* e fundamento. Neste giro, defendemos que também por razões metodológicas, e por não encontrarmos tais características na taxatividade, ela era somente uma regra.

Como muito bem afirma Diez-Picazo,[17] o melhor atendimento da publicidade dos direitos reais em muito serviu de mola mestra para a industrialização, visto que aumentou a disposição que os detentores de crédito tinham de cedê-lo (por estarem mais seguros quanto às garantias oferecidas). Além disto, quando se observa a estrutura das situações jurídicas reais, verificamos a ainda sensível interferência nas esferas individuais causada pelos direitos reais. Nesta ordem de ideias, para garantir a publicidade, o *numerus clausus* é apenas uma regra (importante), e não um princípio, de conteúdo auxiliar a ideia de publicidade.[18] Os princípios que efetivamente atuam neste subsistema são o da publicidade,[19] e por trás deste, o da intangibilidade das esferas individuais (já que ninguém pode ser compelido a tolerar a atuação do outro injustificadamente, e ainda mais, sem que saiba disto). Defendemos que, não obstante exista essa regra a ser observada, resulta clara a possibilidade do livre preenchimento de uma série de direitos reais, saltando aos olhos da doutrina já citada, em especial, as servidões.[20]

5. O Pensamento de Roberta Mauro Medina Maia

O texto que publicamos em 2006 dava conta, até aquele momento, de uma série de evoluções no pensamento nacional, concernentes ao delineamento da taxatividade dos direitos reais. Em 2013, fruto de uma festejada tese de doutorado, defendida na Universidade do Estado do Rio de Janeiro,

---

17   DIEZ-PICAZO, *op. cit.*, p. 299.

18   GAMBARO, Antonio. **Note sul Principio di Tipicità Del Diritti Reali**, em **Clausole e Principi Generali nell'argomentazione Giurisprudenziale degli Anni Novanta** (org. Luciana Cabella Pisu e Luca Nanni). Milão, CEDAM, 1998, pp. 227 e 229: *"Per conseguenza la tipicità deve considerarsi una regola ancillare, dipendente dal tipo di organizzazione del sistema di pubblicità in uso e non già um principio dotato di una giustificazione se stante."*

19   Observando a excelente obra de DIEZ-PICAZO, já citada, observamos que o autor constrói em boa parte o seu sistema de direitos reais em observância ao princípio da publicidade.

20   GONDINHO, pp. 95 e ss.

Roberta Mauro Medina Maia publica relevante contribuição ao pensamento civilista, enfrentando temas de densidade: o que é um direito real? Como diferenciá-lo de uma obrigação? E, neste percurso, analisa, no capítulo 2, o conceito de tipicidade dos direitos reais.[21]

A autora corrobora visão paralela à que defendemos em 2006, no sentido de que o sustentáculo legitimador da eficácia *erga omnes* dos direitos reais é a publicidade, referenciando especificamente o art. 1.226 como corolário desta posição.[22] Revisita a dicotomia título e modo de aquisição, sendo este último uma válvula de controle para que algo ganhe eficácia *in re*. Desse modo, defende que a tradição e o registro são essenciais à constituição de direito reais,[23] e que é essa publicidade de que os mencionados modos de aquisição proporcionam que projetará os efeitos perante terceiros, não apenas a mera adoção de uma figura tipicamente listada no art. 1.225 do Código Civil.

Admite sem reservas a figura da tipicidade aberta, apontando que a propriedade (e não a servidão, como tradicionalmente direcionou Gondinho)[24] é a figura mais tendente à abertura do tipo real. Menciona os fundos imobiliários[25] como excelente demonstração da riqueza de variações advinda das situações proprietárias. Identifica na convenção de condomínio a possibilidade de redução e direcionamento, por ato externo, do próprio conteúdo da propriedade.[26] E ousa ir além, reconhecendo que, embora não se possa prescindir totalmente da tipicidade, a imposição de tipos reais limitados não é capaz de, por si só, controlar os limites da autonomia privada.[27] E afirma que não há uma regra capaz de impor um rol taxativo dos direitos reais.

No nosso sentir, não pensamos ser possível ir tão longe. Conquanto a crítica ao art. 167 da Lei 6.015/73 feita pela Autora esteja correta (não há apenas situações reais descritas no dispositivo), a advertência de Silvio Rodrigues não é por ela suplantada.[28] Talvez, o liame esteja em identificar que há dois encanamentos condutores. Em primeiro lugar, é necessário referenciar alguma situação que se pretenda *in re* a um tipo legal, mesmo que somente para fins formais. E depois fazer operar um modo de aquisição.

---

21 Op. cit., pp. 106 e ss.
22 Op. cit., p. 123.
23 Op. cit., p. 127.
24 Op. loc. cit.
25 Op. cit, p. 141.
26 Op. cit, p. 151.
27 Op. cit, p. 156.
28 RODRIGUES, Silvio. **Direito Civil**. São Paulo, Saraiva, 1995, vol. V, p. 8.

A abertura nesse sistema existe, e os exemplos dados por Roberta Maia são preciosos no sentido de confirmar que este mero direcionamento não aprisiona mais. Neste particular estamos alinhados, mas continuamos a defender que a regra do *numerus clausus* ainda é elemento do sistema civilista brasileiro, porém suavizada ou mitigada por tipos cada vez mais abertos. Quanto ao modo de aquisição, permanece ele como *conditio sine qua non*, operando, portanto, como um segundo fio condutor da reserva da tipicidade. Como pano de fundo, a legitimação causada pelo percurso, feito em homenagem à publicidade e à segurança jurídica.

6. Dois Novos Direitos Reais

Pelo descrito acima, existe a convivência de uma "forma antiga" de delimitar situações reais, com pormenores, e outra, mais tendente a uma abertura. Sob este prisma, vale analisar de que maneira o legislador brasileiro delimitou dois novos direitos reais: a laje e a legitimação na posse.

A laje tem delimitação precisa no texto do art. 1.510-A do Código Civil. Dispõe este que *"o proprietário de uma construção-base poderá ceder a superfície superior ou inferior de sua construção a fim de que o titular da laje mantenha unidade distinta daquela originalmente construída sobre o solo."* A técnica, nesse caso, é a da tipicidade fechada, do *numerus clausus*, sendo incontroversa a visão de que, mormente a inclusão feita no art. 1.225, a laje é uma nova modalidade de direito real. Mais uma categoria de direito real foi adicionada à legislação brasileira.

Quanto à legitimação na posse, a técnica legislativa é mais ampla e lata. A Lei 13.465/17, que introduziu ambos institutos, foi bem menos específica na determinação do conteúdo da legitimação. O tipo adotado foi o aberto, vejamos o art. 25: *"a legitimação de posse, instrumento de uso exclusivo para fins de regularização fundiária, constitui ato do poder público destinado a conferir título, por meio do qual fica reconhecida a posse de imóvel objeto da Reurb, com a identificação de seus ocupantes, do tempo da ocupação e da natureza da posse, o qual é conversível em direito real de propriedade, na forma desta Lei."* Não há delimitação sobre quais poderes proprietários serão exercidos pelo titular da legitimação na posse. A posse tem quais características? Só o tempo dirá. Quanto a termos no art. 25 a descrição de um novo direito real, a doutrina diverge: Arícia Correa, Emerson Moura e Maurício Mota pensam que não;[29] Flávio Tartuce[30] entende, por outra via, que tal instituto constitui um direito real, visto ter conteúdo *in re*

---

29   **Comentários à Lei de Regularização Fundiária**. Rio de Janeiro, Lumen Juris, 2019, p. 95.
30   TARTUCE, Flávio. **Direito Civil: Direito das Coisas**. 8ª Ed., São Paulo, GEN, pp. 10-11.

(incidente sobre a coisa) e registrabilidade. Como se vê, menos firmeza no contorno, menos certeza em relação ao caráter real dos institutos. Existirá maior facilidade de admissão de figuras e efeitos reais que se aproximarem da visão tradicional de taxatividade.

7. Conclusão

O objetivo traçado era, em primeiro lugar, identificar quais os pontos essenciais para a análise do princípio da taxatividade dos direitos reais existentes no primeiro texto que elaboramos sobre o assunto, em 2006. Em linhas gerais, defendíamos que se tratava de uma regra, com alguma legitimação sistemática, e que poderia ser flexibilizada com limites por simples interpretação. *De lege ferenda,* poderia ser amplamente flexibilizada. Tal posição é mantida.

No intuito de reexame, identificamos manifestação doutrinária de peso. Roberta Medina Maia, em raciocínio paralelo, reconhece a existência da taxatividade, mas não seu caráter de essencialidade. Preconiza que o *numerus clausus* é prescindível, e que a referência a um direito real previsto na lei, em alguns casos, é uma mera formalidade. O que é relevante é o seu caráter *in re.* Não pensamos que seja possível ir tão longe – ainda. Especialmente em se tratando de direitos reais imobiliários, a registrabilidade quase que coincide com a publicidade, e nos campos nos quais essa garantia não é bem defendida (como no caso do direito do promitente comprador que possui imóvel sem registro do compromisso, e que mesmo assim conta com uma série de defesas processuais perante terceiros), viceja a confusão social. Talvez uma reforma no sistema de registro de imóveis, ou sua informatização com integração nacional, em curso no presente momento, possa criar o ambiente para a abertura das mentalidades.

Por fim, ao apreciar dois novos direitos reais, ainda no percurso do reexame, foi possível verificar que, conquanto a revisão doutrinária sobre o significado da tipicidade/taxatividade já tenha vinte anos, contados do trabalho já citado de André Gondinho, quanto mais um instituto real se adequa à velha forma, tanto mais ele é absorvido como direito real *tout court.* O Direito Civil é mais do que mera positividade. Ele se amolda sempre informado por um componente sociocultural, do qual deriva a persistência da visão antiga sobre a taxatividade.

Esse balanço entre novas e velhas visões traça os limites da discussão. É bastante sensível o inclinar em direção a tempos mais arejados, nos quais haja sim maior admissão de figuras criativas envolvendo situações *in re*: preferências, outorgas, ônus, direitos sobre coisas alheias. Ou mesmo a identificação de novas formas de uso e operacionalização da propriedade. A tendência é no sentido de suavizar as leituras sobre a taxatividade, tanto no sentido de admissão de plurais conteúdos para os tipos existentes, como no sentido de prestigiar tipos novos, dotados de características mais fluídas.

Efeitos da Natureza Declaratória do Reconhecimento Judicial ou Extrajudicial da Usucapião de Bens Imóveis

Marco Aurélio Bezerra de Melo

1. Esclarecimentos Iniciais

Esse texto destina-se à obra coletiva de iniciativa da Escola da Magistratura do Estado do Rio de Janeiro e da OAB Editora, órgão do Conselho Federal da Ordem dos Advogados do Brasil, em homenagem ao grande magistrado, advogado, jurista, escritor e orador Sylvio Capanema de Souza que deixou não só o exemplo de correção ética, mas também lições jurídicas incomparáveis na qualidade de brilhante e inesquecível professor de direito civil.

Tentamos apresentar um texto que fosse feito nos moldes de uma aula do homenageado, mesmo ciente da impossibilidade de executar a tarefa a contento. Propositalmente, a linguagem é direta e sem citações, muito embora o artigo tenha sido, com certeza, inspirado nos estudos de eminentes juristas que se preocuparam com a delicada questão aqui tratada.

2. Introdução ao Tema

Tomar um bem pelo uso prolongado no tempo, eis a ideia central do instituto da usucapião em razão da junção da palavra *usus* acrescida do verbo *capio, cuja raiz mais remota parece ser a Lei das XII Tábuas, cuja tábua 6ª, III, assim dispunha:* "a propriedade do solo se adquire pela posse de dois anos; e das outras coisas, pela de um ano".

Sem a veleidade de valermo-nos desse singelo estudo para apontar a fundamentação jusfilosófica da prescrição, se punitiva do credor ou do proprietário dormidor ou se instrumento de estabilização da situação jurídica possessória, o fato é que a partir do momento em que o instituto ingressa no seio da sociedade conferindo enorme eficácia ao decurso do tempo, houve uma modificação da ótica no direito que passou a deixar inseguro todos os que ficassem inertes na defesa de uma pretensão (prescrição extintiva) ou na utilização de uma titularidade (prescrição aquisitiva ou usucapião).

Malgrado o respeito a opiniões em sentido contrário, além da inércia, do fator temporal e da busca do bem estar social pela estabilização jurídica de uma situação de fato que perdura no tempo previsto em lei, temos como ponto de contato entre a usucapião e a prescrição extintiva também o fato de que as causas que impedem, suspendem ou interrompem o curso da prescrição extintiva também atingem a prescrição aquisitiva por força do disposto no artigo 1.244 do Código Civil.

Usucapião é uma modalidade de aquisição originária da propriedade ou de outro direito real sobre a coisa alheia que consiste no exercício da posse ininterrupta, sem oposição e com intenção de dono, durante o tempo previsto em lei.

O ponto de partida para o reconhecimento da usucapião é, portanto, o exercício do direito possessório, no qual o possuidor exterioriza ante a sociedade os poderes inerentes à propriedade como se fosse realmente o dono, isto é, sem a obrigação de restituir o bem particular apropriável a quem quer que seja e o faz sem solução de continuidade e sem que ninguém com melhor direito e de modo justificado lhe oponha a titularidade durante o prazo previsto em lei.

E daí como em um passe de mágica jurídica, a pessoa natural ou jurídica que exerce a posse *ad usucapionem* transforma a aparência do direito real, em regra, da propriedade, em realidade definitiva e segura. Como exemplo, tomemos a constatação de que quando a usucapião incide sobre bem imóvel e o reconhecimento desse fato jurídico é submetido à apreciação do Poder Judiciário, eventual sentença de procedência declara o autor proprietário e vale como título para o registro no cartório do registro de imóveis tanto quanto deveria fazer aquele que regularmente adquirisse de outrem um imóvel por meio de uma compra e venda.

Em suma, o que busca o autor de uma ação de usucapião? Segurança jurídica decorrente da publicidade do registro da sentença que lhe conferirá efeitos *erga omnes* com relação ao direito real que entende lhe pertencer de fato e de direito. A conquista desse reconhecimento possibilitará o exercício com maior segurança e valorização patrimonial para o usucapiente do poder de alienação. O mesmo se diga se o caso indicar a possibilidade de se auferir o reconhecimento desse direito por meio extrajudicial.

3. Aquisição Originária

Em que pese alguma controvérsia, correto é o entendimento amplamente majoritário de que usucapião configura modo de aquisição originária e não derivada, pois o usucapiente para exercer o seu direito não deve possuir relação jurídica contratual com um titular anterior. Extingue-se por completo eventual direito anterior e nasce um direito real novo, na origem.

Tal situação, longe de ser questão meramente acadêmica, produz importantes efeitos no campo prático, como se vê nas situações abaixo assinaladas que partem da premissa de que a usucapião é modo de aquisição originária de direitos reais:

1. Podem ser usucapidos os bens gravados com a cláusula de inalienabilidade, tendo em vista que o usucapiente não possui relação jurídica com o proprietário anterior e, de tal sorte, não constituirá óbice a referida cláusula para a configuração da usucapião;

2. Os bens gravados com fideicomisso (art. 1.951, CC) podem ser usucapidos, merecendo destacar que, a princípio, apenas o direito do fiduciário submete-se à prescrição aquisitiva, pois, sendo o direito do fideicomissário sujeito a condição ou termo suspensivo, em face dele não corre a prescrição, *ex vi* do disposto no artigo 199, I e II, do Código Civil. Para que o fideicomissário assista a perda de seu direito, deverá ficar inerte por um novo período apto a gerar uma nova usucapião;

3. Não incidência do Imposto de Transmissão de Bens Imóveis (ITBI), pois os seus fatos geradores previstos no artigo 135 do Código Tributário Nacional envolvem a transmissão de direitos sobre imóveis, o que não existe na usucapião;

4. Possibilidade de usucapir imóvel que jamais foi registrado ou a porção menor de uma área maior registrada. Essas possibilidades devem-se ao fato de a aquisição ser originária e a sentença prolatada em favor do usucapiente será o instrumento hábil para abrir a matrícula junto ao cartório imobiliário competente;

5. Na aquisição da propriedade por usucapião não se discute acerca de eventuais vícios ou defeitos que macularam a aquisição e/ou transmissões do imóvel objeto da usucapião;

6. Possibilidade de usucapião de imóvel hipotecado produzindo como efeito a extinção do gravame real, como decidiu a Quarta Turma do Superior Tribunal de Justiça no Recurso Especial nº 941.464/SC, Rel. Min. Luis Felipe Salomão, julg. em 24/04/2012 (*Informativo* nº 496/2012). Ressalva-se, no caso, apenas a circunstância segundo a qual o registro do direito real de garantia anteceder o início da posse do usucapiente, ocasião em que o gravame será eficaz, pois os efeitos da usucapião retroagem à data do início da posse.

4. Requisitos Genéricos da Posse *ad Usucapionem*

Para que haja uma posse *ad usucapionem* é necessário que a posse seja ininterrupta, sem oposição, com intenção de dono, durante determinado prazo legal, e que a mesma incida sobre coisa hábil a ser usucapida. Esses os requisitos que podem ser aferidos da simples leitura do artigo 1238 do Código Civil.

Posse ininterrupta é a posse continuada durante o prazo previsto em lei sem que haja intervalos pelo próprio possuidor ou interrupção por parte de um terceiro interessado com relação ao objeto possuído. A intermitência e a vacilação do possuidor na condução do seu direito afastam a possibilidade de usucapir o bem. A posse contém uma particularidade interessante, pois é um direito que não se contenta, tão somente, com um fato idôneo a produzi-lo, mas, sobretudo, exige permanência no fato. Para efeito de usucapião, essa assertiva se mostra ainda mais importante.

Importante lembrar que a lei admite a soma de posses para a configuração da usucapião, o qual permite ao possuidor, para o fim de contar o prazo para usucapião, acrescentar à sua posse a dos seus antecessores, contanto que ambas sejam contínuas e pacíficas (arts. 1207, 1242 e 1243, CC). Também merece destaque reconhecer a possível incidência, no caso, do artigo 202, do Código Civil que prevê hipóteses legais de interrupção do prazo prescricional, as quais também se aplicam na usucapião (art. 1244, CC).

A posse deve ser *sem oposição*, também identificado no jargão utilizado nos fóruns como *posse mansa e pacífica*, pois para a configuração da usucapião, mister que à posse do usucapiente não tenha havido reação do verdadeiro titular do bem contra o possuidor.

A posse contestada por quem ostenta direito sobre a coisa não ensejará o reconhecimento da propriedade pela via da usucapião. Contestações da posse alheia que sejam infundadas não têm o condão de obstar a aquisição do direito real pela usucapião, pois serão consideradas em juízo como meras inconformidades.

A posse deve ser exercida *com intenção de dono* (*animus domini*). Esse requisito subjetivo da usucapião deve ser visto pelo seu aspecto negativo. Analisa-se a ausência de algum obstáculo objetivo para que alguém possa ostentar que possui o bem como se fosse seu e alcança-se a presunção de que o possuidor atua em relação à coisa em nome próprio, isto é, "*como seu*", para usar da expressão legal. Nesse caso, é necessário distinguir vontade e intenção, pois é possível que o inquilino guarde consigo a vontade íntima de ser o proprietário do imóvel a ele locado, mas não terá o *animus domini*, na medida em que possui em nome do locador.

Dessa forma, a exigência afasta da usucapião, obviamente, os detentores, por não possuírem a qualidade de titulares de posse, assim como os possuidores diretos que, como sabido, recebem o bem com a obrigação de, passado determinado período de tempo, restituir ao possuidor indireto (art. 1197, CC).

Assim, por exemplo, o caseiro, a pessoa que arrebata um bem violenta ou clandestinamente, aquele que está com a coisa por ato de mera permissão ou tolerância do verdadeiro e o locatário não poderão usucapir, ressalvada a hipótese nos primeiros casos de mudança do fato da detenção para posse *ad usucapionem*, consoante autorização contida nos artigos 1.198, parágrafo único, e 1.208, parte final, ambos do Código Civil, e no caso do possuidor direto se tiver ocorrido a interversão do caráter da posse, como tem sido admitido pela jurisprudência e prestigiado pela doutrina (Enunciado 237, da III Jornada de Direito Civil: "É cabível a modificação do título da posse – *interversio possessionis* – na hipótese em que o até então possuidor direto demonstrar ato exterior e inequívoco de oposição ao antigo possuidor indireto, tendo por efeito a caracterização do animus domini.").

A demonstração de *animus domini* pode ser feita pelas pessoas naturais, jurídicas de direito público e privado e, inclusive, pelo condomínio edilício como teve ocasião de defender a VII Jornada de Direito Civil ao aprovar o enunciado nº 596, ao dizer enfaticamente que "o condomínio edilício pode adquirir imóvel por usucapião".

No julgamento dos Embargos Infringentes nº 95409-06.1997.8.19.0001, em 31/7/2012, a Décima Segunda Câmara Cível do Tribunal de Justiça do Estado do Rio de Janeiro, sob a relatoria do Desembargador Mário Guimarães Neto, aplicando o artigo 1.203 do Código Civil e a função social da posse, reconheceu a usucapião envolvendo posse originada em contrato de locação, mediante o reconhecimento dos seguintes fatos: (a) posse para fins de moradia que preenche os requisitos da usucapião especial urbana; (b) cessação do pagamento dos aluguéis há mais de uma década; (c) autora que promoveu a conservação do bem e a quitação dos tributos; (d) inexistência, no momento do óbito, de herdeiros conhecidos ou testamento; (e) inércia manifesta dos herdeiros do locador, que apenas se opuseram a usucapião apenas dez anos após a propositura da demanda. Eis um exemplo clássico de interversão do caráter da posse, cujo efeito prático mais palpável é o reconhecimento da usucapião.

A regra é a de que todos os bens que sejam apropriáveis são aptos a serem usucapidos, mas isso não se aplica, ainda que não a salvo de críticas doutrinárias, para os bens públicos (arts. 183 e § 3º, 191, p. único, CF, 102, CC e Súmula 340, STF).

Independentemente da finalidade em que estejam afetados, não constituem bens públicos aqueles pertencentes às sociedades de economia mista e empresas públicas, pessoas jurídicas de direito privado sendo, portanto, passíveis de usucapião.

Questão difícil de resolver é aquela em que o imóvel usucapiendo se encontra gravado com hipoteca em favor da Caixa Econômica Federal e financiado pelo antigo Sistema Financeiro da Habitação, pois a despeito da natureza privada da citada empresa pública, os recursos financeiros constituem em reservas feitas pela poupança popular e estão afetados à inegável prestação de serviço público e nesse diapasão o melhor entendimento é a defesa da sua imprescritibilidade (STJ, Terceira Turma, REsp nº 1.448.026/PE, Rel. Min. Nancy Andrighi, julg. em 21/11/2016; STJ, Terceira Turma, AgRg no REsp nº 1.487.677/AL, Rel. Min. Moura Ribeiro, julg. em 27/04/2017).

A usucapião como modalidade de prescrição tem no fator tempo um requisito inafastável para que haja a conversão da posse em propriedade. O prazo máximo para usucapião de imóvel no Brasil é de quinze e mínimo de dois anos, merecendo conferir relevo ao fato de que quanto maior o tempo de posse, menores serão os requisitos específicos. Observe-se que na usucapião extraordinária o prazo é de 15 anos (art. 1.238, CC) e a lei dispensa o justo título e a boa-fé que, por sua vez, são exigidos na usucapião ordinária (art. 1.242, CC), e o prazo cai para dez anos. As modalidades de usucapião com assento na Constituição da República (arts. 1.239 e 1.240, CC) possuem o prazo exíguo de cinco anos, mas a sua concretização passa por toda uma verificação de requisitos especiais ligados à função social da posse, o que também se verifica na usucapião familiar trazida pelo artigo 1.240-A do Código Civil, cujo prazo é de dois anos.

De ordinário, o prazo para a usucapião deve ocorrer antes de eventual ajuizamento da demanda. Entretanto, o Superior Tribunal de Justiça (Terceira Turma, REsp nº 1.361.226/MG, Rel. Ministro Ricardo Villas Bôas Cueva, julg. em 5/6/2018) já reconheceu a possibilidade de reconhecimento da usucapião quando o requisito temporal previsto em lei foi implementado no curso da demanda sob o fundamento de que "a decisão deve refletir o estado de fato e de direito no momento de julgar a demanda, desde que guarde pertinência com a causa de pedir e com o pedido.". Tal posicionamento se alinha com o disposto no artigo 493 do Código de Processo Civil.

5. Conclusão

Na época em que somente existia a possibilidade de reconhecimento da usucapião pela via judicial formal, mediante sentença proferida por juiz togado, a natureza jurídica da sentença já se mostrava polêmica.

Vozes importantes no direito civil brasileiro como Carvalho Santos e Sílvio Rodrigues compreendiam que a natureza era constitutiva, ou seja, que antes de um efetivo pronunciamento judicial positivo, o usucapiente era apenas um possuidor com a imanente tutela do instituto em vias de se tornar proprietário, configurando tal situação uma mera expectativa de direito. Em outras palavras, a sentença configuraria requisito para a efetivação da usucapião. Esse raciocínio decorre de uma justificável preocupação com a insegurança jurídica que a orientação jurídica da natureza declaratória poderia ocasionar.

Todavia, a opinião majoritária na doutrina e jurisprudência é a de que a ausência da sentença e hodiernamente por ato do Oficial do Registro de Imóveis competente (art. 216-A, da lei 6015/73) não inviabiliza a aquisição da propriedade pela usucapião, logo, teria a mesma um mero efeito declaratório, configurando-se a propriedade para aquele que exerceu posse *ad usucapionem* no prazo legal independentemente de submissão da questão ao Poder Judiciário ou ao registrador.

A atuação estatal direta ou delegada tem a importante missão de conferir publicidade e, com ela, a eficácia universal e a possibilidade de continuidade registral à aquisição originária que já se operara no último dia do prazo previsto em lei para a modalidade de usucapião do caso concreto.

Concordamos com tal opinião pela lógica de que o direito se efetiva pela posse continuada no tempo previsto em lei e qualificada pelos seus requisitos genéricos e, conforme o caso, específicos e, principalmente, por ter sido esta a orientação da lei federal como se pode perceber pela simples leitura do artigo 1241 do Código Civil e pelo que dispõe o item 28 do inciso I do artigo 167 da lei nº 6015/73 quando de modo bem direto e explícito estabelece que no Registro de Imóveis, além da matrícula, será feito o registro das *sentenças declaratórias de usucapião*.

A opção legislativa impõe ao aplicador do direito a assunção de compromissos sérios no tocante à segurança jurídica das transações imobiliárias, pois pode suceder que a análise documental da aquisição de um imóvel dê conta de que determinada pessoa figura como proprietária quando, na verdade, o bem já fora usucapido por outrem, a quem o ordenamento jurídico, portanto, deverá reconhecer o direito de propriedade.

Passemos agora a identificar alguns efeitos práticos da natureza declaratória do pronunciamento judicial ou extrajudicial de reconhecimento da propriedade imobiliária pela usucapião:

1. O verbete 263 do STF explicita que "o possuidor deve ser citado, pessoalmente, para a ação de usucapião". Se isso é verdade, significa o reconhecimento de que é possível a usucapião sem posse atual, sendo de admitir a possibilidade até mesmo de alguém possuir um bem que outrora foi usucapido por outrem.

2. A jurisprudência do Superior Tribunal de Justiça tem reconhecido a natureza declaratória da sentença. Em voto relatado pelo Ministro Vasco Della Giustina (3ª Turma, REsp nº 118.360/SP, julg. em 16/12/2010), Sua Excelência fez constar expressamente a natureza declaratória da sentença, destacando o acatamento à orientação da lei federal e apontando que a finalidade do reconhecimento oficial da usucapião seria a de "dar publicidade à aquisição originária (alertando terceiros), bem como para permitir o exercício do *ius disponendi* (direito de dispor), além de regularizar o próprio registro cartorial".

3. Em vista da natureza declaratória da sentença, é possível ao réu, em uma ação reivindicatória ou possessória, presentes os requisitos da usucapião, alegar usucapião como matéria de defesa, sendo que o Supremo Tribunal Federal já teve oportunidade de enfrentar diversas vezes essa questão e editou o Verbete n° 237 de sua jurisprudência predominante: "a usucapião pode ser alegada como matéria de defesa". Esse direito encontra-se também positivado no artigo 7° da Lei n° 6.969/81 (usucapião especial rural) e 13 da Lei n° 10.257/01 (usucapião especial urbano), valendo a sentença que reconhecer a propriedade em favor do réu como título para registro no cartório imobiliário.

4. A admissão da antiga ação publiciana configura também um importante efeito da natureza declaratória do reconhecimento estatal a usucapião. Para a compreensão, pensemos em hipótese na qual uma pessoa, após ter preenchido todos os requisitos da usucapião, sem que tenha tido, por sentença, o reconhecimento do domínio, abandone o lugar de origem e, por via de consequência, a posse já teria sido convertida em propriedade por meio da prescrição aquisitiva. Posteriormente, a pessoa cujo nome conste no cartório imobiliário como proprietária do bem o venda para um terceiro adquirente de boa-fé e este, por sua vez, adentre na posse legitimamente, pois munido de título jurídico que assegure tal proceder.

Por incrível que pareça, poderá o usucapiente sem título reivindicar o bem do terceiro de boa-fé por meio da antiga ação publiciana, resolvendo-se em perdas e danos o direito de quem comprou *a non domino* o imóvel, pois a despeito de confiar na presunção de legitimidade da certidão expedida pelo cartório imobiliário que apontava o vendedor como dono, acabou por sofrer evicção em razão do direito de propriedade adquirido por usucapião.

Trata-se de efeito perigoso no tocante à segurança jurídica, mas que pode suceder em razão da natureza meramente declaratória da sentença. A propriedade pela via da usucapião se consumou silenciosa e sem a publicidade, quer daquela que poderia se originar do processo judicial, quer do próprio registro imobiliário. Enfim, a ação publiciana é a ação do usucapiente sem posse atual em face do atual possuidor do bem.

Admitir a existência dessa ação como já ensinara Pontes de Miranda e Galeno Lacerda, dentre outros, deve-se à natureza declaratória da sentença que reconhece a usucapião.

5. Usucapião Tabular pode ser entendida como a modalidade de usucapião que provoca o convalescimento de uma nulidade absoluta registral em razão do preenchimento dos requisitos da prescrição aquisitiva em favor daquele que de boa-fé tiver o seu título registrado no cartório imobiliário.

Na maioria das vezes, a usucapião se forma *contra tabulas*, pois o réu da ação de usucapião é a pessoa cujo nome consta no registro, mas que diante da prescrição aquisitiva operada em favor do usucapiente, levará a que se faça um novo registro em detrimento do antigo. Pode ainda ser reconhecida a usucapião de imóvel que não se encontra registrado em nome de ninguém, valendo a Carta de Sentença como documento hábil para a abertura da matrícula e, via de consequência, do primeiro registro. Entretanto, pode ocorrer uma espécie de prescrição tabular que se dará a partir dos assentamentos registrais do imóvel usucapiendo.

Exemplo de admissão legal dessa figura jurídica já admitida anteriormente por especialistas na matéria como, por exemplo, Afrânio de Carvalho, é o parágrafo único do artigo 1.242 do Código Civil que reduziu o prazo para cinco anos se o possuidor adquiriu o bem imóvel onerosamente e não logrou o regular registro da titularidade junto ao cartório imobiliário, tendo em vista o cancelamento posterior do mesmo. Se, somado a esse fato, o possuidor utilizar do imóvel para sua moradia ou tiver realizado investimentos de interesse social ou econômico, como seria a exploração agrícola da área, poderá se utilizar do prazo quinquenal para o efeito de adquirir a propriedade do imóvel.

Tal previsão legal, a par de prestigiar a função social da posse, reduzindo o prazo para usucapir se o possuidor der uma destinação social relevante ao imóvel, também tutela a boa-fé do adquirente a título oneroso, que vê o seu título registrado e posteriormente cancelado. O prestígio ao serviço registral imobiliário, que em um primeiro momento referendou a eficácia do título, foi o germe do que posteriormente viria consagrado pela Lei nº 10.931/04, que introduziu o § 5º no artigo 214 da Lei nº 6.015/73 consolidando a chamada usucapião tabular. Com efeito, diz o referido dispositivo legal que o registrador do cartório imobiliário declarará, de ofício ou por provocação, as nulidades de pleno direito que restarem comprovadas, assegurando-se a prévia oitiva dos possíveis atingidos com o reconhecimento da invalidade. Em que pese essa possibilidade prevista na lei, o § 5º prescreve que a "nulidade não será decretada se atingir terceiro de boa-fé que já tiver preenchido as condições de usucapião do imóvel".

Protege-se a aparência do direito e a boa-fé do adquirente, mesmo diante de uma nulidade flagrante, como seria o caso de o bem, por exemplo, ter sido comprado de quem não era dono ou descobrir-se que o vendedor era absolutamente incapaz, sem que se tivesse observado os requisitos da representação e prévia autorização judicial, na forma dos artigos 1.691, 1.750 e 1.781 do Código Civil.

O espírito do dispositivo assinalado é o mesmo que inspirou o artigo 1.817 do Código Civil, que legitima as alienações onerosas de bens hereditários, realizadas em favor de terceiros de boa-fé. O § 900 do Código Civil Alemão contém regra similar denominada *usucapião de livro*, que ocorre quando uma pessoa, sem que tenha adquirido o bem do verdadeiro proprietário (aquisição *a non domino*), faça a inscrição no *Livro de Imóveis* de um título no cartório imobiliário. Passados 30 anos desse fato, ocorrerá o reconhecimento formal da propriedade pela prescrição aquisitiva junto ao cartório imobiliário.

Pode ocorrer também de o direito ser reconhecido como matéria de defesa pelo magistrado na situação em que algum interessado demandar o cancelamento do título e a consequente reivindicação do imóvel, na forma do § 2º do artigo 1.245 e parágrafo único do artigo 1.247, ambos do Código Civil, e o réu se desincumbir do ônus de provar os requisitos da usucapião tabular. No caso da usucapião do parágrafo único do artigo 1.242 do Código Civil, o reconhecimento da usucapião como matéria de defesa será o suficiente para que se faça a devida regularização do imóvel no cartório imobiliário, independentemente de ação principal de usucapião, pois já há o registro em nome do réu.

Nesse mesmo ângulo de visada, foi aprovado o Enunciado nº 569 da VI Jornada de Direito Civil do Conselho da Justiça Federal/STJ: "No caso do art. 1.242, parágrafo único, a usucapião, como matéria de defesa, prescinde do ajuizamento da ação de usucapião, visto que, nessa hipótese, o usucapiente já é o titular do imóvel no registro".

A admissão da figura jurídica da Usucapião Tabular que reconhece como usucapiente o titular registral de uma propriedade imobiliária, ainda que esta não seja feita nos moldes legais, também pode ser considerado como efeito da natureza declaratória da usucapião.

Apontamentos Sobre a Dúvida Registral Imobiliária: Natureza Jurídica, Efeitos e Procedimento

Felipe Deiab

Introdução

O Direito Registral ainda é pouquíssimo explorado, não conta com o charme de outras matérias e é relegado a segundo plano nas Faculdades de Direito. Mas, na realidade, estudar Registros Públicos exige conhecimentos de Direito Constitucional, Administrativo, Tributário, Civil, Processo Civil, Empresarial, Penal, Processo Penal bem como de outros tantos ramos do Direito[1], o que torna a matéria extremamente interessante. O Professor Sylvio Capanema de Souza foi um dos raros juristas a conhecer profundamente o tema dos registros públicos imobiliários. A visão prática, a preocupação social e o espírito humanista de Sylvio Capanema de Souza tornaram-no conhecido não apenas por seu vasto saber jurídico, mas também como um exemplo de jurista pragmático e sempre atento à realidade sócio-econômica. Um exemplo disso está na discussão doutrinária sobre a natureza da caução locatícia imobiliária, prevista no art. 38 da Lei do Inquilinato. O Professor Sylvio – mentor da nossa equilibrada e bem elaborada Lei do Inquilinato, em vigor há quase trinta anos - sempre defendeu, com razão, tratar-se de uma modalidade de hipoteca[2]. Qual a consequência prática disso? Maior segurança jurídica para locadores e locatários, menos risco para o locador e aluguéis mais acessíveis. Explique-se: a hipoteca, garantia real que é, confere muito mais segurança ao locador, pois deve ser formalizada, em regra, por escritura pública (art. 108, CC) e está sujeita ao registro na matrícula do imóvel, que só poderá ser cancelado mediante autorização do credor ou seu sucessor, ou em razão de procedimento administrativo ou contencioso, no qual o credor tenha sido intimado (art. 251 da Lei federal n° 6.015/73, a Lei dos Registros Públicos, LRP). O entendimento doutrinário de que a caução locatícia é mera garantia pessoal, sem sequela, portanto, e sujeita apenas à simples averbação na matrícula do imóvel, aumenta o risco do locador, que se vê diante de uma garantia menos robusta, e majora desnecessariamente o valor aos aluguéis, prejudicando sensivelmente locadores e locatários.

---

1   FREITAS, Vladmir Passos de. *Direito Registral, um ramo da advocacia à espera de profissionais*. https://www.conjur.com.br/2018-ago-05/segunda-leitura-direito-registral-ramo-advocacia-espera-profissionais. Acesso em 20 de julho de 2020.

2   SOUZA, Sylvio Capanema de. *Lei de Locações de Imóveis Urbanos Comentada*. São Paulo: Saraiva, 1995, p. 137.

No âmbito dos registros públicos, a dúvida registral é um dos instrumentos mais importantes de tutela de direitos existenciais (como no caso do registro civil de pessoas naturais) e patrimoniais (registro de imóveis). Nesse estudo abordaremos a dúvida registral imobiliária.

1. Natureza jurídica da dúvida registral

Por força do art. 236 da Lei Maior, registradores e notários são agentes colaboradores da Administração Pública. Prestam, em caráter privado, serviços públicos, exercendo funções materialmente administrativas, por delegação do Poder Público, funções essas que são fiscalizadas pelo Poder Judiciário. Ao efetuar o registro de um título que lhe foi apresentado ou recusá-lo, o delegatário pratica um ato administrativo, que está sujeito ao controle – também administrativo - do Poder Judiciário. Assim, a dúvida registral é um procedimento administrativo que visa à revisão do ato de recusa do delegatário a proceder ao registro ou à averbação do título ou documento que lhe foi apresentado[3]. Na feliz redação do art. 204 da Lei de Registros Públicos, *"a decisão da dúvida tem natureza administrativa e não impede o uso do processo contencioso competente"*.

Não é um procedimento jurisdicional, porque, mediante sua instauração, o que se pretende não é a solução de um conflito com a edição de uma regra para o caso concreto, mas sim a revisão do ato administrativo do delegatário. O juiz, ao dirimir a dúvida por sentença, não pratica um ato jurisdicional: pratica, em verdade, um ato administrativo. Trata-se, portanto, de um procedimento administrativo-judicial, isto é, exercício de função materialmente administrativa por órgão do Poder Judiciário. Dessa constatação advêm importantes consequências, que serão examinadas a seguir.

1.1. *Competência legislativa e normativa*

a) Competência legislativa concorrente

A competência para legislar em matéria de dúvida registral é privativa da União Federal, nos termos do art. 22, inciso XXV, da Lei Maior, mas os Estados-membros e o DF podem instituir regras do procedimento de dúvida, nos termos do art. 24, *caput*, inciso XI, também da Lei Maior, ca-

---

3   Em obra clássica sobre o tema, Eduardo Sócrates Sarmento sugere que o procedimento deveria ser denominado *negativa registral* (SARMENTO, Eduardo Sócrates Castanheira. *A dúvida registral.* Rio de Janeiro: Lumen Iuris, 2011, p. 65.

bendo à União Federal editar normas gerais e aos Estados e ao DF, normas específicas[4].

b) *Disciplina normativa pelo CNJ e pelo Poder Judiciário dos Estados-membros e DF*

É bem de ver-se, ainda, que além das leis federais (normas gerais), estaduais e distritais (normas específicas), a disciplina da dúvida registral está sujeita às regras editadas pelo Conselho Nacional de Justiça (CNJ) e pelo Poder Judiciário (Constituição da República, artigos 103-B, §4°, inciso III e 236, §1° c/c art. 30, inciso IV, da Lei federal n° 8.935/94).

O Supremo Tribunal Federal reconhece a competência do CNJ para editar atos de caráter primário (RE 1074855 AgR-AgR, Relator(a): Min. Alexandre De Moraes, Primeira Turma, julgado em 07/05/2018), ou seja, atos que inovem na ordem jurídica, desde que não criem deveres e obrigações a órgãos estranhos ao Poder Judiciário (ADI 4145/DF, rel. Min. Edson Fachin, red. p/ o ac. Min. Alexandre de Moraes, julgado em 26.4.2018).

Ademais, a própria Lei federal n° 8.935/94 reconhece o poder normativo dos órgãos do Poder Judiciário para editar normas técnicas em matéria de serviços notariais e registrais (art. 30, inciso XIV).

2. Características

a) *Aplicação supletiva e subsidiária do Código de Processo Civil*

Nos termos do art. 15 do CPC em vigor[5], a aplicação das normas processuais civis aos processos de natureza administrativa é supletiva e subsidiária. Portanto, sendo a dúvida registral imobiliária um processo administrativo-judicial, as regras do CPC, como a que impõe a representação por advogado nos processos judiciais, contagem de prazos em dias úteis, produção de determinadas provas etc. só têm aplicação supletiva e subsidiária, isto é, somente se houver expressa previsão em lei procedimental ou norma técnica editada pelo Poder Judiciário (art. 30, inciso XIV, da Lei federal n° 8.935/94).

---

4   Por exemplo: no Estado do Rio de Janeiro, o §2° do art. 44 da Lei fluminense n° 3.350/99, prevê que havendo dúvida fundada quanto à isenção de emolumentos a ser observada, deverá o notário ou registrador suscitá-la ao Juízo competente em 72 (setenta e duas) horas.

5   "Art. 15. Na ausência de normas que regulem processos eleitorais, trabalhistas ou administrativos, as disposições deste Código lhes serão aplicadas supletiva e subsidiariamente".

b) Impossibilidade de concessão de tutela antecipada e possibilidade de exercício do poder cautelar

Sendo procedimento administrativo, a dúvida registral não comporta a concessão de tutela antecipada, típico ato jurisdicional. O registrador, ao qualificar o título apresentado, pratica um ato administrativo, que tem presunção de legalidade e legitimidade. Seria um contrassenso a Administração Pública adotar tutela antecipada contra ato da própria Administração. É tão forte a presunção de legalidade e legitimidade do ato do registrador que a sentença que julga improcedente a dúvida e, consequentemente, determina o registro do título, elide a presunção, mas mesmo assim a eficácia dessa sentença fica tolhida pela admissão do recurso de apelação do terceiro prejudicado ou do Ministério Público (art. 202 da LRP) e apenas após a preclusão ("transitado em julgado") é que o título será registrado ou terá sua prenotação cancelada (art. 203, inciso II, LRP).

Se por um lado não é possível a concessão de tutela antecipada, por outro é plenamente cabível o exercício do poder cautelar pelo juiz, mediante o bloqueio da matrícula previsto no §3° do art. 214 da LRP, que não é meio de efetividade de direitos, mas apenas meio de preservá-los, evitando a a ineficácia da decisão administrativa final ("a tutela antecipada satisfaz para garantir, a tutela cautelar garante para satisfazer")[6].

c) Cabimento apenas dos recursos previstos na Lei de Registros Públicos

Em consequência da aplicação supletiva e subsidiária do CPC, os recursos cabíveis na dúvida registral serão apenas aqueles previstos na Lei federal n° 6.015/73 (Lei de Registros Públicos-LRP) e nas leis estaduais e distritais que disciplinarem essa peculiar modalidade de procedimento administrativo[7]. Os embargos de declaração, recursos que estão previstos por lei em diversas modalidades de processo administrativo, são admitidos no procedimento de dúvida registral.

---

6 PONTES DE MIRANDA, Francisco Cavalcanti. Comentários ao Código de Processo Civil, v. 12. Rio de Janeiro: Forense, 1974. pp. 14-15.

7 Tratando-se de processo de natureza administrativa, não cabe, na dúvida registral, agravo de instrumento, típico recurso do processo jurisdicional. Em sentido contrário, entendendo ser cabível em certos casos o agravo de instrumento, cf. SARMENTO FILHO, Eduardo Sócrates Castanheira. *A dúvida registrária*. Coleção Cadernos IRIB n° 3. São Paulo: IRIB, 2014, p. 14.

d) Descabimento de recurso especial, de recurso extraordinário e de controle incidental de inconstitucionalidade

É pacífica a jurisprudência do Superior Tribunal de Justiça no sentido da inadmissibilidade de recurso especial em sede de dúvida registral imobiliária, consequência da natureza administrativa do procedimento. Confira-se:

> *"RECURSO ESPECIAL. PROCEDIMENTO DE DÚVIDA REGISTRAL. NATUREZA ADMINISTRATIVA. CAUSA. AUSÊNCIA. NÃO CABIMENTO DE RECURSO ESPECIAL.*
>
> *1. Dúvida registral suscitada em 7/4/2016. Recurso especial interposto em 27/7/2017. Autos conclusos à Relatora em 22/6/2018.*
>
> *2. De acordo com o entendimento desta Corte Superior, o procedimento de dúvida registral possui natureza administrativa (art. 204 da Lei de Registros Públicos), não qualificando prestação jurisdicional. 3. Não cabe recurso especial contra decisão proferida em procedimento administrativo, afigurando-se irrelevantes a existência de litigiosidade ou o fato de o julgamento emanar de órgão do Poder Judiciário, em função atípica. Precedente da Segunda Seção.*
>
> *RECURSO ESPECIAL NÃO CONHECIDO.*
>
> *(REsp 1748497/SC, Rel. Ministra NANCY ANDRIGHI, TERCEIRA TURMA, julgado em 02/04/2019, DJe 04/04/2019)".*

Em sede de dúvida registral também não cabem recurso extraordinário e a declaração incidental de inconstitucionalidade: no procedimento de dúvida o juiz só exerce atribuições de natureza administrativa e, no exercício da função administrativa, não é permitido a órgão do Poder Judiciário apreciar a constitucionalidade dos atos administrativos, mas somente sua legalidade (STF, Plenário, MS 28872 AgR, Rel. Min. Ricardo Lewandowski, julgado em 24/02/2011).

e) Inexistência de formação de coisa julgada formal e de coisa julgada material e descabimento de ação rescisória

Sendo a dúvida registral processo de natureza administrativa, não há que se falar em coisa julgada formal e material da sentença e das decisões que apreciam a dúvida suscitada pelo delegatário. Isso porque a formação de coisa julgada formal e material é consectário do princípio constitucional da inafastabilidade da jurisdição (art. 5°, inciso XXXV da Lei Maior). As decisões proferidas em sede de dúvida registral estão sujeitas, pois, ao controle jurisdicional, o que é reconhecido expressamente, inclusive, pelo art. 204 da LRP, mas, ao revés, jamais podem sobrepujar decisão jurisdicional, por força do art. 5°, inciso XXXV, da Lei Maior.

Conquanto o art. 203 da LRP utilize indevidamente a expressão "transitada em julgado a sentença", na realidade está a se referir a outro fenômeno, que é a preclusão processual administrativa. Dada a inexistência de cosia julgada formal e material, é de ver-se ainda que a decisão proferida em sede de dúvida registral não está sujeita à ação rescisória, podendo ser desconstituída por ação de rito comum.

f) Legitimidade definida em lei

O registrador é a parte legítima para deflagrar o processo de dúvida, suscitando-a ao juiz competente. O registrador, no entanto, não age de ofício, dependendo de requerimento do apresentante, por força do art. 199 da LRP. Embora se debata em doutrina se o requerimento ao registrador para suscitar dúvida pode ser feito apenas pelo interessado ou se o apresentante do título também pode fazê-lo, a regra do art. 199 da LRP permite requerimento do apresentante. No entanto, o interessado sempre deve participar do procedimento, por si próprio ou por representante constituído por mandato, sob pena de nulidade, já que a decisão pode atingir sua esfera jurídica[8], sendo indisputável que o direito de impugnação à dúvida lhe deve ser sempre oportunizado, nos termos do próprio art. 199 da LRP.

Em regra, não se admite a "dúvida inversa", isto é, que o próprio interessado, em vez do registrador, suscite a dúvida ao juízo competente. Isso porque o art. 198 da LRP determina expressamente que ela seja suscitada pelo registrador. Este tem o dever de fazê-lo, sob pena de violação ao art. 30, inciso XIII, da Lei federal n° 8.935/94. Assim, a recusa do registrador em levantar a dúvida implica omissão ilegal, impugnável por meio de mandado de segurança. Alguns julgados País afora permitem a "dúvida inversa", sob o argumento da inafastabilidade da jurisdição, o que, com a devida vênia, é um argumento equivocado, na medida em que a dúvida registral tem natureza administrativa.

g) Possibilidade de intervenção de terceiros

Os processos administrativos admitem, como regra geral, a intervenção de terceiros, isto é, a possibilidade da participação daqueles que, sem terem iniciado o processo, têm direitos ou interesses que possam ser afetados pela decisão a ser proferida. A jurisprudência do Superior Tribunal de Justiça admite a intervenção de terceiros em procedimento de dúvida registral[9].

---

8 SARMENTO FILHO, Eduardo Sócrates Castanheira. *A dúvida registrária*. Coleção Cadernos IRIB n° 3. São Paulo: IRIB, 2014, p. 8.

9 Cf. REsp 1370524/DF, Rel. Ministro MARCO BUZZI, QUARTA TURMA, julgado em 28/04/2015, DJe 27/10/2015.

Tendo em vista a competência legislativa concorrente em matéria de procedimento de dúvida registral (art. 24, *caput*, inciso XI, da Constituição da República) e a atribuição do Poder Judiciário para editar normas técnicas dirigidas aos notários e registradores (art. 20, inciso XIV, da Lei federal n° 8.935/94), a disciplina da intervenção de terceiros caberá a cada Estado e ao Distrito Federal. No âmbito do Estado do Rio de Janeiro, por exemplo, a regra do §2°do art. 433 da Consolidação Normativa Extrajudicial da Corregedoria-Geral da Justiça do Estado do Rio de Janeiro admite expressamente a assistência simples do Tabelião de Notas que houver lavrado a escritura pública cujo registro for negado pelo registrador de imóveis.

h) Desnecessidade de representação por advogado

A participação de advogado não é necessária em processos de natureza administrativa, conforme a jurisprudência pacífica do Supremo Tribunal Federal, valendo registrar, à guisa de ilustração desse entendimento, a Súmula Vinculante n° 5, segundo a qual a falta de defesa técnica por advogado no processo administrativo disciplinar não ofende a Constituição.

O entendimento mais condizente com a jurisprudência do STF, portanto, é o que preconiza a desnecessidade de representação por advogado na dúvida registral imobiliária. No entanto, a questão não é imune a controvérsias e divergências doutrinárias. Para Luiz Guilherme Loureiro, é dispensável a representação por advogado em sede de dúvida registral imobiliária[10]. Walter Ceneviva[11], a seu turno, entende ser ela imprescindível, sob a justificativa de que o procedimento se dá em juízo, e, nesse caso, somente é dispensada a constituição de advogado em casos expressos em lei.

Posição intermediária é adotada pelo item 39.1.4 do Código de Normas da Corregedoria-Geral da Justiça do Estado de São Paulo, que impõe, apenas para apelar, a representação do interessado por advogado.

Nosso entendimento é de que, tratando-se de processo de natureza administrativa, matéria em que compete à União Federal a edição de lei estipulando normas gerais, somente lei federal pode dispor sobre a obrigatoriedade ou não do advogado em procedimento de dúvida registral. Não tendo a LRP determinado expressamente a obrigatória representação do particular por advogado, a presença deste é dispensável, mormente em virtude da decisão proferida pelo STF na ADI n° 1.127/DF, na qual se decidiu pela inconstitucionalidade da expressão "qualquer" do inciso I do §1° do

---

10 Esse também é o entendimento de LOUREIRO, Luiz Guilherme. Registros Públicos: Teoria e Prática. 4ª Ed. São Paulo: Método, 2013. p. 368.

11 CENEVIVA, Walter. Lei dos Registros Públicos. 20ª Ed. São Paulo: Saraiva, 2010. f. 518.

art. 1° da Lei federal n° 8.906/94, justamente para permitir o processamento de pedidos de natureza administrativa, sem a representação por advogado, em órgãos do Poder Judiciário.

3. Procedimento da dúvida

O procedimento da dúvida registral é simples: apresentado o título, o delegatário imediatamente procederá à prenotação deste no Livro 1 e a partir daí terá o prazo de 30 dias para proceder ao exame e registro ou averbação. O registrador, após o exame completo do título, emitirá, por escrito, sua nota de devolução com as exigências legais para o registro ou averbação. Se com todas elas ou apenas parte delas não se conformar o apresentante[12], poderá ele requerer, por meio escrito, ao registrador que este suscite dúvida ao juízo competente segundo a lei de organização judiciária[13]. É essencial destacar que o apresentante não tem o dever de produzir argumentação jurídica para que o registrador suscite a dúvida. A ocorrência da dúvida será anotada pelo registrador e o prazo dos efeitos da prenotação do título – trinta dias a contar da sua apresentação - será automaticamente prorrogado para a data do desfecho do procedimento, que se dará com a preclusão (a redação do art. 203 da LRP nesse ponto foi infeliz, por se valer da expressão "transitada em julgado"). Tendo formulado a dúvida, o registrador dará ciência dos termos da dúvida ao apresentante e, a seguir, deverá notificá-lo para apresentar impugnação, em quinze dias, a qual deverá ser subscrita pelo interessado por força do art. 199 da LRP. O registrador, como já demonstrado em outro passo, tem o dever, por força do art. 30, inciso XIII, da Lei federal n° 8.935/94, de, feito o requerimento por escrito, elaborar a dúvida e suscitá-la ao juízo competente. Com ou sem impugnação, a

---

12 Em sentido contrário, ou seja, pela inadmissibilidade de irresignação parcial, sob pena de o juiz considerar prejudicada a dúvida, cf. SARMENTO FILHO, Eduardo Sócrates Castanheira. *A dúvida registrária*. Coleção Cadernos IRIB n° 3. São Paulo: Irib, 2014, p. 13.

13 De acordo com o art. 48, inciso II, da Lei fluminense n° 6.596/2015, Lei de Organização e Divisão Judiciária do Estado do Rio de Janeiro (LODJERJ), compete aos juízes de direito em matéria de registros públicos processar e decidir as dúvidas levantadas por notários e oficiais de registros públicos, ressalvado o cumprimento de ordem proferida por outro juiz. A redação do dispositivo é bastante precisa: sendo a dúvida registral procedimento administrativo, o juiz a decide (não a julga); a dúvida pode ser levantada não apenas por registradores, mas também por notários, embora a LRP não o admita expressamente, sob pena de conferir tratamento anti-isonômico entre estes e aqueles, ambos prestadores de serviço público delegado pelo Estado por meio de concurso público e, jamais uma decisão administrativa em processo de dúvida registral poderá sobrepujar decisão jurisdicional, por força do art. 5°, inciso XXXV, da Lei Maior, daí o acerto da ressalva da parte final do dispositivo.

dúvida será remetida ao Ministério Público, a quem se deverá oportunizar manifestação, por força do art. 200 da LRP. Podem ser requeridas diligências ao juiz - mas não instrução probatória ampla – cabendo-lhe decidir a dúvida com base nos elementos constantes dos autos (art. 201 da LRP). Sobrevindo a sentença, caberão embargos de declaração (que não é um recurso tipicamente jurisdicional, previsto que é em inúmeras modalidades de processo administrativo) e apelação. Esta, por sua vez, poderá ser manejada apenas pelo interessado no registro ou averbação, pelo terceiro prejudicado e pelo Ministério Público. Nem o apresentante nem o registrador têm legitimidade para recorrer da sentença[14]. "Transitada em julgado" (*rectius*: preclusa) a sentença ou decisão que decidir pela procedência da dúvida, os documentos serão restituídos à parte, independentemente de translado, dando-se ciência da decisão ao oficial, para que a consigne no Protocolo e cancele a prenotação. Se a dúvida for julgada improcedente, o interessado apresentará, de novo, os seus documentos, com o respectivo mandado, ou certidão da sentença, que ficarão arquivados, para que, desde logo, se proceda ao registro, declarando o oficial o fato na coluna de anotações do protocolo.

4. Efeitos

O principal efeito da dúvida registraria é a prorrogação do prazo de prenotação. A prioridade gerada pela prenotação do título é determinante para a preferência de um direito real sobre qualquer outro, em virtude da regra do art. 186 da LRP. Assim, a prorrogação dos efeitos da prenotação decorrente da suscitação de dúvida confere ao interessado no registro do título a segurança de, pelo menos até o desfecho do procedimento, impedir a cessação dos efeitos da prenotação. Esta, caso cancelada, fará com que o direito real assentado no título deixe de ter preferência, possibilitando, assim, que outro título atributivo de direito real sobre aquele imóvel passe a gozar de prioridade no registro imobiliário.

A sentença ou decisão proferida em sede dúvida registral só é idônea a produzir efeitos após a preclusão, ou, na infeliz redação do art. 203 da LRP, após "transitada em julgado". A procedência da dúvida induz ao cancelamento da prenotação, com perda da prioridade do título apresentado e, consequentemente, da preferência do direito real por ele atribuído. Por sua vez, a improcedência da dúvida induz ao registro do título, que retroagirá à data da prenotação (art. 1.246 do Código Civil).

---

14 Por força do §2° do art. 48 da LODJERJ, salvo algumas exceções, a sentença que decidir dúvida registral está sujeita à revisão obrigatória pelo Conselho da Magistratura ("duplo grau obrigatório de jurisdição"), a quem compete também apreciar os recursos voluntários, inclusive a apelação.

5. Conclusões

Ao longo do presente estudo foram abordados temas de Direito Constitucional, Administrativo, Civil e Processo Civil, o que demonstra a harmonia do Direito Registral com todos os ramos do Direito. Um dos muitos legados do Professor Sylvio Capanema de Souza foi exatamente esse: ele demonstrou como ninguém em suas aulas e textos que o Direito é, antes de tudo, harmonia.

Princípios de Direito Registral Imobiliário

Eduardo Sócrates Castanheira Sarmento Filho

Para a correta interpretação e aplicação do Direito Registral Imobiliário é fundamental o domínio dos princípios que o informam, pois a solução de grande parte das questões que se apresentam no dia a dia dos serviços registrais depende do correto manejo deles[1]. Basta um simples exame da jurisprudência registral para verificar que a grande maioria dos julgados faz referência aos princípios.Critica-se, com razão, a tendência de aumento do número desses princípios, sem emprego do necessário rigor científico.

De todo modo, incontestáveis os benefícios do seu correto emprego. Basta nos referirmos, por exemplo, ao princípio da continuidade e nos pouparemos do trabalho de formular uma longa explicação sobre o seu significado, economizando tempo e afastando digressões inúteis.

Possuem, pois, a função de estruturar o sistema, dando-lhe unidade. Na prática, os princípios são empregados no momento que se denomina de qualificação registral, processo pelo qual o oficial registrador decide pelo ingresso, ou não, do título no fólio real.

A construção teórica dos princípios registrais tem origem nos trabalhos publicados na Espanha, entre os anos de 1926 e 1929, por Jerônimo Gonzáles, na Revista Crítica de Derecho Inmobiliario, por ele fundada em 1925[2].

No atual estágio histórico do pensamento jurídico, considera-se a norma jurídica como gênero dos quais os princípios e as regras são as espécies. Inegável, pois, o *status* de norma alcançado pelos princípios.

Inexiste uniformidade quanto ao número de princípios, de sorte que haverá uma variação deles de acordo com o autor consultado. A seguir, far-se-á o exame daqueles mais referidos na doutrina[3].

---

1   Luis Carral y De Teresa afirma que *"os princípios registrais nos servem de guia para economizar preceitos"*.
2   Como informa TARTIÈRI, Gabriel De Reina. *Op. cit.*, p. 6 e também Angel Cristóbal Montes. *Op. cit.*, p. 209.
3   A Consolidação Normativa da Corregedoria de Justiça do Estado do Rio de Janeiro, no seu art. 408, enumera os princípios, apresentando, ainda, uma sumária definição de cada um deles.

Princípio da publicidade

A publicidade é uma característica ínsita a todos os tipos de registro, constituindo-se, ainda, em um princípio segundo o qual o conteúdo do ato registrado é passível de conhecimento por toda a coletividade, mediante a simples solicitação de certidões[4], tendo, por conseguinte, eficácia *erga omnes*[5].

Não se pode alegar desconhecimento do seu conteúdo, havendo presunção absoluta de ciência por parte de terceiros.

Em síntese, pode-se afirmar que a publicidade é uma atividade dirigida a tornar notório um fato ou uma situação jurídica[6].

A publicidade registral se dá pela divulgação dos atos e dos direitos inscritos. Os assentamentos registrais, como regra, são públicos, acessíveis ao conhecimento geral, não havendo necessidade de justificar o interesse que enseja o requerimento de certidões, na forma do art. 17 da LRP e do art. 410 da Consolidação Normativa da Corregedoria Geral da Justiça do Estado do Rio de Janeiro.

Há, no entanto, exceções a esse princípio. Lembre-se que no Registro Civil das Pessoas Naturais omite-se, nas certidões expedidas, o fato de ter havido adoção, somente sendo possível ter conhecimento dos nomes dos pais biológicos mediante determinação judicial.

No Registro de Imóveis, por sua vez, a publicidade é, em regra, irrestrita, embora haja uma tendência mundial de se assegurar maior proteção de dados relativos aos proprietários de imóveis.

Apesar de não existir norma expressa na seara do registro imobiliário limitando o acesso a esses dados, há casos que impõe soluções restritivas, de modo a assegurar o princípio da dignidade humana e preservar a intimidade das pessoas que constam dos assentamentos.

Pense-se, contudo, na hipótese de troca de nome em razão do reconhecimento do transexualismo do proprietário de um imóvel. Em tais casos têm sido utilizadas diferentes posturas: (i) consignar no assentamento a ordem judicial que determinou a mudança de nome, expondo a intimidade do proprietário; ii) fazer uma mera averbação noticiando a mudança de nome, e cria-se uma nova ficha de matrícula, já com o novo nome, sem referência ao motivo, protegendo a intimidade do interessado. Parece melhor a segunda postura.

---

4   Ver art. 19, da LRP e o art. 5º, inc. XXXIII, da Constituição Federal.
5   Não tem a ver com os efeitos resultantes do registro (se constitutivo ou declaratório).
6   ESPANÉS, Luis Moisset. **Publicidad Registral**. Córdoba: Advocatus, p. 239.

A publicidade se realiza indiretamente por meio de expedição de certidões, que reproduzem o teor do assento registral, somente se autorizando acesso direto aos livros nos casos de memorial de incorporação imobiliária e de memorial de loteamento, por expressa determinação legal.

Princípio da legitimação

O princípio da legitimação confere uma presunção de veracidade ao ato inscrito, autorizando os titulares dos direitos a atuarem na defesa deles, judicialmente ou extrajudicialmente, até que haja o seu cancelamento, na forma do art. 250, I, da LRP e do §2º do art. 1.245 do Código Civil.

Destarte, até o seu cancelamento, o titular do direito inscrito tem a seu favor todos os benefícios que a inscrição gera.

Princípio da fé pública registral

O princípio da fé pública registral diz respeito ao valor que se deve dar ao conteúdo do registro em face do terceiro que confiou nas informações constantes do fólio real[7].

Em termos práticos, cuida de solucionar a difícil questão de estabelecer quem merece proteção prioritária: o verdadeiro titular do domínio ou o adquirente do imóvel que, estando de boa-fé, efetuou a compra confiando na informação contida no registro imobiliário[8].

No ordenamento jurídico espanhol, por exemplo, consagra-se integralmente o princípio da fé pública, privilegiando-se a segurança dos negócios[9].

Protege-se o adquirente de boa-fé, desde que a anulação ou resolução do negócio que outorgou a propriedade ao alienante se dê por razões que não constem da tábula registral[10].

---

[7] Não se trata aqui do sentido usualmente empregado para expressão fé pública, significando a presunção de que emana dos atos atestados pelo delegatário.

[8] MUSCARI, Marco Antonio Botto. Presunção de má-fé nas transações imobiliárias? In: **RDI** 63/287.

[9] LOUREIRO. Luiz Guilherme. **Direitos Reais**. São Paulo: Método, p. 262. Ensina Loureiro que: "*Na Espanha, dentre dois interesses relevantes – de um lado, a segurança e a estabilidade das relações, e, de outro, o interesse do verdadeiro proprietário – optou-se pelo primeiro. Assim, mesmo na hipótese de compra a non domino o adquirente do imóvel por contrato oneroso, que confiou nos dados do registro imobiliário, não perderá o domínio para o verdadeiro proprietário, desde que tenha procedido de boa-fé. O verdadeiro dono perderá a propriedade e terá direito, tão somente, a exigir reparação de danos contra quem de direito*".

[10] PICAZO, Luis Diéz. **Sistema de Derecho Civil**. Derecho das cosas Y Derecho Inmobiliario Registral. 7. ed. Madrid: Tecnos, v. III, p. 283, *apud* MELO, Marcelo Augusto Santana

Na Alemanha, tal princípio está igualmente contemplado no Código Civil (BGB)[11].

No Brasil, o sistema adotado é bastante parecido com o alemão, na medida em que o registro é exigência, em regra, para a constituição do direito real, mas dele se distinguia, até a adoção da Lei n° 13.097/2015, por não adotar o princípio em estudo, de modo que o verdadeiro proprietário poderia reivindicar o domínio mesmo do terceiro adquirente de boa-fé[12].

É que o parágrafo primeiro do art. 1.247 do Código Civil possibilitava ao verdadeiro proprietário reclamar o bem após cancelar o registro que atri-

---

de. *In:* **O Registro de Imóveis e o Princípio da Fé Pública registral. Belo Horizonte**. Disponível em: <www.fm.registroaracatuba.com.br/plugins/filem>. O referido autor elucida a questão afirmando: *"Sabemos que, em virtude do disposto no art. 34 LH, a inscrição não tem força convalidante dos atos e contratos que sejam nulos com base nas leis. Portanto, embora o terceiro cumpra com todos os requisitos do art. 34, o que não poderão apagar-se serão os vícios de que adoeça o próprio negócio de aquisição (falsidade e etc). Em relação com o art. 34 da Lei Hipotecária, entretanto, entende-se por protegido ao sub-adquirente que reúne os requisitos do mesmo. Assim, por exemplo, A realiza a favor de B uma doação que é nula. B logra a inscrição de seu direito de propriedade, adquirido mediante a doação nula, no Registro. Isso não implica que a doação seja válida, senão que segue nula. Mas se B vende a coisa doada a C e este reúne os requisitos do art. 34 da LH, fica protegido em sua aquisição, sempre e quando a causa da nulidade não conste do próprio registro do domínio de B".*

11 Permita-se uma breve transcrição de Nussbaum, em sua obra clássica sobre o Direito Hipotecário Alemão (NUSSBAUM, Arthur. **Tratado de Derecho Hipotecário Alemán**. Madrid, 1929. p. 41). Acerca do princípio da fé-pública ensina o tratadista alemão que: *"en su virtud, las inscripciones del Registro se reputan por verdaderas aun cuando no lo sean en realidad, para todo aquel que, de buena fe y por acto voluntario, adquiera derechos sobre una finca – o sobre otro derecho inmobiliario, v.gr., sobre una hipoteca-Supongamos, por ej. que X hace que se inscriba a su nombre una hipoteca, falsificando la necesaria autorización del dueño de la finca. Si luego Z adquire de buena fe esta hipoteca, la adquisición será perfectamente válida dentro de los términos de las inscripción, pues X se reputa con respecto a él como verdadero hipotecarista".*

12 O art. 252 da LRP não deixa dúvida quanto a essa característica ao proclamar. *"**Art. 252**. O registro, enquanto não cancelado, produz todos os efeitos ainda que, por outra maneira, se prove que o título está desfeito, anulado, extinto ou rescindido".* Observe--se, ainda, que o direito pátrio garante ao adquirente de boa-fé demandar o vendedor pela evicção sofrida. Em sentido contrário, Marcelo Terra sustenta que, implicitamente, o sistema brasileiro acolhe o princípio da fé pública (A Fé Pública Registral. RDI 26/36). Marcelo Terra não se fundamenta no art. 859 do CC de 1916, mas no art. 5º do mesmo diploma legal. José Oliveira Ascensão, por sua vez, sustenta a proteção do adquirente de boa-fé com base no argumento de que não se justifica a existência da instituição registral se não confere proteção ao adquirente. (RF 293/33).

buiu o domínio a *outrem* em decorrência de compra feita ao proprietário aparente[13].

Não obstante, antes mesmo da edição da Lei nº 13.097/2015, já se percebia no direito brasileiro uma tendência de reforçar a posição do adquirente de boa-fé e da segurança jurídica, prestigiando-se a aparência.

Em caso de falhas do sistema, o prejuízo recaía, em regra, sobre o adquirente, ainda que de boa-fé, como, por exemplo, na hipótese de ter havido declaração de falsificação da assinatura do proprietário em uma escritura de compra e venda, pois o verdadeiro proprietário lesado poderia anular o negócio, o que gerava insegurança para os negócios imobiliários.

Para se evitar situações desse tipo, ainda que de modo pouco técnico, foi acolhido o princípio da fé pública registral com a edição da Lei nº 13.097/15[14]. Isso porque, o parágrafo único do art. 54 do novel diploma legal assegura ao terceiro adquirente de boa-fé, que registra seu título, a manutenção da propriedade, não sendo oponível a ele vícios no negócio translativo do domínio do vendedor com o seu *dante causa*, não constantes da tábua registral. Saliente-se, contudo, que há autores que não reconhecem a adoção desse princípio.

Mesmo sem levar em conta a inovação trazida pela Lei nº 13.097/15, Leonardo Brandelli, em obra de fôlego e muito bem estruturada, sustenta que o sistema brasileiro protege o terceiro adquirente de boa-fé com fulcro na proteção da aparência jurídica.[15]

Princípio da legalidade

É aquele que impõe ao registrador examinar a observância das normas e dos princípios que incidem em um determinado negócio jurídico consubstanciado no título. O respeito a tal princípio se impõe em todo sistema que

---

13   Há doutrina e jurisprudência que, apesar da norma em comento, consideram que, se a aquisição for feita onerosamente e de boa-fé, o proprietário lesado buscará indenização contra o transmitente aparente, mantendo-se a alienação *a non domino*. Sobre a aquisição a *non domino no direito português, veja-se* RDI 66/99.

14   Já havia pensamentos, minoritários é verdade, sustentando já existir tal princípio desde o Código Civil de 1916. Para Philadelho de Azevedo, *"indubitavelmente, protege o terceiro adquirente de boa-fé que recebeu o imóvel indevidamente e alienou. Ao estabelecer a possibilidade da reivindicação, em casos de má-fé ou aquisição a título gratuito, automaticamente proibiu a mesma nas hipóteses contrárias - aquisição a título oneroso e boa-fé do adquirente".*

15   BRANDELLI, Leonardo. **Registro de Imóveis - Eficácia Material**. Rio de Janeiro, Forense, 2016.

reconheça efeitos substantivos ao registro, outorgando, por consequência, proteção considerável ao adquirente.

O controle da legalidade é feito, também, pelo Poder Judiciário ao exercer a sua função fiscalizatória, na forma do §1º do art. 236 da CF/88, podendo, ainda, editar normas técnicas vinculativas, na forma dos arts. 37 e 38, ambos da LNR.

Definir quem é o juiz competente para editar essas normas técnicas é tarefa que incumbe às leis de organização judiciária de cada um dos estados da federação.

Advirta-se que não deve ser vinculativa qualquer decisão isolada, mesmo que de tribunais superiores, pois, muitas vezes, estão em contradição com a jurisprudência dominante, e afrontam, ainda, normas administrativas editadas pelas Corregedorias da Justiça.

Também o Conselho Nacional de Justiça, órgão criado pela Emenda Constitucional 45/2004, deve exercer tal fiscalização, podendo, inclusive, avocar procedimentos em curso nas justiças estaduais, na forma do art. 103-B, §4°, III, da Constituição Federal.

Outro coadjuvante do controle de legalidade é o Ministério Público, pois deve ser ouvido nos procedimentos de dúvida, além de ter legitimidade para requerer o cancelamento de registros nulos[16].

Princípio da prioridade

Afrânio de Carvalho[17] explica que o princípio em tela *"significa que, num concurso de direitos reais sobre um imóvel, estes não ocupam todos o mesmo posto, mas se graduam e classificam por uma relação de precedência fundada na ordem cronológica do seu aparecimento:* **prior tempore prior jure**".

Em sentido aproximado, veja-se o conceito formulado por Angel Cristóbal Montes, asseverando que *"é o princípio em virtude do qual o ato registrável que primeiro ingressa no registro se antepõe, ou torna-se de categoria superior a qualquer outro ato registrável incompatível ou prejudicial ao já inscrito"*[18].

---

16   Nesse sentido, veja-se PIRES NETO, Ari Álvares. Registro, Cancelamento e Bloqueio de Matrícula. *In:* TUSTKIN, Cláudia Fonseca (Org.). **Novo Direito Imobiliário e Registral**. Quartier Latin, 2008, p. 412.

17   CARVALHO, Afrânio de. *Op. cit.* p.191

18   MONTES, Angel Cristóbal. *Op. cit.*, p. 299.

Observe-se que essa última definição comete uma imprecisão recorrente na doutrina, na medida em que não há que se falar em prioridade quando já registrado um dos títulos contraditórios[19] existentes sobre o mesmo imóvel, mas apenas quando ambos estejam prenotados. É que, se já houve o registro, o primeiro título registrado exclui o outro, por força do princípio da oponibilidade do direito real inscrito.

Em termos práticos, significa o princípio que havendo sido protocolados dois títulos de venda de um mesmo imóvel, irá ganhar o registro aquele que recebeu o número de ordem mais baixo no livro de protocolo.

Princípio da continuidade ou do trato sucessivo

Tal princípio preconiza um encadeamento entre os assentamentos registrais. Para o lançamento de um ato, é necessário que haja um registro anterior a ele relacionado, de tal maneira que *"a série de títulos inscritos produza uma 'genealogia de titulares*[20/21].

Logo, a propriedade transferida deve, necessariamente, estar registrada em nome do vendedor ou do executado, em caso de alienação forçada[22].

Nesse diapasão, veja-se Afrânio de Carvalho, para quem o princípio da continuidade quer dizer que, *"em relação a cada imóvel, adequadamente individuado, deve existir uma cadeia de titularidades à vista da qual só se fará a inscrição de um direito se o outorgante dele aparecer no registro como seu titular anterior"*[23].

Ocorrem casos, todavia, em que se dispensa a obediência ao princípio em estudo.

---

19 Contraditórios são aqueles títulos que se referem ao mesmo imóvel. Por sua vez, o título contraditório pode ser excludente ou não.

20 Informa SANZ FERNANDES que o trato sucessivo se aplica a todo tipo de atos inscritíveis e não somente a atos de transmissão ou gravame, inclusive títulos declarativos (*Op. cit.*, Tomo II, p. 100).

21 Cf. Chyco e Ortiz. *Op. cit.* p. 394-395.

22 "Registro de Imóveis – Carta de adjudicação expedida em ação judicial movida contra sociedade comercial-imóvel registrado em nome dos sócios- ausência da indicação no título judicial do reconhecimento de responsabilidade dos sócios pelas dívidas da empresa – violação do princípio da continuidade-necessidade da expressa referência dessa circunstância no título – acesso ao registro tabular negado – Recurso não provido". (Acórdão no processo nº 0014584.20.2010.8.26.0100, do Conselho Superior da Magistratura de São Paulo, relator Maurício Vidigal, publicado em 23.09.2011).

23 CARVALHO, Afrânio. *Op. cit.* p. 304.

A usucapião[24] e a desapropriação, sendo modos originários de aquisição da propriedade, não estão sujeitos ao princípio.

A aquisição de imóvel em hasta pública, por sua vez, apresenta certa discrepância na doutrina e na jurisprudência quanto ao fato de ser modo originário ou derivado de aquisição.[25]

Parece mais adequada a posição que sustenta tratar-se de modo derivado, pois, como ensina Araken de Assis[26], *"transfere a arrematação a coisa com todos os ônus que a oneravam, tirante os direitos reais de garantia"*[27], porquanto se trata de aquisição derivativa (*nemo plus iuris in alios transfere potest quam haberet*).

Prossegue o prestigiado autor afirmando que *"à hasta pública sobrevivem, pois, as servidões, o uso, a habitação, a enfiteuse, o usufruto, salvo, aqui também, a constituição fraudulenta desses gravames"*.

Assim, se o imóvel não estiver registrado em nome do executado, deverá o oficial consultar[28] o juiz que expediu a carta, alertando-o para a ofensa ao princípio da continuidade. Nesse sentido, afirma Josué Modesto[29] que *"nada há que, com base na arrematação, autorize que a historicidade do registro seja quebrada manu militari: como salienta Assis "o registro do título e tema estranho à execução"*.

Não vejo qualquer afronta ao princípio da continuidade a não exigência do registro da promessa. Ora, quem estará transmitindo a propriedade é aquele em nome de quem está registrado o bem, não caracterizando qualquer salto na cadeia sucessória.

Ademais, não teria qualquer vantagem para o promitente vendedor ou para a defesa do direito de terceiros a exigência do duplo registro[30].

---

24 Apesar de o novo Código Civil ter adotado o gênero feminino para o termo, continuamos a usá-lo no masculino em homenagem à tradição e, também, porque escorreito do ponto de vista gramatical. (Cf. ASSUNÇÃO, Lutero Xavier. **O Direito Fundiário Brasileiro**. Bauru: Edipro, p. 61)

25 PASSOS, Josué Modesto. A arrematação no Registro de Imóveis, 2014. São Paulo: RT: p 111. O autor põe em xeque a ideia de que a aquisição originária, em todas as hipóteses, implica no surgimento de um direito sem restrição alguma.

26 ASSIS, Araken de. **Manual do Processo de Execução**. 4. ed. São Paulo: RT, p. 579.

27 O art. 849, inc. VIII, estabelece que, intimado o credor hipotecário (826 e CC), fica extinta a hipoteca pela arrematação ou pela adjudicação.

28 Aconselhando que em tais casos seja barrada a carta de arrematação, veja-se comentário de Serpa Lopes. *Op. cit*, v. IV, p. 543.

29 PASSOS, Josué Modesto. *Op.cit.*, p.135.

30 *"Como exemplo, a dispensa do registro do compromisso de compra e venda, registrando-se apenas o título definitivo de alienação. Também muito frequente é a dispen-*

No Estado do Rio de Janeiro, prevalecia a orientação contrária, defendida pelo registrador Fernando Bezerra Falcão em excelente trabalho doutrinário, que serviu de fundamento para decisões do órgão especial do Tribunal de Justiça[31].

Ocorre que o Conselho da Magistratura editou o Enunciado nº 08, prescrevendo o seguinte: *"Desnecessária a exigência do registro da promessa de compra e venda para fins de registro de escritura definitiva de compra e venda, desde que preservada a cadeia sucessória dominal, e respeitado o princípio da continuidade registral."*

Situação diversa é aquela em que há o registro da promessa de compra e venda e verifica-se a existência de cessões posteriores. Nessa hipótese, deverá se exigir o prévio registro das cessões que derivam da promessa registrada[32].

O Conselho da Magistratura de São Paulo tem decidido que não é necessária a anuência dos cedentes para o registro de compra e venda da qual participam os proprietários tabulares e a última cessionária, tendo em vista a existência de compromisso de compra e venda registrado com sucessivas cessões (Ap. 1040210-48.2015.8.26.0100).[33]

Princípio da especialidade

A face subjetiva desse princípio consubstancia a ideia de que todos os participantes do registro devem ser identificados de maneira a propiciar

---

sa do registro do compromisso de compra e venda e de posterior cessão de direitos, registrando-se apenas a escritura de compra e venda em que o proprietário tabular aliena o imóvel diretamente ao cessionário, permanecendo o compromisso e a cessão fatos alheios ao registro, embora referidos na escritura. É como tem decidido o conselho superior da magistratura do estado de São Paulo". (CSMSP. Ap. Cível 081307-0/4. 18.02.2002. São Caetano do Sul. Rel. Luis Macedo)

31 FALCÃO, Fernando Bezerra. **Boletim Irib** 201/ 94, p. 1-4.

32 Consigne-se, entretanto, que há julgamentos em sentido contrário. Veja-se, entre outros, o seguinte: *"Registro de Imóvies- Ação judicial de adjudicação compulsória promovida em face dos que constam como proprietários do imóvel. Desnecissidade do registro dos documentos que instrumentalizam os sucessivos compromissos de compra e venda- Irrelevância do registro de um deles - Desqualificação registral afastada - Carta de sentença passível de registro- Dúvida improcedente"* (Ap. 0020761-10.2011.8.26.0344, Rel. Des. Renato Nalini, julgamento em 25/10/2102).

33 Invoca o julgado o acórdão proferido no STJ, no REsp 648.468: *"Alienação compulsória. Litisconsórcio. Cedentes. 1. Na ação de adjudicação compulsória, é desnecessária a presença dos cedentes como litisconsortes sendo corretamente ajuizada a ação contra o promitente vendedor. 2. Recurso conhecido e provido"*.

certeza quanto à titularidade dos direitos inscritos. Assim, a matrícula deve conter o nome completo, CPF ou CNPJ do titular, além dos outros dados qualificativos estabelecidos no art. 176, II, da LRP.

É possível complementar dados de qualificação que não estejam informados na matrícula, desde que segura a identificação da titularidade registral. O titular registral não precisa, necessariamente, já estar identificado, bastando que seja identificável, como na hipótese do nascituro.

Por vezes se baralham os conceitos da especialidade com o de continuidade. No trato sucessivo, deve haver coincidência entre aquele que aparece no título como alienante e o titular registral. Para se obedecer ao princípio da especialidade subjetiva, entretanto, basta que haja a determinação do titular do direito[34].

É salutar uma certa flexibilização na aplicação do princípio, seja por determinação legal, seja pela construção jurisprudencial, para não frustrar os objetivos maiores do sistema registral[35].

Por sua vez, o imóvel, para atender ao aspecto objetivo desse princípio, deve estar descrito como um corpo certo, inconfundível com outro qualquer, na forma do art. 176, 1, II, 3 da LRP. Caso o bem seja rural, a descrição deverá ser feita por meio da técnica do georreferenciamento.

A exata descrição do bem permite o controle da disponibilidade quantitativa, impedindo a venda de maior quantidade de área do que a efetivamente existente após sucessivos parcelamentos.

O princípio deve ser mitigado para não se tornar um estorvo, impedindo o comércio imobiliário. Sem tal flexibilização, muitos títulos dificilmente poderiam ingressar na tábula registral, especialmente aqueles mais antigos, nos quais as descrições são precárias[36].

Existindo elementos para a localização do bem, e estando de acordo com o registro, embora precariamente descrito, deve ser acolhido o título, ficando a sua retificação para o futuro.

---

34 VENTURA, Gabriel B. **Tracto abreviado registral**. Buenos Aires: De Palma, 2005. pp. 113-114.

35 No direito espanhol, por exemplo, dispensa o art. 92 da LH a indicação do regime de bens quando os adquirentes são casados no estrangeiro e não indica a certidão respectiva o regime a ser aplicado.

36 Augusto, Eduardo Agostinho Arruda. Registro de Imóveis, Retificação de Registro e Georreferenciamento: Fundamentos e Prática. Saraiva, 2013, p. 353. Defende o autor posição mais liberal, salientando que *"Por mais precária que seja, a descrição constante da transcrição deve ser aceita para a abertura de matrícula e possibilitar o registro do título apresentado (...)."*

Consigne-se, todavia, tendência recente do Conselho Superior da Magistratura de São Paulo no sentido de condicionar o registro de títulos com deficiência descritiva à prévia retificação.[37] Entretanto, não se permite que um imóvel com descrição imprecisa possa gerar, por fusão ou desmembramento, nova unidade com figura e descrição precisas[38]. Averbe-se, contudo, a existência de muitas decisões[39] que flexibilizam o princípio, admitindo pequenas discrepâncias na descrição do imóvel.

Princípio da cindibilidade

Toda a atividade do registrador deve estar voltada para facilitar o ingresso do título na tábula registral, desde que não haja ofensa ao ordenamento jurídico.

Permite-se por tal princípio que, a requerimento dos interessados, possa haver o registro de certos atos contidos em um único título, deixando-se o registro de outros para um momento futuro, seja em razão da necessidade de se realizar uma retificação, seja por algum entrave de ordem burocrática.

É comum se apresentar um formal de partilha com vários herdeiros e diferentes imóveis, requerendo-se o registro de apenas alguns deles, o que deve ser deferido.

Contudo, a aplicação do princípio não pode ser excessivamente abrangente. Vindo a registro uma escritura pública contendo dois negócios jurídicos distintos, porém interligados, como, por exemplo, uma doação com reserva de usufruto, não seria aceitável requerer apenas o registro de um deles.

---

37 Nesse sentido, Ap.Cív. nº 524-6/3-CSM-SP.

38 Cf. Parecer da Corregedoria-Geral de Justiça de São Paulo de 30.06.1997, proferido no Processo . 1002/97, publicado no Diário Oficial de 02.07.1997.

39 Conselho da Magistratura Paulista, todavia, tem admitido pequenas discrepâncias ou "*incoincidências entre o título e o registro pode ser superada se do cartório constam elementos que permitem o registro, com as características dadas ao imóvel no título*". (AC 1992-0, de 02.12.1982). No mesmo sentido, veja-se LOUREIRO, Luiz Guilherme. **Registros Públicos. Teoria e Prática**. Método, 2011. pp. 229-230. Ensina Loureiro o seguinte: "*ainda que a descrição contida no título não seja idêntica ao do registro, deve ser aquele acolhido quando as características nele assinaladas, com os elementos arquivados em cartório, permitam concluir que efetivamente se trata do imóvel registrado. O espírito da norma legal é garantir a segurança do ato de alienação imobiliária, de forma que um excessivo rigor por parte do registrador (ao exigir identidade das descrições) viola o direito do adquirente em se tornar proprietário ou titular do direito real em questão*".

Mostra-se, também, inaceitável a pretensão de se fazer uma cisão do ato, apenas fazendo constar do registro a parte do negócio jurídico que interessa ao comprador, gerando futuro problema para terceiros, sejam os credores, sejam os futuros adquirentes do imóvel matriculado.

Pense-se no caso de uma doação com cláusula de inalienabilidade. Obviamente, não pode ser acolhido só o registro da doação.

Princípio da rogação ou da instância

O oficial, em regra, só age quando provocado, na forma do art. 13 da LRP:

> *"Art. 13.* Salvo as anotações e as averbações obrigatórias, os atos do registro serão praticados:
>
> I – por ordem judicial;
>
> II – a requerimento verbal ou escrito dos interessados;
>
> III – a requerimento do Ministério Público, quando a lei autorizar".

Excepcionalmente, pode o oficial agir de ofício, consoante se verifica das hipóteses dos art. 167, II, 13, 213, I e 230, todos da Lei de Registros Públicos.

Em princípio, bastam o requerimento verbal[40] e a apresentação do título. Cabe ao apresentante juntar cópia autenticada de sua carteira de identidade, na forma do inc. II, do art. 420 da Consolidação Normativa da Corregedoria Geral da Justiça do Estado do Rio de Janeiro.

Princípio da Unicidade da matrícula

O §1º do art. 176 contém a regra da unicidade (ou unitariedade) da matrícula, que, para muitos, é um princípio registral. Não se admite matrícula contendo mais de um imóvel. A unicidade da matrícula, porém, não parece ser um dogma.

Marcelo Terra[41] observa que o princípio da unicidade deve ser temperado, levando-se em conta o aspecto econômico e não simplesmente físico da propriedade, como ocorre no sistema espanhol em que uma gleba cor-

---

40 Para o cancelamento e para a modificação de características do imóvel, exige-se requerimento escrito.

41 TERRA, Marcelo. A propósito da enfiteuse (uma nova abordagem ao princípio da unitariedade da matrícula) – Contribuição aos estudos do XXVII Encontro de Oficiais de Registro de Imóveis do Brasil. Vitória-ES- 7 a 11.08.2000.

tada por uma estrada não perde sua unidade. Lembra o referido autor, que, há um caso em que s matrículas abriga dois imóveis diferentes, como na hipótese de conter uma parte situada no alodial e outra parte localizada em terreno de marinha.

Princípio da tipicidade registral

No direito português (art. 1.306, 1, do Código Civil), diferentemente do que ocorre em nosso sistema, há regra proclamando a tipicidade dos direitos reais, que só podem ser criados por lei.

Existe, contudo, quase um consenso na doutrina nacional no sentido de que os direitos reais são *numerus clausus*, somente podendo se enquadrar nessa categoria os direitos enumerados no art. 1.225 do Código Civil.

Nota-se, entretanto, uma tendência de flexibilização desse pensamento ditada pelas transformações sociais, cada vez mais rápidas e complexas. Basta, para esses doutrinadores, que o direito, mesmo não estando no rol expresso dos direitos reais, se amolde ao figurino legal dos direitos reais, contendo todos os seus elementos[42].

No direito registral imobiliário, questão análoga se põe com relação ao fato de ser, ou não, taxativo o rol de atos previstos no art. 167 da LRP[43].

Nessa seara, ganha força o pensamento que nega o caráter *numerus clausus* do art. 167, embora muitos autores tratem a tipicidade como princípio registral imobiliário.

Evidente que, se o ato não estiver enumerado no art. 167 da LRP, mas prevista sua inscrição em outra lei, não há como se negar o registro.

Por seu turno, a lei registral não esgota todas as possibilidades de registro, como adverte Walter Ceneviva, citando o exemplo da renúncia ao direito de propriedade[44] prevista no art. 1.275, II, do Código Civil e o da per-

---

42 Ver, por todos, GODINHO, André. **Direitos Reais e Autonomia da Vontade**. Biblioteca de Teses. Rio de Janeiro: Renovar, 2001. p. 1330 e seguintes, principalmente.

43 JACOMINO, Sérgio. Registro de Posse. *In:* **Boletim Revista em Irib** 339, p. 59.

44 Na renúncia, o proprietário, por meio de escritura pública, deve declarar expressamente que não mais deseja o domínio do bem imóvel, devendo o título ser levado ao registro de imóveis. A propriedade, segundo a melhor doutrina, não deve retornar para o proprietário que antecedeu ao renunciante. Para alguns doutrinadores, a coisa se tornaria *res nullius*, enquanto que, para outros, não havendo *res nullius* de coisa imóvel, seria o bem arrecadado em favor do Estado. Evidentemente que os credores podem, por ação própria, anular o ato se for fraudulento. Existe divergência quanto à possibilidade de se renunciar a uma unidade condominial, causando prejuízo para os demais condôminos, que terão aumentados seus valores nas despesas de rateio,

petuidade de florestas (art. 6º da Lei nº 4.771/65), sem correspondentes na LRP, porém inscritíveis.

No que concerne aos atos de averbação, resta clara a intenção do legislador de considerar as hipóteses previstas no inc. II do art. 167 como sendo de cunho meramente enunciativo. Isto é revelado pela simples leitura do item 5, inc. II do art. 167, assim como do art. 246, ambos da LRP[45].

Verifica-se, pois, que o legislador deixou espaço para o ingresso de atos não expressamente previstos na legislação de regência, desde que se faça por meio de averbação.

---

havendo uma decisão que condicionou o ato abdicativo à prévia deliberação de assembleia, tendo, entretanto, sido reformada pelo Conselho da Magistratura de São Paulo que considerou tratar-se de ato unilateral, sem qualquer condição fixada no Código Civil. **Instituto jurídico diverso é o do abandono** (1276 CC), no qual não há manifestação expressa pelo proprietário, devendo ser investigada a intenção de se despojar do domínio. De todo modo, presume-se o abandono quando cessar o ato de posse e o pagamento dos tributos. É claro que o não pagamento, por si só, não pode significar abandono, o que seria inconstitucional. Saliente-se que, provado o abandono, qualquer pessoa pode, por usucapião, apropriar-se do bem, não se operando, assim, a arrecadação pelo Município, Distrito Federal ou pela União, para o caso de imóvel rural. A doutrina ainda não resolveu, satisfatoriamente, acerca da fixação do momento da perda, havendo quem sustente que ela somente ocorre após a arrecadação, enquanto outros doutrinadores advogam a tese de que ela ocorre no momento do abandono, pois a lei é expressa. O abandono, diferentemente da renúncia, não precisa ser registrado.

45   *Art. 167, II, 5*: *"a alteração do nome por casamento ou desquite, ou, ainda, de outras circunstâncias que, de qualquer modo, tenham influência no registro ou nas pessoas nele interessadas"*. *Art. 246*: *"Além dos casos expressamente indicados no item II do art. 167, serão averbadas nas matrículas as sub-rogações e outras ocorrências, que, por qualquer modo, alterem o registro"*.

Direito de Vizinhança.
Uso Anormal da Propriedade

Cláudio dell´Orto

Os moradores de determinada rua, onde só existem casas perceberam um aumento acentuado de baratas nos seus imóveis. Nos dias que se seguiram vários deles relataram que restos de comida estavam sendo consumidos pelas invasoras e que esconderijos foram identificados em gavetas e armários, principalmente onde estavam estocados alimentos. Um dos moradores resolveu convocar uma reunião com os vizinhos. Reuniram – se na sua casa os doze proprietários das residências localizadas naquela rua. Na reunião, após a exposição do problema, o morador e proprietário da casa 1103, pessoa muito querida e que ali residia há mais de vinte anos, pediu a palavra para esclarecer que em razão da crise econômica decorrente da pandemia da COVID – 19, fora obrigado a encerrar as atividades da papelaria que era sua única fonte de renda. Não tendo conseguido outra fonte para o sustento de sua família e temeroso de não quitar as últimas prestações do imóvel e acabar "perdendo – o", decidiu investir em um lucrativo negócio que tomou conhecimento em uma reportagem na internet: https://g1.globo.com/economia/noticia/fazendas – de – baratas – na – china – um – negocio – tao – repulsivo – como – lucrativo.ghtml [1]

Ele explicou que adquiriu toda a tecnologia para criar baratas e vendê-las para uma indústria farmacêutica que tinha obtido o licenciamento para a fabricação de um remédio para úlceras e dores de estômago. Com um pequeno investimento estava conseguindo uma excelente produtividade e renda superior a que obtinha com sua pequena papelaria. Suas contas estavam todas em dia, inclusive as prestações do financiamento. Explicou, entretanto, que apesar de todas as medidas preventivas que adotou e em razão da superpopulação, houve realmente uma fuga de baratas que podem ter se espalhado pela vizinhança. Informou, porém, que adotou todas as medidas necessárias e que todos os moradores poderiam ficar tranquilos porque não haverá novas evasões. Destacou que a criação não é nociva e que se não fosse pela fuga ninguém perceberia a sua nova atividade econômica.

---

1   Acessado em 09 de julho de 2020. Fazendas de baratas na China, um negócio tão repulsivo como lucrativo. Empresas farmacêuticas criam o inseto para fazer tônicos revitalizantes, rações e até para eliminar lixo de forma ecológica. A instalação pertence à farmacêutica Haoyisheng, que cria apenas exemplares de barata-americana, uma das maiores, com os quais elabora um tônico muito utilizado na medicina tradicional chinesa para curar úlceras e dores de estômago.

O pânico tomou conta da reunião.

Decidiu-se que antes de qualquer deliberação deveriam ser apresentadas as alegações a favor e contra a criação das baratas em cativeiro, inclusive com a apresentação de informações essenciais para o julgamento.

Na nova reunião imediatamente realizada foram apresentados os seguintes argumentos em favor de se concordar com o prosseguimento da criação: que o direito ao uso da propriedade permite a criação de animais; que a inviolabilidade da intimidade e da vida privada são asseguradas constitucionalmente; que a grave situação econômica decorrente da pandemia da COVID – 19 permite que as pessoas busquem alternativas para obtenção de renda e que no conflito entre a sobrevivência do morador e sua família e os interesses dos vizinhos, deve prevalecer o direito humano à vida, o que justifica, por interesse público, a atividade do morador; que na rua sempre houve a circulação de baratas, incumbindo a cada vizinho adotar medidas para evita-las e, finalmente, vários deles estão realizando atividades comerciais e industriais em suas casas, como a fabricação de máscaras, doces, bolos, comida congelada, conserto de roupas e equipamentos de informática, sem nenhuma objeção.

Em sentido oposto foram alinhados os seguintes argumentos: que o exercício dos princípios constitucionais da intimidade e da inviolabilidade da vida privada não podem gerar dano ou perigo para os vizinhos; que a rua é exclusivamente residencial, sendo vedada a realização de atividades econômicas; as baratas podem ser vetores de várias doenças porque se deslocam através de superfícies contaminadas como a rede de esgotos, e posteriormente circulam pelos armários com alimentos e roupas; o direito de uso da propriedade privada limita-se pela segurança, saúde e sossego dos vizinhos; que não há como impedir de forma totalmente eficiente eventual fuga das baratas; que as baratas podem formar novas colônias na vizinhança; que o "criador de baratas" pode vender sua casa e adquirir outra em local isolado onde poderia continuar a desenvolver sua atividade econômica e que não ocorre verdadeiro conflito entre o direito à vida e os bens jurídicos de titularidade dos vizinhos, diante da opção de mudança para outro local apto a permitir o desenvolvimento da atividade econômica pretendida.

Postos todos os argumentos os moradores passaram a deliberar. Qual será o resultado da votação?

Antes de sabermos o resultado, vamos ponderar os argumentos trazidos no caso concreto, observando em especial o disposto no Capítulo V – "Dos direitos de vizinhança", do Título III – "Da propriedade", do Livro III – "Do direito das coisas" – artigos 1.277 a 1.313 – do Código Civil Brasileiro.

O direito de propriedade não é absoluto. Deve ser exercido de modo a permitir a coexistência social. A vida de relação iniciada no núcleo familiar encontra seu primeiro grande desafio na vizinhança. Aqui o imperativo categórico de Kant [2] se revela inteiramente: cada pessoa deve agir conforme princípios que considera benéficos caso sejam seguidos por todos. A sabedoria popular resumiu como "não se deve fazer aos outros aquilo que não gostaria que fizessem com você." Logo, *"a natureza jurídica dos direitos de vizinhança é a de limite legal ao exercício do direito de propriedade e os deveres impostos aos vizinhos se qualificam como obrigações propter rem, nascendo com a titularidade e acompanhando – a."*[3]

Seguindo essa linha de raciocínio a norma que se extraí do artigo 1.277 do CCB estabelece como limites para o uso da propriedade as interferências prejudiciais à segurança, ao sossego e à saúde dos vizinhos. Portanto, a violação desses bens jurídicos da vizinhança constitui uso anormal da propriedade. No paragrafo único do mesmo artigo o legislador estabelece alguns parâmetros para proibição das interferências que possam ofender os bens jurídicos elencados na cabeça do dispositivo. Tal providência legislativa se mostrou necessária diante do grau de incerteza que pode subsistir na definição de "segurança", "sossego" e/ou "saúde" dos moradores. A proibição considerará a natureza da utilização, a localização dos prédios, atendidas as normas que distribuem as edificações em zonas e os limites ordinários de tolerância dos moradores da vizinhança. No artigo 1.278, o legislador exclui a prevalência do direito do vizinho quando houver interesse público que justifique as interferências, cabendo ao causador pagar ao vizinho "indenização cabal." No artigo 1.279 foi autorizado ao vizinho, mesmo sendo as interferências "anormais" derivadas de decisão judicial, exigir "a sua redução, ou eliminação, quando estas se tornarem possíveis." Logo, mesmo quando o Poder Judiciário determina que sejam toleradas as interferências prejudiciais à segurança, ao sossego e/ou à saúde dos vizinhos devem ocorrer pela forma menos nociva.

Neste primeiro passo trataremos do denominado **conflito de vizinhança de tipo aberto** diante da presença de conceitos jurídicos indeterminados. Em seguida cuidaremos das normas de solução ou prevenção para conflitos com reduzido grau de incerteza jurídica como as questões derivadas do risco de ruína de prédio vizinho, das árvores limítrofes, da passagem forçada,

---

2   O maior benefício da colocação dessa filosofia em prática é um convívio social pacífico pois a máxima do dia a dia é a de não fazer com os outros aquilo que não se quer que seja feito consigo próprio. https://www.significados.com.br/imperativo-categorico/ acessado em 11.07.2020

3   Bezerra de Melo, Marco Aurélio et al. *Código Civil comentado*. Rio de Janeiro: Forense, 2019. p. 906

da passagem de cabos e tubulações, das águas, dos limites entre prédios, do direito de tapagem e do direito de construir. São hipóteses de incidência definidas de forma taxativa ou **conflitos de vizinhança de tipos fechados.**

a) Interferências prejudiciais à segurança: a segurança é um bem jurídico de natureza constitucional (art. 5º, *caput*, da CRFB)[4], sendo, no entanto, um conceito aberto que pode ser interpretado em suas várias acepções. Pode ser considerada a partir de dados objetivos, sem abandonar a acepção subjetiva: não está seguro quem se sente inseguro. Portanto, incumbe ao julgador, diante do caso concreto, considerar dados de natureza objetiva e sua percepção e assimilação de acordo com um padrão mediano de comportamento. A ponderação destes valores deverá considerar a relevância dos bens jurídicos em conflito. Segurança deve ser analisada em primeiro plano como o direito de viver com tranquilidade, sem sobressaltos, com saúde, sem riscos à vida e integridade física. Deve ser ponderada a segurança patrimonial, ou seja, a preservação dos bens e valores amealhados. A segurança moral, a inviolabilidade da intimidade e da vida privada. A segurança de informações pessoais se revela como um bem jurídico de extrema relevância, principalmente na sociedade informatizada. A segurança moral inclui a proteção da honra, tanto objetiva quanto subjetiva. Portanto, ao ponderar o bem jurídico segurança, sua valoração deverá considerar, desde as violações que coloquem em risco a vida ou a saúde do cidadão, até aqueles que lhe asseguram, sem maiores aparatos de vigilância, ter em sua casa os bens e valores de que é legítimo titular.[5]

Vejam, por exemplo, o risco à segurança dos vizinhos decorrente do funcionamento de uma cozinha industrial em um condomínio residencial:

> 0034511-24.2020.8.19.0000 – AGRAVO DE INSTRUMENTO – Des(a). ANTONIO CARLOS ARRABIDA PAES – Julgamento: 07/07/2020 – VIGÉSIMA TERCEIRA CÂMARA CÍVEL = AGRAVO DE INSTRUMENTO. TUTELA ANTECIPADA. DIREITO DE VIZINHANÇA. UNIDADE CONDOMINIAL EM PRÉDIO EM COPACABANA QUE SERIA UTILIZADA COMO **COZINHA INDUSTRIAL.** LAUDO PERICIAL ELABORADO POR ARQUITETO CONTRATADO PELO CONDOMÍNIO QUE APONTA RISCO IMINENTE À SAÚDE E **SEGURANÇA** DOS DEMAIS CONDÔMINOS. PARCIAL PROVIMENTO AO AGRAVO DE INSTRUMENTO A FIM DE DETERMINAR A PARALIZAÇÃO DA UTILIZAÇÃO DA UNIDADE AUTÔNOMA COMO COZINHA INDUSTRIAL SOB PENA DE MULTA.

---

4 Art. 5º Todos são iguais perante a lei, sem distinção de qualquer natureza, garantindo-se aos brasileiros e aos estrangeiros residentes no País a inviolabilidade do direito à vida, à liberdade, à igualdade, **à segurança** e à propriedade, nos termos seguintes:

5 Para uma análise filosófica do conceito de segurança consulte Luís Salgado de Matos: https://ifilnova.pt/file/uploads/20b80ffab42e5adbe998e8d35b6450a0.pdf

b) **Interferências prejudiciais ao sossego**: outro bem jurídico com enorme carga de incerteza é o "sossego". Decorre do texto constitucional o direito de viver tranquilamente, sem sobressaltos, livre de incômodos que possam impedir o exercício regular das atividades lícitas a que se propõe a pessoa. *"É o direito que tem cada indivíduo de gozar de tranquilidade, silêncio e repouso necessários, sem perturbações sonoras abusivas de qualquer natureza"* (Guimarães, p. 514)[6]. O direito ao sossego, em um segundo plano, decorre também do direito de vizinhança e da garantia de um meio ambiente equilibrado.[7] Na vida urbana o conflito do sossego com as atividades regularmente exercidas pelos outros de forma lícita e de acordo com as normas de ordenamento urbano e limitadoras ao exercício das atividades incômodas é inevitável. Portanto, incumbe ao juiz ponderar os valores em conflito de acordo com a "supremacia do interesse público", considerando o denominado "ônus de vizinhança" e a tolerância exigida de todos em prol do exercício de atividades consideradas importantes pela comunidade em que se vive. É comum e tolerado em muitas cidades do interior as denominadas "alvoradas festivas" de cunho religioso. Toda a cidade literalmente é acordada às quatro ou cinco horas da madrugada com a queima de fogos e o dobrar de sinos. Uma pessoa que tenha se mudado recentemente para a cidade poderá se sentir extremamente perturbada em seu sossego e postular, inclusive, a incriminação da conduta como perturbação do sossego alheio, tipificado no artigo 42 da Lei das Contravenções Penais.[8] Contudo, a conduta terá que ser suportada pelo novo morador que deverá se ajustar às regras do "ônus de vizinhança", porque há muitos anos naquela comunidade o comportamento é socialmente adequado e se encontra nos "limites de tolerância dos moradores da vizinhança". Entretanto, os autores das condutas perturbadoras do sossego devem adotar medidas para mitigar os eventuais prejuízos à vizinhança. A ponderação dos bens jurídicos em conflito deverá considerar a adoção das providências capazes de reduzir o prejuízo para os vizinhos. Veja o seguinte caso classificado como "poluição sonora":

---

6 GUIMARÃES, Deocleciano Torrieri. Dicionário Técnico Jurídico. 9. ed. São Paulo: Rideel, 2007.

7 Quanto vale o sossego? Minha paz não tem preço, por Irving Marc Shikasho Nagima https://www.conjur.com.br/2013-fev-22/irving-nagima-direito-sossego-consequencias-eferas-civel-criminal - Acessado em 14.07.2020

8 Art. 42. Perturbar alguém o trabalho ou o sossego alheios:
I – com gritaria ou algazarra;
II – exercendo profissão incômoda ou ruidosa, em desacordo com as prescrições legais;
III – abusando de instrumentos sonoros ou sinais acústicos;
IV – provocando ou não procurando impedir barulho produzido por animal de que tem a guarda:
Pena – prisão simples, de quinze dias a três meses, ou multa, de duzentos mil réis a dois contos de réis.

> 0001491-76.2019.8.19.0000 – AGRAVO DE INSTRUMENTO Des(a). GILBERTO CAMPISTA GUARINO – Julgamento: 15/04/2020 – DÉCIMA QUARTA CÂMARA CÍVEL = AGRAVO DE INSTRUMENTO. DIREITO AMBIENTAL. AÇÃO CIVIL PÚBLICA. **POLUIÇÃO SONORA** DECORRENTE DE EVENTOS MUSICAIS EM RESTAURANTE. INTERLOCUTÓRIA QUE DEFERIU A TUTELA PROVISÓRIA DE URGÊNCIA, PARA SUSPENDER TEMPORARIAMENTE OS EVENTOS MUSICIAIS, ATÉ QUE SEJA REALIZADO TRATAMENTO ACÚSTICO SUFICIENTE E EFICAZ PARA CONTER OS RUÍDOS SUPERIORES AO LIMITE LEGAL. IRRESIGNAÇÃO. VISTORIAS NOTURNAS, LEVADAS A CABO PELA SECRETARIA MUNICIPAL DE CONSERVAÇÃO E MEIO AMBIENTE (SENCOSERMA), QUE APONTAM A EMISSÃO DE RUÍDOS ALÉM DO LIMITE DE 75 (SETENTA E CINCO) DECIBÉIS, PREVISTO NO ART, 12 DA LEI MUNICIPAL Nº 3.268/2001. LAVRATURA DE AUTOS DE INFRAÇÃO. RELATÓRIO DO GRUPO DE APOIO AOS PROMOTORES (GRAAI), NO QUAL CONSTA O INDEVIDO INCÔMODO SONORO PARA A VIZINHANÇA. ALVARÁ DE LICENÇA PARA ESTABELECIMENTO, CONCEDIDO À RECORRENTE, QUE CONTÉM EXPRESSA RESTRIÇÃO NO QUE DIZ COM A EMISSÃO DE RUÍDOS. JURISPRUDÊNCIA DESTA E. CORTE DE JUSTIÇA. SÚMULA Nº 59 – TJRJ. RECURSO CONHECIDO E DESPROVIDO.

O vizinho, porém, deverá suportar os ônus decorrentes da adequação social da alegada perturbação do sossego diante da utopia da postulada tranquilidade absoluta. O juiz deve verificar se não há uma extremada sensibilidade daquele que se sente incomodado. Essa ponderação deve ser cuidadosa para que não se imponha a regra moral dos "incomodados que se mudem" que não pode prevalecer diante de uma sociedade democrática e plural regida por normas jurídicas.

Neste sentido:

> 0031660-27.2016.8.19.0202 – APELAÇÃO Des(a). AGOSTINHO TEIXEIRA DE ALMEIDA FILHO – Julgamento: 18/05/2020 – DÉCIMA TERCEIRA CÂMARA CÍVEL – Apelação. Ação de obrigação de fazer e indenizatória. Alegação de barulho excessivo provocado por **latidos de cachorro**. Ausência de comprovação. **Os direitos de vizinhança não tutelam a excessiva sensibilidade**. Sentença de improcedência mantida. Recurso desprovido.

c) Interferências prejudiciais à saúde: a proteção jurídica se destina tanto à integridade física quanto à mental. O bem jurídico é dotado de extrema relevância que a exposição da saúde a perigo direto e iminente pode configurar a hipótese de incidência penal tipificada no artigo 132 do Código Penal Brasileiro.[9] Sobre os efeitos nocivos de consequências inevitáveis de-

---

9   Perigo para a vida ou saúde de outrem
    Art. 132 - Expor a vida ou a saúde de outrem a perigo direto e iminente:
    Pena - detenção, de três meses a um ano, se o fato não constitui crime mais grave.

correntes de interferências necessárias deve o juiz redobrar a cautela na ponderação dos bens em conflito para que não se impeça a realização de atividades essenciais para o próprio desenvolvimento urbano. Registre – se o seguinte caso:

> 0006990-33.2013.8.19.0006 – APELAÇÃO Des(a). EDSON AGUIAR DE VASCONCELOS – Julgamento: 11/12/2019 – DÉCIMA SÉTIMA CÂMARA CÍVEL – AÇÃO INDENIZATÓRIA – DIREITO DE VIZINHANÇA – RESPONSABILIDADE CIVIL SUBJETIVA – OBRA DE TERRAPLANAGEM EM TERRENO VIZINHO – AGRAVAMENTO DO ESTADO DE SAÚDE DOS AUTORES – NEXO CAUSAL NÃO DEMONSTRADO – DANO MORAL NÃO CONFIGURADO – MANUTENÇÃO DA SENTENÇA. Pleito de reforma da sentença que julgou improcedente o pedido de reparação por danos morais ao fundamento de inexistência de nexo causal. Para que se configure o dever de indenizar, não basta a simples existência de danos, mas que estes decorram da conduta ilícita do sujeito a quem se imputa responsabilidade. Conjunto probatório carreado aos autos não evidencia o liame de causalidade entre o agravamento do estado de saúde dos autores e a **poeira produzida pela obra de terraplanagem realizada em terreno vizinho**. Manutenção da sentença que se impõe. Negado provimento ao recurso.

Entretanto o abandono de imóvel e/ou sua má conservação podem acarretar perigo ou dano à saúde dos vizinhos, conforme se comprova com o seguinte caso:

> 0015377-05.2016.8.19.0209 – APELAÇÃO = Des(a). PEDRO SARAIVA DE ANDRADE LEMOS – Julgamento: 04/09/2019 – DÉCIMA CÂMARA CÍVEL – APELAÇÃO CÍVEL. Obrigação de Fazer c/c indenizatória. Direito de vizinhança. Imóveis confrontantes. **Má conservação de imóvel, após desocupação do mesmo. Reclamações ao Hotel proprietário em vão.** Autora, pessoa idosa, reclamou da situação de risco iminente, não foi atendida, e adquiriu "Zika". Antecipada tutela para obrigar limpeza do local. Réu alega responsabilidade de terceiros que ocupavam o imóvel. Procedência do pedido autoral. Provas fotográficas e documentais Dano infecto. Arts. 1.277 e 1.280, ambos do Código Civil. Situação de Saúde Pública. Autora, pessoa idosa, que não teve suas reclamações atendidas e veio a adoecer. Dano moral configurado in re ipsa excessivamente arbitrado em R$12.000,00. Rearbitramento razoável e proporcional em R$6.000,00. Súm. 343 TJRJ. Precedentes jurisprudenciais desta Corte. Sentença reformada em parte. Não hipótese de majoração dos honorários. PROVIMENTO PARCIAL DO RECURSO, na forma da Súmula 568 do STJ.

Parágrafo único. A pena é aumentada de um sexto a um terço se a exposição da vida ou da saúde de outrem a perigo decorre do transporte de pessoas para a prestação de serviços em estabelecimentos de qualquer natureza, em desacordo com as normas legais.

d) Natureza da utilização e localização do prédio: relevante para a solução dos conflitos decorrentes da relação de vizinhança que se considere a natureza da utilização do prédio que deve obedecer, se houver, as normas de zoneamento urbano. A natureza lícita da utilização dependerá da localização do prédio, se houver norma urbanística. A questão é complexa nas zonas de ocupação mista, onde são permitidas atividades variadas além das residências. Nesses locais os conflitos devem ser muito bem ponderados, inclusive observando a "pré-ocupação". Numa determinada rua existe há muitos anos uma fábrica que produz ruídos. Moradias foram posteriormente construídas quando se conhecia a "falta de sossego" no local. Eventual determinação de readequação da indústria deve levar em consideração a causa pré-existente e flexibilizar as medidas de redução de ruído, fixando formas e prazos menos rígidos do que os que seriam adotados se a hipótese fosse do estabelecimento de uma fábrica ruidosa em zona de utilização mista quando já existentes as moradias. Também é importante ressaltar as intervenções de interesse público, como a implantação de transporte de passageiros através do metrô. Os incômodos decorrentes da própria obra e, posteriormente, da operação do sistema de transporte devem ser ponderados com muita cautela, conforme se verifica no caso seguinte:

> 0027347-76.2018.8.19.0000 – AGRAVO DE INSTRUMENTO Des. MARCOS ALCINO DE AZEVEDO TORRES – Julgamento: 08/05/2019 – VIGÉSIMA SÉTIMA CÂMARA CÍVEL – Agravo de instrumento. Ação civil pública. Direito ambiental. Possível poluição atmosférica. **Transporte metroviário. Respiradouro da Rua Barão de Itambi, em Botafogo. Emissão de material particulado.** Aparente mal-estar à vizinhança. Verossimilhança das alegações. Fumaça do bom direito. Princípio da precaução. Limites. Preceito genérico de obrigação inespecífica. Impossibilidade. Segurança jurídica. Concessão parcial da liminar.

Devem ser considerados os limites ordinários de tolerância dos moradores da vizinhança. Nos casos concretos, o juiz deverá ouvir testemunhas, realizar perícia, enfim recolher as informações necessárias para aferir se não há uma sensibilidade exacerbada de um único morador em detrimento de interferências já consolidadas e que são admitidas pela coletividade e que, obviamente, não sejam ilícitas ou nocivas a outros bens jurídicos, além daqueles decorrentes do direito de vizinhança, como o meio ambiente ou a saúde pública.

Retornando à reunião para deliberar sobre a criação das baratas e ponderando os argumentos apresentados podemos afirmar que realmente o direito de propriedade permite que se criem animais em casa. Todavia, essa faculdade estará limitada pelo direito de vizinhança. Em primeiro lugar a saúde, o sossego e a segurança das pessoas. Portanto, é um direito relativo que deverá ser exercido de acordo com a localização do imóvel. Não existindo risco ao ambiente e à saúde pública, a possibilidade de criação de animais em uma fazenda, um sítio ou uma casa situada na zona rural é muito mais ampla que na urbana. Será diversa a possibilidade se estivermos em um apartamento ou em uma casa na zona urbana. Deve ser considerada a real situação do imóvel e os animais que se pretenda criar. Não é possível criar em casa uma cobra venenosa, diante do risco decorrente da conduta.[10] As garantias constitucionais de inviolabilidade da intimidade e da vida privada não permitem que o cidadão pratique qualquer conduta que lhe pareça interessante. Vivemos em um Estado social democrático de Direito regido pela legalidade. Praticamente todos os aspectos da vida social estão abrangidos por normas jurídicas. Algumas de altíssima densidade e coercitividade outras de menor relevância, como por exemplo, o regimento interno de um prédio. Entretanto, se habito ou visito o prédio devo obediência ao respectivo regimento interno. Logo a intimidade e a vida privada abrangem as interferências e condutas lícitas ou indiferentes para o Direito, desde que não avancem sobre direitos ou prerrogativas dos outros. Caso isto ocorra deverá o conflito intersubjetivo ser solucionado pelo Estado Juiz com a necessária ponderação de valores. Existem situações excepcionais que devem ser consideradas. A pandemia da COVID – 19 é uma delas. Seus efeitos econômicos são devastadores. Neste caso os moradores de áreas exclusivamente residenciais da cidade podem exercer algumas pequenas atividades econômicas, desde que não perturbem o sossego, a saúde e a segurança dos vizinhos. As atividades citadas pelo "criador de baratas" não se comparam com a criação que ele realiza. Impedir o morador de prosseguir com a criação das baratas não significa ofensa a qualquer direito humano, em especial à sua vida. Ele pode vender o imóvel e adquirir um sítio na zona rural onde com todos os cuidados necessários, respeitando as normas de higiene e saúde pública e se assim for permitido pelas autoridades administrativas competentes, prosseguir com sua criação. Entretanto, diante da notoriedade da repulsa causada pela presença de baratas e da evidente possibilidade de serem vetores de doenças não pode ser tolerada a criação na zona urbana. Há risco à saúde pública porque o incremento da população de baratas produz infestação que se propaga pelas redes de esgotamento sanitário e os insetos contaminados ingressam nas casas, fazendo novos ninhos e contaminado alimentos e objetos. Portanto, no caso concreto, não se vê a possibilidade de continuação da atividade econômica do morador que deverá encerrar a atividade e desfazer – se dos animais com o devido acompanhamento das autoridades de saúde pública. Caso ele não acate a

---

10 Caso da NAJA de Brasília. https://www.correiobraziliense.com.br/app/noticia/cidades/2020/07/12/interna_cidadesdf,871426/naja-e-vendida-na-internet-por-ate-r--7-mil.shtml

deliberação dos vizinhos, caberá o ajuizamento de ação para compeli – lo a adotar tais providências além de indenização por danos materiais e morais decorrentes de seu atuar ilícito.

Conflitos de vizinhança de tipos fechados:

Mais um caso para reflexão:

> Naquela mesma rua havia uma casa abandonada situada num plano mais elevado que havia sido legada a uma instituição beneficente. Contudo, a instituição nunca cuidou do imóvel que está prestes a ruir colocando em risco a casa situada logo abaixo e seus moradores. Que providência deve ser adotada?

O artigo 1.280 do CCB outorga ao proprietário ou possuidor o direito de exigir do dono do prédio vizinho sua demolição ou reparação, quando ameace ruína, bem como que lhe preste caução pelo dano iminente. Portanto, os vizinhos em risco poderão pleitear a demolição ou reparação do imóvel e a imediata prestação de uma caução que lhes assegure indenização por eventuais danos.

O artigo 1.281 do CCB também contém uma norma de solução ou prevenção para conflitos de vizinhança de tipos fechados. Nesse caso assegura ao proprietário ou possuidor de um imóvel em que terceiro terá o direito de realizar uma obra, que lhe preste garantia contra prejuízo eventual. Exemplo citado pelo Des. Marco Aurélio Bezerra de Mello "é o da confecção das instalações para a passagem forçada de cabos e tubulações previsto no art. 1.287 do Código Civil. Se essas obras representarem risco ao prédio onerado, o dono deste poderá exigir que sejam realizadas obras de segurança ou que o dono da obra preste caução pelo dano iminente."[11]

Situação que pode gerar conflito entre vizinhos e que o legislador decidiu solucionar previamente decorre das árvores limítrofes. Define a lei – art. 1.282 do CCB – que a árvore cujo tronco estiver na divisa pertence em comum aos donos dos prédios confinantes.

O art. 1.283 outorga direito subjetivo de autotutela que se eleva à categoria de excludente de ilicitude na modalidade exercício regular de Direito. O proprietário de um terreno pode cortar as raízes e ramos de árvore, que ultrapassarem a estrema do prédio, até o plano vertical divisório.

Também se resolve a questão da propriedade dos frutos caídos de árvore vizinha. Os frutos pertencem ao proprietário do solo onde caírem. É a norma que decorre do artigo 1.284 do CCB.

---

11 Bezerra de Melo, Marco Aurélio. Op cit. p. 912

O legislador também apresenta solução para o problema do imóvel encravado, ou seja, aquele que ficou sem acesso à via pública, nascente ou porto. De acordo com a norma que se extrai do artigo 1.285 do CCB ele pode constranger o vizinho, cujo imóvel mais facilmente se preste a isso, a lhe dar passagem, mediante indenização cabal. Discute a doutrina a ampliação desta norma para assegurar acesso suficiente ou adequado, considerando inclusive uma melhor exploração econômica. Há precedente do Superior Tribunal de Justiça nesse sentido: REsp 313.336/MS – Min. Ari Pargendler.

Todavia, a jurisprudência vem adotando posicionamento restritivo sobre o tema conforme se constata no seguinte caso:

> 0415848-76.2008.8.19.0001 – APELAÇÃO – Des(a). SÔNIA DE FÁTIMA DIAS – Julgamento: 23/06/2020 – VIGÉSIMA TERCEIRA CÂMARA CÍVEL – APELAÇÃO CÍVEL. AÇÃO DE OBRIGAÇÃO DE FAZER. PASSAGEM FORÇADA. IMÓVEL ENCRAVADO. NÃO CONFIGURAÇÃO. Sentença de improcedência. Recurso exclusivo da parte autora. A passagem forçada é espécie de direito de vizinhança que consiste em dever de o vizinho dar passagem a outro, a fim de possibilitar que o imóvel tenha acesso à via pública, nascente ou porto, conforme disposto no art. 1.285 do CC. Laudo pericial confirmou a existência de construções irregulares que obstruem o acesso aos lotes de propriedade da parte autora. Réus informaram detalhadamente, em sede de contestação, quanto a existência de outros meios de acesso ao imóvel, o que não configuraria, assim, o encravamento do imóvel, sendo que tal alegação não foi refutada pela parte autora. Em que pese a existência de construções irregulares que obstruem o acesso à propriedade da parte autora, o local daquelas não obsta o acesso aos lotes, uma vez que existem outros pontos de acesso ao imóvel. **Não há que se falar em direito de passagem forçada, na medida em que o imóvel não se encontra encravado, havendo outras vias de acesso ao terreno, ainda que de forma mais dificultosa**. Diante do exposto e considerando que a parte autora não logrou comprovar que seu imóvel se encontra encravado, ônus que lhe incumbia a teor do que determina o artigo 373, I, do CPC, não resta caracterizado o direito à passagem forçada a ensejar a procedência dos pedidos. Sentença mantida. DESPROVIMENTO DO RECURSO.

Resolve-se a questão da passagem de cabos e tubulações, nos termos do artigo 1.286 do CCB, com a imposição ao vizinho do dever de tolerar a passagem mediante indenização. A norma se fundamenta no dever de solidariedade social e deve ser aplicada quando não houver outra solução. Existindo onerosidade excessiva na alternativa eventualmente disponível poderá o beneficiário se valer do direito subjetivo que lhe é outorgado e compelir o vizinho a suportar a passagem de cabos e tubulações, com a devida segurança. (art.1.287 do CCB)

Mais um caso para exame:

> *O proprietário de um sítio onde existem várias nascentes construiu um pequeno lago artificial, reduzindo a vazão do riacho que atendia as propriedades situa-*

das à jusante. Passado algum tempo foi constatada a contaminação da água com agrotóxicos utilizados no sítio, o que a tornou imprópria para o consumo humano. Que providências podem ser adotadas em face da conduta do proprietário do lago?

Além das normas que regulam o direito de vizinhança sobre as águas, a matéria é substancial e prioritariamente regida pela Lei nº 9.433 de 1997 que define e regula a política nacional de recursos hídricos e estabelece normas especiais sobre captação, tratamento e distribuição das águas que foram definidas como "bem de domínio público"[12].

O proprietário do terreno onde há a nascente pode construir o pequeno lago e captar a água para seu uso independentemente de outorga pelo Poder Público porque se trata de captação e acumulação em volume considerado insignificante. Incide no caso a norma do artigo 12, §1º, inciso III, da Lei nº 9.433/1997. Também, a regra derivada do artigo 1.292 do CCB autoriza o represamento da água desde que não impeça ou desvie o curso daquelas remanescentes pelos prédios situados à jusante. (art. 1.290 do CCB). Entretanto a redução do volume de água não está coibida. O próprio consumo no uso natural do sítio pode significar redução do volume. Todavia, não poderia permitir que águas poluídas seguissem o curso natural do riacho. Deveriam ser tratadas e, caso impossível, deverá indenizar os danos causados aos vizinhos à jusante (art. 1.291 do CCB).

O direito de aqueduto assegura ao vizinho o direito de canalizar e conduzir águas através de prédios alheios a fim de recebe-las para suprimento de suas primeiras necessidades, serviços de agricultura, indústria, pecuária, a teor da interpretação dada ao princípio da função social da propriedade, nos termos do art. 1.293 do CCB. A matéria foi regulada pelo artigo 117, do Decreto nº 24.643 de 1934, sob o nome de servidão legal de aqueduto.[13]

---

12   Art. 1º A Política Nacional de Recursos Hídricos baseia-se nos seguintes fundamentos:
I - **a água é um bem de domínio público;**
II - a água é um recurso natural limitado, dotado de valor econômico;
III - em situações de escassez, o uso prioritário dos recursos hídricos é o consumo humano e a dessedentação de animais;
IV - a gestão dos recursos hídricos deve sempre proporcionar o uso múltiplo das águas;
V - a bacia hidrográfica é a unidade territorial para implementação da Política Nacional de Recursos Hídricos e atuação do Sistema Nacional de Gerenciamento de Recursos Hídricos;
VI - a gestão dos recursos hídricos deve ser descentralizada e contar com a participação do Poder Público, dos usuários e das comunidades.

13   Servidão legal de aqueduto
CAPÍTULO ÚNICO
Art. 117. A todos é permitido canalizar pelo prédio de outrem as águas a que tenham direito, mediante prévia indenização ao dono deste prédio:

A ementa adiante transcrita trata de infiltrações de águas decorrentes da construção de um lago sem as adequadas obras de escoamento e impermeabilização.

> 0058801-80.2014.8.19.0205 – APELAÇÃO – Des(a). CRISTINA TEREZA GAULIA – Julgamento: 28/01/2020 – QUINTA CÂMARA CÍVEL – Apelação cível. Ação de obrigação de fazer c/c indenizatória. Autora que busca a reparação de sua unidade em função de infiltrações oriundas do imóvel do réu. Cláusula geral de responsabilidade civil e direito de vizinhança que impõem ao proprietário de imóvel contíguo o dever de reparar os danos que causou à unidade vizinha. Aplicação dos arts. 186, 927, 1277 e 1336 IV CC. Danos no imóvel da autora causados pelas águas que descem do imóvel do réu que tem em seu perímetro um **lago formado sem tratamento de impermeabilização/escoamento.** Aterro no terreno da autora face ao desnível deste que, por si só, não acarretaria os danos que se pretendem sejam indenizados. Aplicação da teoria da causalidade adequada. Danos morais configurados. Indenização mantida. Recurso desprovido.

Para solucionar outro problema recorrente entre vizinhos, o artigo 1.297 do CCB estabelece que o proprietário pode cercar, murar, valar ou tapar de qualquer modo o seu imóvel. Pode, também, obrigar o vizinho a contribuir proporcionalmente com as respectivas despesas, inclusive para demarcar, aviventar ou renovar as divisas. Ambos devem concorrer para a construção e conservação destes marcos divisórios que pertencem, por presunção que admite prova em contrário, aos confrontantes. Na confusão de limites (art. 1.298 do CCB) o legislador optou por uma solução por equidade. Não se provando propriedade nem posse, haverá a divisão entre os confrontantes ou, não sendo possível, será adjudicado o quinhão a um dos imóveis, indenizando-se o proprietário do outro.

A ementa adiante se refere a um caso de tapagem que reduziu substancialmente a ventilação e a iluminação no imóvel lindeiro:

> 0010559-79.2015.8.19.0068 – APELAÇÃO – Des. LUIZ HENRIQUE OLIVEIRA MARQUES – Julgamento: 16/06/2020 – DÉCIMA PRIMEIRA CÂMARA CÍVEL – APELAÇÃO CÍVEL. DIREITO CIVIL. AÇÃO DE OBRIGAÇÃO DE FAZER. DIREITO DE VIZINHANÇA. PLEITO DE DEMOLIÇÃO DE TAPAGEM CONSTRUÍDA NO IMÓVEL DA RÉ. SENTENÇA DE IMPROCEDÊNCIA DOS PEDIDOS. RECURSO DA PARTE AUTORA. O DIREITO DE VIZINHANÇA CONSISTE EM LIMITAÇÕES AO USO DA PROPRIEDADE DO IMÓVEL VIZINHO, REGULADO POR UM CONJUNTO DE REGRAS QUE VISAM COORDENAR E REGULAR A CONVIVÊNCIA PACÍFICA

---

a) para as primeiras necessidades da vida;
b) para os serviços da agricultura ou da indústria;
c) para o escoamento das águas superabundantes;
d) para o enxugo ou bonificação dos terrenos.

DOS MORADORES CONTÍGUOS. A PRODUÇÃO DE PROVA PERICIAL, COM A NOMEAÇÃO DE PERITO QUE POSSA ATESTAR AS REAIS INTERFERÊNCIAS CAUSADAS PELA CONSTRUÇÃO DA TAPAGEM SOBRE O IMÓVEL VIZINHO, MOSTRA-SE IMPRESCINDÍVEL PARA O DESLINDE DA CONTROVÉRSIA. A PROVA PERICIAL, PRODUZIDA SOB O CRIVO DO CONTRADITÓRIO E DA AMPLA DEFESA, DEMONSTROU A **IRREGULARIDADE E A ILICITUDE DA CONDUTA DA RÉ, BEM COMO A INTERFERÊNCIA SIGNIFICATIVA, QUE ENSEJARAM A OBSTRUÇÃO INDEVIDA NA ILUMINAÇÃO E VENTILAÇÃO DOS QUARTOS DA RESIDÊNCIA DA AUTORA.** ATRAVÉS DA OITIVA DA TESTEMUNHA CONSTATOU-SE A EXISTÊNCIA DA SACADA NA CASA DA AUTORA HÁ, PELO MENOS, 5 (CINCO) ANOS. IRREFUTÁVEL A ARBITRARIEDADE PERPETRADA PELA DEMANDADA, VISTO QUE AGIU SEM RESPALDO LEGAL E EM INOBSERVÂNCIA DAS REGRAS BASILARES DE DIREITO DE VIZINHANÇA E DA BOA-FÉ, SENDO QUE A TAPAGEM REALIZADA ACARRETOU CLARO PREJUÍZO À VENTILAÇÃO E À ILUMINAÇÃO DO IMÓVEL DA AUTORA, GERANDO AINDA MAIS DESCONFORTO NA UTILIZAÇÃO DO BEM. DANOS MORAIS CONFIGURADOS. VERBA COMPENSATÓRIA (R$ 5.000,00) ADEQUADA AOS PRINCÍPIOS DA RAZOABILIDADE E DA PROPORCIONALIDADE, SEM OLVIDAR A NATUREZA PUNITIVO-PEDAGÓGICA DA CONDENAÇÃO. RECURSO CONHECIDO E PROVIDO.

As limitações ao direito de construir emergem do Direito de Vizinhança, do Estatuto da Cidade (Lei nº 10.257/2001) e das normas locais sobre ocupação e parcelamento do solo urbano (Planos Diretores e Códigos de Posturas), zoneamentos urbanísticos e regulamentos de obras das municipalidades.

O legislador nacional procurou, mais uma vez, diante da tipificação fechada de conflitos de vizinhança recorrentes, definir algumas soluções e assim fixar um regramento mínimo que serve como alicerce para o desenvolvimento das normas locais e do Direito Urbanístico. Apesar de ser direito constitucionalmente assegurado, a moradia não mereceu das autoridades brasileiras a necessária atenção. A necessidade da população transformou as localidades periféricas em espaços não – urbanos onde prevalece a lei do mais forte, sem qualquer intervenção do Estado de Direito e onde as construções são feitas sem qualquer respeito às normas definidas nos artigos 1.299 a 1.313 do Código Civil, às leis de zoneamento ou aos códigos de obras. O próprio IBGE denominou essas áreas como aglomerados subnormais.[14] Muitos desses aglomerados são controlados por organizações clan-

---

14 Aglomerado Subnormal é uma forma de ocupação irregular de terrenos de propriedade alheia – públicos ou privados – para fins de habitação em áreas urbanas e, em geral, caracterizados por um padrão urbanístico irregular, carência de serviços públicos essenciais e localização em áreas com restrição à ocupação. No Brasil, esses assentamentos irregulares são conhecidos por diversos nomes como favelas, invasões, grotas, baixadas, comunidades, vilas, ressacas, loteamentos irregulares, mocambos e palafitas, entre outros. Enquanto referência básica para o conhecimento da condição de vida da população brasileira em todos os municípios e nos recortes territoriais in-

destinas que exploram atividades ilícitas e utilizam os aglomerados como verdadeiro escudo de proteção contra possíveis investidas para uma adequada urbanização e respeito às regras da boa vizinhança.

A redação do artigo 1.299 do CCB condiciona o exercício do direito de propriedade privada ao cumprimento de sua função social e ao respeito aos direitos dos outros, em especial os vizinhos, e aos regulamentos administrativos.

Além de impedir que uma construção lance águas diretamente sobre a outra (art. 1.300 do CCB) o legislador proibiu a abertura de janelas, eirado, terraço ou varanda, a menos de um metro e meio do terreno vizinho. Essa distância será reduzida pela metade na hipótese de janelas cuja visão não incida sobre a linha divisória, bem como as perpendiculares. Estão excluídas dessa limitação as aberturas para luz ou ventilação, com até 20 cm de comprimento e 10 cm de largura, construídas a mais de dois metros de altura de cada piso (art. 1.301 do CCB). O morador prejudicado disporá do prazo de um ano e um dia para exigir o desfazimento das aberturas indevidas. Caso não o faça, terá que suportá-las, mas não pode alegar o mesmo direito de realizar obras indevidas. Deverá preservar a privacidade do vizinho e no estilicídio, as águas devem escoar sem prejuízo ao prédio vizinho. Não estão ressalvadas as aberturas para luz e os vãos que poderão, a qualquer tempo, ser contramurados ou tapados.

Destaco este caso sobre abertura inadequada de janelas:

> 0043682-17.2016.8.19.0203 – APELAÇÃO – Des(a). MARÍLIA DE CASTRO NEVES VIEIRA – Julgamento: 27/05/2020 – VIGÉSIMA CÂMARA CÍVEL CIVIL. DIREITO DE VIZINHANÇA. ABERTURA DE JANELAS A MENOS DE UM METRO E MEIO DO TERRENO VIZINHO. ART. 1301, DO CÓDIGO CIVIL. Alegação da autora que as obras feitas pelos réus impedem a abertura das janelas e a circulação de ar do seu imóvel. Prova técnica conclusiva no sentido de que a abertura das janelas no imóvel da autora foi feita de forma irregular, em desacordo com a regra legal prescrita pelo art. 1301, do Código Civil. Sentença de improcedência que se mantém. Desprovimento do recurso. Unânime

---

tramunicipais – distritos, subdistritos, bairros e localidades –, o Censo Demográfico aprimora a identificação dos aglomerados subnormais. Assim, permite mapear a sua distribuição no País e nas cidades e identificar como se caracterizam os serviços de abastecimento de água, coleta de esgoto, coleta de lixo e fornecimento de energia elétrica nestas áreas, oferecendo à sociedade um quadro nacional atualizado sobre esta parte das cidades que demandam políticas públicas especiais. https://www.ibge.gov.br/geociencias/organizacao-do-territorio/tipologias-do-territorio/15788-aglomerados-subnormais.html?=&t=o-que-e acessado em 12.07.2020

Na zona rural não se permite levantar edificação a menos de três metros do terreno vizinho. A norma considera a extensão das propriedades rurais e busca impedir aglomerações no campo.

O art. 1.304 do CCB traz norma preventiva para construções urbanas. O ideal é que as construções sejam afastadas umas das outras. Mas o crescimento urbano acarretou o seu alinhamento e o travejamento das construções, ou seja, colocação de vigas ou traves na parede do vizinho. O uso dessa parede divisória ou esse condomínio da parede – meia está regulado nos art. 1.305 a 1.308 do CCB. Muitas dessas disposições perderam a utilidade diante das novas regras para construção urbana e, principalmente, pelo desenvolvimento de tecnologias mais avançadas a serem empregadas nas obras. Estão proibidas construções capazes de poluir, ou inutilizar, água de poço ou nascente alheia, a elas preexistentes. (art. 1.309 do CCB) Também, há vedação a escavações ou obras que tirem ao poço ou à nascente de outrem a água indispensável às suas necessidades normais.

O homenageado neste trabalho, enquanto brilhante membro do Judiciário fluminense, teve oportunidade de examinar caso de responsabilidade derivada da cravação de estacas em prédio vizinho:

> 0012204-08.1999.8.19.0002 – APELAÇÃO – Des. **SYLVIO CAPANEMA DE SOUZA** – Julgamento: 02/12/2003 – DÉCIMA CÂMARA CÍVEL = RESPONSABILIDADE CIVIL – DIREITO DE VIZINHANÇA – DANOS CAUSADOS POR OBRA – LAUDO PERICIAL = SENTENÇA CONFIRMADA = Ação ordinária. Responsabilidade Civil. Danos em edifício decorrentes de **cravação de estacas em obra vizinha.** Defeitos anteriores de construção. Preliminares de cerceamento de defesa e de prescrição. Inocorrência. Divisão da responsabilidade. Rejeita-se a preliminar de nulidade, já que não ocorreu o alegado cerceamento de defesa, tendo a ré a oportunidade de acompanhar a 2ª perícia, formulando quesitos e indicando assistente técnico, sendo irrelevante que o Perito tenha aproveitado partes de laudo anterior, de outro perito. Prescreve em 20 anos a pretensão do dono da obra contra a empreiteira, para reparar erros de construção. Apurado em perícia que ambas as rés concorreram para os danos e seu agravamento, deve ser acatada a sugestão do Perito, quanto à repartição da responsabilidade, baseada na experiência comum das regras da profissão, e não havendo outro critério confiável, já que as obras já estavam realizadas. Rejeição das preliminares e desprovimento dos recursos.

O artigo 1.311 do CCB veda a execução de obra capaz de provocar desmoronamento ou deslocação de terra. Tal comportamento, também, pode tipificar a hipótese de incidência do artigo 256 do Código Penal.[15] Para rea-

---

15 Desabamento ou desmoronamento
Art. 256 - Causar desabamento ou desmoronamento, expondo a perigo a vida, a integridade física ou o patrimônio de outrem:

lização de qualquer obra que comprometa a segurança do prédio vizinho devem ser providenciadas medidas acautelatórias e, mesmo assim, se houver prejuízos, o morador tem direito a receber o ressarcimento de seus prejuízos. Qualquer obra irregular está sujeita à demolição, ficando o responsável obrigado ao pagamento de indenização por perdas e danos. (art.1.312 do CCB)

Finalmente, o artigo 1.313 do CCB obriga o proprietário ou ocupante do imóvel a tolerar que o vizinho nele entre mediante prévio aviso, para temporariamente realizar reparação, construção, reconstrução ou limpeza de sua casa, do muro divisório, limpeza ou reparação de esgotos, goteiras, aparelhos higiênicos, poços, nascentes e aparo de cerca viva. Também, está autorizado o ingresso do vizinho para recuperar coisa sua, inclusive animal, que aí se encontrem casualmente. Se houver a entrega da coisa ou animal antes da busca, poderá ser negado o acesso. Havendo qualquer dano, o vizinho terá a obrigação de ressarci-lo.

Pena - reclusão, de um a quatro anos, e multa.
Modalidade culposa
Parágrafo único - Se o crime é culposo:
Pena - detenção, de seis meses a um ano.

O Papel da Autonomia Privada no Condomínio Edilício: uma Homenagem ao Professor Sylvio Capanema de Souza

Marco Aurélio Bellizze Oliveira

Introdução

O falecimento de Sylvio Capanema de Souza entristeceu a comunidade jurídica, em especial aqueles que tiveram a oportunidade de conviver e aprender com o excelente professor, desembargador e advogado, cuja vida foi especialmente dedicada à construção de soluções para problemas do Direito Imobiliário.

Permanecem, porém, as lições eternizadas nas obras de sua profícua produção acadêmica, fruto de uma vasta cultura jurídica combinada à versatilidade e à prática de um jurista que foi brilhante em tudo o que fez. Esta obra é uma iniciativa louvável dos organizadores, pois a um só tempo homenageia um grande nome do direito brasileiro e permite que seus atores resgatem, ainda que parcialmente, os ensinamentos de um profissional tão completo, como Sylvio Capanema de Souza.

Com o intento de homenageá-lo, este artigo propõe uma reflexão sobre o papel da autonomia privada no âmbito do condomínio edilício, a partir da convenção de condomínio. Para tanto, discorre sobre a natureza do condomínio edilício e sobre a função da convenção de equilibrar as regras e a liberdade dos condôminos, nos espaços comuns e privativos desse ambiente, funcionando como instrumento e limite da autonomia privada dos condôminos.

O artigo se embasa em obra clássica sobre o tema, escrita por Caio Mário da Silva Pereira e atualizada pelo homenageado, Sylvio Capanema de Souza, e por Melhim Naumen Chalhub, bem como ilustra a atemporalidade de seu conteúdo a partir da análise do Recurso Especial nº 1.704.966/RJ.

1. Convenção de condomínio: instrumento ou limite da autonomia privada?

O condomínio edilício reúne os conceitos de domínio singular e plural, para formar um novo instituto, "um direito diferente, que amálgama ou funde as noções de propriedade e copropriedade"[1]. Essa concepção já estava na Lei

---

1 PEREIRA, Caio Mário da Silva. *Condomínio e Incorporações*. 12 ed atual. Sylvio Capanema de Souza e Melhim Namen Chalhub. Rio de Janeiro: Forense, 2016, p. 64.

nº 4.591/1964, cujo projetista foi Caio Mário da Silva Pereira, defensor de uma natureza jurídica própria para o condomínio, e permaneceu no Código Civil de 2002, que manteve a essência da lei anterior, como observou Sylvio Capanema de Souza no trabalho de atualização de obra clássica sobre o tema[2].

Contrário à natureza jurídica contratualista da convenção de condomínio, Caio Mário da Silva Pereira defendeu que ela é um ato-regra, pois vincula não apenas aqueles que a assinaram, mas qualquer indivíduo que passe a fazer parte do grupo de condôminos ou adentre o espaço condominial[3]. Porém, afastando-se da lei anterior, que sugeria a ampla vinculação de terceiros pela assinatura dos titulares de direitos de 2/3 das frações ideais[4], o Código Civil de 2002 adotou uma redação que atrela a eficácia da convenção de condomínio perante terceiros ao seu registro no Cartório de Imóveis[5]. Na verdade, esse já era o entendimento dos tribunais na vigência da Lei nº 4.591/1964[6], conforme sumulado pelo Superior Tribunal de Justiça[7]. Nessa perspectiva, o registro da convenção no Cartório de Registro de Imóveis seria um fator de extensão de sua eficácia.

---

2   PEREIRA, Caio Mário da Silva. *Condomínio e Incorporações...cit,* pp. 47-48.

3   PEREIRA, Caio Mário da Silva. *Condomínio e Incorporações...cit,* pp. 98-99.

4   Art. 9º Os proprietários, promitentes compradores, cessionários ou promitentes cessionários dos direitos pertinentes à aquisição de unidades autônomas, em edificações a serem construídas, em construção ou já construídas, elaborarão, por escrito, a Convenção de condomínio, e deverão, também, por contrato ou por deliberação em assembleia, aprovar o Regimento Interno da edificação ou conjunto de edificações.§ 1º Far-se-á o registro da Convenção no Registro de Imóveis, bem como a averbação das suas eventuais alterações. § 2º Considera-se aprovada, e obrigatória para os proprietários de unidades, promitentes compradores, cessionários e promitentes cessionários, atuais e futuros, como para qualquer ocupante, a Convenção que reúna as assinaturas de titulares de direitos que representem, no mínimo, 2/3 das frações ideais que compõem o condomínio. (BRASIL, 1964).

5   Art. 1.333. A convenção que constitui o condomínio edilício deve ser subscrita pelos titulares de, no mínimo, dois terços das frações ideais e torna-se, desde logo, obrigatória para os titulares de direito sobre as unidades, ou para quantos sobre elas tenham posse ou detenção.
    Parágrafo único. Para ser oponível contra terceiros, a convenção do condomínio deverá ser registrada no Cartório de Registro de Imóveis. (BRASIL, 2002).

6   STJ, Recurso Especial nº 33.982/RJ, Rel. Min. Barros Monteiro, Quarta Turma, j. 02/09/1997, *DJ* 10/11/1997, p. 57.767; STJ, Recurso Especial nº 139.952/RJ, Rel. Min. Waldemar Zveiter, Terceira Turma, j. 23/02/1999, *DJ* 19/04/1999, p. 134; STJ, Recurso Especial nº 180.838/SP, Rel. Min. Carlos Alberto Menezes Direito, Terceira Turma, j. 07/10/1999, *DJ* 13/12/1999 p. 141.

7   Súmula 260: a convenção de condomínio aprovada, ainda que sem registro, é eficaz para regular as relações entre condôminos. (Súmula 260, Segunda Seção, j. 28/11/2001, *DJ* 06/02/2002, p. 189).

Considerando que a coexistência de domínios comuns e particulares é da essência do condomínio edilício[8], é primordial que as áreas submetidas a cada um deles estejam bem delimitadas, não só para permitir que o regramento sobre elas possa ser satisfatoriamente observado, mas principalmente para possibilitar que o domínio particular sobre as áreas privadas possa ser exercido em toda a sua extensão[9], ou seja, que elas possam ser alienadas ou gravadas livremente por seus proprietários, consoante prevê o § 1º do art. 1.331 do Código Civil[10]. Com efeito, a própria lei se encarrega de identificar algumas partes comuns e privadas[11], admitindo que a autonomia dos condôminos, manifestada na convenção de condomínio, modifique a classificação quanto às vagas de garagem e ao terraço da cobertura, o que configura inovação do Código Civil de 2002, como observou Sylvio Capanema de Souza[12].

Outrossim, a coexistência de propriedade e copropriedade reforça a necessidade de regras de convívio no ambiente condominial, seja em área comum ou privada. Um exemplo dessa última é o art. 1.336, IV, do Código Civil, que impõe ao proprietário o dever conferir à sua parte a mesma destinação da edificação, e também de não a utilizar de modo prejudicial ao sossego, salubridade e segurança dos demais condôminos, ou que viole os

---

8   "(...)não é preciso ser iniciado nas sutilezas de um acendrado tecnicismo jurídico, porém basta a observação elementar do bom senso vulgar para acentuar que cada condômino de um edifício coletivo guarda poder exclusivo sobre a sua unidade e sujeita-se à comunhão do terreno, dos alicerces, das paredes externas, do pórtico de entrada, das áreas de serviço, dos elevadores, daquilo, enfim, que se torna indispensável à coesão orgânica deum conjunto econômico-jurídico." (PEREIRA, Caio Mário da Silva. *Condomínio e Incorporações...cit*, p. 53)

9   SIQUEIRA, Julio Pinheiro Faro Homem de. Perturbação da área condominial de uso comum. *Revista de Direito Privado*, v.11. n.42, abr.-jun. 2010, p.277-289, pp. 284-285.

10 Art. 1.331. Pode haver, em edificações, partes que são propriedade exclusiva, e partes que são propriedade comum dos condôminos. § 1º As partes suscetíveis de utilização independente, tais como apartamentos, escritórios, salas, lojas e sobrelojas, com as respectivas frações ideais no solo e nas outras partes comuns, sujeitam-se a propriedade exclusiva, podendo ser alienadas e gravadas livremente por seus proprietários, exceto os abrigos para veículos, que não poderão ser alienados ou alugados a pessoas estranhas ao condomínio, salvo autorização expressa na convenção de condomínio. (BRASIL, 2012).

11 Art. 1.331. (...) § 2º O solo, a estrutura do prédio, o telhado, a rede geral de distribuição de água, esgoto, gás e eletricidade, a calefação e refrigeração centrais, e as demais partes comuns, inclusive o acesso ao logradouro público, são utilizados em comum pelos condôminos, não podendo ser alienados separadamente, ou divididos. (...) § 5º O terraço de cobertura é parte comum, salvo disposição contrária da escritura de constituição do condomínio. (BRASIL, 2002)

12 PEREIRA, Caio Mário da Silva. *Condomínio e Incorporações...cit,* pp. 49 e 124.

bons costumes, sob pena de multa prevista na convenção ou imposta por deliberação da assembleia de condôminos[13]. Da mesma forma, normas de comportamento previstas na convenção de condomínio, como volume máximo de som, horário para recolhimento do lixo, proibição do uso de certos trajes no hall de entrada, devem ser observadas. Nessa última perspectiva, a convenção de condomínio é simultaneamente um reduto e uma restrição de liberdade, na medida em que é composta por regras oriundas da deliberação dos condôminos em assembleia, as quais limitam o comportamento de condôminos e visitantes.

Ocorre que as normas condominiais que restringem a liberdade de condôminos e frequentadores do condomínio não estão adstritas somente às formalidades da votação na assembleia. Novamente, as notas de atualização feitas por Sylvio Capanema de Souza na obra de Caio Mário da Silva Pereira são precisas ao alertar que "tramitam em nossos Tribunais inúmeras ações de ressarcimento de danos morais, versando sobre restrições impostas em razão da condição social, o que viola o preceito constitucional da preservação da dignidade humana"[14]; e acrescentando que a jurisprudência do Superior Tribunal de Justiça:

> "(...) mantém esta tendência, flexibilizando os dispositivos das convenções, quanto à vedação da presença de animais nas unidades autônomas.
>
> Assim, a construção pretoriana vem tolerando a existência de animais de pequeno porte, que não coloquem em risco a segurança, o sossego e a saúde dos moradores e que estejam comprovadamente vacinados.
>
> No entanto, não se vem permitindo que permaneçam nas partes comuns, podendo apenas transitar por elas, acompanhados por seus donos ou prepostos, para que tenham acesso aos logradouros públicos e deles retornem.
>
> Também vêm se mostrando sensíveis nossos Tribunais quando se trata de animais de estimação, pertencentes a pessoas idosas ou deficientes, que a eles se apegam, e cujo afastamento compulsório possa lhes trazer intenso sofrimento moral, afetando sua saúde e a dignidade de vida.
>
> Estes comentários não se resumem aos cachorros, que são a hipótese mais frequente, aplicando-se a outros animais, como gatos, pássaros, tartarugas, etc.
>
> O certo é que os juízes devem decidir de acordo com o caso concreto, evitando regras rígidas, submetendo-se aos princípios da razoabilidade e da tolerabilidade, que hoje presidem as relações de vizinhança e a convivência condominial."[15]

---

13   PEREIRA, Caio Mário da Silva. *Condomínio e Incorporações...cit*, p.115.
14   PEREIRA, Caio Mário da Silva. *Condomínio e Incorporações...cit.*, p.118.
15   PEREIRA, Caio Mário da Silva. *Condomínio e Incorporações...cit.*, p.136.

As normas, sejam provenientes da legislação ou da convenção, são necessárias para possibilitar uma convivência harmônica no condomínio edilício. Elas existem a fim de preservar domínios comuns e particulares, espaços de maior e menor liberdade, que são da essência do condomínio edilício. Por essa razão, o principal documento normativo do condomínio é, ao mesmo tempo, um instrumento e um limite para a autonomia dos condôminos, e também está sob o jugo da lei e da apreciação pelo Poder Judiciário.

Assim, além da conciliação da liberdade de iniciativa com a regulamentação legal, preconizada pelo projetista da Lei nº 4.591/1964[16], há uma preocupação com o conteúdo da convenção de condomínio, a fim de resguardar aspectos da personalidade e individualidade dos condôminos.

Contudo, essa salvaguarda não justifica a deturpação de regras e de conceitos, definidos em lei e na convenção, para tornar particular aquilo que é comum a todos. Nesse sentido, vale resgatar alguns fundamentos do acórdão do Recurso Especial nº 1.704.966/RJ[17], em que se discutiu a classificação de áreas comuns e particulares, a fim de verificar a necessidade de autorização da assembleia de condôminos para realização de obra.

2. O Recurso Especial nº 1.704.966/RJ

A discussão jurídica provocada pelo Recurso Especial nº 1.704.966/RJ envolveu a classificação de uma parede lateral e divisória do condomínio, que foi derrubada pelo locatário com a intenção de interligar dois cômodos de prédios contíguos, e formar uma grande loja de supermercado.

O recorrente, locatário dos imóveis, destacou que as paredes derrubadas eram laterais e cegas, e que foi constatado pela perícia que elas não eram estruturais, de modo que a sua retirada não representou nenhum risco à sustentação do edifício. Amparado nesse substrato fático, argumentou que a localização interna da parede comprova que se trata de uma área interna do condomínio, cuja modificação não exige autorização dos condôminos.

Acrescentou que, mesmo se considerada uma área comum, tal parede não teria nenhuma função estrutural no edifício, portanto a demanda do condomínio pela reconstrução dela seria um abuso de direito. No campo processual, alegou que o condomínio não teria legitimidade ativa e que houve perda superveniente de interesse processual, uma vez que a causa de pedir foi fundada no risco à solidez e segurança do prédio.

---

16 PEREIRA, Caio Mário da Silva. *Condomínio e Incorporações...cit.*, p.93.

17 STJ, Recurso Especial nº 1.704.966/RJ, Rel. Min. Marco Aurélio Bellizze, Terceira Turma, j. 09/10/2018, *DJe*: 18/10/2018.

Entretanto, na interpretação do art. 1.331 do Código Civil, e seus parágrafos, foi consignado no acórdão que a própria legislação se encarrega de discriminar as partes exclusivas e comuns do edifício. Frisou-se, porém, que, respeitados os parâmetros legais, a convenção de condomínio pode definir outras áreas comuns e privativas, mesmo porque, os parágrafos 2º e 5º do referido dispositivo não são taxativos, admitindo que, por convenção, sejam acrescidas áreas comuns, no caso do primeiro, ou classificadas de modo diverso, aquelas previstas no segundo.

A propósito é oportuna a transcrição da fundamentação do voto do relator:

> "Como visto, o Código Civil, no tocante ao condomínio edilício, disciplina que determinadas partes são consideradas de propriedade exclusiva de cada condômino e outras de propriedade comum, isto é, de utilização de todos, indistintamente.
>
> Não obstante as hipóteses contempladas no aludido dispositivo legal, nada obsta que a convenção do condomínio defina, observados os respectivos parâmetros estabelecidos pela legislação, outras áreas consideradas como partes comuns ou exclusivas.
>
> De fato, o rol do parágrafo 2º do art. 1.331 do Código Civil, que traz exemplos de partes que são de propriedade comum dos condôminos, não é taxativo, tanto que na sua redação consta a expressão "e as demais partes comuns", possibilitando a existência de outras hipóteses fora do referido dispositivo legal, notadamente na convenção condominial.
>
> Outro exemplo é o aludido parágrafo 5º, que, embora determine que o terraço de cobertura seja parte comum, permite que a escritura de constituição do condomínio estabeleça de forma diversa, ou seja, reconheça como parte exclusiva."[18] (grifos do original)

Constatado que as paredes laterais e divisórias eram classificadas como partes comuns na convenção de condomínio, elas assim devem ser consideradas independentemente de fazerem ou não parte da estrutura do prédio. Não são apenas os elementos estruturais descritos no § 2º do art. 1.331 considerados área comum, mas também aqueles assim descritos na convenção, uma vez que a lei reconhece a esse documento a prerrogativa de classificar as áreas do edifício, observadas as balizas impostas legais.

Sendo a parede lateral considerada área comum pela convenção do condomínio, sua retirada não prescindia da autorização dos condôminos, nos termos concluídos pelo relator:

---

18   STJ, Recurso Especial nº 1.704.966/RJ, Rel. Min. Marco Aurélio Bellizze, Terceira Turma, j. 09/10/2018, *DJe*: 18/10/2018, (p. 8 do acórdão).

"No caso em exame, conforme se depreende do acórdão recorrido, é fato incontroverso que o Supermercado Zona Sul, ora recorrente, demoliu "parte de duas paredes **laterais** cegas - **as divisas** dos edifícios dos Condomínios Canto Livre e Promenade Residencial Service, (...), de modo a criar uma passagem de ligação entre os dois imóveis" (e-STJ, fl. 1.029).

Tal o quadro delineado, por se tratar de parede lateral e divisória dos dois edifícios contíguos, é de se reconhecer que a mesma corresponde à **parte comum** do edifício, e não exclusiva, razão pela qual a interligação dos respectivos imóveis realizada pelo recorrente necessitava da aprovação dos condôminos, o que não ocorreu.

Assim sendo, a procedência da ação de nunciação de obra nova era mesmo de rigor, não havendo que se falar em violação do art. 1.331, §§ 1º e 2º, do Código Civil.

Ademais, por esse mesmo motivo, isto é, por tratar-se de parede comum, afasta-se a apontada ilegitimidade ativa *ad causam* do Condomínio Canto Livre, inexistindo qualquer violação ao art. 6º do CPC/1973 (correspondente ao art. 18 do CPC/2015)."[19] (grifos no original)

A tese do exercício abusivo do direito pelo condomínio, ao pleitear a reconstrução da parede cuja retirada não oferece risco à estrutura do prédio, foi também afastada.

O recorrente sustentava que a parede não teria nenhuma serventia ou função para o condomínio, ao passo que a mudança por ele implementada seria socialmente útil, uma vez que a interligação das lojas facilita o trânsito dos clientes, e realizaria a função econômica, por tratar-se de um espaço destinado à geração de riquezas. Contudo, os ministros entenderam que a falta de autorização do condomínio para a realização da modificação de área comum é suficiente para demandar a reconstrução da parede destruída, e que é legítimo o interesse dos condôminos em conservar o estado original do edifício.

No caso, a disposição da convenção de condomínio e a decisão do Superior Tribunal de Justiça em prestigiá-la não representam óbice à autonomia privada, nem mesmo uma afronta à função social.

Em primeiro lugar, o locatário de um espaço no condomínio edilício aceita se submeter às regras da convenção de condomínio para sua utilização, quer como moradia ou exploração comercial. O aluguel de um espaço, seja ou não em condomínio edilício, e principalmente a escolha desse espaço pertencem à esfera de liberdade individual das pessoas. Exigir que sejam observadas as regras adstritas ao uso do imóvel demanda, apenas, coerência a partir dessa escolha, e sugere que tais regras sejam também consi-

---

19 STJ, Recurso Especial nº 1.704.966/RJ, Rel. Min. Marco Aurélio Bellizze, Terceira Turma, j. 09/10/2018, *DJe*: 18/10/2018, (pp. 9 e 10 do acórdão).

deradas na locação, especialmente destinada a um fim específico, como a instalação de uma loja de supermercado.

Não há equívoco em ressaltar a função social de melhorias em um ponto comercial. Mas atrelar a função social à produção de riqueza material é impor uma visão muito restrita a esse princípio. Pretender o cumprimento das regras condominiais, inclusive para a modificação de áreas comuns, é um modo de manter a convivência pacífica e a ordem no âmbito do condomínio edilício, o que também é uma função social relevante. Apesar de não estar diretamente associada à geração de riqueza, essa atitude proporciona bem-estar, estabilidade e segurança para os condôminos.

Oportuno resgatar uma última lição de Sylvio Capanema de Souza, que embora voltada para a análise da influência do Código Civil nos princípios contratuais, vem bem a calhar com as considerações sobre a função social e a autonomia privada. Discorrendo sobre os novos princípios contratuais e a nova dimensão ética inaugurada pelo Código Civil de 2002, entre os quais a função social, ele destacou o grande desafio dos juízes de conciliá-los com os princípios tradicionais que não foram revogados, como autonomia privada e a força obrigatória dos contratos, e asseverou:

> "O novo Código não representa a morte dos valores fundamentais que sempre inspiraram o mundo dos contratos, e sim o seu temperamento, para adaptá-los a um outro tempo, preocupado com a construção da dignidade do homem e de uma sociedade mais justa e fraternal. A Magistratura brasileira está preparada para enfrentar o desafio, e, por certo, o vencerá."[20]

Percebe-se, com isso, o apreço do autor pela autonomia privada. Não como um princípio único e absoluto, mas como uma proteção ao espaço individual do ser, elementos de sua liberdade que não podem ser retirados, seja por lei, seja por meio de convenção. Com discrição e sabedoria, ele apontou o caminho do equilíbrio, ao destacar regras legais que poderiam ser modificadas pelos condôminos, limites materiais para as normas condominiais e a importância do equilíbrio entre os princípios tradicionais e os mais modernos do Código Civil de 2002.

Conclusão

A convenção de condomínio é um instrumento normativo indispensável para organizar e harmonizar os domínios comuns e particulares que são

---

20 CAPANEMA DE SOUZA, Sylvio. O impacto do novo Código Civil no mundo dos contratos. *Revista da EMERJ*, v. 6, nº 24, 2003, pp. 188-190, p. 190.

intrínsecos à realidade do condomínio edilício. É uma ferramenta de exercício da autonomia dos condôminos, pois é formada e pode ser modificada a partir de consensos de vontade nas deliberações da assembleia. Por outro lado, sua força cogente, inclusive perante terceiros e visitantes, reforça seu aspecto de limitação da liberdade condominial, tanto em áreas comuns como em privativas. Nota-se que até mesmo a identificação dessas áreas foi confiada à convenção de condomínio, ressalvadas as diretrizes legais do § 2º do art. 1.331 do Código Civil.

Além de regras formais, a convenção está adstrita a normas materiais do ordenamento jurídico, inclusive no que diz respeito a normas comportamentais. Assim, a limitação da autonomia dos condôminos, mesmo que deliberada livremente pela maioria deles, é passível de análise judicial para resguardar um mínimo de direitos inerentes às pessoas. Em suma, a restrição da autonomia é passível de limitação, pela lei e pelo juiz.

Contudo, a preservação dessas liberdades não alcança a proteção de atitudes ameaçadoras da ordem e da sustentação do condomínio, seja ela física ou normativo-jurídica.

Aquisição de Unidade Condominial em Hasta Pública: É Preciso Nadar Contra a Corrente da Intuição

André Abelha

> **SUMÁRIO: 1.** Introdução. **2.** Obrigação *versus* responsabilidade. **3.** A natureza da aquisição por hasta pública e sua irrelevância para a discussão. **4.** Inaplicabilidade do art. 130, p. único, do Código Tributário Nacional. **5.** Não existe arrematação sem risco. **6.** Conclusão.

1. Introdução

2, 4, 6. Pense na regra lógica que melhor valida essa sequência. Que outras trincas posso formar que obedeçam ao enunciado? Se pensou em números pares, múltiplos de dois, você errou. A regra correta é "*ordem crescente*", e a sequência "25, 53, 177" será igualmente válida.

Esse teste foi elaborado pelo psicólogo britânico Peter Watson, na década de 60, para demonstrar o fenômeno hoje denominado "*viés de confirmação*" (no inglês, "*confirmation bias*"), que chega a iludir 96% das pessoas[1]. Possivelmente você ainda não se conformou com a resposta, mas acredite: ela está cientificamente correta.

Treinado por bilhões de anos de evolução, nosso cérebro busca padrões, e com eles formamos crenças, que, não por malícia, e sim por condicionamento genético, buscamos confirmar a todo custo. Tal argumentação, na verdade, é uma tentativa enviesada de reafirmar ideias pré-concebidas, automáticas, e ocorre nos esportes, na política, no trabalho, nos nossos relacionamentos pessoais, e claro, acontece também nos processos judiciais. Não negamos a biologia automaticamente ao analisarmos uma situação jurídica. Se quisermos uma análise verdadeiramente racional, precisamos nadar contra a corrente da intuição[2].

O Superior Tribunal de Justiça (STJ), pelo menos desde o ano 2000[3], vinha decidindo, de forma consistente, que o arrematante de unidade em

---

1 BYE, Jeffrey K., *Psychology Classics: Wason Selection Task* (Part I). Disponível em https://bit.ly/WasonSelectionTask. Acesso em 25.jul.2020. Para um breve vídeo com explicação didática sobre o viés de confirmação: https://www.youtube.com/watch?v=agXnHt4PllM. Acesso em 25.jul.2020.

2 O tema é objeto do interessantíssimo livro de Leonard Mlodinow (*O andar do bêbado*: como o acaso determina nossas vidas. Rio de Janeiro: Jorge Zahar, 2009).

3 Confira-se: "AÇÃO DE COBRANÇA – DESPESAS DE CONDOMÍNIO – ADQUIRENTE – ARREMATAÇÃO – EXECUÇÃO EXTRAJUDICIAL – OBRIGAÇÃO 'PROPTER REM' – LEI

condomínio edilício respondia pela dívida do período anterior à arrematação[4]. Por mais de dez anos, se um recurso chegava ao planalto central, seu destino era praticamente certo, pois *"a jurisprudência desta Corte é firme no sentido de que o arrematante de imóvel em condomínio é responsável pelo pagamento das despesas condominiais vencidas, ainda que estas sejam anteriores à arrematação".*

Até que, em 2011, tudo mudou. No julgamento do REsp 1.092.605, adicionou-se uma condição, aparentemente lógica, que implicou uma guinada considerável: o arrematante responde pelo débito condominial *que esteja ressalvado no edital*.[5]

A existência do art. 1.345 do Código Civil, em vigor desde 2003, e pelo qual *"o adquirente de unidade responde pelos débitos do alienante, em relação ao condomínio, inclusive multas e juros moratórios"*, foi incapaz de impedir essa guinada.

No início, o art. 1.345 do CC foi solenemente ignorado. Como se não existisse, Depois, quando finalmente se abriram os olhos para ele, já era tar-

---

Nº4591/64. O adquirente de unidade condominial, por arrematação, responde perante o condomínio pelas despesas condominiais em atraso, mesmo as anteriores à aquisição do imóvel, por constituírem-se essas em obrigações 'propter rem', que acompanham o imóvel. Não afasta esta obrigação a regra contida no artigo 4º, parágrafo único, da Lei nº 4.591/64." (RESP 286.081/SP, Relatora Ministra Nancy Andrighi, DJ de 12/12/2000). Alguns acórdãos no mesmo sentido: REsp 400.997 (Min. Castro Filho), REsp 503.081 (Min. Barros Monteiro), AgRg no REsp 682.664 (Min. Nancy Andrighi), REsp 659.584 (Min. Aldir Passarinho Junior), AgRg no REsp 1.157.746 (Min. Sidnei Beneti), e REsp 1.044.890 (Min. Sidnei Beneti), onde se ressaltou que *"A jurisprudência desta Corte é firme no sentido de que o arrematante de imóvel em condomínio é responsável pelo pagamento das despesas condominiais vencidas, ainda que estas sejam anteriores à arrematação".*

---

4   Este artigo limita-se a examinar a responsabilidade do adquirente em razão de arrematação em hasta pública. Há outras discussões, como aquela relativa ao registro da convenção de condomínio. ABELHA, André. *Despesas condominiais: alerta de tsunami* (baseado em fatos surreais). Disponível em https://www.migalhas.com.br/coluna/migalhas-edilicias/294012/despesas-condominiais-alerta-de-tsunami-baseado-em-fatos-surreais. Acesso em 25.jul.2020.

5   Ementa: *"PROCESSO CIVIL. RECURSO ESPECIAL. ALIENAÇÃO EM HASTA PUBLICA. DESPESAS CONDOMINIAIS ANTERIORES À AQUISIÇÃO DO IMÓVEL. DÍVIDA NÃO MENCIONADA NO EDITAL. SUB-ROGAÇÃO SOBRE O PRODUTO DA ARREMATAÇÃO. RESERVA DE VALORES. 1. As dívidas condominiais anteriores à alienação judicial - não havendo ressalvas no edital de praça - serão quitadas com o valor obtido com a alienação judicial do imóvel, podendo o arrematante pedir a reserva de parte desse valor para o pagamento das referidas dívidas. 2. Recurso especial provido".* (REsp 1092605/SP, Rel. Ministra NANCY ANDRIGHI, TERCEIRA TURMA, julgado em 28/06/2011, DJe 01/08/2011)

de. A nova jurisprudência estava formada, era intuitiva, e sua interpretação foi feita de modo a confirmar o que até então se decidira.

Segundo o STJ: (i) a dívida condominial tem natureza *propter rem*[6], não podendo vincular quem não era titular da unidade durante o período a que se refere a dívida; (ii) a hasta pública é modalidade de aquisição originária da propriedade imobiliária, e o adquirente deve receber o imóvel livre de qualquer ônus; (iii) o art. 130, p. único, do Código Tributário Nacional (CTN) estabelece que no caso de arrematação em hasta pública os créditos relativos a tributos incidentes sobre o bem sub-rogam-se sobre o respectivo preço; e (iv) é preciso *"preservar a segurança jurídica e proteger a confiança posta pelos jurisdicionados na alienação judicial promovida pelo Estado"*.

As razões impressionam à primeira vista. Contudo, o tema merece aprofundamento, pois tal entendimento, não raramente, causa aos condomínios um prejuízo inaceitável, e provoca precisamente o que se quer evitar: insegurança jurídica.

Este artigo, portanto, quer demonstrar que a natureza *propter rem* da dívida condominial é irrelevante; que a hasta pública é modalidade derivada de aquisição da propriedade imobiliária, e mesmo que fosse originária em nada mudaria o quadro; que um dispositivo legal de direito tributário não pode ser aplicado a uma situação já regulada por regra específica; e que atribuir ao arrematante a responsabilidade pela dívida, com ou sem referência no edital, é a solução que melhor garante a incolumidade do sistema e a segurança jurídica que se espera dos negócios imobiliários e das relações condominiais.

2. Obrigação *versus* responsabilidade

O dever de pagar as cotas condominiais é, indubitavelmente, uma obrigação *propter rem*, que decorre da titularidade sobre a unidade condominial[7].

O art. 1.336, I, do Código Civil, estabelece que *"o condômino"* tem que *"contribuir para as despesas do condomínio"*. Se um promitente-comprador tiver sido imitido na posse, ele será condômino, mesmo não tendo o domínio[8].

---

6   Curiosamente, esse mesmo argumento era utilizado pela jurisprudência anterior, que impingia ao adquirente a responsabilidade pelo pagamento da dívida condominial anterior.

7   Sobre as obrigações *propter rem*, v. MESQUITA, Manuel Henrique. *Obrigações reais e ónus reais*. Coimbra: Almedina, 2003; e ARAÚJO, Barbara Almeida de. As obrigações propter rem. In: TEPEDINO, Gustavo (coord.). *Obrigações*: estudos na perspectiva civil-constitucional. Rio de Janeiro: Renovar, 2005, pp. 99-120.

8   Tema 886: *"a) O que define a responsabilidade pelo pagamento das obrigações condominiais não é o registro do compromisso de venda e compra, mas a relação jurídica*

Idem para o usufrutuário. E o promitente-vendedor, ainda dono do imóvel, nem sempre se enquadrará no referido artigo. Como se vê, condômino não é sinônimo de proprietário.

A natureza *propter rem* da obrigação em questão produz um efeito relevante: somente o condômino, quando se tornar condômino, e enquanto condômino for, será devedor dessa obrigação. Ele e ninguém mais.

Entretanto, o sistema jurídico, em certas situações, pode estabelecer que uma pessoa, embora não estando no polo passivo da obrigação, responderá pela obrigação do verdadeiro devedor. Essa vinculação pode ocorrer de forma voluntária, como na fiança, ou por força de lei.

Este é, precisamente, o caso do art. 1.345 do Código Civil. Se alguém adquire uma unidade condominial em abril de 2020, obviamente o titular da obrigação *propter rem* referente a uma dívida do ano de 2019 é o condômino-alienante. Insista-se, ele e ninguém mais.

Isto não significa, entretanto, que o adquirente não terá que quitar essa mesma dívida. Se a lei estabelece uma regra de responsabilidade, o sucessor do imóvel terá que pagar um débito que não é dele, cobrando, depois, do real devedor. O condômino-alienante é quem *deve*; mas o adquirente também *responde*.

3. A natureza da aquisição por hasta pública e sua irrelevância para a discussão

O Código Civil, no Capítulo II do Título III (Da Propriedade) do Livro III (Do Direito das Coisas), trata da aquisição da propriedade imóvel: *usucapião*, *acessão* (que inclui as ilhas, a aluvião, a avulsão, o álveo abandonado e as construções e plantações) e *registro do título*.

Há uma quarta modalidade, prevista no Livro V (Do Direito das Sucessões), no art. 1.784: a *sucessão causa mortis*. Aberta a sucessão, a herança transmite-se, desde logo, por força de lei, aos herdeiros legítimos e testamentários.

---

material com o imóvel, representada pela imissão na posse pelo promissário comprador e pela ciência inequívoca do Condomínio acerca da transação; b) Havendo compromisso de compra e venda não levado a registro, a responsabilidade pelas despesas de condomínio pode recair tanto sobre o promitente vendedor quanto sobre o promissário comprador, dependendo das circunstâncias de cada caso concreto; c) Se restar comprovado: (i) que o promissário comprador imitira-se na posse; e (ii) o Condomínio teve ciência inequívoca da transação, afasta-se a legitimidade passiva do promitente vendedor para responder por despesas condominiais relativas a período em que a posse foi exercida pelo promissário comprador".

Usucapião e acessão são formas *originárias* de aquisição da propriedade[9]. As transmissões *causa mortis* e pelo registro do título, como os próprios nomes indicam, são formas *derivadas*, em que há transferência de uma pessoa, falecida ou viva, para outra. O Código não prevê uma quinta modalidade[10].

A arrematação em hasta pública, como se sabe, ocorre no bojo de um processo de execução, com base em título executivo judicial ou extrajudicial. Para satisfazer o crédito do exequente, o Estado promove a alienação forçada de um bem penhorado. Contra a vontade do devedor.

Como estabelece o art. 903 do Código de Processo Civil (CPC), uma vez assinado o respectivo auto pelo juiz, pelo arrematante e pelo leiloeiro, a arrematação torna-se perfeita, acabada e irretratável[11], mesmo sem a assinatura do executado, e ainda que este tente a todo custo impedi-la. Há, no caso, suprimento de seu consentimento.

Repare, caro leitor, que a lei não traz como efeito jurídico decorrente da assinatura do auto a aquisição da propriedade do bem. Para que isso ocorra, o arrematante deve pagar o imposto de transmissão, e, de posse de um título causal (a carta de arrematação prevista no art. 901, §2º, do CPC), deve obter seu registro no cartório de registro de imóveis competente. Somente então a propriedade se transmitirá.

---

9   Cf. lição de Maurício Bunazar, "*A aquisição é a título original quando o direito subjetivo passa a fazer parte da esfera jurídica do sujeito de direito sem que para isso tenha sido transmitido por alguém, seja por até então não ser de ninguém, seja por ter sido adquirido independentemente do título anterior de alguém*" (BUNAZAR, Maurício. *Obrigação propter rem*: aspectos teóricos e práticos. São Paulo: Atlas, 2014, p. 116, nota de rodapé 356).

10 Mesmo na alienação fiduciária de bem imóvel, estaremos diante de aquisição pelo registro do título, qual seja, o contrato de constituição da garantia, que prevê a condição resolutiva. Operada a condição, a propriedade se transmite ao credor fiduciário (art. 26 da Lei nº 9.514/97), após o pagamento do imposto de transmissão, fato certificado na respectiva averbação junto à matrícula da unidade. Cf. ABELHA, André. *Alienação fiduciária e ITBI*: a volta de quem não foi. Disponível em https://www.migalhas.com.br/depeso/289373/alienacao-fiduciaria-e-itbi-a-volta-de-quem-nao-foi. Acesso em 26.jul.2020.
    Não se pode deixar de mencionar que a Lei nº13.465/17 trouxe, no art. 26, a conversão automática do título de legitimação de posse em título de propriedade, "*independentemente de prévia provocação ou prática de ato registral*", desde que atendidos os requisitos da modalidade de usucapião aplicável ao caso. Não se trata, porém, de nova modalidade material de aquisição da propriedade imobiliário, e sim um procedimento extrajudicial mais simplificado que a usucapião extrajudicial.

11 Na verdade, há uma exceção, mas deixarei para examiná-la no Capítulo 5.

Temos aqui todos os elementos, portanto, para concluir que a arrematação em hasta pública *não é* modalidade originária de aquisição: há alienante e adquirente, e existe um ato jurídico celebrado entre pessoas, causal (a transferência ocorre com base no título anterior do executado), com suprimento de vontade e pagamento de imposto.[12]

Aliás, ainda que se pudesse, por alguma razão, admitir que a arrematação se insere em modalidade originária de aquisição, isto seria de certa forma irrelevante para afastar a responsabilidade do arrematante. A uma porque o art. 1.345 não faz distinção entre modalidades de aquisição, e não cabe ao intérprete distinguir onde a lei não o faz. E a duas, e principalmente, porque tal interpretação levaria a uma distorção sistêmica, afinal, usucapião é meio originário de aquisição da propriedade, e nem por isso o usucapiente está livre de responder pela dívida. Neste caso, até o contrário se reforça, já que o adquirente, antes de se tornar dono, já era possuidor da coisa, com *animus domini*.

4. Inaplicabilidade do art. 130, p. único, do Código Tributário Nacional

Outro argumento utilizado em prol do arrematante é a regra prevista no Código Tributário Nacional (CTN), pela qual "*os créditos tributários relativos a impostos cujo fato gerador seja a propriedade, o domínio útil ou a posse de bens imóveis... subrogam-se na pessoa dos respectivos adquirentes*". O parágrafo único desse artigo excepciona a regra geral de responsabilidade do adquirente, eis que "*no caso de arrematação em hasta pública, a sub-rogação ocorre sobre o respectivo preço*".

Em outras palavras, não importa se o edital do leilão apontou ou não a existência de dívida de IPTU ou de ITR. O arrematante de imóvel não responde por esse débito, e o fisco tem que buscar a satisfação do seu crédito com o produto da arrematação.

O CTN traz a regra geral de responsabilidade do adquirente, e a excepciona expressamente para a hipótese de arrematação em hasta pública. E o condomínio edilício? Ora, para ele, temos a regra especial do art. 1.345, que traz a regra geral de responsabilidade, *sem abrir nenhuma exceção*. O

---

12 Nesse mesmo sentido, confira-se o pertinente trecho de Maurício Bunazar: "*A arrematação e a adjudicação implicam a transferência do bem do patrimônio do executado ao patrimônio de outrem. Ambas são formas derivadas de aquisição do direito subjetivo de propriedade e, por isso, o adquirente sucede o expropriado em seu direito subjetivo, razão pela qual se mantêm sem alteração as posições jurídicas ativas e passivas que o constituem*" (ob. cit., p. 116).

legislador civil tinha o precedente do CTN, mas optou por não segui-lo. Com que base, então, o Poder Judiciário poderia fazê-lo?

5. Não existe arrematação sem risco

É importante *"preservar a segurança jurídica e proteger a confiança posta pelos jurisdicionados na alienação judicial promovida pelo Estado"*. A frase, enunciada no acórdão do REsp 1.672.508[13], está correta e deve ser observada.

A segurança jurídica é fundamental para o ordenamento jurídico, por tornar possível às pessoas o conhecimento antecipado das consequências diretas de seus atos[14]. Em suma, se eu fizer A, posso razoavelmente esperar os efeitos jurídicos B e C.

Considerando a regra explícita do art. 1.345 do Código Civil, pergunta-se: que efeito surpresa e sorrateiro espera o arrematante de unidade condominial? Onde está dito na lei que a omissão do edital (violação à regra do art. 886, VI, do CPC[15]) lhe garante, frente ao condomínio, imunidade contra a regra de responsabilidade pela dívida do executado?

Sublinhe-se que a omissão no edital não ocorre em execução movida pelo condomínio. Se o condomínio estivesse no pólo ativo do processo, não só a omissão seria um contrassenso (a dívida seria a razão de existir da demanda) como o condomínio poderia usar o produto da arrematação para recuperar seu crédito.

---

13   Ementa: *"RECURSO ESPECIAL. DIREITO CIVIL E PROCESSUAL CIVIL (CPC/73). AÇÃO DE COBRANÇA. COTAS CONDOMINIAIS. CUMPRIMENTO DE SENTENÇA. IMÓVEL ARREMATADO EM HASTA PÚBLICA. INFORMAÇÃO NO EDITAL ACERCA DA EXISTÊNCIA DE DÉBITOS CONDOMINIAIS. CARÁTER 'PROPTER REM' DA OBRIGAÇÃO. RESPONSABILIDADE DO ARREMATANTE. SUCESSÃO NO POLO PASSIVO DA EXECUÇÃO. CABIMENTO. 1. Controvérsia em torno da possibilidade de inclusão do arrematante no polo passivo da ação de cobrança de cotas condominiais na fase cumprimento de sentença (...). 5. Em se tratando a dívida de condomínio de obrigação "propter rem", constando do edital de praça a existência de ônus incidente sobre o imóvel, o arrematante é responsável pelo pagamento das despesas condominiais vencidas, ainda que estas sejam anteriores à arrematação, admitindo-se, inclusive, a sucessão processual do antigo executado pelo arrematante. 6. RECURSO ESPECIAL DESPROVIDO"*. (REsp 1672508/SP, Rel. Ministro PAULO DE TARSO SANSEVERINO, TERCEIRA TURMA, julgado em 25/06/2019, DJe 01/08/2019)

14   Maria Sylvia Zanella Di Pietro. *O STJ e o princípio da segurança jurídica*. Disponível em https://www.migalhas.com.br/depeso/302189/o-stj-e-o-principio-da-seguranca-juridica. Acesso em 29.jul.2020.

15   Art. 886. O leilão será precedido de publicação de edital, que conterá: (...) VI - menção da existência de ônus, recurso ou processo pendente sobre os bens a serem leiloados.

O problema acontece justamente porque o edital é produzido nos autos de uma execução que o condomínio não ajuizou, para a qual não foi chamado, e cuja existência ele desconhece. Isso não acontece com outros credores de obrigação propter rem, por força do art. 889 do CPC[16], que manda convocá-los antes do leilão. Por que chamá-los? Por não estarem eles protegidos pela regra do art. 1.345 do Código Civil.

Para o condomínio, o leilão só costuma vir à tona quando o arrematante se apresenta ao síndico ou à administradora como novo proprietário da unidade. A essa altura, o saldo judicial já foi levantado pelo credor, e se algo sobejou foi levantado pelo município (dívida de IPTU) e/ou pelo devedor, e nada resta. O devedor, que chegou a ponto de deixar sua unidade ser leiloada, raramente terá outro bem para responder pela dívida condominial.

Por que, então, o condomínio deve amargar o prejuízo pelo erro do exequente ou do leiloeiro que, em uma execução estranha, não inseriu no edital a referência às cotas em atraso? E se o leiloeiro informar o valor errado? Novamente o condomínio é quem pagará por isso?

Além disso, hasta pública não é negócio jurídico isento de risco. Nos contratos onerosos o alienante responde pela evicção, "*ainda que a aquisição se tenha realizado em hasta pública*" (Código Civil, art. 447), o que significa dizer que o arrematante pode sofrer evicção.

Ora, como é possível concluir que a omissão do edital confere imunidade condominial ao arrematante se a lei não traz essa consequência?

Aliás, o CPC é expresso em sentido contrário. Segundo o art. 903, §5º, I, o arrematante poderá desistir da arrematação, sendo-lhe imediatamente devolvido o depósito que tiver feito "*se provar, nos 10 (dez) dias seguintes, a existência de ônus real ou gravame não mencionado no edital*". Isto é, o ar-

---

16 Art. 889. Serão cientificados da alienação judicial, com pelo menos 5 (cinco) dias de antecedência: I - o executado, por meio de seu advogado ou, se não tiver procurador constituído nos autos, por carta registrada, mandado, edital ou outro meio idôneo; II - o coproprietário de bem indivisível do qual tenha sido penhorada fração ideal; III - o titular de usufruto, uso, habitação, enfiteuse, direito de superfície, concessão de uso especial para fins de moradia ou concessão de direito real de uso, quando a penhora recair sobre bem gravado com tais direitos reais; IV - o proprietário do terreno submetido ao regime de direito de superfície, enfiteuse, concessão de uso especial para fins de moradia ou concessão de direito real de uso, quando a penhora recair sobre tais direitos reais; V - o credor pignoratício, hipotecário, anticrético, fiduciário ou com penhora anteriormente averbada, quando a penhora recair sobre bens com tais gravames, caso não seja o credor, de qualquer modo, parte na execução; VI - o promitente comprador, quando a penhora recair sobre bem em relação ao qual haja promessa de compra e venda registrada; VII - o promitente vendedor, quando a penhora recair sobre direito aquisitivo derivado de promessa de compra e venda registrada; VIII - a União, o Estado e o Município, no caso de alienação de bem tombado.

rematante tem o dever de diligenciar antes de decidir arrematar, e mesmo depois, tem uma janela de dez dias para desistir, caso procure o condomínio e descubra uma dívida não mencionada no edital. Depois disso, a irrevogabilidade se impõe. Se o arrematante não fosse responsável pelo gravame omitido, qual a razão para permitir sua desistência? Por que admitir sua imunidade frente ao condomínio diante de regra específica?

O art. 1.345 do Código Civil é, enfim, um alerta claro e inequívoco a todo arrematante, que ao adquirir uma unidade condominial em hasta pública não deve se fiar no edital, procurando o condomínio para saber se há dívida. Segurança jurídica, no sentido de previsibilidade, não pode ser confundida com imunidade. A exceção do parágrafo único do art. 130 do CTN aplica-se aos tributos incidentes sobre a unidade, e nada mais. Interpretar em sentido diverso é violar a segurança jurídica que justamente se visa a proteger.

6. Conclusão

Este breve artigo não é uma caça aos arrematantes. Quem pretende adquirir um imóvel em hasta pública, tem o direito de saber as regras do jogo e de vê-las respeitadas. Em inúmeros casos o adquirente é a chave para o sucesso de uma execução judicial. Todavia, a segurança jurídica que se precisa conferir ao negócio não é incompatível com a regra do art. 1.345 do Código Civil. Não pode haver estímulo à liquidez do imóvel penhorado às custas do condomínio, que não é parte do processo, nem foi intimado a participar para resguardar seu crédito.

Argumentar que, na omissão do edital, o arrematante não pode responder pelo débito do executado em razão da natureza *propter rem* da dívida condominial é misturar os conceitos de obrigação e de responsabilidade. Água e óleo não se juntam. Por isso mesmo é que, em certos casos, voluntariamente (fiança) ou por força de lei, alguém responde pela dívida de outrem. Quem já é devedor não precisa ser responsável, e quem não é pode vir a sê-lo.

A hasta pública é modalidade derivada de aquisição da propriedade imobiliária. Quem arremata deve pagar o imposto de transmissão, e só adquire a propriedade pelo registro do título. Arrematação não é usucapião nem acessão, as duas únicas formas originárias de aquisição de imóveis previstas pelo ordenamento jurídico. Sublinhe-se, ademais, que mesmo o usucapiente deve responder pelas cotas condominiais vencidas no período anterior à prescrição aquisitiva, se o proprietário anterior não as tiver quitado.

O art. 130, p. único, do CTN, uma regra tributária, não pode ser aplicada a uma situação jurídica de direito civil já regulada por regra específica (art. 1.345 do CC). Não há lacuna a preencher com analogia, e a própria comparação entre os dois dispositivos revela que seus *caputs* trazem regras idênticas, mas só o CTN excepciona a responsabilidade do arrematante. Isso demonstra a intenção do legislador em não livrar o adquirente de tal responsabilidade.

Finalmente, a omissão do edital não pode ser uma varinha mágica para a imunidade do arrematante. Pelo menos, não contra o condomínio, que foi ignorado no processo e não opinou sobre o documento. Se, por um lado, o edital deve mencionar a existência de ônus, recurso ou processo pendente sobre os bens a serem leiloados (CPC, art. 886, VI), outros credores de obrigações propter rem têm a chance de se defender (art. 889 do CPC), o que não ocorre com o condomínio, nunca chamado, por já ser protegido pela regra do art. 1.345 do CC.

A própria lei dá a solução para a omissão, ao estabelecer que o arrematante pode desistir caso prove a existência da dívida condominial omitida (CPC, art. 903, §5º, I). O vencedor do leilão tem dez dias para consultar o condomínio e saber se há dívida anterior. Tempo de sobra.

Se o arrematante está sujeito à evicção (CC, art. 447), porque ele não se sujeitaria a pagar as cotas em aberto do seu antecessor, diante de regra expressa a esse respeito (CC, art. 1.345)? Não se exige um dever mínimo de diligência?

É urgente que o STJ corrija os rumos da preocupante jurisprudência que se formou a partir de 2011, retomando o entendimento até então existente, este sim perfeitamente alinhado à regra do art. 1.345 do Código Civil. Dessa forma, respeitar-se-ão as categorias jurídicas, com proteção ao legítimo crédito do condomínio, sem causar insegurança ao arrematante diligente. Que consigamos, enfim, nos livrar do viés de confirmação.

Atualidade da Multipropriedade Imobiliária[1]

Gustavo Tepedino[2]

> **SUMÁRIO: 1.** Introdução: A multipropriedade e sua relevância para o mercado imobiliário; **2.** A experiência brasileira: notas sobre a Lei nº 13.777/18; **3.** Impossibilidade de uso da unidade autônoma: os impactos da pandemia na multipropriedade; **4.** Notas conclusivas.

1. Introdução: A multipropriedade e sua relevância para o mercado imobiliário

Surgida na França no final dos anos 60 do século passado, e amplamente difundida na Europa e nos Estados Unidos, a multipropriedade conquistou significativo espaço no mercado imobiliário, por permitir a divisão da utilização de imóveis em temporadas anuais, de modo que diversos titulares pudessem se beneficiar, alternadamente, cada qual a seu turno, do mesmo imóvel, multiplicando exponencialmente o público alvo para as casas de campo ou de praia. Trata-se de relação jurídica que traduz o aproveitamento econômico de uma coisa móvel ou imóvel, em unidades fixas de tempo, visando à utilização exclusiva de seu titular, no período que lhe é próprio, ao longo das frações temporais que se sucedem.[3]

Franqueou-se, assim, o mercado a novas camadas sociais, que, de outra forma, não teriam acesso à segunda casa.[4] Famílias que pretendiam adquirir a casa de campo ou de praia apenas para o período de férias anuais passam a satisfazer sua aspiração a preço relativamente modesto. Reduzem-se, por outro lado, as despesas e os incômodos com a manutenção e a segurança do

---

1 Texto elaborado em homenagem ao Professor Sylvio Capanema, cuja atuação modelar na academia, na magistratura e na advocacia inspira todos os estudiosos do direito. O saudoso amigo Sylvio sempre será lembrado como exemplo de eloquência, paixão pelo Direito e pela docência, além de sua insuperável fidalguia.

2 O autor agradece penhoradamente à Mestranda Danielle Tavares Peçanha, pela pesquisa bibliográfica e legislativa e pelo diálogo permanente na elaboração do texto.

3 Cfr. TEPEDINO, Gustavo; MONTEIRO FILHO, Carlos Edison do Rêgo; RENTERIA, Pablo. *Fundamentos do Direito Civil*, vol. 5: Direitos Reais, Rio de Janeiro: Forense, 2020, pp. 277-281.

4 Sylvio Capanema, que ressaltou a possibilidade de locação da multipropriedade no sistema brasileiro, destaca que "o regime da multipropriedade se reveste de grande densidade social e econômica, já que elimina a 'segunda casa' que os brasileiros de maior poder aquisitivo costumam manter em locais turísticos, e que permanecem vazias, na maior parte do ano, não gerando empregos ou contribuindo para o comércio local" (CAPANEMA, Sylvio. *A lei do inquilinato comentada artigo por artigo*, Rio de Janeiro: Forense, 2020, 12ª ed., p. 26).

imóvel, itens cada vez mais dispendiosos quando se adquire a propriedade nos moldes tradicionais. Além disso, para os empresários do setor, aumenta-se a margem de lucro, dada a grande quantidade de unidades que, com a subdivisão temporal, são postas à venda em cada empreendimento. Com preços diferenciados ao longo do ano, a depender da valorização do mês escolhido (verão ou inverno; épocas de férias escolares ou período letivo), adaptam-se os adquirentes, segundo seu estilo de vida e respectivo poder aquisitivo, ao planejamento estratégico do instituidor e ao calendário turístico da região.

Do ponto de vista da indústria turístico-hoteleira e de serviços, a economia das regiões alcançadas torna-se aquecida de forma uniforme em todos os períodos do ano, e não apenas nas altas estações, de modo sazonal. Ao se promoverem o desenvolvimento e a estabilidade do comércio local de maneira contínua, o equilíbrio ecológico é também favorecido na medida em que se resguarda o meio ambiente contra a proliferação indiscriminada de construções, por vezes subutilizadas ou descuidadas.

Com o desenvolvimento da multipropriedade, diversos mercados imobiliários conseguiram superar a crise recessiva em que se encontravam (como ocorreu na Espanha, em Portugal e na Itália, quando do surgimento das respectivas leis nacionais e da Diretiva europeia), tornando-se o novo sistema objeto de estudos e debates em numerosos países. Antecipando-se a autonomia privada ao legislador, diversos modelos jurídicos foram desenhados para regulamentar a operação, designada como multipropriedade; *time-sharing; droit de jouissance à temps partagé; propriété spatio-temporelle; multijouissance; multiproprietà*; direito real de habitação periódica.[5] Do ponto de vista técnico, cuida-se de "relação jurídica que traduz o aproveitamento econômico de uma coisa móvel ou imóvel, em unidades fixas de tempo, visando à utilização exclusiva de seu titular, cada qual a seu turno, ao longo das frações temporais que se sucedem".[6]

---

5 Ao contrário de outros países, no Brasil não houve inicialmente intervenção legislativa para a definição do modelo jurídico a ser adotado, aplicando-se, então, as normas do Código Civil em matéria de propriedade e o Código de Defesa do Consumidor para a proteção contratual dos adquirentes. Em 1997, foi editada a Deliberação Normativa nº 378, de 12 de setembro de 1997 do Ministério da Indústria, do Comércio e do Turismo, que estabelece cláusulas imperativas para esse tipo de contrato.

6 TEPEDINO, Gustavo Tepedino. *Multipropriedade Imobiliária*. São Paulo: Saraiva, 1993, p. 1. Sobre os bens que podem ser objeto de multipropriedade, importante destacar que a nova legislação brasileira prevê seja constituída a multipropriedade somente sobre imóveis. Cada multiproprietário adquire, assim, a sua casa de campo ou de praia em determinado período do ano. Ilustrativamente, dispõe o art. 1.358-D do Código Civil: "O imóvel objeto da multipropriedade: I – é indivisível, não se sujeitando a ação de divisão ou de extinção de condomínio; II – inclui as instalações, os equipamentos e o mobiliário destinados a seu uso e gozo."

Com fins de implementação da figura, diversos modelos foram adotados na experiência estrangeira.[7] E, especialmente no que tange à gestão hoteleira, os serviços se sofisticaram e os empreendimentos se aperfeiçoaram. Com isso, problemas frequentes ocasionados pelo mau uso de unidades ou pela necessidade de suspensão da utilização para manutenção periódica foram resolvidos pela gestão hoteleira inteligente, que potencializa o conjunto das unidades – em sistema de *pool* –, oferecendo em locação, inclusive, as unidades dos multiproprietários que não pretendam, em determinado ano, utilizar o seu imóvel.

Além disso, o investimento por multiproprietários permitiu a captação de recursos para a construção de empreendimentos mistos – de hotelaria e multipropriedade –, nos quais apenas parte das unidades é posta à venda pelo instituidor, que conserva sob sua propriedade volume estratégico de unidades destinadas diretamente à oferta hoteleira. Por outro lado, criaram-se bancos de *time sharing* de diversos países, permitindo que o multiproprietário possa, a cada ano, trocar a utilização de sua unidade por uma semana em local turístico de qualquer continente (intercâmbio associado ao *pool* hoteleiro de imóveis disponíveis).

2. A experiência brasileira: notas sobre a Lei nº 13.777/18

No Brasil, a multipropriedade suscitou, em primeiro momento, certa desconfiança, por configurar situação jurídica híbrida, com características de realidade, acompanhadas de vínculos obrigacionais, delineando-se assim aparente atipicidade, que violaria o princípio da taxatividade dos direitos reais.[8] O fenômeno, que se procurou alhures qualificar como *propriedade*

---

[7] Acerca do crescimento vertiginoso da multipropriedade hoteleira, v. TEPEDINO, Gustavo. *Multipropriedade Imobiliária*. São Paulo: Saraiva, 1993, p. 18 e ss., onde se enfatiza como a transferência da gestão dos serviços à empresa hoteleira torna atrativo o empreendimento, aperfeiçoando a oferta de restaurantes, bares, lavanderias, discotecas, esportes, e atividades complementares. Por outro lado, "a entrega da gestão multiproprietária a redes de hotelaria, em geral empresas multinacionais, estimula a prática de intercâmbio entre multiproprietários, visando à permuta anual das respectivas frações de que são titulares, em lugares e países diversos, formando-se um chamado 'banco de trocas', altamente diversificado e interessante para os que gostam de viajar. Dessa forma, um multiproprietário titular de uma quinzena anual em Cannes, por exemplo, troca a utilização do seu apartamento, em certo ano, com o titular de igual direito em imóvel situado em Búzios ou nas distantes ilhas Mauricius" (p. 19).

[8] Na percepção de Orlando Gomes, por exemplo, tratar-se-ia de "verdadeiro direito real atípico e, portanto, uma espécie que não pode existir em face do princípio do *numerus clausus* dos direitos reais" (GOMES, Orlando. *Sobre a Multipropriedade*. In: Jornal A Tarde, publicado em 18.3.1983).

temporária, *propriedade cíclica*, ou *propriedade dividida no tempo*, acabou absorvido, na prática imobiliária, como modalidade condominial, preservando-se assim a tipicidade do direito de copropriedade, tal como reconhecida pelo ordenamento.

À míngua de intervenção legislativa, a prática brasileira pregressa utilizou-se da instituição de condomínio ordinário entre os titulares de cada apartamento inserido em condomínio edilício. Ilustrativamente, 52 condôminos de um mesmo apartamento estabeleciam, contratualmente, o direito de uso de cada titular por uma semana do ano.[9] Numerosos inconvenientes funcionais decorriam dessa fórmula, que, dentre outros problemas, implicava a necessária administração conjunta,[10] o direito de preferência dos condôminos no caso de venda por qualquer titular[11] e a divisibilidade do condomínio a qualquer momento, a pedido de um único condômino, após o prazo de cinco anos da indivisibilidade do condomínio ordinário prevista pelo Código Civil.[12] O Superior Tribunal de Justiça, de todo modo, em decisão por maioria da 3ª Turma, com relatoria para acórdão do Ministro João Otavio de Noronha, no âmbito do REsp 1.546.165, já havia admitido em 2016 a natureza típica de direito real da multipropriedade, rejeitando a penhora do imóvel por dívida de um dos condôminos, de modo a preservar as frações ideais dos demais multiproprietários.[13] Embora a decisão já tenha trazido segurança ao setor, não havia, contudo, unanimidade sobre o tema.

Em boa hora, todas as incertezas em torno da natureza jurídica da multipropriedade foram superadas com o reconhecimento, pelo legislador bra-

---

9 Para o exame pormenorizado de dois contratos aquisitivos da multipropriedade em regime condominial, juntamente com os instrumentos de convenção e regulamento de condomínio, lavrados no 18º Ofício de Notas do Rio de Janeiro, v., TEPEDINO, Gustavo. *Multipropriedade*. São Paulo: Saraiva, 1993, pp. 43 e ss.

10 Informa o art. 1.323 do Código Civil, no âmbito do condomínio ordinário: "Art. 1.323. Deliberando a maioria sobre a administração da coisa comum, escolherá o administrador, que poderá ser estranho ao condomínio; resolvendo alugá-la, preferir-se-á, em condições iguais, o condômino ao que não o é".

11 Código Civil, "Art. 504. Não pode um condômino em coisa indivisível vender a sua parte a estranhos, se outro consorte a quiser, tanto por tanto. O condômino, a quem não se der conhecimento da venda, poderá, depositando o preço, haver para si a parte vendida a estranhos, se o requerer no prazo de cento e oitenta dias, sob pena de decadência."

12 Código Civil, "Art. 1320. A todo tempo será lícito ao condômino exigir a divisão da coisa comum, respondendo o quinhão de cada um pela sua parte nas despesas da divisão. (...) § 2º Não poderá exceder de cinco anos a indivisão estabelecida pelo doador ou pelo testador."

13 STJ, 4ª T., REsp 1.546.165/SP, Rel. Min. Ricardo Villas Bôas Cueva, Rel. p/ Acórdão Min. João Otávio de Noronha, julg. 26.4.2016, publ. DJe 6.9.2016.

sileiro, na Lei nº 13.777/18, da autonomia de cada unidade, individualizada no espaço (apartamento 101, por exemplo) e no tempo (primeira semana de agosto de cada ano, por exemplo), com sua respectiva matrícula no registro de imóvel, inserida em regime de condomínio edilício.[14]

Vale dizer, na multipropriedade, embora o tempo não seja o objeto de apropriação, figura como elemento de individuação do bem apropriado.[15] Configura-se, assim, conjunto de bens jurídicos de utilização durante turnos anuais pré-estabelecidos, remetendo o intérprete para o sistema de unidades autônomas em regime de condomínio edilício, no qual prevalece regime misto, com a propriedade individual da unidade autônoma,[16] constituída por fração espaço-temporal do imóvel, ao lado da propriedade coletiva sobre as partes comuns, a assegurar, por exemplo, a legitimidade dos multiproprietários para intentar ações possessórias e petitórias em qualquer época do ano.

Essa construção tornava-se possível, mesmo antes da intervenção legislativa, graças à deliberada flexibilidade da disciplina legal do condomínio edilício, de acordo com a qual, tanto na atual redação do Código Civil como na revogada Lei nº 4.591/64, para se instituir o condomínio edilício, basta a individualização e discriminação das unidades autônomas. Nos termos do art. 1.332, do Código Civil, "Institui-se o condomínio edilício por ato entre vivos ou testamento, registrado no Cartório de Registro de Imóveis, devendo constar daquele ato, além do disposto em lei especial: I – *a discriminação e individualização das unidades de propriedade exclusiva, estremadas uma das outras e das partes comuns;* II – a determinação da fração ideal atribu-

---

[14] Para análise de algumas das principais mudanças instituídas pela Lei 13.777/2018, v. TEPEDINO, Gustavo. A nova Lei da Multipropriedade Imobiliária. Editorial. In: *Revista Brasileira de Direito Civil (RBDCivil)*, vol. 19, n. 01, jan./mar. 2019, pp. 11-14.

[15] Nesse sentido, adiantando-se o conteúdo do próximo capítulo, que analisa as inconsistências da Lei nº 13.777/18, permita-se destacar atecnia, ao se referir à inexistência de direito de preferência na "*alienação de fração de tempo*", no tratamento sobre a transferência da multipropriedade (CC, art. 1.358-L, § 1º). A rigor, correto seria tratar sobre a alienação do direito real de propriedade do multiproprietário sobre sua unidade autônoma delimitada no espaço e no tempo. Também crítico a tal passagem, v. OLIVEIRA, Carlos Eduardo Elias de. *Considerações sobre a recente Lei da Multipropriedade ou da Time Sharing (Lei nº 13.777/2018)*: principais aspectos de Direito Civil, de Processo Civil e de Registros Públicos. Disponível em: https://flaviotartuce.jusbrasil.com.br/artigos/661740743/consideracoes-sobre-a-recente-lei-da-multipropriedade. Acesso em: 4 dezembro 2019.

[16] A noção ampla de unidade autônoma já se encontrava alinhada com o Enunciado n.º 89 da I Jornada de Direito Civil do CJF: "O disposto nos arts. 1.331 a 1.358 do novo Código Civil aplica-se, no que couber, aos condomínios assemelhados, tais como loteamentos fechados, multipropriedade imobiliária e clubes de campo".

ída a cada unidade, relativamente ao terreno e partes comuns; III – o fim a que as unidades se destinam".

Mesmo antes de promulgada a Lei nº 13.777/18, que optou por tal solução, já havia registros do reconhecimento da natureza de direito real à multipropriedade,[17] conforme sublinhado no já destacado REsp 1.546.165/SP. De todo modo, com a promulgação da aludida Lei, restam suplantadas antigas discussões em torno regime jurídico aplicável à multipropriedade, estabelecendo explicitamente tratar-se de condomínio edilício, conforme dispõe o art. 1.358-C do Código Civil.[18]

Reconhecida a natureza de direito real da multipropriedade, na matrícula referente a cada unidade autônoma devem constar o local e o tempo que a individualizam, nos moldes do art. 1.358-F do Código Civil, sendo de sete dias, seguidos ou intercalados, o período mínimo de cada fração de tempo (CC, art. 1.358-E, § 1º). A fração temporal, conforme dispõe o artigo 1.358-E, poderá ser *"fixa e determinada"*, se repetindo a cada ano; *"flutuante"*, ou seja, variando de forma periódica no decorrer dos anos; ou *"mista"*, combinando ambos sistemas. Também no âmbito da Lei de Registros Públicos fica assinalada a autonomia de cada unidade, como disposto no parágrafo 10 do art. 176.[19]

Quanto ao objeto da multipropriedade estabelecido no regime da nova legislação, exige-se que se trate de bem *imóvel*, rural ou urbano, ao contrário de outros sistemas jurídicas, que permitem a instituição do re-

---

17 Sobre o tema, há na doutrina quem afirme tratar-se de direito real *'sui generes'* de usar, gozar e dispor da propriedade, cuja limitação não seria apenas condominial, mas também temporal (VENOSA, Sílvio de Salvo. *Multipropriedade (time sharing)*. In: Migalhas. Disponível em: https://www.migalhas.com.br/dePeso/16,MI295907,61044-Multipropriedade+time+sharing. Acesso em 2 dezembro 2019). Nessa direção, continua o autor: "O novo texto legal regula a possibilidade de registro dessa nova modalidade de propriedade em nome de cada condômino fracionário. Por outro lado, não há incompatibilidade de aplicação dos princípios norteadores da lei 4.591/64 ou do Código Civil à multipropriedade, como agora especificado no mais recente texto legal. Também aqui se levam em conta a convenção, ou ato normativo, o regulamento ou regimento e os direitos de vizinhança".

18 Código Civil, "Art. 1.358-C. Multipropriedade é o regime de condomínio em que cada um dos proprietários de um mesmo imóvel é titular de uma fração de tempo, à qual corresponde a faculdade de uso e gozo, com exclusividade, da totalidade do imóvel, a ser exercida pelos proprietários de forma alternada."

19 Lei nº 6.015/73, "Art. 176. O Livro nº 2 – Registro Geral – será destinado, à matrícula dos imóveis e ao registro ou averbação dos atos relacionados no art. 167 e não atribuídos ao Livro nº 3. (...) § 10. Quando o imóvel se destinar ao regime da multipropriedade, além da matrícula do imóvel, haverá uma matrícula para cada fração de tempo, na qual se registrarão e averbarão os atos referentes à respectiva fração de tempo, ressalvado o disposto no § 11 deste artigo."

gime de multipropriedade também sobre bens móveis. Além disso, o condomínio em multipropriedade pode ser instituído, nos termos dos novos artigos 1.358-F a 1.358-H do Código Civil, por ato *inter vivos*, seguindo as regras de instituição do condomínio edilício, ou por testamento. Nesta última hipótese, o testamento, em regra, deverá cumprir todos os requisitos formais para a instituição do condomínio.[20]

Como já evidenciado, andou bem o legislador ao refutar o regime do condomínio ordinário, afastando os inconvenientes decorrentes das drásticas diferenças de funções apresentadas pelos institutos. Um desses inconvenientes, contudo, parece ter sido o motivo principal da previsão estabelecida no art. 1.358-T, segundo o qual "o multiproprietário somente poderá renunciar de forma translativa a seu direito de multipropriedade em favor do condomínio edilício". Há aqui constrangedora incompatibilidade com o sistema. A rigor, por se tratar de unidade autônoma, o multiproprietário pode, como em qualquer condomínio edilício, dispor como bem entender de seu direito real de propriedade, de modo gratuito ou oneroso, desde que mantenha íntegro o liame visceral entre a propriedade individual (que lhe franqueia a utilização, com exclusividade, da fração semanal que lhe diz respeito) e a fração ideal a ela correspondente sobre as áreas comuns.[21]

---

20 Indica a doutrina sobre a matéria: "Entendemos, porém, que poderá o testador limitar-se a indicar as unidades periódicas que caberão aos sucessores em relação a um imóvel e delegar a eles o dever de, por maioria, deliberar sobre as demais questões formais do ato de instituição e, assim, elaborarem um ato complementar de instituição do condomínio multiproprietário." (OLIVEIRA, Carlos Eduardo Elias de. *Considerações sobre a recente Lei da Multipropriedade ou da Time Sharing (Lei nº 13.777/2018)*: principais aspectos de Direito Civil, de Processo Civil e de Registros Públicos. Disponível em: https://flaviotartuce.jusbrasil.com.br/artigos/661740743/consideracoes-sobre-a--recente-lei-da-multipropriedade. Acesso em 4 dezembro 2019).

21 Em comentários ao artigo, afirma a doutrina que: "O problema do dispositivo é o de restringir o poder de disposição previsto na definição de propriedade do art. 1.228, caput, do Código Civil que como cediço possui assento constitucional como garantia fundamental (art. 5º, XXII) e o princípio informador da ordem pública (Art. 170, II). Além da questão de índole constitucional, não compreendemos o porquê da restrição. Eventual condômino ou mesmo terceiro que adquirisse o bem, estaria submetido às obrigações previstas na formatação contratual da multipropriedade registrada no cartório imobiliário com a publicidade e eficácia *erga omnes* inerente. O que a lei veda, a bem da verdade, é que o direito real do multiproprietário fique adéspota a fim de não prejudicar os legítimos interesses dos demais condôminos" (MELO, Marco Aurélio Bezerra. In: SCHREIBER, Anderson; TARTUCE, Flavio; SIMÃO, José Fernando; MELO, Marco Aurélio Bezerra de; DELGADO, Mário Luiz. *Código Civil Comentado: doutrina e jurisprudência*. Rio de Janeiro: Forense, 2019, p. 988). Anderson Schreiber afirma: "É de se notar, em primeiro lugar, que o dispositivo elege o condomínio edilício como destinatário exclusivo da chamada renúncia translativa. A lei, nesse particular, atribui

Com o fim de preservar o empreendimento e concretizando a solidariedade que deve existir entre os multiproprietários, o art. 1.358-S,[22] no caso de inadimplemento das taxas condominiais ordinárias e extraordinárias, prevê "a *adjudicação ao condomínio edilício da fração de tempo correspondente*", a ser realizada na forma da lei processual. Tal medida temporária, que caracteriza espécie de *anticrese legal*, perdurará "até a quitação integral da dívida", proibindo-se ao multiproprietário a utilização do imóvel enquanto persistir a inadimplência. A providência, que privilegia a autonomia privada, de forma bastante drástica, terá que ser regulada na convenção, assegurando-se o amplo direito de defesa de cada titular, podendo, por exemplo, o condomínio inserir a respectiva unidade no *pool* hoteleiro, desde que haja previsão, nos termos da convenção, de tal destinação econômica.

Assim, caso haja o registro no cartório competente da convenção de condomínio em que consta tal previsão, caracterizar-se-á obrigação dotada de eficácia real, gerando efeitos em face de terceiros. Por outro lado, na hipótese em que o condômino introduz a disposição em seu próprio título aquisitivo e procede ao registro, tem-se verdadeira e própria constituição

---

ao condomínio edilício (embora não se configure tecnicamente como pessoa jurídica, mas sim como ente despersonalizado) a possibilidade de ser titular de relações jurídicas de direito material, o que, conquanto não seja inédito em nossa ordem jurídica, não deixa de merecer atenção. Além disso, o termo *renúncia translativa*, comumente utilizado no âmbito do direito das sucessões, significa, tecnicamente, não uma renúncia propriamente dita, mas uma transferência de direito a outrem. Ora, se o condômino pode renunciar translativamente à multipropriedade em favor do condomínio, não parece haver razão legítima para que não possa fazê-lo em favor de outro condômino, especialmente diante do disposto no parágrafo único do artigo 1.358-C, segundo o qual nem mesmo a reunião de todas as frações de tempo em um mesmo proprietário leva à extinção da multipropriedade" (SCHREIBER, Anderson. *Multipropriedade Imobiliária e a Lei 13.777/18*. In: Jornal Carta Forense. Disponível em: http://www.cartaforense.com.br/conteudo/colunas/multipropriedade-imobiliaria-e-a-lei-1377718/18333. Acesso em 3 dezembro 2019).

22 Código Civil, "Art. 1.358-S. Na hipótese de inadimplemento, por parte do multiproprietário, da obrigação de custeio das despesas ordinárias ou extraordinárias, é cabível, na forma da lei processual civil, a adjudicação ao condomínio edilício da fração de tempo correspondente.
Parágrafo único. Na hipótese de o imóvel objeto da multipropriedade ser parte integrante de empreendimento em que haja sistema de locação das frações de tempo no qual os titulares possam ou sejam obrigados a locar suas frações de tempo exclusivamente por meio de uma administração única, repartindo entre si as receitas das locações independentemente da efetiva ocupação de cada unidade autônoma, poderá a convenção do condomínio edilício regrar que em caso de inadimplência: I – o inadimplente fique proibido de utilizar o imóvel até a integral quitação da dívida; II – a fração de tempo do inadimplente passe a integrar o pool da administradora;"

do direito real de anticrese, com todos os efeitos dele decorrente. Trata-se de arranjo negocial de garantia que, em vez de privar definitivamente o multiproprietário da sua fração, retira-lhe temporariamente o gozo, que se transfere ao administrador do sistema de locação até plena quitação da dívida. Todos os valores recebidos pelo administrador, em virtude da locação da fração de tempo, devem necessariamente ser imputados no pagamento do débito, cabendo-lhe, ainda, entregar eventual saldo excedente ao multiproprietário.

De outra parte, o legislador procurou regular, de forma minuciosa, a administração do empreendimento, compatibilizando os interesses dos multiproprietários e do condomínio. Autorizou-se a previsão, pelo instituidor, de fração de tempo adicional destinada à realização de reparos, que constará da matrícula de cada unidade, como área (espaço-temporal) comum, sem matrícula específica, para compartilhar-se o ônus da manutenção das unidades. Trata-se de opção do instituidor, nos moldes do artigo 1.358-N,[23] para evitar que a manutenção do imóvel ocorra durante a fração de tempo atribuída a algum dos multiproprietários, prejudicando a fruição da respectiva unidade. Interessante também a disposição trazida no segundo inciso do artigo 1.358-D, pela qual se incluem no objeto da multipropriedade "as instalações, equipamentos e o mobiliário destinados a seu uso e gozo". Tal inserção traduz importante regra no que concerne à utilização e à função exercida pelo instituto, colocando utensílios ordinários necessários à vida contemporânea à disposição comum de todos os multiproprietários, cada qual a seu turno.

Ainda em termos de regulamentação do uso de cada unidade, o artigo 1.358-G, estabelece no inciso II que, dentre as cláusulas que devem ser incluídas na convenção de multipropriedade, deve constar "o número máximo de pessoas que podem ocupar simultaneamente o imóvel no período correspondente a cada fração de tempo". Tal disposição tem importante caráter para a preservação do imóvel e do uso comum das unidades, à luz da natureza do empreendimento, garantindo-lhe harmonia e evitando-se que a vida condominial seja prejudicada pelo excesso de usuários.

---

23 Código Civil, "Art. 1.358-N. O instrumento de instituição poderá prever fração de tempo destinada à realização, no imóvel e em suas instalações, em seus equipamentos e em seu mobiliário, de reparos indispensáveis ao exercício normal do direito de multipropriedade."

3. Impossibilidade de uso da unidade autônoma: os impactos da pandemia na multipropriedade

Questão que se coloca na ordem do dia diz respeito às consequências apuradas da impossibilidade de uso pelo multiproprietário de sua unidade autônoma no espaço de tempo que lhe caberia, em decorrência de evento alheio a sua vontade. É precisamente essa a discussão que emerge com o cenário de pandemia da Covid-19 e das políticas de distanciamento social, que se fazem sentir de modo geral no regime condominial, em que os condôminos foram chamados a reorganizar-se diante das providências e recomendações de especialistas de saúde e autoridades públicas competentes.

O arranjo da multipropriedade encontrou-se substancialmente atingido pelo cenário da pandemia, à luz de suas características inerentes, cujo fracionamento no espaço e no tempo da titularidade do imóvel importa no uso alternado pelos diferentes titulares – cada qual a seu turno – de um mesmo bem jurídico. Basta pensar nos diversos entraves à circulação de pessoas impostos por autoridades públicas em diversas partes do país, que acabaram por impossibilitar o trânsito de pessoas e o consequente acesso às unidades. Mais que isso, ainda que não seja impedido o acesso físico ao bem pelo titular, não raro o próprio interesse na utilização do bem pelo multiproprietário resta esvaziado, na medida em que o seu uso aumentaria as chances de contágio pelo vírus, além da hipótese de impossibilidade de uso por aquele coproprietário infectado pela Covid-19 e sujeito a tratamento restritivo.

Em circunstâncias como estas, indaga-se: como remediar o impeditivo de acesso à unidade por aquele titular do imóvel que se vê obstado de utilizar sua unidade durante o período do isolamento social por motivo alheio a sua vontade? Em outras palavras, como compatibilizar o funcionamento do empreendimento às circunstâncias súbitas e inesperadas que repercutem significativamente no aproveitamento do bem por seus coproprietários? A Lei nº 13.777/18, embora tenha logrado esmiuçar com detalhamento o funcionamento da multipropriedade, não indica resposta categórica a tais situações, demandando-se, muitas vezes, esforço elucidativo por parte do intérprete para fins de construir a solução consentânea com o ordenamento, em sua complexidade própria, e levando-se em conta as peculiaridades de cada caso concreto.

Em primeiro lugar, como consequência da natureza do condomínio em multipropriedade, importante destacar-se a obrigação do multiproprietário, disposta no art. 1.358-J, inciso I, de "pagar a contribuição condominial do condomínio em multipropriedade e, quando for o caso, do condomínio edilício, *ainda que renuncie ao uso e gozo, total ou parcial, do imóvel*, das áreas comuns ou das respectivas instalações, equipamentos e mobiliário". Tal previsão garante a sobrevivência do empreendimento e a convivência salutar entre os multiproprietários, ancorada na solidariedade própria a esse tipo de empreendimento, com natureza condominial.

De tal circunstância, aliada ao próprio fato da titularidade dominical, decorre a impossibilidade de menção genérica à pandemia para fins de desincumbir-se automaticamente da obrigação de arcar com as despesas próprias e compartilhadas da coisa comum, sob o argumento de não ter feito uso de sua cota-parte espaço-temporal. Vale dizer, as obrigações repartidas entre os multiproprietários referentes à manutenção do bem, ainda que este não esteja em uso por qualquer deles, restará inabalada, devendo eventuais despesas à sua conservação ser objeto de rateio entre todos os titulares – incluindo-se também aqueles cujas semanas estejam localizadas em período do ano não alcançado pela quarentena. Também não há que se falar propriamente em compensação a ser paga pelo condomínio em favor do multiproprietário prejudicado, situação diversa da hipótese de impossibilidade de uso da unidade em virtude da realização de reparos emergenciais ao imóvel, que beneficiam todo o grupo de coproprietários, durante o período correspondente à fração de certo multiproprietário, prevista no art. 1.358-L, § 2º do Código Civil.[24]

Cabe, a essa altura, fazer a distinção entre as diferentes qualificações que o evento pandemia poderá acarretar no âmbito da multipropriedade, a depender da composição de interesses concretamente apurada.[25] Para

---

24 Sobre essa hipótese urgente e excepcional, a ser justificada pelo administrador, em que não é possível aguardar pela fração de tempo destinada a reparos indispensáveis ao imóvel, afirma a doutrina, na omissão da lei: "A perda de dias por parte de um dos multiproprietários para obras de reparos urgentes decorrentes de causa fortuita deve ser indenizada pelo condomínio, de modo que indiretamente todos os multiproprietários suportarão o prejuízo. Essa solução guarda coerência com o inciso I do § 2º do art. 1.358-J do CC, que imputa a todos os multiproprietários as despesas financeiras com reparos de danos fortuitos. (...) O prejuízo sofrido pelo multiproprietário é presumido; não precisa de prova efetivo de dano; o mero fato de seu tempo ter sido usado para reparos já é, por si só, um prejuízo a ser indenizado" (Carlos E. Elias de Oliveira, *Análise detalhada da multipropriedade no Brasil após a Lei nº 13.777/2018*: pontos e aspectos de Registros Públicos, Brasília: Núcleo de Estudos e pesquisas/CONLEG/Senado, março/2019, Disponível em: https://www12.senado.leg.br/publicacoes/estudos-legislativos/tipos-de-estudos/textos-para-discussao/td255, pp. 19-20). Na mesma direção, v. PEDROSO, Alberto Gentil de Almeida (coord.), *Comentários à Lei da Multipropriedade (Lei nº 13.777/2018)*: artigo por artigo – com modelos de instrumentos e atos de registro, São Paulo: Revista dos Tribunais, 2020.

25 Conforme ensina Pietro Perlingieri: "Ao mesmo fato histórico o direito pode atribuir uma pluralidade de qualificações, tomando-o em consideração em várias normas e para diversos fins. O fato 'granizo' pode adquirir relevância jurídica em relação a vários perfis. Um agricultor pode ter concluído um contrato de seguro contra danos decorrentes de granizo. Ao fato 'granizo' se coliga o dano assegurado e nasce a favor do

tanto, há que se distinguir dois possíveis cenários: *a situação dos multiproprietários* – que podem ou não ser afetados por força maior, ou por mero desequilíbrio patrimonial, que não afeta sua relação para com o condomínio em multipropriedade; e, de outra parte, *a situação dos promitentes compradores*, que ao longo da execução do contrato, podem se deparar com qualquer das situações anteriores ou, ainda, com a hipótese de excessiva onerosidade.

Em primeiro lugar, merece nota o fato de que nem todos os multiproprietários serão igualmente atingidos, sendo possível falar, até mesmo, em valorização de certos empreendimentos durante a pandemia. Em locais em que não haja proibição à circulação de pessoas, a multipropriedade pode representar verdadeiro refúgio àqueles que se encontram confinados há muito em suas residências, mostrando-se revigorante a morada durante certo período de tempo na casa de campo ou de praia, tomando-se os devidos cuidados.

Por outro lado, poderá a pandemia funcionar como evento de força maior ou caso fortuito, a acarretar a impossibilidade objetiva de utilização do bem pelo titular em razão de determinação do poder público (fato do príncipe). Seria o caso do proprietário impedido de fazer uso de sua unidade espaço-temporal em razão de estar ela englobada no período previsto por determinação administrativa que impõe o chamado *lockdown*. Tal cenário não se confunde, todavia, com a hipótese de perturbação da situação patrimonial do multiproprietário, que não afeta a relação condominial estabelecida com os demais multiproprietários. Nesses casos, em que os efeitos da pandemia se expressam exclusivamente na esfera individual do titular, alterando sua situação patrimonial subjetiva, com perda de renda, por exemplo, não há que se cogitar de qualquer mudança das bases do vínculo condominial ou exoneração quanto às suas responsabilidades frente ao condomínio.

De outra parte, no caso dos promissários compradores de unidades condominiais em regime de multipropriedade, poderá igualmente ser aplicável a disciplina do fortuito ou da força maior,[26] desde que o evento pandemia acarrete a impossibilidade do cumprimento da prestação, verificada

---

agricultor o direito ao ressarcimento por parte da empresa seguradora. O mesmo fato pode funcionar como pressuposto para que o agricultor, na qualidade de arrendatário, possa obter a redução do cânon de arrendamento. (...) O mesmo fato tem uma qualificação jurídica diversa, uma função diversa, conforme se enquadre em uma ou outra composição de interesses." (PERLINGIERI, Pietro, *O direito civil na legalidade constitucional*, Rio de Janeiro: Renovar, 2008, pp. 640-641)

26 O parágrafo único do art. 393 do Código Civil define o caso fortuito ou de força maior como o "fato necessário, cujos efeitos não era possível evitar ou impedir".

de forma objetiva. Pense-se, a título de exemplo, na impossibilidade decorrente do acometimento do sujeito pela doença, que o incapacita de efetuar a prestação. Essa hipótese, não se confunde, ainda, com aquela de desequilíbrio contratual superveniente que gera a um dos contratantes excessiva onerosidade no cumprimento da prestação.

A excessiva onerosidade encontra-se disciplinada nos arts. 317, 478 e seguintes do Código Civil, que, em consonância com o princípio do equilíbrio econômico dos pactos,[27] autoriza a revisão ou a resolução do contrato na hipótese de verificação de fatos extraordinários e imprevisíveis que tornem a prestação de uma das partes excessivamente onerosa, com extrema vantagem para a outra, abalando-se o sinalagma funcional em que se fundamentou a contratação. Uma vez verificados seus pressupostos,[28] autoriza-se a revisão ou a resolução contratual diante do desequilíbrio objetivo entre as contraprestações pactuadas em promessa de compra e venda de unidade da multipropriedade, com fins de debelar o desequilíbrio superveniente ocasionado pela pandemia.

Ainda no âmbito dos contratos de promessa de compra e venda de unidades condominiais em regime de multipropriedade, não autoriza o sistema jurídico brasileiro a resolução do contrato celebrado, exclusivamente

---

27 "(...) o contrato obriga os contratantes e consubstancia, por conseguinte, regulamento intangível, eis a regra geral. A modificação de suas cláusulas, ou a sua extinção, somente será autorizada na presença de fatos supervenientes, extraordinários e imprevisíveis que tornem a prestação de uma das partes excessivamente onerosa, com extrema vantagem para a outra, de modo a deflagrarem-se os mecanismos de reequilíbrio contratual previstos pelo legislador. (...) O equilíbrio econômico da relação contratual, por sua vez, altera substancialmente a força obrigatória dos pactos, dando ensejo a institutos como a lesão (art. 157, Código Civil), a revisão e a resolução por excessiva onerosidade (arts. 317, 478 e 479, Código Civil)" (TEPEDINO, Gustavo, Novos princípios contratuais e Teoria da Confiança: a exegese da cláusula *to the best knowledge of the sellers*. In: Gustavo Tepedino, *Soluções Práticas de Direito*, vol. II, São Paulo: Editora Revista dos Tribunais, 2012, pp. 430-431).

28 "Para a incidência da normativa relativa à excessiva onerosidade, exige-se o atendimento cumulativo aos seguintes pressupostos: (i) vigência de contrato de longa duração – de execução continuada ou diferida; (ii) a ocorrência de evento superveniente, extraordinário, imprevisível e não imputável a qualquer das partes; (iii) que onere excessivamente um dos contratantes; e (iv) acarrete extrema vantagem ao outro. Além disso, a parte que pretende invocar a excessiva onerosidade não pode se encontrar em mora, como decorrência do art. 399 do Código Civil. Ressalva-se apenas a mora ocasionada pelo evento extraordinário e imprevisível que tornou a prestação excessivamente onerosa, a qual não afasta a invocação do instituto." (TEPEDINO, Gustavo; OLIVA, Milena Donato; DIAS, Antônio Pedro. Contratos, força maior, excessiva onerosidade e desequilíbrio patrimonial. In: *Consultor Jurídico*. Disponível em: https://www.conjur.com.br/2020-abr-20/opiniao-efeitos-pandemia-covid-19-relacoes-patrimoniais. Acesso em 11.8.2020).

em razão da alteração da situação financeira do comprador afligido pela pandemia com, por exemplo, a redução de sua renda mensal ou perda de emprego.[29] Isso porque a perturbação da situação patrimonial nessa hipótese não importa em repercussão direta na economia do contrato celebrado.

Evidentemente, essa análise diz respeito às relações paritárias, de modo que, caso fique configurada a relação de consumo, como haverá de ser na maioria dos casos que envolvam promissários compradores pessoas físicas, aplicar-se-á toda a normativa que lhe é própria,[30] conferindo-se, à luz do CDC, a ausência de cláusulas abusivas, e de renúncia a direitos. Além disso, ainda no caso de promitentes compradores consumidores, aplica-se, se for o caso, a disciplina dos vícios de qualidade e quantidade, de que tratam os arts. 18 a 25 do CDC, e a revisão contratual por excessiva onerosidade, desde que presentes os pressupostos de aplicação do art. 6º, V, do CDC,[31] que são menos abrangentes, quando comparados à sistemática disposta no Código Civil. Nas relações de consumo, para que seja possível a revisão ou a resolução do contrato, escolha esta normalmente a cargo do consumidor,[32] basta que o contrato seja afetado por alteração superveniente de

---

29 Sobre os possíveis impactos da pandemia nas relações contratuais, cfr. TEPEDINO, Gustavo; OLIVA, Milena Donato; DIAS, Antônio Pedro. Contratos, força maior, excessiva onerosidade e desequilíbrio patrimonial. In: *Consultor Jurídico*. Disponível em: https://www.conjur.com.br/2020-abr-20/opiniao-efeitos-pandemia-covid-19-relacoes-patrimoniais. Acesso em 6.7.2020.

30 Ilustrativamente, nas relações de consumo, diversamente das paritárias, tendo-se em conta a vulnerabilidade do consumidor e a necessidade de protegê-lo inclusive quanto a situações de superendividamento, tem-se admitido que eventos pessoais do consumidor possam repercutir no contrato. Assim, por exemplo, na incorporação imobiliária, defende-se a possibilidade de resolução do contrato de promessa de compra e venda na hipótese de perda de emprego do promitente comprador. Veja-se, nesse sentido: "Promessa de compra e venda de imóvel. Resolução. Denúncia pelo compromissário comprador em face da insuportabilidade no pagamento das prestações. Possibilidade. Devolução parcial dos valores pagos. Taxa de ocupação devida por todo o período de posse sobre o imóvel. Entendimento adotado para evitar o enriquecimento sem causa do comprador. Juros moratórios. Termo inicial. Data do trânsito em julgado. Recurso especial provido. 1. O entendimento firmado no âmbito da Segunda Seção é no sentido de ser possível a resolução do compromisso de compra e venda, por parte do promissário comprador, quando se lhe afigurar economicamente insuportável o adimplemento contratual. 2. Ocorrendo a resolução do compromisso por culpa do promissário comprador, este deverá ser ressarcido parcialmente sobre o valor pago" (STJ, 4ª T., REsp 1211323/MS, Rel. Min. Luis Felipe Salomão, julg. 1.10.2015, publ. DJ 20.10.2015).

31 Art. 6º, V, do CDC: "São direitos básicos do consumidor: (...). V – a modificação das cláusulas contratuais que estabeleçam prestações desproporcionais ou sua revisão em razão de fatos supervenientes que as tornem excessivamente onerosas; (...)".

32 Embora o dispositivo não fale expressamente em resolução, também no âmbito dos contratos consumeristas, a excessiva onerosidade poderá ocasionar a extinção do vín-

circunstâncias que torne a prestação do consumidor excessivamente onerosa, independentemente de imprevisibilidade ou extraordinariedade do fato perturbativo, ou mesmo de extrema vantagem a favor do fornecedor, conforme entendimento consolidado em jurisprudência,[33] ao aplicar o art. 6º, V do CDC.[34]

Por outro lado, devem ser estimuladas as soluções ajustadas entre os coproprietários em prol da máxima efetividade de seus direitos, ganhando especial destaque no cenário de crise decorrente da pandemia o órgão de administração do empreendimento, nos moldes dos arts. 1.358-M e 1.358-N, e a assembleia geral de multiproprietários, podendo-se falar, inclusive, em realocação da utilização do bem pelos proprietários prejudicados pela pandemia, desde que não contrariados o instrumento de instituição e a convenção de condomínio em multipropriedade.

Tendo sempre em mira as regras que regulam a vida do empreendimento e seus caracteres próprios, a negociação das unidades entre os diversos proprietários pode representar caminho útil e eficiente à solução de contendas que surgem desse momento excepcional e transitório. Vale dizer, há que se prestigiar as iniciativas em torno de possíveis permutas ou cessões de unidades entre multiproprietários interessados, evitando-se tanto quanto possível o perecimento definitivo da faculdade de usar sua fração espaço-temporal durante a pandemia. Para tanto, crucial a intermediação da administração do condomínio e a observação irrestrita aos princípios da isonomia e da boa-fé objetiva, que deverão guiar a relação entre os condôminos.

---

culo. Nessa direção, cf. BENJAMIN, Antonio Herman V.; MARQUES, Claudia Lima; BESSA, Leonardo Roscoe, *Manual de direito do consumidor*, São Paulo: Editora Revista dos Tribunais, 2017, p. 93.

---

33 "O preceito insculpido no inciso V do artigo 6º do CDC dispensa a prova do caráter imprevisível do fato superveniente, bastando a demonstração objetiva da excessiva onerosidade advinda para o consumidor" (STJ, REsp 417927/SP, 3ª T., Rel. Min. Nancy Andrighi, julg. 21.5.2002, publ. DJ 1.7.2002). Na mesma direção, v. STJ, REsp 268661, Terceira Turma, Rel. Min. Nancy Andrighi, julg. 16.8.2001; TJRJ, Ag. Int. na Ap. Cível 0011450-48.2011.8.19.0066, 6ª Câmara Cível, Rel. Des. Carlos José Martins Gomes, julg. 2.9.2016; TJRJ, Ap. Cível 0006067-47.2012.8.19.0004, 24ª Câmara Cível, Des. Rel. Andreia Fortuna, julg. 3.4.2019.

34 Para análise da matéria, remeta-se a TEPEDINO, Gustavo; OLIVA, Milena Donato; DIAS, Antônio Pedro. A proteção do consumidor em tempos de pandemia: a atualidade dos remédios previstos no Código de Defesa do Consumidor. In: MARQUES, Claudia Lima; BENJAMIN; Antonio Herman; MIRAGEM, Bruno (orgs.), *O direito do consumidor no mundo em transformação*, Editora Revista dos Tribunais. No prelo.

4. Notas conclusivas

Manifestação da criatividade dos operadores econômicos, a multipropriedade imobiliária, além de sua relevância para a economia dos diversos mercados em que foi introduzida, revela, do ponto de vista jurídico, sofisticada forma de aproveitamento dos bens, a demonstrar o amplo espaço destinado à autonomia privada no campo dos direitos reais.

Com o advento da Lei nº 13.777/18, o legislador brasileiro deu importante passo para a promoção da multipropriedade, atribuindo renovada redação ao artigo 1.358 do Código Civil. A iniciativa legislativa traz segurança à instituição da multipropriedade na realidade brasileira e merece elogios, permitindo-se a intensificação dos investimentos no segmento dos imóveis para férias. Incumbe ao intérprete, diante da regulamentação legal, o desenvolvimento de critérios hermenêuticos que permitam o aperfeiçoamento da legislação e o crescimento do setor, com a multiplicação do número de empreendimentos imobiliários destinados à multipropriedade.

A despeito do esforço do legislador no tratamento minucioso do instituto, não pôde a lei abordar – e nem se esperava que assim o fizesse – todas as situações passíveis de ocorrência na casuística do setor imobiliário. A pandemia da Covid-19, ilustrativamente, desafia a lógica de funcionamento da multipropriedade, instituída em regime de condomínio edilício. Nesse cenário, não se pode perder de vista a função a que se destina o instituto, e deve-se explorar soluções engenhosas disponíveis no ordenamento jurídico para situações como a que se vivencia. Em entrevista concedida em 2018, ainda no cenário de vazio legislativo sobre a matéria, bem já assinalava o Professor Sylvio Capanema que o Brasil possui o "caldo de cultura ideal para germinar a ideia da multipropriedade imobiliária", e há que se engendrar todos os esforços possíveis para superar, de maneira dialogada e inteligente as adversidades trazidas pelo momento que vivemos.[35]

---

35 Entrevista concedida pelo Professor Sylvio Capanema em 2018 a Alexandre Gomide, do Blog do Direito Civil & Imobiliário, publicada em 22 de janeiro de 2018. Disponível em: https://civileimobiliario.com.br/entrevista-prof-sylvio-capanema-multipropriedade/ . Acesso em 7.7.2020.

Os Fundos de Investimento no Código Civil

Pablo Renteria

1. Introdução

Os fundos de investimento são usualmente retratados como veículos de investimento, destinados a reunir os recursos de investidores sob os cuidados de um gestor profissional, que, em conformidade com o regulamento aprovado, se encarrega de aplicá-los em determinados ativos, com vistas a proporcionar rendimento ao capital investido.

Cuida-se de importante instrumento de intermediação financeira, responsável por facilitar o encontro entre poupadores e tomadores de recursos, que se desenvolveu extraordinariamente no Brasil, tornando-se das mais importantes indústrias no cenário internacional. Os fundos contribuem para a formação da poupança privada e o direcionamento de recursos para as mais variadas atividades econômicas.

Entre as razões comumente apontadas para o seu sucesso, destacam-se os benefícios que resultam da expertise do gestor profissional, o melhor gerenciamento de riscos por meio da diversificação da carteira do fundo em diferentes modalidades de investimento e, ainda, os ganhos de escala proporcionados ao cotista, que tem acesso a instrumentos financeiros em condições que dificilmente lograria obter sozinho.[1] Além disso, por se submeterem à regulação financeira da Comissão de Valores Mobiliários (CVM) – autarquia federal vinculada ao Ministério da Economia – e à autorregulação da Associação Brasileira das Entidades dos Mercados Financeiro e de Capitais (ANBIMA), os fundos de investimento oferecem maior segurança contra fraudes e desvios de conduta.

À exceção do fundo de investimento imobiliário, que conta com disciplina legal própria desde 1993 (Lei nº 8.668/1993), os demais fundos de investimento não dispunham, até recentemente, de marco legal que traçasse, ainda que em linhas gerais, as suas principais características. Surgidos da prática negocial, em decorrência da livre iniciativa das antigas sociedades de investimento, os fundos permaneceram por muito tempo relegados ao plano infralegal, com parcas referências na legislação.[2]

---

[1] Cf. Alexandre Brandão da Veiga, *Fundos de Investimento Mobiliário e Imobiliário*, Coimbra: Almedina, 1999, p. 20.

[2] Acerca do surgimento dos fundos de investimento no direito brasileiro, cf. Félix Ruiz Alonso, *Os Fundos de Investimento. Condomínios mobiliários*, in Revista da Faculdade de Direito, São Paulo, v. 66, 1971, p. 223 e seguintes.

A Lei nº 3.470, de 1958, atinente ao imposto de renda, foi o primeiro diploma legal a mencionar expressamente a figura, estabelecendo, em seu artigo 82, aquela que seria a sua característica mais marcante: o fundo é um condomínio, desprovido de personalidade jurídica.[3] Em termos semelhantes, a Lei nº 4.728, de 1965, promulgada para modernizar o mercado de capitais brasileiro, referia-se a "fundos em condomínio", estabelecendo algumas poucas regras de cunho estritamente operacional, e concedendo ao Banco Central do Brasil (BACEN) competência para baixar a regulamentação pormenorizada.

Com a criação da CVM por meio da Lei nº 6.385, de 1976, introduziu-se no direito pátrio um complexo sistema dualista de regulação dos fundos, em que parte seguiu debaixo da competência do BACEN, enquanto outros migraram para a supervisão da nascente autarquia do mercado de valores mobiliários. Tal modelo só foi superado definitivamente com a promulgação da Lei nº 13.303, de 2001, que, ao qualificar as cotas dos fundos como valores mobiliários, consolidou na CVM a autoridade para regular a matéria. No entanto, essa reforma legislativa não alterou a predominância do regramento infralegal dos fundos de investimento no ordenamento jurídico, uma vez que permaneceram tratados quase-exclusivamente na regulamentação da CVM, que, em seu aspecto conceitual, continuou a reproduzir o conceito vago de "condomínio" herdado da legislação anterior.

Tal cenário só se modificou com a promulgação da Lei nº 13.874, de 2019, denominada Lei da Liberdade Econômica, que introduziu disciplina legal dos fundos de investimento nos artigos 1.368-C a 1.368-F do Código Civil, cujos lineamentos são examinados a seguir.

2. Código Civil e Legislação Especial

A primeira observação a ser feita, de ordem preliminar, diz respeito à opção por incluir a disciplina legal dos fundos de investimento no Código Civil. Em termos sistemáticos, tal escolha deveria refletir a intenção do legislador em transformar o fundo de investimento, até hoje figura setorial circunscrita ao mercado de valores mobiliários, em instituto geral do direito privado.[4]

---

3   "Art. 82. Para efeito de tributação do impôsto de renda, não são considerados pessoas jurídicas, (Vetado) os fundos constituídos em condomínio e administrados por sociedades de investimentos fiscalizadas pela Superintendência da Moeda e do Crédito, desde que não seja aplicada em uma só emprêsa importância superior a 10% (dez por cento) do valor do fundo e haja distribuição anual, pelos condôminos, dos resultados auferidos."

4   Tal como se observou em relação à introdução no Código Civil da alienação fiduciária de coisa móvel infungível, antes restrita ao âmbito do mercado de capitais, nos termos do art. 66 da Lei nº 7.428/1965. Com a codificação, tal modalidade de garantia real passou a ser admitida em qualquer negócio jurídico, independentemente da natureza da dívida e da qualidade das partes.

No entanto, segundo se depreende das disposições inseridas no Código Civil,[5] os fundos continuam umbilicalmente vinculados à regulamentação da CVM, de modo que a constituição desses veículos permanece restrita ao âmbito das competências do referido órgão regulador do mercado de valores mobiliários, tal como definidas na Lei nº 6.385, de 1976. Interpretação diversa levaria a reconhecer, de forma assistemática, a autoridade do regulador para disciplinar assuntos alheios ao mercado que, nos termos da lei, lhe compete supervisionar.

Se fosse o intuito do legislador manter o fundo de investimento como instituto exclusivo do mercado regulado pela CVM, teria sido melhor introduzir as novas regras em lei especial ou até mesmo na referida Lei nº 6.385, que guarda evidente afinidade com o tema. A sua inclusão no Código Civil, de vocação sabidamente geral, só se justificaria se fosse aproveitada a oportunidade para disciplinar, de forma inédita, a constituição de fundos de investimentos que se poderia chamar de *privados*, em contraposição aos fundos atuais que, nos termos da lei especial, constituem veículos destinados a fazer apelo à poupança pública ou a terem cotas negociadas em mercados públicos regulamentados.

Fundos criados com pequeno número de cotistas, sem qualquer esforço de distribuição pública das cotas, apresentam relevância diminuta para a proteção da poupança popular ou a higidez do mercado financeiro, de modo que poderiam prescindir da regulação hoje existente e se desenvolverem, exclusivamente, com base em normas legais simples e bem definidas.

O reconhecimento legal dos fundos privados apresentaria dupla vantagem. De um lado, aumentaria a liberdade econômica, colocando à disposição dos agentes econômicos estrutura jurídica eficiente e flexível para a gestão patrimonial e a realização de investimentos. Desse modo, os particulares não teriam mais de recorrer, por falta de alternativa, aos fundos de investimento regulamentados pela CVM, incorrendo em custos e riscos legais desnecessários, mesmo quando, em realidade, querem criar um mecanismo puramente privado de gestão de recursos.

De outro lado, a criação legal dos fundos privados desoneraria o órgão regulador, que, hoje em dia, se vê obrigado a alocar parte de seus (escassos) recursos na supervisão de fundos que, todavia, pelas razões indicadas, constituem veículos privados, que guardam pouca pertinência com as razões de

---

5   Veja-se, notadamente, o parágrafo segundo do art. 1.368-C: "O fundo de investimento é uma comunhão de recursos, constituído sob a forma de condomínio de natureza especial, destinado à aplicação em ativos financeiros, bens e direitos de qualquer natureza. (...) § 2º Competirá à Comissão de Valores Mobiliários disciplinar o disposto no caput deste artigo."

atuação da CVM (formação de poupança, desenvolvimento do mercado de valores mobiliários e a proteção do público investidor).

3. Natureza Jurídica e Espécies

No que tange à sua qualificação jurídica, o Código Civil não trouxe inovação significativa. Em linha com o direito anterior, o artigo 1.368-C continua a conceber o fundo de investimento como espécie de condomínio, tendo apenas acrescentado o qualificativo "de natureza especial" para diferenciá-lo dos demais condomínios previstos em lei. Preocupado em afastar qualquer assimilação, o legislador estabelece, no §1º do artigo 1.368-C, que não se aplica ao fundo de investimento nenhuma das disposições do Código sobre os condomínios. Chega-se, assim, à situação paradoxal do condomínio que não se sujeita a nenhuma regra típica da copropriedade.

Isso reflete, em verdade, a diminuta utilidade do instituto condominial para a qualificação do fundo de investimento. Por traduzir elemento externo e acidental da relação jurídica, referente ao número de titulares dos direitos incidentes sobre o fundo, a referência legal ao condomínio não se presta a esclarecer a natureza do bem jurídico a que corresponde o fundo.

Nesse particular, mostra-se mais significativa a referência feita no preceito legal à "comunhão de recursos", expressão que remete ao conceito de patrimônio separado, de titularidade dos cotistas ou, no caso específico dos fundos imobiliários, da administradora.[6] Disso se segue que o fundo é universalidade de direito, isto é, objeto de direito em si mesmo, independentemente dos elementos que o compõem. Por consubstanciar patrimônio separado, destina-se a escopo específico, estipulado no regulamento, que servirá de parâmetro para os atos que podem ser praticados por aquele que gere o fundo.

Não assiste ao cotista poder algum sobre os bens individualmente considerados que compõem o fundo, justamente porque o seu direito recai sobre a universalidade patrimonial, e não sobre os elementos que a integram. Com efeito, o direito do cotista em relação ao fundo se materializa na titularidade de cotas, isto é, de frações ideais que expressam a sua participação na comunhão de recursos.[7]

---

6   Cf. Lei nº 8.668/1993, art. 8º e seguintes.

7   Acerca da natureza jurídica dos fundos de investimento, v. Milena Donato Oliva, *Indenização devida "ao fundo de investimento": qual quotista vai ser contemplado, o atual ou o da data do dano?*, In: Doutrinas essenciais obrigações e contratos, vol. 6, Revista dos Tribunais, 2011, pp. 1303-1328; e Gustavo Tepedino, Carlos Edison do Rêgo Monteiro Filho e Pablo Renteria, *Fundamentos do Direito Civil: Direitos Reais*, vol. 5, Rio de Janeiro: Forense, 2020, pp. 282-283.

Além disso, por constituir universalidade patrimonial autônoma, o fundo não se confunde com o patrimônio geral dos cotistas ou da administradora. O Código Civil aprofundou tal perspectiva ao introduzir em seu artigo 1.368-D dispositivo que autoriza o regulamento do fundo, observada a regulamentação da CVM, a limitar a responsabilidade de cada investidor ao valor de suas cotas.[8] Adotada a limitação, verifica-se a segregação patrimonial perfeita, ao passo que, subsistindo a responsabilidade subsidiária do cotista pelas dívidas do fundo, a segregação se afigura imperfeita.[9]

Em definitivo, o fundo traduz, na ordem jurídica brasileira, universalidade patrimonial autônoma, de titularidade dos cotistas ou, no caso específico do fundo de investimento imobiliário, do administrador. Trata-se, portanto, de bem jurídico, objeto de direitos, e não de pessoa jurídica. Por isso que, a rigor, não se mostra correto dizer que o fundo de investimento tenha direitos e deveres, pois que, na qualidade de bem jurídico, falta-lhe o atributo da capacidade. Na linguagem comum, contudo, mostra-se frequente a prosopopeia, da qual não escapou o artigo 1.368-E do Código Civil ao afirmar que "os fundos de investimento respondem diretamente pelas obrigações legais e contratuais por eles assumidas".

Os fundos de investimento dividem-se em abertos e fechados conforme o respectivo regulamento admita ou não o resgate de cotas antes do encerramento do fundo.[10] Por meio dessa operação, o cotista recebe recursos integrantes do fundo em valor correspondente à sua cota, apurado de acordo com o critério previsto no regulamento. Se for total, compreendendo todas as suas cotas, o cotista retira-se do fundo. Em contrapartida, o cotista apenas se desliga do fundo fechado no seu encerramento ou, antes disso, por meio da alienação das suas cotas a terceiro.

De outra parte, a regulamentação estabelece diferentes espécies de fundos em virtude dos bens e direitos admitidos por sua política de investimento, tais como os Fundos de Investimento em Direitos Creditórios,[11] os Fundos de Investimento Imobiliário[12] e os Fundos de Investimento em Participações.[13] Há

---

8 Antes do advento do art. 1.368-D do Código Civil, somente os cotistas dos Fundos de Investimento Imobiliário gozavam, por força de expressa disposição legal, de igual limitação. Cf. Lei nº 8.688/1993, art. 13, II.

9 Quanto à distinção entre segregação perfeita e imperfeita, cf. Milena Donato Oliva, *Patrimônio Separado*, Rio de Janeiro: Renovar, 2009, pp. 240-241.

10 Cf. Instrução CVM nº 555, de 2014, art. 4º.

11 Cf. Instrução CVM nº 356, de 2001, art. 2º, I.

12 Cf. Lei nº 8.688, de 1993, art. 1º.

13 Cf. Instrução CVM nº 578, de 2016, art. 5º, que define os Fundos de Investimento em Participações como aqueles destinados à aquisição de ações, cotas e outros títulos de

ainda o vasto campo dos fundos que aplicam seus recursos nos mais variados ativos financeiros, sendo agrupados em diferentes classes, que indicam o fator de risco característico (câmbio, renda fixa, ações, multimercado).[14] No jargão regulatório, são usualmente denominados Fundos 555, por serem regulamentados pela Instrução CVM nº 555, de 2014.[15]

4. Os Atores do Fundo de Investimento

As figuras centrais, presentes em qualquer fundo de investimento, são o administrador, o gestor, o auditor independente e o cotista. O administrador é o representante do fundo (*rectius*, da coletividade de cotistas) e o encarregado de desempenhar os atos necessários à sua constituição e ao seu regular funcionamento. Nisso se compreendem diversos serviços de controle e apoio, tais como tesouraria, processamento e custódia de ativos, escrituração de cotas, elaboração de demonstrações financeiras e supervisão do enquadramento da carteira do fundo nas regras do regulamento, que podem ser desempenhados pessoalmente pelo administrador ou por terceiros por ele contratados.

Por sua vez, o gestor ocupa posição proeminente no fundo de investimento, uma vez que recebe poderes específicos para negociar os ativos integrantes do fundo, sendo o profissional responsável por tomar as decisões de investimento com os recursos dos cotistas. Assiste-lhe igualmente o exercício do direito de voto inerente aos ativos que compõem o fundo, como, por exemplo, as ações emitidas pelas companhias investidas.[16] A gestão do fundo de investimento pode ser desempenhada pelo próprio administrador ou por terceiro devidamente habilitado pela CVM.

A seu turno, a auditoria traduz a única atividade – obrigatória para qualquer fundo de investimento – que não pode ser realizada pelo administrador. O auditor independente deve ser *externo*, uma vez que lhe cumpre

---

emissão de sociedades por ações ou limitadas, com vistas a exercer efetiva influência na definição de sua política estratégica e na sua gestão.

14   Cf. Instrução CVM nº 555, de 2014, art. 108 e seguintes. Os fundos multimercado se destacam por adotarem política de investimento eclética, que lhes concede flexibilidade para aplicar seus recursos em diferentes espécies de ativos, expondo-se a diversos fatores de risco (art. 117).

15   A Instrução CVM nº 555, de 2014, ocupa posição central na regulamentação dos fundos de investimento, por definir os seus conceitos e elementos nucleares, que são retomados nas Instruções atinentes às demais espécies de fundos. Por essa razão, privilegiou-se neste artigo as referências às disposições da Instrução CVM nº 555/2014.

16   Cf. Instrução CVM nº 555/2014, art. 78, § 3º.

revisar as demonstrações financeiras do fundo, guardando sempre postura cética em relação às informações recebidas do administrador. A sua principal função consiste em conferir maior credibilidade aos dados contábeis divulgados junto ao público investidor, contribuindo, assim, para a maior transparência dos fundos e, por conseguinte, mitigando os riscos de inexatidão ou fraude informacional.

Por fim, o investidor, ao subscrever ou adquirir cotas, torna-se cotista do fundo, passando a ser titular dos direitos e deveres inerentes a tal posição jurídica. Destacam-se, dentre outros direitos, o de participar dos resultados do fundo na forma prevista no regulamento, bem como o direito à informação sobre o desempenho do fundo, do qual se ocupa minuciosamente a regulamentação vigente. Assiste-lhe ainda o direito de participar e votar em assembleia geral de cotistas, à qual se reserva competência para determinadas deliberações, notadamente a alteração do regulamento e a substituição do administrador, gestor ou custodiante do fundo.[17]

5. Constituição do Fundo

Esquematicamente, o negócio constitutivo do fundo de investimento se estabelece em duas etapas: a formulação de oferta contratual e a sua posterior aceitação. De ordinário, o administrador e o gestor estabelecem unilateralmente o conteúdo do regulamento, em observância ao conteúdo mínimo exigido na regulamentação.[18] Nesse primeiro momento, o instrumento tem valor de proposta contratual dirigida aos investidores.

Em um segundo momento, ao subscrever cotas do fundo, o investidor adere voluntariamente aos termos convencionados, aperfeiçoando-se a relação negocial. Desse modo, consente com que os seus recursos sejam aplicados discricionariamente pelo gestor, desde que respeitados os termos estipulados. Ao efetuar-se a primeira integralização de cotas, constitui-se o fundo de investimento, que, de outro modo, ante a ausência de recursos, não chegaria a formar-se.[19]

Em importante medida para a redução de custos, a Lei de Liberdade Econômica dispensou o registro do regulamento no Cartório de Títulos e Documentos. Nos termos do artigo 1.368-C, § 3º, mostra-se suficiente o registro na CVM para que tenha oponibilidade perante terceiros.

---

17 Cf. Instrução CVM nº 555/2014, art. 66.
18 Cf. Instrução CVM nº 555/2014, art. 44.
19 Em linha com a concepção quantitativa das universalidades patrimoniais autônomas, o fundo de investimento pressupõe a existência de ao menos um elemento integrante. Cf. Milena Donato Oliva, *Patrimônio Separado*, Rio de Janeiro: Renovar, 2009, pp. 202-208.

6. Responsabilidade dos Prestadores de Serviços

Nas relações entre os cotistas e os prestadores de serviços sobressai a tutela da confiança, haja vista os últimos se encarregarem de zelar pelos recursos que lhes foram confiados pelos cotistas. Por isso que a regulamentação editada pela CVM submete o administrador e o gestor a regime jurídico específico, tendo por finalidade promover o alinhamento de seus interesses com os dos cotistas. Nessa direção, destacam-se deveres fiduciários que lhes são impostos, de sorte que, mesmo em suas respectivas esferas de discricionariedade, encontram-se obrigados a agir no melhor interesse dos cotistas.[20]

As regras introduzidas no Código Civil dedicam especial atenção à responsabilidade dos diferentes prestadores de serviços do fundo de investimento. Nesse tocante, nota-se a reação do legislador à hesitante jurisprudência dos tribunais que, por vezes, a pretexto de proteger a parte tida como vulnerável, imputa ao gestor prejuízos financeiros decorrentes de riscos que haviam sido legitimamente assumidos pelos cotistas. As consequências dessa exagerada responsabilização são nocivas, uma vez que distorcem por completo a finalidade do serviço de gestão de recursos, criando um ambiente avesso ao risco, incompatível com o funcionamento do mercado de capitais.

A resposta veio no parágrafo segundo do artigo 1.368-D, segundo o qual "a avaliação de responsabilidade dos prestadores de serviço deverá levar sempre em consideração os riscos inerentes às aplicações nos mercados de atuação do fundo de investimento e a natureza de obrigação de meio de seus serviços".

Embora nem todas as obrigações dos prestadores de serviço sejam de meios (pense-se, por exemplo, no dever do administrador de publicar as demonstrações financeiras do fundo), o preceito tem ampla aplicação, em especial com relação ao gestor do fundo, que deve envidar seus melhores esforços para a obtenção dos rendimentos esperados, sem, contudo, se comprometer a alcançá-los. Por isso que a alocação do risco de desempenho da carteira recai sempre sobre o investidor.

Desse modo, ainda que se trate de relação de consumo, o gestor apenas responde se falhar na prestação do seu serviço, isto é, se o serviço for defeituoso, seja por deficiência na informação, seja por falha comprovada na gestão. Embora a responsabilidade civil no diploma consumerista seja objetiva, o dever de indenizar requer a presença de defeito, o qual, em virtude da natureza de *meios* do serviço prestado, pressupõe a demonstração

---

20 Cf. Instrução CVM nº 555/2014, art. 92, I, e Instrução CVM nº 558/2015, art. 16.

da inobservância das regras e padrões profissionais de conduta, de forma equivalente, em termos funcionais, à comprovação da culpa normativa.[21]

De outra parte, o disposto no inciso II do artigo 1.368-D autoriza o regulamento do fundo, desde que observada a regulamentação da CVM, a estabelecer "a limitação da responsabilidade, bem como parâmetros de sua aferição, dos prestadores de serviços do fundo de investimento, perante o condomínio e entre si, ao cumprimento dos deveres particulares de cada um, sem solidariedade".

A regra destaca a especificidade dos deveres de cada prestador de serviço do fundo, procurando, nesse tocante, afastar o risco de um responder por fato imputável exclusivamente a outrem. A questão apresenta especial relevância prática, haja vista a regulamentação vigente exigir a estipulação de solidariedade entre o administrador e os demais prestadores contratados para o fundo "por eventuais prejuízos causados aos cotistas em virtude de condutas contrárias à lei, ao regulamento ou aos atos normativos expedidos pela CVM".[22] Ademais, nos termos da atual jurisprudência, há o risco de os diferentes prestadores responderem solidariamente caso se configure a relação de consumo com o cotista.[23]

No entanto, a efetividade da norma enunciada no artigo 1.368-D, II, revela-se limitada, uma vez que se sujeita à regulamentação da CVM, que, desse modo, pode continuar a exigir a solidariedade nos casos em que entender cabível. De outra parte, como o Código Civil não exclui a aplicabilidade do Código de Defesa do Consumidor aos fundos de investimento,[24]

---

21 Sobre o ponto permita-se a remeter Milena Donato Oliva e Pablo Renteria, *Responsabilidade Civil do Fornecedor por Inadimplemento das Obrigações de Meio: O Caso do Gestor de Fundos de Investimento*, in Aline de Miranda Valverde Terra e Gisela Sampaio da Cruz Guedes (coord.), *Inexecução das Obrigações – Pressupostos, evolução e remédios*, vol. I, São Paulo: Processo, pp. 696-705.

22 V. Instrução CVM nº 555, de 2014, art. 79, § 2º.

23 Com relação ao fornecimento de serviços no mercado de consumo, o Código de Defesa de Consumidor não estabelece textualmente a solidariedade entre os diferentes prestadores da cadeia de consumo. O art. 7º, parágrafo único, do diploma consumerista prevê a solidariedade entre os diferentes autores do dano, o que, a rigor, pressupõe que cada um tenha concorrido para a produção do evento danoso. No entanto, a jurisprudência tem interpretado extensivamente tal dispositivo de maneira a estabelecer a solidariedade passiva pelo fato de outrem. V. nesse sentido STJ, 3ª T., REsp. 1.164.235/RJ, Rel. Min. Nancy Andrighi, julg. 15.12.2011, publ. DJe 29.2.2012.

24 Durante a tramitação do Projeto de Lei de Conversão nº 17, de 2019, que resultou na promulgação da Lei da Liberdade Econômica, apresentou-se emenda parlamentar destinada a afastar a aplicação do Código de Defesa do Consumidor do âmbito dos fundos de investimento. A proposta, contudo, não prosperou e foi retirada do texto final aprovado pelo Congresso Nacional.

não é certo que a faculdade prevista na norma – no sentido de autorizar o regulamento a afastar a solidariedade se isso não contrariar a regulamentação – conduza, por si só, à alteração da jurisprudência dominante.

Por fim, o Código Civil cuida da responsabilidade dos prestadores de serviço pelas obrigações assumidas pelo fundo (*rectius*, pela coletividade de cotistas) perante terceiros. Nesse tocante, a parte final do artigo 1.368-E prevê que os referidos profissionais "não respondem por essas obrigações, mas respondem pelos prejuízos que causarem quando procederem com dolo ou má-fé".

O fundo de investimento, entendido como comunhão autônoma de recursos, não se confunde com os patrimônios gerais dos cotistas nem com aqueles dos prestadores de serviço. Esses últimos, portanto, não respondem, com os seus bens, pela satisfação das obrigações que gravam o fundo. O terceiro que contrata com o fundo só pode exigir do administrador ou do gestor o cumprimento de obrigação que este tenha assumido em seu próprio nome ou que a lei lhe imponha pessoalmente, como o dever de indenizar os danos ocasionados por ato ilícito, o qual se verificaria, por exemplo, no caso de o gestor ter contratado em nome do fundo contrariamente à política de investimento prevista em seu regulamento.

Esse ponto tem especial importância nos fundos que se valem da faculdade prevista no artigo 1.368-D, que autoriza a limitação da responsabilidade do cotista ao valor de suas cotas. Constatada a incapacidade do fundo para solver as suas dívidas, é de se esperar o maior interesse dos credores em acionar os prestadores de serviço, notadamente o gestor, para satisfazer os seus direitos.

Em vista disso, o legislador optou, no artigo 1.368-E, por restringir a responsabilidade dos prestadores de serviços aos casos de dolo ou má-fé, afastando-se, assim, do sistema geral de responsabilidade baseado na culpa. Tal regime protetivo procura afastar a propositura de demandas judiciais que busquem responsabilizar o prestador sob a mera alegação de que a insolvência poderia ter sido evitada se ele tivesse agido com maior cuidado.

7. Extinção do Fundo

A extinção do fundo de investimento resulta da sua liquidação, isto é, da divisão dos ativos remanescentes entre os cotistas, na proporção de suas cotas, depois de satisfeitos os credores. Tal se dá por efeito do implemento do termo final convencionado, de condição resolutiva,[25] de deliberação dos cotistas ou da insolvência decretada judicialmente.

---

25 O art. 138 da Instrução CVM nº 555/2014 estabelece como *conditio juris* para a liquidação do fundo a verificação, em qualquer momento após noventa dias do início

O Código Civil, em seu artigo 1.368-E, cuida da última hipótese, enquanto as demais permanecem previstas na regulamentação da CVM. A iniciativa do Código veio na esteira da admissão da limitação da responsabilidade do cotista ao valor das suas cotas, sendo a insolvência o mecanismo escolhido pelo legislador para os casos em que os ativos integrantes do fundo se revelarem insuficientes para satisfazer todas as dívidas. A insolvência segue o procedimento disciplinado nos artigos 955 a 965 do Código Civil e nos artigos 748 a 786-A do Código de Processo Civil de 1973, podendo ser requerida pelo credor do fundo, por deliberação dos cotistas ou pela CVM.

---

de atividades, de patrimônio líquido médio diário inferior a um milhão de reais pelo período de noventa dias consecutivos.

Breves Notas Sobre Direito de Superfície e Usufruto de Ações

Marcelo Roberto Ferro

Introdução

Os direitos reais sobre coisa alheia têm uma função clássica de permitir o desmembramento da senhoria para atribuir poderes inerentes ao proprietário a pessoas distintas, que se tornam contemporaneamente titulares de direitos, de natureza real, específicos sobre determinado bem. Essa restrição voluntária ao direito de propriedade, surja por ato *inter vivos* ou *causa mortis*, visava a atender a finalidades distintas, seja em relação às pessoas (como os direitos de uso, usufruto e habitação), seja em relação aos bens (como os direitos de superfície, de servidão, e a enfiteuse).

Nos dias atuais, contudo, alguns desses direitos assistiram a um verdadeiro ocaso na sua utilização prática, como ocorreu com a enfiteuse – abolida do Código Civil de 2002[1] – e vem ocorrendo com os direitos de uso e de habitação. Outros, no entanto, potencializaram seu emprego, inclusive em ramos alheios ao direito civil, como se vê, por exemplo, no usufruto e sua utilização no campo do direito societário, ao incidir sobre ações e cotas.

Nos estreitos limites deste artigo, pretende-se abordar apenas o grupo de direitos reais sobre coisa alheia cuja utilização tem sido cada vez mais incrementada. Trata-se dos direitos reais de **superfície** e do **usufruto sobre ações**. E a análise será feita com base na produção jurisprudencial, representando, assim, uma abordagem prática dos principais temas envolvendo esses institutos.

Direito de superfície

O direito de superfície foi reintroduzido no ordenamento jurídico brasileiro pelo Estatuto da Cidade (Lei nº 10.257, de 10.07.2001), em seus artigos 21 a 23 como instrumento de política urbana (art. 4, V, *l*). Posteriormente, os arts. 1.369 a 1.377 do Código Civil, em vigor a partir de 2003, regulam o mesmo tema, e, como consequência, instaurou-se debate na doutrina sobre a eventual revogação do primeiro pelo segundo, prevalecendo o entendimento da coexistência de ambas as normas, por ser o Estatuto da Cidade

---

[1] "Art. 2.038 – Fica proibida a constituição de enfiteuses e subenfiteuses, subordinando-se as existentes, até sua extinção, às disposições do Código Civil anterior, Lei nº 3.071, de 1º de janeiro de 1916 e leis posteriores."

lei especial em contraposição ao Código Civil, lei geral[2]. Nessas condições, as regras do Código Civil tendem a ser aplicadas apenas aos imóveis rurais, mas isso não significa uma incomunicabilidade entre certas disposições legais previstas na lei especial. Assim, por exemplo, embora o Código Civil não contemple a utilização do espaço aéreo – assim como o faz o art. 21, § 1º do Estatuto da Cidade –, nada impede que as partes o incluam no direito de superfície sobre imóvel rural. Da mesma forma, as partes podem superar a avareza do Código Civil quanto as hipóteses de extinção do direito de superfície – restrita ao caso de o superficiário dar ao terreno destinação diversa daquela para que foi concedida (art. 1.374) --, e contemplar a extinção desse direito se houver descumprimento de obrigações assumidas pelo superficiário, tal como previsto no art. 23, II, do Estatuto da Cidade[3]. Essa disposição tem uma aplicação prática relevante, pois permite o proprietário – cuja expectativa é receber a propriedade, ao final da concessão, acrescida das acessões realizadas pelo superficiário – extinguir, desde logo, o direito de superfície se o superficiário não estiver cumprindo um cronograma de implementação das construções ou plantações, ou se estiver inadimplente quanto ao pagamento do cânon superficiário, se onerosa a concessão.

O direito de superfície permite uma exploração mais adequada da função social da propriedade, pois consiste na outorga, pelo proprietário, ao superficiário, do direito de plantar ou construir em seu terreno, mantendo este último a titularidade real das acessões construídas no imóvel, excetuando, assim, as regras dos arts. 79 e 1.253 do Código Civil.

No contexto de se conferir uma destinação útil e rentável ao imóvel, a prática evidencia o emprego de algumas disposições interessantes, conforme se trate de imóvel rural, ou urbano. Quanto aos primeiros, tem-se recorrido a estruturas híbridas de direito de superfície para configurar não apenas a plantação de grandes lavouras, mas também a construção de depósitos para estocar a colheita e o maquinário, permitindo, assim, ao superficiário alocar seus recursos, sejam próprios, ou oriundos de financiamento, diretamente na plantação. Além disso, em se tratando de concessão one-

---

2 A grande maioria da doutrina posicionou-se neste sentido, assim como o Enunciado 93 das I Jornadas de Direito Civil: "As normas previstas no CC sobre direito de superfície não revogam as relativas a direito de superfície constantes do Estatuto da Cidade (Lei nº 10.257/2001), por ser instrumento de política de desenvolvimento urbano.". Cf. TEPEDINO, Gustavo; MONTEIRO FILHO, Carlos Edison do Rêgo; RENTERÍA, Pablo. *Fundamentos do direito civil, v. 5, direito reais*. Rio de Janeiro: Forense, 2020; MELO, Marco Aurélio Bezerra. Curso de direito civil: direito das coisas. São Paulo: Atlas, 2015. p. 336.

3 Neste sentido, PEREIRA, Rodrigo Serra. *Direito de superfície: notícia histórica e questões tópicas à luz do Código Civil brasileiro de 2002*. In: Revista de Direito Civil Contemporâneo, vol. 8, jul-set/2016, pp. 201/223

rosa, o cânon superficiário pago ao proprietário corresponde, em alguns casos, a um percentual da colheita[4].

Quanto aos imóveis urbanos, diante do seu elevado custo, o direito de superfície tem sido um importante instrumento jurídico propulsor da construção civil, sob diversas vertentes, dentre elas a instalação de prédios[5], *shopping centers*, bares e restaurantes estacionamentos, supermercados, parques temáticos, piscinões, conjuntos habitacionais, arenas esportivas – como é o caso da Arena Palmeiras, surgida em 2009[6] e do Estádio Santa Cruz, pertencente ao Botafogo Futebol Clube, de Ribeirão Preto, SP, em 2018[7] – incluindo a instalação, no topo de prédios, de antenas de telefonia, permitindo uma remuneração adequada para o condomínio, e uma garantia de estabilidade das operadoras de telefonia[8].

Na jurisprudência colhem-se dois casos interessantes envolvendo direito de superfície. O primeiro deles é a ação cominatória movida pela Ambev contra a Real Arena Empreendimento Imobiliários S/A, titular do direito de superfície sobre a Arena Palmeiras, requerendo o cumprimento de obrigações contratuais vinculadas à escritura de compra e venda do terreno, datada de 1920, onde foi originariamente construído o estádio do Palmeiras. O Tribunal de Justiça de São Paulo decidiu que o direito de superfície e sua exploração comercial não podem ser impedidos por cláusula de exclusividade de comercialização de produtos constante de escritura de compra e venda de imóvel, contraídas muito antes da concessão do referido direito de superfície, e sem natureza real[9].

---

4 Diferentemente do Código Civil português, que só admite o cânon superficiário em dinheiro (art. 1.530º, 3).

5 Há casos nos quais o superficiário constrói o prédio no terreno do proprietário destinando-o a locação a terceiros, e paga o cânon superficiário com um percentual anual sobre o valor dos aluguéis percebidos. Em outra estruturas, a concessão do direito de superfície é a título gratuito, mas a reversão dos bens ao proprietário do terreno ocorre sem indenização (art. 24 do Estatuto da Cidade).

6 Consoante as disposições do contrato, o clube recebe em comodato o imóvel e assume as operações em datas de partidas da equipe de futebol profissional previstos nos calendários da CBF, FPF e Conmebol. Nas demais datas, cabe ao superficiário as operações de todos os outros casos envolvendo o Allianz Parque, como shows, eventos e amistosos.

7 E, mais recentemente, o Botafogo Futebol Clube, de Ribeirão Preto, SP, concedeu direitos de superfície em favor do Botafogo Futebol S.A., nova empresa responsável pela gestão do clube ribeirão-pretano para exploração do Estádio Santa Cruz como arena multiuso.

8 Este é um dos casos nos quais, pela natureza das acessões, as partes convencionam que, extinto o direito de superfície, o condomínio não se torna proprietário das antenas de telefonia, podendo receber uma indenização, se for o caso.

9 AC 1012630-38.2018.8.26.0100, 1ª Câmara Reservada de Direito Empresarial, Rel. Des. Azuma Nishi, j. 23.10.19. A compra e venda do imóvel ocorreu em abril de 1920

O segundo acórdão, oriundo do Tribunal de Justiça do Rio de Janeiro, versa sobre tema interessantíssimo, ao afastar pretensão de revisão do cânon superficiário, com base na teoria da onerosidade excessiva. Disse o aresto que *"o instituto não possibilita a revisão do valor pactuado, pois, na verdade, o valor do direito de superfície se fixa no momento da concessão, tendo como parâmetro os investimentos necessários ao empreendimento que se pretende implantar, bem como o retorno esperado. Mesmo se comprovada eventual onerosidade excessiva, através das provas requeridas, como sustentado pelo autor, ora apelante, não alteraria o desfecho do julgamento, repita-se, diante do não cabimento da revisão do valor constante da concessão da superfície."*[10]. Parece-nos acertada esta decisão, diante da íntima correlação entre o valor do cânon superficiário e o valor da indenização pela reversão das acessões ao proprietário[11]. De fato, quanto menor o cânon superficiário, maior poderá ser o valor da indenização pela reversão dos bens ao final da concessão e vice-versa.

Usufruto sobre ações

A função alimentar do usufruto, que justificou sua origem no direito romano, persiste nos dias atuais, e a implementação prática desse direito real tem gerado constantes litígios, envolvendo diversos aspectos, seja pelo seu caráter *intuitu personae*[12], seja pela abrangência[13], seja pelas hipóteses

---

e exigiu do comprador (então *Sociedade Sportiva Palestra Itália*) a exclusividade da exploração comercial dos produtos da vendedora (*Companhia Antárctica Paulista*). A Ambev sustentava a manutenção deste direito de exclusividade em razão do valor irrisório pago pelo Palmeiras, o que compensaria os quase 100 anos de restrições à concorrência. Por sua vez, o Palmeiras, ao conceder o direito de superfície à Real Arenas, não mencionou a obrigatoriedade de não concorrência com os produtos da Ambev. Segundo o acórdão, "para que essa equação econômica faça sentido, evidente que a requerida (*Real Arenas*), na posição de proprietária superficiária, tem a prerrogativa de usar livremente o bem, inclusive no que toca à publicidade e à venda de produtos, aspectos da propriedade que, acaso sejam restringidos, certamente iriam desequilibrar a equação econômica prevista no contrato de alienação do direito de superfície (o contrato entre o Palmeiras e a Real Arenas)".

10 Apelação Cível nº 0315942-98.2017.8.19.0001, 22ª Câmara Cível, Rel. Des. Carlos Eduardo Moreira da Silva, j. 30.07.19

11 Código Civil, art. 1.375 e Estatuto da Cidade, art. 24.

12 REsp 1613657 / SP, Rel. Min. Marco Aurélio Bellize, 3ª T., j. 21.08.18;

13 A.I nº 0008974-26.2020.8.19.0000, Rel. Des. Carlos Eduardo da Fonseca Passos, 18ª CC, j. 27.05.20.

de sua extinção[14], seja pela penhorabilidade dos frutos[15], seja pela forma de exploração quando há mais de um usufrutuário[16].

Fugindo um pouco da sua função alimentar, utiliza-se, com frequência, o usufruto no contexto de planejamento sucessório, quando o instituidor concentra seus ativos mais significativos em uma sociedade *holding*, e distribui a nua-propriedade das ações ou cotas entre seus herdeiros, preservando o usufruto vitalício delas. Em outras circunstâncias, o usufruto integra uma ampla operação de reestruturação societária[17].

O usufruto tem utilização prática também no âmbito do direito societário, sem, todavia, perder seu caráter alimentar, mormente quando instituído *mortis causa*, com a contemplação, pelo testador, de distintos beneficiários ao mesmo tempo com o mesmo bem. Com efeito, a regulamentação legal sobre usufruto de ações e cotas é bastante incipiente, inexistindo disposi-

---

14 AgInt no AREsp 854.103/MS, Rel. Min. Villas Bôas Cueva, 3ª T., j. 20.03.2018.; TJRJ, A.C nº 0474865-33.2014.8.19.0001, Rel. Des. Fernando Foch de Lemos Arigony da Silva, 3ª CC, j. 27.03.19; TJRJ, A.C nº 0023026-58.2015.8.19.0208, Rel. Des. Mauro Dickstein, 16ª CC, j. 26.03.19; TJSP, A.C nº 1093158-98.2014.8.26.0100, Rel. Des. Benedito Antonio Akuno, 8ª Câmara de Direito Privado, j. 01.07.20

15 REsp 925.687/DF Rel. Min. Nancy Andrighi j. 09.08.07; REsp 242.031/SP Rel. Min. Ari Pargendler j. 02.10.03; REsp 883.085/SP Rel. Min. Sidnei Beneti j. 19.08.10.; A.C nº 1004277-32.2019.8.26.0566, Rel. Des. Vito Guglielmi, 6ª Câmara de Direito Privado, j. 12.03.20

16 TJRJ. A.C nº 0024150-47.2017.8.19.0001, Rel. Des. Cesar Felipe Cury, 11ª CC, j. 23.10.19;

17 "Na espécie, Y, no âmbito de processo de reestruturação societária, recebeu em integralização de seu capital social a nua propriedade e direitos políticos das ações de W, reservando os subscritores, para si e para pessoas físicas e jurídicas por eles indicadas, o direito aos dividendos dessas ações conferidas por prazo certo. (...) No caso concreto, a instituição do usufruto, introduzido em operação econômica mais ampla, objetivou viabilizar a reestruturação societária de Y, traduzindo a contrapartida à subscrição e integralização de ações da companhia pelos subscritores. Ou seja, o usufruto integra a equação econômica da aludida reestruturação societária, inserindo-se, por isso mesmo, em contexto negocial mais abrangente, que lhe confere onerosidade e impõe a necessidade de vigorar por prazo certo. Tal prazo, convém sublinhar, estipulado livremente pelos próprios subscritores, impede-os de alienar durante o período as ações subscritas, como consta do Estatuto Social de Y. Busca-se, dessa sorte, concretizar legítimos interesses da autonomia privada, em atendimento ao conteúdo típico do direito de usufruto determinado pelo legislador, de tal maneira que o usufruto de ações, na forma como aqui constituído, se mostra válido e eficaz à luz do ordenamento jurídico brasileiro." TEPEDINO, Gustavo. *Usufruto de ações e eficácia da previsão de direito de acrescimento no âmbito de condomínios usufrutuários, in*: Soluções Práticas. Vol. 3, nov/2011, pp. 486-506

ções no Código Civil sobre usufruto de cotas em sociedades limitadas, e, na Lei nº 6.404/76, alguns poucos artigos tratam do instituto[18].

Neste cenário, surgem controvérsias sobre a aplicação prática do usufruto de ações, que merecem ser abordados, ainda que de forma muito genérica, ante as limitações deste artigo.

Certamente um dos temas mais relevantes refere-se a quem compete a legitimidade para o exercício do direito de voto, ao nu-proprietário, ou ao usufrutuário. A resposta deve ser buscada, em primeiro lugar, no título instituidor do usufruto, o qual pode prever, inclusive, matérias específicas sobre as quais o exercício de voto caiba ao usufrutuário, ou ao nu-proprietário. No silêncio deste, a lei, lamentavelmente, não soluciona o problema, diante da lacunosa disposição do art. 114 da Lei nº 6.404/76 ("*Art. 114 – O direito de voto da ação gravada com usufruto, se não for regulado no ato de constituição do gravame, somente poderá ser exercido mediante prévio acordo entre o proprietário e o usufrutuário.*"). Melhor seria se o legislador tivesse efetivamente tomado partido em prol de uma das partes, tal como no caso do exercício do direito de preferência em caso de aumento de capital (art. 171, § 5º), em que se conferiu uma preferência temporal em favor do nu-proprietário[19]. Ademais, tal opção seria coerente com o sistema legal, já que o art. 112 da Lei nº 6.404/76 prevê que o direito de voto pertence ao titular das ações, vale dizer, ao proprietário delas, que não é o caso do usufrutuário, a quem se conferiu apenas o poder de fruição.

Em sede doutrinária, Henrique Barbosa sustenta que, inexistindo consenso entre usufrutuário e nu-proprietário, nenhum deles poderá votar[20], o

---

18 Vejam-se as disposições regulando o local de averbação do gravame no Livro de Registro de Ações Nominativas ou, se a ação for escritural, nos livros da instituição financeira que anotará na conta corrente do acionista (art. 40 e 100, I, *f*), exercício de voto (art. 114), direito à capitalização de lucros e reservas (art. 169, § 2º), o exercício do direito de preferência para subscrição de aumento de capital (art. 171, § 5º) e o direito a dividendos (art. 205).

19 "Art. 171, § 5º - No usufruto e no fideicomisso, o direito de preferência, quando não exercido pelo acionista até 10 (dez) dias antes do vencimento do prazo, poderá sê-lo pelo usufrutuário ou fideicomissário." Como corretamente afirma Nelson Eizirik, o direito de preferência à subscrição de novas ações em aumentos de capital não é um fruto das ações já emitidas, "pois além de não decorrer diretamente destas, ele não pode ser separado da posição acionária do acionista sem reduzir-lhe a substância". (EIZIRIK, Nelson. *A lei das S/A comentada*. Vol. I. São Paulo: Quartier Latin, 2011, p. 261.).

20 BARBOSA, Henrique Cunha. *Usufruto societário: polêmicas e a importância da visão sistêmica e do bom regramento do instituto*. In: BOTREL, Sérgio (Coord.). Direito societário: análise crítica. São Paulo: Saraiva, 2012, p. 374. No mesmo sentido, Nelson EIZIRIK: *Direito Societário – Estudos e Pareceres*. São Paulo: Quartier Latin, 2015, pp. 196/203.)

que é respaldado pela CVM[21]. Entendimento diverso teve a 3ª Turma do STJ, no qual, diante do silêncio no ato de instituição do usufruto, se reconheceu que o exercício do voto cabe ao nu-proprietário, independentemente de a origem do usufruto ser convencional, ou legal (no caso, tratava-se de usufruto vidual)[22]. O aresto faz uma interessante abordagem sobre a extensão dos direitos do nu-proprietário e do usufrutuário, para concluir que *"o nu-proprietário permanece acionista, inobstante o usufruto, e sofre os efeitos das decisões tomadas nas assembleias em que o direto de voto é exercido."* Em outro trecho, o acórdão foi mais além, ao enxergar no exercício do direito de voto, pelo nu-proprietário, a proteção de um direito mais amplo do que o da obtenção do rendimento das ações: *"o direito de voto, não significa o mero poder de administração da ação com o escopo de proteger seu rendimento. Implementa, na verdade, uma ingerência nos rumos da empresa por quem não é sócio". [...] De fato, basta uma leitura do art. 122 da Lei das Sociedades Anônimas para se ter uma ideia da importância das decisões que são tomadas pela Assembleia Geral, em que é exercido o direito de voto, e do reflexo que elas têm no futuro da empresa. Aliás, nesse sentido, é importante consignar que o direito de voto sequer é atribuído a todos os acionistas, admitindo-se sua restrição ou mesmo supressão. Com efeito, ele não se insere no rol de direitos essenciais do acionista, tratados no art. 109 da Lei nº 6.404/76."*

Mas o art. 114 da Lei nº 6.404/76 suscita ainda uma outra reflexão, ao indicar que o exercício do voto, no silêncio do ato instituidor, depende de prévio acordo entre o proprietário e o usufrutuário[23]. É o caso de se indagar

---

21 Parecer CVM/SJU no 005/1980, *"inexistindo o acordo prévio ou sobrevindo a divergência entre ambos, as ações gravadas terão o seu direito de voto prejudicado".*

22 REsp. nº 1.169.202, rel. Min. Nancy Andrighi, j. em 20.09.11. Na ementa, colhe-se: "2. O instituto do usufruto vidual tem como finalidade precípua a proteção ao cônjuge supérstite. 3. Não obstante suas finalidades específicas e sua origem legal (direito de família), em contraposição ao usufruto convencional, o usufruto vidual é direito real e deve observar a disciplina geral do instituto, tratada nos arts. 713 e seguintes do CC/16, bem como as demais disposições legais que a ele fazem referência. 4. O nu-proprietário permanece acionista, inobstante o usufruto, e sofre os efeitos das decisões tomadas nas assembleias em que o direto de voto é exercido. 5. Ao usufrutuário também compete a administração das ações e a fiscalização das atividades da empresa, mas essas atividades podem ser exercidas sem que obrigatoriamente exista o direito de voto, até porque o direito de voto sequer está inserido no rol de direitos essenciais do acionista, tratados no art. 109 da Lei nº 6.404/76. 6. O art. 114 da Lei nº 6.404/76 não faz nenhuma distinção entre o usufruto de origem legal e aquele de origem convencional quando exige o consenso entre as partes (nu-proprietário e usufrutuário) para o exercício do direito de voto. 7. Recurso especial desprovido.".

23 O TJSP reconheceu que o direito de voto era dos usufrutuários em razão da conduta das partes em assembleias anteriores. A.C nº 0015698-57.1997.8.26.0000, Rel. Des. Cunha Cintra, j. 6.08.98.

se este prévio consenso pode ser instrumentalizado em um acordo de acionistas, já que este, conforme dispõe o art. 118, pode versar sobre diversos temas, dentre eles, o exercício do direito a voto. Tecnicamente, a resposta é negativa, na medida em que a fruição das ações não afeta o seu domínio, que pertence ao nu-proprietário, de sorte que o usufrutuário não poderia subscrever acordo de acionista por faltar-lhe a qualificação de acionista[24]. Como acentua Henrique Barbosa, em excelente trabalho, *"admitir a conversão do usufrutuário em acionista equivaleria em tornar natimorto o instituto expressamente excepcionado pela lei (enquanto devidamente disciplinado nos diversos artigos da Lei das Sociedades por Ações) ou, quiçá, reconhecer uma intenção fraudulenta inata ao usufrutuário, eis que transformado em sócio mediante ato simulado (o que pode efetivamente ocorrer)"*[25]. Todavia, não raro, participam dos acordos de acionistas pessoas que não o são, como é o caso da própria companhia, que eventualmente subscreve o instrumento na qualidade de interveniente. Neste cenário, parece-nos possível a integração do usufrutuário de ações no acordo de acionistas – sem transformá-lo em tal –, a fim de que todos os *stakeholders* – inclusive a própria companhia – possam ter ciência efetiva dos termos e condições em que o voto do usufrutuário pode ser exercido, seja de forma irrestrita, ou limitada a certas matérias, a fim de evitar conflito de interesses *"mormente em deliberações que envolvam a distribuição de dividendos. Isto porque, se o interesse social é composto pelo voto coletivo da maioria associada (partindo do pressuposto de que cada sócio vota não de modo egoístico ou no interesse pessoal exclusivo), a pretensão do usufrutuário fica de fato um tanto comprometida, pois, ao menos em tese, não será diretamente beneficiado com o reinvestimento dos resultados, tampouco com a simples valorização patrimonial das quotas/ações, estando sua contrapartida econômica representada fundamentalmente pelos lucros concretamente distribuídos"*[26] [27]. Seja como for, há que se ter sempre presente a limitação do exercício do voto ao direito de cada um, de forma que o usufrutuário possa votar livremente sobre temas relacionados à fruição das ações (*v.g.*, distribuição de dividendos), mas dependa da autorização do nu-proprietário para outras deliberações, que afetem a essência da ação (*v.g.*, reorganizações societárias, resgate, recesso,

---

24 Neste sentido BARBI FILHO, Celso. *Acordo de acionistas*. 1993, BH, Del Rey Editora, pp. 82 a 85.
25 *Op.cit* p. 379.
26 BARBOSA, Henrique Cunha. *Op.cit.*, pp. 382-383.
27 Cf. ainda EIZIRIK, Nelson. *A Lei das S/A Comentada*, Vol. I. *cit.,*, p. 646. LEÃES, Luís Gastão Paes de Barros. *O direito de voto de ações gravadas com usufruto vidual*. In: Pareceres, v.2, Singular, São Paulo, 2004, p. 1363.

dissolução ou liquidação[28]). Em sentido inverso, o nu-proprietário dependerá de autorização do usufrutuário para deliberações que afetem o conteúdo econômico do usufruto das ações (*v.g.,* acordos entre os acionistas, que vinculem o voto do usufrutuário). Este tema sobre a identificação das matérias sobre as quais podem votar o nu-proprietário e o usufrutuário foi enfrentado pelo Tribunal de Justiça de Minas Gerais, que assim decidiu: "*O prévio acordo entre o proprietário e usufrutuário há de ser reduzido a escrito, devendo o original ou sua cópia autêntica ficar em poder da sociedade. Os interessados poderão estipular o que entender sobre a maneira pela qual o direito de voto será exercido por um deles. Assim, poderão discriminar as matérias sobre as quais votará o proprietário ou o usufrutuário.*"[29]

Mas *quid iuris* se houver mais de um usufrutuário e inexistir acordo entre eles sobre o exercício do voto? O Tribunal de Justiça de São Paulo enfrentou essa questão em uma demanda, na qual o título instituidor do usufruto *mortis causa* era silente e, diante da falta de consenso, nenhuma das duas usufrutuárias pode votar[30].

No âmbito societário, o usufruto de ações não pode ser usado para afastar a incidência de regras legais de ordem pública, como a que impede o acionista de votar as próprias contas (arts. 115, § 1º c/c 134, § 1º da Lei nº 6.404/76), consoante recente decisão da CVM[31]. No caso concreto, os acionistas instituidores do usufruto eram administradores da companhia e, vislumbrando embate assemblear relacionado à aprovação de suas contas, deram suas ações em usufruto – gratuito e por prazo indeterminado[32] – a

---

28 "Pelas mesmas razões, entende-se que o usufrutuário não está legitimado, sem prévio acordo com o nu-proprietário, a aprovar em assembleia as matérias que ensejem, pela declaração de dissidência, a retirada da companhia. Como o exercício do recesso equivale a autêntica disposição das ações, só o proprietário-acionista está legitimado a exercê-lo, não podendo o usufrutuário trancar o recurso a esse poder, pelo seu voto favorável" (COMPARATO, Fabio Konder. *Ensaios e pareceres de direito empresarial.* Rio de Janeiro: Forense, 1978, p. 85).

29 Apelação Cível nº 2.0000.00.406316-5/000, Rel. Des. Teresa Cristina da Cunha Peixoto, j. 05.05.04.

30 "Usufruto – Participação acionária em sociedade por ações – Criação por testamento e acordo entre herdeiros e legatários – Hipótese em que nem um nem outro preveem o exercício do voto pelas usufrutuárias – Direito que só pode ser exercido mediante disposição expressa pelo instituidor do usufruto ou acordo prévio com o nu proprietário nesse sentido - Art. 114 da Lei nº 6.404/76 – Restrições inseridas nesse sentido nas últimas declarações procedentes – Agravo provido". (A.I nº 2032785-20.2019.8.26.0000, Rel. Des. Rui Cascaldi, 1ª Câmara de Direito Privado, j. 18.02.20)

31 PAS CVM RJ2017/1158; Relator: Diretor Henrique Machado; j. 23.06.2020.

32 Vale notar que um dos acionistas conferiu em usufruto apenas o direito de voto, sem os direitos econômicos, o que foi considerado juridicamente nulo pela CVM com apoio

parentes próximos e conservaram a nua-propriedade. O regulador sancionou a operação e condenou os administradores em pena de advertência e multa pecuniária. Interessante o debate entre os julgadores, pois, enquanto o Relator considerava, por princípio, que a constituição de usufruto sobre as ações dos acionistas administradores não permitiria afastar o impedimento de voto previsto naqueles dispositivos legais, os Diretores Flavia Sant'Anna Perlingeiro e o Presidente Marcelo Barbosa opinaram em sentido oposto – embora mantendo a condenação --, asseverando a primeira que *"se, mediante convenção de voto em usufruto, o direito de voto em relação à aprovação de contas da administração for atribuído exclusivamente ao usufrutuário das ações e este não for administrador da companhia, ele não estará impedido de votar na assembleia geral de acionistas convocada para deliberar sobre as contas da administração de que participe o nu-proprietário. O usufrutuário formará sua própria convicção acerca da regularidade das contas da administração e terá liberdade para aprová-las ou rejeitá-las, não podendo o nu-proprietário coibir-lhe o exercício do direito de voto, consoante convencionado"*. O Presidente Marcelo Barbosa votou no mesmo sentido, afirmando que *"a depender de suas características, arranjos contratuais (incluindo o usufruto) ou mecanismos organizacionais podem ser capazes de dissociar a vontade de determinado acionista da influência do acionista-administrador, impedido de deliberar sobre as próprias contas. Por esses motivos, não me parece adequado afirmar, a priori, que, no regime de usufruto, não é possível blindar a vontade política do usufrutuário dos interesses do nu- proprietário (ainda que haja diferenças entre esse regime e o aplicável à aprovação das próprias contas por meio de uma pessoa jurídica, conforme mencionado pelo Relator). A meu ver, o instrumento de usufruto também poderia conter dispositivos aptos a dissociar os interesses das partes no momento de exercício do direito de voto pelo usufrutuário e, se fosse esse o caso, os acusados não deveriam ser condenados."*

Em relação à extinção do usufruto sobre ações, não há disposições na lei societária sobre o tema, cabendo, portanto, recorrer-se ao título instituidor do direito, e às regras do Código Civil. Neste particular, parece-nos

---

em sólida doutrina: *"Por esta razão, não seria válida a constituição de usufruto sobre a ação abrangendo apenas o exercício do direito de voto, sem conferir ao usufrutuário o direito ao recebimento de dividendos e lucros. Com efeito, o usufruto abrangendo exclusivamente o direito de voto não satisfaz um requisito essencial do negócio jurídico, pois não há usufruto sem que o usufrutuário tenha direito de receber ao menos parte dos frutos decorrentes do bem. (...) Portanto, para que possa ser conferido ao usufrutuário o exercício dos direitos políticos da ação, faz-se necessário que o Usufruto recaia sobre os dividendos assegurados à ação, seja em sua integralidade ou apenas em determinado percentual"*. EIZIRIK, Nelson: *Direito Societário – Estudos e Pareceres.*, cit., pp. 201/202.

oportuno mencionar duas situações interessantes decorrentes de causas distintas: usucapião e não uso por um determinado tempo.

Quanto à usucapião, o usufruto assim como qualquer direito real, está sujeito a ser adquirido em razão do decurso do tempo, cumulado com a posse. As ações, como bens móveis que são, podem ser usucapidas no prazo de três ou cinco anos, conforme se trate de usucapião ordinária, ou extraordinária[33]. Trata-se de uma hipótese remota, embora possível de ocorrer, pois demanda o exercício da posse por um terceiro, que, ao mesmo tempo, a exerça nos limites dos direitos do usufrutuário – *v.g.,* votando em assembleias, percebendo dividendos --, sem, portanto, atentar contra os direitos do nu-proprietário, que, a rigor, não se beneficia, nem se prejudica com a mudança na titularidade do direito real.

No que concerne ao não uso por um determinado tempo, a questão é mais delicada, pois, neste caso, representará a consolidação da plena propriedade das ações na pessoa do nu-proprietário, que se beneficia dessa circunstância. Com efeito, dispõe o art. 1.410, VIII, do Código Civil, que o usufruto se extingue *"pelo não uso, ou não fruição, da coisa em que o usufruto recai (arts. 1.390 e 1.399)"*. Note-se que a lei silencia quanto ao prazo do não uso, o que levou alguns a aplicarem a regra da prescrição para as ações reais – dez anos (art. 205) --, ou, por analogia, o prazo do art. 1.389, III, para extinção de servidões em situação similar (não uso). O Enunciado 252 da III Jornadas de Direito Civil[34] se posicionou, a nosso ver corretamente, pela inexistência de prazo específico, eis que a *ratio* da concessão do usufruto seria o desatendimento de sua função social, vale dizer, seu caráter alimentar, o que um fato objetivamente verificável e independe do decurso de prazo. Na jurisprudência, o Tribunal de Justiça de São Paulo, embora sem enfrentar a questão do prazo, rejeitou pedido de extinção de usufruto pelo não uso, formulado por nus-proprietários, sob o argumento de que a usufrutuária não deixou de usar as cotas dadas em usufruto, tendo realizado operações societárias com os citados bens, mas sempre ressalvando seu direito[35]. Seja como for, o fato é que, como bem salientado por Henrique

---

33 Arts, 1.260 e 1.261 do Código Civil.

34 "Art. 1410. A extinção do usufruto pelo não uso, de que trata o art. 1410, VIII, independe do prazo previsto no art 1389, III, operando-se imediatamente. Tem-se por desatendida, neste caso, a função social do instituto".

35 "A.I. AÇÃO DECLARATÓRIA DE EXTINÇÃO E INEXISTÊNCIA DE DIREITO DE USUFRUTO. I. Pretensão de reconhecimento liminar da propriedade plena, pelos agravantes, sobre cotas de fundos de investimento. Indeferimento. Manutenção. Carência de evidência da extinção do direito real de usufruto titularizado pela agravada Anna Maria em decorrência da sucessão de operações societárias aperfeiçoada entre os litigantes. Preservação da condição de usufrutuária, ademais, que se deu ao longo de cinco anos,

Barbosa, a aferição do não uso não pode decorrer da falta de exercício do direito de voto, pois o voto configura um *direito* e não uma obrigação[36].

Em tema de extinção de usufruto acionário, mencione-se ainda uma questão relevante, que diz respeito à titularidade dos dividendos quando sua existência ocorre em momento posterior à extinção do gravame, mas correspondente a exercícios em que o usufruto estava em vigor. A questão passa pela análise do momento em que o direito aos dividendos é reconhecido, bem como da lei aplicável ao instituto, a geral (Código Civil), ou especial (Lei das Sociedades Anônimas). Segundo sustenta Nelson Eizirik, *"O direito de crédito dos acionistas ao dividendo não surge do balanço de enceramento do exercício, mas da sua aprovação pela assembleia geral e da deliberação de destinar os lucros, ou parte deles, ao pagamento de dividendos. A Lei das S.A., neste artigo, estabelece que a companhia pagará o dividendo de ações à pessoa que, na data do ato de sua declaração, estiver inscrita como proprietária ou usufrutuária da ação. Não obstante o Código Civil definir que os frutos civis, vencidos na data inicial do usufruto, pertencem ao proprietário, e ao usufrutuário, os vencidos na data em que cessa o usufruto [art. 1.398 do CC], os dividendos declarados posteriormente à extinção do usufruto, ainda que relativos ao exercício social em que estava em vigor, deverão ser pagos ao nu-proprietário (que com a extinção do usufruto passou a ser o pleno proprietários ações), pelas razões acima e pelo fato de constituírem os dispositivos da Lei das S.A. normas de natureza especial, prevalecendo sobre a regulação geral do instituto pelo Código Civil."*[37] Em sentido oposto – a nosso ver, sem razão –, foi o julgado pelo Tribunal de Justiça do Rio de Janeiro, que se fundamentou exclusivamente nas regras do Código Civil para atribuir os dividendos declarados após a extinção do usufruto aos herdeiros da falecida usufrutuária[38].

---

sem oposição dos autores. II. Falta de prova, de outra parte, de que a distribuição de rendimentos das cotas submetidas ao usufruto extrapolem a disposição normativa do artigo 1.394 do Código Civil. (...) (TJSP, A.I nº 2159942-78.2016.8.26.0000, Rel. Des. Donegá Morandini, 3ª Câmara de Direito Privado, j. 23.05.17)

36   O autor ressalva, porém, a circunstância de o título instituidor do usufruto atribuir a *obrigação* de o usufrutuário exercer o voto, notadamente em certas matérias específicas. *Op.cit.*, p. 383.

37   EIZIRIK, Nelson. *A Lei das S/A Comentada*, vol. III, *cit.*, pp. 577/578.

38   "Apelação Cível. Sociedade por ações. Ações gravadas com usufruto vitalício. Morte da usufrutuária. Consignação em pagamento. Suposta dúvida a quem a verba deve ser destinada: nu proprietário/ora apelante ou herdeira. Sentença de procedência do pedido inicial para declarar que os dividendos relativos às ações nominativas da falecida usufrutuária são devidos à herdeira. Irresignação do nu proprietário. Entendimento desta Relatora pela anulação da sentença guerreada, devido a *error in procedendo*.

Conclusão

Muito provavelmente, nenhum leitor deste artigo, do mais jovem ao mais experiente, teve a chance de se deparar, na vida prática, ou na academia, com uma escritura de instituição de um direito real de anticrese. Poucos, por certo, se viram diante de questões envolvendo direito real de uso, enfiteuse ou habitação. Mas, seguramente, muitos tiveram a chance de analisar temas envolvendo servidão, usufruto e, em período mais recente, o direito de superfície. A explicação parece decorrer do fato de que esses direitos reais sobre coisa alheia vêm sendo mais frequentemente utilizados nos dias atuais, pois sua função social atende, desde os primórdios do direito romano, às mais diversas necessidades da sociedade, com algumas adaptações e variações para os dias atuais, como ocorre, respectivamente, com a servidão administrativa, com o direito de laje e com o usufruto sobre ações. De fato, o surgimento dessas subespécies da servidão, da superfície e do usufruto é o sinal mais claro e efetivo de sua adequação ao momento atual.

No que concerne ao direito de superfície e ao usufruto sobre ações, sua utilidade prática é notória, como se vê na produção jurisprudencial respectiva, bem como na atual situação econômica, que justifica a fragmentação dos poderes da senhoria em atenção aos diversos interesses em jogo. Em ambos os casos, o campo de criação das partes é amplíssimo, mas há que se ter toda cautela na previsão dos direitos e deveres respectivos. Em suma, ousadia na estruturação de concessões de superfície e de usufruto sobre ações, mas plena responsabilidade na contemplação dos direitos e deveres respectivos.

Os dividendos são frutos do período em que a usufrutuária ainda era viva, devendo, portanto, ser aplicada a regra do art. 1.398 do Código Civil, e, assim, destinando-se aos sucessores do *de cujus* os referidos dividendos. A apuração do resultado é referente ao exercício social encerrado em 31/12/2009. Em 1980, por intermédio de acordo extrajudicial, a mencionada usufrutuária fez doação das ações que possuía em favor do apelante, reservando para si, doadora, em caráter vitalício, os respectivos dividendos, como valores mobiliários nominativos. Todavia, não há dúvidas de que o foro sucessório assume caráter universal para decidir todas as questões de direito e as de fato relacionadas aos bens deixados pela falecida. Precedentes desta Corte. Recurso de apelação conhecido e desprovido. Voto para, de ofício, anular a sentença guerreada, determinando-se a submissão da quaestio iuris ao juízo a quo. (AC.nº 0001634-57.2010.8.19.0040, Rel. Des. Conceição Mousnier, 20ª CC, j. 23.08.17)

A Questão Urbano-Ambiental

Ricardo Pereira Lira

1. A análise dos aspectos primordiais da questão urbano-ambiental impõe algumas reflexões sobre a histórica ocupação irregular e iníqua do espaço urbano, enfocando os problemas de sempre – velhos, revelhos e novos – e abordando as tentativas de soluções, sob a perspectiva dos Direitos Reais.

2. Antes de fazê-lo, gostaríamos de deixar clara a distinção da estrutura mental do ser humano da Cidade, de um lado, e do ser humano rural do outro lado.

É do conhecimento de todos que os agregados populacionais urbanos, em nosso País, embora sem elevar-se no mesmo gradiente que se verificava há alguns anos atrás, ainda cresce significativamente, apresentando marcada densidade, caracterizados pela concentração em espaços muitas vezes limitados.

Temos hoje, no Brasil, uma população total de cerca de 180 milhões de habitantes, sendo que mais de 80% vive nos centros urbanos.

2.1. De todos conhecidas as experiências realizadas na Universidade de Wisconsin, por JOHN EMLEN e seus alunos, com camundongos. Mantiveram-se inúmeros deles em determinado espaço, com a emigração impedida e abundante fornecimento de alimentos.

À medida que a população aumentava, diminuía evidentemente o espaço possível para cada camundongo nos nichos disponíveis, de forma que rapidamente as colônias se tornaram superpovoadas.

Consequentemente, a caça, as lutas e o canibalismo aumentaram drasticamente, deixando as fêmeas de cuidar de seus ninhos e filhotes

Quando isso aconteceu, a taxa de mortalidade entre os filhotes alcançou 100%, embora a taxa de nascimento permanecesse alta. Um incremento sensível na taxa de mortalidade, como decorrências das lutas e do canibalismo, manteve o equilíbrio da população (in "Biologia", Parte II, texto organizado pelo "Biological Sciences Curriculum Study", impresso no Brasil em 1967, Edart São Paulo Livraria Editora Ltda, p. 328/329)

A influência adversa do fenômeno da metropolização, ou da megalopolização, sobre a vida mental dos indivíduos, foi, magistralmente, estudada por GEORG SIMMEL, em "The Metropolis and Mental Life", publicado pela primeira vez em 1902.

Respiguem-se algumas constatações do eminente teórico da sociologia formal:

"Com cada atravessar de rua, com o ritmo e a multiplicidade da vida econômica, ocupacional e social, a cidade faz um contraste profundo com a vida de cidade pequena e a vida rural no que se refere aos fundamentos sensoriais da vida psíquica.

A metrópole extrai do homem, enquanto criatura que procede a discriminações, uma quantidade de consciência diferente do que a vida rural extrai. Nesta, o ritmo de vida e do conjunto sensorial de imagens flui mais lentamente, de modo mais habitual e mais uniforme. É precisamente nesta conexão que o caráter sofisticado da vida psíquica metropolitana se torna compreensível – enquanto oposição à vida da pequena cidade, que descansa mais sobre relacionamentos profundamente sentidos e emocionais" (*apud* "O Fenômeno Urbano", ed. Zahar, 1979, p. 12)

Prossegue SIMMEL:

"Assim o tipo metropolitano de homem – que naturalmente existe em mil variantes individuais – desenvolve um órgão que o protege das correntes e discrepâncias ameaçadoras de sua ambientação externa, as quais, do contrário, o desenraizariam. Ele reage com a cabeça, ao invés de reagir com o coração".

....

"A metrópole sempre foi a sede da economia monetária. Nela, a miltiplicidade e concentração da troca econômica dão uma importância aos meios de troca que a fragilidade do comércio rural não teria permitido."

....

"A economia monetária e o domínio do intelecto estão intrinsecamente vinculados".

....

"O dinheiro se refere ao que é comum a tudo: ele (o homem urbano) pergunta pelo valor de troca, reduz toda qualidade e individualidade à questão: quanto?";

....

".... trabalha-se com o homem como um número, como um elemento que é em si mesmo indiferente. Apenas a realização objetiva, mensurável, é de interesse";

....

"Os relacionamentos e afazeres do homem metropolitano típico são habitualmente tão variados e complexos, que, sem a mais estrita pontualidade nos compromissos e serviços, toda a estrutura se romperia e cairia num caos inextricável";

....

"... a técnica da vida metropolitana é inimaginável sem a mais pontual integração de todas as atividades e relações mútuas em um calendário estável e impessoal";

....

"Os mesmos fatores que assim redundaram na exatidão e precisão minuciosa da forma da vida redundaram também em uma estrutura da mais alta impessoalidade, por outro lado promoveram uma subjetividade altamente pessoal";

....

"É um fato decisivo que a vida da cidade transformou a luta entre os homens pelo lucro, que aqui não é conferido pela natureza, mas pelos outros homens". Há uma "brevidade e escassez dos contatos inter-humanos conferidos ao homem metropolitano, em comparação com o intercâmbio social na pequena cidade".

A tenuidade das relações intersubjetivas na grande metrópole é perceptível a uma primeira inspecção.

Como anotava LOUIS WIRTH, no seu "Urbanismo como Modo de Vida", in "O Fenômeno Urbano", ed. Zahar, 1979, p. 96, "os traços característicos de modo da vida urbana têm sido descritos sociologicamente como consistindo na substituição de contatos primários por secundários, no enfraquecimento dos laços do parentesco e declínio de significado social da família e na corrosão da base tradicional da solidariedade social".

LÚCIO KOWARICK, no seu valioso livro "Espoliação Urbana", Ed. Paz e Terra, 1979, pág. 30, há quási quarenta anos, referindo especificamente a Cidade de São Paulo, assinalava que "...o vertiginoso crescimento demográfico da região, que entre 1960/70 foi de 5,5% ao ano, conjugado ao processo de retenção dos terrenos à espera de valorização, levou ao surgimento de bairros cada vez mais distantes. Amontoam-se populações em áreas longínquas, afastadas dos locais de trabalho, impondo-se distâncias de deslocamento cada vez maiores. Acentua-se o processo de criação de cidades-dormitórios, verdadeiros acampamentos desprovidos de infra-estrutura".

Continua o sociólogo, sempre aludindo a São Paulo:

"Em 1968 havia 7 milhões de deslocamentos diários, cifra que em 1974 passa para 13,9 milhões. Contudo, o importante a ressaltar é a modalidade como se efetuam estes percursos diários. De um lado, sob a forma de transporte individual: são os grupos abastados, possuidores de automóveis, cuja média de ocupação é de 1,2pessoa por veículo. Do outro, o transporte de massa, através de ônibus que transportam 6,8 milhões de passageiros, carregando nos momentos de maior afluência cerca de 130 passageiros por veículo, o dobro da lotação máxima prevista. O transporte ferroviário de subúrbio conduz 900.000 passageiros por dia: é o cotidiano dos "pingentes", ou seja, 700 usuários que duas vezes ao dia abarrotam uma composição que não deveria receber mais que 300 passageiros (op. cit. P.35).

"A exasperação oriunda do congestionamento, buzinas, falta de estacionamento, tensão decorrente do atropelo do tráfego e até a dificuldade de cobrir distâncias crescentes afetam as pessoas que se locomovem em seus automóveis", afirma LÚCIO KOWARICK.

Impressionantes as observações do mesmo LÚCIO KOWARICK e CLARA ANT, no estudo "Violência: Reflexões sobre a Banalidade do Cotidiano em São Paulo" (in "Violência e Ciddade – Debates urbanos 2", ed. Zahar, 1981), anotando o fenômeno da rotinização do medo como elemento do cotidiano da metrópole, alastrando profunda insegurança, na medida em que os indvíduos se sentem desprovidos de meios para controlar aspectos essenciais de sua sobrevivência: " 71% das pessoas entrevistadas numa pesquisa realizada em São Paulo, durante o ano de 1978, declararam que tinham medo de serem assaltadas, proporção que era de 60% em 1975 (*Índice Gallup de Opinão Pública, ano IV, nº 76, de 16 a 30 de junho de 1978, p.11)*. Mas não só de ladrões a população tem medo; teme também avisar à Polícia, pois 62% das pessoas assaltadas não o fizeram (*Índice cit. P.4)*, o que se torna ainda mais contundente quando se tem em conta que 61% do total dos paulistanos entrevistados temiam ser presos (*Índice Gallup de OpiniãoPública, ano IV, nº79, 1º a 15 de setembro de 1978, p. 10)*. Ademais, cerca da metade dos paulistanos considera que socorrer alguém acidentado na rua costuma trazer problemas, enquanto 59% responderam ter medo de serem atropelados, e somente um terço não tem receio de sair de casa à noite (*Índice Gallup nº 76, pp. 11 e 12)*. Além disso, 65% dos habitantes de São Paulo têm medo de dar carona e 32% de pedi-la; 37% de falar com estranhos na rua, inclusive com a Polícia. (12%). O medo aparece também na eventualidade da rutura das relações primárias, pois cerca de sete sobre dez entrevistados declararam sentir temor quanto a uma separação definitiva da família (*Índice Gallup, cit, ano I, nº 9, p. 4...* A intensidade do medo certamente é diferente em razão das diversas situações apontadas, mas, não obstante tal fato, o fenômeno revela uma flagrante percepção de ameaça que acompanha o indivíduo na vida diária: ficar sozinho, andar na rua, falar com estranhos, ajudar pessoas machucadas, afastar-se de pessoas íntimas.... assim, nas mais variadas circunstâncias, a Cidade é percebida como fonte de perigo. Já não se trata, portanto, deste ou daquele temor, mas de uma sensação fortemente internalizada que passou a ser inerente à vida cotidiana.

Sublinha-se, ainda, nesse estudo, que 45% das pessoas dizem ter medo de perder o emprego; cerca de 70% de ficar sem poder trabalhar, e igual contingente teme não possuir recursos monetários na eventualidade de doenças. 38% de um universo de três mil residentes na Grande São Paulo declararam capazes de matar, 27% de provocar um acidente propositadamente, 23% já pensaram em suicidar-se, e a não desprezível proporção de 4% disse que participaria de linchamentos.

É evidente que se, no final dos anos 70 os números na Cidade de São Paulo eram esses, hoje, no ano de 2006, os dados são muito mais preocupantes. Diga-se que a situação é basicamente a mesma na Cidade do Rio de Janeiro, e nos demais grandes centros do país.

2.2. Tudo isso se deve à estrutura mental específica do homem da Cidade, como fator endógeno, e ao inchaço dos centros urbanos e à maneira irregular e iníqua como se processa o assentamento nos espaços urbanos, como fatores exógenos.

Ainda a Questão Urbano-Ambiental

Nos países subdesenvolvidos, e nos países em desenvolvimento como o nosso, a ocupação do espaço urbano se faz marcada pelo deficit habitacional, pela deficiência de qualidade dos serviços de infraestrutura, pela ocupação predatória do meio ambiente em áreas inadequadas, pelos serviços de transporte deficientes, estressantes poluentes, pela agressão frontal ao meio ambiente natural e ao meio ambiente construído, pela deslegitimação da autoridade pública fomentando um sentimento generalizado de impunidade – sobretudo nas classes abastadas, como o demonstra episódio ocorrido há algum tempo em Brasília, quando jovens da alta classe média atearam fogo em um índio pataxó que dormia na via pública – e determinando em inúmeros centros urbanos o aparecimento de um estado paralelo penetrado pelo crime organizado, com espantoso poder de fogo, frequentemente impondo-se à comunidade e ao próprio Estado formal. Esse "estado paralelo", pelo menos no seu braço visível, se instala nas favelas, nos cortiços, nas periferias, tornando-se cada vez mais problemática a sua dominação e consequente extinção pela infiltração que logra nos segmentos do mundo oficial, sendo muitas vezes difícil, senão impossível, distinguir entre o agente oficial e o bandido, tamanha a imbricação entre eles existente.

Até mesmo nos países desenvolvidos esses problemas existem. Basta recordar a qualidade de vida no Bronx, um dos cinco bairros que constituem a Grande Nova York, ou registrar a presença dos "homeless" londrinos. Ainda há poucos dias, a pretensa maior nação democrática do mundo – Os Estados Unidos da América do Norte – deram demonstração de profunda tibieza com que tratam as questões urbano-ambientais, quando pecaram por uma lenta e inexplicável demora na assistência à população, sobretudo negra, de New Orleans. tragada e vitimada pelo furacão Katrina.

Sobretudo naqueles países inicialmente mencionados, importa considerar que preleva não só o aspecto quantitativo, sendo relevante o dado qualitativo na ocupação do espaço urbano.

Podem ser respigadas as seguintes causas determinantes do adensamento demográfico e da forma irregular e iníqua com que se processa o assentamento, sobretudo da população carente, no espaço urbano:

> a par do incremento vegetativo, que em alguns países, inclusive o nosso, não se vem elevando na mesma intensidade que outrora, ocorre um significativo aumento da população urbana, como consequência da industrialização;

a inexistência de uma política habitacional, que enfrente a questão urbana de maneira planejada e consistente;

> o assentamento urbano não somente é desordenado, mas iníquo, efetivado sob o domínio da chamada "segregação residencial", por força do qual as populações carentes e de baixa renda são ejetadas para a periferia do espaço urbano, onde vivem em condições dilacerantes, agravadas pela ausência de uma política de transporte de massa, recebendo as áreas de assentamento da população abastada e da classe média superior os maiores benefícios líquidos da ação do Estado;

> desenvolta atividade especulativa, em que os donos de extensas áreas urbanas, valendo-se do atributo da perpetuidade do direito de propriedade (por força do qual o não-uso é forma de exercício do domínio), criam um verdadeiro banco de terras em mãos particulares, entesourando lotes e glebas, enquanto aguardam o momento de locupletar-se, através da venda das áreas estocadas, com as mais--valias resultantes dos investimentos de toda a comunidade nos equipamentos urbanos e comunitários, financiados com os impostos pagos por todos nós.

Os fatos acima arrolados tornam evidente a indeclinável necessidade de uma política urbanística e anbiental que ordene a utilização do solo urbano, à base da qual se identifique uma concepção renovada e democrática do direito de propriedade.

Dois princípios básicos lastreiam a visão de um direito urbanístico contemporâneo, suficientemente aparelhado para ensejar assentamentos urbanos mais justos e racionais nas grandes e médias cidades.

O primeiro deles flui da consideração de que a propriedade não é sempre a mesma, uniforme e inalterável, em qualquer circunstância. Seu contorno, sua senhoria, a extensão de suas faculdades ou direitos elementares, ficam na dependência da natureza do bem que lhe serve de objeto. Se o domínio se pratica sobre um bem de produção, um bem de capital (um bem idôneo a gerar outro bem, como a terra, por exemplo), a propriedade ostenta um determinado perfil, com o exercício das faculdades de usar, gozar e dispor mais intensamente limitado, em nome do interesse social, diversamente do que acontece com um bem de uso ou um bem de consumo.[1]

O segundo princípio se vitaliza na consciência que se precisa ter de que a edificação, a utilização do solo urbano com qualquer finalidade, enfim, a configuração e a magnitude de uma cidade, não podem ser realizações privadas, ocorríveis ao sabor da conveniência do dono do lote ou da gleba urbana. Esses fatos são realizações públicas, fatos coletivos por excelência, devendo ser sempre vistos através do prisma da qualidade de vida não ape-

---

1   Vide em " La Proprietà nel Nuovo Diritto", de Pugliatti, Salvatore, ed. Milano Dott. Giuffré Editore, 1964, o capítulo " La Proprietà e le Proprietà".

nas individual, mas predominantemente da comunidade. Daí decorre que, a rigor, o direito de construir não deveria ser uma manifestação ínsita no direito de propriedade. Deixar o acontecimento de fato urbanístico de tanta relevância ao nuto da deliberação livre dos donos do solo urbano, apenas com o exercício condicionado por uma licença, não conduz a nenhum urbanismo positivo, mas leva, isso sim, à viabilização do caos, à anarquia, à face terrível que exibem, contemporâneamente as grandes cidades, as megacidades, as metrópoles e as megalópoles.

Alguns ordenamentos jurídicos, mais enérgicos na sua postura, chegam a retirar o direito de construir do conteúdo do domínio, chegam a não inclui-lo como um direito elementar integrante da senhoria, para qualificá-lo como uma concessão outorgada pela Municipalidade, exogenamente, de fora para dentro, e não como uma licença por ela outorgada endogenamente, correspondendo à concreção de um direito pre-existente na senhoria. No regime de licença, como é o nosso, a autoridade administrativa, com o seu ato, declara um direito pre-existente de construir, desde que atendidos os requisitos contemplados em lei. No regime de concessão, a autoridade, com seu provimento, cria, constitui em favor do proprietário o direito de construir, já que a edificabilidade não está " ab origine" no direito de propriedade. A decisão administrativa, neste caso, é constitutiva, e, na outra hipótese, é declaratória. Exemplo de regime de concessão é o contemplado na Lei Italiana nº 10, de 28 de janeiro de 1977, que parte do pressuposto de que o estado natural do solo é agrícola.

No caso de formações sociais em que a nação se organiza politicamente por cartas constitucionais rígidas, em que é enunciado e salvaguardado enfaticamente o direito de propriedade como um direito individual, cujo conteúdo é historicamente delineado, sem possibilidade de reformulação desse conteúdo por lei ordinária, será de constitucionalidade duvidosa a adoção do regime de concessão do direito de construir, por isso que a edificabilidade seria da essência do domínio. Ainda assim, se, embora rígida, a Constituição, em normas específicas sobre política urbana, abre oportunidade para uma intervenção mais significativa na senhoria da propriedade, novas soluções poderão ser buscadas por meio de instrumentos jurídicos mais enérgicos e eficazes. Essa foi a razão que levou, entre nós, juristas, planejadores urbanos, urbanistas a reclamar pressurosamente que fosse editada uma lei federal que, com supedâneo constitucional, instituísse as diretrizes para o desenvolvimento urbano, formatando a propriedade urbana com um perfil mais moderno e democrático.

Depois de demorada tramitação veio a ser editada a Lei Federal nº 10.257, de 10.07.2001, dispondo sobre os artigos 182/183 da Constituição Federal de 1988, que se autodenominou Estatuto da Cidade.

Pouco mais adiante faremos referência ao Estatuto da Cidade com detença maior.

O que importa considerar, no momento, é que o Direito, contemporaneamente, não é apenas um singelo instrumento de composição de conflitos intersubjetivos, mas sim um significativo e relevante instrumento de transformação social.

Esse fenômeno tem determinado algumas mutações no conjunto do ordenamento jurídico, e uma dessas modificações é exatamente a nova configuração com que se apresenta o Direito Urbanístico, segmento da ciência e da técnica jurídicas que hoje se apresenta indiscutivelmente com foros de autonomia, desvencilhando-se das amarras que o prendiam ao Direito Administrativo.

Direito Urbanístico

E o Direito Urbanístico, quando bem considerado e devidamente aplicado, pode trazer soluções aos inúmeros e graves problemas deduzidos na abertura desta exposição.

O Direito Urbanístico é o conjunto de normas destinadas a dispor sobre a ordenação da Cidade, sobre a ocupação do espaço urbano de maneira justa e regular, procurando as condições melhores de edificação, habitação, trabalho, circulação e lazer.

Tem por objeto organizar os espaços habitáveis, de modo a propiciar melhores condições de vida ao homem na comunidade.

Sergio de Andréa Ferreira, em estudo em que sustenta a autonomia do Direito Urbanístico, como um ramo do Direito Social, apartado do Direito Civil e do Direito Administrativo, define-o como "a disciplina jurídica do urbanismo e da atividade urbanística, que objetivam a adaptação e a organização do espaço natural, fazendo-o fruível por uma comunidade citadina, no desenvolvimento das funções elementares da habitação, do trabalho, da recreação, da saúde, da segurança, da circulação e outras".[2]

A autonomia do Direito Urbanístico deita suas raízes no próprio Direito Constitucional.

O art. 24, I, da Constituição de 1988, ao definir a competência da União, dos Estados, e do Distrito Federal, alude à ocorrência dessa competência em matéria de Direito Urbanístico.

---

2 Sérgio de Andréa Ferreira, "O Direito Urbanístico como ramo do Direito Social e suas Relações com os Direito Civil e Administrativo", in Revista da Academia Brasileira de Letras Jurídicas", , ano XIX, nº 24, R.J., 2º semestre 2003, ed. Renovar, p. 40)

No art. 21, a mesma Constituição, definindo a competência da União Federal, no inciso XX, afirma que compete à União Federal instituir diretrizes para o desenvolvimento urbano, inclusive habitação, saneamento básico e transportes urbanos, o que pressupõe autonomia do Município para, no âmbito dessas diretrizes, no interesse local, baixar as suas próprias normas. Aliás, ao configurar a competência municipal, a Constituição estabelece que compete aos Municípios legislar sobre assuntos de interesse local (art. 30, I,), como são evidentemente os temas ligados à organização concreta dos espaços das Cidades e dos Municípios.

Nesse mesmo art. 30, inciso VIII, preceitua a Constituição que cabe aos Municípios promover, no que couber, adequado ordenamento territorial, mediante planejamento e controle do uso, do planejamento e da ocupação do solo urbano.

No capítulo específico, relativo à Política Urbana (arts 182/183 da Constituição), está desenhada toda a autonomia do Direito Urbanístico, onde se diz que será no Plano Diretor que as cidades com mais de 20.000 mil habitantes traçarão, em função de suas peculiaridades, a função social da propriedade que lhes interessa e lhes seja mais própria.

Nesse capítulo há peculiaridades que afastam o Direito Urbanístico das regras clássicas do Direito Civil, como quando, em determinadas circunstâncias, produz a ablação da perpetuidade, como um dos atributos da propriedade, no instituto da edificação e parcelamento compulsórios, em que o não –uso da propriedade deixa de ser uma forma de praticá-la, ferindo, no coração, o grave pecado da especulação imobiliária.

O Direito Ambiental

O Direito Ambiental também se apresenta hoje com razoável dose de autonomia, configurando um ramo do direito que tem toda uma tessitura jurídico formal a disciplina-lo, bem como toda uma principiologia própria.

A Lei Federal 6938, de 31 de agosto de 1981, configurou a Política Nacional do Meio Ambiente e foi regulamentada pelo Decreto nº 99274, de 6 de junho de 1990. Esses dois diplomas legais consubstanciam um dos pilares básicos do Direito Ambiental, juntamente com a Lei da Ação Civil Pública (Lei nº 7347, de 24 de julho de 1985, o artigo 225 da Constituição da República Federativa do Brasil de 1988, e a Lei Federal dos Crimes Ambientais, Lei nº 9605, de 12 de fevereiro de 1998.

O art. 225, da Constituição de 1988, estatui que todos têm direito ao meio ambiente ecologicamente equilibrado, bem de uso comum do povo e essencial à sadia qualidade de vida, impondo-se ao Poder Público e à coletividade o dever de defendê-lo e preservá-lo para as presentes e futuras gerações.

O Direito Ambiental tem princípios próprios, como, por exemplo, o princípio da precaução, utilizado quando não há certeza científica de que a atividade causará ou não dano, enquanto que, no da prevenção, sabe-se que ocorrerá quando da instalação do empreendimento ou execução da obra, mas é possível a utilização de instrumentos preventivos, com o estudo de impacto ambiental, que precede o processo de licenciamento ambiental[3]

Citem-se ainda os princípios do usuário-pagador e do poluidor-pagador. Para a preservação do meio ambiente e do equilíbrio ecológico, foram concebidos instrumentos, através dos quais se efetiva o poder de polícia ambiental, como a avaliação de impactos ambientais, o licenciamento ambiental, a criação de espaços territoriais especialmente protegidos, assim como incentivos à produção e instalação de equipamentos e a criação ou absorção de tecnologia limpa.

O que resulta claro, hoje, é a conexão entre os instrumentos de direito urbanístico e a questão ambiental.[4]

A Agenda 21, desenvolvida durante a Conferência da Nações Unidas para o Meio-Ambiente e Desenvolvimento (Rio 92), introduziu "um novo olhar sobre a cidade, associando a questão urbana à problemática ambiental, resumindo aquela à melhoria da qualidade de vida nos países pobres, através do enfrentamento da pobreza e da degradação ambiental e de intervenções públicas que possam melhorar as condições de vida nos assentamentos populares.".

Na Agenda Habitat II, de seu turno, fruto da Conferência das Nações Unidas sobre Assentamentos Humanos, realizada em Istambul, em 1996, os signatários estabeleceram metas universais de dar abrigo adequado a todos e tornar os assentamentos humanos mais seguros, saudáveis e habitáveis, mais igualitários, sustentáveis e produtivos. Seu ponto- chave é tratar os problemas ambientais urbanos segundo o enfoque da sustetabilidade, trazendo novos paradigmas ao discurso sobre política ambiental urbana: descentralização e fortalecimento do poder local, co-gestão ou parcerias com entidades sociais, participação da sociedade, sustentabilidade e qualidade ambiental e combate à pobreza e ao desemprego.

Como faz ver a jovem e eminente jurista Vanêsca Buzelato Prestes, "Grandes empreendimentos, *shoppings*, empreendimentos habitacionais sigificativos, rodovias urbanas, loteamentos, condomínios fechados, ati-

---

3 Fontenelle, Miriam, Coord. Temas de Direito Ambiental, Ploítica Nacional de Meio Ambiente, p. 11, Ed. Faculdade de Direito de Campos, Coleção José Patrocínio, vol. VI

4 Revista Magister de Direito Ambiental e Urbanístico nº 8, nov. 2006; Torres Marcos Abreu, "Estatuto da Cidade: Da Interface do Meio Ambiente, pp. 100/101, ed. Magister Editora, Porto Alegre.

vidades sujeitas a poluição sonora, poluição decorrente de ondas eletromagnéticas, destinação de águas servidas, equipamentos construções ou edificações que causam impacto visual significativo, são exemplos de questões urbanas que afetam a qualidade ambiental, motivo pelo qual precisam ser avaliados pelos Municípios.[5]

Daí a sensibilidade da lição autorizada de José Afonso da Silva, no seu clássico Direito Ambiental Constitucional, dizendo: "O conceito de meio-ambiente, há de ser pois, globalizante, abrangente de toda a natureza, o artificial e original, bem como dos bens culturais correlatos, compreendendo, portanto, o solo, a água, o ar, a flora, as belezas naturais, o patrimônio histórico, artístico, turístico, paisagístico e arquitetônico. O meio-ambiente é, assim, a interação do conjunto de elementos naturais, artificiais e culturais que propiciem o desenvolvimento equilibrado da vida em todas as suas formas".[6]

A Funcionalização dos Institutos e Instituições

A funcionalização de institutos e instituições se vem constituindo em candente desafio para a modernidade e para a contemporaneidade.

Essa funcionalização deita suas raízes na noção básica de que os sujeitos das situações jurídicas dispõem das prerrogativas delas decorrentes não exclusivamente em benefício próprio, mas devem exercê-las tendo em consideração os interesses sociais. Isso ocorre não apenas com certos institutos, mas também com determinadas instituições.

Falamos em modernidade porque exatamente desde os tempos modernos que se pensa na propriedade e na sua função social. Essa é uma noção e uma realidade que já estavam em Duguit, eminente jurista francês, na sua clássica obra " Les Transformations Génerales du Droit Privé (depuis le Code Napoléon)", ed. 1920, Paris, Librairie Félix Alcan, já estava na Constituição Mexicana de 1917, bem como na Constituição de Weimar de 1919, que, em seu artigo 153, estipulava que a propriedade obriga o seu titular e seu uso deve estar a serviço do bem comum.

Começava nitidamente a desvanecer aquela postura individualista, segundo a qual cada titular da propriedade de um bem tem o direito de usar, dele gosar e dispor livremente, e que por conseguinte é seu tudo o que legitimamente adquiriu, sem outros limites que não os da moral ou dos direitos alheios, considerados esses apenas em seu sentido negativo, isto é

---

5   Prestes Vanêsca Buzelato, in Temas de Direito Ambiental, Títulol, Construindo Pontes entre Urbanismo e Meio-Ambiente,Ed. Fórum, 2006, Belo Horizonte, p. 21
6   Silva, José Afonso da, Direito Ambiental Cultural, São Paulo, Malheiros, 1994, p.6

no sentido de que o proprietário deve abster-se de, pelo exercício de seu direito, causar danos a outrem. Não se tinha a noção de que o proprietário tem deveres, e, portanto, obrigações positivas de comportamento com o grupo social.

É interessante observar que, ciclicamente, momentos há na história da humanidade em que, episodicamente, o proprietário sofreu limitações profundas, na dependência das imposições sociais.

A Lex Licínia Sexta, de 367 AC, por exemplo, autêntica lei agrária, interditava os cidadãos romanos de terem mais de 120 hectares de terra, não permitindo nas pastagens públicas mais de 100 cabeças de gado por proprietário e obrigava que eles utilizassem mão de obra livre em proporção ao número de escravos que possuíssem. O objetivo desta lei romana, além de ser o da limitação do tamanho das propriedades, era sobretudo o de incrementar o uso da mão de obra, para enfrentar o grave problema do desemprego que na época existia em Roma.

A funcionalização da propriedade, assim, não constitui nenhuma novidade, voltando a despontar mais vivamente nas primeiras décadas do século XX. Retomaremos esse fenômeno, já então mais voltados para a realidade de nosso país.

Dizíamos que a função social da propriedade, ressalvados momentos específicos da história antiga, é um dado da modernidade. E contemporaneamente ela se apresenta como função social da propriedade urbanística, e função social da propriedade agrária, até mesmo como categorias imbricadas em uma função social da Cidade.Isso porque, o Município abrange o urbano e o rural, tanto assim que o Art. 40, §2º, do Estatuto da Cidade eabalece que o Plano Diretor deverá englobar o território do Município como um todo, alcançando, por conseqüência a área urbana e a área rural, onde ela exista. Já a funcionalização de outros institutos, como a função social da posse, a função social dos contratos, e, no que toca às instituições, a função social da empresa e a função social da cidade, são problemas que desafiam a contemporaneidade.

Em alguns casos, a posse hoje se protege per se, autonomamente, como simples exercício fático dos direitos elementares do domínio, e não como simples salvaguarda dele. A vontade nos contratos já não é soberana, havendo determinadas circunstâncias, nas relações de consumo, em que o *pacta sunta servanda* é deixado de lado e o consumidor pode dentro de um prazo de carência desconstituir plenamente o contrato, como se ele jamais tivesse existido. O empresário não está à solta, à busca de lucros cada vez maiores, tendo deveres indeclináveis com a força de trabalho, que igualmente impulsiona a empresa. A Cidade, em nosso ordenamento, está atualmente protegida em patamar constitucional, e a ela têm direito todos os que nela habitam, sejam proprietários ou não.

Estamos diante de um fenômeno relevante, que é o da funcionalização dos institutos e instituições, destacando-se, dentre eles, no momento, a função social da propriedade que nos interessa nessa oportunidade de maneira especial.

Voltemos a ela, por conseguinte.

A Função Social da Propriedade

A Constituição Imperial de nosso país, de 1824, no seu art. 179, § 1º, garantia o direito de propriedade em toda a sua plenitude. No mesmo diapasão a primeira constituição republicana de 1891. A Carta de 1934, embora não utilizasse o *nomen iuris* função social da propriedade, estabelecia, em seu art. 113, nº 17, que o direito de propriedade, embora garantido, não poderia ser exercido contra o interesse social ou coletivo, na forma que a lei viesse a determinar.

Passemos pela constituição outorgada de 1937, para chegarmos à Constituição de 1946, onde, embora também não se utilizasse o nomen iuris função social da posse, se dizia que o uso da propriedade seria condicionado ao bem estar social.

O art. 157, III, da Constituição da República do Brasil de 1967, pela primeira vez no ordenamento constitucional, se valeu das mencionadas expressões. Preceituou que a ordem econômica tem por fim realizar a justiça social, com base nos princípios que enumerou, entre eles o da função social da propriedade. O mesmo fez a Emenda Constitucional outorgada de 1969, art 160.

Com a redemocratização do país, sobreveio a Constituição de 1988, toda penetrada pelo princípio da função social da propriedade (art. 5º XXIII, art. 170, III, art. 182, § 2º, e art 186)

É evidente que qualquer propriedade, seja qual for o seu objeto – bens de uso, consumo ou de capital – deverá atender à sua função social.

Imagine-se uma situação conflitiva em que esteja envolvido o país, havendo a necessidade de racionamento de determinados itens de consumo. É evidente que, em tal situação, bens de uso e de consumo poderão sofrer limitações de utilização, em nome da função social.

A Constituição de 1988 houve por bem explicitar os contornos da função social da propriedade imóvel urbana e da propriedade rural. Quanto à primeira, no art. 182, §2º, determinou que a propriedade urbana cumpre a sua função social, quando atende às exigências do plano diretor, obrigatório para as cidades de mais de 20 mil habitantes. Isso não que dizer que nas cidades onde não seja obrigatório o plano diretor a propriedade não deva obedecer à sua função social. Esse é um princípio geral, a ser geralmente atendido. Apenas as autoridades locais não poderão aplicar institutos que para serem utilizados deverão estar previstos no plano diretor, como por exemplo a edificação compulsória ou o direito de preempção.

No tocante à propriedade rural o art. 186 da Constituição de 1988 estatui que a função social é cumprida quando atende, segundo critérios e gráus de exigência estabelecidos em lei, aos seguintes requisitos: I – aproveitamento racional e adequado; II – utilização adequada dos recursos naturais disponíveis e preservação do meio ambiente; III – observância das disposições que regulam as relações de trabalho; IV – exploração que favoreça o bem estar dos proprietários e dos trabalhadores.

O Estatuto da Cidade, promulgado em 2001, e o Código Civil de 2002 estão igualmente pervasados pelo princípio da função social da propriedade, que aliás é um instrumento indescartável na construção da cidadania múltipla, assentada no respeito à dignidade humana, na erradicação da miséria e na eliminação das desigualdades sociais.

A função social da propriedade está presente também no Código Civil de 2002. Observe-se o artigo 1228, § 1º, onde, embora não seja utilizado o "nomen iuris" função social da propriedade, ali está desenganadamente insculpida a dita funcionalização, nos seguintes termos:

> "Art.1228...
> §1º O direito de propriedade deve ser exercido em consonância com as suas finalidades econômicas e sociais e de modo que sejam preservados, de conformidade com o estabalecido em lei especial, a flora, a fauna, as belezas naturais, o equilíbrio ecológico e o patrimônio histórico e artístico, bem como evitada a poluição do ar e das águas".

A Função Social da Posse

A posse é o exercício, pleno ou não, de algum dos poderes inerentes à propriedade (Art. 1196, do Código Civil).

Tradicionalmente ela sempre foi considerada em sua ligação com a propriedade, sendo até mesmo tida como bastião de defesa do domínio. Quando se defende a posse, direta ou indireta, interditalmente está se protegendo a propriedade.

Atualmente se configura um tratamento autônomo da posse, em que ela é utilizada como a meta final da prática de um determinado instrumento jurídico.

Isso acontece, por exemplo, com a concessão do direito real de uso, criada pelo art. 7º, do Decreto-Lei nº 271, de 28 de fevereiro de 1967, que estabelece:

> "Art. 7º. É instituída a concessão de uso de terrenos públicos ou particulares, remunerada ou gratuita, por tempo certo ou indeterminado, como direito real

> resolúvel, para fins específicos de urbanização, industrialização, edificação, cultivo da terra, ou outra utilização de interesse social.
>
> §1º. A concessão de uso poderá ser contratada, por instrumento público ou particular, ou por simples termo administrativo, e será inscrita e cancelada em livro especial.
>
> §2º. Desde a inscrição da concessão de uso, o concessionário fruirá plenamente do terreno para os fins estabelecidos no contrato e responderá por todos os encargos civis, administrativos e tributários que venham a incidir sobre o imóvel e suas rendas.
>
> §3º. Resolve-se a concessão antes de seu termo, desde que o concessionário dê ao imóvel destinação diversa da estabelecida no contrato ou termo, ou descumpra cláusula resolutória do ajuste, perdendo, neste caso, as benfeitorias de qualquer natureza.
>
> §4º A concessão de uso, salvo disposição contratual em contrário, transfere-se por ato *inter vivos*, ou por sucessão legítima ou testamentária, como os demais direitos reais sobre coisa alheia, registrando-se a transferência."

É de ver que, através desse instituto, o concessionário recebe autonomamente a posse, e tão somente a posse, para fins de urbanização, industrialização, edificação, cultivo da terra, ou outra utilização de interesse social.

È a posse marcada pela sua função social, para a concretização daquelas finalidades qualificadas.

Outro caso significativo de proteção da função social da posse prevalecente sobre uma propriedade desfuncionalizada é o dos §§ 4º e 5º, do já citado artigo 1228, do Código Civil.

Ali se preceitua que o proprietário também pode ser privado da coisa se o imóvel reivindicado consistir em extensa área, na posse ininterrupta e de boa-fé, por mais de 5 (cinco) anos, de considerável número de pessoas, e estas nela houverem realizado, em conjunto ou separadamente, obras e serviços considerados pelo juiz de interesse social e econômico relevante. (§ 4º, do art. 1228).

Neste caso, o juiz fixará a justa indenização devida ao proprietário; pago o preço, valerá a sentença como título para o registro do imóvel em nome dos possuidores.

Trata-se de uma desapropriação decretada pelo Poder Judiciário, e que tem os seguintes pressupostos para sua aplicação:

> • uma ação de reinvindicação proposta pelo proprietário relativamente a determinado imóvel;
>
> • que nesse imóvel um considerável número de pessoas, com posse de boa-fé e de mais de (5) cinco anos, tenha realizado, em conjunto ou separadamente, obras e serviços considerados pelo juiz de interesse social e econômico relevante;

• alegados e provados pela parte ré os pressupostos acima, o juiz, no bojo da própria reivindicatória, realizará perícia para arbitramento da justa indenização, designando data para o depósito do respectivo valor;

• não sendo depositado o valor, o juiz julgará procedente a reivindicatória, determinando a remoção das pessoas ocupantes do imóvel;

• não se trata de usucapião, pois há a previsão de indenização a ser paga ao proprietário privado do imóvel;

• os dispositivos não cuidam de beneficiar ocupantes carentes, mas ocupantes que estejam no exercício de uma posse com os requisitos indicados no texto;

• a indenização é de ser paga pelo considerável número de pessoas a que se refere a norma, e não pelo Poder Público, como pensam alguns.

A função social da propriedade e da posse pervasam também inúmeros dispositivos do Estatuto da Cidade (Lei nº 10.257, de 10/07/2001), como se verá adiante.

O Estatuto da Cidade

O Estatuto da Cidade acima aludido, que integra decidida e relevantemente o Direito Urbanístico, contém importantes instrumentos urbanísticos como o plano diretor, o direito de superfície, a concessão do direito real de uso, a edificação e o parcelamento compulsórios, o direito de preempção, a urbanização consorciada, o imposto predial progressivo, a outorga onerosa do direito de construir (solo criado), o usucapião especial urbano, a concessão de uso especial para fins de moradia (Medida Provisória nº 2.220, de 4 de setembro de 2001), a transferência do direito de construir, o estudo do impacto de vizinhança, a gestão democrática da cidade e, finalmente, o consórcio imobiliário. Guarda, contudo, o Estatuto da Cidade uma interface com o Meio Ambiente. Depreende-se isso de várias de suas diretrizes, enunciadas no seu artigo 2º, como, por exemplo:

> I – garantia do direito a cidades sustentáveis, entendido como dirieto à terra urbana, à moradia, ao <u>saneamento ambiental</u>, à infra-estrutura urbana, ao transporte e aos serviços públicos, ao trabalho e ao lazer, para as presentes e futuras gerações: ....;
>
> IV- planejamento do desenvolvimento das cidades, da distribuição espacial da população e das atividades econômicas do Município e do território sob sua área de influêrncia, de modo a evitar e corrigir as distorções do crescimento ubano E SEUS EFEITOS NEGATIVOS SOBRE O MEIO AMBIENTE";
>
> ....
>
> VI – ordenação e controle do uso do solo, de forma a evitar:
>
> ....
>
> g) a poluição e a degradação ambiental.

Esse diploma legal está profundamente penetrado pela função social da propriedade, e vários de seus institutos guardam uma interface evidente com o meio ambiente, sendo fundamental a consideração desses pontos para a efetividade da implementação dele.

O Estatuto da Cidade é, hoje, um dos pilares fundamentais do direito urbano-ambiental.

Vejam-se alguns desses instrumentos que podem ser alvitrados, quando se pense na necessidade de racionalizar os assentamentos urbanos nas cidades, com especial atenção no meio ambiente.

O primeiro deles é o Plano Diretor. Vale observar, como antessuposto de tudo o que se dirá adiante, que a ocupação do espaço urbano não se pode fazer aleatoriamente, impondo-se, como inafastável, a formulação de um plano diretor, consubstanciando um planejamento essencial à apropriação equilibrada do dito espaço, sem exclusões e segregações sociais, buscando boa qualidade de vida, editado em nível legislativo assecuratório de sua não modificação por influência de interesses subalternos ou conjunturais.

No concernente aos instrumentos jurídicos a serem cogitados em uma política de ocupação razoável e justa do espaço urbano, podem ser enumerados os seguintes, sem pretensão de exaurir o respectivo rol: *direito de superfície, concessão do direito real de uso, edificação e parcelamento compulsórios, direito de preempção, operação interligada, urbanização consorciada, imposto progressivo sobre a propriedade urbana, o solo criado* e o *usucapião especial urbano.*

A forma mais direta de definir o direito de superfície será partindo do fenômeno da acessão, que deita suas raízes no direito romano.

Por força do princípio da acessão, tudo aquilo que acede permanentemente ao solo passa a ser da propriedade do dono do solo, por mais valioso que seja o incremento.

Existindo em determinado ordenamento o direito de superfície, duas pessoas podem convencionar entre si que a primeira (concessionária) possa construir sobre o terreno de propriedade da segunda (concedente), de tal forma que a edificação seja do domínio daquela e o lote permaneça no domínio desta. Os sistemas poderão estabelecer que a pactuação seja perpétua ou provisória. No caso da superfície perpétua, haverá uma interrupção dos efeitos da acessão. No caso da superfície temporária, haverá uma suspensão dos efeitos da acessão.

Com o direito de superfície – e esse é um sonho acalentado pelos arquitetos – é possível separar negocialmente o direito de construir do direito de propriedade do solo, pois quem constrói é o concessionário, e não o dono do lote (concedente). Concretizada a concessão de edificar, identificam-se duas propriedades: a propriedade do terreno, que continua sendo do concedente; a propriedade da construção (propriedade superficiária), de que é titular o concessionário-superficiário. O instrumento é valioso, por isso que amplia o leque de possibilidades de utilização da propriedade imóvel, com as galas de um direito real. Imagine-se que o proprietário de um determinado terreno, pela aplicação do instituto da edificação compulsória e pela lei de uso do solo vigente, tenha a obrigação de construir no aludido terreno, mas não disponha de recursos ou não tenha interesse em fazê-lo. O resultado urbanístico poderá ser obtido pela concessão do direito de superfície do terreno a um terceiro, que se interesse pela construção naquele local, permanecendo com a propriedade da edificação durante o prazo assinado no contrato superficiário, findo o qual a propriedade construída ingressa no patrimônio do dono do terreno, com ou sem indenização, dependendo das cláusulas contratuais.

Sistemas há que admitem a concessão da superfície no subsolo, de que é exemplo o Código Civil italiano. O nosso Estatuto da Cidade contempla essa figura no seu artigo 21, § 1º, estipulando que o direito de superfície, abrange o direito de utilizar o solo, o subsolo ou o espaço aéreo relativo ao terreno, na forma estabelecida no contrato respectivo, atendida a legislação urbanística. Quando assim seja, a municipalidade, titular de uma gleba, poderá dar em superfície a uma empresa a área sobrejacente para a construção de um hospital de grande porte, a ser explorado pela concessionária, por exemplo, pelo prazo de 99 anos, findo o qual o complexo hospitalar ingressará gratuitamente no patrimônio da municipalidade. Na mesma gleba, a municipalidade poderá conceder o subsolo em superfície, para implantação de uma imensa área de estacionamento, a ser utilizada remuneradamente pelos usuários do hospital.

Vale mencionar que o Código Civil contempla expressamente a superfície vegetal, e que, como está concebido o artigo 21 do Estatuto da Cidade, pode admitir-se a superfície vegetal tambpem no Estatuto da Cidade, sobretudo tendo-se em vista que o Plano Diretor, por força do artigo 40, §2 º, do mesmo Estatuto, engloba o território do Município como um todo, não sendo de interditar-se a concessão de superfície em determinadas áreas para a implementação de agriculturas de subsistência.

Importa também salientar que as disposições supervenientes do Código Civil de 2002 não revogaram as disposições pertinentes ao direito de superfície constantes do Estatuto da Cidade.[7]

São inúmeros os proveitos que se podem extrair, urbanísticamente, do direito de superfície.

---

7   Lira, Ricardo Pereira, *in* "O Direito de Superfície e o Novo Código Civil", Revista Forense, vol 364, págs 263/264.

A concessão do direito real de uso, prevista no Decreto-Lei nº 271, de 28 de fevereiro de 1967, artigo 7º, é o contrato pelo qual se transfere, a título de direito real, a fruição temporária, por prazo certo ou indeterminado, de terreno público ou particular, remuneradamente ou não, para fins específicos de urbanização, industrialização, edificação, cultivo da terra, ou outra utilização de interesse social.

É semelhante ao direito de superfície e, segundo equivocadamente pensam alguns, seria o próprio direito de superfície. Todavia, identifica-se entre os dois institutos um ponto de diferença substancial. É que no direito de superfície ocorre a suspensão ou interrupção dos efeitos da acessão, o que significa dizer que o incremento é propriedade do superficiário, sendo, portanto, hipotecável. Tal não acontece na concessão do direito real de uso. O incremento, na concessão do direito real de uso, não se convola em propriedade separada superficiária, distinta da propriedade do lote que recebe o incremento,

As utilidades deste instrumento podem igualmente ser valiosas, sobretudo em uma política de regularização fundiária, para titulação de áreas de assentamento de populações de baixa renda (favelas, mocambos, palafitas, loteamentos irregulares do ponto de vista dominial), pactuando-se no final do prazo da concessão uma opção de compra, com o que se ensejará a essas populações o acesso á propriedade da terra urbana.

Anotem-se, agora, algumas observações sobre a edificação e o parcelamento compulsórios, contemplados nos artigos 5º, 6º, 7º e 8º do Estatuto da Cidade.

A matriz da edificação e parcelamento compulsórios está no art. 182, §4º, da Constituição Federal, onde se preceitua que é facultado ao Poder Público municipal, mediante lei específica para área incluída no plano diretor, exigir, nos termos da lei federal, do proprietário do solo urbano não edificado, subutilizado ou não utilizado, que promova seu adequado aproveitamento, sob pena, sucessivamente, de

> I – parcelamento ou edificação compulsórios;
>
> II- imposto sobre a propriedade predial e teritorial urbana progressivo no tempo;
>
> III- desapropriação com pagamento mediante títulos da dívida pública de emissão prèviamente aprovada pelo Senado Federal, com prazo de resgate de até dez anos, em parcelas anuais, iguais e sucessivas, assegurados o valor real da indenização e os juros legais.

O primeiro deles é importantíssimo como arma eficaz na repressão à especulação imobiliária. Em determinadas circunstâncias, relativamente a imóveis incluídos na lei de uso do solo urbano, o não-uso deixa de ser manifestação de exercício do domínio. Assim o proprietário pode ser notificado para edificar dentro do prazo estabelecido em lei, sob pena de exacerbação do IPTU, e finalmente de uma desapropriação sanção, a ser paga em títulos públicos, devendo ser deduzidos do preço desta os benefícios hauridos pelo expropriado como resultado da especulação praticada.

É relevante observar que o art. 8 º, do Estatuto da Cidade, fala em preço real da indenização, justificando a dedução dos benefícios hauridos ilegitimamente pelo espe-culador.

O segundo deles, que possibilita o parcelamento compulsório, também pode valer como arma da repressão à especulação, e como fator de induzimento à densificação urbana, onde esse fenômeno seja desejável.

Dentro dessa linha. o Estatuto da Cidade previu também a utilização compusória, o que me parece não padecer de insconstitucionalidade, pois a extensão está claramente no âmbito da finalidade do texto constitucional.

Outro instrumento a ser considerado é o direito de preempção, que consiste no direito de preferência que o município passa a ter, relativamente a imóveis em determinadas áreas definidas na lei de uso do solo urbano, na aquisição de imóvel urbano, objeto de transação entre particulares. (Arts 25/27 do Estatuto da Cidade).

A concepção é urbanisticamente válida. O município sabe da tendência e vocação da expansão urbana em determinado sentido, e assim passa desde logo a adquirir imóveis quando em negociação entre particulares, em condições mais vantajosas do que faria se já consumada naquela área a expansão prevista, através da expropriação.

Tenha-se presente agora a operação interligada. Constitui ela a alteração pelo Poder Público, nos limites e na forma definidos em lei, de determinados parâmetros urbanísticos, mediante contrapartida dos interessados, igualmente definida em lei.

Essa contrapartida poderá assumir a forma de (a) recursos para fundo municipal de desenvolvimento; (b) obras de infraestrutura urbana; (c) terrenos e habitações destinados a populações de baixa renda; (d) recuperação do meio ambiente ou do patrimônio cultural.

A operação interligada, desde que criteriosamente aplicada, pode trazer benefícios urbanísticos e ambientais à comunidade.

Outro instituto a ser considerado é a urbanização consorciada (arts 32/34 do Estatuto da Cidade).

É uma forma de empreendimento conjunto da iniciativa privada e dos poderes públicos, sob a coordenação desses últimos, visando à integração e à divisão de competência e recursos para a execução de projetos comuns.

Pode consubstanciar interessante forma de parceria entre a iniciativa privada e o Poder Público, com vistas à implementação de projetos urbanísticos.

Instrumento de considerável utilidade é o imposto progressivo sobre a propriedade urbana, que pode ser interessante forma de indução à atividade de construção, quando seja ela de interesse para a comunidade.

Ponha-se, em tela, o solo criado.

Cria-se solo quando se gera área adicional de piso artificial, não apoiada diretamente sobre o solo natural.

Cria solo quem cria piso artificial.

Urbanisticamente a ideia do solo criado pressupõe a adoção de um coeficiente único de aproveitamento do solo em determinada municipalidade ("plafond légal de densité").

Partindo-se dessa premissa, pode alcançar-se a noção stricto sensu de solo criado, quando se terá que solo criado é o excesso de construção, superior ao limite estabelecido pela aplicação do coeficiente único de aproveitamento.

Todo aproveitamento de terreno no subsolo, no solo e no espaço aéreo, implicando criação de solo (piso artificial além do limite), desde que consentida pelas condições peculiares do solo municipal, consubstanciará para o beneficiário obrigação de dar à comunidade uma contraprestação pelo excesso de construção, que geralmente determina uma sobrecarga sobre o equipamento urbano, implantado e operado a expensas de todos.

Essa contraprestação – onerando o beneficiário do solo criado – deverá preferencialmente ser representada pela cessão à comunidade de área correspondente ao excesso artificial gerado, para que ali se criem áreas verdes, se instalem equipamentos comunitários, se instituam praças, escolas, parques e módulos de lazer, etc...

Essa a versão urbanística do solo criado, em que o criador do solo artificial compensa a coletividade, pelo plus que consentidamente pratica, com a cessão de espaço correspondente em favor do grupo social.

Se, nas condições locais, for impossível a compensação em espaço comunitariamente útil, poder-se-á tolerar a versão financeira do solo criado (solução adotada no Código de Urbanismo francês), pela qual o criador do solo verteria à comunidade certa importância em dinheiro.

Essa foi a solução adotada pelo Estatuto da Cidade.

Para os titulares de imóvel tombado, com índice de ocupação do lote inferior ao coeficiente único, se admitiria a cessão do direito de construir correspondente ao solo de impossível utilização em razão da existência do tombamento.

Embora sofisticado e exigindo manipulação registrária muito apurada, o instituto do solo criado pode apresentar-se como instrumento útil, sendo forma de controle do adensamento urbano, da utilização desordenada de lotes sem atenção aos equipamentos urbanos subjacentes, e, finalmente, pode constituir-se em meio razoável de volta de áreas ao Poder Público, sem a necessidade de vultosas expropriações (no caso do solo criado, em sua versão urbanística), inclusive para o estabelecimento de áreas verdes e implantação de equipamentos comunitários).

Partindo-se da concepção do solo criado, imagina-se a instituição da possibilidade jurídica da transferência do direito de construir.

Dirijamos nossa atenção, ainda, para o usucapião especial urbano (art. 9º/14 do Estatuto da Cidade)

Por força desse instituto, aquele que possuir como sua área urbana até determinada extensão fixada em lei, por determinado prazo, ininterruptamente e sem oposição, utilizando-a para sua moradia ou de sua família, adquirir-lhe-á o domínio, desde que não seja proprietário de outro imóvel urbano ou rural.

Esse é um valioso instrumento a ser utilizado em uma política de regularização fundiária em que estejam assentadas populações de baixa renda (favelas, mocambos, palafitas, loteamentos irregulares), ao lado de outros instrumentos como, por exemplo, a concessão do direito real de uso, com cláusula de opção de compra.

O procedimento destinado a obter a declaração do domínio pela via do usucapião especial urbano, seja o individual ou coletivo, deve ser simplificado na sua forma, e aberto a soluções alternativas, adotadas ao longo mesmo do processo.

Para facilitar a consumação dos processos de usucapião seriam necessárias algumas flexibilizações a serem introduzidas na legislação federal competente, como, por exemplo, eliminar a necessidade de citação dos confinantes, eliminar a necessidade de plantas elaboradas por arquitetos ou engenheiros – que seriam substituídas por simples configurações do local elaboradas pelos próprios interessados, e , se contestadas, veridicadas pelo próprio julgador em inspeção pessoal, e adoção de fórmula jurídica permitindo que os locatários das moradias pudessem, no bojo do mesmo processo, adquirir também o domínio, pois de outra maneira a eles não se poderia conceder o benefício, por isso que locatário não pode usucapir. Afirma-se que, na favela da Rocinha, no Rio de Janeiro, 30% das moradias são objeto de locação. Essa fórmula já foi por nós sugerida no Anexo II, do livro de nossa autoria Elementos de Direito Urbanístico, ed. Renovar 1997, págs. 385/9, onde concebemos um ante-projeto, insituindo o usucapião especial urbano, a legitimação da posse comunitária e dando outras providências.

Outro tópico relevante, regulado no Estatuto da Cidade, é o pertinente à Gestão Democrática da Cidade. No seu Capítulo IV, o Estatuto da Cidade cuida desse importantíssimo instrumento, que não pode ser esquecido, sob pena de com ele acontecer o que ocorreu com o Estatuto da Terra.

O Estatuto da Terra trazia disposições relevantes que, se aplicadas, poderiam ter significado um relevante passo para uma verdadeira Reforma Agrária neste país. Todavia, a falta de vontade política determinou praticamente o seu esquecimento, dando origem ao aparecimento de um dos mais importantes movimentos sociais ocorridos em nosso país, que é o Movimento dos Sem Terra (MST), como tal considerado pelo eminente e saudoso Celso Furtado.

O mesmo fenômeno pode ocorrer com o Estatuto da Cidade, se não houver a vontade política de implementá-lo e torná-lo realidade. Pela demora e pelo vagar na busca de soluções concretas para a Reforma Urbana, sobretudo no segmento da regularização fundiária das áreas de assentamento das populações carentes, acompanhada de medidas ligadas à urbanização dessas áreas, o Estatuto das Cidades corre o risco de sofrer a mesma crise de eficácia que debilitou o Estatuto da Terra.

Em centros urbanos relevantes, como, por exemplo, a Cidade de São Paulo, já ocorre a ocupação de prédios urbanos pelos sem teto. Há poucos dias, ocorreu a ocupação de um prédio do INSS, que estava desocupado, localizado na Cinelândia, ponto central e privilegiado da Cidade do Rio de Janeiro. Por enquanto, as ocupações têm acontecido em prédios públicos, mas, se as providências efetivas não chegarem ao ponto de uma efetiva solução para a crise de moradia, as ocupações poderão passar a se dar também com relação aos prédios particulares, o que será a proximidade do caos.

Já é uma realidade, em vários pontos do país, a existência dos movimentos dos sem teto.

Por força dessas razões é muito importante que as diretrizes do Estatuto da Cidade se tornem realidade, não só em termos de qualidade de vida para as classes abastadas, mas em termos de atendimento efetivo do direito de moradia digna e saudável para todos, como expressão mínima de cidadania, o que aliás decorre dos princípios republicanos fundamentais, consagrando a dignidade da pessoa humana, a erradicação da pobreza, da marginalização e da redução das desigualdades sociais, promovendo-se o bem de todos, sem preconceitos de raça, sexo, cor, idade e quaisquer outras formas de discriminação.

Com vistas ao atingimento dessas metas ressalta, com prioridade, a gestão democrática das Cidades por meio da participação da população e de associações representativas dos vários segmentos da comunidade na formulação, execução e acompanhamento de planos, programas e projetos de desenvolvimento urbano (Art. 2º, II, do Estatuto da Cidade).

Isso significa, nada mais nada menos, que o cumprimento de obrigação que já pesa sobre os ombros dos organismos gestores das regiões metropolitanas e aglomerações urbanas, que, em suas iniciativas, devem incluir obrigatória e significativamente a participação da população e das associações representativas dos vários segmentos da comunidade, de modo a garantir o controle direto de suas atividades e o pleno exercício da cidadania. (Art. 45, do Estatuto da Cidade)

A gestão democrática da cidade está contemplada no art. 43 do Estatuto da Cidade, nos seguintes termos:

> "Art. 43. Para garantir a gestão democrática da cidade, deverão ser utilizados, entre outros, os seguintes instrumentos:
>
> I – órgãos colegiados de política urbana, nos níveis nacional, estadual e municipal;
>
> II – debates, audiências e consultas públicas;
>
> III – conferências sobre assuntos de interesse urbano, nos níveis nacional, estadual e municipal;
>
> IV – iniciativa popular de projeto de lei e de planos, programas e projetos de desenvolvimento urbano."

O art. 43 dispunha de um inciso V que arrolava entre os instrumentos relativos à gestão democrática da cidade o "referendo popular e o plebiscito". A norma foi vetada pelo Presidente Fernando Henrique.

A razão de ser do veto foi a de que a Lei nº 9709, de 18 de novembro de 1998, já prevê a utilização genérica do referendo popular e do plebiscito, não sendo de boa técnica legislativa prever especificamente estes instrumentos na deterrminação da política urbana municipal.

O art. 44, do Estatuto da Cidade prevê que, no âmbito municipal, a gestão orçamentária participativa de que trata a alínea "f" do Inciso III do art. 4º desta lei incluirá a realização de debates, audiências e consultas públicas sobre as propostas do plano plurianual, da lei de diretrizes orçamentárias e do orçamento anual, como condição obrigatória para sua aprovação pela Câmara Municipal.

Da Regularização Fundiária

No processo de ordenação do espaço urbano, especial atenção é de ser dirigida a uma política de regularização fundiária destinada à titulação das áreas de assentamento das favelas, mocambos, palafitas e loteamentos irregulares, intensamente articulada com uma política de urbanização e saneamento dessas áreas.

É relevantíssima, não só do ponto de vista urbanístico, como do ponto de vista do meio ambiente, a questão da regularização fundiária, que não deve limitar-se à outorga de títulos de propriedade, mas também cuida dos aspectos gerais da urbanização, sobretudo transporte e saneamento básico. É o que a eminente arquiteta Profª Raquel Rolnick denomina de Regularização Fundiária Plena.

Nos últimos meses de 2005, começou a transitar pela mídia, uma estranha campanha que insistia vivamente na necessidade da adoção de uma política de remoção das favelas, o que significa regredir á época dos anos 60, em que se realizaram remoções, pelo menos na Cidade do Rio de Janeiro, com efeitos sociais os mais desastrosos.

Basta recordar a remoção da Favela da Catacumba, que era situada nas margens da Lagoa Rodrigo de Freitas. Dúvida não pode haver quanto ao fato de que essa remoção se fez para que pudessem ser efetivadas, nos arredores, as suntuosas incorporações de vários edifícios residenciais de altíssimo luxo, a serem ocupados pela alta classe média. No local, propriamente dito, instalou-se um parque, com algumas estátuas, que seguramente recebe a visita de pouquíssimos cidadãos.

Pois bem. As autoridades da época, pelo menos com a comiseração de terem retirado, antecedentemente, as famílias que habitavam o local, mandaram atear fogo na favela. Trata-se da favela da Catacumba, que ficava à margem da Lagoa Rodrigo de Freitas. Os ocupantes foram removidos para Santa Cruz, Antares e outros locais longínquos, obrigados, se possível fosse, a valer-se de duas ou três onerosas viagens de ônibus para regressar aos seus locais de trabalho.

Qual a conseqüência dessa remoção? As mães de família, que eram cozinheiras, copeiras, faxineiras, babás, nos bairos de Ipanema e Copacabana foram obrigadas a deixar seus trabalhos, indo com filhas e filhos, para as aludidas distantes localidades. Os pais de família, na grande maioria trabalhadores da construção civil nos bairros próximos, não puderam acompanhar suas famílias, separando-se delas, e passando a dormir nos canteiros de obras em que serviam.Houve a separação dos casais, ficando as mulheres desprovidas do apoio material que lhes davam seus maridos ou companheiros, e com o orçamento combalido, viram a prostituição de suas filhas de 9 a 12 anos, que assim contribuíam para a manutenção da mãe e irmãos. As conseqüências sociais e morais foram as piores possíveis.

A remoção de favelas é providência a que evidentemente só se pode recorrer em condições excepcionalíssimas, quando haja perigo de vida para os próprios moradores, sendo certo que, diante de situações consolidadas, nem os imperativos ambientais mais fortes devem prevalecer. E a remoção, sempre excepcionalíssima, deve dar-se para locais próximos ao inicialmente ocupado.

Há que sopesar os princípios, sendo de considerar que

> hoje o direito a moradia, nos termos do artigo 6º, da Constituição Federal, é um direito fundamental.

Nos primeiros meses de gestão do atual Governo Federal, fomos convidados pelo Exmo Senhor Ministro da Justiça, Márcio Tomás Bastos, para uma reunião em Brasília, da qual participaram também representantes do então recentemente instalado Ministério das Cidades, pelo qual falava a eminente arquiteta Raquel Rolnik, responsável pela política de Regularização Fundiária daquele recém constituído Ministério, e também executivos do Banco Nacional de Desenvolvimento (BNDES). Ali, tivemos ocasião de entregar ao Senhor Ministro um *paper*, no qual deduzíamos, com brevidade, nossas ideias sobre a relevante questão, que agora passamos a transcrever:

> "1. Afigura-se-nos importante que as autoridades competentes implementem a regularização dos assentamentos ocorridos em bens públicos 9º (de uso comum e dominicais), bem como ponham em prática uma política de induzimento de igual orientação relativamente aos bens particulares.
>
> 2. Impõe-se, como providência inicial, um **mapeamento fundiário do país**, identificando as áreas em que ocorrem os assentamentos mencionados e indicando as áreas públicas, (federais, estaduais e municipais) e as áreas particulares.
>
> 3. Quanto às áreas públicas, a solução que nos parece mais adequada seria aquela realizada através da CONCESSÃO (gratuita) DE USO ESPECIAL PARA FINS DE MORADIA, prevista nos arts. 1º e 2º, da Medida Provisória nº 2 220, de 4/09/01, sob a forma individual ou coletiva, dependendo das circunstâncias concretas da área titulada.
>
> 4. No concernente aos espaços de propriedade dos Estados e Municípios, a União realizaria entendimentos com as respectivas entidades, induzindo-as à adoção da mesma solução, desde que de interesse delas.
>
> 5. A formulação dos respectivos contratos acompanharia os requisitos e condições que estão presentes na referida medida provisória, alcançando, inclusive, aqueles espaços em que o concessionário esteja exercendo alguma forma de mercancia.
>
> 6. Considerando que, através da dita concessão, o beneficiário recebe do poder público a posse do espaço ocupado (o que não deixa de ser uma titulação) os contratos poderiam contemplar uma cláusula final, por força da qual, depois de certo prazo, poderiam eles fazer uma opção de aquisição do domínio, através da qual o ocupante se tornaria proprietário da área ocupada.
>
> 7. Quanto aos espaços de dominialidade particular, considerando a idade dos assentamentos, a solução que se afiguraria como mais propícia seria a

adoção do USUCAPIÃO DE IMÓVEL URBANO, seja sob a forma individual ou coletiva, conforme o caso, contempladas nos artigos 9º e 10º do Estatuto da Cidade.

Ocorrem, contudo, algumas dificuldades de ordem processual, que, a par do andamento demasiadamente lento das ações de usucapião na Justiça, agravam o desenvolvimento delas, tais como a exigência do Código de Processo Civil da citação dos confinantes e a necessidade de plantas formalizadas, instruindo os pedidos.

Além disso, nas favelas e demais áreas ocupadas, inúmeras são as moradias que são objeto de locação, sendo certo que dogmaticamente não é juridicamente possível reconhecer usucapião em favor de locatário. Como o princípio seria o de que não seria possível declarar o usucapião referentemente a mais de uma moradia em favor de uma só pessoa, essa pessoa para ter declarado o usucapião em seu favor necessariamente teria de ceder a sua posse aos seus locatários, que assim teriam posse *ad usucapionem* suficiente para usucapir.

Se de toda a forma não fosse possível essa solução, inclusive pela negativa de cessão da posse, o Juiz poderia solicitar aos locatários a mudança do pedido inicial da ação de usucapião para pretensão de legitimação da posse, que se convolaria em domínio se, dentro de certo prazo, não surgisse alguém com domínio evidente sobre o espaço em questão. Tal solução implica em alteração do Código de Processo Civil.

Às páginas 385/389, de nosso livro "Elementos de Direito Urbanístico", Editora Renovar, 1997, apresentamos ante-projeto procurando simplificar as normas processuais relativas ao usucapião de imóvel urbano e dispondo sobre a legitimação da posse convolável em domínio.

Acrescentaríamos, agora, um dispositivo ao mencionado ante-projeto, estatuindo a gratuidade de todos os atos registrários decorrentes da aplicação das normas propostas.

A colaboração que a União Federal poderia oferecer nessa matéria relativa ao usucapião de bens particulares, como instrumento de uma política de regularização fundiária, seria a de apresentar um projeto de lei ao Congresso Nacional, no sentido das idéias acima preconizadas.

8. Urge considerar um ponto. A política de titulação dos ditos espaços urbanos deveria ser precedida por uma política de urbanização dos mesmos, em que os demais aspectos urbanísticos, como arruamento, saneamento, etc. seriam implementados? Parece-nos que sim, por isso que dita urbanização poderia eventualmente alterar os contornos e limites das áreas de assentamento a serem tituladas.

9. Finalmente, talvez fosse conveniente pensar-se em uma emenda constitucional em que se estabelecesse um período de CARÊNCIA FISCAL, de três ou cinco anos, contados a partir do início da política de urbanização e do registro imobiliário da titulação, em que fossem dispensados dos impostos os beneficiários da política de urbanização e titulação, tais como IPTU, ICM sobre materiais de construção, imposto de transmissão imobiliária, etc...

Essas as observações que me ocorrem, preliminarmente, sobre a questão da titulação das áreas urbanas em que está assentada a população de baixa renda".

Conclusão

Como se vê, a existência de uma política pública, voltada para a solução da questão urbano- ambiental, sobretudo para a difícil questão da regularização fundiária, é de fundamental importância para a observância dos princípios republicanos pertinentes ao reconhecimento da cidadania de toda a comunidade, à dignidade da pessoa humana, à erradicação da pobreza, eliminação da marginalidade e das desigualdades sociais, à promoção do bem de todos, sem preconceitos de qualquer natureza, e à construção de uma sociedade livre justa e solidária.

Nossa proposta é a adoção efetiva dessa política pública.

Importa ter em consideração que a função do Direito contemporaneamente é não apenas a de servir de instrumento para a solução de conflitos interindividuais. A grande função do Direito é a da transformação social, garantindo-se a todos o mínimo necessário a uma vida digna e justa.

Estranhamentos e Perplexidades Diante do Direito Real de Laje, Introduzido Pela Lei nº 13.465/2017

Cláudia Franco Corrêa
Bárbara Gomes Lupetti Baptista

1. Introdução: uma justa homenagem

É com uma complexa fusão, dos mais diversos sentimentos, que vão ao extremos, entre alegria e tristeza, que escrevemos, a quatro mãos, este texto em homenagem a um dos maiores nomes do Direito Civil e, mais especificamente, do Direito Imobiliário no Brasil.

O Professor Sylvio Capanema de Souza, vitimado pela Covid-19, em 20/06/2020, como poucos, contados, talvez, nos dedos de apenas uma de nossas quatro mãos, pesquisou, estudou e pensou as transformações do Direito Imobiliário e seus novos modelos, de forma exemplar.

Fomos, ambas, alunas do mestre, um dos maiores professores e oradores do Direito Brasileiro, que uniu, como ninguém, magistério, advocacia e magistratura.

É com pesar, saudades e imensa admiração e respeito, que pensamos e construímos esse artigo, que, a propósito, trata de um tema também tratado pelo nosso Professor: o direito de laje, sobre o qual vinha se dedicando em suas palestras derradeiras.

Este texto, desde uma perspectiva interdisciplinar, dialogando entre o direito e as ciências sociais, problematiza a introdução dessa supostamente nova categoria de direito real, o "direito de laje", introduzido no sistema normativo brasileiro através da Lei nº 13.465/2017.

2. A problematização que nos mobilizou a escrever sobre o "direito de laje"

Como cediço, a Lei pretende estabelecer um novo regime jurídico para a regularização fundiária urbana no Brasil.

No entanto, trata-se de iniciativa que merece reflexões e críticas, não apenas porque editada, a princípio, através de Medida Provisória, assim como porque pretende, em seu discurso, regular o direito de laje praticado nos conglomerados habitacionais urbanos, conhecidos como "favelas", sem considerar, entretanto, as suas especificidades, prevendo procedimentos que são incondizentes com a realidade desses espaços e que não parecem ser capazes de efetivar e assegurar aos cidadãos o direito social de moradia digna de que carecem.

A Lei, como mencionado, teve sua origem na Medida Provisória nº 759, publicada em 2016, que trata sobre "regularização fundiária rural e urbana, sobre a liquidação de créditos concedidos aos assentados da reforma agrária e sobre a regularização fundiária no âmbito da Amazônia Legal, institui mecanismos para aprimorar a eficiência dos procedimentos de alienação de imóveis da União, e dá outras providências".

Basicamente, cuida de regularizações fundiárias rural (arts. 2º ao 8º) e urbana (arts. 9º ao 82), abrangendo imóveis públicos e privados, com inclusão dos da União (arts. 83 ao 97).

Especificamente, nos interessa problematizar a previsão do chamado "direito de laje", inserido, neste contexto, como direito real, no artigo 1225, XIII do Código Civil brasileiro.

A medida provisória, convertida em Lei, dentre outras providências, acrescentou ao Código Civil o artigo 1510-A, que alça o direito de laje (exercido corriqueiramente nas favelas brasileiras, especialmente nas cariocas) à categoria de um novo "direito real".

Apenas para contextualizar, como sabido, o "direito de laje" está relacionado à ideia de verticalização das moradias, e ocorre quando um morador primitivo vende à outra pessoa o "direito" de construir moradia sobre a laje de sua casa.

Até então, esse "direito de laje" sempre operou extrajudicialmente, especialmente nas favelas cariocas, há mais de dez anos, como descrito, desde 2012, na tese de doutorado de Cláudia Franco Corrêa (CORRÊA, 2012), mas, legalmente, foi reconhecido de modo singular pela Lei nº 13.465/2017.

Em si, a ideia de se reconhecer juridicamente a existência do "direito de laje", a princípio, pareceu-nos louvável, uma vez que se trata da aparente consideração, pelo legislador, de práticas costumeiramente exercidas nas favelas brasileiras, onde as lajes são comercializadas há muito tempo. De modo esperançoso e um tanto romântico, a edição da Lei nº 13.465/2017, nos deu, num primeiro momento, a ideia de que o legislador estaria atualizando as normas jurídicas, direcionando o olhar para a realidade da vida e reconhecendo às pessoas necessitadas, finalmente, a legitimação do seu direito social de acesso à moradia.

Mas, num segundo momento, um estranhamento nos mobilizou; e é essa inquietação inicial, que pretendemos compartilhar nesse singelo texto em homenagem ao querido e já bastante saudoso, Professor Sylvio Capanema.

A questão que nos instigou está relacionada, portanto, a uma outra perspectiva da Lei, que diz respeito à forma como o exercício desse direito de laje foi reconhecido pelo Legislador.

É que a nova Lei, para reconhecer o direito de laje e alçá-lo à categoria de direito real, parece partir do pressuposto de que existe, nas favelas, direito de propriedade formal, o que não há, tendo em vista a própria formatação dessas categorias habitacionais.

Assim, o pressuposto legal para o reconhecimento do direito de laje, deriva de uma lógica que associa esse direito à concepção de "propriedade" tal qual prevista em nosso sistema legislativo civil e constitucional, e que, por óbvio, destoa por completo dos modos de vida e da condição de "ser dono" que constitui as favelas brasileiras.

Nessa linha, a perplexidade que pretendemos compartilhar diz respeito, primeiro, ao fato de o legislador formalizar somente agora, e de forma repentina, como se urgente fosse, já que o fez por Medida Provisória, uma prática, há anos, institucionalizada nas favelas brasileiras, e, segundo, a forma como essa "legalização" se deu, que nos parece contemplar outro "tipo de direito de laje", e, por conseguinte, muito distante da prática e do exercício do direito de laje que vem sendo institucionalizado há anos nas favelas brasileiras.

Nesse escopo, essa supostamente nova modalidade de direito real de laje, parece que trará mais problemas que soluções aos moradores das favelas. E vamos tentar, aqui, explicar os porquês.

3. A MP 759 e a ADIn 5771

Como cediço, o art. 62 da CRFB/88 preceitua que "em caso de *relevância e urgência*, o Presidente da República poderá adotar medidas provisórias, com força de lei, devendo submetê-las de imediato ao Congresso Nacional."

O que justificaria, no caso concreto, a edição de uma Medida Provisória para tratar do direito de laje, alçando-o à categoria de direito real, de forma tão atabalhoada?

Afinal, o reconhecimento das favelas é medida "relevante e urgente" desde sempre.

Por que a edição da MP 759, nos estertores do ano de 2016?

O estranhamento é generalizado. Tanto assim, que, por diferentes razões, de ordem formal e material, a Lei nº 13.465, originada da respectiva medida provisória (MP 753/2016), que ficou conhecida como "Lei da Grilagem", já está sendo questionada através da ADIn 5771 – AÇÃO DIRETA DE INCONSTITUCIONALIDADE/DF, de Relatoria do Ministro LUIZ FUX, tendo, inclusive, parecer da Procuradora-Geral da República, na pessoa de Raquel Dodge, defendendo sua inconstitucionalidade, em 13/09/2019.

4. As ambiguidades e incoerências da nova legislação acerca do direito de laje

A MP 759 é tão polêmica e contraditória, que, ao longo do processo legislativo, recebeu mais de 700 emendas[1], resistência que não foi suficiente para desestimular o sua aprovação.

Dentre algumas novidades trazidas no contexto da Medida Provisória 759, verifica-se a disciplinarização confusa do Direito Real de Laje, que nos interessa discutir neste texto, ao instituir o artigo 1.510-A no Código Civil Brasileiro[2].

Já na edição da MP 759, inúmeras indagações surgiram no meio jurídico sobre o real conteúdo do citado dispositivo legal, que se mantiveram no contexto da Lei nº 13.465 e seu Decreto regulamentador (9.310/2019).

Qual seria sua efetiva *ratio*?

De fato, é difícil compreender o objetivo do legislador, à medida que só pela redação do artigo recém-criado, presume-se uma triste associação de falta de técnica legislativa com a clara ausência de efetividade do comando legal na vida daquelas pessoas que supostamente a norma teria o interesse em atingir, uma vez que, no discurso, a essência normativa era substancialmente dar conta da regularização fundiária de conglomerados habitacionais precários (favelas), mas, com efeito, a medida beneficia grandes proprietários, latifundiários, incorporadoras e interesses internacionais.

---

[1] Disponível em: <https://www.congressonacional.leg.br/materias/medidas-provisorias/-/mpv/127879>. Acesso em 23 jan. 2019.

[2] Art. 1.510-A. O proprietário de uma construção-base poderá ceder a superfície superior ou inferior de sua construção a fim de que o titular da laje mantenha unidade distinta daquela originalmente construída sobre o solo.
1º O direito real de laje contempla o espaço aéreo ou o subsolo de terrenos públicos ou privados, tomados em projeção vertical, como unidade imobiliária autônoma, não contemplando as demais áreas edificadas ou não pertencentes ao proprietário da construção-base.
2º O titular do direito real de laje responderá pelos encargos e tributos que incidirem sobre a sua unidade.
3º Os titulares da laje, unidade imobiliária autônoma constituída em matrícula própria, poderão dela usar, gozar e dispor.
4º A instituição do direito real de laje não implica a atribuição de fração ideal de terreno ao titular da laje ou a participação proporcional em áreas já edificadas.
5º Os Municípios e o Distrito Federal poderão dispor sobre posturas edilícias e urbanísticas associadas ao direito real de laje.
6º O titular da laje poderá ceder a superfície de sua construção para a instituição de um sucessivo direito real de laje, desde que haja autorização expressa dos titulares da construção-base e das demais lajes, respeitadas as posturas edilícias e urbanísticas vigentes.

O objetivo deste texto, entretanto, é mais restrito: refletir apenas sobre o recorte do direito de laje, embora a lei seja de dimensão ampla, uma vez que impacta diretamente em cerca de 30 (trinta) outras Leis, além de modificar o cenário normativo da regularização fundiária no Brasil.

Quanto ao direito de laje, foco primordial do presente artigo, a nova Lei (re)institui o artigo 1.510-A no Código Civil, revelando com um pouco mais de transparência a essência do recém criado Direito real de laje[3].

A letra da lei, ao que tudo indica, revela sua substância superficiária, especificadamente, a sobrelevação.

Ou seja, em vez de tratar o direito de laje como algo *sui generis*, que ele é, e considerar, no sentido de levar a sério, a realidade das favelas brasileiras, o legislador, ao contrário, diante de sua sanha classificatória e de sua incapacidade de reconhecer como existente aquilo que não cabe em seus conceitos prévios, forçou o encaixe do direito de laje em categorias previamente conhecidas em seu campo semântico, mais especificamente do direito civil, identificando-o com o direito de sobrelevação, que ele, de fato, não é.

Na prática cotidiana das favelas brasileiras, vê-se que o direito de laje foi inventado e construído a partir de uma realidade que não tem encaixe prévio nas categorias do direito civil, porque possui requisitos e efeitos próprios, que não se confundem nem com o direito de superfície (art. 1.369 e seguintes do CC/2002), e nem com o direito de propriedade (art. 1.228 CC), como analisaremos pormenorizadamente a posteriori.

Mas, de súbito, como o legislador brasileiro possui a tradição de lidar com institutos novos, que não se encaixam em seus conceitos prévios, nos parece nítida a identificação supramencionada, do direito de laje como direito de sobrelevação, primordialmente quando averiguamos as justificativas dos pareceres legislativos quanto ao direito de laje no contexto do Projeto de Lei de conversão nº 12, de 2017 (proveniente da Medida Provisória nº 759, de 2016).

Nesta conjuntura, damos como exemplo a Emenda nº 049, do Deputado Hugo Leal, do Rio de Janeiro, ao afirmar que o direito real de superfície e de sobrelevação são as nomenclaturas mais corretas ao caso, contudo, o "direito de laje" no Brasil sempre foi o termo mais utilizado[4].

---

3   Art. 1.510-A. O proprietário de uma construção-base poderá ceder a superfície superior ou inferior de sua construção a fim de que o titular da laje mantenha unidade distinta daquela originalmente construída sobre o solo.

4   Disponível em:<https://legis.senado.leg.br/sdleg-getter/documento?dm=5241252&disposition=inline>. Acesso em 23 de jan. 2019.

Tais concepções são corroboradas no Decreto regulamentador de número 9.310/2018, que pormenoriza as disposições gerais e abstratas da Lei nº 13.465/2017.

O dito Decreto regulamentador, de cunho obviamente procedimental, abarca medidas jurídicas, urbanísticas, ambientais e sociais, destinadas à incorporação dos núcleos urbanos informais ao ordenamento territorial urbano e à titulação dos seus ocupantes. Portanto, sua dimensão adjetiva é multiorganizacional, com direcionamento não exclusivo, mas especialmente para núcleos urbanos informais com foco na titulação dos seus ocupantes.

Percebe-se que o objetivo da mencionada lei urbanística está vinculado às dimensões do artigo 9º da Lei nº 13.465/2017, que fixa normas gerais e procedimentos aplicáveis à Regularização Fundiária Urbana – Reurb, a qual abrange medidas jurídicas, urbanísticas, ambientais e sociais destinadas à incorporação dos núcleos urbanos informais ao ordenamento territorial urbano e à titulação de seus ocupantes[5]. Em prol desses objetivos ou em atendimento à sua execução, direciona a Lei nº 13.465/13 para o contexto do artigo 10[6].

---

5   Art. 9º. Ficam instituídas no território nacional normas gerais e procedimentos aplicáveis à Regularização Fundiária Urbana (Reurb), a qual abrange medidas jurídicas, urbanísticas, ambientais e sociais destinadas à incorporação dos núcleos urbanos informais ao ordenamento territorial urbano e à titulação de seus ocupantes.

6   Art. 10. Constituem objetivos da Reurb, a serem observados pela União, Estados, Distrito Federal e Municípios:
I – identificar os núcleos urbanos informais que devam ser regularizados, organizá-los e assegurar a prestação de serviços públicos aos seus ocupantes, de modo a melhorar as condições urbanísticas e ambientais em relação à situação de ocupação informal anterior;
II – criar unidades imobiliárias compatíveis com o ordenamento territorial urbano e constituir sobre elas direitos reais em favor dos seus ocupantes;
III – ampliar o acesso à terra urbanizada pela população de baixa renda, de modo a priorizar a permanência dos ocupantes nos próprios núcleos urbanos informais regularizados;
IV – promover a integração social e a geração de emprego e renda;
V – estimular a resolução extrajudicial de conflitos, em reforço à consensualidade e à cooperação entre Estado e sociedade;
VI – garantir o direito social à moradia digna e às condições de vida adequadas;
VII – garantir a efetivação da função social da propriedade;
VIII – ordenar o pleno desenvolvimento das funções sociais da cidade e garantir o bem-estar de seus habitantes;
IX – concretizar o princípio constitucional da eficiência na ocupação e no uso do solo;
X – prevenir e desestimular a formação de novos núcleos urbanos informais;
XI – conceder direitos reais, preferencialmente em nome da mulher;
XII – franquear participação dos interessados nas etapas do processo de regularização fundiária.

Para a execução dos objetivos traçados na norma urbanística, contemplam-se duas espécies de Reurb: (1) Reurb de Interesse Social (Reurb-S); (2) Reurb de Interesse Específico (Reurb-E).

Caberá ao artigo 13 esclarecer o conteúdo das modalidades de regularização, compreendendo a Reurb-S como a regularização fundiária aplicável aos núcleos urbanos informais ocupados predominantemente por população de baixa renda, assim declarados em ato do Poder Executivo municipal; já a Reurb-E, conceituada como a regularização fundiária aplicável aos núcleos urbanos informais ocupados por população não qualificada, na hipótese de que trata o inciso I deste artigo[7].

No decreto nº 9.310/2018 se mantém a mesma textualidade conceitual quanto às espécies de Reurbs[8].

Relevante destacar, nesse contexto, que o direito real de laje está inserido no enredo da Reurb e objetiva, primordialmente, a regularização do imóvel com olhar precípuo na titulação; logo, o direcionamento consequente será o registro imobiliário, com matrícula própria, de modo a convergir adequadamente no arquétipo dos direitos reais, onde ele foi inserido, e como se estabelece no princípio da taxatividade[9].

Para uma correta análise crítica do direito real de laje e suas implicações, analisaremos a proposição jurídico-urbanística dinamizada no texto legal, priorizando os artigos 58 e seguintes do decreto nº 9.310/2018, mais especificamente quanto ao assunto, objeto primordial do presente artigo.

O caput do artigo 58 do citado Decreto regulamentador observa que o proprietário de uma construção-base poderá ceder a superfície superior ou inferior de sua construção a fim de que o titular da laje mantenha unidade distinta daquela originalmente construída sobre o solo, como se lê: "Art. 58. O proprietário de uma construção-base poderá ceder a superfície superior

---

[7] Art. 13. A Reurb compreende duas modalidades: I – Reurb de Interesse Social (Reurb-S) – regularização fundiária aplicável aos núcleos urbanos informais ocupados predominantemente por população de baixa renda, assim declarados em ato do Poder Executivo municipal; e II – Reurb de Interesse Específico (Reurb-E) – regularização fundiária aplicável aos núcleos urbanos informais ocupados por população não qualificada na hipótese de que trata o inciso I deste artigo.

[8] Art. 5º. A Reurb compreende duas modalidades: I – Reurb-S – regularização fundiária aplicável aos núcleos urbanos informais ocupados predominantemente por população de baixa renda, assim declarados em ato do Poder Público municipal ou distrital; e II – Reurb-E – regularização fundiária aplicável aos núcleos urbanos informais ocupados por população não qualificada na hipótese de que trata o inciso I.

[9] Marco Aurélio Bezerra de Melo (2015, p. 7) observa que, na tradição do direito brasileiro, o número de direitos reais é taxativo, isto é, a sua existência depende de reserva legal (numerus clausus).

ou inferior de sua construção a fim de que o titular da laje mantenha unidade distinta daquela originalmente construída sobre o solo.".

Nota-se que o texto da lei, a despeito de não conceituar ou definir muito bem o instituto que se pretende tutelar, se socorre de uma dimensão adjetiva, na medida em que estabelece a atuação do "proprietário de uma construção", denominada de "base", em cedê-la, para cima ou para baixo de sua construção, de modo que o cessionário mantenha uma unidade distinta daquela que lhe tenha sido cedida.

Não se trata, portanto, por óbvio, de uma "propriedade" sobre a laje, pois, se direito de propriedade o fosse, o direito exercido seria "na coisa própria', abrangendo inclusive o solo, o que não se dá na hipótese em comento, que não descarta a conceituação de um direito real autônomo, como veremos.

Também não se trata de condomínio horizontal, embora com ele se pareça, já que o adquirente da laje torna-se proprietário de unidade autônoma consistente de construção erigida sobre acessão alheia. Porém, por expressa disposição legal, conforme preceitua o § 4º do já citado artigo 58, o direito de laje não se confunde com a ideia de condomínio, dizendo, a norma, que a instituição do direito real de laje não implica a atribuição de fração ideal de terreno ao titular da laje ou a participação proporcional em áreas já edificadas, e assim o diz: "§ 4º A instituição do direito real de laje não implica a atribuição de fração ideal de terreno ao titular da laje ou a participação proporcional em áreas já edificadas."

Por não se tratar de direito de propriedade, a unidade imobiliária da laje deve se ater a uma condição autônoma, estando isolada da construção original, configurando célula habitacional distinta. Neste aspecto, ressalta-se, outrossim, que, na atual dogmática jurídica, encontramos alguma controvérsia quanto a autonomia do "novo" direito de laje, inclassificável, em relação à sua natureza jurídica.

Seria, a laje, um direito real sobre coisa própria ou sobre coisa alheia?

Na dogmática jurídica brasileira encontramos adeptos para todos os lados. Há robustos argumentos que embasam posicionamentos tanto para a autonomia do direito, como para seu aspecto de acessoriedade. Contudo, percebemos que tal debate, ainda que frutuoso na esfera acadêmica, acaba por se esvaziar de conteúdo prático.

De nossa parte, se tal direito fosse estruturado com base em aspectos mais próximos à sua gênese, pareceria mais acertado reconhecer sua natureza autônoma, e, portanto, sua identificação como um direito real sobre coisa própria. Em outras palavras, se o legislador tivesse instituído o direito real de laje tal qual ele é empiricamente encontrado nas formatações habitacionais favelares, simpaticamente denominado de "puxadinhos", a sua categorização adequada seria de direito real sobre coisa própria.

No entanto, diante do cenário legal existente, esse reconhecimento não pode prescindir da necessidade, imposta pela lei, do direito de propriedade como fato gerador, uma vez que será o titular de direito de propriedade que concederá ao lajeiro[10] o direito, a título gratuito ou oneroso, de edificar sobre ou sob sua construção ou solo.

E eis aqui mais uma questão interessante, advinda da realidade, e desconsiderada pela Lei: não existe a categoria "proprietário" nas favelas brasileiras. Portanto, essa premissa não pode estruturar a categorização do direito de laje, porque ela é descontextualizada da realidade das favelas brasileiras, nas quais o significado e a representação da ideia de "propriedade" não tem correspondência com a conceituação imposta pelo Código Civil.

Neste sentir, Marcos Aurélio Bezerra de Melo (2018, p. 375) adverte: "O direito real de laje na forma como veio positivado pela Lei nº 13.465/2017 (art. 1510-A e ss., CC) pode não atingir com eficiência esperada os fins da demanda por regularização fundiária das habitações construídas sobre imóveis alheios nos assentamentos humanos informais.".

A ideia de "ser dono" de um imóvel em uma favela se distingue absolutamente da categoria "propriedade plena" imposta, de forma uniformizadora, por nosso Código Civil. Nas favelas, existe direito de construir.

Ou seja, o vendedor da laje não é proprietário.

E o adquirente, tampouco o será, porque a categoria "propriedade" é insuficiente e não se encaixa na realidade das favelas brasileiras, nas quais, no geral, não existe detentores de título de propriedade, constituído por matrícula em Registro de Imóveis.

Corrêa (2012) em trabalho específico sobre o direito de laje encontrado em favelas cariocas, problematiza justamente esta questão, desde uma perspectiva empírica.

Outra perplexidade normativa, nessa mesma linha, decorre justamente da iniciativa do § 3º do artigo 58, ao determinar que o Direito de laje terá matrícula imobiliária própria[11], podendo seu titular usar, gozar e dispor. Ora, as dimensões práticas do mundo do dever-ser nem sempre estão condicionadas ou tem qualquer relação com o mundo do ser, da realidade. E esta é

---

10   Preferimos denominar o titular do direito real de laje, como lajeiro.

11   A matrícula é o ato cartorário que individualiza o imóvel, identificando-o por meio de sua correta localização e descrição. É na matrícula do imóvel que são lançados o registro e averbação, mostrando o real situação jurídica do imóvel. Lei nº 6.015/73 - Lei de registros Públicos.

justamente uma das principais problemáticas [e pano de fundo] apresentadas no presente artigo, qual seja, pensarmos sobre qual é a efetividade do direito real de laje da lei, na regularização fundiária de imóveis localizados na vida real, nas favelas e periferias do nosso País?

Tal pergunta nos parece apropriada, na medida em que os moradores de favelas deveriam ser os beneficiados diretos e imediatos da Lei em análise [pelo menos, foi assim que o discurso se apresentou], uma vez que, desprovidos do acesso a uma moradia juridicamente regular, ficam igualmente desprovidos de tantos outros direitos sucedâneos, como por exemplo, o de ter um endereço legal.

Mas, o legislador parece, mais uma vez, tratar normativamente o problema, descuidando-se dos limites e possibilidades restritas que a realidade oferece.

Pergunta-se, portanto: qual a natureza do direito real de laje? Qual a sua relação com as moradias e negócios realizados nas favelas brasileiras? Como esse direito, de laje, se efetiva? Ele é apto a regularizar fundiariamente os imóveis de milhões de brasileiros que vivem em favelas e periferias?

Parece-nos que não.

Mais uma vez, trata-se da norma de forma abstrata e descontextualizada da realidade da vida.

O que ocorre, de novo, no plano infraconstitucional, é a tentativa de trazer para esfera da formalidade legal, uma prática institucionalizada em centenas de favelas brasileiras, de posse de espaço aéreo, ou melhor, de um destacamento da posse aérea em relação ao apossamento do espaço do solo, constituindo um direito transmissível à título oneroso ou gratuito em conglomerados habitacionais conhecidos como "favela", sem, no entanto, adequar a Lei à realidade (CORREA, 2012).

Exigir que o vendedor da laje seja proprietário; ou que a alienação seja objeto de registro imobiliário; ou o pagamento de "encargos e tributos" por parte do titular do direito real de laje (art. 1.510-A, §4º); ou mesmo, como no §6º da Lei, que o titular da laje poderá ceder a superfície de sua construção para a instituição de um sucessivo direito real de laje, "desde que haja autorização expressa dos titulares da construção-base e das demais lajes, respeitadas as posturas edilícias e urbanísticas vigentes", é desconhecer completamente o modo de vida das favelas brasileiras e a realidade do cotidiano de venda de lajes e de negócios que são feitos de modo formal, porém distinto do modo como prevê a Lei de Registros Públicos e o CC/2002, porque, simplesmente, as favelas são, em si, por natureza, conglomerados urbanos com consistente elemento informal.

O direito de laje, como cediço, surge de modo informal, nas favelas, através de ocupações irregulares que não possuem e jamais possuíram qualquer chance de assento registral imobiliário, afastando-se, totalmente, das premissas trazidas pelo artigo 1510-A.

Ao fim e ao cabo, o que a lei realmente parece ter positivado foi expressamente o direito de sobrelevação, uma das manifestações do Direito de superfície ou uma sobrelevação atípica, como afirma Marco Aurélio Bezerra de Melo (2015, p. 371).

A lei assenta a aplicação do direito real de laje a partir do "direito de propriedade" [que não tem respaldo na realidade das favelas], uma vez que supõe que o respectivo direito de laje se constituirá como unidade autônoma em relação ao dono do prédio sobre o qual é assentada a construção; partindo claramente do pressuposto de que o proprietário do prédio concede ao lajeiro a permissão de construir sobre seu imóvel, constituindo um direito real diferente do direito dominial, uma vez que afasta a aplicação da incorporação imobiliária.

Ou seja, a lei trabalha com significados que não se enquadram na realidade das favelas e, com isso, acaba explicitando a sua verdadeira *ratio*, que não parece ser, propriamente, como se esperava, a de conceder dignidade aos cidadãos brasileiros que habitam as favelas e lhes assegurar o direito social à moradia digna.

O direito de superfície pode ser concebido como um desdobramento do direito de propriedade, segundo o disposto no artigo 1.369 do Código Civil Brasileiro[12] e na Lei n° 10.257/01 (Estatuto da Cidade), artigos 21 a 24[13]. Lira (1997, p. 14) definiu-o da seguinte maneira: "É o direito real autônomo, temporário ou perpétuo, de fazer e manter construção ou plantação sobre ou sob terreno alheio; é a propriedade – separada do solo – dessa construção ou plantação, bem como é a propriedade decorrente da aquisição feita ao dono do solo de construção ou plantação nele já existente.".

Como sabido, há o afastamento do princípio jurídico *omne quod solo inaedificatur, vel implantur solo cedit* (tudo o que se edifica ou planta, adere ao solo), também denominado de acessão[14].

---

12 Artigo 1.369 do Código Civil. "O proprietário pode conceder a outrem o direito de construir ou de plantar em seu terreno, por tempo determinado. Mediante escritura pública devidamente registrada no cartório de registro de imóveis.".

13 Lei nº 10.257/2001. Art. 21. O proprietário urbano poderá conceder a outrem o direito de superfície do seu terreno, por tempo determinado ou indeterminado, mediante escritura pública registrada no cartório de registro de imóveis.

14 Acessão "é a união física entre duas coisas, de matérias indissolúveis, um conjunto em que uma das partes, embora possa ser reconhecível, não guarda autonomia, sendo subordinada, dependente do todo".

Através desse desdobramento do solo e da superfície, acredita-se que seja viável cada um deles possuir um valor de mercado diferenciado.

O interessado pode adquirir somente, ou construção, ou a superfície do solo, para nela edificar, sem ter de adquirir o solo, que continua pertencendo a outrem. Seria, portanto, um vértice da funcionalização, apresentando um contexto mais amplo de redefinição da propriedade, conjugando sentido plural ao domínio e plenificando a sua função social, que, segundo Lira (1997, p. 15), instrumentaliza a justiça social.

Já a sobrelevação, como salientado, se caracteriza por ser uma espécie do direito de superfície que algumas legislações estrangeiras desenvolveram, como é o caso da Suíça, Itália e Portugal. É a posição do eminente professor Ricardo Lira (2002, p. 273):

> Outro aspecto interessante a abordar quanto às formas de utilização da superfície é o direito de sobrelevação ou superfície em segundo grau. O superficiário concede a um segundo concessionário o direito de construir sobre a sua propriedade superficiária. Essa forma de utilização da superfície é contemplada no Código suíço. De resto, a criatividade do brasileiro também a utiliza no direito informal, nas formações favelares, onde o titular da moradia cede a outrem o direito de laje.

Adverte o autor que a sobrelevação é a possibilidade de o titular da propriedade superficiária construir ou conceder a um terceiro que construa sobre a sua propriedade superficiária. Tal instituto prevê o direito de construir sobre edifício alheio, apresentando hibridismo entre a superfície e a propriedade horizontal.

A constituição dessa modalidade de direito está condicionada às regras da superfície e às limitações da propriedade horizontal. Uma vez edificando sobre o prédio situado na superfície, a situação desemboca por completo na propriedade horizontal. Assim, a sobrelevação cria a possibilidade de o construtor vender o prédio, com reserva do espaço aéreo, pela intenção de construir *a posteriori* (ASCENSÃO, 2000, p. 526).

Como se nota, tendo em vista as diversas variáveis aqui explicitadas, o direito real de laje se manifesta mais adequado ou se aproxima mais das diretrizes desenhadas no arquétipo conceitual do direito de sobrelevação. Flávio Tartuce, inclusive, considera que o direito real de laje é uma possibilidade, haja vista seu modo extremamente atécnico, de coexistência de unidades imobiliárias autônomas de titularidades distintas daquela originalmente construídas sobre o solo (TARTUCE, 2017, p. 500). Ele cita, em texto recente, que a seu ver "seria melhor que se utilizasse a expressão 'direito sobre a laje', como empregado no Enunciado 18, da I Jornada dos Juízes das Varas de Família da Comarca de Salvador".

5. Concluindo: entre a pretensão universal do direito de propriedade estatal e a realidade das favelas brasileiras

O desencaixe da previsão do direito de laje, tal qual previsto na legislação ora problematizada, decorre do fato de que a dinâmica da vida nas favelas brasileiras não reflete a intenção do legislador, preso em amarras normativas que não dialogam ou não representam a realidade da vida.

O mundo das práticas costuma ser bastante mais complexo do que o monismo jurídico – e a sua intenção de universalidade – dá conta de retratar[15].

A dimensão das práticas, rituais e representações que impactam diretamente o Direito não costuma ser considerada no campo normativo e é para isso que se quis chamar a atenção nesse texto.

No Brasil, sabemos que existe uma preponderância notória e a tradição de se estudar o Direito sob seu aspecto legal e doutrinário. Mas, pensar o Direito como uma forma de conhecimento cuja legitimidade depende de distintos modos de viver, pode garantir a implosão das totalidades universalistas.

O direito é um produto cultural, a despeito de sua vocação normativa universalista.

Essa crença – de que os conceitos jurídicos ostentam significados unívocos para diferentes pessoas e culturas – não sobrevive à ideia de *"legal sensibility", que* nos parece ser essencial e que é bastante cara aos antropólogos que têm, em Geertz (1973; 1983), uma referência relevante.

Geertz (1973; 1983), ao afirmar que o Direito seria "saber local", explicita para nós que o "local" deve ser pensado como algo mais que lugar, que tempo, que classe social. Para ele, "local" corresponderia à esfera de predomínio de uma sensibilidade jurídica específica. Em sua leitura sobre o tema, GEERTZ propõe que o desafio [antropológico] está no fato de que a circunstância de coexistência entre uma concepção uniforme do homem e uma perspectiva culturalista torna muito difícil traçar uma linha distintiva entre o que é natural, universal, e o que é convencional, local e variável. E, além disso, problematiza a ideia de que, se classificar em um ou em outro grupo, não ajuda a entender as questões sociais concretas que se colocam diante de nós.

---

15 Referências que ajudam a entender essa relação, através do diálogo entre Direito e Antropologia e sua importância para compreender os fenômenos jurídicos desde uma perspectiva empírica. Ver: KANT DE LIMA, 2008; KANT DE LIMA, 2009-2; KANT DE LIMA e BAPTISTA, 2014.

A ideia de sistemas classificatórios unívocos e universais internaliza uma forma etnocêntrica de agir diante do mundo e exclui a relativização como comportamento necessário para o convívio em uma sociedade pluralista, como a nossa, onde convivem cidadãos com direito à moradias e cidadãos sem nenhum acesso à moradia.

No caso concreto, o estudo do direito de laje nessa perspectiva normativa, introduzida pela nova legislação, explicita a perplexidade diante da constatação de que o legislador, mais uma vez, desconsiderou esse aspecto do funcionamento local e da dinâmica das favelas, impondo aos seus habitantes uma ordem legal sem correspondência [e que desprestigia] com a ordem local.

O direito de laje é um outro direito, inclassificável pelo Direito Civil Clássico, e, portanto, caberia ao legislador considerar a realidade e a complexidade dessas formas distintas de viver e de possuir em favelas. Porém, parece-nos que, enquanto a "lupa" das favelas for o Código Civil e a sua estrutura, a teoria vai estar, sempre e necessariamente, dissociada da realidade.

Por fim, e como sugestão para mitigar os efeitos das ineficiências aqui apontadas, ratificamos nosso entendimento no reconhecimento do direito à posse da laje como constituindo direito real autônomo, notadamente naquelas situações em que já haja similitude à usucapião especial urbana pró-moradia[16], que teria como objeto o espaço aéreo possuído por aquele que, gratuitamente ou onerosamente, adquiriu a posse da laje para nela edificar a sua moradia, em área não superior a duzentos e cinquenta metros quadrados, por cinco anos, ininterruptamente, e sem oposição, de terrenos públicos ou privados, tomados em posição vertical.

Ou seja, seria mais consentâneo com a realidade brasileira reconhecer a concessão do direito real de laje para fins de moradia ou direito real de laje como unidade imobiliária autônoma, não contemplando as demais áreas edificadas ou não pertencentes ao proprietário da construção-base, desde que não seja concessionário ou proprietário, a qualquer título, de outro imóvel urbano ou rural, em analogia à usucapião do art. 183 da CRFB/88.

Tal expediente seria utilizado na REUR-S, estabelecida pela Lei 13.465/17, permitindo, não amplamente, mas satisfatoriamente, a possibilidade de implementação mais acertada da regularização fundiária nas moradias verticalizadas recorrentemente encontradas nas favelas brasileiras,

---

16 O art. 183, caput, da Constituição Federal, diz que: "Aquele que possuir como sua área urbana de até duzentos e cinquenta metros quadrados, por cinco anos, ininterruptamente e sem oposição, utilizando-a para sua moradia ou de sua família, adquirir-lhe-á o domínio, desde que não seja proprietário de outro imóvel urbano ou rural".

possibilitando, portanto, o acesso mais digno a um direito tão elementar da cidadania.

Referências bibliográficas

ASCENSÃO, José de Oliveira. **Direito civil:** Reais. 5ª edição. Coimbra editora, 2000.

CORREA, Claudia Franco. **Controvérsias entre o "direito de moradia" em favelas e o direito de propriedade imobiliária na Cidade do Rio de Janeiro**: o direito de laje em questão. Rio de Janeiro: Editora Topbooks, 2012.

GEERTZ, Clifford. **Local Knowledge**: Further Essays in Interpretive Anthropology. New York: Basic Books, 1983.

GEERTZ, Clifford. **The Interpretation of cultures**. New York: Basic Books, 1973.

KANT DE LIMA, Roberto. **Ensaios de Antropologia e de Direito**: acesso à justiça e processos institucionais de administração de conflitos e produção da verdade jurídica em uma perspectiva comparada. Rio de Janeiro: Lumens Juris, 2008, pp. 89-126

KANT DE LIMA, Roberto. **Sensibilidades jurídicas, saber e poder**: bases culturais de alguns aspectos do direito brasileiro em uma perspectiva comparada. Anuário Antropológico, Rio de Janeiro: Edições Tempo Brasileiro, v. 2009-2, pp. 25-51, 2010

KANT DE LIMA, Roberto; BAPTISTA, Bárbara Gomes Lupetti. Como a Antropologia pode contribuir para a pesquisa jurídica? Um desafio metodológico. **Anuário Antropológico**, v. 39, pp. 9-37, 2014.

LIRA, Ricardo Pereira. **Elementos de Direito Urbanísticos**. Rio de Janeiro: RENOVAR, 1997.

LIRA, Ricardo Pereira. Direito de superfície e espaço aéreo. **Revista Forense**. v. 365, 2002.

MELO, Marco Aurélio Bezerra. **Direito das coisas**. Volume 5. São Paulo: Atlas, 2015.

MELO, Marco Aurélio Bezerra. **Direito das coisa**s. 2ª edição. Rio de Janeiro: Forense, 2018.

TARTUCE, Flávio. **Direito das Coisas**. 10ª edição. Rio de Janeiro: Ed. Forense, 2017.

A Incorporação Imobiliária sob Regime de Afetação no Contexto do Procedimento de Recuperação Judicial da Empresa Incorporadora

Melhim Chalhub

1. Breve nota sobre a caracterização da incorporação imobiliária

Caracterizada como atividade empresarial de produção de imóveis que comporão conjuntos imobiliários e sua comercialização enquanto em construção (Lei nº 4.591/1964, arts. 28 e seguintes), a incorporação imobiliária é estruturada por meio de um *Memorial de Incorporação* arquivado no Registro de Imóveis da situação do empreendimento, contendo a identificação do incorporador, o título de propriedade do terreno, a discriminação das frações ideais de terreno, o projeto de construção com a descrição do conjunto imobiliário e dos futuros apartamentos, entre outros elementos que definem o objeto do negócio.

Trata-se de atividade semelhante a operações de *Project finance*, que se realizam com as receitas geradas pela exploração do seu próprio ativo e se caracterizam pela existência de "uma rede de contratos coligados que, buscando uma adequada alocação de riscos, viabilize o desenvolvimento de um empreendimento com base nos recursos por este gerados e nas garantias dele exclusivamente derivadas".[1]

É como se conforma a incorporação imobiliária, dotada que é de lastro composto pelo terreno, a cujas frações ideais se vincularão os futuros apartamentos ou outro tipo qualquer de unidades imobiliárias. Esse ativo é destinado à venda e, juntamente com os créditos oriundos das vendas, será dado em garantia de financiamento tomado pelo incorporador para a construção do empreendimento.

Dado que esse lastro é limitado ao número de unidades integrantes do projeto de construção aprovado pelas autoridades e, portanto, deve ser objeto de gestão cuidadosa, e, ademais, essa atividade envolve relevante interesse social, o direito positivo contempla meios de proteção patrimo-

---

1 MUNIZ, Igor, *et alii*, *Temas de direito bancário e do mercado de capitais*. Coordenadores: Luiz Leonardo Cantidiano e Igor Muniz. Rio de Janeiro: Editora Renovar, 2014, p. 195. "*Project finance* é uma forma de engenharia/colaboração financeira "sustentada contratualmente pelo fluxo de caixa de um projeto, servindo como garantia à referida colaboração os ativos desse projeto a serem adquiridos e os valores recebíveis ao longo do projeto" (BORGES, Luiz Ferreira Xavier, *Project finance e infra-estrutura: descrição e críticas*. Revista do BNDES, Rio de Janeiro, V. 5, N. 9, pp. 105-121, jun/1998).

nial destinado a assegurar a realização dos seus fins, dentre os quais se destacam:

a) fiscalização do empreendimento por uma comissão de representantes dos adquirentes, com poderes para substituir o incorporador/construtor (Lei nº 4.591/1964, art. 50);

b) irretratabilidade das promessas de venda, visando, a um só tempo, a efetividade do direito dos adquirentes e a preservação do fluxo financeiro proveniente do pagamento das prestações (Lei nº 4.591/1964, § 2º do art. 32);

c) cessão fiduciária dos créditos oriundos das promessas de venda ao financiador da construção, pela qual o produto das vendas é vinculado à execução da obra e à amortização do financiamento (Lei nº 4.864/1965, art. 22, e Lei nº 9.514/1997, arts. 18 e seguintes);

d) impenhorabilidade dos créditos oriundos das promessas de venda, pela qual o produto da cobrança torna-se vinculado ao pagamento das obrigações correspondentes à construção do empreendimento (Código de Processo Civil, art. 833, XII);

e) constituição de um patrimônio de afetação para cada incorporação imobiliária como mecanismo de prevenção e segregação de riscos e de limitação de responsabilidade por empreendimento (Lei nº 4.591/1964, arts. 31-A a 31-F, com a redação dada pela Lei nº 10.831/2004).

2. Patrimônio de afetação da incorporação imobiliária

A limitação do lastro para formação de capital e o interesse social envolvido na incorporação imobiliária evidenciam a adequação dessa atividade à constituição de um patrimônio de afetação por empreendimento, caracterizado como um "complexo de direitos e obrigações funcionalmente organizado para determinada finalidade, que deve desenvolver-se por suas próprias forças e no limite dessas forças; constituindo uma universalidade, responde pelas obrigações contraídas para cumprimento da finalidade para a qual tiver sido estruturado ou que a esta estejam vinculadas; só ele responde pelas obrigações relativas a essa massa, salvo casos excepcionais, e responde somente por essas obrigações, não por obrigações que estejam fora dessa esfera patrimonial."[2]

Atende-se, por essa forma, à racionalidade econômica da atividade da incorporação imobiliária e à sua função social, submetendo cada incorporação imobiliária afetada ao regime da incomunicabilidade e de vinculação

---

2   CHALHUB, Melhim Namen, *Alienação Fiduciária – Negócio Fiduciário*. Rio de Janeiro: Gen-Forense, 6ª ed., 2019, item 3.5.1.

de receitas, pelo qual cada empreendimento gera seu próprio capital e só responde pelas suas próprias obrigações.

Nesse sentido, os arts. 31-A a 31-F da Lei nº 4.591/1964 autorizam a constituição de um patrimônio de afetação "destinado à consecução da incorporação correspondente e à entrega das unidades imobiliárias aos respectivos adquirentes."[3]

De acordo com o § 1º do art. 31-A, a incorporação afetada é inatingível pelas vicissitudes do patrimônio geral do incorporador e dos demais patrimônios de afetação que ele tenha constituído, ou vier a constituir, e limitando sua responsabilidade aos seus próprios recursos, ao dispor que ele "só responde por dívidas e obrigações vinculadas à incorporação respectiva,"[4] ressalvada, obviamente, a responsabilidade do incorporador pelos prejuízos que causar ao patrimônio de afetação.[5]

A exploração do seu ativo é destinada prioritariamente à execução da obra, entrega dos imóveis aos adquirentes e liquidação do seu passivo, só se admitindo a constituição de garantias reais sobre o imóvel e os créditos em operações de crédito cujos recursos sejam integralmente aplicados no conjunto imobiliário correspondente.[6] Em regra, essas garantias são a hipoteca do terreno e acessões e a cessão fiduciária dos créditos provenientes das vendas das unidades a construir.

A mesma vinculação de receitas é objeto dos §§ 4º e 6º do mesmo art. 31-A, que, para observância da correlação entre direitos e obrigações, típica da universalidade de direito, dispõem que os recursos captados mediante cessão plena ou fiduciária dos créditos oriundos das vendas dos imóveis a construir passarão a integrar o patrimônio de afetação, no qual permanece-

---

3   Lei nº 4.591/1964: "Art. 31-A. A critério do incorporador, a incorporação poderá ser submetida ao regime da afetação, pelo qual o terreno e as acessões objeto de incorporação imobiliária, bem como os demais bens e direitos a ela vinculados, manter-se- -ão apartados do patrimônio do incorporador e constituirão patrimônio de afetação, destinado à consecução da incorporação correspondente e à entrega das unidades imobiliárias aos respectivos adquirentes."

4   Lei nº 4.591/1964: "Art. 31-A. (...). § 1º O patrimônio de afetação não se comunica com os demais bens, direitos e obrigações do patrimônio geral do incorporador ou de outros patrimônios de afetação por ele constituídos e só responde por dívidas e obrigações vinculadas à incorporação respectiva." (grifamos).

5   Lei nº 4.591/1964: "Art. 31-A. (...). § 2º O incorporador responde pelos prejuízos que causar ao patrimônio de afetação."

6   Lei nº 4.591/1964: "Art. 31-A. (...). § 3º Os bens e direitos integrantes do patrimônio de afetação somente poderão ser objeto de garantia real em operação de crédito cujo produto seja integralmente destinado à consecução da edificação correspondente e à entrega das unidades imobiliárias aos respectivos adquirentes."

rão blindados até que satisfeitas as obrigações inerentes à incorporação (§§ 4º e 6º do art. 31-A).[7]

Assim, o exercício do direito subjetivo do incorporador é condicionado à realização dos fins da incorporação imobiliária, sem que isso, contudo, dele retire os poderes do incorporador sobre o negócio.

E não poderia ser diferente, pois o art. 29 da Lei nº 4.591/1964 atribui ao incorporador a responsabilidade de coordenação dos fatores de produção necessários à execução da obra e à entrega dos imóveis aos adquirentes, que envolve, necessariamente, a captação de recursos mediante venda das frações ideais de terreno e acessões, constituição de garantias reais de financiamento que tomar para construção, inclusive mediante cessão, plena ou fiduciária, dos créditos derivados das vendas, pois é por esse meio que obtém os recursos necessários à realização da incorporação.

É para atender a essa responsabilidade que a lei impõe ao incorporador o dever de preservar o ativo do patrimônio de afetação, mediante adoção das medidas necessárias à preservação dos seus direitos, à continuidade do fluxo financeiro e à aplicação dos seus recursos no pagamento das obrigações inerentes a cada incorporação sob regime de afetação.[8]

Assim, são deveres do incorporador manter apartados os bens, direitos e obrigações correspondentes à incorporação afetada; diligenciar a captação de recursos e aplicá-los na realização dos fins da incorporação; fornecer à comissão de representantes, trimestralmente, demonstrativo do estado da obra e da sua correspondência com o prazo pactuado e com os recursos financeiros do patrimônio de afetação; manter e movimentar os recursos financeiros em conta corrente aberta especificamente para cada incorporação afetada; entregar à comissão de representantes balancetes trimestrais; manter escrituração contábil completa para cada incorporação afetada e assegurar acesso à obra e aos documentos da incorporação às

---

7   Lei nº 4.591/1964: "Art. 31-A. (...). § 4º No caso de cessão, plena ou fiduciária, de direitos creditórios oriundos da comercialização das unidades imobiliárias componentes da incorporação, o produto da cessão também passará a integrar o patrimônio de afetação, observado o disposto no § 6º."

8   "Art. 31-E. O patrimônio de afetação extinguir-se-á pela: I – averbação da construção, registro dos títulos de domínio ou de direito de aquisição em nome dos respectivos adquirentes e, quando for o caso, extinção das obrigações do incorporador perante a instituição financiadora do empreendimento; II – revogação em razão de denúncia da incorporação, depois de restituídas aos adquirentes as quantias por eles pagas (art. 36), ou de outras hipóteses previstas em lei; e III – liquidação deliberada pela assembleia geral nos termos do art. 31-F, § 1º."

pessoas nomeadas pela comissão de representantes para acompanhar e fiscalizar a incorporação afetada (art. 31-A).[9]

A autonomia do patrimônio de afetação de uma incorporação imobiliária é relativa, ou imperfeita, isso significando que as obrigações correspondentes ao escopo do patrimônio separado são satisfeitas pelos direitos que o integram, mas, também, pelos direitos que integram o patrimônio geral do incorporador, caso o patrimônio separado se torne insuficiente para realização dos fins da incorporação.

Vindo a incorporação a se desenvolver regularmente e realizar seus fins – execução da obra, entrega das unidades e liquidação do seu passivo –, extingue-se o patrimônio de afetação e o que dele remanescer é reincorporado ao patrimônio geral do instituidor, livre do vínculo que o prendia à função para a qual foi afetado.

3. Efeitos da afetação em relação à insolvência do incorporador

A falência ou a recuperação judicial da empresa incorporadora não atinge o patrimônio de afetação, assegurado aos adquirentes o prosseguimento do empreendimento ou a liquidação do patrimônio de afetação por sua própria deliberação, independente de intervenção judicial.

Coerentemente com o regime especial da afetação, a Lei nº 11.101/2005 dispõe sobre os patrimônios de afetação em geral (e não apenas àqueles

---

9   Lei nº 4.591/1964: "Art. 31-D. Incumbe ao incorporador: I – promover todos os atos necessários à boa administração e à preservação do patrimônio de afetação, inclusive mediante adoção de medidas judiciais; II – manter apartados os bens e direitos objeto de cada incorporação; III – diligenciar a captação dos recursos necessários à incorporação e aplicá-los na forma prevista nesta Lei, cuidando de preservar os recursos necessários à conclusão da obra; IV – entregar à Comissão de Representantes, no mínimo a cada três meses, demonstrativo do estado da obra e de sua correspondência com o prazo pactuado ou com os recursos financeiros que integrem o patrimônio de afetação recebidos no período, firmados por profissionais habilitados, ressalvadas eventuais modificações sugeridas pelo incorporador e aprovadas pela Comissão de Representantes; V – manter e movimentar os recursos financeiros do patrimônio de afetação em conta de depósito aberta especificamente para tal fim; VI – entregar à Comissão de Representantes balancetes coincidentes com o trimestre civil, relativos a cada patrimônio de afetação; VII – assegurar à pessoa nomeada nos termos do art. 31-C o livre acesso à obra, bem como aos livros, contratos, movimentação da conta de depósito exclusiva referida no inciso V deste artigo e quaisquer outros documentos relativos ao patrimônio de afetação; e VIII – manter escrituração contábil completa, ainda que esteja desobrigado pela legislação tributária."

constituídos para fins de incorporação imobiliária), remetendo seu tratamento à legislação respectiva (art. 119, IX).[10]

Em relação à incorporação imobiliária, a legislação respectiva é a Lei nº 4.591/1964, que trata do prosseguimento da incorporação imobiliária afetada ou, alternativamente, da liquidação do respectivo patrimônio de afetação, por deliberação da assembleia geral dos adquirentes e sob administração da sua comissão de representantes, mediante procedimentos extrajudiciais.

A lei se limita a dispor sobre os efeitos da falência e nada dispõe sobre a afetação patrimonial no contexto da recuperação judicial, mas a inexistência de norma específica em relação a esse procedimento não compromete a preservação dos direitos dos credores do patrimônio de afetação e o prosseguimento da incorporação, que, protegida pela incomunicabilidade, seguirá seu curso com autonomia, vedado o redirecionamento dos seus recursos para fins diversos dessa destinação, nos termos dos arts. 31-A a 31-E da Lei nº 4.591/1964.

Observe-se que, diferentemente da falência, em que há cessação da atividade da empresa e liquidação do seu ativo, na recuperação judicial a empresa prossegue sua atividade sob gestão dos seus próprios diretores e fiscalização do administrador judicial,[11] submetendo-se as incorporações comuns ao plano de recuperação e mantidas fora do plano as incorporações afetadas, que seguirão seu curso com seus próprios recursos, nos termos dos arts. 31-C, 31-D e 31-E da Lei nº 4.591/1964.

Recorde-se que os patrimônios de afetação são incomunicáveis por definição legal e só por lei a incomunicabilidade pode ser excepcionada, o que não ocorre em relação à recuperação judicial.

Assim, submetida a incorporação ao regime legal da incomunicabilidade, o produto da venda dos imóveis a construir, vinculados que são à realização do objeto da afetação, e as obrigações a eles correspondentes, não integram o plano de recuperação judicial.

---

10   Lei nº 11.101/2005: "Art. 119. Nas relações contratuais a seguir mencionadas prevalecerão as seguintes regras: (...); IX – os patrimônios de afetação, constituídos para cumprimento de destinação específica, obedecerão ao disposto na legislação respectiva, permanecendo seus bens, direitos e obrigações separados dos do falido até o advento do respectivo termo ou até o cumprimento de sua finalidade, ocasião em que o administrador judicial arrecadará o saldo a favor da massa falida ou inscreverá na classe própria o crédito que contra ela remanescer".

11   BEZERRA FILHO, Manoel Justino, *Lei de Recuperação de Empresas e Falência – Lei nº 11.101/2005 – comentada artigo por artigo*. 12ª ed. São Paulo: Revista dos Tribunais, 2017, p. 192.

E na medida em que a empresa recuperanda deve continuar em atividade, seus diretores prosseguirão o recebimento dos recursos provenientes das vendas e, bem assim, de financiamento, se houver, e os aplicarão na execução da obra e na liquidação do passivo da incorporação; nessa atividade, esses mesmos administradores manterão separadas a conta corrente e a contabilidade de cada incorporação afetada, fornecerão à comissão de representantes demonstrativos trimestrais sobre o empreendimento e continuarão a praticar os demais atos típicos da administração dos patrimônios de afetação, definidos no art. 31-D da Lei nº 4.591/1964.

Cessada a incomunicabilidade, por efeito do cumprimento da destinação da afetação, isto é, conclusão da obra, entrega das unidades aos adquirentes e liquidação do seu passivo, extingue-se o patrimônio de afetação.

Se, nessa ocasião, a recuperação judicial ainda estiver em curso, o conjunto de direitos e obrigações assim desafetado, já integrado ao patrimônio geral da empresa recuperanda, passará a submeter-se, nesse contexto, ao plano aprovado pela assembleia dos credores.

Essa é a interpretação aprovada na VIII Jornada de Direito Civil do Conselho da Justiça Federal, nos termos do Enunciado nº 628, segundo o qual as incorporações submetidas ao regime jurídico estabelecido pelos arts. 31-A a 31-F da Lei nº 4.591/1964 seguirão seu curso no contexto do procedimento de recuperação judicial da incorporadora "com autonomia e incomunicáveis em relação ao patrimônio geral (...) até que extintos."[12]

3.1. Classificação dos créditos no contexto da recuperação judicial de empresa

De acordo com essa interpretação, são classificáveis como extraconcursais os créditos vinculados à execução da obra e liquidação do passivo da construção, que, excluídos dos efeitos da recuperação, não integram o respectivo plano, e como concursais os créditos que não guardam correspondência com a realização dos fins da incorporação imobiliária afetada, que se sujeitam aos efeitos da recuperação e, portanto, integram o respectivo plano.

Dentre os créditos extraconcursais ressaltam aqueles correspondentes ao fornecimento de bens, serviços e recursos financeiros à incorporação

---

12 "Enunciado 628 – Art. 1.711: Os patrimônios de afetação não se submetem aos efeitos de recuperação judicial da sociedade instituidora e prosseguirão sua atividade com autonomia e incomunicáveis em relação ao seu patrimônio geral, aos demais patrimônios de afetação por ela constituídos e ao plano de recuperação até que extintos, nos termos da legislação respectiva, quando seu resultado patrimonial, positivo ou negativo, será incorporado ao patrimônio geral da sociedade instituidora."

afetada, tais como os dos trabalhadores, fornecedores, adquirentes e instituição financiadora da construção, além dos créditos a que fazem jus os adquirentes que obtiveram a resolução dos seus contratos, ou que celebraram distrato da promessa de venda.

Concursais são os créditos não relacionados à execução da obra e à liquidação do passivo de cada incorporação imobiliária afetada, entre eles os créditos correspondentes às demais incorporações da empresa recuperanda, afetadas ou não afetadas, os decorrentes de ações de indenização por danos material e moral, decorrentes de responsabilidade civil da incorporadora. Esses são créditos estranhos aos fins definidos por lei para a afetação patrimonial de cada incorporação imobiliária e ao escopo do patrimônio separado, extrapolam os limites do respectivo orçamento e, portanto, não podem ser impostos aos participantes das incorporações afetadas, devendo, portanto, ser excluídos da responsabilidade do ativo da incorporação afetada, por expressa disposição dos §§ 1º e 2º do art. 31-A e pelo art. 43, II.

O primeiro desses dispositivos restringe a responsabilidade do patrimônio de afetação às obrigações vinculadas à realização da incorporação, ao dispor que ele "só responde por dívidas e obrigações vinculadas à incorporação respectiva"; o segundo imputa ao patrimônio geral do incorporador "os prejuízos que causar ao patrimônio de afetação", coerentemente com o terceiro desses dispositivos, isto é, o art. 43, II, que sujeita o incorporador ao pagamento das indenizações decorrentes "do fato de não se concluir a edificação ou de se retardar injustificadamente a conclusão das obras."

Distinguem-se esses créditos daqueles correspondentes à restituição de quantias pagas por adquirentes, oriundos de distrato ou resolução de promessas de venda, pois, enquanto estes vinculam-se diretamente ao ativo do patrimônio de afetação, aqueles, os decorrentes reparação civil por retardamento da obra ou outras indenizações por atos imputáveis ao incorporador, extrapolam o orçamento correspondente à construção e, portanto, imporiam ao patrimônio de afetação desfalque financeiro capaz de torná-lo insuficiente para realização dos fins da incorporação.

Afinal, na medida em que a realização dos fins da incorporação e a efetividade da garantia do grupo de credores para o qual são reservados os direitos que integram o patrimônio de afetação depende da coesão dos elementos que o formam, é certo que o redirecionamento dos seus recursos para pagamento de obrigações extraorçamentárias comprometeria a consecução de sua finalidade e tornaria insuficiente a garantia visada pela afetação, frustrando as legítimas expectativas desse grupo de credores.

Pouco importa que a incorporadora tenha constituído vários patrimônios de afetação articulados ao seu patrimônio geral ou que tenha constituído uma sociedade de propósito específico (SPE) para cada incorporação e tenha constituído um patrimônio de afetação dentro dessa SPE. Em qualquer desses casos haverá sobreposição de estruturas patrimoniais, que, entretanto, são distintas e não se confundem, coexistindo o patrimônio geral da sociedade, que será uma *holding* ou uma SPE, e o patrimônio de afetação nele destacado, que se restringe aos direitos e obrigações correspondentes à execução da obra, entrega das unidades vendidas e liquidação do passivo da construção. A impressão de que, na SPE, haveria simetria entre o patrimônio geral e o patrimônio de afetação é equivocada, pois o conjunto de direitos e obrigações do patrimônio geral da SPE não constitui a integral projeção do patrimônio de afetação nele embutido.

É com base nesses fundamentos que as decisões proferidas nos primeiros casos de recuperação judicial de empresas incorporadoras vêm confirmando a imunidade dos patrimônios de afetação em relação aos planos de recuperação, preservando os recursos vinculados à execução da obra.

Veja-se o acórdão proferido pela 2ª Câmara de Direito Privado do Tribunal de Justiça do Estado de São Paulo no Agravo de Instrumento nº 2023264-85.2018.8.26.0000, no qual reconheceu a validade do plano que, de uma parte, excluiu dos efeitos da recuperação os créditos dos trabalhadores da obra, do permutante do terreno, do financiador da construção e dos adquirentes, neste caso compreendendo o direito de receber seu imóvel ou o direito à restituição decorrente de distrato ou resolução de promessa de venda, e, de outra parte, incluiu no plano de recuperação todos os demais créditos estranhos ao objeto das incorporações afetadas, entre os quais os relacionados à responsabilidade civil da incorporadora, correspondentes a indenizações por atraso de obra ou vício de construção, que, por não serem vinculados à execução e regularização das edificações e à liquidação do respectivo passivo, são atribuídos ao seu patrimônio geral.[13]

4. Conclusão

A despeito da clareza das normas legais que dispõem sobre a preservação dos recursos da incorporação afetada, há na atividade empresarial da incorporação imobiliária aspectos que justificam adequação legislativa relativamente à recuperação judicial de empresa incorporadora, visando afastar obstáculos que, na prática, se interpõem à conclusão de seus empreendimentos.

---

13 Conforme consta no voto do relator, "os créditos diretamente decorrentes do empreendimento e ligados à afetação, assim compreendidos, além da própria entrega da unidade (...), e o montante das parcelas pagas que acaso deva ser devolvido. Porém, o que então não se estenderia às indenizações que representam, afinal, obrigação substitutiva e subsidiária, ou relação derivada, *indireta*, se se preferir."

Citam-se entre essas questões a exigência ou não de registro das promessas como requisito para habilitação dos adquirentes à votação nas assembleias gerais do condomínio; a eventual participação do permutante do terreno nessas assembleias; as condições de eventual sub-rogação dos adquirentes nos direitos e obrigações correspondentes ao financiamento da construção; a responsabilidade do patrimônio de afetação pelo pagamento das obrigações decorrentes do desfazimento de promessas de venda, dado que o elevado montante dos juros de mora pode comprometer a realização do escopo da afetação; a responsabilidade da incorporadora pelos prejuízos que causar; o quórum legal exigido para alteração do projeto, caso seja necessária sua reformulação para assegurar a viabilidade econômica do empreendimento; questões notariais e registrais relacionadas à efetividade do mandato legal da comissão de representantes dos adquirentes, entre outras peculiaridades desse peculiar negócio jurídico.

Na busca de soluções para essas questões não se pode deixar de considerar a conveniência de instituição de normas especiais de recuperação do patrimônio de afetação de incorporações imobiliárias, mediante aproveitamento de soluções inovadoras introduzidas pela Lei nº 11.101/2005, como seria um prazo de carência, à semelhança do *stay period*, para retomada das obras, a dilatação de prazo de entrega, a redução do quórum para reformulação do projeto de construção, com vistas a assegurar a viabilidade econômico-financeira do empreendimento, entre outras medidas capazes de viabilizar a satisfação das legítimas expectativas da coletividade dos contratantes.

Essas são algumas das medidas para as quais o legislador precisa voltar a atenção, visando simplificar procedimentos e dar celeridade à solução de situações de crise de empresa incorporadora, situação merecedora de tutela especial capaz de afastar ou mitigar as perdas dos adquirentes e dos titulares de créditos pecuniários, coerentemente com o propósito prioritário da afetação da incorporação imobiliária.

Alienação Fiduciária de Bens Imóveis[1]

Milena Donato Oliva

SUMÁRIO: 1. Negócio fiduciário. **2.** Alienação fiduciária em garantia. **3.** Alienação fiduciária de imóveis e o perdão legal.

1. Negócio fiduciário

O negócio fiduciário consubstancia amplo modelo ao qual se reconduzem os ajustes que apresentam, como nota característica, a titularidade à conta de outrem ou para a promoção de certa finalidade, isto é, a titularidade fiduciária.[2] O fiduciário assume a obrigação de exercer o direito que lhe foi atribuído para a realização de específica função e, ao fim de certo tempo ou mediante o implemento de uma condição, transferir aludido direito ao alienante ou a terceiro por ele indicado.[3]

Alude-se à desproporção entre o meio utilizado (transmissão da propriedade) e o fim pretendido (gestão ou garantia), bem como ao risco de abuso, para se qualificar o negócio fiduciário. Entretanto, a atribuição plena da propriedade, longe de se mostrar excessiva, afigura-se o mecanismo apropriado para garantir ao fiduciário a plena atuação objetivada pelas partes, insuscetível de ser obtida de forma diversa. Com efeito, pretende-se, com a transmissão do domínio, conferir ao fiduciário poderes potencialmente ilimitados, e não se mostra possível a atribuição de máximos poderes senão com a atribuição da própria titularidade. Por outras palavras, ainda que com o escopo de garantia ou de gestão de bens, quer-se dotar o fiduciário de amplos poderes, que não são passíveis de serem atribuídos senão pela transmissão da titularidade.

---

1 Texto escrito em homenagem ao ilustre Professor e Desembargador Sylvio Capanema, jurista de destacada trajetória profissional e acadêmica e autor de relevantíssimas obras.

2 Milena Donato Oliva, *Do negócio fiduciário à fidúcia*, São Paulo: Atlas, 2014, *passim*.

3 V. Tullio Ascarelli, *Problema das Sociedades Anônimas e direito comparado*, São Paulo: Saraiva, 1969, p. 96; Cesare Grassetti, Del negozio fiduciario e della sua ammissibilità nel nostro ordinamento giuridico. In: *Rivista del Diritto Commerciale e del Diritto Generale delle Obbligazioni*, vol. XXXIV, Parte I, Milano: Casa Editrice Dottor Francesco Vallardi, 1936, pp. 363-364; Judith H. Martins-Costa, Os negócios fiduciários: Considerações sobre a possibilidade de acolhimento do trust no direito brasileiro. In: *Revista dos Tribunais*, n. 657, 1990, p. 39; Luigi Cariota-Ferrara, *I negozi fiduciari*, Padova: Cedam, 1933, p. 1; Melhim Namem Chalhub, *Negócio fiduciário*, Rio de Janeiro: Renovar, 2009, p. 32; Francisco Paulo De Crescenzo Marino, Notas sobre o negócio jurídico fiduciário. In: *Revista Trimestral de Direito Civil*, vol. 20, Rio de Janeiro: Padma, 2004, p. 39.

No que tange à situação de perigo invocada pela doutrina, esta não se mostra hábil a qualificar o negócio fiduciário, haja vista não se distinguir do risco de inadimplemento existente em qualquer contrato. A despeito das discussões no que tange **às consequências jurídicas aplicáveis** para o caso de "abuso do fiduciário" – perdas e danos ou execução específica –, fato é que se verifica reação do ordenamento contra o fiduciário inadimplente. O fiduciante encontra remédios jurídicos para fazer frente à violação dos deveres fiduciários, de maneira que o risco de abuso no negócio fiduciário se iguala ao risco de abuso (*rectius*, inadimplemento) de qualquer outro contrato.[4] Daí decorre a insubsistência do entendimento segundo o qual o legislador, ao disciplinar o negócio fiduciário e prever as sanções para a sua violação, estaria a retirar o caráter fiduciário do negócio.

O caráter fiduciário vincula-se à circunstância de o fiduciário assumir a titularidade para a promoção de determinada finalidade estipulada pelo fiduciante. Em uma palavra, o que caracteriza o negócio fiduciário é a titularidade à conta de outrem ou para a promoção de certa finalidade, ou seja, a titularidade fiduciária. Essa é a função perseguida pelas partes com o negócio fiduciário: a transmissão de um direito para que ele seja exercido de determinada maneira, com vistas ao alcance do escopo comumente avençado. A alienação fiduciária em garantia regulamentada pelo legislador, assim, não perde a natureza de negócio fiduciário por ter sua disciplina estabelecida em lei.

2. Alienação fiduciária em garantia

A alienação fiduciária em garantia foi inicialmente prevista, para bens móveis, pela Lei nº 4.728/1965. Posteriormente, seu âmbito de aplicação foi paulatinamente estendido e, atualmente, pode ter por objeto bem móvel ou imóvel, fungível ou infungível (v. Código Civil, Leis n°s 9.514/1997, 10.931/2004). O Código Civil trata da alienação fiduciária que tem por objeto bens móveis infungíveis, garantia essa que pode ser concedida a qualquer credor. A Lei nº 9.514/1997 regula a alienação fiduciária de imóveis, que também pode beneficiar qualquer credor. Por sua vez, a Lei nº 4.728/1965, em conjunto com o Decreto-Lei nº 911/1969, aplica-se à alienação fiduciária de móveis fungíveis e infungíveis quando o credor é instituição financeira.

O negócio jurídico de alienação fiduciária é o título causal hábil a, mediante o modo[5] previsto em lei, criar o direito real consistente na proprie-

---

4   Nicolò Lipari, *Il negozio fiduciario*, Milano: Giuffrè, 1964, pp. 104-105.

5   "Pelo *sistema romano*, a propriedade só se adquire por um *modo*. Não basta a existência do *título*, isto é, do ato jurídico pelo qual uma pessoa manifesta validamente a

dade fiduciária. Por meio da alienação fiduciária em garantia, transfere-se a propriedade resolúvel[6] da coisa ao credor até que o seu crédito seja satisfeito. Uma vez adimplida a obrigação, resolve-se automaticamente a propriedade em favor do devedor ou do terceiro que tenha conferido o bem em garantia.[7] De outra parte, na hipótese de inadimplemento, o credor pode vender a coisa para se pagar com o preço obtido, restituindo ao devedor (ou ao terceiro) o eventual saldo remanescente.[8] Tendo em vista a função de

---

vontade de adquirir um bem. É preciso que esse ato jurídico se complete pela observância de uma forma, a que a lei atribui a virtude de transferir o domínio da coisa. (...). A forma pela qual se transfere é o que constitui, precisamente, o *modus acquisicionis*. (...). O Direito pátrio seguiu o *sistema romano*. (...). Nas legislações do tipo romano, o *título* é simplesmente a *causa* da aquisição. (...). O modo de adquirir *peculiar* aos imóveis é a transcrição" (Orlando Gomes, *Direitos Reais*, Rio de Janeiro: Forense, 2008, pp. 157-160). V. tb. Clovis Bevilaqua, *Código Civil dos Estados Unidos do Brasil*, vol. III, cit., p. 51; Eduardo Espinola, *Posse, Propriedade, Compropriedade ou Condomínio*, Rio de Janeiro: Conquista, 1956, p. 324; Gustavo Tepedino, *Comentários ao Código Civil*, vol. 14, Antônio Junqueira de Azevedo (coord.), São Paulo: Saraiva, 2011, pp. 350-352.

---

6 "Na transmissão fiduciária, o transmitente não aliena plena e definitivamente a propriedade. Transfere-a até que seja paga a dívida contraída no contrato de financiamento. Transmite-a para garanti-la. Não é, portanto, a propriedade plena que aliena, mas *propriedade limitada*. Consiste a limitação, primeiramente, numa restrição *temporal*. O fiduciário não adquire senão uma propriedade temporária, sujeita a condição resolutiva. Tem, em suma, *propriedade restrita e resolúvel*. Por força da sua condição de titular de propriedade resolúvel, restringe-se seu conteúdo, não somente em razão dos ônus decorrentes dessa modalidade de domínio, como das obrigações oriundas do contrato. No exercício das faculdades inerentes ao domínio, conquanto não se sacrifiquem as principais na sua essência, inclusive o *ius abutendi*, enfraquecem-se visivelmente. O adquirente não tem, realmente, a *propriedade plena* do bem, como não tem sua *propriedade definitiva*. Trata-se, no fundo, de uma situação jurídica que melhor se qualificaria *titularidade fiduciária*" (Orlando Gomes, *Alienação Fiduciária*, São Paulo: Revista dos Tribunais, 1972, p. 75). V. tb. José Carlos Moreira Alves, *Da alienação fiduciária em garantia*, Rio de Janeiro: Forense, 1979, p. 123.

7 Sobre o ponto, veja-se: "Se, na propriedade resolúvel, a *reversão* é automática, segue-se que o fiduciante readquire o domínio do bem no momento mesmo em que paga a dívida e independentemente da prática de qualquer ato. Tem, assim, contra o fiduciário, ou contra quem houver adquirido dele os bens, uma *pretensão desenganadamente real*, visto que se tornou novamente proprietário com o implemento da condição resolutiva" (Orlando Gomes, *Alienação Fiduciária*, cit., p. 60). Nesse sentido, o art. 25 da Lei nº 9.514/1997, que rege a alienação fiduciária de coisa imóvel, estabelece expressamente que "com o pagamento da dívida e seus encargos, resolve-se, nos termos deste artigo, a propriedade fiduciária do imóvel".

8 Em relação à alienação fiduciária em garantia de coisas móveis infungíveis, estabelece o art. 1.364 do Código Civil que: "Vencida a dívida, e não paga, fica o credor obrigado a vender, judicial ou extrajudicialmente, a coisa a terceiros, a aplicar o preço no pagamento de seu crédito e das despesas de cobrança, e a entregar o saldo, se houver, ao

garantia, veda-se o pacto comissório, de maneira que o credor deve alienar o bem para, com o produto deste, se pagar.[9]

Visto que a coisa objeto de garantia se encontra no patrimônio do credor, este fica protegido contra os efeitos da eventual falência do devedor ou do terceiro que prestou a garantia, podendo, ainda que se configurem tais hipóteses, vender a coisa para pagar, com exclusividade, seu crédito.[10] O credor tem o direito, portanto, de reivindicar o bem da massa falida, haja vista sua qualidade de proprietário.[11]

O mesmo já não se verifica com a hipoteca ou o penhor, vez que, nessas modalidades de garantia, a coisa permanece no patrimônio do devedor (ou do terceiro garantidor). O credor deve então habilitar seu crédito, sujeitando-se aos percalços e à morosidade do processo falimentar. E ainda, posto que tenha preferência para receber o pagamento com o valor obtido pela alienação da coisa, corre o risco de ser preterido no rateio dos haveres do falido em razão da prioridade conferida pela lei a outros créditos.[12]

---

devedor." Em relação à alienação fiduciária em garantia de coisas imóveis, vejam-se os arts. 26 e 27 da Lei nº 9.514/1997. Quanto à alienação de coisas móveis fungíveis ou infungíveis no âmbito do mercado financeiro e de capitais, bem como em garantia de créditos fiscais e previdenciários, confira-se o art. 66-B da Lei nº 4.728/1965 bem como os arts. 2º e 3º do Decreto-Lei nº. 911/1969.

9   Sobre o pacto comissório e sua vedação no direito brasileiro, cf. Pablo Renteria, *Penhor e Autonomia Privada*, São Paulo: Atlas, 2016, pp. 158-176. Acerca do pacto marciano e de sua potencial admissibilidade no ordenamento pátrio, cf. além dessa obra, Carlos Edison do Rêgo Monteiro Filho, *Pacto comissório e pacto marciano no sistema brasileiro de garantias*, Rio de Janeiro: Processo, 2017, *passim*; Aline de Miranda Valverde Terra e Gisela Sampaio da Cruz Guedes, *Pacto comissório vs. Pacto marciano: estruturas semelhantes com repercussões diversas*, in *Direito das Garantias*, São Paulo: Saraiva, 2017, pp. 172-214.

10 Sobre as garantias fiduciárias na recuperação judicial, cf. Milena Donato Oliva, *Quanto vale a Garantia Fiduciária?*, in JOTA, disponível em https://www.jota.info/paywall?redirect_to=//www.jota.info/opiniao-e-analise/artigos/quanto-vale-a-garantia-fiduciaria-21092017, acesso em 26.7.2020.

11 V. arts. 49, § 3º e 85 da Lei nº. 11.101/2005. Art. 32 da Lei nº. 9.514/1997: "Na hipótese de insolvência do fiduciante, fica assegurada ao fiduciário a restituição do imóvel alienado fiduciariamente, na forma da legislação pertinente".

12 Nessa direção, ao traçar a origem histórica da alienação fiduciária em garantia no direito brasileiro, destaca José Carlos Moreira Alves: "O que é certo, portanto, é que, a partir, precipuamente, do século passado, se tem sentido, cada vez mais, a necessidade da criação de novas garantias reais para a proteção do direito de crédito. As existentes nos sistemas jurídicos de origem romana – e são elas a hipoteca, o penhor e a anticrese – não mais satisfazem a uma sociedade industrializada, nem mesmo nas relações creditícias entre pessoas físicas, pois apresentam graves desvantagens pelo custo e o morosidade em executá-las, ou pela superposição a elas de privilégios em favor de

Vale repisar, por oportuno, que o negócio fiduciário pode ser previsto em lei sem que essa circunstância o descaracterize. O que qualifica o ajuste como fiduciário não é a possibilidade de abuso ou a exuberância do meio em relação ao fim, mas a transmissão de um direito para que seja viabilizada a consecução de determinada finalidade, configurando-se, assim, a titularidade fiduciária. O legislador, dessa forma, pode, sempre que reputar conveniente, se valer de expediente fiduciário para promover interesses merecedores de tutela.

Cabe advertir que os direitos titularizados fiduciariamente não traduzem novo tipo de direito. A transmissão fiduciária, por si só, não altera o conteúdo do direito transmitido ou os poderes atribuídos ao titular. O vínculo fiduciário se relaciona à maneira como devem ser exercidos os plenos poderes advindos com a titularidade. Dessa forma, se a propriedade fiduciária desempenhar uma função de garantia, o proprietário deverá agir apenas e tão somente para concretizar aludida função. No mesmo sentido, se a propriedade fiduciária desempenhar uma função de gestão, o proprietário apenas poderá agir para concretizar essa função.

A atuação do proprietário, em cada um desses casos, será deveras distinta, não porque se trata de dois direitos diversos (propriedade-garantia/propriedade-gestão), mas em virtude da distinta função por eles desempenhada. Dessa sorte, não há que se falar em tantos direitos quantas as possibilidades de vínculo fiduciário, mas em variadas funções que podem ser desempenhadas pelo mesmo direito por meio da técnica da titularidade fiduciária.

3. Alienação fiduciária de imóveis e o perdão legal

A alienação fiduciária de imóveis é regida pela Lei nº 9.514/1997. De acordo com o art. 22, "a alienação fiduciária regulada por esta Lei é o negócio jurídico pelo qual o devedor, ou fiduciante, com o escopo de garantia, contrata a transferência ao credor, ou fiduciário, da propriedade resolúvel de coisa imóvel". O § 1º do dispositivo elucida que essa garantia fiduciária pode ser concedida em favor de qualquer credor.

---

certas pessoas, especialmente do Estado" (*Da Alienação Fiduciária em Garantia*, cit., p. 3). Veja-se, ainda, por oportuno, o art. 83 da Lei nº 11.101/2005: "A classificação dos créditos na falência obedece à seguinte ordem: I – os créditos derivados da legislação do trabalho, limitados a 150 (cento e cinqüenta) salários-mínimos por credor, e os decorrentes de acidentes de trabalho; II – créditos com garantia real até o limite do valor do bem gravado; III – créditos tributários, independentemente da sua natureza e tempo de constituição, excetuadas as multas tributárias; IV – créditos com privilégio especial, a saber: (...)".

A propriedade fiduciária, nos termos do art. 23 da Lei nº 9.514/1997, é constituída mediante o registro, no competente Registro de Imóveis, do contrato de alienação fiduciária em garantia.[13] Com a constituição da propriedade fiduciária, ocorre o desdobramento da posse, tornando-se o fiduciante possuidor direto e o fiduciário possuidor indireto do imóvel.[14] Ao fiduciante incumbe pagar os impostos, taxas, contribuições condominiais e quaisquer outros encargos que recaiam ou venham a recair sobre o imóvel. Tal responsabilidade perdura até a data em que o fiduciário vier a ser imitido na posse por força da consolidação da propriedade para excussão da garantia (§ 8º do art. 27 da Lei nº 9.514/1997).

Dada a função de garantia, uma vez paga a dívida, resolve-se a propriedade do credor fiduciário em favor do devedor fiduciante. De outra parte, na hipótese de inadimplemento, o credor pode iniciar excussão extrajudicial da garantia, conforme o rito estabelecido na Lei nº 9.514/1997.[15]

Em primeiro lugar, deve haver a intimação do devedor fiduciante para que purgue a sua mora em 15 dias.[16] Caso haja a purga da mora, o contrato

---

13   Art. 24, da Lei nº 9.514/1997: "O contrato que serve de título ao negócio fiduciário conterá: I - o valor do principal da dívida; II - o prazo e as condições de reposição do empréstimo ou do crédito do fiduciário; III - a taxa de juros e os encargos incidentes; IV - a cláusula de constituição da propriedade fiduciária, com a descrição do imóvel objeto da alienação fiduciária e a indicação do título e modo de aquisição; V - a cláusula assegurando ao fiduciante, enquanto adimplente, a livre utilização, por sua conta e risco, do imóvel objeto da alienação fiduciária; VI - a indicação, para efeito de venda em público leilão, do valor do imóvel e dos critérios para a respectiva revisão; VII - a cláusula dispondo sobre os procedimentos de que trata o art. 27. Parágrafo único. Caso o valor do imóvel convencionado pelas partes nos termos do inciso VI do caput deste artigo seja inferior ao utilizado pelo órgão competente como base de cálculo para a apuração do imposto sobre transmissão inter vivos, exigível por força da consolidação da propriedade em nome do credor fiduciário, este último será o valor mínimo para efeito de venda do imóvel no primeiro leilão".

14   Acerca do desmembramento da posse, v. Gustavo Tepedino, Pablo Renteria e Carlos Edison do Rêgo Monteiro Filho, *Fundamentos do Direito Civil*, vol. 5, Rio de Janeiro: Forense, 2020, pp. 40-43.

15   Discute-se, perante o Supremo Tribunal Federal, a constitucionalidade da excussão extrajudicial da Lei nº. 9.514/1997 (RE 860631).

16   Art. 26, § 1º, da Lei nº 9.514/1997: "Para os fins do disposto neste artigo, o fiduciante, ou seu representante legal ou procurador regularmente constituído, será intimado, a requerimento do fiduciário, pelo oficial do competente Registro de Imóveis, a satisfazer, no prazo de quinze dias, a prestação vencida e as que se vencerem até a data do pagamento, os juros convencionais, as penalidades e os demais encargos contratuais, os encargos legais, inclusive tributos, as contribuições condominiais imputáveis ao imóvel, além das despesas de cobrança e de intimação".

convalescerá.[17] Todavia, se o devedor não pagar a prestação em aberto nesse prazo, a propriedade fiduciária será consolidada no credor fiduciário,[18] legitimando-o a proceder à excussão do bem para se pagar de toda a dívida (e não apenas daquela parcela inadimplida).

Deve o credor promover público leilão, o qual há de ser realizado uma segunda vez se não se alcançar o valor do imóvel. De acordo com o § 2º do art. 27, "no segundo leilão, será aceito o maior lance oferecido, desde que igual ou superior ao valor da dívida, das despesas, dos prêmios de seguro, dos encargos legais, inclusive tributos, e das contribuições condominiais".[19]

O § 5º do art. 27 traz a hipótese de perdão legal, segundo a qual se, no segundo leilão, o maior lance oferecido não for igual ou superior ao valor da dívida, considerar-se-á extinta a dívida, adjudicando-se o bem o credor. Como se vê, exclui o legislador a responsabilidade do devedor na hipótese de o valor do imóvel alienado em garantia se revelar insuficiente para satisfazer integralmente o débito garantido. Trata-se de regra específica da excussão extrajudicial da Lei nº 9.514/1997,[20] haja vista que as demais

---

17 Art. 26, § 5º, da Lei nº 9.514/1997: "Purgada a mora no Registro de Imóveis, convalescerá o contrato de alienação fiduciária".

18 Art. 26, § 7º, da Lei nº 9.514/1997: "Decorrido o prazo de que trata o § 1º sem a purgação da mora, o oficial do competente Registro de Imóveis, certificando esse fato, promoverá a averbação, na matrícula do imóvel, da consolidação da propriedade em nome do fiduciário, à vista da prova do pagamento por este, do imposto de transmissão inter vivos e, se for o caso, do laudêmio".

19 Art. 27, § 3º, da Lei nº 9.514/1997: "Para os fins do disposto neste artigo, entende-se por: I – dívida: o saldo devedor da operação de alienação fiduciária, na data do leilão, nele incluídos os juros convencionais, as penalidades e os demais encargos contratuais; II – despesas: a soma das importâncias correspondentes aos encargos e custas de intimação e as necessárias à realização do público leilão, nestas compreendidas as relativas aos anúncios e à comissão do leiloeiro". Sobre a possível aplicação do art. 891 do CPC à excussão extrajudicial da Lei nº 9.514/1997, cf. Melhim Namem Chalhub, *Alienação fiduciária*, Rio de Janeiro: Forense, 2019, p. 324.

20 O art. 9º da Lei n° 13.476/2017 excepciona o perdão legal para operações envolvendo abertura de limite de crédito. É ver-se: "Se, após a excussão das garantias constituídas no instrumento de abertura de limite de crédito, o produto resultante não bastar para quitação da dívida decorrente das operações financeiras derivadas, acrescida das despesas de cobrança, judicial e extrajudicial, o tomador e os prestadores de garantia pessoal continuarão obrigados pelo saldo devedor remanescente, não se aplicando, quando se tratar de alienação fiduciária de imóvel, o disposto nos §§ 5º e 6º do art. 27 da Lei nº 9.514, de 20 de novembro de 1997". A controvertida MPV 992/2020 também exclui a incidência do perdão legal nos seguintes termos: "§ 4º O disposto no § 5º do art. 27 da Lei nº 9.514, de 1997, não se aplica às operações garantidas pelo compartilhamento da alienação fiduciária, hipótese em que o credor fiduciário poderá exigir o saldo remanescente, exceto quando uma ou mais operações tenham natureza de financiamento imobiliário habitacional contratado por pessoa natural". V. tb. art. 27,

espécies de garantia real, inclusive as modalidades de alienação fiduciária atinentes aos direitos e bens móveis, se submetem à norma geral insculpida no art. 1.430 do Código Civil, segundo a qual, uma vez executada a garantia, o devedor continua a responder pessoalmente pelo eventual saldo em aberto.[21]

O "perdão legal" deve ser interpretado com cautela. Em primeiro lugar, não deve prevalecer na hipótese de as partes, no âmbito de relação paritária, o afastarem. Com efeito, não havendo vulnerabilidade, não há razão para que esse perdão, absolutamente excepcional em todo o sistema de garantias, prevaleça a despeito de sua exclusão pelas partes. Além disso, também não deve incidir, mesmo havendo disparidade entre as partes, caso o bem imóvel tenha sido dado como garantia parcial e não total da dívida. Não raro, o imóvel é concedido em garantia juntamente com outros bens, inclusive outros imóveis, por vezes submetidos a cartórios distintos, e não faria sentido que uma garantia parcial pudesse interferir com o valor total da dívida.[22]

---

§ 3º, da Lei nº 13.986/2020: "Se, no segundo leilão de que trata o art. 27 da Lei nº 9.514, de 20 de novembro de 1997, o maior lance oferecido não for igual ou superior ao valor da dívida, somado ao das despesas, dos prêmios de seguro e dos encargos legais, incluídos os tributos, o credor poderá cobrar do devedor, por via executiva, o valor remanescente de seu crédito, sem nenhum direito de retenção ou indenização sobre o imóvel alienado"; e art. 14, § 6º, da Lei n° 11.795/2008: "Para os fins do disposto neste artigo, o oferecedor de garantia por meio de alienação fiduciária de imóvel ficará responsável pelo pagamento integral das obrigações pecuniárias estabelecidas no contrato de participação em grupo de consórcio, por adesão, inclusive da parte que remanescer após a execução dessa garantia".

21 Art. 1.430, Código Civil: "Quando, excutido o penhor, ou executada a hipoteca, o produto não bastar para pagamento da dívida e despesas judiciais, continuará o devedor obrigado pessoalmente pelo restante." Em relação à alienação fiduciária, o art. 1.336 estabelece norma análoga: "Quando, vendida a coisa, o produto não bastar para o pagamento da dívida e das despesas de cobrança, continuará o devedor obrigado pelo restante". Ressalte-se que, nos termos do art. 1368-A, tal comando é aplicável a qualquer modalidade de alienação ou cessão em garantia, ressalvada apenas a alienação fiduciária de imóveis, haja vista o regramento específico contido no § 5º do art. 27 da Lei nº. 9.514/1997.

22 "(...) as garantias outorgadas para crédito de tamanha envergadura consistiram de diversos bens imóveis e móveis, razão pela qual a regra do artigo 26, parágrafo 5º., da L. nº 9.514/97 deve ser interpretada não de modo literal, mas sim de modo teleológico e afinado com a causa do contrato. Não resta dúvida que o artigo 25 da L. 9.514/97 disciplina a excussão dos imóveis cuja propriedade já se encontra consolidada nas mãos do credor fiduciário. Tem especial interesse o parágrafo 5º., que dispõe que caso em segundo leilão não sejam ofertados lances de valor igual ou superior ao valor da dívida, o saldo remanescente da dívida será extinto. Cuida-se de espécie de perdão legal do

Em definitivo, o perdão legal contido na Lei nº 9.514/1997 destina-se a proteger o contratante vulnerável que financia a aquisição do imóvel que transfere ato contínuo em garantia fiduciária ao mutuante.[23] Tem por escopo garantir a correspondência entre o valor do imóvel e o valor da dívida, de sorte a tutelar o mutuário vulnerável em caso de insuficiência do valor

---

saldo remanescente da dívida, depois de esgotada a garantia da propriedade fiduciária pela excussão do imóvel. Sucede que, no caso concreto, a propriedade fiduciária teve por objeto não somente um, mas sim três valiosos imóveis nos quais se encontram instaladas fazendas e plantas de usinas de cana de açúcar. (...). O preceito do artigo 26, parágrafo 5º., foi pensado para a hipótese mais comum de propriedade fiduciária, qual seja, o financiamento da casa própria. Sucede que na reforma legislativa de 2.004 a propriedade fiduciária recebeu expressiva ampliação, e passou a servir de garantia para contratos em geral. Houve, por consequência, uma sofisticação dos negócios que passaram a contar com a propriedade fiduciária, que escapam das hipóteses legais. Certos contratos passaram a contar com diversos imóveis em garantia fiduciária simultânea. Em outros casos, determinado imóvel passou a servir de garantia a diversos contratos (...). O que se extrai da causa do contrato, da complexa operação econômica que entabularam as partes, do volume de crédito concedido, do conjunto de garantias recebidas e das próprias cláusulas contratuais é que a excussão de um dos imóveis não provocaria a extinção da totalidade da dívida e nem a liberação das demais garantias" (TJSP, 1ª CRDE, AI 2034093-33.2015.8.26.0000, Rel. Des. Francisco Loureiro, julg. 8.4.2015).

---

23 "A exoneração da responsabilidade do devedor fiduciante pelo pagamento da dívida que eventualmente remanescer após o segundo leilão, prevista no § 5º do art. 27 da Lei nº 9.514/1997, é matéria que comporta ressalvas. Com efeito, trata-se de mecanismo compensatório justificado pelo sentido social do crédito habitacional e dele há precedente no direito positivo brasileiro: a Lei nº 5.741, de 1971, que institui processo especial de execução de crédito vinculado ao Sistema Financeiro da Habitação, prevê que, não havendo lance que cubra o valor da dívida, dá-se a automática adjudicação do imóvel ao credor com a quitação da dívida, operando a adjudicação os mesmos efeitos da dação em pagamento. No que tange à alienação fiduciária sobre bens imóveis, quando da formulação do Projeto de Lei que resultou na Lei nº 9.514/1997, cogitava-se de sua aplicação restrita ao mercado habitacional, de modo que, em atenção ao grande alcance social desses financiamentos, a lei exonerou o fiduciante da obrigação de pagar o saldo devedor que remanescesse, caso o imóvel fosse levado a leilão e não se alcançasse valor suficiente para resgate da dívida. Sucede que, posteriormente, a Lei nº 10.931, de 2004, no seu art. 51, estendeu a aplicação da alienação fiduciária de bens imóveis para garantia das obrigações em geral, sejam habitacionais ou empresariais, sem, contudo, fazer qualquer ressalva quanto ao perdão da dívida previsto na Lei nº 9.514, de modo que, mesmo nos empréstimos destinados a atividades empresariais a empresa devedora ficará exonerada de pagar o saldo devedor, caso não se alcance no leilão valor suficiente para resgatar inteiramente sua dívida. Compreende-se o propósito do legislador original, da Lei nº 9.514/1997, de compensar a vulnerabilidade econômica do contratante mais fraco, mas tal mecanismo de compensação somente se justifica em casos merecedores de proteção especial (...)" (Melhim Namem Chalhub, *Alienação fiduciária*, Rio de Janeiro: Forense, 2019, pp. 321-324).

do imóvel para fazer frente à dívida contraída justamente para a aquisição deste mesmo imóvel. Para além dessa específica hipótese, que poderia justificar axiologicamente a existência do excepcional preceito, sua aplicação irrestrita pode gerar severas iniquidades, notadamente em relações paritárias. Ademais, insista-se que o dispositivo não se aplica aos casos em que o imóvel foi conferido como garantia parcial da dívida.

Usucapião Extrajudicial: Aspectos Relevantes

Rosângela Maria de Azevedo Gomes

1. Introdução

O atual Código de Processo Civil, em sintonia com o processo de desjudicialização[1] pelo qual vem passando o ordenamento jurídico brasileiro, introduziu a modalidade extrajudicial de usucapir bens imóveis (art. 1.071, CPC), alterando o art. 216 da Lei nº 6.015 de 1973 (Lei de Registros Públicos)[2].

O procedimento extrajudicial ou cartorário para o divórcio consensual sem filhos menores ou incapazes e o inventário com partilha de bens consensual entre herdeiros, são possíveis, desde 2007, quando a Lei nº 11.441, alterou o Código de Processo Civil de 1973, introduzindo no seu texto o art. 1.124-A. Tal medida, que a princípio gerou certo temor no meio jurídico, hoje é uma forma salutar e célere de proteção de direitos, inclusive, favorecendo o acordo prévio para que as partes envolvidas possam ter uma rápida satisfação dos seus interesses.

Com a experiência exitosa da via extrajudicial para o divórcio/separação/dissolução de união estável e inventário por morte, o legislador processual ao elaborar a proposta do novo Código, diligentemente, gerou a possibilidade de ser reconhecida a usucapião de bem imóvel[3] pela via extrajudicial. A intenção foi a celeridade do rito, desafogar o Poder Judiciário[4], favorecer o consenso, dinamizar as relações jurídicas imobiliárias, gerar meios para a regularização fundiária afastando, assim, a informalidade.

---

1   A introdução de mecanismos que favoreçam a composição de interesses sem a necessidade do crivo judicial é o que se denomina de desjudicialização. Meios alternativos de solução de conflitos (negociação, mediação e arbitragem), práticas preventivas, tal como as práticas colaborativas, e procedimentos administrativos em substituição aos judiciais são, em linhas gerais, as formas mais recorrentes e eficazes de satisfação e tutela de direitos. O mundo globalizado requer celeridade e efetividade, assim sendo, o Poder Judiciário inchado e moroso (modelo tradicional), está sendo, paulatinamente, substituído pelas vias extrajudiciais, que atendem com melhor adequação a dinâmica social e econômica atual, favorecendo, com a redução de demandas judiciais, inclusive, a melhor prestação do serviço jurisdicional.

2   Art. 1.071. O Capítulo III do Título V da Lei no 6.015, de 31 de dezembro de 1973 (Lei de Registros Públicos), passa a vigorar acrescida do seguinte art. 216-A.

3   A usucapião extrajudicial só é admitida para bens imóveis.

4   A ação de usucapião, seja de bens móveis ou imóveis, é um dos mais longos e trabalhosos procedimentos. A simplificação, pela via extrajudicial, mantendo a segurança jurídica, posto ser processado perante registro público, é altamente salutar.

A via extrajudicial se processa em cartório – em Ofício de Notas (ata notarial) e Registro de Imóveis – dinamizando a alteração da titularidade e gerando maior segurança aos envolvidos. A opção pela usucapião extrajudicial não exclui a possibilidade de judicialização da demanda, diante, por exemplo, da insuficiência de provas ou ausência de requisitos exigidos para a usucapião extrajudicial. Na mesma toada, nada obsta que o procedimento inicie pela via judicial e, no seu curso, a opção pela via extrajudicial, seja a solução encontrada pelas partes, consensualmente, para agilizar o resultado final pretendido[5].

A regulamentação da usucapião extrajudicial ficou, de início, à cargo dos Tribunais de Justiça estaduais (Corregedorias)[6], uma vez que cabe à eles o controle dos cartórios de registros públicos. Posteriormente, a Lei nº 13.465 de 2017, que alterou o art. 216-A da Lei de Registros Públicos (Lei nº 6.015/73), e o Provimento 65 do Conselho Nacional de Justiça (CNJ) tornaram-se os marcos que orientam a aplicação do procedimento extrajudicial da usucapião de bens imóveis[7].

2. A usucapião extrajudicial:

2.1. Objeto da usucapião extrajudicial

A lei é clara ao permitir o procedimento da usucapião extrajudicial apenas aos bens imóveis. Assim, deve-se ter por base a diretriz do Código Civil para identificar os bens imóveis, a saber:

> Art. 79. São bens imóveis o solo e tudo quanto se lhe incorporar natural ou artificialmente.
>
> Art. 80. Consideram-se imóveis para os efeitos legais: I – os direitos reais sobre imóveis e as ações que os asseguram; II – o direito à sucessão aberta.

---

5   Art. 2º, §§2º e 3º do Provimento 65/CNJ:
    § 2º Será facultada aos interessados a opção pela via judicial ou pela extrajudicial; podendo ser solicitada, a qualquer momento, a suspensão do procedimento pelo prazo de trinta dias ou a desistência da via judicial para promoção da via extrajudicial.
    § 3º Homologada a desistência ou deferida a suspensão, poderão ser utilizadas as provas produzidas na via judicial.

6   O Tribunal de Justiça do Estado do Rio de Janeiro editou o Provimento CGJ nº 23/2016, por exemplo.

7   Art. 216-A. Sem prejuízo da via jurisdicional, é admitido o pedido de reconhecimento extrajudicial de usucapião, que será processado diretamente perante o cartório do registro de imóveis da comarca em que estiver situado o imóvel usucapiendo, a requerimento do interessado, <u>representado por advogado *ou defensor público*</u> (incluído pelo Provimento 65/CNJ). (grifo nosso)

Art. 81. Não perdem o caráter de imóveis: I – as edificações que, separadas do solo, mas conservando a sua unidade, forem removidas para outro local; II – os materiais provisoriamente separados de um prédio, para nele se reempregarem.

Diante do exposto, surgem indagações: O direito de superfície (art. 21, e seguintes da Lei nº 10.257/2001 e art. 1.369 e seguintes, CC) e o direito de laje (art. 1.510-A à 1.510-E, CC) podem ser objeto de usucapião extrajudicial? A servidão aparente, que pode ser objeto de usucapião (art. 1.379, parágrafo único, CC), pode ser reconhecida através da modalidade extrajudicial? E a multipropriedade, exercida sobre fração de tempo (art. 1.358-B à UCC)? E o domínio útil sobre bens públicos?

A resposta aos questionamentos é positiva. Sim, pode ser objeto da usucapião extrajudicial qualquer bem imóvel passível de ser usucapido. Ou seja, desde que, o bem ou direito tenha a natureza de bem imóvel, poderá, analisada a qualidade da posse, ser arguida a usucapião por procedimento extrajudicial[8].

Vedação expressa constitucional aos bens públicos[9], conforme art. 183, §3º, da Constituição Federal, adotada também pelo art. 2º, §4º do Provimento 65/CNJ: "Não se admitirá o reconhecimento extrajudicial da usucapião de bens públicos, nos termos da lei." Entretanto, remarque-se que o domínio útil ou o direito de superfície sobre bem público é passível de ser reconhecido pela usucapião judicial ou extrajudicial.

Importante observação deve ser feita: usucapião é instituto distinto da legitimação fundiária.

A Lei nº 13.465 de 2017, no art. 23 e seguintes, ao tratar dos instrumentos da REURB (Regularização Fundiária Urbana), trouxe a possibilidade de, através da legitimação fundiária, haver a transferência de titularidade do bem público ao particular, visando a regularização fundiária. O procedimento é administrativo, entretanto, difere da usucapião extrajudicial: (i) são instrumentos distintos, que não dialogam entre si; (ii) o procedimento da usucapião extrajudicial é em cartório de registros público, já o da legitimação fundiária é junto ao órgão público titular do direito real de propriedade e Prefeitura local; (iii) a usucapião pode ter como objeto área urbana ou rural, isso não ocorre com a legitimação fundiária, pois o bem

---

[8] Art. 2º, §§ 1º do Provimento 65/CNJ: § 1º O procedimento de que trata o caput poderá abranger a propriedade e demais direitos reais passíveis da usucapião.

[9] O STJ entende a imprescritibilidade de bem público: REsp 1.448.026-PE, Rel. Min. Nancy Andrighi, por unanimidade, julgado em 17/11/2016, DJe 21/11/16, em, https://ww2.stj.jus.br/jurisprudencia/externo/informativo, acesso em 25/07/20.

imóvel deve estar situado em área urbana. Assim sendo, a legitimação fundiária é instrumento da REURB e, portanto, se limita às regras definidas em lei para a regularização fundiária de áreas no perímetro urbano e passíveis de serem regularizadas, conforme identificação no plano diretor municipal ou em lei municipal específica. A usucapião é instrumento que se aplica à qualquer bem com natureza de bem imóvel, estando situado em área urbana ou rural.

2.2. Procedimento da usucapião extrajudicial:

O Provimento 65/CNJ apresenta, detalhadamente, o procedimento administrativo da usucapião extrajudicial, que requer acompanhamento do feito por advogado ou defensor público, com procuração para tanto (art. 4º), inclusive do cônjuge ou companheiro(a) do requerente[10].

O art. 3º reconhece que os requisitos da petição inicial (art. 319, CPC), adequados ao tramite, não podem ser afastados e elenca outros mais, a saber:

> Provimento 65/CNJ: Art. 3º O requerimento de reconhecimento extrajudicial da usucapião atenderá, no que couber, aos requisitos da petição inicial, estabelecidos pelo art. 319 do Código de Processo Civil – CPC, bem como indicará: I – a modalidade de usucapião requerida e sua base legal ou constitucional; II – a origem e as características da posse, a existência de edificação, de benfeitoria ou de qualquer acessão no imóvel usucapiendo, com a referência às respectivas datas de ocorrência; III – o nome e estado civil de todos os possuidores anteriores cujo tempo de posse foi somado ao do requerente para completar o período aquisitivo; IV – o número da matrícula ou transcrição da área onde se encontra inserido o imóvel usucapiendo ou a informação de que não se encontra matriculado ou transcrito; V – o valor atribuído ao imóvel usucapiendo.

2.2.1. Espécie de usucapião a ser adotada e sua base legal:

Qualquer espécie de usucapião pode ser aplicada na via extrajudicial, inclusive a usucapião familiar (art. 1.240-A, CC). Porém, é interessante verificar os meios probatórios que deverão ser apresentados. Portanto, dependendo da espécie eleita, mais provas serão juntadas ao pedido. Tal cautela

---

10 A Lei nº 13.465/2017, no art. 14, V, confere legitimidade ativa ao Ministério Público para requerer a REURB. A usucapião é um dos instrumentos adequados para a regularização fundiária e, sendo, o *Parquet* legitimado ativo para a tutela dos direitos transindividuais, notadamente, os coletivos (Lei nº 7.347/1985), deve-se considerar a hipótese da legitimidade ativa do Ministério Público para o procedimento da usucapião extrajudicial em áreas ocupadas em composse.

deverá ser observada para a melhor escolha da modalidade, diante da instrução probatória.

De toda forma, é requisito de admissibilidade indicar a espécie de usucapião e sua base legal.

2.2.2. Breve relato da posse, qualificação do possuidor e características do imóvel

A posse é um dos elementos centrais da usucapião. Somente o possuidor tem direito à usucapir, aliás foi este raciocínio que, no período romano, deu ensejo ao instituto da usucapião.

Partia-se da premissa que todo aquele que exerce um poder sobre um bem com o perfil de dono (*animus domini*), durante um lapso temporal determinado, sem oposição e prolongado, teria o direito à sua aquisição[11].

Logo, a posse era um degrau para a propriedade. Portanto, nessa modelagem histórica, a posse entrou no ordenamento jurídico brasileiro desde as Ordenações do Reino, passando pelo Código Civil de 1916 e o atual (art. 1.196 e 1.204, CC)[12]. Certo é que, tal assertiva, atualmente, deve ser temperada pelo princípio da função social da propriedade (art. 5º, XXIII e art. 170, III, CF; art. 1.228, §1º, CC) que se alinha à posse, uma vez que o paradigma da posse é a propriedade[13].

Assim, a posse ganha, na atualidade, autonomia jurídica. Deixa de ser uma etapa para se galgar a propriedade e torna-se um direito de *per si*[14].

---

11   A Teoria da Vontade ou Subjetiva (Savigny) é a adotada pelo Código Civil para a usucapião. Embora o Código Civil atual tenha abraçado, em quase todos os artigos, a Teoria Objetiva (Ihering), na qual o *animus*, ainda que não com a intenção de ser dono, porém, sem impedimento legal, caracteriza a posse. Mas, para efeitos de usucapião, o legislador manteve a Teoria da Vontade como diretriz qualificadora da posse para usucapir.

12   Art. 1.196, CC. Considera-se possuidor todo aquele que tem de fato o exercício, pleno ou não, de algum dos poderes inerentes à propriedade.
Art. 1.204, CC. Adquire-se a posse desde o momento em que se torna possível o exercício, em nome próprio, de qualquer dos poderes inerentes à propriedade.

13   Embora a Constituição Federal brasileira não declare, expressamente, a função social da posse como o fez com a propriedade, pode-se dizer, sem receio, que a posse deve ser exercida com função social. Trata-se de técnica de hermenêutica – interpretação conforme – que amplia o comando do art. 1.196, CC.

14   Indica-se, para aprofundar o tema, as obras dos autores Marcos Alcino Torres, Marco Aurélio Bezerra de Melo e Ana Rita Albuquerque. Na esfera internacional, Hernandes Gil é referência com seu tratado sobre a posse.

Logo, há que se definir com muito cuidado e profundidade a origem da posse *ad usucapionem*.

Não se pode olvidar que determinados possuidores não estão legitimados à usucapião, por vedação legal (art. 1.200 c/c art.1.208, CC)[15], segundo a natureza da posse, que o desqualifica à aquisição de direitos dela decorrentes, dentre estes o de usucapir. Assim é que, por exemplo, um inquilino que não honra com o contrato não pagando os aluguéis, não terá direito à usucapião, ainda que diante da inércia do locador.

Também, deve-se observar as causas que impedem, suspendem ou interrompem a prescrição (art. 197 à 204, CC), posto ser a usucapião forma de prescrição aquisitiva.

Admite-se a soma de posses (acessão de posses – art. 1.203 c/c 1.207, 2ª parte, CC) e ao herdeiro à título universal impõe-se a posse com a mesma qualidade com que era exercida pelo sucedido (art. 1.206 c/c 1.207, 1ª parte e 1.784, CC). Portanto, deve-se comprovar, perante o registrador, a qualidade da posse dos antecessores do atual possuidor. Tal diretriz se dará através de meios probatórios diversos, tal como: documentos – promessa de compra e venda, por exemplo, (art. 13, §1º, Provimento 65CNJ) -, testemunhas, certidões atualizadas, ainda que de pessoas falecidas há longo tempo, etc.

Ressalte-se que se o antecessor, que transmitiu a posse era casado ou em união estável, urge ter as certidões dos cônjuges/ conviventes, também. Tal exigência deve ser relativizada perante o regime de separação de bens, pois, conforme o art. 1.647, CC, este é o único regime que abstrai a outorga do cônjuge ou companheiro. Some-se, ainda, a diretriz sucessória do art. 1.829, I, do Código Civil atual. Caso o falecimento do titular da propriedade tenha ocorrido sob a égide do Código Civil de 1916, por ser o cônjuge sucessor facultativo, existindo herdeiros necessários, não deve ser feita a exigência das certidões do cônjuge ou companheiro.

Importante, nesse sentido, assinalar que, na posse adquirida por sucessão *mortis causa*, diante do princípio da sucessão automática da herança, o sucessor deverá comprovar a qualidade e os requisitos da posse do autor da herança. Ainda que os herdeiros ou legatários não tenham a qualidade suficiente para usucapir, mas se os requisitos para tanto foram preenchidos pelo *de cujus*, há que se conferir a usucapião aos seus sucessores.

---

15   Art. 1.200. É justa a posse que não for violenta, clandestina ou precária.
       Art. 1.208. Não induzem posse os atos de mera permissão ou tolerância assim como não autorizam a sua aquisição os atos violentos, ou clandestinos, senão depois de cessar a violência ou a clandestinidade.

Outro dado relevante é a descrição das características do imóvel, entendendo-se como meios adequados para tanto: plantas, memorial descritivo, matrícula do imóvel, etc[16].

Questão recorrente é a ausência de matrícula do imóvel. Observe-se que a matrícula imobiliária foi criada pela Lei nº 6.015 de 1973, ou seja, o fato do imóvel não ter matrícula não significa que ele não tenha registro[17]. A ausência de matrícula traduz, apenas, a inexistência de movimentação de atos cartorários em relação ao bem imóvel em questão. Embora a usucapião, gere a propriedade originária, abstraindo todas as relações proprietárias anteriores, para efeitos registrais, respeitando o princípio da continuidade do registro público, haverá a abertura de uma matrícula quando da lavratura da usucapião, com a descrição da sequência de titularidades anteriores.

Portanto, é fundamental que o possuidor tenha, na instrução probatória, a comprovação do rol de titulares do bem em questão. Havendo a lacuna na transmissão não poderá ocorrer a usucapião pela via extrajudicial. Entretanto, poderá haver a demanda judicial.

Importante, ainda, informar o número de imóveis atingidos pela pretensão aquisitiva, sua localização[18] e valor. Este último dado é relevante para a atribuição dos emolumentos e custas cartorárias[19].

---

16   PROVIMENTO 65/CNJ: Art. 4º, II – planta e memorial descritivo assinados por *profissional legalmente habilitado* e com prova da Anotação da Responsabilidade Técnica – ART ou do Registro de Responsabilidade Técnica – RTT no respectivo conselho de fiscalização profissional e pelos titulares dos direitos registrados ou averbados na matrícula do imóvel usucapiendo ou na matrícula dos imóveis confinantes ou pelos ocupantes a qualquer título.

17   Aconselha-se verificar, para identificar o Registro de Imóveis competente, na hipótese de imóveis muito antigos, a divisão política que criou novas municipalidades. Assim, é comum verificar que a gleba maior pode estar registrada em um município distinto daquele onde está localizada a fração de terreno que se pretende usucapir.

18   Caso estejam localizados em mais de um Município deve ser informado, por força da competência do registro público, pois o que tem a maior gleba terá competência para o registro e, consequentemente, para o procedimento.

19   Art. 26. Enquanto não for editada, no âmbito dos Estados e do Distrito Federal, legislação específica acerca da fixação de emolumentos para o procedimento da usucapião extrajudicial, serão adotadas as seguintes regras: I – no tabelionato de notas, a ata notarial será considerada ato de conteúdo econômico, devendo-se tomar por base para a cobrança de emolumentos o valor venal do imóvel relativo ao último lançamento do imposto predial e territorial urbano ou ao imposto territorial rural ou, quando não estipulado, o valor de mercado aproximado; II – no registro de imóveis, pelo processamento da usucapião, serão devidos emolumentos equivalentes a 50% do valor previsto na tabela de emolumentos para o registro e, caso o pedido seja deferido, também serão devidos emolumentos pela aquisição da propriedade equivalentes a 50% do valor previsto na tabela de emolumentos para o registro, tomando-se por base

Lembrando que, o maior número de dados e indicadores deve ser oferecido na petição que requer o registro da ata notarial pelo Registrador de Imóveis.

A petição deverá ser assinada pelo(s) requerente(s), cônjuges ou companheiro(a) e pelo advogado ou defensor público, com a devida autenticação.

2.2.3. Ata Notarial

A ata notarial deve ser lavrada pelo tabelião do Ofício de Notas do Município onde está localizado o bem imóvel[20], com a comprovação dos documentos indicados no Provimento 65/CNJ, informando a modalidade de usucapião pretendida, assinada pelo possuidor, titulares de direitos reais e testemunhas[21].

Em relação às testemunhas, deve-se esclarecer que as assinaturas podem ser supridas por declarações, com assinaturas e documentos comprobatórios da identidade do declarante.

O tabelião de notas poderá comparecer pessoalmente para inspecionar a veracidade das alegações contidas no pedido a ser lavrado em ata notarial. Mas, não há obrigatoriedade de realizar diligências (art. 5º,

---

o valor venal do imóvel relativo ao último lançamento do imposto predial e territorial urbano ou ao imposto territorial rural ou, quando não estipulado, o valor de mercado aproximado.

20 Provimento 65/CNJ, Art. 5º A ata notarial mencionada no art. 4º deste provimento será lavrada pelo tabelião de notas do município em que estiver localizado o imóvel usucapiendo ou a maior parte dele, a quem caberá alertar o requerente e as testemunhas de que a prestação de declaração falsa no referido instrumento configurará crime de falsidade, sujeito às penas da lei.

21 Art. 4º, I – ata notarial com a qualificação, endereço eletrônico, domicílio e residência do requerente e respectivo cônjuge ou companheiro, se houver, e do titular do imóvel lançado na matrícula objeto da usucapião que ateste: a) a descrição do imóvel conforme consta na matrícula do registro em caso de bem individualizado ou a descrição da área em caso de não individualização, devendo ainda constar as características do imóvel, tais como a existência de edificação, de benfeitoria ou de qualquer acessão no imóvel usucapiendo; b) o tempo e as características da posse do requerente e de seus antecessores; c) a forma de aquisição da posse do imóvel usucapiendo pela parte requerente; d) a modalidade de usucapião pretendida e sua base legal ou constitucional; e) o número de imóveis atingidos pela pretensão aquisitiva e a localização: se estão situados em uma ou em mais circunscrições; f) o valor do imóvel; g) outras informações que o tabelião de notas considere necessárias à instrução do procedimento, tais como depoimentos de testemunhas ou partes confrontantes;

I, Provimento 65/CNJ) nesse sentido, sobretudo diante de provas robustas que comprovem a veracidade dos fatos alegados.

A ata notarial poderá conter imagens, plantas baixas[22], sons gravados eletronicamente, ou seja, todos os meios lícitos para a comprovação da posse qualificada.

A planta será assinada por profissional responsável com Registro de Responsabilidade Técnica atualizado e pelos titulares de direitos reais[23] averbados na matrícula do imóvel usucapiendo ou dos confinantes . Entretanto, caso não esteja assinada por estes últimos, "eles serão notificados pelo oficial de registro de imóveis ou por intermédio do oficial de registro de títulos e documentos para que manifestem consentimento no prazo de quinze dias, considerando-se sua inércia como concordância", conforme art. 10 do Provimento 65/CNJ, esta informação deverá estar expressa na notificação. Admite-se a notificação por meio eletrônico, desde que autorizada pelo Tribunal de Justiça competente.

Será dispensada a apresentação da planta se o imóvel a ser usucapido for unidade de condomínio edilício ou loteamento regularmente registrado, indicando a averbação constante da matrícula do imóvel. Hipótese na qual, bastará a declaração do síndico anuindo com o ato requerido (artigos 4º à 7º do Provimento 65/CNJ).

2.2.4. Registro de Imóveis:

O procedimento da usucapião extrajudicial é finalizado junto ao Registro de Imóveis competente. Para tanto, o requerente instruirá a petição, na qual requer a usucapião, com a ata notarial e os documentos originais probatórios.

Na sequência, o oficial de Registro de Imóveis, após receber o pedido, conferir a documentação e requerer as certidões devidas, dará ciência à União, ao Estado, ao Distrito Federal ou ao Município, pessoalmente, por

---

22 Provimento 65/CNJ; Art. 4º, II – planta e memorial descritivo assinados por *profissional legalmente habilitado* e com prova da Anotação da Responsabilidade Técnica – ART ou do Registro de Responsabilidade Técnica – RTT no respectivo conselho de fiscalização profissional e pelos titulares dos direitos registrados ou averbados na matrícula do imóvel usucapiendo ou na matrícula dos imóveis confinantes ou pelos ocupantes a qualquer título.

23 Provimento 65/CNJ, Art. 12. Na hipótese de algum titular de direitos reais e de outros direitos registrados na matrícula do imóvel usucapiendo e na matrícula do imóvel confinante ter falecido, poderão assinar a planta e memorial descritivo os herdeiros legais, desde que apresentem escritura pública declaratória de únicos herdeiros com nomeação do inventariante.

intermédio do oficial de Registro de Títulos e Documentos, ou pelo correio com aviso de recebimento, para que se manifestem sobre o pedido. O prazo para manifestação é de 15 dias, conforme o Provimento 65/CNJ. O silêncio será considerado como ausência de interesse e, portanto, a usucapião terá prosseguimento (art. 15, §1º do Provimento 65/CNJ).

O oficial do Registro de Imóveis promoverá a publicação de edital em jornal de grande circulação, onde houver, para a ciência de terceiros eventualmente interessados, que poderão se manifestar em 15 (quinze) dias (art.16 do Provimento 65/CNJ).

Para elucidar qualquer ponto de dúvida, imprecisão ou incerteza em relação aos fatos narrados e documentos apresentados, poderão ser solicitadas ou realizadas diligências pelo oficial de Registro de Imóveis ou escrevente habilitado. Ao final das diligências, se a documentação não estiver em ordem, o oficial de registro de imóveis rejeitará o pedido. A rejeição do pedido extrajudicial não impede o ajuizamento de ação de usucapião.

Entretanto, se não houver qualquer questionamento em relação ao pedido de usucapião, este será registrado com a abertura de matrícula para o imóvel, caso não a tenha.

Em qualquer caso, é lícito ao interessado suscitar o procedimento de dúvida, nos termos da lei, que diante de impugnação do pedido de reconhecimento extrajudicial de usucapião, apresentada por qualquer um dos titulares de direito reais e de outros direitos registrados ou averbados na matrícula do imóvel usucapiendo e na matrícula dos imóveis confinantes, por algum dos entes públicos ou por algum terceiro interessado, o oficial de Registro de Imóveis remeterá os autos ao juízo competente da comarca da situação do imóvel[24], cabendo ao requerente emendar a petição inicial para adequá-la ao procedimento comum.

Por fim, cabe afirmar que a usucapião extrajudicial é um procedimento que ganha espaço no cenário da regularização fundiária, alçando o registro público ao patamar do protagonismo na efetividade da função social da posse.

---

24 Normalmente a competência é da Vara de Registros Públicos.

O Loteamento Urbano e os Direitos do Adquirente de Lote

Eroulths Cortiano Junior

1. Os permanentes problemas do acesso à moradia e da ordenação das cidades exige a urbanização de áreas mediante o parcelamento do solo e a colocação das terras parcelares no mercado. O titular do direito de propriedade faz desmembrar ou parcelar áreas de terras para comerciar os lotes individual e separadamente.

2. O desmembramento é a repartição de área de terras dentro de um ambiente urbanístico existente, permitindo aumento na densidade da ocupação: uma grande área já urbanizada é dividida em lotes destinados à edificação, aproveitando o sistema viário existente.

3. O loteamento urbano permite desenvolver ou ampliar espaços, geralmente desocupados, para fazer crescer o ambiente urbano. No loteamento, divide-se uma área de terras em lotes destinados a edificação, com abertura de novas vias de circulação e implantação de infraestrutura então inexistente ou precária. Os procedimentos para o loteamento urbano (grosso modo, apresentação de projeto de parcelamento do solo, licenciamento ambiental, autorização da autoridade municipal, realização da infraestrutura, colocação de equipamentos urbanos e registro imobiliário[1]) estão estabelecidos na Lei nº 6.766/1979 (constantemente atualizada, principalmente pelas Leis nº 9.785/1999 e nº 13.465/2017) e em leis e posturas municipais informadas pela vocação de cada localidade.

---

1   Os loteamentos que, após aprovação da autoridade municipal, não são submetidos a registro imobiliário, têm sido chamados de loteamentos irregulares. Os loteamentos que não foram submetidos à análise do da autoridade municipal, são nominados loteamentos clandestinos. Em ambos os casos, os eventuais adquirentes dos lotes somente terão acesso à propriedade de seus lotes após a regularização fundiária da área ou por intermédio de usucapião. A autonomia, as necessidades e a inventividade dos empreendedores e moradores têm feito surgir modalidades de loteamentos condominiados com regras peculiares de operação, como os chamados "loteamentos de acesso controlado" (art. 2º, § 8º da Lei nº 6.766/79) ou o "condomínio de lotes" (artigo 1.358-A ao Código Civil), harmonizando os interesses dos proprietários com a função social das cidades.

4. O loteamento urbano é uma via de mão dupla: ao tempo em que permite organizar o espaço geográfico, conforma a terra como mercadoria. O retalhamento de grandes áreas torna o imóvel mais atraente ao mercado e permite a aquisição das partes loteadas. É, assim, um instrumento do poder público para ordenar o crescimento das cidades e um instrumento do mercado para criar um bem de uso. A transformação da terra em mercadoria tem como elemento fundamental o registro imobiliário (portanto a regularização plena do loteamento): ele atribui ao imóvel a qualidade de propriedade individual e autônoma, apta a ingressar no mercado.

5. Justamente por seu aspecto instrumental do acesso à moradia, a transmissão da propriedade no caso do loteamento se basta pelo instrumento particular de compromisso de compra e venda de lote urbano, firmado entre o loteador e o adquirente: acompanhado de prova de quitação do preço, A simplificação da primeira transmissão da propriedade, excepcionando a escritura pública, torna mais prática e menos onerosa a aquisição do imóvel e incentiva ainda mais a mercantilização solo urbano.

6. As facilidades para a aquisição de lote urbano trazem, naturalmente, o problema de contratos frustrados, notadamente pelo inadimplemento das obrigações do adquirente. Ao assumir os ônus do loteamento, o loteador faz uma espécie de aposta no adimplemento das obrigações pelos compradores. e conta com o pagamento do preço.

7. Razões subjetivas (perda de renda, investimentos mal planejados) e objetivas (crise imobiliária, decadência do valor do imóvel adquirido diante do saldo restante do preço) remetem a situações de frustração do contrato, que acabam chegando no Judiciário.

8. De uma maneira geral, os tribunais, usando princípios, cláusulas gerais e normas protetivas do consumidor, vinham resolvendo os conflitos de maneira benéfica ao adquirente (por exemplo, mandando o vendedor devolver valores pagos com deduções não abusivas, acatando o mero arrependimento como motivo justo para a resilição do contrato, invertendo as cláusulas contra os vendedores, limitando multas previstas em contratos).

9. Em reação aos números da inadimplência e à posição dos tribunais, o Legislativo movimentou-se para regular especificamente a questão e uniformizar as soluções dadas aos conflitos.

10. A Lei nº 13.786/2018 busca justamente disciplinar a resilição e a resolução de contratos por inadimplemento do adquirente de unidade imobiliária em incorporação imobiliária (por isso alterou dispositivos da Lei nº 4.591/1964, conhecida como Lei de Incorporação Imobiliária) e em parcelamento de solo urbano (por isso alterou dispositivos da Lei nº 6.766/1976, conhecida como Lei de Loteamentos).

11. A Lei nº 13.786/2018 tem seu campo de incidência limitado aos contratos que envolvam aquisição em incorporações imobiliárias e loteamentos urbanos, não se aplicando – a não ser por algum malabarismo interpretativo – a todo e qualquer contrato de aquisição de imóvel. Ela incide apenas aos chamados "imóveis na planta", seja em regime de incorporação, seja em regime de loteamento.

12. Alcunhada, imperfeitamente, de *lei do distrato*, e Lei nº 13.786/2018 não tem como foco principal regrar o distrato (instituto que, a rigor, nem precisaria de nova regulação) mas disciplinar o desfazimento do contrato por resilição unilateral ou resolução por inadimplemento.

13. As duas situações (incorporação imobiliária e loteamento) se assemelham porque envolvem a mercantilização da propriedade, mas o inadimplemento dos respectivos contratos de aquisição imobiliária merece tratamento distinto, por suas peculiaridades (ainda que, por vezes, as soluções possam ser as mesmas, ou muito semelhantes). De fato, as soluções apresentadas pela nova lei ao desfazimento de contratos de aquisição em loteamento e incorporação estão muito próximas, ainda que alguma distinção tenha sido criada.

14. No que toca aos contratos de compra e venda (e assemelhados) de imóvel em incorporação imobiliária, os principais pontos da lei são (a) os contratos serão iniciados por um quadro-resumo com informações relevantes; (b) a previsão de um prazo de tolerância de 180 dias para entrega do imóvel, a partir da data estipulada contratualmente, sem que esse atraso permita a resolução do contrato pelo adquirente ou faça incidir sanções ao incorporador; (c) atribuição de direito de o adquirente resolver o contrato se o atraso superar o prazo de tolerância, com recuperação dos valores pagos ou, não querendo resolver o contrato, a obter indenização de 1% sobre o valor do imóvel para cada mês de atraso; (d) em caso de solução do contrato por inadimplemento absoluto do adquirente, reconhecimento do direito dele à recuperação dos valores pagos, com várias compensações, tais como a comissão de corretagem, pena convencional (nunca superior a 25% da quantia paga, salvo se a incorporação estiver submetida a patrimônio de afetação, caso em que o percentual será de 50%), e, se ele tiver usufruído o imóvel, um valor de fruição no importe de 0,5% sobre o valor atualizado do contrato, entre outros, com limitação de valores; (e) reconhecimento de direitos sobre o valor de revenda do imóvel ou seu leilão; e (f) direito de arrependimento, com prazo de 7 dias, para aquisição realizada fora da sede do incorporador.

15. No caso de aquisição de imóvel em loteamento, os direitos do adquirente podem ser resumidos: **(a)** os contratos serão iniciados por um quadro-resumo com informações relevantes; **(b)** em caso de resolução contratual por fato imputado ao adquirente, ele terá direito a reaver os valores que pagou (há prazos específicos para o pagamento dessa restituição), com correção monetária e com os seguintes descontos **(i)** valor correspondente à eventual fruição do imóvel, até o equivalente a 0,75% sobre o valor atualizado do contrato, contado entre a data da transmissão da posse ao adquirente até sua restituição ao loteador; **(ii)** cláusula penal e despesas administrativas, limitado a 10% do valor atualizado do contrato; **(iii)** encargos moratórios relativos às prestações pagas em atraso pelo adquirente; **(iv)** valores de IPTU, contribuições condominiais, associativas ou assemelhadas, tarifas vinculadas ao lote, como tributos, custas e emolumentos incidentes sobre a restituição e/ou rescisão; **(v)** comissão de corretagem; e **(c)** direito ao imóvel não ser novamente alienado, com registro imobiliário, enquanto não for iniciada a restituição do valor ao adquirente.

16. É debatido se a Lei nº 13.786/2018 atinge contratos anteriores à sua entrada em vigor. A proteção ao direito adquirido e ao ato jurídico perfeito parece impedir essa retrotraição. A nova lei só atingiria contratos celebrados posteriormente à sua vigência. O STJ decidiu (Recursos Especiais nº 1.498.484, 1.635.428 e 1.614.721) que os contratos anteriores (e os efeitos presentes de contratos anteriores) não são alcançados pela nova lei.

17. Opiniões contrárias (isso é: as novas regras alcançariam contratos antes firmados) baseiam-se em que **(a)** a resolução dos contratos está no plano de eficácia, atraindo a lei em vigor no momento da resolução; **(b)** a proibição da retroatividade das leis tem sido abrandada em casos justos; e **(c)** o artigo 2035 do CC, apesar de ter outra mira, poderia aplicar-se a questão. Apesar das decisões do STJ, a questão (aplicação da lei aos contratos antes assinados) está longe de perder sua complexidade e, com perdão pelo trocadilho, sua atualidade.

18. Parece haver outro obstáculo à retroação da lei: como a jurisprudência era favorável ao consumidor, aplicar a Lei nº 13.786/2018 para contratos anteriores parece descuidar dos ideais de justiça consumerista.

19. Em reverso, surge questão importante: os tribunais podem querer, sem fazer a nova lei retroagir, aplicar as soluções dela aos contratos pretéritos, por similitude de fatos ou de olho na vontade do legislador. **É dizer:** a jurisprudência pode ser revista, mesmo com as citadas decisões do STJ. Carece esperar a posição dos tribunais.

20. As novas regras sobre inadimplemento do devedor não se aplicam aos contratos de compra e venda de lote sob a modalidade de alienação fiduciária (§ 3º do art. 32 da Lei de Loteamentos, com a redação dada pela Lei nº 13.786/2018).

21. Os contratos de aquisição de imóvel em loteamento devem portar um quadro-resumo com informações relevantes (artigos 26 e o novo 26-A, dado pela Lei nº 13.786/2018, da Lei de Loteamentos). Grosso modo, as informações que devem aparecer no quadro-resumo dizem respeito à qualificação dos contratantes, à descrição do imóvel objeto da contratação, ao preço (e eventual taxa de juros e critérios de correção monetária), à forma e local de pagamento, à responsabilidade por obrigações pecuniárias acessórias (tributos, comissão de corretagem), às informações sobre direitos do adquirente e, a merecer destaque, informação sobre *"as consequências do desfazimento do contrato, seja mediante distrato, seja por meio de resolução contratual motivada por inadimplemento de obrigação do adquirente ou do loteador, com destaque negritado para as penalidades aplicáveis e para os prazos para devolução de valores ao adquirente"*.

22. A imposição legal do quadro-resumo vem do consagrado direito de informação, veiculado não só pela legislação consumerista, mas também como decorrência da boa-fé objetiva negocial. A ofensa a esse direito de informação (isto é, à ausência do quadro-resumo ou alguma das informações) atribui ao adquirente o direito de rescindir, por justa causa, o contrato, desde que o vendedor não saneie a omissão em 30 dias. A sanção – se é que se pode usar essa palavra – parece fraca e inócua.

23. Usando alguma criatividade hermenêutica, pode-se entender que a ausência do quadro-resumo invalida todo o contrato por incidência do artigo art. 166, IV, do Código Civil (*"Art. 166. É nulo o negócio jurídico quando: (...) IV – não revestir a forma prescrita em lei"*). Se a lei prescreve o quadro-resumo como parte integrante do contrato, e se isso diz respeito à forma do contrato, ele será nulo. Contra esse entendimento se diz que **(a)** a lei regular o conteúdo do quadro-resumo, e não sua forma; **(b)** a sanção seria desproporcional a um dever jurídico secundário do proponente do contrato de adesão; e **(c)** já há previsão de consequência específica (constituição de justa causa para rescisão do contrato) na própria lei. Por outras palavras: o legislador especial, ao falar em possibilidade de rescisão justa, dispôs que o contrato não é nulo (somente se rescinde o negócio jurídico válido).

24. Merece atenção um item específico do quadro-resumo: a informação sobre as consequências do desfazimento do contrato, as penalidades em caso de inadimplemento e os prazos para a devolução de valores, conforme ditado no inciso V do artigo 26-A, dado pela Lei nº 13.786/2018, da Lei de Loteamentos. É que o § 2º do mesmo artigo dispõe que *"a efetivação das consequências do desfazimento do contrato, mencionadas no inciso V do caput deste artigo, dependerá de anuência prévia e específica do adquirente a seu respeito, mediante assinatura junto a essas cláusulas, que deverão ser redigidas conforme o disposto no § 4º do art. 54 da Lei nº 8.078, de 11 de setembro de 1990 (Código de Defesa do Consumidor)"*.

25. Há, sem dúvida, um tratamento especial para essa informação. É adequado que a não presença dela no quadro-resumo (ou de suas peculiaridades formais, como a assinatura junto a ela) tenha consequência diversa e mais gravosa. Apesar de a Lei nº 13.786/2018 não indicar sanção para o caso de violação dessa cláusula, parece possível entender que, na ausência da informação, não se aplicam as cláusulas contratuais do inadimplemento. Se a cláusula não estiver no quadro-resumo (ou não contiver o assentimento expresso do adquirente), a cláusula contratual sobre inadimplemento seria inválida. No entanto, restará a lei (o artigo 32-A, colocado pela Lei nº 13.786/2018, na Lei de Loteamentos) cuidando desse assunto. Por esse entendimento, a regra do § 2º do artigo 26-A ficará dando voltas em si mesma. E, sabe-se bem, o legislador não usa palavras inúteis, muito menos dispositivos legais inteiros. É urgente que a doutrina e jurisprudência enfrentem o tema.

26. A lei estipulou as consequências da resolução contratual por fato imputado ao adquirente. Ele terá direito à restituição dos valores pagos, atualizados por índice estabelecido contratualmente, com os descontos estabelecidos na lei[2]. O valor deverá ser restituído em até 12 parcelas men-

---

2 "Art. 32-A. Em caso de resolução contratual por fato imputado ao adquirente, respeitado o disposto no § 2º deste artigo, deverão ser restituídos os valores pagos por ele, atualizados com base no índice contratualmente estabelecido para a correção monetária das parcelas do preço do imóvel, podendo ser descontados dos valores pagos os seguintes itens: I - os valores correspondentes à eventual fruição do imóvel, até o equi-

sais, com termo inicial distinto conforme se trate de loteamento com obras em andamento ou com obra concluída[3].

27. Além disso, nova venda do imóvel somente poderá ser registrada se for comprovado o inicio do pagamento da restituição. É dizer: enquanto não iniciada a restituição, o imóvel não deve ser vendido (§ 2º do art. 32-A da Lei de Loteamentos, com a redação da Lei nº 13.786/2018). Em suma, o imóvel não será novamente alienado, com registro imobiliário, enquanto não for iniciada a restituição do valor ao adquirente. O dispositivo protege o adquirente na medida em que veicula elemento de pressão para que o pagamento da restituição inicie-se com urgência.

28. Em sua redação original, a Lei de Loteamentos previa que a recusa do credor das prestações autorizava sua constituição em mora por notificação do registrador de imóveis, que receberia também o depósito do valor devido. A nova lei determina mais: após 60 dias da constituição em mora, o loteador deve alienar o imóvel mediante leilão judicial ou extrajudicial. Ela também determina que, se tiver sido realizado o pagamento de mais de 1/3 do preço ajustado, somente será possível novo registro após apresentação do distrato assinado pelas partes e a comprovação do pagamento (ou depósito) da parcela única ou da primeira parcela do montante a ser restituído ao adquirente, salvo acerto em contrário (art. 35 da Lei de Loteamentos, com a nova redação dada pela Lei nº 13.786/2018).

---

valente a 0,75% (setenta e cinco centésimos por cento) sobre o valor atualizado do contrato, cujo prazo será contado a partir da data da transmissão da posse do imóvel ao adquirente até sua restituição ao loteador; o montante devido por cláusula penal e despesas administrativas, inclusive arras ou sinal, limitado a um desconto de 10% (dez por cento) do valor atualizado do contrato; III - os encargos moratórios relativos às prestações pagas em atraso pelo adquirente; IV - os débitos de impostos sobre a propriedade predial e territorial urbana, contribuições condominiais, associativas ou outras de igual natureza que sejam a estas equiparadas e tarifas vinculadas ao lote, bem como tributos, custas e emolumentos incidentes sobre a restituição e/ou rescisão; V - a comissão de corretagem, desde que integrada ao preço do lote".

3   "Art. 32-A (...) § 1º O pagamento da restituição ocorrerá em até 12 (doze) parcelas mensais, com início após o seguinte prazo de carência: I - em loteamentos com obras em andamento: no prazo máximo de 180 (cento e oitenta) dias após o prazo previsto em contrato para conclusão das obras; II - em loteamentos com obras concluídas: no prazo máximo de 12 (doze) meses após a formalização da rescisão contratual."

29. O art. 36-A, colocado na Lei de Loteamentos, valoriza a atuação de associações de proprietários de imóveis, titulares de direitos ou moradores em loteamentos ou empreendimentos assemelhados.

30. Como dito antes, o tratamento jurídico da incorporação e do loteamento se aproximam em alguns aspectos, mas a lei lhes deu algum tratamento diferente,

31. É o caso do direito de arrependimento. A Lei nº 13.786/2018 prevê, nos moldes do artigo 49 do Código de Defesa do Consumidor, o direito de arrependimento, a ser exercitado em 7 dias, de contratos firmados em estandes de vendas e fora da sede do incorporador, no caso de aquisições em incorporações. Não há a mesma previsão para as alienações de lotes. Parece justo que se dê tratamento similar (quer dizer: reconhecer o mesmo direito ao adquirente em loteamento urbano), seja por aplicação de analogia, seja por incidência direta da lei de proteção ao consumidor.

32. Outra distinção está num dos itens de compensação em caso de resolução imputável ao adquirente. Nas incorporações o valor compensado pela fruição do imóvel é de 0,5% sobre o valor atualizado do contrato. No caso de loteamento, o valor de fruição é de 0,75% sobre o valor atualizado do contrato. É necessário compreender e justificar essa diferenciação.

33. O mesmo acontece na limitação da cláusula penal. Para a incorporação, o legislador limitou o desconto (a compensação em face da restituição de valores) pela cláusula penal a 25% da quantia paga; para o loteamento, o montante devido por cláusula penal e despesas administrativas, inclusive arras ou sinal, limitado a 10% do valor atualizado do contrato.

34. Aliás, mesmo âmbito das aquisições em incorporações, há diferenciação não bem explicada ou justificada. No caso de incorporação submetida ao regime do patrimônio de afetação a pena convencional pode alcançar 50% da quantia paga.

35. O tratamento da cláusula penal deixa vácuos. A lei criou uma modalidade de cláusula penal com teto prefixado e não vinculada ao inadimplemento culposo. E é preciso decidir se, apesar da regra específica em lei especial (o teto da multa), é possível utilizar o artigo 413 do Código Civil ("Art. 413. A penalidade deve ser reduzida equitativamente pelo juiz se a obrigação principal tiver sido cumprida em parte, ou se o montante da penalidade for manifestamente excessivo, tendo-se em vista a natureza e a finalidade do negócio.") para reduzí-la.

36. A Lei nº 13.786/2018 tem sido muito criticada por suas imperfeições técnicas (para ficar num só exemplo: o mau uso de conceitos como rescisão, distrato e resolução), mas ela tem várias caras, sendo a principal atender velha reivindicação do mercado imobiliário para regrar a "venda na planta" de imóveis. No mínimo, a busca de segurança a justifica.

37. Cabe ao doutrinador dar instrumentos para a superação das deficiências e insuficiências da lei. Essa tarefa é indeclinável. A crítica é necessária. O debate não se encerra jamais.

38. Em suma, não se espera que a doutrina seja mera espectadora do Direito. O que se espera é justamente o que Sylvio Capanema nos ensinou a todos, na sua fala ao despedir-se do TJRJ:

> "Procurei uma Justiça soberana, serena e forte. Esforcei-me, em cada processo que julguei, tentando entender as partes, com seus medos e ambições. Fiz o possível para não ser um acomodado espectador da nova ordem jurídica"

A Hipoteca na Agenda de Reforma dos Direitos Reais

Carlos Edison do Rêgo Monteiro Filho

SUMÁRIO: 1. Introdução: hipoteca, reforma e Capanema; **2.** Hipoteca entre afirmações e transformações; **3.** O Enunciado 308 da Súmula do STJ e a *flexibilização da eficácia real* da hipoteca; **4.** Impenhorabilidade da pequena propriedade rural trabalhada pela família e a *relativização da natureza real* da hipoteca; **5.** Pacto marciano e *derrogação da vedação ao pacto comissório* na hipoteca; **6.** Reflexões finais.

1. Introdução: hipoteca, reforma e Capanema

Com o advento das novas tecnologias, vive-se período de intensificação das transformações observadas no direito privado brasileiro desde a promulgação da Constituição de 1988, que insculpiu, como valores fundantes da ordem jurídica, a dignidade da pessoa humana e a solidariedade social. A percepção do espraiamento dessa nova realidade pelos diferentes campos do direito civil, no entanto, deu-se de maneira gradativa. Viu-se, de início, grande impacto dos novos valores no âmbito do direito dos contratos, em particular com o desenvolvimento dos denominados princípios contratuais contemporâneos, e no âmbito da responsabilidade civil, em especial com o alargamento de suas funções. [1]

Supôs-se, a princípio, que o ramo dos direitos das coisas restaria infenso às ondas de mudança, como se o papel das titularidades, associadas de algum modo à concepção milenar de propriedade, estivesse contida numa ilha de estabilidade em meio ao turbilhão revolucionário que redefinia os institutos dos contratos e da responsabilidade civil. Nada mais falso, como já se pôde observar em outra oportunidade.[2] Embora com algum atraso, já não se pode negar os influxos dessas transformações também nas relações ditas reais, principalmente a partir da superação da dicotomia que as es-

---

1 Acerca dos princípios contratuais contemporâneos, v. AZEVEDO, Antonio Junqueira. Princípios do novo direito contratual e desregulamentação do mercado – direito de exclusividade nas relações contratuais de fornecimento – função social do contrato e responsabilidade aquiliana do terceiro que contribui para inadimplemento contratual. In: *Revista dos Tribunais*, v. 750, a. 87, abril 1998, pp. 115-116. Em tema de funções da responsabilidade civil, v. ROSENVALD, Nelson. As funções da responsabilidade civil: a reparação e a penal civil – 3ª ed. – São Paulo: Saraiva: 2017.

2 MONTEIRO FILHO, Carlos Edison do Rêgo. Apresentação do livro. MONTEIRO FILHO, Carlos Edison do Rêgo (coord.). *A reforma dos direitos reais*: a caminho da unidade dos direitos patrimoniais. Rio de Janeiro: Processo, 2020, pp. 9-11.

tremava das relações obrigacionais. Promove-se, assim, certa unificação do regime jurídico das relações patrimoniais e, por consequência, a extensão da eficácia da boa-fé objetiva e do equilíbrio econômico às situações subjetivas reais.[3]

Esse processo, que temos denominado de *reforma dos direitos reais*, em perspectiva ampla, (i) associa-se à criação de novas manifestações dominiais, como a laje e a multipropriedade, e de novos modos de aquisição imobiliária via usucapião, como a tabular e a familiar. Além disso, (ii) caracteriza-se pela força expansiva da autonomia privada que encontra amplos espaços de desenvolvimento nos redesenhados tipos reais, como o conteúdo das servidões prediais e das convenções de condomínio. Por fim, (iii) assenta-se também no impacto dos novos princípios, ditos contratuais, como a boa-fé objetiva e o equilíbrio econômico imbricados à tutela da confiança, à teoria da aparência, e à efetividade da atuação do sistema de garantias[4].

À sensibilidade de humanista de Sylvio Capanema não passou despercebida tal mudança de cenário. De suas palavras, deflui, com a magistral e costumeira didática, a preciosa lição de que, para além da ampliação do elenco de institutos de direitos reais (perfil quantitativo), a transformação em curso revela a oxigenação do sistema em direção à ordem jurídica justa, graças ao potencial emancipatório dos princípios também na seara dos direitos reais (perfil qualitativo):

> O que nos parece estimulante, intelectual e socialmente, é que o direito imobiliário se renova, abrindo diferentes perspectivas e modelos, sempre no propósito de ampliar os princípios que vieram oxigenar a ordem jurídica brasileira, abrindo grande janela para nova dimensão ética e social. Em período muito curto, de pouco mais de um ano, surgiram o direito real de laje, o condomínio

---

3   "As situações subjetivas patrimoniais podem ser objeto de uma abordagem unitária, embora ainda não tenha sido elaborada, interpretativamente, uma normativa comum que lhe sirva de referência. Esta normativa comum não se pode identificar exclusivamente com o direito das obrigações ou com aquele das relações reais, mas deve ser concebido como síntese da disciplina de todas as relações patrimoniais. Nesta perspectiva, por exemplo, reputa-se que a operatividade da vedação a atos emulativos (art. 883 Cód. Civ) não se limita ao âmbito da propriedade ou mesmo das relações reais, mas refira-se a todas as situações subjetivas patrimoniais; e que as cláusulas gerais de lealdade e de diligência (arts. 1175 e 1176) não se apliquem somente às situações creditórias, mas tenham relevância geral" (PERLINGIERI, Pietro. *O direito civil na legalidade constitucional*. Trad. Maria Cristina de Cicco. Rio de Janeiro: Renovar, 2008, p. 892).

4   MONTEIRO FILHO, Carlos Edison do Rêgo. Apresentação ao livro. MONTEIRO FILHO, Carlos Edison do Rêgo (coord.). *A reforma dos direitos reais*: a caminho da unidade dos direitos patrimoniais. Rio de Janeiro: Processo, 2020, pp. 9-11.

de lotes, o condomínio urbano simples e os planos de regularização fundiária urbana e rural, aos quais agora vem se somar a multipropriedade.[5]

A hipoteca – instituto ao qual se dedicará este trabalho, embora já tenha sido referida como "o instrumento de garantia mais perfeito, elaborado pela ciência civil",[6] e hoje ter perdido espaço, na prática, para a alienação fiduciária em garantia – não passou ao largo dessas transformações, afigurando-se notáveis alguns desses influxos em sua normativa, conformando-a aos novos valores constitucionais.[7]

2. Hipoteca entre afirmações e transformações

A hipoteca conceituada como "direito real de garantia que, constituindo-se por meio do registro imobiliário, oferece ao credor bem imóvel sem a transferência da posse, a fim de assegurar preferencialmente o cumprimento de determinada obrigação"[8] apresenta dentre suas características, em primeiro lugar, a *acessoriedade*, na medida em que, "como relação de garantia, não pode nascer nem subsistir sem um crédito; se falta este ou se se invalida, inexiste aquela; se se extingue, anula ou resolve o crédito, desaparece a garantia hipotecária".[9]

Nesse sentido, o artigo 1.499, inciso I, do Código Civil dispõe que se extingue a hipoteca "pela extinção da obrigação principal". Em sentido aná-

---

5 CAPANEMA, Sylvio. A multipropriedade. 06.05.2019. Disponível em: https://www.editorajc.com.br/a-multipropriedade/.
6 DANTAS, San Tiago. *Programa de Direito Civil*, v. III. Rio de Janeiro: Ed. Rio, 1979, p. 423.
7 Nesse sentido, Luiz Edson Fachin fala da necessidade de se atribuírem novos significados a velhos significantes ao dizer que "a atuação constitutiva do Direito Civil apreendido como expressão prospectiva, vale dizer, de construção e reconstrução de sentidos dos significantes de base do governo jurídico nas relações interprivadas (como propriedade, contrato e família), dentro dos limites de um sistema jurídico poroso, aberto e plural, sugere uma possibilidade de evocações compromissórias". (FACHIN, Luiz Edson. *Direito civil*: sentidos, transformações e fim. Rio de Janeiro: Renovar, 2015, p. 143).
8 TEPEDINO, Gustavo; MONTEIRO FILHO, Carlos Edison do Rêgo; RENTERIA, Pablo. *Fundamentos do Direito Civil*, vol. 5. Rio de Janeiro: Forense, 2020, p. 481. "Considerámos serem direitos reais de garantia aqueles que se destinem, globalmente, a assegurar a garantia de direitos de crédito". (CORDEIRO, António Menezes. *Direitos reais*. Lisboa: Lex Lições Jurídicas, 1993, p. 739). Na definição de Orlando Gomes, "a hipoteca é o direito real de garantia em virtude do qual um bem imóvel, que continua em poder do devedor, assegura ao credor, precipuamente, o pagamento de uma dívida". (GOMES, Orlando. *Direitos reais*. Atualizado por Luiz Edson Fachin. Rio de Janeiro: Forense, 2012, p. 381).
9 PEREIRA, Caio Mário da Silva. *Instituições de Direito Civil*, vol. IV. 27ª ed. Atualizado por Carlos Edison do Rêgo Monteiro Filho. Rio de Janeiro: Forense, 2019, p. 332.

logo, a jurisprudência do Superior Tribunal de Justiça (STJ) reconhece a extinção da garantia hipotecária na hipótese de vir a se consumar a *prescrição da obrigação principal*, ao argumento de que "extinta a pretensão à cobrança judicial do referido crédito, extinta também estará a pretensão de excutir a hipoteca, dada a sua natureza acessória".[10]

Uma segunda característica da hipoteca consiste na *sequela*, faculdade que decorre diretamente da eficácia *erga omnes* da garantia real e que, associada à *ambulatoriedade* do dever jurídico (como dois lados de mesma moeda), garante ao credor alcançar o bem nas mãos de quem quer que com ele estiver, e, com o produto de sua excussão, pagar-se.[11] Nesse sentido, a doutrina clássica de San Tiago Dantas ensina que "este *ius persequendi* nada mais é, portanto, do que um meio de assegurar ao credor o exercício do *ius distrahendi*, isto é, o direito de vender, o qual se exercerá estando a coisa nas mãos de quem estiver".[12]

A terceira característica que ora se retrata tem-se na *preferência*, ou seja, possui o credor hipotecário preferência em relação aos demais credores para que tenha sua dívida satisfeita com o produto da venda da coisa hipotecada. De igual forma, se houver mais de uma hipoteca sobre o mesmo bem, terá preferência – ou prioridade – aquele cuja garantia tiver sido prenotada em primeiro lugar.[13]

---

10 STJ, 3ª T., REsp nº 1.837.457/SC, Rel. Min. Ricardo Villas Bôas Cueva, julg. 24.09.2019.

11 A sequela, característica de todos os direitos reais, tem especial relevância na hipoteca, vez que o credor hipotecário não possui o bem objeto de seu direito em momento algum, podendo persegui-lo apenas por ocasião do inadimplemento do devedor: "O credor hipotecário tem o *jus possidendi*, direito de posse; não como os pignoratícios, desde logo, mas no vencimento da dívida, e a sua ação pode ser movida contra qualquer possuidor da coisa dada em hipoteca, seja o devedor ou não". (BEVILAQUA, Clóvis. *Direito das coisas*, vol. II. Rio de Janeiro: Forense, 1956, p. 115).

12 DANTAS, San Tiago. *Programa de Direito Civil*, v. III. Rio de Janeiro: Ed. Rio, 1979, p. 426.

13 Nos termos do artigo 186 da Lei de Registros Públicos, "o número de ordem determinará a prioridade do título, e esta a preferência dos direitos reais, ainda que apresentados pela mesma pessoa mais de um título simultaneamente". Sobre o tema, vale conferir: "Por sua vez, a preferência denota a prioridade que, no concurso de credores, o titular da hipoteca ou do penhor tem sobre os demais credores para receber o seu crédito a partir do produto obtido com a venda do bem dado em garantia (CC, art. 1.422). A preferência rompe com a *par conditio creditorum*, colocando o titular em situação superior à do credor quirografário no concurso de credores. (§) A parte final do art. 1.422 do Código Civil alude à hipótese em que se constituem mais de uma hipoteca sobre a mesma coisa, determinando que se observe, em atenção ao princípio da preferência temporal (*prior in tempore, potior in iure*), a prioridade no registro". (TEPEDINO, Gustavo; MONTEIRO FILHO, Carlos Edison do Rêgo; RENTERIA, Pablo. *Fundamentos do Direito Civil*, vol. 5. Rio de Janeiro: Forense, 2020, p. 397).

Essas características, embora essenciais à compreensão da hipoteca em sua estrutura, não são absolutas. Cada garantia hipotecária pactuada submete-se a controle de licitude (estrutural) e, à luz dos princípios e valores do ordenamento jurídico, a juízo de merecimento de tutela naquela relação jurídica em concreto (funcional).[14] Assim sendo, o artigo passa a revisitar algumas características e efeitos da garantia hipotecária em sua atuação dinâmica, em especial na jurisprudência do Superior Tribunal de Justiça, apontando os contornos que se extraem da força do chamado direito vivo.

3. O Enunciado 308 da Súmula do STJ e a *flexibilização da eficácia real* da hipoteca

A arguta percepção de problemas sociais por Sylvio Capanema pode ser bem ilustrada por decisão em tema de hipoteca, em 2001. Desde então, Capanema já identificava o problema das hipotecas instituídas por incorporadoras em favor de instituições financeiras que financiavam empreendimentos imobiliários, a incutir ônus desproporcional ao consumidor, que, em razão da execução da garantia hipotecária, acabava perdendo seu imóvel em decorrência de inadimplemento que não lhe dizia respeito. Atento a essa realidade, Capanema observou, com firmeza, em seu voto:

> A apelante ignorou afrontosamente o princípio da boa-fé objetiva, iludindo os apelados, que confiaram na propaganda e nos termos do contrato, que lhes garantia que após 9 meses do "habite-se" ou do integral pagamento do preço, a hipoteca que lhes foi comunicada seria cancelada.[15]

Por essa razão, concluiu pela necessidade de baixa do gravame hipotecário, mesmo que validamente constituído em momento anterior à alienação do imóvel aos consumidores, o que, a princípio, garantiria sua eficácia.

---

14 "Considerando que os valores constitucionais impõem plena concretização, compreende-se totalmente a necessidade, aqui manifestada, de não limitar a valoração do ato ao mero juízo de licitude e de requerer também um juízo de valor: não basta, portanto, negativamente, a não invasão de um limite de tutela, mas é necessário, positivamente, que o fato possa ser representado como realização prática da ordem jurídica de valores, como desenvolvimento coerente de premissas sistemáticas colocadas na Carta Constitucional. O juízo de valor do ato deve ser expresso à luz dos princípios fundamentais do ordenamento e dos valores que o caracterizam. Nem todo ato ilícito é merecedor de tutela: a simples licitude exime, em regra, apenas a responsabilidade". (PERLINGIERI, Pietro. *O direito civil na legalidade constitucional*. Trad. Maria Cristina de Cicco. Rio de Janeiro: Renovar, 2008, p. 650).

15 TJRJ, 10ª C.C., Apelação nº 0208491-78.1998.8.19.0001, Rel. Des. Sylvio Capanema de Souza, julg. 13.02.2001.

Trata-se, sem dúvida, de julgado de extrema relevância no processo de compreensão, pelos tribunais brasileiros, da necessidade de aplicação dos valores maiores do ordenamento jurídico às relações reais, em especial do princípio da boa-fé objetiva, corolário da solidariedade constitucional.

Esse movimento, quatro anos após o julgamento ora mencionado, ensejaria, em 2005, a edição do Enunciado 308 da Súmula do Superior Tribunal de Justiça, que talvez seja a construção jurisprudencial que melhor revele os influxos dos valores constitucionais no direito das coisas e a superação da dicotomia entre relações jurídicas obrigacionais e reais. Com fundamento na boa-fé objetiva, o STJ firmou entendimento no sentido de que "a hipoteca firmada entre a construtora e o agente financeiro, anterior ou posterior à celebração da promessa de compra e venda, não tem eficácia perante os adquirentes do imóvel".[16]

Nesses casos não havia qualquer ilicitude na constituição da garantia hipotecária em favor da instituição financeira responsável pelo financiamento do empreendimento. Entretanto, ao valorá-la à luz da axiologia constitucional e em função dos interesses em jogo no caso concreto, notava-se desfavorecimento exagerado do adquirente, que acabava por suportar as consequências da inexecução da incorporadora. O Superior Tribunal de Justiça, aliás, teve a oportunidade de esclarecer a racionalidade do Enunciado 308 de sua Súmula em julgado no qual reconheceu a aplicabilidade do entendimento também às hipóteses envolvendo alienação fiduciária em garantia a favor da instituição financeira:

> A Súmula 308/STJ, apesar de aludir, em termos gerais, à ineficácia da hipoteca perante o promitente comprador, o que se verifica, por meio da análise contextualizada do enunciado, é que ele traduz hipótese de aplicação circunstanciada da boa-fé objetiva ao direito real de hipoteca. Dessume-se, destarte, que a intenção da Súmula 308/STJ é a de proteger, propriamente, o adquirente de boa-fé que cumpriu o contrato de compra e venda do imóvel e quitou o preço ajustado, até mesmo porque este possui legítima expectativa de que a construtora cumprirá com as suas obrigações perante o financiador, quitando as parce-

---

16 Esse Enunciado, evidentemente, não passou ileso às críticas, tendo-se afirmado que, diante de sua publicação, "encontra-se em risco o instituto da hipoteca, que deixa de ser oponível erga omnes e perde a característica de direito real, especialmente no que tange à sequela. A despeito de se tentar proteger o terceiro adquirente, sob a justificativa de tratar-se, via de regra, de hipossuficiente, incapaz de antever os riscos de adquirir imóvel hipotecado, agride-se frontalmente o direito do credor hipotecário que, quando da execução da hipoteca, se vê privado de seu direito, como se nenhuma garantia existisse". (MARQUES, Beatriz Pereira de Samuel; MARQUES, Luiz Henrique de Oliveira; MARQUES, José de Samuel. Os rumos da hipoteca diante do advento da Súmula 308 do Superior Tribunal de Justiça. In: *Revista de Direito Imobiliário*, n. 63, a. 30, jul./dez. 2007, pp. 13-14).

las do financiamento e, desse modo, tornando livre de ônus o bem negociado. Para tanto, partindo-se da conclusão acerca do real propósito da orientação firmada por esta Corte – e que deu origem ao enunciado sumular em questão –, tem-se que as diferenças estabelecidas entre a figura da hipoteca e a da alienação fiduciária não são suficientes a afastar a sua aplicação nessa última hipótese, admitindo-se, via de consequência, a sua aplicação por analogia.[17]

Percebe-se que o Enunciado 308 relativiza a eficácia da sequela, na medida em que a garantia não atingiria os interesses do terceiro adquirente de boa-fé e só produziria efeitos se o bem ainda estivesse no patrimônio da incorporadora quando da sua expropriação. Ademais, demonstra a insuficiência da análise das práticas contratuais sob perspectiva estática, limitada à licitude, muito especialmente no bojo de relações de consumo.[18]

A cristalização da compreensão funcional da sequela decorreu de processo interpretativo histórico-processual, sendo certo que a edição do Enunciado 308 foi precedida por decisões de tribunais de todo o Brasil e pelo próprio STJ, movimento para o qual, como visto, Capanema ofereceu relevante contribuição.

4. Impenhorabilidade da pequena propriedade rural trabalhada pela família e a *relativização da natureza real* da hipoteca

Associado à ineficácia da garantia real hipotecária em determinados casos e, portanto, à flexibilização de seus característicos essenciais, convém mencionar o julgamento, pela 4ª Turma do Superior Tribunal de Justiça, do

---

17 STJ, 3ª T., REsp nº 1.576.164/DF, Relª. Minª. Nancy Andrighi, julg. 14.05.2019.

18 Todo instituto jurídico, afinal, por mais "perfeito" que seja, está sempre condicionado histórica e socialmente. Na lição de Canaris: "A abertura do sistema jurídico não contradita a aplicabilidade do pensamento sistemático na Ciência do Direito. Ela partilha a abertura do sistema científico com todas as outras Ciências, pois enquanto no domínio respectivo ainda for possível um progresso no conhecimento, e, portanto, o trabalho científico fizer sentido, nenhum desses sistemas pode ser mais do que um projecto transitório. A abertura do sistema objectivo é, pelo contrário, possivelmente, uma especialidade da Ciência do Direito, pois ela resulta logo do seu objeto, designadamente, da essência do Direito, como um fenômeno situado na História e, por isso, mutável". (CANARIS, Claus-Wilhem. Pensamento sistemático e conceito de sistema na ciência do direito. Lisboa: Fundação Calouste Gulbenkian, 1996, p. 281). Sobre o tema, ver, também, OLIVA, Milena Donato; RENTERIA, Pablo. Tutela do consumidor na perspectiva civil-constitucional: a cláusula geral da boa-fé objetiva nas situações jurídicas obrigacionais e reais e os Enunciados 302 e 308 da Súmula da Jurisprudência Predominante do Superior Tribunal de Justiça. In: *Revista de Direito do Consumidor*, vol. 101, ano 24. São Paulo: RT, set.-out. 2015, em especial pp. 117-118.

REsp nº 1.368.404/SP.[19] Naquela oportunidade se discutiu a penhorabilidade de pequena propriedade rural, destinada ao sustento da família e sobre a qual se constituiu hipoteca em garantia de dívida contraída para realização de investimentos na própria atividade rural.

O magistrado de primeiro grau havia reconhecido a impenhorabilidade, decisão reformada pelo Tribunal de Justiça do Estado de São Paulo para admitir a penhora sobre o imóvel rural sob o argumento de que o bem fora "livre e espontaneamente oferecido pelos próprios recorridos em garantia do crédito executado", fazendo valer a vinculação real do débito à coisa oferecida em garantia. A questão foi, finalmente, submetida à apreciação da 4ª Turma do Superior Tribunal de Justiça, que reconheceu a impenhorabilidade da pequena propriedade rural trabalhada pela família em qualquer hipótese, inclusive quando pender garantia hipotecária, a afastar, portanto, sua excussão em face do próprio devedor.

Para fundamentar a decisão, recorreu a Corte ao artigo 5º, inciso XXVI, da Constituição da República, segundo o qual "a pequena propriedade rural, assim definida em lei, desde que trabalhada pela família, não será objeto de penhora para pagamento de débitos decorrentes de sua atividade produtiva, dispondo a lei sobre os meios de financiar o seu desenvolvimento". Previsão semelhante encontra-se no artigo 649, inciso VIII, do CPC/ 1973, que vigorava à época do julgamento pelo STJ, e no artigo 833, inciso VIII, do atual Código de Processo Civil.[20]

A *ratio decidendi* conjuga-se à flexibilização da exequibilidade da hipoteca constituída regularmente, em razão de regra constitucional (CF, 5º, XXVI) assentada na garantia do direito fundamental à moradia (CF, art. 6º,

---

19 STJ, 4ª T., REsp. 1.368.404/SP, Relª. Minª. Maria Isabel Gallotti, julg. 13.10.2015: "RECURSO ESPECIAL. PEQUENA PROPRIEDADE RURAL. GARANTIA HIPOTECÁRIA. CÉDULA DE CRÉDITO RURAL. FINANCIAMENTO DA ATIVIDADE PRODUTIVA. IMPENHORABILIDADE. ARTS. 649, VIII, DO CPC, E 5º, XXVI, DA CF/88. PROVIMENTO. 1. A pequena propriedade rural, trabalhada pela família, é impenhorável, ainda que dada pelos proprietários em garantia hipotecária para financiamento da atividade produtiva. Artigos 649, VIII, do Código de Processo Civil, e 5º, XXVI, da Constituição Federal. 2. Recurso provido para afastar a penhora". No mesmo sentido: STJ, 3ª T., AgInt no AREsp 1428588/PR, Rel. Min. Marco Aurélio Bellizze, julg. 13.05.2019.

20 Art. 649 do CPC/73: "São absolutamente impenhoráveis: VIII - a pequena propriedade rural, assim definida em lei, desde que trabalhada pela família". (Redação dada pela Lei nº 11.382, de 2006).
Art. 833 do CPC/2015: "São impenhoráveis: VIII - a pequena propriedade rural, assim definida em lei, desde que trabalhada pela família".

caput)²¹ e no valor social do trabalho (CF, art. 1º, IV).²² Objeta-se, no entanto, que a decisão foge à lógica do sistema, na teleologia de ordenamento que, mesmo na instituição da disciplina legal do bem de família, admite exceção à impenhorabilidade nas hipóteses em que o bem é dado voluntariamente em garantia (Lei nº 8.009/90, art. 3º, inciso V²³). A jurisprudência do STJ admite, inclusive, a penhora em desfavor de pessoa jurídica cujos únicos sócios são os cônjuges proprietários do bem de família dado em garantia.²⁴ No âmbito do Supremo Tribunal Federal, não se descortina qualquer perspectiva de modificação da tese da impenhorabilidade mesmo pendendo hipoteca; pelo contrário, o STF parece determinado à manutenção das decisões do STJ nesse particular.²⁵

5. Pacto marciano e *derrogação da vedação ao pacto comissório na hipoteca*

A vedação ao pacto comissório consiste em milenar regra, presente em ordenamentos de diversas tradições, que impede se aproprie o credor, por ocasião do inadimplemento, do bem dado em garantia real, independentemente da verificação de seu justo preço (CC, art. 1.428).²⁶ Como consequên-

---

21   Art. 6º da CRFB/88: "São direitos sociais a educação, a saúde, a alimentação, o trabalho, *a moradia*, o transporte, o lazer, a segurança, a previdência social, a proteção à maternidade e à infância, a assistência aos desamparados, na forma desta Constituição".

22   Art. 1º da CRFB/88: "A República Federativa do Brasil, formada pela união indissolúvel dos Estados e Municípios e do Distrito Federal, constitui-se em Estado Democrático de Direito e tem como fundamentos: IV - *os valores sociais do trabalho* e da livre iniciativa".

23   Art. 3º da Lei nº 8.009/90: "A impenhorabilidade é oponível em qualquer processo de execução civil, fiscal, previdenciária, trabalhista ou de outra natureza, salvo se movido: V - para execução de hipoteca sobre o imóvel oferecido como garantia real pelo casal ou pela entidade familiar".

24   STJ, 2ª Seção, EAREsp 848.498/PR, Rel. Min. Luis Felipe Salomão, julg. 25.04.2018.

25   A questão foi analisada pela 2ª Turma no AgrRg no AI 184198, ocasião em que igualmente se entendeu pela impenhorabilidade do pequeno imóvel rural trabalho pela família, mesmo pendendo hipoteca (STF, 2ª T., AgrRg no AI 184198, Min. Carlos Velloso, julg. 13.12.1996). Para além disso, na base de pesquisa jurisprudencial do STF encontram-se 24 decisões monocráticas em casos envolvendo a matéria, mas em nenhuma delas a questão chegou a ser diretamente enfrentada, ora por se considerar necessário o revolvimento de questões fáticas, ora por se envolver discussões infraconstitucionais.

26   O artigo 1.428 do Código Civil, em seu caput, estabelece que "é nula a cláusula que autoriza o credor pignoratício, anticrético ou hipotecário a ficar com o objeto da garantia, se a dívida não for paga no vencimento". Trata-se de redação idêntica à que se verificava no artigo 765 do Código Civil de 1916. Especificamente no que tange à alienação fiduciária em garantia, o artigo 1.365 do Código Civil atual, no mesmo sentido, estabelece que "é nula a cláusula que autoriza o proprietário fiduciário a ficar com a coisa alienada em garantia, se a dívida não for paga no vencimento".

cia, afirma-se ter o credor (hipotecário, no caso deste estudo) o direito de promover, em caso de inadimplemento, a venda forçada da coisa e pagar-se com o produto da alienação, restituindo ao devedor o excedente apurado.

A nulidade da cláusula comissória, como já se pôde observar em outra oportunidade, denota fundamento complexo, resultado da combinação de embasamentos múltiplos, que se aglutinam em torno do que ali se denominou *desvio funcional da garantia prestada*, caracterizado pelos seguintes fatores: (i) necessidade de tutela das vulnerabilidades do devedor; (ii) vedação ao enriquecimento sem causa; e (iii) interesse social na não difusão do pacto comissório, sendo certo que o comissório permitiria o emprego das garantias reais como *mecanismo especulativo*.[27]

Embora em comum com o comissório, o pacto marciano permita ao credor, em caso de inadimplemento, adquirir o bem dado em garantia, dele se distingue definitivamente por ser precedida, a incorporação da coisa, por justa avaliação e pelo pagamento da diferença entre o valor apurado e o da dívida, em atividade legítima de autonomia negocial. [28]

Na hipoteca com cláusula marciana, eventual fixação do preço do imóvel hipotecado na escritura, nos termos do art. 1.484 do Código Civil, não impede que os contratantes promovam nova avaliação extrajudicial do bem, por terceiro imparcial (perito) ou por comum acordo das partes, quando do momento da aquisição da coisa pelo credor – já que o preço do imóvel poderá flutuar entre os momentos de pactuação e transferência.

No cotejo pacto comissório e marciano, nota-se ainda que o segundo age como barreira de contenção aos abusos do credor, tutelando a vulnerabilidade do devedor. Impede-se que o credor fixe unilateralmente o valor da coisa dada em garantia, bem como que se aproprie de valor superior ao da obrigação principal. Demais disso, ao prever o mecanismo de apreciação do justo valor, a cláusula marciana pretende afastar a possibilidade de enriquecimento indevido do credor, que não lucrará com o ajuste. Previnem-se, em última análise, os danos causados pelo pacto comissório, que justificam o fundamento de interesse social de não difusão da cláusula.[29]

---

27 MONTEIRO FILHO, Carlos Edison do Rêgo. *Pacto comissório e pacto marciano no sistema brasileiro de garantias*. Rio de Janeiro: Processo, 2017, pp. 5-69.

28 Nesse sentido, já se anotou em doutrina que "a admissão ou não do pacto marciano supõe necessariamente o estudo prévio do fundamento da mesma proibição do pacto comissório". No original: "la admisión o no del pacto marciano supone necesariamente el estudio previo del fundamento de la misma prohibición del pacto comisorio". (REY, Manuel Ignacio. *La prohibición del pacto comisorio y la opción en garantía*. Civitas: Madrid, 1995, p. 90).

29 A finalidade da proibição do pacto comissório é evitar que o credor obtenha a propriedade de um bem de valor notavelmente superior ao nominal do débito, em prejuízo

O pacto marciano expressa, assim, as exigências de solidariedade social ao assegurar "perfis objetivos de equidade distributiva".[30] Isso porque, enquanto o pacto comissório gera o risco de desvirtuamento do sistema de garantias, que passaria a apresentar intuito especulativo, a cláusula marciana assegura a manutenção do sistema por meio da proteção da comutatividade da equação contratual.[31] Veja-se: o credor não passa a "desejar" o inadimplemento, vez que com este nada lucrará, obrigando-se a restituir ao devedor, ou ao terceiro que conferiu o bem em garantia, eventual *superfluum*. Por outro lado, a garantia mantém-se como acessória do débito, sem que o credor se aproprie de valor superior ao da dívida. Como resultado, o sistema de garantias é preservado.[32] De resto, a cláusula marciana permite que os contratantes alcancem os mesmos objetivos da execução judicial

---

ao devedor e do resto de seus credores. Esse perigo não existe no denominado pacto marciano. Por tal pacto cabe entender o acordo entre as partes de que, no caso de incumprimento do devedor, a propriedade do bem se transmitirá ao credor fiduciário com a condição de que este se obrigue a abonar ao devedor fiduciante uma soma igual à diferença entre o valor do bem, calculada de forma objetiva, e a quantia do débito. No original: "La finalidad de la prohibición del pacto comisorio es evitar que el acreedor obtenga la propriedad de un bien de valor notablemente superior al nominal del débito, em prejuicio del deudor y del resto de los acreedores de este. Este peligro no existe en el denominado pacto marciano. Por tal cabe entender el acuerdo entre las partes de que, en caso de incumplimiento del deudor, la propriedad del bien se transmitirá al acreedor-fiduciario con la condición de que éste se obligue a abonar al deudor-fiduciante una suma igual a la diferencia entre el valor del bien, calculado de forma objetiva, y la cuantía del débito". (PERERA, Angel Carrasco; LOBATO, Encarna Cordero; LÓPEZ, Manuel Jesús Marín. *Tratado de los derechos de garantía*. t. II. Navarra: Thompson – Aranzadi, 2008, p. 625).

30 A solidariedade diz respeito a perfis objetivos de equidade distributiva e representa ou uma verdadeira liberalidade ou então o adimplemento de um dever moral e social ou de um dever jurídico, que encontra fundamento na própria solidariedade". (PERLINGIERI, Pietro. *O direito civil na legalidade constitucional*. Trad. Maria Cristina de Cicco. Rio de Janeiro: Renovar, 2008, p. 517).

31 Nessa toada, a crise dos tradicionais critérios distintivos entre situações reais e situações pessoais conduz à conclusão de que, diante da unidade do ordenamento e da carga hierárquica da tábua de valores constitucionais, os princípios do equilíbrio econômico, da boa-fé objetiva e da função social devem contemplar o direito patrimonial como unidade, em particular para a solução dos conflitos envolvendo pacto marciano. Nesse sentido, v. LAURO, Antonino Procida Mirabelli di. *Imissioni e rapporto proprietário*. Napoli: Edizioni Scientifiche Italiane, 1984, p. 172.

32 Nesse sentido, o Enunciado nº 626, da VIII Jornada de Direito Civil do Conselho da Justiça Federal fixou: "Não afronta o art. 1.428 do Código Civil, em relações paritárias, o pacto marciano, cláusula contratual que autoriza que o credor se torne proprietário da coisa objeto da garantia mediante aferição de seu justo valor e restituição do supérfluo (valor do bem em garantia que excede o da dívida)".

ordinária, sem o inconveniente da litigiosidade e dos problemas ligados à burocracia (morosidade e alto custo), o que a torna mais consentânea aos princípios e valores do direito das coisas renovado, reformado.

6. Reflexões finais

A pauta de equilíbrio aplicativo entre justiça e segurança sofistica-se nas agendas do século XXI. Se a promulgação da Constituição de 1988, fundada no personalismo e no solidarismo, propiciou verdadeira virada hermenêutica em todas as áreas do direito brasileiro, hoje muitos fatores vêm a representar novos desafios a seus operadores, a tornar mais complexo o processo unitário de interpretação-aplicação do ordenamento a cada caso concreto. No plano do presente estudo, passo inicial pode ser apontado na superação de todo e qualquer obstáculo à aplicação dos princípios da boa-fé objetiva e do equilíbrio econômico a relações jurídicas de direito real, aproximando-as, assim, ao direito obrigacional, reunidos no espaço comum do gênero relações patrimoniais.

Nesse contexto, dos três problemas centrais abordados no presente artigo, o Enunciado 308 da Súmula do STJ talvez represente o mais relevante exemplo da força principiológica da boa-fé objetiva, em seu viés corretivo, impondo flexibilização à eficácia real da hipoteca, tolhendo a faculdade de sequela do credor em função da preservação dos interesses do terceiro adquirente de boa-fé. Em paralelo, o merecimento de tutela do pacto marciano funda raízes e se desenvolve sobre o princípio do equilíbrio contratual, a bem do incremento da autonomia e da segurança no ambiente dos negócios, permitindo-se que o credor assuma a propriedade da coisa em hipoteca, também em função do afastamento dos óbices que justificam a proibição ao comissório. Já no que tange à impenhorabilidade do pequeno imóvel rural trabalhado pela família, dá-se a relativização da própria natureza real da hipoteca, ou seja, da vinculação do débito à coisa dada em garantia de sua satisfação, em nome de excepcional regra constitucional informada diretamente pelo valor social do trabalho e pelo direito fundamental à moradia.

Tal é o retrato parcial de transformações da hipoteca que desaguam no cenário jurídico contemporâneo e que se inserem no amplo panorama da reforma dos direitos reais em tempos de hipercomplexidade.

Como se vê, a tarefa de reformar o direito não constitui exclusividade do legislador, mesmo que se reconheça a importância, em extensão e profundidade, das múltiplas intervenções empreendidas nos últimos anos em temas de direitos reais. O fenômeno jurídico não se esgota em previsões normativas.

No mundo globalizado e digital, com soluções suportadas por inteligência artificial e seus algoritmos, com o movimento pendular da legislação ordinária entre liberalismo e intervenção, com o necessário diálogo entre ordenamento interno e fontes supranacionais, com as redes contratuais do sistema de produção, nacionais e internacionais, com a globalização de produtos e serviços, e, mais recentemente, com o surto pandêmico, mais do que nunca se tornam essenciais a sensibilidade, a empatia e a cultura humanista dos juristas ou, numa palavra, mais do que nunca se torna essencial Sylvio Capanema de Souza.

A Perda do Fundo de Comércio Diante da Desapropriação

Ricardo Couto de Castro

> **SUMÁRIO: 1** e **2**. Introdução. **3**. Modalidade de aquisição. **4**. Consequências do caráter originário de aquisição. **5**. Celeridade e unicidade da desapropriação. **6**. Polaridade passiva na desapropriação. **7**. Justa indenização, causalidade e as várias correntes sobre o ressarcimento do fundo de comércio. **8**. Conclusão.

1. O presente estudo objetiva analisar o cabimento da indenização àquele que, titularizando o chamado "fundo de comércio ou empresarial", vem a perdê-lo por força de ato expropriatório do Poder Público sobre o bem imóvel onde o mesmo se põe.

Para o correto exame, importante definir que o objeto da desapropriação é, tão só, o imóvel, acarretando em atingimento do "fundo do comércio ou empresarial" por via indireta.

Não há, na desapropriação, a intenção de se retirar ou extinguir o chamado "fundo de comércio". O que se intenciona é retirar a propriedade do titular do imóvel – onde se tem a constituição desse "ativo empresarial" – para destiná-la a uma finalidade pública. Com a desapropriação, ou a obtenção da posse antecipada, trazendo a efetivação da destinação pública, é que se terá o atingimento do aviamento.

2. Diante deste fato, algumas questões surgem: ocorrendo a extinção do fundo de comércio, pela desapropriação, caberá ao Ente expropriante indenizar o titular deste bem imaterial? Sendo cabível a indenização por este fato, como esta deverá ocorrer?

Aqui, cabe fazer uma distinção entre a situação que se dará quando o titular do bem objeto da desapropriação for aquele que explora a atividade empresarial, e por isto mesmo "construiu" a sua clientela, fazendo o surgimento do fundo de comércio; e aquela outra onde o titular do bem imóvel é uma pessoa, e o titular do fundo de comércio é outra, que se põe como locadora do proprietário.

3. Para o correto deslinde das questões, importante se faz observar alguns temas e conceitos que informam essa modalidade interventiva na propriedade.

Como do conhecimento de todos, a propriedade, em nosso ordenamento, se põe como um direito fundamental, devendo cumprir sua função social (art. 5º, XXII e XXIII, da CRFB). Assim, a regra é o Estado garantir, além do poder de disposição, a sua fruição e gozo por parte do titular, apenas se lhe permitindo a intervenção quando imprescindível para o atingimento de suas finalidades, aí entendido o interesse público.

Por tal razão predomina o entendimento desta forma de intromissão na propriedade privada se prender a três teorias que se revelariam em facetas de uma mesma ideia: a predominância do interesse público sobre o particular, a função social da propriedade e os fins do Estado. (1)

Estas facetas de uma mesma ideia permitem, dentro do poder que emana da soberania estatal, exercida no âmbito de seu domínio iminente, o ato interventivo, também chamado de ato de império ou de força, que visa a aquisição – mediante justa e prévia indenização – da propriedade, colocando-se irrelevante a vontade de seu titular.

Esta forma de aquisição, que se dá sem a presença de uma transmissão espontânea, e ganha, por isto, o designativo de **originária**, traz várias consequências.

4. A primeira dessas consequências, que tem grande importância está em em que essa forma aquisitiva retira possíveis elos do atual titular para com o titular anterior, importando em obtenção do bem livre e desprendido de "amarras". Ou seja, o ente expropriante se coloca como "o primeiro titular".

Assim, eventuais relações ou direitos estabelecidos anteriormente sobre o bem expropriado não poderão ser opostos ao expropriante. Direitos reais de garantia, relações obrigacionais, e outros vínculos existentes e que possam recair sobre a coisa expropriada, não irão vincular o novo proprietário (arts. 26 a 31, do Decreto-lei nº 3365/41)

Logo, é correto afirmar que o contrato de locação, registrado ou não, por tempo determinado ou não, não terá, por ser *res inter alios acta,* força vinculativa para o novo titular. Esta relação negocial automaticamente estará rompida.

Também não haverá necessidade do registro do ato expropriatório para a constituição e efetivação da desapropriação, bastando o interesse público e a prévia e justa indenização, esta última em regra

5. Se o caráter original se põe de grande importância material para este estudo, os aspectos da celeridade e da unicidade, no plano formal, são também imprescindíveis para a conclusão a que se pretende chegar.

Veja-se que a celeridade se torna importante diante da necessidade de se implementar o interesse público que autoriza a expropriação.

Não por outro motivo que o legislador estabeleceu várias regras procedimentais, que aparentemente podem romper com os princípios do devido processo legal e do contraditório. Apenas aparentemente. É o que se pode pensar de regras que determinam que o despacho de cunho positivo já antecipe a nomeação do perito (art. 14, do Decreto-lei nº 3365/41); estabeleçam a restrição quanto ao conteúdo da defesa, que deverá procurar um debate apenas quanto ao justo valor indenizatório, e eventual vício do processo, não cabendo discutir se há a real intenção de se proceder a desapropriação, e da perspectiva de possível desvio de finalidade (arts. 9º e 20, do Decreto-lei nº 3365/41); bem como a disposição que menciona não se interromper a instância, mesmo no caso de falecimento do réu, ou de perda de sua capacidade, quando o Juiz nomeará curador à lide até que se habilite o interessado ou o representante do incapaz (art. 21, do Decreto-lei nº 3365/41).

Aliás, quanto ao conteúdo restrito da defesa, que tinha por finalidade encurtar o debate, e com isto o tempo processual, atualmente os Tribunais vêm flexibilizando esta ideia constante da lei. Isto porque a impossibilidade de se ampliar o debate para outros temas trazia, e traz, o ajuizamento de ação direta para se discutir estas questões, acarretando, por lógica, diante da prejudicialidade que se faz surgir, a necessidade do julgamento conjunto. Com isto, e por isto, não raras vezes o processo, seguindo esta linha, acaba por demorar mais. A razão de ser da restrição deixa de existir, e isto faz com que os Tribunais, com base em leitura da lei de desapropriação consoante os princípios constitucionais, flexibilizem a regra e permitam, por força da ampla defesa, o debate direto sobre todas as questões passíveis de argumentação, e que guardem direta relação com o ato expropriatório, e não apenas a justa indenização. (2)

6. Seguindo esta linha é que se adotou o princípio da unicidade no âmbito do processo expropriatório. Por tal princípio deve figurar no polo passivo, da ação expropriatória, apenas o titular da propriedade que se pretende adquirir.

Neste plano, deverá figurar no polo passivo, em se tratando de propriedade imóvel, aquele que consta como proprietário no registro geral de imóveis (art. 1245, do CC). Eventualmente, se este já não mais for o titular, ou se existir dúvidas sobre a titularidade, esta questão deverá ser resolvida *a posteriori*. Caso a expropriação seja da posse do imóvel, será o possuidor quem deverá figurar na polaridade passiva. Neste último caso tal situação apenas poderá ocorrer quando o registro geral de imóveis não apontar o proprietário, e o possuidor estiver exercendo a posse por "fato próprio". É o que se depreende da conjugação do art. 11 com o art. 34, parágrafo único, do Decreto-lei nº 3365/41.

Aí, cabe lembrar que se o verdadeiro titular não tiver se defendido no processo, e sim terceiro, isto não será óbice para que o poder público se torne proprietário do bem (arts. 34, parágrafo único, e 35, do Decreto-lei n 3365/41). O legislador estabeleceu uma solução que se coaduna com a ideia de ponderação de valores entre o interesse público, em trazer a imediata utilização do bem, e o interesse particular do expropriado, em obter a justa indenização. Procedendo a tal, permite que o expropriado possa levantar a indenização já depositada, e buscar em demanda própria o remanescente daquilo que entende por justa indenização.

Deve ser recordado, ainda, que não se poderá arguir, para esta nova demanda, o óbice da coisa julgada, na medida em que o verdadeiro titular não participou do processo anterior (art. 506, do CPC)

7. Feita a passagem acima, e revisitados alguns institutos importantes da desapropriação, como é o caso do caráter originário da aquisição, e da brevidade e unicidade do processo expropriatório, passa-se ao enfrentamento das questões próprias do presente estudo.

Estas questões se traduzem no cabimento de reparação ao titular do fundo de comércio, ou aviamento, por sua perda diante da desapropriação do bem imóvel sob o qual recaia referido fundo de comércio, e a via para se buscar esta reparação.

Sobre o assunto, é correto afirmar que não há entendimento pacífico. Várias e díspares são as soluções no âmbito judicial e da doutrina.

Uma primeira orientação, de caráter restritivo, surge. Para estas pessoas que negam a possibilidade indenizatória, o argumento maior está em que a intromissão do Estado não se faz sobre o fundo de comércio, e sim sobre a propriedade onde este recai. Portanto, o ato intromissivo na propriedade não é causa direta e imediata para a perda do fundo de comércio, e sim causa indireta, que se põe permitida no ordenamento, por isso lícita. Por conseguinte, colocando-se em conformidade com a lei, e não havendo dispositivo específico impositivo da reparação, esta não poderia se dar, sendo irrelevante ter sido o fundo de comércio construído pelo titular do bem ou por terceiro.

Esta corrente procura evidenciar que a desapropriação, por ser permitida em nosso ordenamento, é um risco que toda e qualquer pessoa corre quanto a eventual perda de sua propriedade, apenas cabendo-lhe ser indenizada naquilo que o legislador estabeleceu expressamente, sendo o mais efeito de um ato de império do poder público pautado na predominância do interesse público, sobre o privado, impondo-se ao ex-titular se submeter ao julgo administrativo. (3 e 4)

Esta primeira orientação não tem prevalência.

Uma segunda orientação procura fazer uma distinção entre o fundo do comércio construído pelo titular do bem, e aquele construído por uma terceira pessoa, que a título de exemplo poderia ser o locatário de um bem que vem a ser expropriado.

Para esta segunda orientação, caso o proprietário do bem tenha formado o fundo de comércio, não caberá a indenização específica pela perda deste. Neste âmbito as regras genéricas voltadas à indenização pela perda da propriedade estariam a abranger todas as perspectivas reparatórias ao expropriado. Assim é que os juros compensatórios viriam para reparar a perda antecipada da utilização do bem, onde estaria compreendido a ideia de "perda da clientela", que traduziria a perda do fundo de comércio. Mas não só. Na medida em que o art. 27, da lei de desapropriação fala no valor que caracteriza "o interesse que dele aufere o proprietário", o legislador teria delimitado a perspectiva indenizatória do expropriado.

Já no caso do imóvel estar locado e o locatário estabelecer o "fundo de comercio, como o art. 26 é claro em afirmar que "no valor da indenização ... não se incluirão os direitos de terceiros", seria certo que com a desapropriação haveria o atingimento deste direito – pelo princípio da causalidade –, não se podendo recusar a presença do nexo entre a perda e o ato interventivo e, portanto, por uma regra geral do nosso ordenamento, constante da legislação civil, o dever de indenizar.

Ou seja, nesta segunda situação, e somente nela, teríamos o dever de reparar o terceiro diante da perda de sua propriedade imaterial, cuja natureza patrimonial seria e é irrecusável, mas esta reparação não ocorreria na ação de desapropriação, onde sequer o locatário é parte. Aí, caberá ao titular do fundo de comércio ajuizar ação própria para ser ressarcido.

Por fim, há uma terceira corrente que se guia pela lógica, onde se põe certo que a supressão de um direito, por ato de força do Estado, em favor do interesse público, deve ser sempre reparado. Isto porque, como informa o princípio maior que rege a responsabilidade civil da Administração, em nosso ordenamento, a sociedade, que se beneficia com a ação do poder público, em detrimento de direitos de um particular, deve reparar, se valendo da figura do Estado, os danos daí emergentes, e os eventuais lucros que se fizerem cessados.

Neste plano a regra constitucional que estabelece **a justa indenização** ao titular do bem expropriado evidencia que o valor a ser pago a este último deve abranger tudo que represente perda e guarde direta relação com o ato interventivo. Logo, é certo que a palavra **justa**, direcionada e dimensionada para a ideia de indenização, representa todos os valores patrimoniais atingidos pela direta intervenção na propriedade. Assim, se o proprietário constrói um comércio em sua propriedade "fazendo uma clientela", e vem a perder esta atividade empresarial, pela desapropriação, há nexo causal direto com uma conduta do Estado para este fato, importando no dever deste último em proceder a ampla reparação por sua conduta.

Já agora, encontrando-se o imóvel locado, é certo que o titular do bem imóvel, e por isso locador, terá também aí o direito a ser reparado pelos valores locatícios que não mais fará jus, caso o contrato esteja a prazo determinado. Já o locatário, que tem estabelecido o fundo de comércio, terá direito a ser reparado em todos os danos que tiver sofrido pela perda de sua propriedade imaterial. Entretanto, se o proprietário-locador poderá se ver ressarcido no âmbito do processo expropriatório, o locatário, titular do fundo de comércio, terá que buscar, em ação própria, **por força do princípio da unicidade da desapropriação,** a reparação de todos os danos sofridos. (5)

8. Observa-se, pois, que destas três correntes, aquela que melhor se coaduna com o nosso ordenamento é a terceira. Assim sendo cabe concluir a questão posta da seguinte forma: **impõe-se ao poder público o dever de reparar o titular do fundo de comércio, por sua perda, diante da desapropriação do imóvel sobre o qual o mesmo recaia.**

Citações:

(1) MEDAUAR, ODETE, Destinação dos Bens Expropriados, ed. Max Limond, 1ª ed., pp. 26/28.

(2) NEGRÃO, THEOTONIO, Código de Processo Civil, Saraiva, p. 1287, 50ª ed., nota 1, ao art. 9º, do Decreto-lei nº n 3365/41.

(3) FERRAZ, SERGIO – Desapropriação: Indicações de doutrina e jurisprudência, RJ, 1970, edição própria, onde se apurou as seguintes orientações doutrinárias:

ILDEFONSO, MASCARENHAS DA SILVA, Desapropriação por necessidade e utilidade públicas, p. 330 e seguintes.

MIGUEL SEABRA FAGUNDES, Da desapropriação no direito brasileiro, 1949, p. 420 (só por ação própria).

- O controle dos atos administrativos pelo Poder Judiciário, 4ª ed., p. 364 e nota 7 (só por ação próprio).

MONIZ DE ARAÇÃO – Parecer in RF 216/433.

(4) FERRAZ, SERGIO – Desapropriação: Indicações de doutrina e jurisprudência, RJ, 1970, edição própria, onde se apurou as seguintes orientações doutrinárias:

ALFREDO BUZAID – DA ação renovatória, pp. 345/7.

ARNOLDO WALD – Direito Civil Brasileiro, vol. 3, p. 163.

EURICO SODRÉ – A desapropriação por necessidade ou utilidade pública, 2ª ed., pp. 197/8.

OLIVEIRA E CRUZ – Da desapropriação, p. 85/92.

Parecer, in RT 136/333

PONTES DE MIRANDA – Comentários à Constituição de 1967, tomo VI, p. 422.

- Tratado de Direito Privado, tomo XIV, p. 181.

(5) SALLES, JOSE CARLOS DE MORAES: A Desapropriação à luz da Doutrina e da Jurisprudência, 6ª ed., RT, capítulo, XVII, item 4, pp. 550/554.

Referências Bibliográficas

DI PIETRO, Maria Sylvia Zanella – Direito Administrativo, Forense, 33ª ed.

MEIRELLES, Hely Lopes – Direito Administrativo Brasileiro, 44ª ed., JusPodivm.

FILHO, José dos Santos Carvalho – Manual de Direito Administrativo, 34ª ed., Atlas.

MEDAUAR, Odete, Destinação dos Bens Expropriados, ed. Max Limond, 1ª ed.

NEGRÃO, Theotonio, Código de Processo Civil, Saraiva, p. 1287, 50ª ed.

SALLES, José Carlos de Moraes: A Desapropriação à luz da Doutrina e da Jurisprudência, 6ª ed., RT.

FILHO, Marçal Justen – Curso de Direito Administrativo, RT, 13ª ed.

FERRAZ, SERGIO – Desapropriação: Indicações de doutrina e jurisprudência, RJ, 1970, edição própria.

PARTE 3

DIREITO DE FAMÍLIA E SUCESSÕES

Breves Anotações Sobre os Direitos Sucessórios do Cônjuge e do Companheiro na Atualidade

Luiz Paulo Vieira De Carvalho

1. Direitos Sucessórios do cônjuge e do companheiro. Ordem de vocação hereditária. Breves anotações

Ab initio, é de se esclarecer que o direito a herança é *cláusula pétrea* (art. 5º, XXX da CRFB/88), *bem imóvel para efeitos legais* (80, II do CC), bem como uma *universalidade de direito* (art. 91 do mesmo diploma), nascendo no momento do decesso da pessoa física ou natural, quando então a herança se transfere imediatamente aos herdeiros legais e testamentários do hereditando como um bloco unitário, sem necessidade de quaisquer formalidades (saisina, art. 1.874 e art. 1.791, parágrafo único, do CC/202).

Destarte, o legislador do Código Civil de 2002, no art. 1.829 e incisos, determinou a *ordem preferencial da vocação hereditária* a favor dos herdeiros legítimos ou legais, familiares mais próximos do hereditando (no CC/16, art.1.603 e incisos), porém, introduziu importantes alterações.

A primeira delas está expressa nos incisos I e II do art. 1.829. Pelo inciso I desse artigo, como regra, passou o cônjuge sobrevivente a concorrer com os descendentes do autor da herança, a depender, porém, do regime matrimonial de bens adotado pelo ex-casal ou imposto pelo legislador. No inciso II na falta de descendentes, independentemente do regime de bens, passou a concorrer com os ascendentes daquele, figurando, por fim, solitariamente no inciso III, recolhendo a herança legítima como único titular na falta de tais descendentes e ascendentes. Já no inciso IV restou determinado que, na falta de descendentes, ascendentes ou cônjuge sobrevivente em não havendo testamento válido em sentido contrário (arts.1.850 e 1.857 do CC), a herança defere-se aos colaterais até o 4º grau (herdeiros facultativos). Inexistindo colaterais e testamento válido, os bens hereditários são devolvidos ao Poder Público (art.1.819 e ss. do CC).

A segunda modificação, em atenção ao que já ocorria na maioria das legislações mundiais e, também atendendo a antigo reclamo doutrinário, situa-se no art. 1.845 do Código Civil, que passou expressamente a considerar o cônjuge sobrevivente como herdeiro necessário ou privilegiado (vide arts.1.789 e 1.857 § 1º),[1] ao lado dos descendentes e ascendentes do falecido ou solitariamente,

---

[1] Art.1.789 do CC: "Havendo herdeiros necessários, o testador só poderá dispor de metade da herança." "Legítima é a quota do patrimônio do *de cuius* que certos sucessíveis têm garantida por lei, quota de que ele não pode validamente dispor (...) De legítima derivou legitimário: o que dela se beneficia." TELLES, Inocêncio Galvão. *Direito das Sucessões*: noções fundamentais, 2ª ed.: Livraria Almedina, Lisboa, 1973, p. 95.

na falta destes, ao inverso do diploma civil anterior, onde figurava meramente como herdeiro facultativo (art. 1.603, inciso III c/c os arts. 1.721 e 1.725, *a contrario sensu*, do CC/1916).

Pelo exposto supra, verifica-se que, se o inciso I do referido art. 1.829 do CC atual (atual ordem preferencial da vocação hereditária aplicável, como regra, na sucessão legítima), atribuiu ao cônjuge supérstite concorrência sucessória com os descendentes do falecido, ao mesmo tempo, *excepcionou tal concorrência ao subordiná-la ao regime de bens escolhido ou imposto legalmente ao ex-casal*, em princípio, segundo os especialistas, com base na afirmação de que "quem meia não herda, quem herda não meia", ou seja, aquele que já se encontrava amparado economicamente pela meação obtida em vida advinda do regime matrimonial de bens, não deve concorrer à herança com os descendentes do morto, geralmente forças mais novas, presumidamente mais necessitadas de proteção patrimonial.

Quanto ao *companheiro sobrevivente*, não mencionado no aludido art. 1.845 do CC, nem no art.1.850,[2] por força das decisões exaradas nos RE's 878.694 e 646.721 em Repercussão Geral (10.05.2017, atas publicadas em 12.05.2017-Tema 809), igualmente, sem mais discussões, *agora está reequiparado ao cônjuge sobrevivente*, porém, nos moldes do explicitado na ementa do REsp 1.337.420 de 21.09.2017, que trazemos à baila: "RECURSO ESPECIAL. DIREITO CIVIL. AÇÃO DE ANULAÇÃO DE ADOÇÃO. ILEGITIMIDADE ATIVA. SUCESSÃO. CASAMENTO E UNIÃO ESTÁVEL. REGIMES JURÍDICOS DIFERENTES. ARTS. 1790 do CC/2002. **INCONSTITUCIONALIDADE DECLARADA PELO STF. EQUIPARAÇÃO. CF/1988**. NOVA FASE DO DIREITO DE FAMÍLIA. VARIEDADE DE TIPOS INTERPESSOAIS DE CONSTITUIÇÃO DE FAMÍLIA. ART. 1829, CC/2002. INCIDÊNCIA AO CASAMENTO E À UNIÃO ESTÁVEL. MARCO TEMPORAL. SENTENÇA COM TRÂNSITO EM JULGADO. 1. A diferenciação entre os regimes sucessórios do casamento e da união estável, promovida pelo art. 1.790 do Código Civil de 2002 é inconstitucional, por violar o princípio da dignidade da pessoa humana, tanto na dimensão do valor intrínseco, quanto na dimensão da autonomia. Ao outorgar ao companheiro direitos sucessórios distintos daqueles conferidos ao cônjuge pelo artigo 1.829, CC/2002, produz-se lesão ao princípio da proporcionalidade como proibição de proteção deficiente. Decisão proferida pelo Plenário do STF, em julgamento havido em 10/5/2017, nos RE's 878.694/MG e RE 646.721/RS (...) 6. Nessa linha, considerando que não há espaço legítimo para o estabelecimento de regimes sucessórios distintos entre

---

2 Art.1.845 do CC: "São herdeiros necessários os descendentes, ascendentes e o cônjuge". Art.1.850 do CC: "Para excluir da sucessão os colaterais, basta que o disponha de seu patrimônio sem os contemplar."

cônjuges e companheiros, a lacuna criada com a declaração de inconstitucionalidade do art. 1.790 do CC/2002 deve ser preenchida com a aplicação do regramento previsto no art. 1.829 do CC/2002. Logo, tanto a sucessão de cônjuges como a sucessão de companheiros devem seguir, a partir da decisão desta Corte, o regime atualmente traçado no art. 1.829 do CC/2002 (RE 878.694/MG, relator Ministro Luis Roberto Barroso).7. A partir do reconhecimento de inconstitucionalidade, as regras a serem observadas, postas pelo Supremo Tribunal Federal, são as seguintes: a) em primeiro lugar, ressalte-se que, para que o estatuto sucessório do casamento valha para a união estável, impõe-se o respeito à regra de transição prevista no art. 2.041 do CC/2002, valendo o regramento desde que a sucessão tenha sido aberta a partir de 11 de janeiro de 2003; b) **tendo sido aberta a sucessão a partir de 11 de janeiro de 2003, aplicar-se-ão as normas do 1.829 do CC/2002 para os casos de união estável, mas aos processos judiciais em que ainda não tenha havido trânsito em julgado da sentença de partilha, assim como às partilhas extrajudiciais em que ainda não tenha sido lavrada escritura pública, na data de publicação do julgamento do RE nº 878.694/MG**; c) aos processos judiciais com sentença transitada em julgado, assim como às partilhas extrajudiciais em que tenha sido lavrada escritura pública, na data daquela publicação, valerão as regras dispostas no art. 1.790 do CC/2002. 8. Recurso Especial provido" (STJ, 4ª Turma, relator Ministro Luis Felipe Salomão). (destacamos)

Em outras palavras, a partir dos julgamentos do STF acima referidos), nas sucessões abertas a partir de 11 de janeiro de 2003, cujos respectivos processos ou procedimentos não havia partilha ou adjudicação, onde se lê a palavra *cônjuge*, é de se ler, igualmente, *companheiro*.

Sob tal perspectiva, de caráter obrigatório, *a uma*, **o cônjuge ou o companheiro sobrevivente consorciados pelo regime da comunhão universal** (1ª parte do inciso I do art. 1.829 c/c arts. 1.667 do CC e 1.725 do CC) sendo meeiros, não serão coerdeiros, tão só recolhendo a herança legal deixada pelo falecido (aquilo que era sua meação), os descendentes desse (filhos, netos, bisnetos etc.). Tal situação foi reconhecida pela Egrégia 3ª Turma do Superior Tribunal de Justiça no RMS 22.684, julgado em 07.05.2007, tendo como relatora a Ministra Nancy Andrighi.

Olvidou-se, contudo, o legislador que, por vezes, embora em hipótese mais rara, é possível que o inventariado tenha deixado patrimônio, mas, *in casu*, não ter havido nenhuma comunicação de bens ao seu parceiro (como, por exemplo, se tal patrimônio derivasse de sucessão legal em herança gravada com cláusula de inalienabilidade ou incomunicabilidade, arts. 1.848 e 1.911 do CC/2002 e 1.723 do CC/1916). Em tal hipótese, o parceiro supérstite poderá restar desamparado, sem parcela da herança e sem meação, o que contraria um dos principais cânones do direito sucessório: a proteção aos familiares mais próximos do autor da herança, a não ser que se aplique o modo de concorrência sucessória consolidada em relação ao regime da comunhão parcial, como veremos mais adiante.

A duas, em relação ao **cônjuge e companheiro sobrevivente consorciados pelo regime da separação legal ou obrigatória** (2ª parte do art. 1.829, inciso I, do CC c/c art. 1.641, incisos I a III, do mesmo diploma, bem como parágrafo único e incisos do art. 258 do CC/1916) estes, *expressamente*, não concorrem a herança com os descendentes do falecido.

O objetivo do legislador com tal restrição sucessória foi evitar a ocorrência de fraude a esse regime ou, então, simplesmente, não se favorecer economicamente os cônjuges, nem em vida, nem após a morte do seu consorte, a pretexto de proteger os que tenham se unido em determinadas situações jurídicas, seja por motivo de idade avançada - na tentativa de se evitar o famoso "golpe do baú" (inciso II do art. 1.641 do CC), ou por motivo de menoridade (inciso III do art. 1.641 do CC) ou então, por motivo de presença de causa suspensiva do casamento não afastada por ocasião da habilitação (inciso I do art. 1.641 do CC).

Contudo e particularmente nos tempos atuais, somos daqueles que não concordam com a imposição legislativa do regime de bens em razão da idade, quando qualquer dos cônjuges vier a casar-se com mais de 70 anos (inciso II do art. 1.641 do CC, anteriormente, 60 anos-Lei nº 12.344/2010), valendo registrar que existem acórdãos de importantes pretórios do país,[3] bem como posicionamentos doutrinários majoritários,[4] asseverando que a determinação do regime patrimonial do casamento em função da idade, na época estampada inicialmente no art. 258, inciso II, do Código Civil de 1916, fere de morte os princípios constitucionais da *igualdade substancial* (art. 5º, caput, da CRFB), da *proibição de qualquer discriminação por força de idade* (art. 3º, inciso IV, da CRFB), *bem como o valor maior da dignidade da pessoa humana* (art. 1º, inciso III da CRFB).

Em nossa opinião, tal restrição legal sucessória é indevida, pois, além de ferir o princípio basilar do sistema sucessório de proteger os familiares próximos sobreviventes do falecido, só terá sentido se aceitarmos a subsistência em nosso ordenamento da Súmula 377 do Supremo Tribunal Federal: "No regime da separação legal ou obrigatória comunicam-se os bens adqui-

---

3   TJSP, 2ª CC, AC 7512-4, relator Desembargador Cesar Peluso, julgamento em 18.08.1998.TJRS, 7ª CC, Ac 70004348769, relatora Desembargadora Maria Berenice Dias, julgada em 27.08.2003.

4   P.ex., MADALENO, Rolf. *Curso de Direito de Família*, 6ª ed. Rio de Janeiro: Forense, 2015, p.781 e VELOSO, Zeno. *Direito Civil, Temas*. Belém do Pará: ANOREG/PA, 2018, p. 244.

ridos na constância do casamento," sob pena de deixar ao desamparo, *in concreto*, o parceiro supérstite, especialmente o do lar que, em regra, não amealhou nem dispõe de patrimônio próprio, ainda uma triste realidade de um grande percentual das viúvas brasileiras,[5] além de colidir frontalmente com o princípio que teria sido adotado pelo novel legislador antes destacado, "quem meia não herda, quem herda não meia".

Destarte, de molde a se evitar tal descalabro, no tocante ao regime de bens legal ou obrigatório, é de se observar que há muito tempo vem gravitando em nossos tribunais a referida Súmula 377 do Supremo Tribunal Federal, segundo a qual os bens adquiridos onerosamente – ou equiparados a tal circunstância– em conjunto ou separadamente, por qualquer dos cônjuges na constância da sociedade conjugal (isto é, os bens aquestos, aqueles que formam patrimônio comum no regime da comunhão parcial, presente no art. 1660, incisos I a V, do CC), *comunicam-se igualmente ao nubente não adquirente.*

Sob tal perspectiva, por exemplo, a comunicação advinda da citada Súmula 377 é automática,[6] *não implicando na prova do esforço comum para a sua aquisição,*[7] por analogia ao art. 259 do Código Civil de 1916, regra que, no entanto, não foi reproduzido no Código Civil atual.

O art. 259 do Código Civil de 1916 rezava: "Embora o regime não seja o da comunhão de bens, prevalecerão, no silêncio do contrato, os princípios dela, quanto à comunicação dos adquiridos na constância do casamento". Esse é, em nosso sentir, mesmo até nos dias atuais, importante posicionamento, mesmo porque é cediço que a comunicação dos bens aquestos, ao se aplicar os princípios do regime da comunhão parcial ao caso concreto, ocorre por meio de *presunção absoluta, iure et de iure* (incabível, portanto, prova em contrário), de que houve colaboração direta (em trabalho ou dinheiro) ou mesmo da colaboração indireta da por parte do consorte não adquirente (por meio do apoio diuturno, solidariedade, incentivo, afeição etc. prestado ao outro consorte, adquirente do bem a título oneroso).

---

5   O STJ vem afirmando que a restrição sucessória em função da idade também se aplica ao companheiro sobrevivente, salvo se o início da união se deu antes da idade limite (p.ex., 4ª Turma, REsp 1.318.281, julgado em 01.02.2016 e o REsp 1.171.820, 3ª Turma, julgado em 07.12.2010). Na mesma sintonia, vide o Enunciado n. 261 da III Jornada de Direito Civil (CEJ/STJ).

6   STF 2ª Turma, AGRA-10.303/R, publicação em 13.06.1977.

7   Trilhando tal caminho, p.ex., vide STJ, AREsp 1.133.979, 4ª Turma, julgado em 28.11.2017, STJ, AgRg no AREsp 650390, 3ª Turma, julgado em 27.10.2015, STJ, REsp 1.593.663, 3ª Turma, julgado em 13.09. 2016, TJRS, 8ª CC, AC nº 70080859903, julgada em 16.04.2020 e TJRS, 8ª CC, AC nº 70079136578, julgada em 28.06.2019.

Não obstante, outros prestigiosos pronunciamentos afirmam ser indispensável seja produzida a *prova do esforço comum* na aquisição de bem aquesto (adquirido na constância da sociedade conjugal à título oneroso) por parte do consorte não adquirente, para que ocorra a aludida comunicação, sob pena de enriquecimento indevido (art. 884 do CC).

Nessa direção encontramos os Embargos de Divergência no REsp 1.171.820, na relatoria do Ministro Raul Araújo, julgado em 26.08.2015, em que, por maioria, a 2ª Seção do Egrégio Superior Tribunal de Justiça afirmou ser imprescindível, na separação legal ou obrigatória, que o parceiro não adquirente comprove o esforço comum para efeitos de obter a partilha do bem havido pelo outro parceiro: "EMBARGOS DE DIVERGÊNCIA NO RECURSO ESPECIAL. DIREITO DE FAMÍLIA. UNIÃO ESTÁVEL. COMPANHEIRO SEXAGENÁRIO. SEPARAÇÃO OBRIGATÓRIA DE BENS (CC/1916, ART. 258, II; CC/2002, ART. 1.641, II). DISSOLUÇÃO. BENS ADQUIRIDOS ONEROSAMENTE. PARTILHA. NECESSIDADE DE PROVA DO ESFORÇO COMUM. PRESSUPOSTO DA PRETENSÃO. EMBARGOS DE DIVERGÊNCIA PROVIDOS. 1. Nos moldes do art. 258, II, do Código Civil de 1916, vigente à época dos fatos (matéria atualmente regida pelo art. 1.641, II, do Código Civil de 2002), à união estável de sexagenário, se homem, ou cinquentenária, se mulher, impõe-se o regime da separação obrigatória de bens. 2. Nessa hipótese, apenas os bens adquiridos onerosamente na constância da união estável, e desde que comprovado o esforço comum na sua aquisição, devem ser objeto de partilha. 3. Embargos de divergência conhecidos e providos para negar seguimento ao recurso especial." Na mesma direção temos as decisões monocráticas exaradas no REsp 1.626.929 (13/10/2016), da lavra do Ministro Marco Aurélio Bellizze, no REsp 1.341.784 (09/08/2016), da lavra do Ministro Luis Felipe Salomão, no AgRg no AREsp 818.459 (02/06/2016), da lavra do Ministro Moura Ribeiro e no EREsp 1.623.858 também da 2ª Seção, relator Ministro Lázaro Guimarães, julgado em 23.05.2018.

Em resumo, nos termos do Código Civil de 2002 e o balizado nos RE's 878.694/MG e RE 646.721/RS, se o hereditando consorciado pelo regime da separação obrigatória de bens deixar descendentes e cônjuge ou então, descendentes e companheiro sobrevivente, não haverá a concorrência sucessória (o parceiro sobrevivente não será herdeiro na sucessão legítima). Não obstante, ambos poderão ser considerados meeiros se existirem bens aquestos no acervo inventariado, consoante os termos da Súmula 377 do Supremo Tribunal Federal, a depender, porém, do entendimento do órgão julgador a respeito da necessidade ou não de esforço comum para a sua concretude, em divergência jurisprudencial que já conta, temporalmente, com mais de 50 (cinquenta) anos, isto é, desde a edição do referido verbete (03.04.1964).[8]

A três, quanto ao **cônjuge ou companheiro sobrevivente consorciados pelo regime da separação convencional** (art.1.687 e 1.725 do CC): declamamos, do mesmo modo como também se posiciona atualmente substancial parte da doutrina e da jurisprudência, *que haverá concorrência sucessória entre o cônjuge sobrevivente casado sob o regime da separação convencional com os descendentes do falecido*, mesmo porque, de maneira expressa, o legislador só exclui da concorrência sucessória o cônjuge que fora casado pelo regime da separação legal ou obrigatória e não pela separação volitiva (inciso I do art. 1.829 do CC), nas linhas do antiquíssimo brocardo "o que o legislador não exclui, não cabe ao intérprete excluir".

Ab initio, acolhendo o posicionamento do saudoso professor Miguel Reale Jr., a Egrégia 3ª Turma do Superior Tribunal de Justiça, no julgamento do REsp 992.749, em 01 de dezembro de 2009, declarou que o cônjuge casado sob o regime da separação convencional não seria herdeiro concorrente com os descendentes do falecido, porquanto o legislador ao se utilizar da expressão "separação obrigatória de bens" no inciso I do art. 1.829 do Código Civil, estaria também se referindo à separação convencional de bens.

Contudo, nunca estivemos concordes, *data maxima venia*, com tal conclusão (ultratividade do regime de bens, cujos efeitos se encerram, contudo, por morte de qualquer dos parceiros, art.1.571, I, do CC). Ratificando nosso posicionamento, a mesma Egrégia 3ª Turma do Superior Tribunal de Justiça, posteriormente, veio assim a decidir: "RECURSO ESPECIAL. DIREITO DAS SUCESSÕES. INVENTÁRIO e PARTILHA. REGIME DE BENS. SEPARAÇÃO CONVENCIONAL. PACTO ANTENUPCIAL POR ESCRITURA PÚBLICA. CÔNJUGE SOBREVIVENTE. CONCORRÊNCIA NA SUCESSÃO HEREDITÁRIA COM DESCENDENTES. CONDIÇÃO DE HERDEIRO. RECONHECIMENTO. EXEGESE DO ART. 1.829, I, DO CC/02. AVANÇO NO CAMPO SUCESSÓRIO DO CÓDIGO CIVIL DE 2002. PRINCÍPIO DA VEDAÇÃO AO RETROCESSO SOCIAL" (...) 4. O fato gerador no direito sucessório é a morte de um dos cônjuges e não, como cediço no direito de família, a vida em comum. As situações, porquanto distintas, não comportam tratamento homogêneo, à luz do princípio da

---

8 Fugindo ao aceno da controvérsia foi aprovado na VIII Jornada de Direito Civil (CEJ/STJ, 26 e 27 de abril de 2018, o Enunciado nº 634: "É lícito aos que se enquadrem no rol de pessoas sujeitas ao regime de separação obrigatória de bens (art. 1.641 do Código Civil) estipular, por pacto antenupcial ou contrato de convivência, o regime de separação de bens, a fim de assegurar os efeitos de tal regime e afastar a incidência da Súmula 377 do STF". (destaques nossos) Vale registrar também, em idêntica senda, a decisão contida na Apelação Cível n. 70055655450, TJRS, 8ª Câmara Cível, julgada em 10.10.2013.

especificidade, motivo pelo qual a intransmissibilidade patrimonial não se perpetua post mortem. 5. O concurso hereditário na separação convencional impõe-se como norma de ordem pública, sendo nula qualquer convenção em sentido contrário, especialmente porque o referido regime não foi arrolado como exceção à regra da concorrência posta no art. 1.829, I, do Código Civil. 6. O regime da separação convencional de bens escolhido livremente pelos nubentes à luz do princípio da autonomia de vontade (por meio do pacto antenupcial), não se confunde com o regime da separação legal ou obrigatória de bens, que é imposto de forma cogente pela legislação (art. 1.641 do Código Civil), e no qual efetivamente não há concorrência do cônjuge com o descendente (...)" (REsp 1.472.945, 3ª Turma, Rel. Min. Ricardo Villas Bôas Cueva, julgado em 23.10.2014). Na mesma direção o REsp 1.430.763, 3ª Turma, relator para o acórdão Ministro João Otávio de Noronha, julgado em 19.08.2014).

E mais. Pondo uma pá de cal na *vexata quaestio de facto et iuris* ora em exposição, a 2ª Seção do Egrégio Superior Tribunal de Justiça (reunião das 3ª e 4ª Turmas, cuja função é a análise e a direção de nosso Direito privado) no REsp 1.382.170, julgado em 22.04.2015, decidiu a favor de tal posicionamento, qual seja, **de que há concorrência sucessória entre os descendentes do falecido e o cônjuge sobrevivente, quando o casamento fora regido patrimonialmente pelo regime da separação convencional** (...) Precedentes citados: REsp 1.430.763-SP, Terceira Turma, DJe 2/12/2014; e REsp 1.346.324-SP, Terceira Turma, DJe 2/12/2014 (STJ, 2ª Seção, REsp 1.382.170, relator Ministro Moura Ribeiro, relator para acórdão Ministro João Otávio de Noronha, julgado em 22/4/2015, DJe 26/5/2015). (Destacamos)

A quatro, quanto ao **cônjuge ou companheiro sobrevivente**[9] **consorciados pelo regime da comunhão parcial**: é sabido ter sido o regime da comunhão parcial (igualmente denominado de comunhão limitada, comunhão dos adquiridos ou comunhão de aquestos), a partir do advento da Lei do Divórcio (Lei 6.015/1977), que modificou o *caput* do art. 258 do Código Civil de 1916, foi alçado ao *regime legal supletivo ou dispositivo* – art. 1.640 e parágrafo único, do Código Civil de 2002, hoje regulamentado no art. 1.658 e ss. do Código Civil e, anteriormente, no art. 269 e ss. do Código Civil de 1916.

Esse regime caracteriza-se, inicialmente, pela não comunicação ao outro cônjuge dos bens adquiridos antes do matrimônio por qualquer dos nubentes, seja a título gratuito, p.e., doação ou herança, seja a título oneroso,

---

9 Art.1.725 do CC: "Na união estável, salvo contrato escrito entre os companheiros, aplica-se às relações patrimoniais , no que couber, o regime da comunhão parcial."

compra e venda, dação em pagamento etc. (arts. 1.661 e 1.659, 1ª parte, do CC), bem como pela não comunicação dos bens adquiridos individualmente na constância do casamento a título gratuito e os sub-rogados em lugar desses (arts. 1.659, inciso I, 2ª parte, e 1.659, inciso II, do CC), todos considerados bens particulares ou próprios do cônjuge adquirente. Também são considerados bens particulares e, portanto, em princípio incomunicáveis ao outro cônjuge, os de natureza personalíssima, mencionados nos demais incisos do referido art. 1.659 do Código Civil, com algumas exceções jurisprudenciais (p.ex., STJ, REsp. 1.651.292, 3ª Turma, julgado em 19.05.2020.

Sob tal perspectiva, no regime da comunhão parcial comunicam-se a ambos os nubentes, somente os já mencionados bens aquestos, a saber, tanto os aquestos típicos ou os aquestos em sentido estrito, quais sejam, os bens havidos em conjunto ou separadamente, a título oneroso, na constância da sociedade conjugal, sem que haja sub-rogação (substituição de um bem particular por outro – art. 1.660, inciso I, do CC e art. 271, inciso I, do CC/1916), bem como os aquestos atípicos, menos comuns de ocorrer (art. 1.660, incisos II a V, do CC e art. 271, incisos II a VI, do CC/1916, p.ex., fato eventual, herança recebida por ambos, benfeitorias realizadas em bens particulares, frutos civis dos bens particulares ou comuns etc.), todos esses, assim, formadores de patrimônio comum a ser objeto de partilha entre os cônjuges por ocasião da dissolução e /ou término da sociedade conjugal (art.1.571 e parágrafos do CC).

Resumindo, esse regime dá suporte à comunicação desses aquestos - havidos na constância da sociedade conjugal, que, como antes dito, formam uma massa patrimonial comum, com a *presunção absoluta* (*iure et de iure*, sem admissão de prova em contrário) de que ambos os nubentes colaboraram para a aquisição de tais os bens, presunção advinda da *affectio maritalis*, cerne da referida sociedade conjugal.

Fixados esses parâmetros, quando o hereditando tiver sido se consorciado pelo regime da comunhão parcial, a parte final do art. 1.829, inciso I, do Código Civil dispõe sem muita clareza: "A sucessão legítima opera-se na ordem seguinte: I – [...]; ou se, no regime da comunhão parcial, o autor da herança não houver deixado bens particulares".

A propósito, manifestou-se parte da doutrina na III Jornada de Direito Civil (CEJ/STJ, 03.11.2004) na seguinte direção : "Enunciado 270: 'O art. 1.829, inc. I, só assegura ao cônjuge sobrevivente o direito de concorrência com os descendentes do autor da herança quando casados no regime da separação convencional de bens ou, *se casados nos regimes da comunhão parcial* ou participação final nos aquestos, *o falecido possuísse bens particulares, hipóteses em que a concorrência se restringe a tais bens, devendo os bens comuns (meação) ser partilhados exclusivamente entre os descendentes*". (itálicos nossos)

No entanto, a par dos termos do Enunciado acima, grassava no âmbito do Excelso Superior Tribunal de Justiça a seguinte divergência: para a Egrégia 3ª Turma, só haveria a concorrência sobre a meação dos bens comuns deixada pelo morto, jamais sobre bens particulares; já para a Egrégia 4ª Turma, contudo, tal concorrência só aconteceria se o morto deixasse bens particulares levados ao inventário, independentemente de eventual meação por ele deixada (que pertenceria inteiramente aos seus descendentes), a incidir apenas sobre aqueles bens particulares.

Contudo, em relevante uniformização da matéria, a Egrégia 2ª Seção do mesmo Tribunal, em 22/4/2015 (REsp 1.368.123, relator para acórdão Ministro Raul Araújo, julgado em 22/4/2015), decidiu na mesma direção da maioria da doutrina, no sentido de que somente haverá concorrência sucessória entre o cônjuge sobrevivente que fora casado pelo regime da comunhão parcial e os descendentes deste *quando houver no acervo inventariado bem ou bens particulares deixados pelo morto, e a base de cálculo para essa concorrência se dará somente sobre tais bens.*

A cinco, **cônjuge ou companheiro sobrevivente consorciados casado pelo regime de participação final nos aquestos** (arts. 1.672 e 1.725 do CC): na III Jornada de Direito Civil, realizada no âmbito do Superior Tribunal de Justiça, em 03.11.2004, aprovou-se o Enunciado 270 que afirma que "o art. 1.829, inc. I, só assegura ao cônjuge sobrevivente o direito de concorrência com os descendentes do autor da herança quando casados no regime de separação convencional de bens ou, se casados nos regimes da comunhão parcial ou participação final nos aquestos, o falecido possuísse bens particulares, hipóteses em que a concorrência se restringe a tais bens, devendo os bens comuns (meação) ser partilhados exclusivamente entre os descendentes."

Pensamos não ser possível ser traçado paralelo entre o regime da comunhão parcial de bens com o regime da participação final nos aquestos, especialmente para fins de se impor a ambos o mesmo raciocínio sucessório, *numa equiparação restritiva não realizada pelo legislador civil,* porquanto embora se tratem de regimes que guardem entre si uma certa semelhança e nomenclatura, *são estruturalmente diferenciados,* pois no regime da comunhão parcial, cujas características foram antes mencionadas, os aquestos se comunicam aos cônjuges no momento da aquisição e na participação final nos aquestos vislumbra-se um *regime de ganhos e não de bens,* baseado na solidariedade que deve existir entre os nubentes e, diversamente do que ocorre no regime da comunhão parcial, os aquestos adquiridos por qualquer deles (art. 1.660, inciso I, do CC), em separado e na constância da sociedade conjugal (arts. 1.672 e 1.673 do CC), *não se comunicam ao outro nubente por ocasião da aquisição, pertencendo exclusivamente ao cônjuge adquirente* (arts. 1.672 e 1.673, 2ª parte, do CC). Somente finda a sociedade conjugal pela morte, pelo divórcio, pela invalidade do matrimônio aferida judicialmente, pela sentença que declara aberta a sucessão definitiva do ausente patrimonial – art. 37 do CC c/c art. 1.571, § 1°, do CC – e, em nosso entender, também pela *separação de fato inequívoca*,[10] apuram-se os aquestos adquiridos pelo cônjuge varão e os aquestos adquiridos pelo cônjuge virago (art. 1.674, *caput*, do CC) e, se houver discrepância entre os ganhos de um e de outro, faz-se, em partilha, *uma conta de acertamento*, sendo um deles declarado credor do outro, liquidando-se o crédito mediante o pagamento em bens ou em dinheiro (art. 1.684 do CC).

Pelo exposto, e concluindo, independentemente de existirem ou não bens particulares inventariáveis, parece-nos, por não ser cabível a retirada de direitos de tamanha importância onde o legislador não o fez expressamente (onde o legislador não restringe, não cabe ao intérprete restringir), *que o cônjuge sobrevivente casado pelo regime de participação final nos aquestos sempre concorrerá com os descendentes do hereditando*, salvo se for excluído da sucessão por indignidade ou deserdação (arts. 1.814 e 1.961 do CC) ou renunciar à herança (parágrafo único do art. 1.804 do CC).

A seis, **o cônjuge ou companheiro sobrevivente consorciados casado pelo regime misto ou atípico** (art.1.639, *caput*, e 1.725 do CC): somos de opinião que, nos regimes atípicos e nos regimes mistos, livremente deliberados pelos nubentes, essa concorrência também se fará, desde que não haja ofensa à ordem pública, à moral e aos bons costumes, consoante os arts. 1.639 (art. 256, *caput*, do CC/1916) e 1.655 do atual Código Civil, pois, nesse caso, haverá nulidade do pactuado e por consequência, passará a vigorar o regime da comunhão parcial (art. 1.640, *caput*, do CC), com as implicações anteriormente comentadas.

Destarte, para concluir, pensamos que, como regra, os regimes de bens, *a contrario sensu*, que permitem ao cônjuge sobrevivente concorrer com descendentes do hereditando são o da comunhão parcial quando existirem bens particulares levados ao inventário, o da separação convencional absoluta (arts.1.687 e 1.688 do CC), o da participação final nos aquestos e nos regimes mistos e atípicos.

Por fim, é de se destacar que, embora tenha havido uma involução nos campos familiares e sucessórios, embora sem caráter de voluntariedade, especialmente, porque, em linhas gerais, o que foi adotado no Direito Sucessório e no Direito de Família no Código de 2002 deriva de um projeto dos anos 70 totalmente defasado da realidade atual, entendemos que os nossos tribunais estão, aos poucos, realizando a uma necessária e saudável releitura, trazendo à luz aspectos muito importantes, sendo necessária,

---

10   STJ, 4ª Turma, REsp 678.790, julgamento em 25.06.2014.

nesse âmbito a releitura do art.1.830 do CC: "Somente é reconhecido direito sucessório ao cônjuge sobrevivente se, ao tempo da morte do outro, não estavam separados judicialmente, nem separados de fato há mais de dois anos, salvo prova, neste caso, de que essa convivência se tornara impossível sem culpa do sobrevivente.", uma vez que foi revogado parcialmente por ocasião da entrada em vigor da Emenda Constitucional nº 66/2010, devendo ser lido agora da seguinte maneira: "Somente é reconhecido direito sucessório ao cônjuge sobrevivente se, ao tempo da morte do outro, não estavam separados judicialmente, nem separados de fato"(-nessa direção, ver: 1ª Câmara de Direito Privado do Tribunal de Justiça de São Paulo, Agravo de Instrumento nº 2228909–49.2014.8.26.0000, relator Desembargador Claudio Godoy, julgado em 09.06.2015 e 4ª Câmara de Direito Privado da mesma Corte, Agravo de Instrumento n.º 2.053.923-77.2018.8.26.0000, relator Desembargador Natam Zelinschi de Arruda, julgado em 19 de abril de 2018).

Por derradeiro, é de se ressaltar que, na falta de descendentes, o cônjuge e/ou o companheiro concorrem à sucessão legítima com os ascendentes do falecido, independentemente do regime de bens (arts.1.829, II e III, 1.832 e 1.837 do CC), sendo que, não havendo descendentes e ascendentes, recolherão a herança legitima sobrepondo-se aos colaterais. Aludimos, outrossim que, apesar, apesar dos RE's antes mencionados não terem esclarecido se o companheiro, é igualmente herdeiro necessário, por ser incabível uma reequiparação sucessória "mais ou menos", a melhor doutrina[11] e jurisprudência os vêm considerando como tal (vide, p.ex., os REsp's 1.357.117, 3ª Turma, relator Ministro Villas Bôas Cueva, julgado em 13.03.2018 e 1.337.420, 4ª Turma, relator Ministro Luis Felipe Salomão, julgado em 22.08.2017), bem com o Enunciado nº 31 do I Encontro dos Magistrados de Família e Sucessões do Estado de São Paulo (nov.2017, TJSP e EPM): "Ante a decisão do STF no RE 878.694, declarando inconstitucional o art. 1.790 do Código Civil, assentando que, à luz da Constituição, não é cabível distinção nos regimes sucessórios derivados do casamento e da união estável, o companheiro figura em igualdade de condições com o cônjuge: 1) na ordem da vocação hereditária; 2) **como herdeiro necessário**; 3) como titular de direito real de habitação; 4) no direito à quarta parte da herança na concorrência com descendentes; 5) e na obrigação de trazer doações à colação (Código Civil, arts. 1.829, 1.845, 1.831, 1.832 e 2002/2003 respectivamente)." (destacamos)

---

11 Vide, p.ex., SIMÃO, José Fernando. *Código Civil Comentado, doutrina e jurisprudência*. São Paulo: Gen/Forense, 2019, p.1476.

2. Direito Real de Habitação Sucessório, breves anotações

Sobre o Direito Real de Habitação Sucessório a favor do cônjuge sobrevivente,[12] também estendido ao companheiro sobrevivente pelo art. 7º, § único, da Lei nº 9.278/96, diz, nos tempos atuais, o Código Civil de 2002: "Art.1.831: Ao cônjuge sobrevivente, qualquer que seja o regime de bens, será assegurado, sem prejuízo da participação que lhe caiba na herança, o direito real de habitação relativamente ao imóvel destinado à residência da família, desde que seja o único daquela natureza a inventariar".[13]

Trata-se de *direito real menor ex lege* sobre coisa alheia, a nascer automaticamente com a abertura da sucessão do hereditando, distinto do usufruto, a consistir exclusivamente no uso gratuito e vitalício para moradia do habitador e sua família (isto é, sem contraprestação, porém, sem prejuízo da obrigação do pagamento pelo habitador das obrigações *proper rem*), expressamente conferido a favor do cônjuge sobrevivente, independente da herança em propriedade, olvidando-se, porém, o legislador atual de continuar contemplando, com o mesmo benefício o companheiro sobrevivente, em evidente retrocesso social, tendo por objeto o imóvel residencial de titularidade em vida do hereditando, em que ex-casal residia por ocasião da morte de um deles, independentemente de sua participação daquele na herança em propriedade.

E ainda. É um direito de matriz constitucional, pois visa assegurar ao referido parceiro sobrevivente o fundamental *direito social à moradia*, hoje estampado no art.6º da CRFB, com a redação imposta pela Emenda Constitucional nº 64, *verbis*: "São direitos sociais a educação, a saúde, a alimentação, o trabalho, a moradia, o lazer, a segurança, a previdência social, a proteção à maternidade a infância, a assistência aos desamparados, na forma desta Constituição."

A uma, somos de opinião, ratificada pela grande maioria da doutrina e pela jurisprudência atual, no sentido de, mesmo com a omissão legislativa apontada, subsistir para o companheiro sobrevivente, em igualdade de condições com o cônjuge supérstite, o sobredito direito real de habitação, porquanto, nesse ponto, o art. 7º, parágrafo único, da Lei 9.278/96, não estaria revogado pelo novo caderno civil, mesmo porque o Código Civil de 2002, em suas disposições transitórias (art. 2.045), afirmou ter sido revoga-

---

12 Art. 1.611, § 2º, CC/16: "Ao cônjuge sobrevivente, casado sob regime de comunhão universal, enquanto viver e permanecer viúvo, será assegurado, sem prejuízo da participação que lhe caiba na herança, o direito real de habitação relativamente ao imóvel destinado à residência da família, desde que seja o único bem daquela natureza a inventariar".

13 Note-se a ausência de referência ao companheiro sobrevivente.

do apenas o Código Civil de 1916 e não a legislação extravagante. Isso sem contar ainda que a extensão do apontado benefício legal ao ex-companheiro não é incompatível com qualquer das regras disciplinadoras dos direitos deste último (vide os arts. 1.723 a 1.726, todos do CC). [14]/[15]

De todo modo, *a duas*, no novo diploma civil, em relação ao imóvel que vinha sendo utilizado como morada da família do agora hereditando, o direito real de habitação está assegurado ao ex-parceiro sobrevivente, *qualquer que seja o regime patrimonial aplicado ao casal*, afirmando, porém, o legislador infraconstitucional, como fizera outrora, que: "desde que seja o único daquela natureza a inventariar", isto é, independentemente de existi-

---

14   O Superior Tribunal de Justiça divulgou 16 teses sobre união estável. Os entendimentos foram reunidos na ferramenta "Jurisprudência em Teses", que se apresenta sobre temas específicos e escolhidos de acordo com sua relevância no âmbito jurídico. A Tese nº 8 foi concebida do seguinte modo: "O companheiro sobrevivente tem direito real de habitação sobre o imóvel no qual convivia com o falecido, ainda que silente o art. 1.831 do atual Código Civil." E ainda: a Tese nº 9 (edição nº 50, de 2016) afirma: "O direito real de habitação pode ser invocado em demanda possessória pelo companheiro sobrevivente, ainda que não se tenha buscado em ação declaratória própria o reconhecimento de união estável." E ainda: a Tese nº 8 foi versada nos seguintes termos: "O companheiro sobrevivente tem direito real de habitação sobre o imóvel no qual convivia com o falecido, ainda que silente o art. 1.831 do atual Código Civil."

15   De outra banda, é de se exaltar que, uma vez reconhecido esse direito, os sucessores plenos do hereditando, em especial seus herdeiros necessários, terão, durante correspondente exercício por parte do habitador, tão só a nua-propriedade, ou seja, a raiz do bem, assim como a sua posse indireta. Nesse desenho legal, faz-se possível ainda que o habitador seja contemplado na partilha como cotitular do imóvel, em razão da expressão legal supramencionada "sem prejuízo da participação que lhe caiba na herança", tratando-se de exceção à afirmação doutrinária de que ninguém pode, simultaneamente, ser proprietário da coisa e ter sobre ela um direito real menor. E ainda, é de se levar em consideração que, se sobre o objeto de tal direito havia condomínio anterior abertura da sucessão hereditária, não se reconhece tal direito, não havendo de se prejudicar os demais condôminos: "DIREITO DAS SUCESSÕES. RECURSO ESPECIAL. SUCESSÃO ABERTA ANTERIORMENTE À VIGÊNCIA DO CÓDIGO CIVIL DE 2002. COMPANHEIRA SOBREVIVENTE. DIREITO REAL DE HABITAÇÃO NÃO RECONHECIDO NO CASO CONCRETO. 1. Em matéria de direito sucessório, a lei de regência é aquela referente a data do óbito. Assim, é de se aplicar ao caso a Lei n. 9278/1996, uma vez que o Código Civil ainda não havia entrado em vigor quando do falecimento do companheiro da autora, ocorrido em 19/10/2002. 2. Não há direito real de habitação se o imóvel no qual os companheiros residiam era propriedade conjunta do falecido e de mais doze irmãos. 3. O direito real à habitação limita os direitos de propriedade, porém, quem deve suportar tal limitação são os herdeiros do de cujus, e não quem já era proprietário do imóvel antes do óbito e havia permitido sua utilização a título de comodato. 4. Recurso especial não provido " (STJ, 4ª Turma, REsp 1212121, relator Ministro Luis Felipe Salomão, julgado em 03.12.2013). Em idêntica senda, TJRJ, 7ª CC, AI n.º 0049980-47.2019.8.19.0000, relator Desembargador André Gustavo Corrêa de Andrade, julgado em 23.10.2019).

rem outros imóveis, porém de natureza diversa, tais como lotes de terreno, por exemplo. Em tais termos, ao analisarmos a questão sob o ponto de vista constitucional, de vez que, repisamos, o objetivo desse direito real menor *ex lege* é assegurar moradia ao cônjuge ou ao companheiro supérstite (art. 6º da CRFB), como providência fundamental para garantir uma vida digna ao habitador através da garantia ao patrimônio mínimo (art. 1º, inciso III, da CRFB), é de impor que a concessão de tal direito deve incidir no imóvel que servia como residência ao ex-casal, *independentemente do número de bens de natureza residencial integrantes do espólio do falecido.* [16]

A par de tais considerações, *a três*, é de se considerar que, consoante os termos do Código Civil anterior (art. 1.611 § 2º), o direito real de habitação sucessório, embora considerado vitalício, vigorava enquanto o cônjuge sobrevivente permanecesse viúvo ou não constituísse nova união (matrimônio ou união estável), por virtude de decorrer do presumido afeto do *auctor sucessionis* face ao seu(a) parceiro (a). O Código Civil/2002 (arts. 1.787 e 1.831), todavia, de modo desproposital, não mais limita a titularidade do direito real menor em questão, devendo ser considerado, pensamos, nos tempos atuais, vitalício *sem restrições*; assim, mesmo que o habitador venha a contrair nova união familiar, continuará sendo seu titular, pois a limitação quedou-se suprimida. A propósito, consoante o princípio tempus regit actum, temos: "(...) 1. O recurso especial debate a possibilidade de equiparação da união estável ao casamento, para fins de extinção do direito real de habitação assegurado ao cônjuge supérstite. 2. Em sucessões abertas na vigência do Código Civil de 1916, o cônjuge sobrevivente tem direito real de habitação enquanto permanecer viúvo.(...)"(STJ, REsp 1.617.636, relator Ministro Marco Aurélio Bellizze, julgado em 27.08.2019).

De todo modo, a *quatro*, de um lado, temos o fundamental direito de propriedade, garantido pela Carta Magna em seu art. 5º, XXII e XXIII aos herdeiros necessários do hereditando (os preferenciais descendentes do falecido, *ex vi* o inciso I do art. 1.829 do CC), normalmente, posto já dito, titu-

---

16 A jurisprudência do Egrégio Superior Tribunal de Justiça, vem trilhando o mesmo caminho, como se verifica dos termos do REsp 1.220.838, julgado em 19/06/2012 por sua Egrégia 3ª Turma, tendo como relator o eminente Ministro Sidnei Benetti, nos seguintes termos: "CÔNJUGE SOBREVIVENTE, NA RESIDÊNCIA EM QUE VIVIA O CASAL. EXISTÊNCIA DE OUTRO IMÓVEL RESIDENCIAL QUE NÃO EXCLUI ESSE DIREITO. 2) HONORÁRIOS ADVOCATÍCIOS. FIXAÇÃO POR EQUIDADE. MAJORAÇÃO NECESSÁRIA. 3) RECURSO ESPECIAL CONHECIDO E PROVIDO. 1. – O direito real de habitação, assegurado, devido à união estável, ao cônjuge sobrevivente, pelo art. 7º da Lei 9287/96, incide, relativamente ao imóvel em que residia o casal, ainda que haja mais de um imóvel residencial a inventariar. (...) 3. – Recurso Especial conhecido, bem como o REsp 1.220.838, julgado em 19/06/2012 por sua Egrégia 3ª Turma, tendo como relator o eminente Ministro Sidnei Benetti.

lares do bem imóvel objeto do direito pretendido e, de outro, os interesses daquele que afirmam sua titularidade no direito real menor, isto é, o direito real de habitação (direito à moradia, art. 6º da CRFB) assestado a favor do cônjuge ou companheiro sobrevivente.

Assim, para que esse último direito possa ser efetivamente aplicado, pensamos que o julgador deve ponderar se o seu não reconhecimento implicará efetivamente em sério prejuízo existencial e material ao indicado habitador, bem como se esse terá sua dignidade aviltada, ou, se irá ocorrer a hipótese contrária, caso em, pensamos, deve prevalecer o direito de propriedade na sua integridade, sendo esclarecedor acerca da matéria, os seguintes arestos proferidos no âmbito do Egrégio Tribunal de Justiça do Estado do Rio de Janeiro e do Egrégio Tribunal de Justiça de São Paulo:[17]

---

17 "AGRAVO INOMINADO NO AGRAVO DE INSTRUMENTO. INVENTÁRIO. DIREITO REAL DE HABITAÇÃO (ART. 7° PARÁGRAFO ÚNICO, LEI N.º 9.278/96 E ART. 1.831, CC). INDEFERIMENTO DO DIREITO À COMPANHEIRA SOBREVIVENTE, QUE POSSUI OUTRO IMÓVEL RESIDENCIAL INTEGRANTE DO MONTE, FATO ADMITIDO PELA PRÓPRIA AGRAVANTE E CORROBORADO POR DOCUMENTOS JUNTADOS AOS AUTOS. HIPOSSUFICIÊNCIA NÃO CARACTERIZADA. DIREITO REAL DE HABITAÇÃO NÃO TEM CARÁTER ABSOLUTO. DESPROVIMENTO DO AGRAVO INOMINADO" (TJRJ, Agravo de Instrumento n.º 006788257.2012.8.19.0000, 20ª Câmara Cível, Rel. Des. Inês da Trindade Chaves de Melo, julgado em 26.11.2014). (grifamos) "APELAÇÃO CÍVEL. DIREITO DE FAMÍLIA. AÇÃO REAL DE MORADIA. COMPANHEIRA FALECIDA QUE NÃO ERA PROPRIETÁRIA DO BEM, MAS APENAS MEEIRA, COPROPRIETÁRIA DO IMÓVEL JUNTAMENTE COM SEUS DOIS FILHOS, ORA RÉUS. Autor que relata ter convivido maritalmente com a mãe dos demandados por cerca de 10 (dez) anos até o falecimento da mesma em 08/06/2011. Sustenta que após o falecimento da convivente foi autorizado pelos réus a continuar residindo no antigo lar do casal por mais um período, até que pudesse encontrar uma nova residência. Aduz que à época encontrava-se amparado pelo benefício do auxílio--doença, situação que mantém até a data do ajuizamento da demanda, e que passados 3 (três) meses do "acordo" celebrado foi retirado da casa mesmo sem possuir condições de encontrar outro imóvel para morar. Alega possuir direito real de habitação conforme previsão do artigo 7º, parágrafo único, da Lei nº 9.278/96. Nesse sentido, requer a procedência do pedido, a fim de que seja reconhecido seu direito de morar na antiga residência do casal até que tenha condições de conseguir nova residência ou, subsidiariamente, seja arbitrado um aluguel no valor em que se localiza referido imóvel. Sentença de improcedência dos pedidos em face da qual apelou o autor onde reiterou a interposição do agravo retido requerendo sua apreciação. No mérito o apelante pugnou pelo reconhecimento da existência do direito real de moradia na hipótese em apreço. Agravo retido devidamente reiterado e que resta rejeitado. Cerceamento de defesa. Inocorrência. Juiz é o destinatário das provas. Patrimônio adquirido pela genitora dos réus, por meação, anteriormente à união estável estabelecida com o requerente. Imóvel que passou a pertencer aos réus, seus filhos, em condomínio, após o falecimento da genitora. O direito real de habitação não se confunde com o direito real de propriedade dos herdeiros necessários e não pode sobre ele prevalecer. Benefício do parágrafo único do artigo 7º da Lei nº 9.278/96 que não possui caráter

Dentro do contexto atual, *a cinco*, ainda se vislumbra instigante hipó-

---

absoluto e generalizado, devendo ser analisado à luz das nuances circunstanciais que o caso apresenta. Precedentes desta Corte de Justiça Estadual sobre o tema. Companheiro sobrevivente em idade produtiva, com profissão definida, ostentando condições de estabelecer moradia mediante esforço próprio, tanto que passou a residir em outro local desde a entrega do imóvel em janeiro de 2012. Recurso a que se nega seguimento com fulcro no artigo 557, *caput* do CPC" (TJRJ, Apelação Cível n.º 0044249-74.2013.8.19.0002, 8ª Câmara Cível, relator Desembargador Augusto Alves Moreira Junior, julgada em 08/10/2015). "AGRAVO DE INSTRUMENTO. INVENTÁRIO. DIREITO DE USO DA COMPANHEIRA ESTABELECIDO NO TESTAMENTO. INTERESSE DE HERDEIRO INCAPAZ. Inviável inviabilizar o direito sucessório dos herdeiros necessários ao único bem a inventariar, quando a companheira possui outros imóveis que podem servir para sua moradia. O direito real de habitação é instituto de natureza protetiva da cônjuge supérstite para que não fique desamparada de moradia, que não é a hipótese dos autos. Agravo de instrumento parcialmente conhecido e, nessa parte, provido" (TJRS, 7ª CC, Agravo de Instrumento, nº 70061624524, relator Desembargador Jorge Luís Dall'Agnol, julgado em 26-11-2014). *Em sentido contrário*, no entanto, trazemos as seguintes decisões: "DIREITO DAS SUCESSÕES. RECURSO ESPECIAL. SUCESSÃO ABERTA NA VIGÊNCIA DO CÓDIGO CIVIL DE 2002.COMPANHEIRA SOBREVIVENTE. DIREITO REAL DE HABITAÇÃO. ART. 1.831 DO CÓDIGO CIVIL DE 2002. *No entanto, porém em sentido contrário, trazemos*: "1. O Código Civil de 2002 regulou inteiramente a sucessão do companheiro, ab-rogando, assim, as leis da união estável, nos termos do art. 2º, § 1º da Lei de Introdução às Normas do Direito Brasileiro - LINDB. Portanto, é descabido considerar que houve exceção apenas quanto a um parágrafo.2. É bem verdade que o art. 1.790 do Código Civil de 2002, norma que inovou o regime sucessório dos conviventes em união estável, não previu o direito real de habitação aos companheiros. Tampouco a redação do art. 1831 do Código Civil traz previsão expressa de direito real de habitação à companheira. Ocorre que a interpretação literal das normas conduziria à conclusão de que o cônjuge estaria em situação privilegiada em relação ao companheiro, o que não parece verdadeiro pela regra da Constituição Federal.3. A parte final do § 3º do art. 226 da Constituição Federal consiste, em verdade, tão somente em uma fórmula de facilitação da conversão da união estável em casamento. Aquela não rende ensejo a um estado civil de passagem, como um degrau inferior que, em menos ou mais tempo, cederá vez a este.4. No caso concreto, o fato de a companheira ter adquirido outro imóvel residencial com o dinheiro recebido pelo seguro de vida do falecido não resulta exclusão de seu direito real de habitação referente ao imóvel em que residia com o companheiro, ao tempo da abertura da sucessão. 5. Ademais, o imóvel em questão adquirido pela ora recorrente não faz parte dos bens a inventariar. 6. Recurso especial provido (REsp 1249227, 4ª Turma, relator Ministro Luis Felipe Salomão, julgado em 17.12.2013). Em idêntica senda, vide a decisão monocrática proferida no REsp 1.681.060 pela Ministra Maria Isabel Gallotti, publicada em 17.11.2020.
"Agravo de Instrumento. Ação de Inventário e Partilha. Casamento sob o regime da separação legal de bens. Decisão agravada que deferiu o pedido de reconhecimento do direito real de habitação da viúva sobre o último imóvel de residência do casal. Irresignação do agravante. alegação de que a cônjuge sobrevivente é proprietária de outros imóveis em São Paulo. Irrelevância, eis que tais bens não integram o acervo hereditário, pois são de propriedade exclusiva da cônjuge supérstite. aplicação do art. 1.831 do Código Civil: "Ao cônjuge sobrevivente, qualquer que seja o regime de bens, será

tese, nos seguintes contornos: o viúvo ou companheiro sobrevivo, titular do direito real de habitação, vem a constituir nova união e falece anteriormente ao novo parceiro. Em tal caso, é de se indagar: este último terá o direito a ali permanecer vitaliciamente, habitando o imóvel que servia como residência do casal? Somos da opinião que não, por tratar-se de direito personalíssimo (art. 1.416 c/c art. 1.410, I do CC), derivado de uma sucessão hereditária da qual esse novo cônjuge, agora viúvo, não fora vocacionado (vide TJRJ, 22ª CC, AC n.º 0033494-58.2013.8.19.0206, julgada em 22.08.2017).

No entanto, se no caso concreto, o falecido também era cotitular da nua-propriedade do imóvel em questão, aí sim, dentro da dicção legal do art. 1.831 do Código Civil, seu cônjuge ou seu companheiro sobrevivente, em nosso sentir, terá assegurada a habitação gratuita naquela morada.

De todo modo e concluindo, em qualquer das hipóteses ventiladas no presente ensaio, destacamos tratar-se de direito patrimonial, portanto, disponível, e sujeito à manifestação volitiva de renúncia por parte de seu titular, na conformidade com o Enunciado nº 271 da III Jornada de Direito Civil (CJF – STJ): "O cônjuge pode renunciar ao direito real de habitação, nos autos do inventário ou por escritura pública, sem prejuízo de sua participação na herança."

---

assegurado, sem prejuízo da participação que lhe caiba na herança, o direito real de habitação relativamente ao imóvel destinado à residência da família, desde que seja o único daquela natureza a inventariar". Precedentes jurisprudenciais. Desprovimento do recurso" (TJRJ, 9ª CC, Agravo de Instrumento n. 0058931-30.2019.8.19.0000, relator Desembargador Luiz Felipe Miranda Francisco, com julgamento em 03/12/2019).

Partilha de Bens Imóveis

Ana Luiza Maia Nevares

1. Notas introdutórias. A cadeia registral

Atualmente, a riqueza mobiliária vem superando aquela imobiliária. Fortunas estão calcadas em ativos financeiros, sendo de clareza solar o poder econômico de grandes empresas. No entanto, o Direito Civil como o conhecemos hoje está fundado na importância do bem imóvel. Eram outros tempos quando as grandes codificações ocidentais foram concebidas, objetivando alçar a burguesia ao poder, enfraquecendo a nobreza com o fracionamento da propriedade imobiliária. Realmente, à altura da Revolução Francesa, o poder econômico estava na propriedade da terra e tal circunstância restou refletida nos Códigos modernos, sendo certo que, apesar de o Código Civil atual ter entrado em vigor em janeiro de 2003, está fundado na mesma ideologia daquele anterior.

Nessa direção, não dispondo a lei em contrário, a escritura pública é essencial à validade dos negócios jurídicos que visem à constituição, transferência, modificação ou renúncia de direitos reais sobre imóveis de valor superior a trinta vezes o maior salário mínimo vigente no País (CC, art. 108), sendo certo que, nenhum dos cônjuges pode, sem autorização do outro, exceto no regime da separação absoluta, alienar ou gravar de ônus real os bens imóveis (CC, art. 1.647, I).

A Lei de Registros Públicos (Lei nº 6.015/73) dedica o seu Título V ao Registro de Imóveis, determinando que além da matrícula, serão feitos o registro das convenções antenupciais (I, nº 12), das sentenças que nos inventários, arrolamentos e partilhas, adjudicarem bens de raiz em pagamento das dívidas da herança (inciso I, nº 24), dos atos de entrega de legados de imóveis, dos formais de partilha e das sentenças de adjudicação em inventário ou arrolamento quando não houver partilha (inciso I, nº 25), bem como à averbação das convenções antenupciais e do regime de bens diversos do legal, nos registros referentes a imóveis ou a direitos reais pertencentes a qualquer dos cônjuges, inclusive os adquiridos posteriormente ao casamento (inciso II, nº 1), da alteração do nome por casamento ou por desquite, ou, ainda, de outras circunstâncias que, de qualquer modo, tenham influência no registro ou nas pessoas nele interessadas (inciso II, nº 5), do restabelecimento da sociedade conjugal (inciso II, nº 10), das cláusulas de inalienabilidade, impenhorabilidade e incomunicabilidade impostas a imóveis, bem como da constituição de fideicomisso (inciso II, nº 11) e, ainda, das sentenças de separação judicial, de divórcio e de nulidade ou anulação de casamento, quando nas respectivas partilhas existirem imóveis ou direitos reais sujeitos a registro (inciso II, nº 14).

Vale registrar que conforme dispõe o Provimento nº 37 do CNJ, é facultativo o registro da sentença declaratória de reconhecimento e dissolução, ou extinção, bem como da escritura pública de contrato e distrato envolvendo união estável, a ser realizado no Livro E, pelo Oficial do Registro Civil das Pessoas Naturais da Sede, ou, onde houver, no 1º Subdistrito da Comarca em que os companheiros têm ou tiveram seu último domicílio. Consoante o disposto no art. 5º do aludido provimento, o registro de união estável decorrente de escritura pública de reconhecimento ou extinção produzirá efeitos patrimoniais entre os companheiros, não prejudicando terceiros que não tiverem participado da escritura pública, sendo certo que o registro da sentença declaratória da união estável, ou de sua dissolução, não altera os efeitos da coisa julgada previstos no art. 472 do Código de Processo Civil.

Alguns Estados admitem que os pactos de união estável sejam registrados em Livro Auxiliar do Registro de Imóveis, com averbação na matrícula dos imóveis, como ocorre com o Provimento nº 03/2019 da Corregedoria Geral de Justiça do Tribunal de Justiça do Estado do Rio de Janeiro, que prevê, em seu artigo 538, § 4º, que as Escrituras de União Estável, quando contiverem Pactos Patrimoniais, serão também registradas no Livro 3- Registro Auxiliar do Serviço Imobiliário o qual pertence os imóveis e averbadas nas matrículas dos imóveis.

Quando há acordo entre as partes na partilha de imóveis, que pode decorrer da dissolução de casamento ou união estável, bem como por força de inventário em virtude do falecimento do titular do imóvel, a questão de atenção é aquela da cadeia registral do imóvel, uma vez que, ao ser requerido o registro do ajuste alcançado, será preciso averbar eventual alteração de nome ou estado civil do anterior titular do bem. Com efeito, o registro do imóvel segue uma cadeia lógica e cronológica de fatos relacionados ao imóvel em si e ao seu titular, que decorrem do princípio da continuidade, que preconiza o encadeamento entre assentos pertinentes a um dado imóvel e às pessoas nele interessadas: "só a pessoa nominalmente referida no registro como titular do domínio de um imóvel pode transmitir a outrem seu direito ou onerá-lo de qualquer modo"[1].

---

1 Paschoal de Angelis Neto e Rodrigo Félix Rodrigues, "Princípios do direito registral imobiliário brasileiro: uma abordagem sistêmica do registro imobiliário no Brasil", in https://jus.com.br/artigos/70548/principios-do-direito-registral-imobiliario-brasileiro, acesso em 16.08.2020.

Desse modo, diante das prerrogativas para o registro dos pactos de união estável previstas por atos do Conselho Nacional de Justiça e pelas Corregedorias Estaduais têm havido dúvidas sobre a sua obrigatoriedade. Sobre a questão, vale referir decisão proferida em 16.05.2019 pelo Conselho Superior de Magistratura do Tribunal de Justiça de São Paulo que, em virtude da informalidade da união estável e da faculdade de seu registro, "não há obstáculo ao registro do título em que a adquirente do direito a ser inscrito está identificada como convivente em união estável, independentemente do prévio registro da união estável no Livro nº 3 Registro Auxiliar do Registro de Imóveis do domicílio dos companheiros, ou no Livro "E" do Registro Civil das Pessoas Naturais, desde que observados os requisitos indicados"[2].

No entanto, uma vez registrada, não poderá o adquirente do imóvel alegar desconhecimento sobre a existência da união estável, produzindo esta efeitos *erga omnes* em virtude da publicidade inerente ao Registro Público[3].

---

2   TJSP, Apelação Cível nº 1044002-05.2018.8.26.0100, Rel. Geraldo Francisco Pinheiro Franco, julgada em 16.05.2019, in https://www.cnbsp.org.br/?pG=X19leGliZV9ub3R-pY2lhcw==&in=MTgwMTY=&filtro=1, acesso em 16.08.2020.

3   Recurso Especial. Ação de nulidade de escritura pública c.c. cancelamento de registro de imóveis. 1. Alienação de bens imóveis adquiridos durante a constância da união estável. Anuência do outro convivente. Observância. Interpretação dos arts. 1.647, I, e 1.725 do Código Civil. 2. Negócio jurídico realizado sem a autorização de um dos companheiros. Necessidade de proteção do terceiro de boa-fé em razão da informalidade inerente ao instituto da união estável. 3. Caso concreto. Ausência de contrato de convivência registrado em cartório, bem como de comprovação da má-fé dos adquirentes. Manutenção dos negócios jurídicos que se impõe, assegurando-se, contudo, à autora o direito de pleitear perdas e danos em ação própria. 4. Recurso especial desprovido. 1. Revela-se indispensável a autorização de ambos os conviventes para alienação de bens imóveis adquiridos durante a constância da união estável, considerando o que preceitua o art. 5º da Lei nº 9.278/1996, que estabelece que os referidos bens pertencem a ambos, em condomínio e em partes iguais, bem como em razão da aplicação das regras do regime de comunhão parcial de bens, dentre as quais se insere a da outorga conjugal, a teor do que dispõem os arts. 1.647, I, e 1.725, ambos do Código Civil, garantindo-se, assim, a proteção do patrimônio da respectiva entidade familiar. 2. Não obstante a necessidade de outorga convivencial, diante das peculiaridades próprias do instituto da união estável, deve-se observar a necessidade de proteção do terceiro de boa-fé, porquanto, ao contrário do que ocorre no regime jurídico do casamento, em que se tem um ato formal (cartorário) e solene, o qual confere ampla publicidade acerca do estado civil dos contratantes, na união estável há preponderantemente uma informalidade no vínculo entre os conviventes, que não exige qualquer documento, caracterizando-se apenas pela convivência pública, contínua e duradoura. 3. Na hipótese dos autos, não havia registro imobiliário em que inscritos os imóveis objetos de alienação em relação à copropriedade ou à existência de união estável, tampouco qualquer prova de má-fé dos adquirentes dos bens, circunstância que impõe o reconhecimento da validade dos negócios jurídicos celebrados, a fim de proteger o terceiro

2. Os princípios que regem a partilha e os imóveis

Ao contrário do Código de Processo Civil de 1973, o Código de Processo Civil de 2015 contém dispositivo que consagra critérios para a partilha dos bens. Trata-se do art. 648 do referido diploma legal, que determina que, na partilha, serão observadas as seguintes regras: I – máxima igualdade possível quanto ao valor, à natureza e à qualidade dos bens; II - a prevenção de litígios futuros e III - a máxima comodidade dos coerdeiros, do cônjuge ou do companheiro, se for o caso. Dito dispositivo espelha o que dispunha o art. 505 do Código de Processo Civil de 1939. O Código Civil contém regramento semelhante, determinando o art. 2.017 do aludido diploma legal que, no partilhar os bens, observar-se-á, quanto ao seu valor, natureza e qualidade, a maior igualdade possível. Isso significa dizer que cada herdeiro deve receber "a sua parte em móveis, imóveis, bens certos e duvidosos, coisas corpóreas, direitos e créditos"[4], ou seja, "cada herdeiro deve ter parte no bom e no ruim"[5].

Em relação aos bens insuscetíveis de divisão cômoda, categoria na qual se enquadram grande número de imóveis submetidos à partilha, a lei determina sua venda judicial ou a licitação entre os interessados quando mais de um deles requerer a sua adjudicação, com reposição em dinheiro ao monte, partilhando-se o valor apurado, salvo se houver acordo para que sejam adjudicados a todos (Código de Processo Civil, art. 649 e Código Civil, art. 2.019).

Nas palavras de Paulo César Pinheiro Carneiro, a interpretação do princípio da igualdade não enseja que cada herdeiro fique com uma parte de cada um dos bens, mas sim que a partilha procure ser equitativa quanto à distribuição dos bens pela sua natureza, pois, mais importante do que "a rigorosa igualdade na divisão em espécie dos bens componentes do acervo hereditário é a divisão que conceda maior comodidade aos herdeiros e, ao mesmo tempo, possa prevenir futuros litígios", ainda que seja utilizado o instituto da reposição[6]. Desse modo, como alerta Pontes de Miranda, "a

---

de boa-fé, assegurando-se à autora/recorrente o direito de buscar as perdas e danos na ação de dissolução de união estável c.c partilha, a qual já foi, inclusive, ajuizada. 4. Recurso especial desprovido". STJ, 3ª T, Rel. Ministro Marco Aurélio Bellizze, julgado em 21.11.2017, DJe 18.12.2017.

4   Clovis BEVILAQUA. *Código Civil dos Estados Unidos do Brasil Comentado*, Vol. IV, Rio de Janeiro: Francisco Alves, 1943, 6ª edição,, p. 268.

5   Jorge AMERICANO. *Comentários ao Código de Processo Civil do Brasil*, 2º vol. (arts. 291 a 674), São Paulo: Saraiva, 1941, p. 427.

6   Paulo Cezar Pinheiro CARNEIRO. *Comentários ao Código de Processo Civil*, vol. IX, Tomo I, Rio de Janeiro: Forense, 2006, 3ª edição, pp. 183/184.

igualdade quanto ao valor dos quinhões é absoluta", pois, esta não se pode atenuar por comodidade ou por qualquer outro motivo[7]. No entanto, consoante Carlos Maximiliano, "prefere-se dar a cada herdeiro os bens mais proveitosos a ele, em razão da idade, profissão ou residência"[8]. Por conseguinte:

> "O princípio da comodidade poderá ensejar que uma fazenda seja atribuída ao herdeiro fazendeiro, enquanto ao herdeiro menor cujo representante legal é um médico, sejam atribuídos bens de fácil administração. Já o herdeiro dentista, pelo mesmo princípio deverá receber o consultório de seu falecido pai, também dentista. O cônjuge meeiro, que nunca trabalhou, também deve receber bens de fácil administração, ficando as cotas da empresa do falecido e a administração do negócio para o herdeiro economista e que já administrava a empresa"[9].

Da mesma maneira, deve-se dar ao herdeiro "o prédio contíguo ao seu ou comum com este; se no imóvel há dois condôminos, aquinhoa-se no mesmo, de preferência, o dono da parte maior. Confere-se a determinado sucessor um prédio da herança, por ser ele proprietário de outro que tinha naquele servidão de água, luz ou caminho, ou que melhorará muito se receber qualquer das servidões referidas"[10].

Observe-se que tal como ocorre com o art. 2.019 do Código Civil, o Código de Processo Civil em seu art. 639 optou pelo critério da *licitação* no caso de disputa entre os herdeiros por um bem da herança insuscetível de

---

[7] Francisco PONTES DE MIRANDA. *Tratado de Direito Privado, Parte Especial*, Tomo LX. Rio de Janeiro: Borsoi, p. 1969, p. 247.

[8] Carlos MAXIMILIANO. *Direito das Sucessões*, vol. 2. Rio de Janeiro: Livraria Editora Freitas Bastos, 1937, p. 626.

[9] Paulo Cezar Pinheiro CARNEIRO. *Comentários ao Código de Processo Civil,* vol. IX, Tomo I, cit., p. 184. Nessa linha, o Tribunal de Justiça de São Paulo deu provimento à apelação de um dos herdeiros de um sócio cotista de sociedade que continha em seu estatuto determinação para a apuração de haveres das cotas em caso de falecimento de sócio, determinando o pagamento de seu quinhão em dinheiro: "Inventário – Partilha – Cotas de Sociedade – O herdeiro que não faz parte da sociedade a que pertencia o "de cujus" não está obrigado a receber em pagamento de seu quinhão, na partilha, as cotas deixadas pelo falecido." Revista Forense, 171/229.

[10] Carlos MAXIMILIANO. *Direito das Sucessões*, vol. 2, cit., p. 626. Na jurisprudência, vale citar: "Partilha em inventário. A regra da igualdade na partilha não assenta em atribuir a todos os herdeiros uma parte ideal em todos os imóveis da herança, pois assim o juiz manteria o condomínio, fonte de discórdias e de pleitos A equidade não obsta, antes aconselha, a que se atribua um bem, tanto quanto possível, ao herdeiro que já o utiliza ou o detêm, ou nele fez benfeitorias ou é titular de uma parte dele". TJRS, 3ª CC, Ap. Cív. nº 22374, Rel. Des. Athos Gusmão Carneiro, julg. em 18/04/1974.

divisão cômoda. Este processo consiste na adjudicação do bem ao herdeiro que oferecer e pagar mais pelo mesmo[11].

O Código Civil de 1916 não previa a licitação, deixando a solução para o caso de mais de um herdeiro requerer a adjudicação do bem não passível de divisão cômoda a critério do juiz. Segundo Clovis Bevilaqua, nestes casos, o juiz deveria decidir atendendo às circunstâncias particulares do caso, à situação do imóvel, à sua melhor exploração, às benfeitorias e à prioridade[12]. O Código de Processo Civil de 1939, em seu art. 503, estabeleceu o procedimento de licitação e tal previsão contou com as críticas do autor acima citado, pois, segundo o mesmo, na definição da partilha, não se pode preferir o critério puramente monetário[13].

O Código de Processo Civil de 1973 omitiu a solução pelo critério da licitação, embora alguns autores o admitissem[14]. O Código Civil expressamente o restabeleceu para os casos de disputa entre herdeiros, cessionários e cônjuge sobrevivente e agora o atual Código de Processo Civil reforça tal solução, apesar da advertência há muito suscitada pelos mais renomados doutrinadores, que argumentavam que "a licitação representa, no entanto, providência extrema, encarada com a maior prevenção, porque favorece o herdeiro abastado, que, no ato, disponha de maiores recursos" [15].

De fato, no estabelecimento da partilha, deve-se observar como critério de divisão a vinculação das partes interessadas aos bens integrantes do acervo patrimonial[16].

---

11   Zeno VELOSO. In JUNQUEIRA DE AZEVEDO, Antônio (coord.), *Comentários ao Código Civil, Parte Especial: Do Direito das Sucessões (arts. 1.857 a 2.027)*, vol. 21. São Paulo: Saraiva, 2003, p. 438.

12   Clovis BEVILAQUA. *Commentários ao Código Civil dos Estados Unidos do Brasil*. Cit., p. 272.

13   Clovis BEVILAQUA, ob. cit., p. 271 (no Addendum).

14   Segundo José da Silva Pacheco: "No caso de mais de um pedido de adjudicação, pode haver licitação. Aliás, consoante o disposto no art. 503 do anterior Código de Processo Civil, requerida a adjudicação por dois ou mais interessados, sem que fosse possível acordo entre eles, deveria o juiz marcar dia e hora, citando a todos, para a licitação. Dever-se-ia incluir os bens no quinhão de quem oferecesse maior lance. O atual Código de Processo Civil não tem dispositivo semelhante. Sendo, porém, permitida a adjudicação e sendo possível a pluralidade de pedidos, há de se solucionar o impasse, se não houver acordo, procedendo-se à licitação. Prefere-se o que oferecer maior lance". José da Silva PACHECO. *Inventários e partilhas na sucessão legítima e testamentária, revista e atualizada*. Rio de Janeiro: Forense, 1996, pp. 574/575.

15   Washington de Barros MONTEIRO, *Curso de Direito Civil*, vol. 6. São Paulo: Saraiva, 2000, 34ª edição, pp. 328/329.

16   Seja consentido remeter o leitor ao meu livro A Função Promocional do Testamento. Rio de Janeiro: Renovar, 2009.

Diante da normativa acima, verifica-se que não há no Direito Brasileiro uma atribuição preferencial a um herdeiro específico de bem integrante do acervo, consoante as particularidades do aludido sucessor, em especial a sua vinculação ao referido bem. Esta preocupação ocorre em legislações estrangeiras, como se dá na França, em que é disciplinada a atribuição preferencial, que consiste em disposições que derrogam as regras gerais da divisão hereditária, prevendo a prerrogativa de determinados herdeiros requererem que certo bem lhe seja atribuído em virtude de uma ligação específica que tenham com o aludido bem[17]. O sucessor que exercita a atribuição preferencial deverá repor em dinheiro ao monte a parte que exceder o seu quinhão.

De acordo com o art. 831 do *Code Civil*, a atribuição preferencial será prerrogativa do cônjuge sobrevivente ou de qualquer herdeiro coproprietário na sucessão: (i) de empresa agrícola, comercial, industrial, artesanal ou liberal de cuja exploração aquele participe ou tenha participado efetivamente; (ii) do local que lhe serve efetivamente de habitação, se nele o beneficiário tem a sua residência à época da abertura da sucessão e dos móveis que o guarnecem; (iii) do local que lhe serve efetivamente ao exercício profissional e dos móveis que o guarnecem e (iv) do conjunto dos bens móveis necessários à exploração de um bem rural cultivado pelo autor da herança a título de arrendatário ou de rendeiro (este último aquele que se encarrega da cultura de um terreno com a condição de dar ao proprietário metade dos frutos), quando tal conjunto permanece no proveito do demandante ou quando um novo contrato é consentido em substituição ao antigo. Em caso de conflito entre demandantes do direito de preferência, a autoridade judi-

---

17 De acordo com Pierre Voirin e Gilles Goubeaux «Il doit avoir um attachement particulier au bien faisant l´objet de la demande d´attribution, attachement qui se manifeste de la façon suivante: pour l´exploatacion agricole ou l´entreprise comerciale, industrielle ou artisanale, participer ou avoir participé effectivement à la mise en valeur du bien (dans le cas de l´héritier, la participations peut être le fait du conjoint); pour le local d´habitation, l´habiter effectivement au moment du partage et y avior déjà eu sa résidence à l´époque du décès; pour le local et le meubles à usage professionel, en avoir l´utilisation effective dans l´exercise de sa propre profession; pour le train culture, bénéficier du bail rural concernant le domaine qu´explitant le défunt ». Tradução livre: Deve existir uma ligação particular com o bem que é objeto da demanda de atribuição preferencial, ligação que se manifesta da seguinte forma: para a exploração agrícola ou para a empresa comercial, industrial ou artesanal, participar ou ter participado efetivamente da valorização do bem (no caso do herdeiro, a participação pode ser feita pelo cônjuge); para o local de habitação, o habitar efetivamente no momento da partilha e já ter tido nele sua residência na época da abertura da sucessão; para o local e os móveis para uso profissional, ter a sua utilização efetiva no exercício de sua própria profissão; quanto à cultura, se beneficiar do contrato de arrendamento rural referente ao domínio que o falecido explorava. Pierre VOIRIN, Gilles GOUBEAUX. *Droit Civil (Droit Prive Notarial, Régimes Matrimoniaux, Successions-Libéralités)*, tome 2, Paris: LGDJ, 2002, 22ª edição, p. 225.

ciária deverá levar em conta as aptidões dos diferentes requerentes quanto à gestão e à manutenção dos bens disputados, e, quanto às empresas, em particular, o tempo de duração da participação pessoal daqueles na atividade que é explorada (*Code Civil*, art. 832-3).

Poder-se-ia dizer que pelos critérios da maior igualdade possível, da comodidade e da prevenção de litígios futuros, aplicados segundo a normativa constitucional, chegar-se-ia a resultados semelhantes, ou seja, ao estabelecimento da partilha consoante a vinculação de determinados sucessores a específicos bens integrantes do acervo, conforme as particularidades dos primeiros, inclusive com a possibilidade de se afastar a licitação, pois, à luz da dignidade da pessoa humana, não se pode priorizar o critério econômico em detrimento das especificidades dos sucessores em relação ao bem disputado. Entretanto, seria mais salutar que a legislação efetivamente tivesse essa preocupação, afastando-se da neutralidade, com garantia de realização dos valores constitucionais na divisão hereditária.

Em boa hora, portanto, o Código de Processo Civil traz expediente que permite no âmbito do processo fazer valer os vínculos dos interessados com determinados bens do acervo patrimonial, realizando, assim, a concretude desejada para a partilha, segundo a tábua axiológica da Constituição Federal. Trata-se do disposto no parágrafo único do art. 647 do Código de Processo Civil, que prevê a possibilidade de o juiz, em decisão fundamentada, deferir antecipadamente a qualquer dos herdeiros o exercício dos direitos de usar e de fruir de determinado bem, com a condição de que, ao término do inventário, tal bem integre a cota do respectivo herdeiro, cabendo ao mesmo, desde o deferimento, todos os ônus e bônus decorrentes do exercício daqueles direitos. Evidentemente, o aludido dispositivo também pode ser invocado no âmbito de partilha decorrente de dissolução de casamento e união estável, sendo certo que, o dispositivo em referência consagra a tutela de evidência no âmbito do inventário.

Sobre as titularidades, assinala com razão Eroulths Cortiano Júnior que é preciso pensar a garantia do patrimônio com a consciência de que os bens não são um fim em si mesmo, mas servem à subsistência física e moral do ser humano. Por conseguinte, segundo o autor, deve ser buscada uma titularidade funcional, ou seja, dirigida à manutenção da dignidade da pessoa humana e exercitável sobre coisas concretas, porque têm importância concreta para o homem, sendo preciso "reaver o que a titularidade das coisas tem de instrumento para a realização concreta da existência humana" [18]. É

---

18   Eroulths CORTIANO JÚNIOR. "Para além das coisas (Breve ensaio sobre o direito, a pessoa e o patrimônio mínimo)". In RAMOS, Carmen Lucia Silveira *et al* (org). *Diálogos sobre Direito Civil: Construindo a Racionalidade Contemporânea*, Rio de Janeiro: Renovar, 2002, pp. 162/163.

por isso que, no campo das relações jurídicas patrimoniais, deve-se sempre ter em vista o vínculo que une a pessoa ao bem. Esta verificação é salutar para que sejam identificados os parâmetros do regime jurídico que será dispensado àquele bem, que, exatamente para garantir a observância de sua função social, deverá ter como foco a *pessoa* vinculada ao mesmo.

3. A partilha de imóveis financiados

Conforme o disposto no art. 1.661 do Código Civil, excluem-se da comunhão parcial os bens cuja aquisição tiver por título uma causa anterior ao casamento. Zeno Veloso sugere os seguintes exemplos para a hipótese:

> "se um dos cônjuges vendeu um bem antes do casamento, sob condição resolutiva, e esta se verifica na constância da sociedade conjugal, o bem fica incomunicável. O mesmo ocorre se, ainda solteiro, um dos cônjuges prometeu comprar um bem, pagando o preço a prestações, e recebendo a escritura definitiva já no estado de casado. Igualmente, não entra na comunhão o bem adquirido pela usucapião, fundada em posse que teve o seu início antes do casamento"[19]

Evidentemente que, no caso de aquisição de bem antes do casamento, sendo o preço pago em prestações, caso algumas parcelas se vençam na constância do casamento ou da união estável regidos pelo referido regime, estas deverão entrar na comunhão e deverão ser objeto de partilha na hipótese de dissolução da sociedade conjugal ou convivencial[20].

Diversa é a hipótese de o bem imóvel ter sido adquirido na constância do casamento de forma financiada. Neste caso, não se pode partilhar o imóvel na sua integralidade, devendo ser observado o saldo devedor do financiamento e as parcelas pagas do financiamento, em especial quando ocorre a separação de fato e no curso desta apenas um dos ex-consortes assumiu o financiamento. Sobre a questão, o Tribunal de Justiça do Estado do Rio de Janeiro já se posicionou no sentido de que "não merece acolhimento a tese de que a valorização do imóvel financiado seja considerada

---

19 VELOSO, Zeno. Regimes Matrimoniais de Bens. *In Direito de Família Contemporâneo*. PEREIRA. Rodrigo da Cunha (coordenador). Belo Horizonte: Del Rey, 1997, pp. 179/180.

20 "Família e processual civil. Ação de partilha de bens mediante meação. Regime da comunhão parcial de bens. Imóvel adquirido antes do casamento. Cônjuge virago que auxiliou de forma indireta no incremento patrimonial, conforme prova nos autos. Sentença que julgou parcialmente procedente o pedido. Meação da autora que deverá incidir sobre o percentual do imóvel relacionado às prestações pagas durante o casamento, em conformidade com o regime da comunhão parcial de bens. Desprovimento do apelo" TJRJ, Apelação Cível nº 0030119-34.2008.8.19.0203, Rel. Des. Luiz Fernando de Carvalho, julgado em 27.07.2011.

como acréscimo patrimonial a ser objeto de partilha" e que a "partilha de bem cuja aquisição se deu por meio de parcelamento não quitado não se realiza em relação ao bem em si, mas em relação às parcelas pagas durante a vigência do matrimônio"[21].Dessa maneira, conforme o entendimento da jurisprudência acima mencionada, o que é objeto de partilha *não é o bem em si,* mas sim as parcelas pagas durante a vigência do matrimônio e, nesse sentido, há que se fazer um cálculo aritmético do percentual efetivamente pago durante a relação e que é objeto de partilha[22].

Diversa seria a hipótese se após a separação de fato ambos os consortes permaneceram responsáveis pelo pagamento do financiamento de forma direta ou indireta, quando se verifica que houve uma divisão das despesas entre o casal de maneira informal, quando um deles ficou responsável pelo pagamento do financiamento enquanto o outro assumiu custos equivalentes que também seriam comuns. Nesse caso, a divisão do que foi pago pelo financiamento e do saldo devedor deve se dar de forma equitativa e, então, ambos terão direito ao imóvel.

4. Notas conclusivas

Nessas breves linhas, objetivou-se abordar sob um víeis prático questões que o operador do direito enfrenta diante de uma partilha de bens imóveis. No entanto, por trás da aplicação do Direito e dos processos judiciais, muitas vezes se encontram infindáveis litígios familiares, que levam à deterioração de diversos patrimônios imobiliários.

Com efeito, não é incomum se conhecer bens imóveis que se perderam ou perderam o seu valor de mercado em virtude de litígios travados na Justiça. Por conseguinte, com inspiração na função social da propriedade, as famílias devem tentar investir na busca do consenso e da dinamicidade

---

21 TJRJ, Apelação Cível n° 0044489-98.2016.8.19.0021, 24ª CC, Des(a). Alvaro Henrique Teixeira De Almeida - Julgamento: 22/04/2020.

22 Apelação. Ação de divórcio. Partilha do bem imóvel adquirido pelo casal na constância da união através de financiamento imobiliário. Comunhão parcial de bens. Presunção de esforço comum. Procedência dos pedidos para decretar o divórcio e determinar a partilha do imóvel competindo à ré a metade do que foi pago do financiamento do bem na constância da sociedade conjugal. Apelo da ré para que seja anulada a sentença e realizada avaliação do imóvel. Pleito que se mostra desnecessário, na medida em que a delimitação do monte partilhável pressupõe apenas mero cálculo aritmético do valor pago no financiamento. Desprovimento do recurso. TJRJ, Apelação Cível nº 0054163-33.2016.8.19.0205, 5ª CC, Des(a). Cláudia Telles De Menezes - Julgamento: 28/05/2019.

para a finalização das partilhas, para que seja evitado o esfacelamento do patrimônio.

Reconhece-se que nem sempre é fácil. No entanto, a tentativa é válida, a partir da ajuda de mediadores e de facilitadores do diálogo e da resolução de problemas que parecem insolúveis. Realmente, uma vez havendo o mesmo desejo de preservar o patrimônio familiar e, ainda, de dar destinação aos imóveis que se coadunem com a função social da propriedade, o primeiro passo estará dado na direção de uma partilha equilibrada, que evitará um longo processo judicial.

A Herança Como Bem Imóvel

Carlos Roberto Barbosa Moreira

1. Classificações adotadas em textos legais definem o *regime jurídico* a que se submetem pessoas, bens, fatos, atos, direitos, institutos, infrações, sanções.[1] Ao acolher, por exemplo, a classificação que distingue *absolutamente* incapazes (art. 3º) de *relativamente* incapazes (art. 4º), o CC brasileiro cria, para as pessoas situadas em cada um desses grupos, regimes distintos: *v.g.*, se devem ser representadas ou meramente assistidas (arts. 1.690 e 1.747); qual a espécie de invalidade que contamina os negócios jurídicos de que participam (arts. 166, nº I, e 171, nº II); se contra elas corre a prescrição (art. 198, nº I) ou a decadência (art. 208). Exemplos de classificações legislativas poderiam, naturalmente multiplicar-se, no direito público[2] ou no privado,[3] no direito material ou no processual.[4]

Quando nosso Código Civil (art. 80, nº II), repetindo o anterior (art. 44, nº III), insere "o direito à sucessão aberta" entre os bens imóveis, natu-

---

1 BERGEL, Jean-Louis. *Théorie générale du droit*. Paris: Dalloz, 1985, nº 191, p. 219.

2 Quando a CF adota a classificação que divide os brasileiros em *natos* e *naturalizados* (art. 12, nºs I e II), submete os últimos a restrições a que os primeiros não estão expostos: arts. 5º, nº LI; 12, § 3º; 222 e § 1º.

3 Ao qualificar o contrato de utilização de espaços em *shopping center* como *locação* (cf. seus arts. 52, § 2º, e 54), a Lei nº 8.245/91 submeteu a espécie à disciplina própria desse contrato típico. Consequências práticas dessa qualificação: ao fiador se aplica a regra do art. 3º, nº VII, da Lei nº 8009/90 (AgInt EDcl REsp nº 1.772.537-SP, j. 10.02.2020); o contrato, se não estiver averbado na matrícula do imóvel, pode ser denunciado pelo adquirente com fundamento no art. 8º da Lei nº 8.245/91 (REsp nº 1.669.612-RJ, j. 07.08.2018); a ação para a retomada do bem é a de despejo, e não a de reintegração de posse (REsp nº 424.936-SP, j. 15.03.2005). A natureza da relação (de locação) determina, ainda, efeitos tributários (EREsp nº 727.245-PE, j. 09.08.2006). Antes do advento da Lei nº 8.245/91, a questão da classificação do contrato como locação era, como se sabe, extremamente controvertida: cf. ARRUDA, José Soares; LÔBO, Carlos Augusto Silveira (coord.). *"Shopping Centers": aspectos jurídicos*. RT, 1984 (o volume abrange estudos de Caio Mário da Silva Pereira, João Carlos Pestana de Aguiar, Luís Antonio de Andrade, Orlando Gomes, Rubens Requião e Washington de Barros Monteiro, além de um do economista Carlos Geraldo Langoni. Predominava, entre aqueles autores, a tese de que o negócio configura uma locação (Caio Mário, Requião, Washington), contra a enfática opinião de Orlando Gomes, para quem a espécie "não se encontra no almoxarifado dos contratos clássicos" (ob. cit., p. 102). E concluía: "o contrato estudado não é propriamente de locação, mas, sim, um contrato *atípico*" (ob. cit., p. 113).

4 Por exemplo, a classificação de um procedimento como de *jurisdição voluntária* abre ao juiz a possibilidade de "adotar em cada caso a solução que considerar mais conveniente ou oportuna" (NCPC, art. 723, p. único).

ramente estende-lhe a disciplina dada a esses. Como afirma Trabucchi, em lição também válida para o direito brasileiro, a importância da qualificação de um bem como móvel ou imóvel reside, precisamente, em subordiná-lo ao regime de uma das duas categorias.[5]

O objetivo deste trabalho é identificar, no direito brasileiro, as principais consequências práticas da inserção dos direitos hereditários na categoria dos bens imóveis.

2. Uma brevíssima notícia de cunho histórico sobre o dispositivo, cuja fonte remota é de difícil identificação. A distinção entre bens móveis e imóveis foi de elaboração tardia no direito romano, tendo substituído aquela que discernia *res mancipi* de *res nec mancipi*;[6] mas se limitava às coisas corpóreas (*res corporales*).[7] Foi no direito costumeiro francês que se estendeu a classificação a bens incorpóreos, a qual se tornou ali necessária para definir se, aberta a sucessão, determinados bens estavam ou não sujeitos à reversão ao patrimônio de quem os doara ao *de cujus* (apenas os imóveis se sujeitavam àquela modalidade de sucessão anômala).[8] Não surpreende que, em francês arcaico, a palavra *"héritage"* significasse não apenas herança, mas, de igual modo, bem imóvel (por natureza), e assim figure em vários dispositivos do *Code Napoléon*.[9]

Não se encontra, porém, nos mais importantes códigos civis do século XIX – entre revogados (italiano de 1865, português de 1867, argentino de 1869) e ainda em vigor (francês, espanhol, alemão) – ou do começo do

---

5 TRABUCCHI, Alberto. *Istituzioni di diritto civile*. 43ª ed. Pádua: Cedam, 2007, nº 224, p. 531.

6 BONFANTE, Pietro. *Instituciones de derecho romano*. 5ª ed. (tradução espanhola da 8ª ed.). Madri: Reus, 2002, § 79, pp. 248-249; MAY, Gaston. *Éléments de droit romain*. 10ª ed. Paris: Sirey, 1909, § 71, pp. 159-160.

7 PLANIOL, Marcel. *Traité élémentaire de droit civil*. 6ª ed. Paris: LGDJ, 1911, t. I, nº 2.195, p. 672; MAY, Gaston. *Éléments de droit romain*. 10ª ed. Paris: Sirey, 1909, § 71, pp. 159.

8 PLANIOL, Marcel. *Traité élémentaire de droit civil*. 6ª ed. Paris: LGDJ, 1911, t. I, nº 2.195, pp. 672-673, e t. III (6ª ed., 1913), nºs 1.905-1.907, p. 403.

9 PLANIOL, Marcel. *Traité élémentaire de droit civil*. 6ª ed. Paris: LGDJ, 1911, t. I, nº 2.192, p. 671. Etimologicamente, "herança" se origina do latim *"haerere"* ("estar ligado, pregado, fixo"): cf. CUNHA. Antônio Geraldo da. *Dicionário Etimológico da Língua Portuguesa*. 4ª ed. Rio de Janeiro: Lexicon, 2010, p. 334. "Herdade", um de seus cognatos, tem duas acepções: pode designar uma "propriedade rural de dimensões consideráveis; fazendo, quinta", como também é *sinônimo* de "herança" (cf. HOUAISS, Antônio; VILLAR, Mauro de Salles. *Dicionário Houaiss da Língua Portuguesa*. 1ª ed. Rio de Janeiro: Objetiva, 2009).

século XX (suíço), uma norma semelhante à do art. 44, nº III, do CC 1916, também ausente no *Esboço* de Teixeira de Freitas (de 1865) e no projeto de Felício dos Santos (de 1891). No projeto de Coêlho Rodrigues (de 1893), o art. 106, § 4º surge como a fonte próxima do que viria a ser o art. 44, nº III, do CC 1916: "Consideram-se immoveis por disposição da lei: (...) § 4º O direito à successão aberta" (mantida a grafia da época).

3. O CC 1916 não disciplinava o negócio jurídico de *cessão de direitos hereditários*, mas, na sua vigência, não havia dúvida sobre a possibilidade de transmissão da herança, ou de parte dela, por ato *inter vivos*, em favor de terceiros, estranhos à sucessão, ou, no caso de cessão de quinhão hereditário, também em favor de coerdeiros.[10] Muito se discutiu, aliás, se, na hipótese de alienação onerosa de quinhão a estranho, poderiam os coerdeiros invocar o art. 1.139 daquele Código e exercer seu direito de preferência, "tanto por tanto" – e os muitos julgados sobre o tema evidentemente documentam a frequência com que então eram realizados atos daquela natureza.[11]

Uma das questões sobre as quais se detinham doutrina e jurisprudência, ao tempo do Código de 1916, dizia respeito à *forma* da cessão, considerado o caráter imobiliário do direito ("à sucessão aberta") que constituía seu objeto, nos termos do art. 44, nº III, daquele diploma. Doutrina muito autorizada[12] reputava incidente, naquele contexto, a regra do art. 134, nº II, que, com redação infeliz, exigia a forma pública na celebração de "contratos constitutivos ou translativos de direitos reais sobre imóveis", acima de certo valor.

Em acórdão de 07.04.2005, relativo a uma cessão realizada em 1991 (vigente, pois, aquele Código), a 3ª Turma do STJ entendeu, porém, que

---

10 Por todos, ITABAIANA DE OLIVEIRA, Arthur Vasco. *Tratado de Direito das Sucessões*. 4ª ed. São Paulo: Max Limonad, 1952, v. I, nºs 107-120.

11 Limito-me à indicação de decisões dos Tribunais Superiores, todas relativas à aplicação do art. 1.139 do CC revogado à situação descrita no texto. No STF (anteriormente à atual CF): RE nº 23.864-RJ, j. 03.12.1954; RE nº 50.611- PR, j. 19.10.1962; RE nº 51.860-PE, j. 29.10.1963; RE nº 36.069-RN, j. 19.11.1963; RE nº 62.423-PB, j. 29.08.1967; RE nº 67.916-BA, j. 10.08.1971; RE nº 69.255-RJ, j. 20.03.1973; RE nº 112.791-SP, j. 15.09.1987. No STJ: REsp nº 4.180-SP, j. 15.04.1991; REsp nº 20.446-CE, j. 26.05.1992; REsp nº 50.226-BA, j. 23.08.1994; REsp nº 33.176-SP, j. 03.10.1995; REsp 489.860-SP, j. 27.10.2004; REsp nº 550.940-MG, j. 20.08.2009; REsp nº 729.705-SP, j. 13.08.2013; REsp nº 1.207.129-MG, j. 16.06.2015.

12 ITABAIANA DE OLIVEIRA, Arthur Vasco. *Tratado de Direito das Sucessões*. 4ª ed. São Paulo: Max Limonad, 1952, v. I, nº 108, p. 100, nota nº 194; PONTES DE MIRANDA, Francisco Cavalcanti. *Tratado de Direito Privado*. 3ª ed. Rio de Janeiro: Borsoi, 1970, t. II, § 131, nº 4, pp. 63-64; PEREIRA, Caio Mário da Silva. *Instituições de Direito Civil*. 14ª ed. Rio de Janeiro: Forense, 2002, v. VI, nº 481, p. 195. Outras referências podem ser colhidas no acórdão do STJ, citado no parágrafo subsequente do texto.

"a cessão de direito, mesmo relativa a imóvel, tem natureza obrigacional" e que, como "o Código Civil de 1916 não previa especificamente a forma como a cessão de direitos hereditários deveria ser efetuada", era válido o negócio celebrado por instrumento particular.[13] O acórdão cita precedente da década anterior,[14] em que a mesma Turma sustentara que "a exigência prevista no art. 134, II, do CC [de 1916], pertinente à escritura pública, refere-se a contratos constitutivos ou translativos de direitos reais, entretanto o contrato de cessão de direitos tem natureza obrigacional, e como tal deve ser tratado. Com efeito, não se pode dizer que a cessão de direitos hereditários, mesmo sendo estes um imóvel, seja um contrato translativo de um direito real".

Esses acórdãos não atentaram na lição de Pontes de Miranda, para quem, no mencionado dispositivo, "o legislador empregou expressões que hão de ser interpretadas com prévia explicação da pouca cultura jurídica que o art. 134, II, revela. Chamou ele aos contratos *cujo adimplemento implicasse constituição ou transmissão* de direitos reais sobre imóveis contratos constitutivos ou translativos de direitos reais sobre imóveis. Misturou o contrato e o acordo de constituição ou translação. Bastaria ter-se referido àquele; referiu-se aos dois, englobadamente".[15]

Em relação ao tema, portanto, melhor teria feito o STJ se se tivesse mantido fiel a julgado ainda mais antigo,[16] no qual se prestigiara decisão da Justiça paranaense, que considerara nula a cessão feita por instrumento particular. Há várias situações na vida para as quais se mostra oportuno o conselho de Giuseppe Verdi: "Voltemos ao passado. Será um progresso".[17]

Exatamente porque "a questão não era pacífica, nem na doutrina, nem na jurisprudência",[18] merece aplauso o Código atual, que, em seu art. 1.793, *caput*, resolveu a controvérsia, ao dispor que a cessão se faz por escritura pública.[19] Doutrina e jurisprudência estão de acordo em que o requisito for-

---

13 REsp nº 502.873-MT.

14 REsp nº 46.726-SP, j. 12.12.1995. Os excertos transcritos no texto foram retirados do voto do Ministro Relator (também reproduzidos no acórdão do RE nº 502.873-MT).

15 PONTES DE MIRANDA, Francisco Cavalcanti. *Tratado de Direito Privado*. 3ª ed. Rio de Janeiro: Borsoi, 1970, t. III, § 343, nº 3, p. 392, destaquei.

16 REsp nº 301-PR, j. 30.10.1990.

17 OSBORNE, Charles. *Verdi: vida e ópera*. Rio de Janeiro: Jorge Zahar, 1987, trad. Eduardo Francisco Alves, p. 242.

18 Frase colhida no voto do Ministro Relator do REsp nº 502.873-MT.

19 "Apesar de a lei usar a expressão 'pode', isso não diz com a forma do ato dispositivo, mas para afirmar *a possibilidade* do ato dispositivo" (DIAS, Maria Berenice. *Manual das Sucessões*. 3ª ed. São Paulo: RT, 2014, p. 213, destaquei).

mal independe do valor[20] ou da natureza dos bens singulares do acervo (exigível a escritura pública mesmo que todos os bens que o compõem sejam móveis)[21] e que o desatendimento à norma acarreta a nulidade do negócio jurídico.[22]

4. Outra consequência da inserção dos direitos hereditários entre os bens imóveis reside na necessidade de autorização[23] do cônjuge para sua alienação (por meio do negócio jurídico do art. 1.793), "exceto no regime da separação absoluta" (CC, art. 1.647). A doutrina é pacífica sobre o ponto.[24] Mas o dispositivo *dixit minus quam voluit*, cabendo ao intérprete conjugá-lo com o art. 1.656: "No pacto antenupcial que adotar o regime da participação final nos aquestos, poder-se-á convencionar a livre disposição dos bens imóveis, desde que particulares". Portanto, a autorização, uxória ou marital, de que depende a realização do ato deve ser considerada dispensável *também* na hipótese de adoção do regime de que trata o art. 1.672, *desde que* o correspondente pacto antenupcial tenha estipulado a livre disposição do patrimônio particular imobiliário de cada cônjuge.[25]

---

20 TEPEDINO, Gustavo; NEVARES, Ana Luiza Maia; MEIRELES, Rose Melo Vencelau. *Direito das Sucessões*. Rio de Janeiro: Forense, 2020, p. 38. É a opinião que adotei como atualizador da obra de PEREIRA, Caio Mário da Silva. *Instituições de Direito Civil*. 27ª ed. Rio de Janeiro: Forense, v. VI, nº 437, p. 65, e nº 481, p. 362.

21 TEPEDINO, Gustavo; OLIVA, Milena Donato. *Teoria Geral do Direito Civil*. Rio de Janeiro: Forense, 2020, p. 189.

22 GOZZO, Débora; VENOSA, Silvio de Salvo. *Comentários ao Código Civil Brasileiro*. 1ª ed. Rio de Janeiro: Forense, 2004, v. XVI, pp. 63-64; TARTUCE, Flávio. *Direito Civil*: Direito das Sucessões. 8ª ed. São Paulo: Método, 2015, v. 6, p. 46; CARVALHO, Luiz Paulo Vieira de. *Direito das Sucessões*. 3ª ed. São Paulo: Atlas, 2017, p. 147. No STJ: REsp nº 1.583.930-MS, j. 20.02.2017 (decisão monocrática); AgInt EDcl AREsp nº 947.708-PR, j. 21.08.2018.

23 O art. 1.647 do CC 2002 emprega o terno "autorização", ao passo que o CC anterior falava ora em "consentimento" (art. 235), ora em "autorização" (art. 242), conforme se tratasse, respectivamente, de manifestação a ser colhida da mulher ou do marido.

24 LEITE, Eduardo de Oliveira. *Comentários ao Novo Código Civil*. 4ª ed. Rio de Janeiro: Forense, 2004, v. XXI, p. 78; HIRONAKA, Giselda Maria Fernandes Novaes. *Comentários ao Código Civil*. São Paulo: Saraiva, 2003, v. 20, p. 74; GOZZO, Débora; VENOSA, Silvio de Salvo. *Comentários ao Código Civil Brasileiro*. 1ª ed. Rio de Janeiro: Forense, 2004, v. XVI, p. 64; CARVALHO, Luiz Paulo Vieira de. *Direito das Sucessões*. 3ª ed. São Paulo: Atlas, 2017, pp. 145-146; GAGLIANO, Pablo Stolze; PAMPLONA FILHO, Rodolfo. *Novo Curso de Direito Civil*. 3ª ed. São Paulo: Saraiva, 2016, v. 7, p. 113.

25 FARIA, Cristiano Chaves. Incidentes à transmissão da herança: aceitação, renúncia, cessão de direitos hereditários e petição de herança. *In*: HIRONAKA, Giselda Maria Fernandes Novaes; PEREIRA, Rodrigo da Cunha. *Direito das Sucessões e o Novo Código Civil*. Belo Horizonte: Del Rey, 2004, p. 60; GOZZO, Débora; VENOSA, Silvio de Salvo. *Comentários ao Código Civil Brasileiro*. 1ª ed. Rio de Janeiro: Forense, 2004, v. XVI, p.

Anteriormente à criação do STJ (e, logicamente, ao advento do CC 2002), o STF já havia reconhecido a necessidade de outorga uxória para a realização de cessão de direitos hereditários.[26] No caso, a Suprema Corte reformou decisão que, sob o argumento de que a cessão tivera por objeto, apenas, "bens de natureza móvel, vinculados a estabelecimento comercial", reputara dispensável a manifestação da mulher. O acórdão do STF reconheceu a violação ao art. 44, nº III, do CC 1916, pois, "[o] caráter de imóvel, que a lei civil atribui, é ao direito à sucessão aberta, não sendo, em caso como o dos autos, de pretender tenha ocorrido, apenas, cessão de direito relativo a bens móveis. A cessão havida foi de herança, ainda que se tenham como objeto da cessão os direitos referentes ao estabelecimento comercial (...)". O julgado é importante não só por proclamar a irrelevância da natureza dos bens compreendidos no quinhão cedido, como também por conter, ainda que a título de *obiter dictum*, a observação segundo a qual a cessão de direitos hereditários "há de fazer-se por escritura pública" – manifestação que, na época, fazia coro com a doutrina predominante (*supra*, nº 2).

5. Em caso de união estável, incidem as mesmas regras.[27] Os companheiros, de acordo com o art. 1.725, podem, mediante "contrato escrito", eleger seu regime de bens, ou se submeter ao regime supletivo (o da comunhão parcial). Nessa última hipótese, a herança aberta em favor de um deles constitui bem *particular* (CC, art. 1.659, nº I), cuja alienação, todavia, depende da autorização do art. 1.647, nº I.[28] Embora se cuide de julgado que apreciou

---

64; LÔBO, Paulo. *Famílias*. 3ª ed. São Paulo: Saraiva, 2010, nº 19.3.1, p. 358. CARVALHO, Luiz Paulo Vieira de. *Direito das Sucessões*. 3ª ed. São Paulo: Atlas, 2017, pp. 145-146; TEPEDINO, Gustavo; TEIXEIRA, Ana Carolina Brochado. *Direito de Família*. Rio de Janeiro: Forense, 2020, p. 141. Por sua clareza, leia-se a seguinte lição: "(...) No pacto antenupcial que adotar esse regime poder-se-á convencionar a livre disposição dos bens imóveis, desde que particulares do alienante (CC, art. 1.656). *Se não houver convenção antenupcial nesse sentido*, nenhum dos cônjuges poderá alienar ou gravar de ônus os bens imóveis (CC, at. 1.647, I) sem a autorização do outro" (DINIZ, Maria Helena. *Curso de Direito Civil Brasileiro*. 19ª ed. São Paulo: Saraiva, 2004, v. 5º, pp. 167-168).

---

26 RE nº 99.486-RJ, j. 29.10.1985. Os excertos reproduzidos no texto integram, respectivamente, a ementa e o voto do Ministro Relator.

27 O ponto, todavia, não é pacífico: cf. FARIA, Cristiano Chaves. Incidentes à transmissão da herança: aceitação, renúncia, cessão de direitos hereditários e petição de herança. *In*: HIRONAKA, Giselda Maria Fernandes Novaes; PEREIRA, Rodrigo da Cunha. *Direito das Sucessões e o Novo Código Civil*. Belo Horizonte: Del Rey, 2004, p. 60.

28 Ao julgar (em 17.06.2019) o AgInt AREsp nº 1.069.255-DF, o STJ reputou "inexigível o consentimento do companheiro na alienação ou doação de bem particular nas uniões estáveis submetidas por lei imperativa ao regime de bens da *separação obrigatória*" (destaquei).

hipótese de alienação de bem *comum*, merece ser aqui transcrito excerto de acórdão do STJ, que põe em evidência o argumento definitivo:[29] "(...) a mesma *ratio* que, indisfarçavelmente, imbuiu o legislador a estabelecer a outorga uxória e marital em relação ao casamento, mostra-se presente em relação à união estável, ou seja, a proteção da família, com a qual, aliás, compromete-se o Estado, seja legal, seja constitucionalmente".

A rigor, a partir do julgamento, pelo STF, do RE nº 878.694-MG, que declarou a inconstitucionalidade do art. 1.790 do atual CC, devem ser consideradas incompatíveis com a CF quaisquer interpretações de que resultem diferenças no *grau de proteção estatal* outorgada às diversas entidades familiares. O Ministro Relator daquele julgado histórico teve a didática preocupação de enfatizar que, a despeito de não se ter promovido, no texto constitucional, "uma equiparação absoluta do casamento às demais entidades familiares" (item nº 35 do voto), "o dever estatal de proteção não pode se limitar às famílias constituídas pelo casamento, estendendo-se a outras entidades familiares igualmente formadas pelo afeto e pelo desejo de comunhão de vida, e igualmente capazes de contribuir para o desenvolvimento de seus integrantes. Daí poder-se concluir que a Constituição impede a discriminação entre indivíduos unicamente como resultado do tipo de entidade familiar que formam. *Todos os indivíduos, sejam eles cônjuges ou companheiros, têm direito a igual proteção legal*" (item nº 38, com meu destaque). Portanto, normas inspiradas pelo propósito de assegurar proteção à família (como é, indiscutivelmente, a do art. 1.647 do CC)[30] devem aplicar-se, sem distinções, a quaisquer de suas espécies.

6. À exigência da forma pública (*supra*, nº 2) soma-se, em caso de cessão de direitos hereditários realizada por incapaz, a necessidade de prévia *autorização judicial* (CC, arts. 1.691 e 1.750).[31] É outra consequência da inser-

---

29   REsp nº 1.424.275-MT, j. 04.12.2014.

30   As limitações impostas pelo at. 1.647 têm por objetivo "assegurar não só a harmonia e segurança da vida conjugal, mas também preservar o patrimônio familiar, forçando os consortes a manter o acervo familiar, porque a renda para manutenção da família, geralmente, advém desse, e, assim, evita-se a dissipação, garantindo, consequentemente, uma certa receita" (DINIZ, Maria Helena. *Curso de Direito Civil Brasileiro*. 19ª ed. São Paulo: Saraiva, 2004, v. 5º, p. 193).

31   Veja-se, por exemplo, o acórdão do TJSP, cujas conclusões foram submetidas ao STJ por meio do AREsp nº 1.428.020-SP, não conhecido por decisão (definitiva) do Ministro Relator, datada de 26.06.2019: "NULIDADE DE NEGÓCIO JURÍDICO. Cessão de direitos hereditários firmada pelo inventariante e representante da única herdeira, menor, por instrumento particular, sem autorização judicial para venda. Negócio jurídico nulo. Violação ao art. 1.691 do CC. Ausência de prévia autorização judicial. Forma prescrita em lei. (...)".

ção do direito à sucessão aberta na classe dos bens imóveis. Ao juiz caberá apreciar a presença da "necessidade ou evidente interesse da prole", se a autorização for requerida pelo titular do poder familiar (art. 1.691), ou da "manifesta vantagem" (art. 1.750), se requerida pelo tutor ou, ainda, pelo curador (arts. 1.774 e 1.781).

7. Tudo quanto acima se disse sobre a cessão de direitos hereditários vale também para a *renúncia* à herança. Embora o renunciante seja tratado como se nunca houvesse sido herdeiro (CC, art. 1.804, p. único), a renúncia constitui negócio jurídico abdicativo,[32] que, tendo por objeto bem imóvel, se sujeita inevitavelmente às regras dos arts. 1.647, nº I,[33] e 1.691.[34]

8. Afirmada a natureza imobiliária dos direitos hereditários, indaga-se se podem eles constituir objeto de hipoteca (CC, art. 1.473, nº I). A questão tem hoje acanhada relevância prática, diante da paulatina (e irreversível) substituição da hipoteca por outras modalidades, mais modernas e mais vantajosas, de garantia.

Na vigência do CC 1916, Pontes de Miranda admitia que a hipoteca recaísse sobre a herança ou sobre "parte ideal hereditária". Mas advertia que, em ambos os casos, seriam necessárias autorização judicial e "inscrição" (na terminologia da época) do contrato, "para que se tenha por hipotecado cada bem que, suscetível de hipoteca, o registo atinja".[35] Não lhe ocorreu, no ponto, que a herança poderia ser formada apenas por bens *móveis* –

---

32 PONTES DE MIRANDA, Francisco Cavalcanti. *Tratado de Direito Privado*. 2ª ed. Rio de Janeiro: Borsoi, 1968, t. LV, § 5.592, nº 3, p. 73. Mais adiante (§ 5.595, nº 2, p. 84), o autor esclarece: "O que alguém herdou e ainda não foi aceito já está em seu patrimônio, posto que não definitivamente".

33 Nesse sentido, no regime do CC 1916, ITABAIANA DE OLIVEIRA, Arthur Vasco. *Tratado de Direito das Sucessões*. 4ª ed. São Paulo: Max Limonad, 1952, v. I, nº 129, pp. 107-108 (em especial, nota nº 225). Em igual sentido, no regime atual, FARIA, Cristiano Chaves. Incidentes à transmissão da herança: aceitação, renúncia, cessão de direitos hereditários e petição de herança. *In*: HIRONAKA, Giselda Maria Fernandes Novaes; PEREIRA, Rodrigo da Cunha. *Direito das Sucessões e o Novo Código Civil*. Belo Horizonte: Del Rey, 2004, pp. 48-49 (com o registro de opiniões convergentes e divergentes em nota de nº 40); GOZZO, Débora; VENOSA, Silvio de Salvo. *Comentários ao Código Civil Brasileiro*. 1ª ed. Rio de Janeiro: Forense, 2004, v. XVI, p. 112.

34 SCHREIBER, Anderson. *Manual de Direito Civil Contemporâneo*. 2ª ed. São Paulo: Saraiva, 2019, p. 988; CARVALHO, Luiz Paulo Vieira de. *Direito das Sucessões*. 3ª ed. São Paulo: Atlas, 2017, p. 232.

35 PONTES DE MIRANDA, Francisco Cavalcanti. *Tratado de Direito Privado*. 2ª ed. Rio de Janeiro: Borsoi, s.d., t. XX, § 2.439, nº 7, p. 75. Esclareço ao leitor que aquele jurista empregava o termo "registo" (como fielmente reproduzido no texto) em lugar de "registro".

imóvel era (e ainda é, no direito vigente) o "direito à sucessão aberta", não os bens singulares integrantes do acervo hereditário. O problema da distinção entre a natureza da herança e a dos bens que a integram aqui ressurge (*supra*, nº 3).

9. Diferentemente do anterior, o CC 2002 disciplinou a ação de petição de herança, por meio da qual pode o herdeiro "demandar o reconhecimento de seu direito sucessório, para obter a restituição da herança, ou de parte dela, contra quem, na qualidade de herdeiro, ou mesmo sem título, a possua" (art. 1.824). Como tem ressaltado a doutrina, cuida-se de modalidade de tutela *nova*, que se agrega àquelas de que o próprio *de cujus* podia valer-se em vida[36] (ações reais e pessoais que lhe cabiam, excetuadas, na sucessão, as intransmissíveis). A petição de herança é uma ação real, universal e imobiliária:[37] pode abranger "todos os bens hereditários" (art. 1.825) e seu objeto, enxergado como "um todo unitário" (art. 1.790), é tido por imóvel (art. 80, nº II).

Considerada, então, sua natureza, a petição de herança se sujeita às regras que o ordenamento processual prevê para o gênero a que pertence: no polo ativo, exige-se o consentimento do cônjuge (ou do companheiro) para a sua propositura (NCPC, art. 73, *caput* e § 3º); no polo passivo, a citação de ambos os cônjuges (ou companheiros) e a consequente formação de um litisconsórcio passivo necessário (art. 73, § 1º, nº I, e § 3º).[38] Ressalva-se, em ambas as situações, a hipótese de casamento (ou união estável) celebrado pelo regime da separação absoluta de bens (porções finais do art. 73, *caput* e de seu § 1º, nº I).

---

36 CICERO, Cristiano; SITZIA, Luca. *Petizione di eredità*. Milão: Giuffrè, 2013, p. 24 (outras indicações de doutrina em nota de nº 44).

37 O NCPC evitou o emprego da expressão "ação real imobiliária" (usada, no meu texto, *commoditatis causa*) atento às críticas doutrinárias à sua utilização no CPC anterior: "(...) se a ação é o direito à sentença de mérito, ela não é real, nem pessoal. Essas qualificativas são do direito subjetivo material discutido na causa; somente em uma teoria que aproxime a ação e o direito material é que têm lugar aquelas qualificativas para a ação" (BARBI FILHO, Celso Agrícola. *Comentários ao Código de Processo Civil*. 7ª ed. Rio de Janeiro: Forense, 1992, v. I, nº 107, p. 78). Veja-se, ainda, a observação de PONTES DE MIRANDA, Francisco Cavalcanti. *Comentários ao Código de Processo Civil*. 2ª ed. Rio de Janeiro: Forense, 1979, t. I, p. 381: "No texto do art. 10, parágrafo único, I, fala-se de ações reais imobiliárias. Ações, aí, está no sentido de direito material, ações que correspondem ao direito real e à pretensão real, tudo no plano do direito material".

38 No regime do CPC de 1973, veja-se FARIA, Cristiano Chaves. Incidentes à transmissão da herança: aceitação, renúncia, cessão de direitos hereditários e petição de herança. *In*: HIRONAKA, Giselda Maria Fernandes Novaes; PEREIRA, Rodrigo da Cunha. *Direito das Sucessões e o Novo Código Civil*. Belo Horizonte: Del Rey, 2004, p. 64.

A questão da competência se mostra mais complexa. Deixando de lado os casos de cumulação de pedidos (*v.g.*, com o de investigação de paternidade), a petição de herança, como ação real sobre bem imóvel, está, em princípio, sujeita ao *foro da situação da coisa* (NCPC, art. 47, *caput*). *De lege ferenda*, teria sido preferível vê-la incluída, expressamente, entre as ações mencionadas no art. 48, de modo a atribuir a competência para seu julgamento ao foro do último domicílio.[39] Afinal, "nenhum outro juiz terá melhores elementos para julgar, com acerto, as questões referentes à sucessão, do que o do domicílio do *de cujus*";[40] e a solução foi explicitamente adotada em outros sistemas jurídicos (*v.g.*, direito italiano: CPC, art. 22, nº 1).[41] Mas me parece difícil concluir pela afirmação dessa competência, seja pelo aparente caráter *exaustivo* da enumeração do art. 48,[42] seja pela impossibilidade de se identificar, na hipótese, uma legitimação passiva do espólio: ele é o *objeto* do litígio, e não uma de suas partes. O espólio evidentemente não se enquadra nas "situações legitimantes"[43] do art. 1.824 do CC: nem é o herdeiro, a quem se atribui a titularidade da ação, nem tampouco o ile-

---

[39] Pontes de Miranda, em comentário ao art. 96 do CPC anterior, incluía a petição de herança em seu campo de incidência, mas desatento (suponho) à circunstância de o texto não ter repetido a locução "todas as ações relativas à herança", que era a do CPC 1939 (art. 135): PONTES DE MIRANDA, Francisco Cavalcanti. *Comentários ao Código de Processo Civil*. 2ª ed. Rio de Janeiro: Forense, 1979, t. II, p. 324. Em *obiter dictum*, o Ministro Cordeiro Guerra manifestou a mesma opinião de Pontes, ao votar, como relator, no RE nº 84.056-MT (*RTJ* 79/304).

[40] BEVILÁQUA, Clóvis. *Código Civil dos Estados Unidos do Brasil*. 9ª ed. Rio de Janeiro: Francisco Alves, 1955, v. VI, pp. 16-17.

[41] Assim, igualmente, no direito suíço, até a revogação do art. 538, segunda alínea, do CC pela *Loi Fédérale sur les fors en matière civile* (de 2000), revogada, a seu turno, pelo CPC de 2008, cujo art. 28, nº 1, atribui ao "tribunal do último domicílio do defunto" a competência para julgar as *"actions successorales"* (no texto francês), *"erbrechtliche Klagen"* (no alemão) ou *"azioni di diritto successorio"* (no italiano).

[42] A doutrina rejeita, a propósito, a ideia de que o art. 48 englobe as ações de que o espólio seja *autor*: THEODORO JÚNIOR, Humberto. *Curso de Direito Processual Civil*. 58ª ed. Rio de Janeiro: Forense, 2017, p. 224. Também era essa a orientação ao tempo do CPC anterior: PONTES DE MIRANDA, Francisco Cavalcanti. *Comentários ao Código de Processo Civil*. 2ª ed. Rio de Janeiro: Forense, 1979, t. II, p. 324; BARBI FILHO, Celso Agrícola. *Comentários ao Código de Processo Civil*. 7ª ed. Rio de Janeiro: Forense, 1992, v. I, nº 550, p. 264. Aliás, se tivesse pretendido incluir no art. 48 a ação de petição de herança (da qual o CC, mais de uma década antes, tratara explicitamente), o legislador processual certamente o teria feito em termos expressos, como fez em relação à "impugnação ou anulação de partilha extrajudicial", de que o CPC anterior, naturalmente, não cogitara em seu art. 96.

[43] BARBOSA MOREIRA, José Carlos. "Apontamentos para um estudo sistematizado da legitimação extraordinária", *in Direito Processual Civil (ensaios e pareceres)*. Rio de Janeiro: Borsoi, 1971, pp. 58-60.

gítimo possuidor da herança, a quem cabe, em tese, a posição de réu (CC, art. 1.824).

Acrescente-se, ainda, que, segundo autorizada doutrina, a competência definida no art. 48 não prevalece diante de outra regra instituidora de foro especial, como a do art. 47.[44]

É claro que, por ser a herança uma universalidade de bens (muitas vezes, de diferentes espécies), pode se tornar difícil, em certos casos, a perfeita identificação da "situação da coisa", critério definidor da competência no art. 47. Nos dias atuais, muito da riqueza mobiliária, cuja importância é crescente, está dispersa no ciberespaço. O art. 60 dispõe sobre a hipótese de um imóvel "situado em mais de um Estado, comarca, seção ou subseção judiciária". É nele que se deve buscar a solução, ainda que imperfeita, diante das notórias dificuldades de aplicação de regras jurídicas tradicionais a novos fenômenos.

---

44 DINAMARCO, Cândido Rangel. *Comentários ao Código de Processo Civil*. São Paulo: Saraiva, 2018, v. I, p. 289; THEODORO JÚNIOR, Humberto. *Curso de Direito Processual Civil*. 58ª ed. Rio de Janeiro: Forense, 2017, p. 224. No regime anterior, de igual modo: CARNEIRO, Athos Gusmão. *Jurisdição e Competência*. 18ª ed. São Pauço: Saraiva, 2012, p. 169: "Vale observar que o foro do último domicílio do inventariado não prevalece, em princípio, perante regras relativas a *competência absoluta*. Assim, ação relativa a direito real sobre imóvel deve ser proposta no local da situação da coisa, ainda que o polo passivo seja ocupado por um espólio" (destacado no original).

Reflexos do Direito Imobiliário no Regime de Bens do Casamento e na União Estável

J. M. Leoni Lopes de Oliveira

> **SUMÁRIO: 1.** Introdução. **2.** Linhas gerais sobre os regimes de bens no casamento e na união estável. **3.** Atos que dependem e que não dependem de autorização do cônjuge e do companheiro. **4.** Peculiaridades Imobiliárias dos regimes de bens a serem escolhidos. **5.** Conclusão.

1. Introdução

Homenagear nosso grande Mestre Sylvio Capanema além de um prazer é uma honra. Posso me considerar privilegiado por, em tantas ocasiões, ter dividido a sala de professores, a mesa de congressos, seminários e eventos com o Grande Capanema. Surpreendentemente, mesmo após décadas de convívio, e de ser um atento ouvinte de suas palavras, ainda me surpreendia com a maestria com que ele tornava o direito civil simples, com sua capacidade de falar com esperança ainda que o momento fosse desesperançoso, de fazer com que plateias de centenas, as vezes milhares de ouvintes se levantassem em aplausos, não só a ele, mas à vida. Até hoje me pergunto se Capanema falava pensando ou pensava falando! Sem dúvida, além de mestre de muitas gerações, Capanema foi e continuará sendo meu *ideal de consumo* de professor de direito civil, uma inspiração permanente. E com esse breve ensaio sobre os reflexos do direito imobiliário nos regimes de bens do casamento e da união estável presto minha singela e carinhosa homenagem ao Mestre de todos nós.

A escolha do regime de bens a vigorar no casamento é a expressão máxima da natureza contratual do casamento[1]. Os regimes de bens do casamento encontram-se no epicentro do direito patrimonial de família, junto de outros temas, tais como a obrigação alimentar entre parentes, usufruto dos bens dos filhos menores, ou mesmo a proteção ao patrimônio da família conferida através do bem de família legal ou convencional. A escolha do regime de bens que vigorará no casamento determinará, não somente a questão proprietária dos bens eventualmente pertencentes e adquiridos pelos cônjuges, mas também regras de gozo, disponibilidade e administração desses bens.

---

1 Ainda hoje os posicionamentos se dividem entre o casamento ser um contrato, uma instituição ou ainda um contrato especial de direito de família. A doutrina majoritária sustenta ser o casamento um contrato. Sobre o tema, e os diferentes posicionamentos, consulte J. M. Leoni Lopes de Oliveira, *Direito Civil – Família*, 2019, p. 50.

A normatização do patrimônio toma especial importância no que diz respeito à questão imobiliária, uma vez que, a partir do regime de bens escolhido pelo casal, serão determinados maior ou menor autonomia na administração e disponibilidade do patrimônio por cada um dos cônjuges ou companheiros. Dessa forma, o regime de bens e demais cláusulas eventualmente estabelecidas em pacto antenupcial, e em sua falta, as regras pertinentes ao regime legal, qual seja o regime da comunhão parcial de bens, serão o ponto de partida de se estabelecer os bens que comunicáveis e incomunicáveis entre os cônjuges, além dos atos que cada cônjuge poderá ou não poderá realizar com autonomia, ou dito de outro modo, independentemente da outorga do outro cônjuge.

No que diz respeito à união estável, em que pese a informalidade que rege a união, a adoção de regime de bens observa as mesmas regras estabelecidas para o casamento. O casal, hétero ou homoafetivo, também poderá livremente escolher o regime de bens a reger a união estável, determinando-o através de contrato de convivência. Na falta de contrato regerá a união o regime legal da comunhão parcial de bens, sendo aplicáveis as mesmas restrições, direitos e obrigações entre os companheiros, guardadas as peculiaridades pertinentes à possibilidade de informalidade da união estável.

Ultrapassadas as considerações iniciais sobre as regras gerais de escolha do regime de bens do casamento e da união estável, cumpre-nos indagar, em que medida, a escolha do regime de bens no casamento e na união estável, para além de determinar a comunicação dos bens adquiridos ou pertencentes a cada cônjuge criam normas a serem observadas por cônjuges e companheiros no gozo, disponibilidade e administração de seus bens imóveis.

2. Breves considerações sobre os regimes de bens.

Diversos são os princípios norteadores dos regimes de bens incidentes sobre o casamento e a união estável. Inobstante inexistir consenso absoluto quanto a tais princípios, alguns são frequentemente relacionados, e merecem ser mencionados.

O primeiro deles diz respeito a normatização dos regimes de bens do casamento ser pautada na *variedade de regime de bens*, assim como na *liberdade de escolha* do regime pelos cônjuges. O *princípio da variedade de regimes* consiste no fato da lei disponibilizar aos cônjuges e companheiros não somente um regime de bens, mas múltiplas possibilidades. A escolha pelo regime de bens se dará em virtude do *princípio da liberdade de escolha*. Cumpre observar que a liberdade de escolha não se restringe exclusivamente à opção por um dos regimes.

Ainda que tal posicionamento não seja de absoluto consenso[2], entendemos que, considerando o que dispõe o art. 1.639 do Código Civil, que determina que é *"lícito aos nubentes, antes de celebrado o casamento, estipular, quanto aos seus bens, o que lhes aprouver"*, é lícito aos cônjuges, além de escolher um dos regimes de bens disponíveis no Código Civil, quais sejam, o regime da comunhão parcial de bens, comunhão universal de bens, participação final dos aquestos e separação total de bens, determinar cláusulas específicas, que venham a mesclar ou até, quiçá, criar um regime próprio para o casamento[3].

A liberdade conferida aos cônjuges para a escolha do regime de bens, contudo, sofre restrições, quando da existência de alguma das causas em que a lei impõe o regime da separação obrigatória de bens[4]. No que tange à liberdade de escolha do regime de bens na união estável, o Código Civil limita-se a estabelecer a possibilidade de escolha, pelos companheiros, através de contrato de convivência do regime de bens a reger a união, sem criar qualquer restrição à liberdade de escolha[5]. Contudo, subordinando-se às regras gerais dos regimes de bens, em que pese os inúmeros posicionamentos pela inconstitucionalidade da imposição do regime da separação obrigatória de bens aos maiores de setenta anos[6], vem prevalecendo o entendimento de que nas uniões estáveis constituídas quando um ou ambos os companheiros já contam com 70 anos ou mais, vigorará o regime da separação obrigatória de bens.

---

2   Nesse sentido, posiciona-se Silmara Juny Chinelato, *Comentários ao Código Civil*, 2004 2004, p. 280

3   Nesse sentido, posiciona-se Caio Mário da Silva Pereira, *Instituições de Direito Civil*, 2017, vol. V, p. 246, afirmando que "Havendo o Código abolido o regime dotal, não cabe a opção por ele, a não ser que os nubentes, no uso da liberdade de realizar o pacto, o instituam, discriminando-o em cláusulas contratuais".

4   Segundo o art. 1.641 do Código Civil: "É obrigatório o regime da separação de bens no casamento: I – das pessoas que o contraírem com inobservância das causas suspensivas da celebração do casamento; II – da pessoa maior de 70 anos; III – de todos os que dependerem, para casar, de suprimento judicial".

5   Determina o art. 1.725 do Código Civil que "Na união estável, salvo contrato escrito entre os companheiros, aplica-se às relações patrimoniais, no que couber, o regime da comunhão parcial de bens".

6   Nesse sentido dispõe o propõe o enunciado 125, CJF a revogação do inciso II do art. 1.641, CC, com a justificativa de que "A norma que torna obrigatório o regime da separação absoluta de bens em razão da idade dos nubentes não leva em consideração a alteração da expectativa de vida com qualidade, que se tem alterado drasticamente nos últimos anos. Também mantém um preconceito quanto às pessoas idosas que, somente pelo fato de ultrapassarem determinado patamar etário, passam a gozar da presunção absoluta de incapacidade para alguns atos, como contrair matrimônio pelo regime de bens que melhor consultar seus interesses.

Quanto ao regime da separação obrigatória de bens, apesar dos limites encerrados, nessa singela homenagem ao Grande Mestre de todos nós Sylvio Capanema, importante observar que face à imposição do regime, ou seja, o fato de não ter sido livremente determinado pelos cônjuges ou companheiros, em nome da solidariedade familiar, bem como do não enriquecimento injustificado, em regra, há a incidência da súmula 377 do STF. Em síntese, a referida súmula determina que *"No regime de separação legal de bens, comunicam-se os adquiridos na constância do casamento"*[7]. Diante disso, em homenagem à liberdade de escolha do regime de bens, respeitado o limite imposto pela lei, formam-se entendimentos no sentido de viabilizar-se que cônjuges, que estariam submetidos ao regime da separação obrigatória de bens, poderiam optar pela celebração de pacto antenupcial, determinando-se a escolha do regime da separação total de bens convencional, com vistas a afastar o regime da separação obrigatória de bens, e a consequente aplicação da súmula 377 do STF.

Dentre os mais relevantes princípios, podemos ainda apontar o *princípio da preservação do patrimônio familiar*, expresso na proteção de patrimônio mínimo, do qual um bom exemplo seria a proteção dada à família pelo *bem de família*, bem como o princípio da *imediata vigência do regime de bens*, que em linhas gerais determina que o regime de bens passa a vigorar na data do casamento.

Por fim, importante inovação trazida pelo Código Civil de 2002[8], diz respeito ao *princípio da mutabilidade justificada do regime de bens*. Por força do que determina o § 2º, do art. 1.639 do Código Civil. Nesse sentido, respeitados os direitos de terceiros de boa-fé que tenham se relacionado com qualquer dos cônjuges, os cônjuges poderão requerer, motivadamente, a mudança do regime de bens[9]. Em relação à união estável, o Código Civil não estabelece os mesmos requisitos para a alteração do regime de bens. Desta forma, aqueles que vivem em união estável, em princípio podem alterar sem qualquer procedimento judicial o regime de bens da união estável, devendo ser, todavia, respeitados os direitos de terceiros de boa-fé.

---

7 A incidência da súmula 377 do STF, independentemente de prova de esforço comum é tema de controvérsia que será abordado adiante.

8 No Código Civil de 1916 o regime de bens era imutável, porém a doutrina reconhecia excepcionalmente que "caso houvesse previsão em pacto antenupcial, seria possível a substituição do regime de separação para o da comunhão, se sobreviessem filhos". J. M. Leoni Lopes de Oliveira. *Direito Civil – Família*, p. 479.

9 Nos casamentos celebrados pelo regime da separação obrigatória de bens, uma vez superada a causa de incidência do regime obrigatório, a mudança de regime também poderia ser realizada.

3. Dos atos que dependem e dos atos que independem de consentimento do outro cônjuge

Em linhas gerais, o art. 1.647 do Código Civil dispõe sobre os atos que, para serem praticados por qualquer dos cônjuges, dependem de consentimento do outro cônjuge, com exceção dos casamentos celebrados pelo regime da separação absoluta de bens. Em contrapartida, o art. 1.642, do mesmo diploma legal dispõe sobre os atos que independem, para sua prática, do consentimento do outro cônjuge. Apesar dos mencionados dispositivos legais não se restringirem a regular questões imobiliárias, nota-se, sem grande dificuldade, a relevância das transações imobiliárias no âmbito de administração e disposição de bens no casamento e na união estável.

No que tange ao regime jurídico dos bens imóveis, é lícito a qualquer dos cônjuges, independente da participação ou consentimento do outro cônjuge, a administração dos bens próprios. A designação do que seriam bens próprios, ou seja, particulares, dependerá do regime de bens vigente sobre o casamento ou união estável. Assim, sendo o bem exclusivo, poderá o cônjuge administrar, em sentido estrito, livremente seus bens, ainda que sejam imóveis, tendo, portanto, liberdade de fazer reformas, conservar, alugar[10] ou qualquer outro ato que não importe em ato de disposição.

Apesar de ser livre a administração dos bens próprios, por cada um dos cônjuges, o mesmo não se observa em relação aos atos de alienação ou estabelecimento de gravame a bens imóveis. Consoante determina o art. 1.647, inciso I, do código Civil, *"salvo no regime da separação total convencional de bens, nenhum dos cônjuges pode, sem autorização do outro, alienar ou gravar de ônus real os bens imóveis"*.

A primeira observação relevante que se faz necessária é de que a vedação imposta a qualquer dos cônjuges diz respeito a qualquer tipo de alienação de bens imóveis, seja alienação gratuita ou onerosa. Ademais, a necessidade de consentimento do outro cônjuge para o ato de alienação ou gravame se dá tanto em relação a *bens comuns* como em relação a *bens particulares*. Diante disso é comum formular-se o questionamento em torno da motivação da necessidade de consentimento para alienação de bem particular. Apesar dos questionamentos, fato é que a lei não discrimina, sendo, portanto, a outorga conjugal ou suprimento judicial também necessário para alienação de bens particulares, especialmente porque o produto

---

10 Quanto ao poder de celebrar contrato de locação, deve ser observado o que determina o art. 3º da Lei nº 8.245/91, que prevê que *"o contrato de locação pode ser ajustado por qualquer prazo, dependendo de vênia conjugal, se igual ou superior a dez anos".*

da alienação, no caso de alienação onerosa, poderá ser utilizado para aquisição de bem sub-rogado em lugar do bem particular alienado[11].

Sobre esse tema é importante ainda observar que, se eleito o regime da *participação final dos aquestos*, os cônjuges poderão estabelecer, por cláusula específica, disposta no pacto antenupcial, que os bens imóveis particulares possam ser alienados livremente, independente de autorização do outro cônjuge[12].

Do mesmo modo que se dá em relação à alienação, é necessária a autorização do cônjuge para a constituição de gravame sobre imóveis, tanto em relação a *bens comuns* como a *bens particulares* do cônjuge que pretende alienar.

Um pouco mais amplo do que o inciso I do art. 1.647 do Código Civil, o inciso IV do mesmo dispositivo legal estabelece que é necessária também a outorga conjugal para *"fazer doação, não sendo remuneratória, de bens comuns, ou dos que possam integrar futura meação"*. Na presente hipótese, apesar de igualmente se tratar da necessidade de outorga conjugal, a hipótese prevista refere-se também a bens móveis, limitando-se, neste caso, a bens comuns. Em relação aos bens imóveis, a questão já encontrar-se-ia devidamente abrigada pela disposição contida do inciso I do artigo em comento. Em outras palavras, guardadas as diferenças entre as disposições constantes dos incisos I e IV do art. 1.647, CC, a situação jurídica dos bens imóveis, sejam eles particulares ou comuns, depende, para alienação, gratuita ou onerosa, de outorga conjugal.

Outra disposição relevante dentre os atos que dependem de autorização do cônjuge para sua realização, no âmbito dos negócios imobiliários, diz respeito a celebração de *contrato de fiança ou aval*. Neste ensaio a fiança toma especial interesse, eis que é corriqueiramente utilizada como garantia prestada no âmbito de contratos de locação de bem imóvel urbano.

Segundo dispõe o inciso III do art. 1.647 do CC, é necessária, sob pena de anulabilidade, a outorga conjugal para a validade da fiança. Em que pese o art. 1.649 do CC referir-se à anulabilidade, a jurisprudência do STJ vem reiteradamente entendendo que a prestação de fiança, sem outorga do cônjuge, determina sua nulidade absoluta (leia-se nulidade)[13]. A súmula 332 do

---

11 Nesse sentido, enunciado 340, IV Jornada de Direito Civil, CJF: *"No regime da comunhão parcial de bens é sempre indispensável a autorização do cônjuge, ou seu suprimento judicial, para ato de disposição sobre bens imóveis".*

12 Art. 1.656, CC. *"No pacto antenupcial, que adotar o regime de participação final dos aquestos, poder-se-á convencionar a livre disposição dos bens imóveis, desde que particulares".*

13 Nesse sentido, Ag. Rg. No Agravo de Instrumento nº 595.895/SP, Rel. Min. Gilson Dipp, DJ 20.03.2004.

STJ esclarece que *"a anulação de fiança prestada sem outorga uxória implica a ineficácia total da garantia"*. Importa ainda observar que a outorga concedida pelo cônjuge consiste em suprimento de vontade, para que o ato tenha validade. Contudo, tal consentimento não faz do cônjuge que presta o consentimento parte do contrato de fiança.

Deve-se observar que duas situações distintas podem acontecer. A primeira, do casal, ou seja, ambos os cônjuges prestarem fiança. Neste caso ambos efetivamente são fiadores. A segunda hipótese diz respeito a possibilidade de um dos cônjuges ser o fiador e o outro exclusivamente consentir. Nesse caso, aquele que consentiu não se torna fiador, simplesmente consente em seu cônjuge assumir o encargo[14].

Outra hipótese que depende de autorização do cônjuge diz respeito a *atuar, como autor ou réu em ação judicial que verse sobre direitos imobiliários*. Tal determinação impõe a necessidade de autorização do cônjuge para demandar como autor, e a ocorrência de litisconsórcio passivo necessário, em caso de o cônjuge ser demandado como réu.

Todavia, por óbvio, quando tratar-se de situações nas quais o cônjuge encontra-se pleiteando, justamente, direitos sobre bens imóveis que lhes foram violados pelo outro cônjuge, tal outorga não será necessária. Desta feita, quando desrespeitada a determinação legal de necessidade de outorga conjugal, e o cônjuge prejudicado pretender invalidar, seja doação feita em desrespeito ao inciso IV do art. 1.647, ou ainda a alienação, constituição de gravame sobre bem imóvel, ou ainda a fiança concedida sem outorga conjugal ou suprimento judicial, não será necessária autorização para demandar. A dispensa[15] nesse caso se dá, por motivos óbvios, eis que se o cônjuge prejudicado pretende invalidar o ato praticado por seu cônjuge, a necessidade de outorga conjugal inviabilizaria o exercício de seu direito.

Por fim, cumpre abordar duas outras situações de restrições de atos de disposição ou administração. A primeira, diz respeito a necessidade de outorga conjugal em contratos de doação celebrados por prazo superior a 10 anos, como determina o art. 3º da Lei nº 8.245/91. Outra situação é determinada pela Lei Maria da Penha, Lei nº 11.340/2006 que visando a proteção *"patrimonial dos bens da sociedade conjugal ou daqueles de propriedade*

---

14 Segundo entendimento firmado pelo STJ eventuais transações e acordos que possam ser considerados um novo contrato dependem de nova outorga, Resp. 1.711.800

15 Na forma do art. 1.642 do Código Civil: Qualquer que seja o regime de bens, tanto o marido quanto a mulher podem livremente: III – desobrigar ou reivindicar os imóveis que tenham sido gravados ou alienados sem o seu consentimento ou sem suprimento judicial; IV – demandar a rescisão dos contratos de fiança e doação, ou a invalidação do aval, realizados pelo outro cônjuge com infração do disposto nos incisos III e IV do art. 1.647;

da mulher" autoriza ao juiz determinar, liminarmente, a *"proibição temporária para a celebração de atos e contratos de compra, venda e locação de propriedade em comum, salvo expressa autorização judicial"*. Tal norma, visivelmente, busca evitar que tais atos ocorram em circunstâncias em que a mulher estivesse em situação de vulnerabilidade em virtude da violência a qual está ou esteve submetida.

Inobstante a necessidade de outorga conjugal, caso a negativa do consentimento se funde em mero capricho, é possível ao cônjuge que pretenda a prática do ato, obtenha o suprimento judicial, afastando a invalidade do negócio celebrado. Vale ressaltar que a mesma anulabilidade que recai sobre os atos que dependem do consentimento do cônjuge, quando celebrados sem a outorga necessária, recai sobre atos praticados por companheiros, em desrespeito ao necessário consentimento do outro companheiro. No entanto, quando se trata de união estável indagação que se faz com frequência seria sobre eventuais efeitos que tal invalidade poderiam promover sobre o terceiro de boa-fé, dada a informalidade que pode existir, pela ausência de contrato de convivência, determinando que o terceiro não tenha conhecimento da união estável.

Nesse sentido, com o fito de proteger o companheiro prejudicado pelo ato de alienação do outro companheiro, em desrespeito à necessidade de obtenção de seu consentimento, vem prevalecendo o entendimento de que o ato em si, é anulável. Contudo, os efeitos que tal anulabilidade pode perpetrar sobre o terceiro dependeriam do contrato de união estável encontra-se averbado junto à matrícula do imóvel, situação na qual o terceiro teria conhecimento da existência da união estável e consequentemente da necessidade de consentimento ou não. Quando impossível exigir do terceiro tal conhecimento, apesar da invalidade do ato de alienação sem consentimento, resta ao companheiro prejudicado, exclusivamente, exigir a reparação de seu prejuízo do companheiro que praticou o negócio, sem o devido consentimento, respeitados os direitos do terceiro de boa-fé com quem negociou[16].

Pontuados os atos que dependem e aqueles que não dependem de autorização do cônjuge ou companheiro no campo dos negócios imobiliários, cumpre tecer breves considerações sobre certas peculiaridades relativas a questões imobiliárias em cada um dos regimes de bens disponíveis ao casamento e à união estável.

---

16 STJ. Terceira Turma. REsp. 1.425.275/MT. Rel. Min. Paulo de Tarso Sanseverino, julgado em 4-12-2014.

4. Peculiaridades das questões imobiliárias nos diferentes regimes de bens

Para além das distinções quanto aos bens que se comunicam ou não se comunicam em cada um dos regimes de bens, existem peculiaridades pertinentes às questões imobiliárias em cada um dos regimes de bens que me merecem alguns comentários.

O primeiro deles é pertinente a eventuais *benfeitorias realizadas em bens particulares* de cada um dos cônjuges ou companheiros. Tanto no regime da comunhão universal de bens como no regime da comunhão parcial de bens[17] as benfeitorias realizadas em bens particulares, sejam elas necessárias, úteis ou voluptuárias, entram na comunhão. Ou seja, inobstante o imóvel ser exclusivo de um dos cônjuges ou companheiros, a benfeitoria seria comunicável.

Tal fato não implica, por certo, que o bem sobre o qual foi feita a benfeitoria passe a ser comum. Todavia, o valor correspondente a benfeitoria agregada ao bem é comunicável entre os cônjuges ou companheiros.

Quanto ao regime de participação final dos aquestos, também restam considerações a tecer sobre negócios imobiliários. A primeira delas já fora tangenciada ao longo desse ensaio, correspondente à possibilidade dos cônjuges ou companheiros estabelecerem previamente, através de cláusula constante do pacto antenupcial ou contrato de convivência, a possibilidade de alienação de bens imóveis particulares, independentemente de autorização do outro cônjuge ou companheiro.

Outra questão que toma relevância no regime da participação final dos aquestos, apesar de ser regime de pouca utilização, é sobre a distinção entre os bens adquiridos neste regime serem comuns ou serem passíveis integrar futura meação. Tal afirmativa, em um primeiro momento, pode não parecer relevante. Porém em eventual divórcio ou partilha de bens derivada de falecimento de um dos cônjuges, tal situação poderá determinar partilha menos ou mais cômoda dos bens, considerando que a situação de manutenção de bens em condomínio após processo litigioso, nem sempre é confortável. Expliquemos.

No regime da participação final dos aquestos, cada cônjuge terá por particular os bens anteriores ao casamento e aqueles adquiridos gratuitamente na vigência do casamento. Quanto aos bens adquiridos onerosamente na constância do casamento, os referidos bens, se adquiridos em nome de ambos os cônjuges, serão comuns. Porém, se adquiridos em nome ex-

---

17 Segundo o art. 1.660 do Código Civil: "Entram na comunhão: IV – as benfeitorias em bens particulares de cada cônjuge.

clusivamente de um dos cônjuges, serão bens do cônjuge que os adquiriu, sendo o seu valor, contudo computado para fins de futura meação. Neste caso, portanto, em caso de divergência no momento da partilha, havida em virtude de divórcio ou morte de um dos cônjuges, aquele bem adquirido em nome de um deles com exclusividade, porém de forma onerosa, terá o direito de propriedade atribuído exclusivamente àquele cônjuge. Contudo, seu valor será computado para fins de compensação ou indenização ao outro cônjuge, eis que integra a meação[18].

Por fim, a última consideração que merece tratamento, quanto a peculiaridades pertinentes a cada um dos regimes de bens é quanto a incidência do regime de bens da separação total de bens convencional ou obrigatória, já abordada.

Em virtude de o regime da separação legal de bens não ser resultado da autonomia privada dos cônjuges ou companheiros quando da celebração do casamento ou constituição de união estável, a antiga súmula 377 do Supremo Tribunal Federal continua a ter sua incidência aplicada aos casamentos em que é imposto o regime da separação de bens obrigatório. Ao nosso sentir, apesar do regime da separação obrigatória de bens incidir em hipóteses distintas, descritas no art. 1.641 do CC, a situação mais complexa de sua incidência é aquela que diz respeito ao casamento ou união estável do maior de 70 anos, uma vez que nessa hipótese a causa de imposição do regime não será suplantada, eis que os cônjuges e companheiros ficarão mais velhos, e ainda, pela compreensão de que tal imposição é flagrantemente inconstitucional, eis que determinada por discriminação em razão da idade, como já mencionado anteriormente.

Nesse sentido, pela incidência da súmula 377 do STF, *"no regime da separação legal de bens, comunicam-se os adquiridos na constância do casamento"*. Diante disso, muito se discute se tal incidência não desfiguraria o regime de separação de bens, determinando-se em verdade a vigência do regime de comunhão parcial de bens. No entanto, parece que o intuito foi mesmo esse, em homenagem ao princípio do não enriquecimento injustificado. Todavia, ainda se mantém latente a divergência quanto aos requisitos de incidência da súmula. Ou seja, se a súmula simplesmente incidirá em todos os casamentos ou uniões estáveis celebradas pelo regime da separação de bens obrigatória, tendo por presumido o esforço comum dos cônjuges ou companheiros, na aquisição de bens a título oneroso, ou se, em sentido contrário, deve ser apurada a existência de esforço comum na aquisição de patrimônio, para que então o patrimônio efetivamente se comunique.

---

18 Sobre o regime jurídico no momento da dissolução do casamento na participação final dos aquestos, confira: J. M. Leoni Lopes de Oliveira. *Direito Civil – Família*, 2019, p. 566.

Sobre o tema o STJ tem se manifestado em algumas decisões no sentido de necessidade de prova do esforço comum para a comunicação dos aquestos no regime da separação obrigatória[19]. Por outro lado, há sedimentado entendimento de diversos autores, ao qual me filio, no sentido da desnecessidade de esforço comum para a comunicação dos aquestos[20].

Conclusão

Em um país como o Brasil, onde são flagrantes as desigualdades sociais, a grande maioria daqueles que consegue alçar a aquisição de patrimônio imóvel, em regra é proprietário de um único bem imóvel, destinado à sua moradia. Não é raro que esse bem tenha sido adquirido após anos de endividamento, e especialmente no âmbito de uma relação de casamento ou de união estável. Assim, frequentemente nos deparamos com divórcios, ou dissoluções de união estável onde o único bem a partilhar é justamente o imóvel destinado à moradia da família.

Frequentes também são os casos em que pessoas que amealharam recursos durante toda a vida adquirem um segundo imóvel, com o fito de, através da locação desse segundo imóvel, complementar sua renda. Ou seja, a questão imobiliária, ou dito de outro modo, os negócios imobiliários estão no centro da vida patrimonial da grande parte das famílias no Brasil. Por tal fato, dadas as peculiaridades imobiliárias que cada um dos regimes de bens pode determinar, e ainda os direitos e restrições determinados por cada um dos regimes de bens, afigura-se de extrema importância a escolha cuidadosa do regime pelo casal, com vistas a melhor espelhar o que aquele casal pretendia quanto aos seus bens e sua administração.

Referências

CHINELATO, Silmara Juny. *Comentários ao Código Civil – Direito de Família*. São Paulo: Saraiva, 2004

DIAS, Maria Berenice. *Manual de Direito das Famílias*. São Paulo: Revista dos Tribunais, 2016.

---

[19] Como se verifica no REsp. 1.403.419/MG, relatado pelo Min. Villas Boas Cueva se decidiu que "no regime da separação obrigatória, apenas se comunicam os bens adquiridos na constância do casamento pelo esforço comum, sob pena de se desvirtuar a opção legislativa, imposta por motivo de ordem pública".

[20] Pronunciam-se pela presunção de esforço comum Maria Berenice Dias. *Manual de Direito das Famílias*, 2016, p. 329; Pablo Stolze e Rodolfo Pamplona Filho. *Novo curso de Direito Civil*, 2017, vol. 6, p. 330 e Paulo Lobo. *Direito Civil – Famílias*, 2017, p. 319.

GAGLIANO, Pablo Stolze e PAMPLONA FILHO, Rodolfo. *Novo curso de Direito Civil,* vol. 6, São Paulo: Saraiva, 2017.

LOBO, Paulo. *Direito Civil – Famílias.* São Paulo: Saraiva, 2017.

OLIVEIRA, J. M. Leoni Lopes de. *Direito Civil – Família.* São Paulo: GenForense, 2019.

PEREIRA, Caio Mário da Silva, *Instituições de Direito Civil – Direito de Família.* Rio de Janeiro: Forense, 2017.

PARTE 4

DIREITO PÚBLICO

O Direito Humano à Moradia Adequada

Cristina Gaulia

I. Introdução

> "1. Toda pessoa tem direito a um nível de vida suficiente para lhe assegurar e à sua família a saúde e o bem-estar, principalmente quanto à alimentação, ao vestuário, **ao alojamento**, à assistência médica e ainda quanto aos serviços sociais necessários, e tem direito à segurança no desemprego, na doença, na viuvez, na velhice ou noutros casos de perda de meios de subsistência por circunstâncias independentes de sua vontade." (Declaração Universal dos Direitos Humanos, art. 25ª, 1ª p.).

Em 2015 o Conselho de Direitos Humanos das Nações Unidas reconheceu, a partir de um estudo especialmente preparado por Leilani Farha[1], relatora especial sobre as questões, problemas, obstáculos e estratégias do direito humano a uma moradia adequada, que a falta de um lar apropriado, seguro e digno é um signo de discriminação e desrespeito aos direitos humanos, fator que aprofunda a desigualdade social.

O conceito de moradia adequada entra desde alguns anos antes, no contexto de discussões das Nações Unidas, mas de forma mais consistente, e no sentido de ser reconhecido o tema como inserido no rol dos direitos humanos essenciais, a partir do relatório produzido por Farha.

Nessa linha refere a Relatora Especial:

> "A falta de uma casa é uma violação extrema dos direitos à moradia adequada e à não discriminação, bem como, frequentemente também, uma violação dos direitos à vida, à segurança pessoal, à saúde, à proteção do lar e à família, e a não ser submetido a tratamento cruel ou desumano. Não obstante, ainda não se tinha abordado a questão, com a urgência e a prioridade que deveria ter uma violação tão generalizada e grave dos direitos humanos. A falta de uma casa, de um lar não foi mencionada nos Objetivos de Desenvolvimento do Milênio, não tendo sido incluída nos objetivos de desenvolvimento sustentável e somente foi mencionada, em raras oportunidades, nos trabalhos preparatórios da Conferência das Nações Unidas sobre a Moradia e o Desenvolvimento Urbano Sustentável (Habitat II). Os organismos internacionais de direitos hu-

---

[1] Leilani Farha é a diretora executiva da ONG Canadá Sem Pobreza, sendo advogada e ativista especializada em direitos humanos, econômicos e sociais. Farha foi nomeada pelas Nações Unidas, em junho de 2014, como relatora especial, uma expert independente e sem vínculos políticos ou nacionais, sobre o tema "moradia adequada", e, desde então, participou de inúmeras missões em vários locais do mundo para pesquisar o problema da falta ou inadequação de moradias para as populações pobres locais.

manos, raras vezes abordaram as violações do direito à vida por falta de uma moradia". (INFORME 2015, p. 3)[2]

Tendo, a partir deste relatório, sido contextualizada a questão do direito à moradia como um direito humano essencial à dignidade de vida de homens e mulheres em todo o globo, passou o Conselho de Direitos Humanos da ONU a examinar, de forma menos superficial, o que significa a falta de moradia para as populações sem renda ou de baixa renda, em cenários e estruturas sociais em que se insere esta falta, e quais as consequências deste fato, passando a construir sugestões e estratégias para políticas públicas que visem a concretização do direito em questão.

No presente texto pretendemos expor, em resumo, a crise relativa à falta de moradias adequadas, na medida em que se chocam compreensões sobre o que seria este direito à moradia adequada, e como os governos, e em alguns casos os particulares, devem interpretar sua responsabilidade de provisionar tal direito de modo a garantir, com efetividade, a igualdade mínima de seus nacionais e o desenvolvimento sustentável.

II. O Direito à Moradia Como Direito Humano Fundamental

O Brasil é signatário da Declaração de Direitos Humanos da ONU, que menciona, no art. 25, 1) o direito à habitação, bem como do Pacto Internacional dos Direitos Econômicos, Sociais e Culturais, promulgado em 1996, este que reconhece o direito de todos e todas à moradia adequada.

Entretanto é com a Emenda Constitucional nº 26, de 14 de fevereiro de 2000, que o direito à moradia se insere dentre os direitos sociais previstos no art. 6º da Constituição Federal de 1988, norma que passa a ter a seguinte redação:

> "São direitos sociais a educação, a saúde, a alimentação, o trabalho, a moradia, o transporte, o lazer, a segurança, a previdência social, a proteção à maternidade e à infância, a assistência aos desamparados, na forma desta Constituição". (BRASIL, 1988)

A Constituição reconhece portanto, e inclusive com mais força a partir da EC/45 de 2004, na forma do novo §3º do art. 5º inserido no Texto Maior que equipara os tratados e convenções internacionais sobre direitos humanos aprovados pelo Congresso Nacional às emendas constitucionais, esse dever, uma imposição de prover o Estado, a todos os brasileiros e estrangeiros aqui residentes, uma moradia adequada e digna.

---

2   Tradução livre da autora de trecho do texto, em espanhol, constante do "Informe de la Relatora Especial sobre una vivienda adecuada".

Aponte-se que a par dos dois tratados já mencionados, há outros, igualmente ratificados pelo Brasil, que referem o direito de moradia.

A Convenção Internacional sobre a Eliminação de Todas as Formas de Discriminação Racial (1965), consigna ser o direito de habitação um *modus operandi* de eliminar discriminações. Também o Pacto Internacional dos Direitos Econômicos, Sociais e Culturais (1966), sublinha que, para que se alcance de modo eficiente a liberdade plena do ser humano, faz-se necessária a superação do "estado de miséria", o que passa pela moradia adequada e digna.

Refiram-se ademais a Convenção sobre a Eliminação de Todas as Formas de Discriminação contra a Mulher (1979), a Convenção sobre os Direitos das Crianças (1989) e o Pacto de São José da Costa Rica, que datado de 1969, só é ratificado pelo Brasil em 1992, todos com contribuições alusivas ao direito de moradia, mesmo indiretamente, sem o qual a proteção específica proposta não se constrói.

Vale referência também à Declaração de Vancouver sobre os Assentamentos Humanos de 1976, a partir da qual foi elaborada a chamada Agenda Habitat.

Esta agenda constituiu o Programa das Nações Unidas para os Assentamentos Humanos, com diversos passos a serem tomados pelos signatários, estabelecendo um plano de ação com 17 Objetivos de Desenvolvimento Sustentável que busca "tornar as cidades e os assentamentos humanos inclusivos, seguros, resilientes e sustentáveis" (ONU – HABITAT).

O Plano Habitat, que conta a partir de 2016 já com um terceiro capítulo, segue o paradigma de todos os anteriores tratados e convenções que cuidam do direito essencial à moradia, mas busca já agora, a inserção do conceito de moradia digna para todos em um contexto maior de urbanização sustentável.

Nessa linha refere Juan Clos, Secretário Geral da Conferência das Nações Unidas sobre o Habitat III:

> "Não existe uma receita única para melhorar a urbanização e atingir o desenvolvimento sustentável, mas a Nova Agenda Urbana apresenta os princípios e as práticas comprovadas para dar vida a esse ideal, para transportá-lo do papel para o mundo real. Que ela inspire e informe todos os encarregados de tomar decisões bem como todos os habitantes urbanos do mundo para que se apropriem de nosso futuro urbano comum. Nessa conjuntura decisiva da história repensar a forma como planejamos, construímos e gerenciamos nossos espaços urbanos não é mais uma opção, mas um imperativo. Nosso trabalho para alcançar esse ideal começa agora".[3] (CLOS, 2017, p. VI).

---

3   Nueva Agenda Urbana HIII – Texto do prólogo pelo Secretário Geral da Conferência das Nações Unidas sobre Moradia e Desenvolvimento Urbano Sustentável. No original em espanhol, tradução livre da autora.

A partir da Nova Agenda Urbana visa a ONU sensibilizar as Nações e Governos de que não há futuro para as cidades no novo milênio a não ser que todos, de forma integrada, cumpram a sua função social, com uma visão de futuro no sentido de incorporar todos os habitantes dos espaços comuns, seja nas cidades ou em áreas rurais, em um projeto coletivo e comunitário do qual conste a moradia adequada para todos como um signo do direito à vida digna, sem discriminação e com igualdade de acesso aos bens e serviços públicos.

Nesse caminho o direito constitucional à moradia, ultrapassa a questão da obtenção da casa própria, mas desponta, em um âmbito mais ampliado e profundo, como um direito contemporâneo a vivermos todos em cidades com infraestruturas habitacionais seguras, sanas e limpas, sustentáveis globalmente, o que se revela como uma garantia de manutenção da vida das gerações futuras.

O direito fundamental à moradia migrou portanto para um plano muito maior, passando a integrar o direito à cidade e ao mundo integrado e sustentável.

Referem Amanajás e Klug:

> "O direito à cidade é um direito difuso e coletivo, de natureza indivisível, de que são titulares todos os habitantes da cidade, das gerações presentes e futuras. Direito de habitar, usar e participar da produção de cidades justas, inclusivas, democráticas e sustentáveis". (AMANAJÁS e KLUG, 2018, p. 29)

O direito à moradia inclusiva e democrática garante assim o direito mais amplo à cidade, e a habitarem todos os seres humanos um espaço coletivo mais seguro, mais igualitário, mais respeitável e por conseguinte mais digno.

A falta da moradia adequada acarreta, além dos problemas evidentes decorrentes da inexistência de um teto, o aumento da criminalidade, da insegurança, do cerceamento de circulação e, em tempos de pandemia, de transmissão de doenças virais ou bacterianas.

Cortiços e favelas insalubres e sem saneamento, sempre foram focos de doenças e epidemias. A exposição de corpos nas ruas da cidade aumenta os vícios (alcoolismo e drogadição) já que o frio, a fome e as doenças não atendidas levam à necessidade do entorpecimento do físico e do mental.

Mulheres são vítimas de estupros em maior escala, na medida em que estão mais expostas e menos protegidas pelas quatro paredes de uma morada digna.

Crianças sem lar, sem casa e sem teto, são frequentemente as mais impactadas dada a sua extrema vulnerabilidade, transformando-se em mercadorias nas mãos de grupos marginais.

Os idosos relegados a casebres de telhas de amianto passam, na solidão e no entorpecimento, por alterações físicas pelo frio extremo ou calor decorrentes da inadequação da moradia.

A falta de saneamento básico, do recolhimento regular do lixo, da invasão de casas pelas águas gerada pelas enchentes e chuvas intensas, a ausência de energia elétrica, água potável corrente, são algumas das mazelas que agridem contemporaneamente as populações que, na linguagem dos estudiosos da desigualdade global ("Global Inequality"), se incluem na vida daqueles considerados "HAVE-NOTS" em contraponto aos "HAVES".[4]

O direito à moradia adequada deve ser por conseguinte contextualizado no plano maior de análise das desigualdades, assim permitindo a constatação real de que nenhuma política pública que busque fortalecer a igualdade com dignidade, pode passar ao largo de estratégias contínuas de realização efetiva deste direito humano fundamental.

III. O Histórico da Moradia Desigual no Brasil

A par de toda a questão sobre as diferenças sociais que construíram a sociedade escravocrata brasileira, trazida por Gilberto Freyre no clássico "Casa-grande e senzala", é indubitável que o título da obra bem remete ao berço da ausência do direito de moradia adequada para todos.

A garantia da casa-grande ao senhor patriarcal e o seu direito, quase deífico, de estabelecer quem vivia ou convivia nesta moradia, em contraponto à senzala que abrigava os "homens e mulheres que eram coisa"[5], sinaliza com bastante precisão os motivos pelos quais até hoje a escravidão histórica marca e diferencia os espaços de moradia dos brasileiros.

Com a abolição muitos negros libertos permaneceram nas senzalas, porque não havia um destino a ser buscado ou ao menos um teto que pudesse abrigá-los em qualquer lugar.

---

4   "The Haves and the Have-Nots: a brief and idiosyncratic history of Global Inequality" é o livro de Branko Milanović, em que o mesmo analisa as diferenças entre os que "possuem" e os que "não-possuem", analisando os signos de desigualdade, a partir dos standards de riqueza patrimonial e de renda de subsistência.

5   "O senador Paulino de Souza, com sua linguagem bacharelesca, também justificou: "o escravo é objeto de propriedade, e, portanto, equiparado à coisa (...) como atestam a jurisprudência de todos os tempos neste país, a doutrina dos jurisconsultos, os julgados dos tribunais. Se não são escravos, por que os libertais? Se são, liberta-os, embora estancai a fonte, como dizeis; mas reconhecei o direito, desapropriai e indenizai. É o que permite a Constituição". (LEAL, 2017, s/p).

Christian Lynch sugere que a República nasce no Brasil como uma reação de defesa dos proprietários rurais contra o ideário que movia o imperador Pedro II, este que no pós-Abolição pretendia assentar, de forma oficial, os ex-escravos em áreas predeterminadas:

> "A situação ficou crítica para as oligarquias depois da Lei Áurea, quando multidões de populares e libertos saíram em todas as capitais brasileiras para saudar a abolição (...) no Rio de Janeiro, outra imensa massa de gente compareceu ao porto para saudar o imperador que retornava da Europa, revelando o prestígio da representação-personificação do príncipe junto às classes populares e a possibilidade de continuar a empregá-la para promover a reforma agrária, indenizar ex-escravos e saltar assim da monarquia para a democracia. (...) na Fala do Trono de 1889, o imperador Dom Pedro II sustentou diante do Parlamento a necessidade de 'conceder ao governo o direito de desapropriar, por utilidade pública, os terrenos marginais das estradas de ferro, que não são aproveitados pelos proprietários e podem servir de núcleos coloniais'. Foi então que as elites agrárias correram (...) na busca de outras fórmulas que eliminassem a autonomia do poder monárquico e a possibilidade de uma reforma social pelo alto, a aristocracia rural aderiu ao federalismo e ao republicanismo" (LYNCH, 2014, pp. 80-81).

Na falta de uma política pública eficaz, o momento brasileiro pós-abolicionista viu nascer, com a República, nas grandes cidades, as favelas e os cinturões periféricos de moradias precarizadas.

O problema da moradia inadequada nasce no Brasil portanto, a partir da falta de uma política pública adequada de habitabilidade em favor de um enorme contingente de pessoas que, com o fim da escravidão, não tinham onde morar.

Zaluar e Alvito (2006, p. 7) pontuam que "a favela ficou também registrada oficialmente como a área de habitações irregularmente construídas, sem arruamentos, sem plano urbano, sem esgotos, sem água, sem luz", mas a moradia precária é tolerada, como forma de vida daqueles que sempre serviram às classes sociais abastadas, embora ignorada no plano oficial do Estado, que nunca buscou torná-la uma agenda consistente de habitação e habitabilidade adequadas.

Fácil a dedução de que o ingresso das favelas e das moradias precarizadas na agenda oficial de políticas públicas globais de habitação, demandaria a superação definitiva da herança escravocrata, tornando a "cidade (cidadania) escassa", referida por Maria Alice Rezende[6], um marco de conscientização rumo à "cidade (cidadania) integral".

---

6   A socióloga Maria Alice Rezende de Carvalho, em artigo de especial importância escrito em 1995, inclui num contexto de "cidade escassa" todos os fazeres sociais obri-

Nessa linha aponta Marcelo Burgos que surge uma crise econômica, gerada por controles que visam negociar os espaços da cidade, aguçada pela crise de solidariedade, que na "cidade escassa" é provocada pelo desencaixe entre os interesses e o quadro político-institucional" (BURGOS, 2005, p. 193).

Não sem razão o Rio de Janeiro é um caldeirão de fórmulas criadas por vários governos que buscam, por variadas razões e com motivações mais ou menos legítimas, em tese com base nos discursos políticos feitos, resolver a questão das moradias populares.

Ao lado do crescimento descontrolado de favelas, os loteamentos irregulares, são "uma forma de habitação popular definida pelo fato de o processo de legalização do empreendimento não ter sido concluído", e a razão para a não conclusão, é a ausência de implementação pelo empreendedor das "obras de infra-estrutura exigidas pelo poder público" (BURGOS, 2005, p. 216).

Um brevíssimo histórico das políticas habitacionais reflete as incongruências nacionais neste terreno.

Em 1933, uma das únicas políticas habitacionais, em quase 50 anos desde a proclamação da República, para a população de baixa renda,

> "beneficiava exclusivamente empregados de ramos de atividade cobertas pelo Instituto de Aposentadorias e Pensões (IAPs)" (BURGOS, 2006, p. 27).

Já na década de 40, os parques proletários são a novidade em decorrência da entrada em vigor, em 1937, do Código de Obras que registra a situação marginal das favelas, considerando-as "aberrações" (BURGOS, 2006, p. 7) urbanas e portanto na ordem do dia constou a demolição e a proibição de expansão das construções favelizadas.

Vale referir o art. 349 do Código de Obras de 37:

> "Art. 349 – A formação de favelas, isto é, de conglomerados de dois ou mais casebres regularmente dispostos ou em desordem, construídos com materiais improvisados e em desacordo com as disposições deste decreto, não será absolutamente permitida.

---

gatórios que o Estado não logra cumprir "principalmente a do uso da autoridade consentida para a generalização de um pacto estável e universalista, a experiência social se organiza com base em intensa fragmentação de juízos, o que torna muito frágil até mesmo o reconhecimento da propriedade, já que ela nada mais é do que um acordo sobre limites. (...) Aplicada ao Rio de Janeiro, a expressão "cidade escassa" poderá iluminar, por exemplo, o sentimento de desconforto que se estabeleceu entre os cariocas diante da evidência de que a cidade se tornou pequena para comportar tantos e tão novos seres que pareciam habitar, até então, os subterrâneos da cidade". (CARVALHO, 1995, pp. 4/5).

§ 1º – Nas favelas existentes é absolutamente proibido levantar ou construir novos casebres, executar qualquer obra nos que existem ou fazer qualquer construção.

§ 2º – A Prefeitura providenciará por intermédio das Delegacias Fiscais, da Diretoria de Engenharia e por todos os meios ao seu alcance para impedir a formação de novas favelas ou para ampliação e execução de qualquer obra nas existentes, mandando proceder sumariamente à demolição dos novos casebres, daqueles em que for realizada qualquer obra e de qualquer construção que seja feita nas favelas."

Os parques-proletários são construídos na Gávea, Leblon e no Caju, mas muito embora em um primeiro momento recebam quase quatro mil pessoas, não tarda a expulsão, pouco tempo depois, pela valorização do mercado imobiliário local.

As favelas continuam crescendo, formando núcleos diferenciados de acordo com as características de seus moradores, e, entre 1947 e 1954, várias favelas recebem alguns serviços públicos básicos.

Uma união entre a Igreja Católica e o Poder Público dá nascimento em 1955, à Cruzada São Sebastião:

"em 1955, a igreja cria a Cruzada São Sebastião. Por seu turno, em 1956, o governo municipal cria o Serviço Especial de Recuperação de Favelas e Habitação Anti-Higiênicas (SERFHA)". (BURGOS, 2006, p. 30).

A SERFHA, tendo atuação limitada, dá lugar à COHAB – Companhia de Habitação Popular, e com esta surgem os conjuntos habitacionais, dos quais são exemplo as construções na Cidade de Deus e na Vila Kennedy, com a proposta de remoção das pessoas que moravam nas favelas da cidade, política apoiada pelo governo militar a partir de 1964.

Somente a partir de 1982, o remocionismo cede lugar a uma política habitacional mais humana, com a criação do Programa de Favelas da Cedae (PROFACE), com uma proposta de agenda social voltada para o fornecimento de um mínimo de serviços públicos essenciais (água e esgoto) às então quase 60 favelas do Rio de Janeiro.

Com mais uma frustrada política pública habitacional, pela interferência dos poderes paralelos nos territórios favelizados, chega-se em 1993, ao Programa Favela-Bairro que teria por objetivo:

"construir ou complementar a estrutura urbana principal (saneamento e democratização de acesso) e oferecer as condições ambientais de leitura da favela como bairro da cidade" (BURGOS, 2006, p. 49).

O programa Favela-Bairro no Rio de Janeiro muda de nome a partir de 2010, passando a ser chamado de Programa Morar Carioca, havendo tanto naquele como neste, breves períodos de implemento, seguidos de vários outros de inação.

A partir de 2009 o Programa Minha Casa Minha Vida, do governo federal, passa a priorizar a construção de novas unidades, com inibição de outras soluções habitacionais.

Com resultados parciais e restritos, como ademais todas as outras políticas, o Programa Minha Casa Minha Vida entrega várias unidades habitacionais Brasil a fora, mas seu efeito mais saudável é a chamada PEC da Moradia Digna (PEC 285/08), que conta, desde 2009, com aprovação unânime pela Comissão Especial criada na Câmara dos Deputados:

> "A comissão especial criada para analisar a Proposta de Emenda à Constituição (PEC) 285, que vincula recursos da União, Estados e Municípios para construção de casas populares, aprovou nesta terça-feira (13) por unanimidade parecer do relator (...). A PEC segue agora para o plenário da Câmara dos Deputados". (IDEST, 2009).

IV. Conclusão

Em um Brasil cada vez mais urbanizado e empobrecido, a garantia do direito à moradia, esta que traria a segurança e a dignidade para todos os brasileiros, é um desafio a ser encarado pelo Estado com seriedade e dedicação.

Para lograr êxito e implementar políticas públicas concretas, várias linhas de ação são possíveis e verdadeiramente necessárias.

Devem ser analisadas opções institucionais através de novos programas habitacionais ou a retomada/manutenção dos já existentes, com a construção de moradias populares, de acordo com um plano estratégico de evolução e desenvolvimento da ideia nuclear do direito de moradia, com uma casa, um teto para todos, sem prejuízo de outras estratégias de ação.

Assim podem ser garantidos, por exemplo, por meio de políticas públicas consistentes, direitos de posse em áreas desocupadas ou abandonadas, estejam os arranjos de posse no conjunto da cidade ou nas áreas periféricas, com a promoção de assentamentos e regularização de eventuais ocupações, e, assim inclusive com a promoção concreta da função social da propriedade, quer com desapropriações, quer com pagamento de aluguéis para uso das áreas e dos imóveis.

Um levantamento minucioso de terrenos, moradias e prédios vazios ou subutilizados na cidade do Rio de Janeiro, possibilitaria a avaliação das necessidades para o abrigamento dos moradores em situação de rua e a ocupação ordenada desses imóveis.

Considere-se nessa linha também, que a mudança de rumos ocasionada pela pandemia do COVID – 19, que levou o mundo do trabalho a institucionalizar o home-office, liberou espaços em inúmeros prédios públicos estes que podem ser replanejados para alocar pessoas com necessidades de moradia, seja temporariamente, seja em definitivo.

A construção do direito à moradia adequada e à cidade integral, é portanto um constructo coletivo para fazer com que desapareçam a exclusão, a segregação, o abandono e para que passe a haver em futuro próximo uma melhor distribuição dos espaços urbanos e a cidade seja efetivamente de todos.

Linhas de ação como a protagonizada pela registradora Sonia Andrade, do 6º Ofício de Registro de Títulos e Documentos do Rio de Janeiro, para registro de posses nas favelas da cidade, através de um projeto denominado "A Casa é Nossa"[7], contribuem definitivamente para asseguramento do direito de moradia.

Bem assim, a regularização de comércios em territórios de favelas, produzem o assentamento legítimo de famílias, contribuindo para a melhoria das áreas em questão.[8]

Por fim, cabe sublinhar que *legem habemus* e, desde a entrada em vigor da Lei 13.465 em 2017, abriram-se amplas e alternativas possibilidades legais de regularizações fundiárias, rurais e urbanas, dentre as quais o direito de laje, os "puxadinhos" das favelas que tornam autônomas unidades de moradia sobrepostas a outras, e as concessões diferenciadas de uso especial para fins de moradia, um ferramental jurídico-legal que deve ser usado para materializar de variadas formas o DIREITO DE MORAR.

Nessa senda reflete o Relatório Especial de Leilani Farha:

> "Não há nenhuma solução universal em matéria de política ou legislação para a falta de habitações. O problema deve ser tratado de múltiplas maneiras, levando-se em conta as causas estruturais da falta de habitações no âmbito das particulares circunstâncias locais. Qualquer política a ser eleita deve tratar dos

---

7　O programa "A casa é Nossa" é mantido pelo Instituto Novo Brasil, criado e financiado pela registradora Sonia Andrade, e já beneficiou quase dez mil famílias com a concessão gratuita de registros de títulos de posse. O projeto foi apresentado na Reunião dos Conselhos dos Governos da Un-Habitat e na Rio +20 e implementado nas favelas do Complexo do Alemão, de Manguinhos e na Ladeira dos Tabajaras. (FERREIRA, 2020).

8　Um programa do SEBRAE com o objetivo de regularizar empresas foi inicializado na favela de Paraisópolis, em São Paulo em abril de 2017, e segundo o próprio SEBRAE: "Essas empresas geram emprego e renda, estão próximas da casa ou do trabalho das pessoas e ajudam a desenvolver a região pois o dinheiro que circula fica no bairro". (DIÁRIO DO COMÉRCIO, 2017).

problemas que são enfrentados pelos diferentes grupos e apoiar as pessoas em suas lutas pessoais". (INFORME, 2015, p. 21)[9]

O ponto final desse texto em homenagem ao grande jurista nacional que foi Sylvio Capanema de Souza, é materializado com a charge de Miguel Paiva, que datada de 1988, ainda hoje reflete a precariedade do direito à moradia no Brasil.

(Charge de Miguel Paiva, *O Estado de S. Paulo*, 5/10/88 — ed. histórica, p. 3)

Referências BibliogrÁFicas

AMANAJÁS, Roberta; KLUG, Letícia B. Direito à cidade, cidades para todos e estrutura sociocultural urbana. *In* COSTA, Marco Aurélio *et al* (org.). A nova agenda urbana e o Brasil: insumos para sua construção e desafios a sua implementação. IPEA – Instituto de Pesquisa Econômica Aplicada, pp. 29/44. http://www.ipea.gov.br. Acesso 20/07/2020.

Assembleia Geral das Nações Unidas. Informe de la Relatora Especial sobre una vivienda adecuada como elemento integrante del derecho a un nível de vida adecuado y sobre el derecho de no discriminación a este respecto. Consejo de Derechos Humanos, 31 período de sesiones, 30/12/2015. Acesso 12/07/2020.

---

9   Tradução livre da autora (*idem* nota de rodapé 2).

Assembleia Geral das Nações Unidas. Declaração de Direitos Humanos (1948). declaracao1948.com.br. Acesso 12/07/2020.

BRASIL, Constituição Federal. <encurtador.com.br/ablDW>. Acesso em 15/07/2020.

BURGOS, Marcelo Baumann. Cidade, Territórios e Cidadania. DADOS – Revista de Ciências Sociais, Rio de Janeiro, vol. 48, nº 1, 2005, pp. 189/222.

_____. Dos parques proletários ao Favela-Bairro – As Políticas públicas nas favelas do Rio de Janeiro. In Zaluar, Alba et al (org.), Um século de Favela, 5ª ed., Rio de Janeiro: Editora FGV, 2006.

CHARGES E LIVROS, Charge. https://anexositecp.webnode.pt/galeria-de-fotos/direitos-humanos/. Acesso 07/08/2020.

CLOS, Juan. Nações Unidas, NUEVA II Agenda Urbana HIII. PRÓLOGO. habitat3.org>NUA-Spanish. Acesso 14/07/2020.

Comissão Especial da Câmara aprova PEC da Moradia Digna, publicado originalmente em 02/08/2009, republicado em 02/08/2020. www.idest.com.br. Acesso 02/08/2020.

Decreto nº 6000, de 1 de julho de 1937 – Código de Obras do Distrito Federal, Prefeitura do Distrito Federal, Secretaria de Viação e Obras, Separata da Revista Municipal de Engenharia, Rio de Janeiro, Brasil. www.rio.rj.gov.br>arquivogeral. Acesso 2/08/2020.

DIÁRIO DO COMÉRCIO – Jornal das Associações Comerciais do Estado de São Paulo. Favela Legal vai regularizar empresas em comunidades. Agência SEBRAE, 12/04/2017. https://dcomercio.com.br>categoria. Acesso 07/08/2020.

FERREIRA, Lola. Teto e renda – Ela criou projeto para regularizar moradias em favelas do Rio e ajudou a garantir os R$600,00 em meio à pandemia. https://www.uol.com.br/ecoa/reportagens-especiais/com-moradia-regularizada-ela-ajudou-a-garantir-renda-na-pandemia/index.htm. Acesso 07/08/2020.

LEAL, Saul Tourinho. A hermenêutica da escravidão: Mais de cem anos depois, algo mudou? 20/11/2017. migalhas.com.br. Acesso 27/07/2020.

LYNCH, Christian. E. C. Da monarquia à oligarquia: história institucional e pensamento político brasileiro (1822-1930). São Paulo: Alameda, 2014.

Nações Unidas no Brasil. ONU – HABITAT por um futuro urbano melhor. nacoesunidas.org. Acesso em 12/07/2020.

Reflexos do Direito Ambiental sobre a Propriedade Imóvel

Flávio Ahmed

Discorrer sobre um tema específico em uma obra em homenagem a uma determinada personalidade invariavelmente conduz à lembrança daquele que o inspirou e em que medida o mister irá dialogar com a memória e com a produção do homenageado.

A tarefa necessariamente remete ao desafio de se tentar, tanto quanto possível, se aproximar de quem se homenageia, nas palavras, nos ensinamentos e, em se tratando de Sylvio Capanema de Souza, no magistério, ofício que se confunde com a vida deste grande jurista, deste orador inigualável que, com seu entusiasmo e simpatia, a todos seduzia com uma fala escorreita, completamente encadeada, revestida de erudição, mas de uma didática e simplicidade sem precedentes.

Fui aluno de Sylvio Capanema em Direito Civil na graduação, onde, com ele, aprendi a base do direito dos contratos e das obrigações. Mas não apenas. Fui seu aluno de Direito Internacional privado, vendo os seus olhos brilharem nas constantes evocações que fazia a outro mestre, Haroldo Valladão. Alguém que o inspirou como ele inspirava todos nós, jovens, encantado com a oratória do culto advogado. Capanema foi um dos mestres que fez o direito despertar para mim como certeza de profissão, vocação inexorável daqueles que amam o que ensinam, dos que conseguem transmitir a outros a certeza e o encanto de um caminho que se apresenta como possibilidade de realização não apenas profissional, mas sobretudo pessoal.

Capanema, professor dedicado, Capanema, advogado combativo, e que levava para as salas de aula o encanto da profissão que o conduziu, através do quinto constitucional, a Desembargador do Tribunal de Justiça do Rio de Janeiro, representando a classe, de que apenas se afastou temporariamente, como dizia, para depois retornar.

Formado em direito, e exercendo a advocacia, tornaram-se frequentes nossos encontros, seja como aluno em cursos de atualização (onde, com ele, pude me instruir nos meandros do Código de 2002), e depois em palestras, mesas de debates, congressos, onde tive a honra de ladeá-lo como conferencista. Em um deles, indagado pela respeitosa servidora do cerimonial, quais equipamentos ele iria utilizar (eu, ao seu lado), disse: "não se preocupe, eu trouxe os meus equipamentos" apontando para o cérebro e em seguida falando das suas cordas vocais. Com essa passagem bem humorada, que bem traduz o humor cavalheiresco e culto, deixo aqui meu breve registro de algumas passagens de nosso convívio fraterno.

Poderia discorrer sobre tantas outras lembranças do amigo e professor, mas essa não foi a razão do convite que me foi gentilmente formulado pelo Desembargador Marco Aurelio Bezerra de Melo, que me confiou a tarefa para que eu dedicasse algumas linhas sobre tema tão caro à obra de Sylvio Capanema, o direito sobre a propriedade imóvel, que aqui enfoco sob o prisma do Direito Ambiental, disciplina a qual tenho me dedicado ao estudo.

Portanto, ao trabalho.

A ideia de que à propriedade deve corresponder uma função social não é nova, restando inicialmente positivada com a Constituição de Weimar. Em que pese a Constituição de 1967[1] já mencionar a expressão, é certo que foi tímida a sua coloração. A ideia prevalente até bem recentemente no meio jurídico é que o proprietário, senhor da coisa, tudo podia em relação à mesma. O marco relevante no ordenamento jurídico pátrio que alterou esse estado de coisas é a Constituição de 1988 com a consagração da função social da propriedade no âmbito da ordem urbana e no meio rural[2].

Tem-se, igualmente, com a edição da Carta Democrática, um capítulo dedicado exclusivamente ao meio ambiente em que se reconhece que o meio ambiente ecologicamente equilibrado é bem de uso comum do povo, destinado à sadia qualidade de vida das presentes e futuras gerações. Natureza jurídica do bem ambiental? Ser de uso[3] comum do povo, um bem

---

1   Art. 157, III.
2   "Art. 5º Todos são iguais perante a lei, sem distinção de qualquer natureza, garantindo-se aos brasileiros e aos estrangeiros residentes no País a inviolabilidade do direito à vida, à liberdade, à igualdade, à segurança e à propriedade, nos termos seguintes: (...) XXII – é garantido o direito de propriedade; XXIII – a propriedade atenderá a sua função social;" E também: "Art. 170. A ordem econômica, fundada na valorização do trabalho humano e na livre iniciativa, tem por fim assegurar a todos existência digna, conforme os ditames da justiça social, observados os seguintes princípios: (....)II – propriedade privada; III – função social da propriedade;" No que se refere à ordem urbana: "Art. 182. A política de desenvolvimento urbano, executada pelo Poder Público municipal, conforme diretrizes gerais fixadas em lei, tem por objetivo ordenar o pleno desenvolvimento das funções sociais da cidade e garantir o bem- estar de seus habitantes. § 1º O plano diretor, aprovado pela Câmara Municipal, obrigatório para cidades com mais de vinte mil habitantes, é o instrumento básico da política de desenvolvimento e de expansão urbana.§ 2º A propriedade urbana cumpre sua função social quando atende às exigências fundamentais de ordenação da cidade expressas no plano diretor. E quanto à Política Agrícola e fundiária: "Art. 184. Compete à União desapropriar por interesse social, para fins de reforma agrária, o imóvel rural que não esteja cumprindo sua função social, mediante prévia e justa indenização em títulos da dívida agrária, com cláusula de preservação do valor real, resgatáveis no prazo de até vinte anos, a partir do segundo ano de sua emissão, e cuja utilização será definida em lei."
3   Art. 3º, inciso V, da Lei nº 6938/81.

coletivo essencial, portanto, à sadia qualidade de vida não apenas dos presentes, mas dos que virão.

Portanto, um primeiro traço a ser verificado no bem ambiental é ser um bem de uso, o que significa que as águas, o solo, a atmosfera, que são recursos ambientais[4] (e a expressão recursos também pressupõe o uso), servem ao uso, podendo ser utilizados por particulares, na forma da lei. Uso esse que também pode ser vedado.

Um segundo traço essencial é que tais bens, embora de uso coletivo, pressupõem não apenas comedimento, mas a observância de certas regras, as quais, de conteúdo limitador (e amparadas em bases científicas), destinam-se a preservá-los em prol da saúde de todos, como visto, mas também de modo a assegurar o acesso equitativo a tais itens pelas gerações atuais e futuras.

À primeira vista, pode-se pensar tratar de recursos exclusivamente naturais o que a Lei está a proteger, mas não. A Lei nº 6.938/81, que define o meio ambiente[5], embora traga uma definição bastante centrada em aspectos ecológicos, traduz uma concepção holística de meio ambiente, da qual se pode extrair que o meio ambiente é um macrobem[6].

---

4 "Art 3º - Para os fins previstos nesta Lei, entende-se por: (...).V – recursos ambientais: a atmosfera, as águas interiores, superficiais e subterrâneas, os estuários, o mar territorial, o solo, o subsolo, os elementos da biosfera, a fauna e a flora."

5 "Art 3º – Para os fins previstos nesta Lei, entende-se por: I – meio ambiente, o conjunto de condições, leis, influências e interações de ordem física, química e biológica, que permite, abriga e rege a vida em todas as suas formas;"

6 Para tanto, leia-se José Rubens Morato Leite, *verbis:* "O art. 225 estabelece uma visão ampla de ambiente, não restringindo a realidade ambiental a mero conjunto de bens materiais (florestas, lagos, rios) sujeitos ao regime jurídico privado, ou mesmo público *stricto sensu*; pelo contrário, confere-lhe caráter de unicidade e de titularidade difusa. Nessa perspectiva difusa de macrobem, o ambiente passa a possuir um valor intrínseco. Se todos são titulares e necessitam do bem ambiental para a sua dignidade, o ambiente deixa de ser visto como entidades singulares concretas (árvores, animais, lagos) que dependam, para a sua preservação, de sujeitos determinados, passando a ser concebido como um bem abstrato de valor intrínseco – pois seu valor não está diretamente ligado a ninguém isoladamente –, sendo necessário, contudo, para que se possa atingir a própria qualidade de vida humana. Trata-se da proteção da natureza levando em conta a necessidade do sistema ecológico, mesmo sendo este pouco conhecido pela ciência e pela cognição humana." In: LEITE, José Rubens Morato. "Sociedade de Risco e Estado". In: CANOTILHO, J. J. Gomes; LEITE, José Rubens Morato (orgs.). *Direito Constitucional Ambiental Brasileiro*. São Paulo: Saraiva, 2007, p. 65.

O STF, por sua vez, em precedente histórico de relatoria do Ministro Celso de Mello[7], e acolhendo forte posicionamento doutrinário[8], reconheceu que esse macrobem, de natureza multifacetada, se reveste de várias dimensões, a saber: a) meio ambiente natural (fauna, flora, água, solo, etc); b) meio ambiente artificial (espaço urbano); c) meio ambiente cultural (patrimônio histórico e artístico, bens culturais materiais e imateriais) e; d) meio ambiente laboral.

Não é difícil aferir que o proprietário, que tudo podia em relação à propriedade sobre a qual detinha justo título, limitado, no mais das vezes, pelas normas que regulavam a sua colisão de direitos com outros particulares, ou subordinado às normas de direito público relativas à construção ou limitações urbanísticas impostas pelo Poder Público, passou a integrar uma nova trama no uso do que lhe pertence. Não mais um uso autônomo, mas sujeito a diversas limitações no plano da observância de regras concernentes ao meio ambiente artificial, por exemplo, já que o espaço urbano é bem ambiental e bem coletivo e a propriedade traduz a feição privada desse espaço, submetida a uma economia de uso próprio, definida pela Lei e pelos habitantes das cidades (que tem direito ao espaço urbano como bem de uso comum, e não mais como administrado, referência usual nos Manuais de Direito Administrativo), através do Plano Diretor, que exige audiência pública e participação popular, como, aliás, as demais normas que disciplinam o uso do espaço urbano[9].

Em razão das já referidas dimensões do meio ambiente, a propriedade que já obrigava, obriga ainda mais. Fica o proprietário submetido a diversos ônus, devendo observar a legislação pertinente ao meio ambiente natural, às normas edilícias que se revestem de natureza não apenas administrativas, mas ambientais[10], às normas que podem limitar o uso da propriedade em razão de seus atributos culturais, e também aquelas que inibem todo e qualquer tipo de poluição (a sonora, do solo, das águas, da atmosfera, dentre outras).

---

7 Medida Cautelar na ADIN 3540-1,STF, Pleno, Rel. Ministro Celso de Mello, j. 01.09.2005.

8 Vide, para tanto, Celso Antonio Pacheco Fiorillo e José Afonso de Silva.

9 Leia-se nesse sentido decisão do Órgão Especial do Tribunal de Justiça de São Paulo que, reconhecendo a inconstitucionalidade de Lei Municipal de Osasco-SP, entendeu que qualquer lei de planejamento urbano municipal deve ter participação social e estudos prévios, ADI 2101166-80.2019.8.26.0000, "a participação popular na criação de leis versando sobre política urbana local não pode ser concebida como mera formalidade ritual passível de convalidação."

10 Como exemplo, cite-se a Lei Complementar nº 47/2000 do Município do Rio de Janeiro, "Lei da Sombra", que limita o gabarito de imóveis na Orla, em função da projeção da sombra dos prédios. Ver, para tanto, Revista de Direito do TJERJ Vol. 58, p. 239.

Nesse diapasão dispôs o Código Civil brasileiro, no § 1º, do art. 1228, assinalando que "o direito de propriedade deve ser exercido em consonância com as suas finalidades econômicas e sociais e de modo que sejam preservados, de conformidade com o estabelecido em lei especial, a flora, a fauna, as belezas naturais, o equilíbrio ecológico e o patrimônio histórico e artístico, bem como evitada a poluição do ar e das águas." Observe-se que o dispositivo fala, em lei, e andou bem o legislador, pois sendo o direito de propriedade um direito fundamental, somente poderá ser limitado através de lei em sentido formal.

Claro que os atos que atingem os bens ecológicos de que a propriedade constitui suporte, bens esses que, embora situados na esfera do particular, a ele não pertencem -, recaindo uma camada de proteção específica destinada a proteger um direito que é de toda a coletividade - deverão desafiar a responsabilização do agente causador do dano.

Tomando por base os deveres do proprietário em razão dos atributos ambientais da sua propriedade e as sanções decorrentes do descumprimento desse dever, é que se parte para comentar dois temas bem atuais: o da imprescritibilidade do dano ambiental e o da responsabilidade *propter rem* ambiental.

O tema da prescrição foi objeto de apreciação no âmbito do STF, no RE 654833/AC, de que foi relator o Ministro Alexandre de Moraes, no qual, reconhecida a repercussão geral, foi fixada a tese nº 999, em que restou assentado que: "É imprescritível a pretensão de reparação civil de dano ambiental"[11].

A tese encontra amparo em forte posicionamento doutrinário, sendo certo, nas palavras de Celso Fiorillo, "não se pode olvidar que no âmbito da relação jurídica definida em nossa Lei Maior o meio ambiente está vinculado à existência de bem, via de regra, de natureza difusa, objeto de direito fundamental de toda a coletividade, de forma que, sendo essencial à vida com qualidade (sadia qualidade de vida), é imprescritível, irrenunciável e inalienável"[12]. Nesse sentido, igualmente, as lições de Édis Milaré para quem "não estamos diante de direito patrimonial quando se fala de tutela do meio ambiente difusamente considerado", sendo certo que "as pretensões veiculadas na ação civil pública se relacionam com a defesa de um direito fundamental, indisponível, do ser humano: logo, inatingível pela prescrição."[13]

---

11 RE 654833/AC, Relator Min. Alexandre de Moraes, STF, Pleno, j. 20.04.2020.
12 FIORILLO, Celso Antonio Pacheco. *Curso de Direito Ambiental Brasileiro*, 20ª Edição. São Paulo: Saraiva, pp. 765-766.
13 MILARÉ, Édis. *Direito do Ambiente*, 11ª Edição. São Paulo: São Paulo, Revista dos Tribunais, p. 692.

Contudo, o posicionamento não é unânime. Para Paulo de Bessa Antunes a prescrição é a regra e, à míngua de previsão legal, não poderia ela ser fixada sob pena de violação de segurança jurídica, sendo certo que "há casos, todavia, em que Constituição, e as leis estabeleceram expressamente a imprescritibilidade como, por exemplo, para o crime de tortura ou de racismo. Note-se que são exceções constitucionais expressas pois, como qualquer acadêmico de direito sabe, as exceções não se presumem. Senão fosse assim, a ordem jurídica seria arbitrária, o que se constitui em uma contradição em seus próprios termos."[14]

O que também se argumenta é que, em casos de danos ambientais, muitas das vezes não é o caso de se invocar a imprescritibilidade. De fato, não seria necessário recorrer à fixação da tese de imprescritibilidade para responsabilizar o proprietário no caso concreto analisado pelo STF e que deu azo à tese, uma porque não estaria alcançado pela prescrição, uma vez que o próprio TRF da 1ª Região teria reconhecido a prescrição vintenária do Código Civil de 1916, e, portanto, os danos não estariam prescritos[15].

De outro lado, mesmo se alcançado pela prescrição, não seria necessária a fixação da tese de imprescritibilidade para alcançar o causador do dano, eis que é cediço na jurisprudência que a poluição traduz um estado de permanência, um ilícito que se perpetua no tempo[16], renovando-se continuamente e impedindo, via de regra, a fluência do prazo prescricional. Nesse sentido, a jurisprudência o próprio TJRJ quando dispôs que "enquanto não houver plena perspectiva de recuperação ambiental, com sinais iniciais satisfatórios de restauração dos processos ecológicos afetados - o que somente pode ser definido adentrando-se no mérito e analisando-se a prova - o prazo prescricional para aquele que postula a reparação de danos ambientais reflexos a seu patrimônio, com origem em evento poluidor, renova-se a cada dia."[17]

---

14 ANTUNES, Paulo de Bessa. Citado no voto do Ministro Gilmar Mendes, p. 94, Ver também: Meio Ambiente e prescrição: de volta ao passado. Disponível

em: http://genjuridico.com.br/2020/04/27/meio-ambiente-e-prescricao/Acesso em 20 de julho de 2020.

15 RE 654833 / AC, p. 13.

16 ANTUNES, Paulo de Bessa. Op. cit.

17 "APELAÇÃO CÍVEL. DANOS MATERIAIS E MORAIS. VAZAMENTO DE ÓLEO NA BAÍA DE GUANABARA EM JANEIRO DE 2000. DESASTRE ECOLÓGICO. POLUIÇÃO. PRESCRIÇÃO ACOLHIDA NA SENTENÇA. INCONFORMISMO AUTORAL. DANOS AMBIENTAIS REFLEXOS CUJOS EFEITOS PROTRAEM NO TEMPO. DINÂMICA PRÓPRIA DE TRATO SUCESSIVO. REPERCUSSÃO CONTÍNUA E REFLEXA DOS DANOS SOBRE O PATRIMÔNIO ALHEIO. INOCORRÊNCIA DA PRESCRIÇÃO. ANULAÇÃO DA SENTENÇA. 1. Os danos ambientais, como os causados pelo desastre que consistiu no vazamento de 1,3 milhões de litros

Importante destacar ainda a peculiaridade do caso: a tese foi fixada em uma lide versando sobre extração ilegal de madeira em terra indígena. Não parece claro que os fundamentos do voto possibilitem sua extensão para todas as hipóteses de poluição em que se pleiteia a reparação de danos patrimoniais e morais em geral. No caso concreto, nem se cuidava de discussão sobre a responsabilidade em razão do lapso temporal (uma vez que o STJ já havia reconhecido que os Réus eram responsáveis), nem muito menos da ausência de previsão legal para reconhecimento da imprescritibilidade, eis que o § 4º, do art. 231[18], da Constituição estabelece a regra da imprescritibilidade quando se tratar de terras indígenas.

Logo, a tese da imprescritibilidade extensiva a toda e qualquer hipótese a partir do caso em questão, com contornos muito singulares, em que não subsistiam dúvidas de que a mesma incide, faz pesar sobre os efeitos da decisão uma série de dúvidas de ordem prática que poderiam, inclusive, ganhar outro relevo, com implicações muito mais favoráveis ao meio ambiente, se suscitada a partir de outro paradigma.

---

de óleo na Baía de Guanabara, possuem dinâmica própria, de trato sucessivo, pelo simples fato de afetarem severamente ecossistemas, cadeias e ciclos biológicos complexos, que não são bens ou valores estáticos. 2. A interrupção do ato ou fato inicial causador do acidente, em tese, não impede a progressão dos danos ambientais, pelo caráter sucessivo e contínuo que ostentam, protraindo-se no tempo e cujas consequências negativas sobre o patrimônio alheio, especialmente daqueles que vivem diretamente dos recursos naturais, muitas vezes serão apenas conhecidas com o passar dos anos. 3. Enquanto não houver plena perspectiva de recuperação ambiental, com sinais iniciais satisfatórios de restauração dos processos ecológicos afetados – o que somente pode ser definido adentrando-se no mérito e analisando-se a prova – o prazo prescricional para aquele que postula a reparação de danos ambientais reflexos a seu patrimônio, com origem em evento poluidor, renova-se a cada dia, na esteira do trato sucessivo e contínuo do dano e da permanência no ambiente dos elementos exógenos causadores da poluição, sendo esta a circunstância violadora do direito e o nascedouro da pretensão de que trata o art. 189 do Código Civil. 4. Em situações tais a propositura da demanda passa a constituir o marco que delimitará, para trás, por força da prescrição, o limite temporal do dano material reclamado. 5. Solução diversa implicaria na inviabilização da reparação plena dos prejuízos sentidos por parcela da população atingida por dano ambiental. 6. Provimento do apelo. 7. Anulação da sentença" (Proc. n. 0116754-42.2008.8.19.0001 – Ap. Civ.- TJRJ – Rel. Des. Elton Leme – 17ª Câmara Cível -J.0/05/2009)

18 "Art. 231. São reconhecidos aos índios sua organização social, costumes, línguas, crenças e tradições, e os direitos originários sobre as terras que tradicionalmente ocupam, competindo à União demarcá-las, proteger e fazer respeitar todos os seus bens. § 4º As terras de que trata este artigo são inalienáveis e indisponíveis, e os direitos sobre elas, imprescritíveis."

À guisa de ilustração do que aqui se sustenta, basta reportar ao voto do ministro Luís Roberto Barroso o qual, não obstante ter acompanhado o relator, destacou: "acompanho o Ministro Relator, Alexandre de Moraes, para reconhecer a imprescritibilidade das pretensões de reparação civil voltadas à recuperação ou restauração do meio ambiente degradado. Porém, deixo de me manifestar em abstrato, sem o balizamento de um caso concreto, acerca da incidência de prescrição sobre os reflexos patrimoniais do dano ambiental."[19] O voto, inclusive, como se verá, traz luzes sobre a questão relativa à responsabilidade *propter rem*, a ser posteriormente abordada.

O certo é que, a despeito de tais ponderações, a partir da fixação da referida tese, é recomendável a adoção de cuidados extras nos negócios jurídicos imobiliários em geral, de modo a documentar a situação do imóvel, o que deve envolver diligências não habituais, como a guarda de imagens aéreas, relatórios dos órgãos de fiscalização, dentre outros, e que poderão ter importante função probatória, seja em relação ao proprietário ou até ao futuro adquirente.

Dessas considerações emerge outra importante discussão, que é a da obrigação *propter rem* do adquirente de recompor a propriedade em razão de intervenções ilegais realizadas por proprietário anterior, o que tem prevalecido no âmbito do direito imobiliário de forma geral.

Tal discussão surgiu primeiramente na vigência do Código Florestal de 1965[20], resultando de sua apreciação a jurisprudência do STJ que foi se consolidando no sentido de atribuir ao adquirente o dever de recompor a propriedade degradada, independentemente de ter sido este o causador do dano, o que acabou ganhando previsão expressa no art. 2º, § 2º[21], no

---

19   RE 654833 /AC, p. 35.

20   Forçoso destacar que, não obstante não constar expressamente a questão da transmissibilidade, o Código Florestal de 1965 já trazia o caráter *propter rem* relacionado à manutenção das florestas gravado em seu art. 44, conforme assinala Édis Milaré.

21   "Art. 2º As florestas existentes no território nacional e as demais formas de vegetação nativa, reconhecidas de utilidade às terras que revestem, são bens de interesse comum a todos os habitantes do País, exercendo-se os direitos de propriedade com as limitações que a legislação em geral e especialmente esta Lei estabelecem. (...)§ 2º As obrigações previstas nesta Lei têm natureza real e são transmitidas ao sucessor, de qualquer natureza, no caso de transferência de domínio ou posse do imóvel rural."

art. 7º, §§ 1º e 2º[22], e no art. 66, § 1º[23], todos da Lei nº 12.651/2012 (Novo Código Florestal).

Como deflui da leitura dos referidos dispositivos, encontra-se expressamente consagrada pelo legislador a vinculação da obrigação à propriedade, de modo que a ela adere como decorrência da sua função social, não se tornando relevante quem seja o proprietário, e, como lembra Édis Milaré, depreende-se "da própria definição que a característica central da responsabilidade *propter rem* é a *ambulatoriedade*, assim compreendida como a orientação no sentido de que a referida obrigação acompanha o direito real sempre que o titular o transmita a outra pessoa, pois o acessório segue o principal."[24]

Portanto, por força de expressa previsão legal, o dever de instituir Reserva Legal ou manter as Áreas de Preservação Permanentes nas propriedades rurais não possui um sujeito determinado, passando a ser o que "estiver vinculado à coisa, por meio de uma relação de natureza real"[25], o que se aplica a imóveis urbanos nos casos de contaminação do solo, por exemplo.

Desse modo, vê-se que a obrigação de recompor o bem (notadamente instituir RL ou recompor APPs) é daquele que detém a propriedade. Essa visão, todavia, acabou conduzindo ao entendimento vazado no REsp 745.363/PR, em sede de incidente de uniformização de jurisprudência, de que a responsabilidade civil ambiental tem efeitos práticos aos de uma obrigação *propter rem*[26], questão que exige muita atenção no âmbito do direito imobiliário.

---

22 "Art. 7º A vegetação situada em Área de Preservação Permanente deverá ser mantida pelo proprietário da área, possuidor ou ocupante a qualquer título, pessoa física ou jurídica, de direito público ou privado.§ 1º Tendo ocorrido supressão de vegetação situada em Área de Preservação Permanente, o proprietário da área, possuidor ou ocupante a qualquer título é obrigado a promover a recomposição da vegetação, ressalvados os usos autorizados previstos nesta Lei.§ 2º A obrigação prevista no § 1º tem natureza real e é transmitida ao sucessor no caso de transferência de domínio ou posse do imóvel rural."

23 "Art. 66. O proprietário ou possuidor de imóvel rural que detinha, em 22 de julho de 2008, área de Reserva Legal em extensão inferior ao estabelecido no art. 12, poderá regularizar sua situação, independentemente da adesão ao PRA, adotando as seguintes alternativas, isolada ou conjuntamente:(...) § 1º A obrigação prevista no *caput* tem natureza real e é transmitida ao sucessor no caso de transferência de domínio ou posse do imóvel rural."

24 MILARÉ, Édis. Op. cit, p. 446.

25 MILARÉ, Édis. Op. cit, p. 447.

26 "(...)A obrigação de reparação dos danos ambientais é *propter rem*, por isso que a Lei 8.171/1991 vigora para todos os proprietários rurais, ainda que não sejam eles os responsáveis por desmatamentos anteriores, máxime porque a referida norma re-

O posicionamento jurisprudencial em testilha de que a obrigação de reparar o dano é *propter rem* tem merecido críticas de setores da doutrina, os quais sustentam que a obrigação *propter rem* ambiental não possui cunho reparatório, nem se vincula à existência de danos, mas à conservação do bem imóvel.

Nesse passo, conforme discorre Édis Milaré, "o dever de conservação do imóvel é inerente ao direito de propriedade, em nada se relacionando com a responsabilidade reparatória", de modo que "o que se transmite para os novos proprietários não é a obrigação de reparar um dano causado no imóvel, mas a obrigação de conservá-lo, o que poderá ou não implicar em sua restauração, para que sua função social seja cumprida"[27]. Conclui, assim, que "a responsabilidade *propter rem* estará sempre atrelada ao bem, enquanto a responsabilidade civil estará sempre vinculada a um sujeito". O argumento é subsistente já que, não fosse assim, estar-se-ia admitindo a responsabilização sem a existência do nexo de causalidade. Forçoso destacar que embora o direito ambiental brasileiro mitigue a carga probatória do nexo de causalidade, ele não o abole.

Mas a questão conduz a outras ponderações. Por certo, não é qualquer alteração nos atributos físicos de um determinado imóvel que irá caracterizar dano, nem imporá ao proprietário o dever de restituir ao *status quo* ante, já que, em vários casos, alterações das características físicas de uma propriedade podem produzir apenas impactos, que se traduzem pela tônica da reversibilidade. Em alguns casos, ainda, a regeneração natural pode ter ocasionado benefícios e, mesmo quando há impacto, o ambiente pode ter se estabilizado, sendo de se destacar, ainda, que eventuais intervenções de recomposição concebidas como benéficas

---

ferendou o próprio Código Florestal (Lei 4.771/1965) que estabelecia uma limitação administrativa às propriedades rurais obrigando os seus proprietários a instituírem áreas de reserva legal de no mínimo 20% de cada propriedade, em prol do interesse coletivo. Precedente do STJ: REsp 343.741/PR, Rel. Min. Franciulli Neto. DJ 07.10.2002. Recurso Especial Desprovido" (REsp 745.363/PR, Rel. Ministro Luiz Fux, 1ª Turma, j. 20.09.2007, DJ 18.10.2007).

27   MILARÉ, Édis. Op. Cit, p. 449. Nesse sentido também, Marcelo Buzaglo Dantas para quem "não nos parece legítimo que o adquirente que não haja praticado qualquer conduta que tenha contribuído, ainda que minimamente, para o dano ambiental tenha de responder pelos prejuízos causados por terceiro. Ora, a responsabilidade ambiental é objetiva (CF/88, art. 225, § 3º, LPNMA, art. 14, § 1º), o que significa que independe, para sua configuração, da existência de culpa. Não, porém, de uma conduta lesiva." In: DANTAS, Marcelo Buzaglo. *Direito Ambiental de Conflitos*. Lumen Juris, 2015, p. 208.

podem vir a causar novos impactos, às vezes negativos, o que certamente, contradiz a idéia de preservação[28-29].

Portanto, vê-se que, em relação aos dois temas aqui destacados, não obstante o posicionamento jurisprudencial, as questões que podem surgir são bem variadas, com contornos muito específicos, a depender das circunstâncias. Nesse passo, questões relacionadas às responsabilidades do proprietário em decorrência da função sócio-ambiental da propriedade revelam-se de extrema complexidade e dependem dos casos concretos, em que a jurisprudência de nossos Tribunais fornece o norte, mas as suas minúcias exigem cuidadosa análise para que, preservando-se o meio ambiente, possa se promover o exercício regular do direito de propriedade.

O grande desafio consiste em conciliar esses dois direitos fundamentais: de um lado, o direito de propriedade e, de outro, o direito ambiental, sendo certo que, na hipótese de conflito, os preceitos a ambos inerentes deverão ser harmonizados, sem sacrifício deste último, uma vez que o exercício do direito de propriedade pressupõe o atendimento das suas finalidades econômicas, sociais e ambientais.

---

28 Nesse sentido, leia-se, *verbis:* "A execução da sentença ambiental não segue os cânones da execução comum; dentre outras diferenças, a execução se faz da maneira que melhor atenda à recomposição do ambiente e leva em conta as alterações do mesmo ambiente ao longo do tempo. Como dito acima, a natureza não espera e não descansa; e é nela, com os olhos na realidade atual e com os olhos no futuro, que a sentença deve ser executada. Assim, se ao longo dos anos o ambiente se estabilizou de forma diversa daquela existente no início da ação e essa nova realidade recompõe o ambiente degradado, não há razão para insistir em um retorno ao estado anterior que implicará, como reconhecido nos autos, em um novo ferimento da natureza para se aguardar uma nova recomposição futura." (Agravo de Instrumento nº 0147281-43.2012.8.26.000 – TJ-SP – 1ª Câmara Reservada ao Meio Ambiente do TJ-SP, Relator Desembargador Torres de Carvalho, v.u. pelo provimento do Recurso, j. 09.05.2013).

29 Leia-se também nesse sentido, Paulo de Bessa Antunes (op. cit), para quem: "Faz-se necessário lembrar que recuperação, em termos jurídicos, não se confunde com retorno ao *status quo ante*, pois é a 'restituição de um ecossistema ou de uma população silvestre degradada a uma condição não degradada, que pode ser diferente de sua condição original'. (Lei nº 9.985/2000, artigo 2º, XIII). Por outro lado, há casos em que a área poluída, em decorrência da passagem do tempo, se torna inerte e, portanto, incapaz de produzir alterações adversas no ambiente."

O IPTU em Edificações de Uso Exclusivo no Rio de Janeiro. Reflexo de Normas Urbanísticas na Tributação

Luiz Gustavo A. S. Bichara
André Maury

O Imposto Predial e Territorial Urbano, IPTU, que, após o encerramento da longa discussão sobre a constitucionalidade de suas alíquotas progressivas, perdeu espaço dentre as grandes questões tributárias, comporta um sem-número de controvérsias jurídicas que, usualmente de caráter eminentemente local – e, portanto, vinculados à legislação de cada município –, acabam ficando fora dos holofotes.

Entre os muitos temas polêmicos, um bastante atual e que afeta a cidade do Rio de Janeiro, demonstra os impactos que normas urbanísticas podem gerar na cobrança do IPTU, sobretudo quando impostas sem o devido cuidado com o respectivo reflexo fiscal.

Ainda quando do Estado da Guanabara, no governo de Negrão de Lima, com a edição das "Normas para o desenvolvimento urbano e regional do Estado da Guanabara" (Lei nº 1.574/1967) e do decreto regulamentador (Decreto "E" nº 3.800/1970), criou-se, no que hoje é território da Cidade do Rio de Janeiro, a espinha dorsal do que se tornou o critério autorizativo de uso do solo.

Esse critério, mesmo com o advento de normas posteriores – muito especialmente a nova regulamentação trazida por meio do Decreto nº 322/1976 e, mais recentemente, a Lei Complementar nº 198/2019 –, tem a estrutura conceitual mantida até hoje.

Por meio dele, a cidade foi dividida em zonas (residencial, central, centro de bairro industrial, rural, turística, recreativa e especial), subzonas (numeradas de 1 a 3, de acordo com logradouros especificados nas normas).

Além disso, a norma criou a divisão do espaço urbano para fins de planejamento, mediante a conceituação de bairros, regiões administrativas (por bairros ou conjunto de bairros) e o quadro de uso e atividades adequadas ou toleradas para cada zona (edificação de uso exclusivo, unifamiliar, casa, mista, apartamento, loja, comercial) viabilizando, como base nisso, que para cada local da cidade o legislador pudesse definir as construções adequadas, as inadequadas e as toleradas.

Assim, tem-se, por exemplo, que uma sorveteria pode ser instalada em qualquer zona definida como central, em qualquer logradouro classificado como centro de bairro, desde que esteja funcionando em uma loja, ou em uma construção exclusivamente destinada à atividade, mas que, por outro lado, a sorveteria não é nem sequer tolerada em uma rua tida de caráter residencial.

Esse singelo exemplo evidencia que regras urbanísticas nasceram defasadas por não distinguirem os usos não residenciais que trazem incômodo daqueles que lhes são naturalmente complementares. A conceituação urbanística, em muitos casos, parece ser meramente teórica e pouco compromissada com a realidade, o que ficará ainda mais latente quando da apresentação do problemática do IPTU propriamente.

O quadro uso do solo criado pelo município do Rio de Janeiro é extenso e, seguindo-se a lógica do exemplo colocado, por meio dele se criou limitações de uso e atividades adequadas ou toleradas para cada zona para cada rua da cidade.

Para o que tem maior relevância neste artigo – já que atrai consequência direta no IPTU – merece destaque a figura da "edificação de uso exclusivo", inserta no quadro de uso e atividades do município.

No glossário do antigo regulamento das normas de uso urbano tinha-se a definição de edificação de uso exclusivo como sendo "aquela destinada a abrigar só uma atividade comercial ou industrial de uma empresa, apresentando uma única numeração."

Urbanistas da época pressupunham que uma edificação utilizada por uma única empresa, e para um único fim, atrairia um fluxo menor de usuários e, por isso, deveria justificar exceções ao exercício de determinadas atividades comerciais dentro de bairros, ou subzonas, eminentemente residenciais, sem que isso representasse grande impacto demográfico ao bairro.

Uma crítica ao critério adotado reside no fato de que a "edificação de uso exclusivo", a bem da verdade, não se diferencia da "edificação de uso comercial" a não ser pela autonomia dos espaços edificados (constituídos em salas ou andares corridos). Ambos, a rigor, comportam atividades econômicas. Ou seja, o uso exclusivo, por si só, não implica condição de proteção ao controle das densidades urbanísticas.

É no mínimo duvidosa a premissa de que o melhor critério para reduzir os impactos de uma atividade econômica em uma área residencial é tornando-a exclusiva a uma edificação, sem levar em conta, por exemplo, a quantidade de funcionários da empresa ou mesmo o número de clientes que a visitam. Ainda assim o legislador municipal optou por adotá-la.

Com o passar do tempo, e com a dinâmica da economia tendo sido alterada e, por isso, empresas detentoras de prédios inteiros deixando de ser uma tendência, o município, mesmo antes de qualquer alteração legislativa, passou a admitir que, respeitada a exclusividade do uso, empresas distintas fossem instaladas em uma mesma edificação de uso exclusivo.

Mais recentemente, com a edição da Lei Complementar nº 198/2019, a edificação de uso exclusivo passou a ser definida como aquela "...destinada a abrigar um único uso ou atividade não residencial por lote, apresentando uma única numeração;", não havendo mais, na própria norma, a necessidade de apenas uma empresa ocupá-la.

Estabelecida a figura da edificação de uso exclusivo e o motivo de sua existência, para alcançar o ponto controvertido a que se propõe por meio deste artigo é preciso se compreender como ocorre a tributação do IPTU na cidade do Rio de Janeiro.

Com matriz constitucional no art. 156, I, o IPTU tem como fato gerador a propriedade de bens imóveis, tal como previsto no Código Tributário Nacional (CTN) e na legislação do Rio de Janeiro (CTM, Lei nº 691/1984), sendo a base de cálculo o valor venal do bem, tal como dispõem o art. 34 do CTN e 63 do CTM:

> Art. 33. A base do cálculo do imposto é o valor venal do imóvel.
>
> Art. 63 – A base de cálculo do Imposto sobre a Propriedade Predial é o valor venal da unidade imobiliária, assim entendido o valor que esta alcançaria para compra e venda à vista, segundo as condições do mercado.

Embora a norma carioca trate o valor venal como aquele alcançável no mercado em hipótese de compra à vista, sabendo-se que, na prática, a Fazenda Pública não detém meios para avaliar um a um cada imóvel da cidade, sob o risco inclusive de tornar a atividade de cobrança do IPTU algo demasiadamente oneroso, criou-se, como método para se alcançar o valor venal, uma fórmula.

Essa fórmula, basicamente uma multiplicadora sobre a qual no resultado se aplicará a alíquota do IPTU, leva em consideração, para os imóveis edificados (o modelo, para os terrenos não edificados, é outro), os seguintes elementos:

- Área construída;
- Valor em reais do metro quadrado do logradouro (definido na Planta Genérica de Valores);
- Fator Posição;
- Fator Idade;
- Fator Tipologia

Os fatores acima mencionados (posição, idade e tipologia) estão previstos em tabelas constantes da própria Lei nº 691/1984 e, do resultado da multiplicação de todos os elementos (área construída x valor do metro quadrado x fator posição x fator idade x fator tipologia) tem-se o valor venal do imóvel – base imponível do tributo.

Dentre os fatores, o que guarda maior relevância – e em torno do qual pairam mais discussões – é o tipologia. Esse fator leva em consideração precipuamente as características construtivas do imóvel – no âmbito da Coordenadoria de IPTU há decisões admitindo-se a tipologia vinculada ao uso, mas a regra é que ela se filia ao padrão construtivo.

A cada padrão construtivo (tipologia), atribui-se um número multiplicar que: (i) neutraliza o valor venal = 1,0; (ii) reduz o valor venal: < 1 ou (iii) aumenta o valor venal: >1.

Assim, já de acordo com as inovações promovidas pela Lei nº 6.250/2017, tem-se, como exemplos de: tipologia neutra (loja com uma frente: 1,00), tipologia que reduz o valor venal (loja em sobreloja: 0,65) e tipologia que aumenta o valor venal (loja com duas frentes: 1,1).

A dinâmica da tipologia, que pode ser constatada dos exemplos acima, se baseia na presunção de que imóveis com determinadas características construtivas têm valores superiores a outros, o que, por exemplo, torna lógico que uma loja com uma frente tenha o fator tipologia inferior a uma loja com duas frentes.

Já a edificação de uso exclusivo tem uma tipologia própria, denominada: "Prédio próprio para uso exclusivo, distinto daqueles mencionados nessa tabela [de tipologia]", com multiplicador 0,9.

A distinção que consta da descrição da tipologia ("daqueles mencionados nessa tabela") refere-se a prédios próprios para clubes (0,5), para hospitais e clínicas com internação (0,6), colégios e creches (0,4) e estacionamento (0,5). Não havendo esses padrões construtivos, aplica-se a tipologia do uso exclusivo.

Diante disso, a questão ganha relevância, não pelas exceções de prédios exclusivos expressamente constantes da norma, mas sim pela constatação de que a maioria das edificações de uso exclusivo – e o número delas na cidade é razoável – concentra atividades de escritórios (assim compreendidos empresas diversas), consultórios médicos etc. Conforme já esclarecido, a edificação de uso exclusivo apenas se diferencia da edificação de uso comercial em razão da autonomia dos espaços edificados.

Como por força da norma urbanística a edificação de uso exclusivo não é passível de segregação em unidades, tem-se, como reflexo tributário, que o IPTU é calculado pela metragem total do imóvel. Isso significa dizer que a área levada para fórmula de composição da base de cálculo do IPTU corresponderá à metragem total da edificação, incluindo-se, em seu cômputo, todas os espaços que, na realidade fática, podem ser classificadas como áreas comuns, tais como corredores, recepções, jardins internos, estacionamentos etc. Tal procedimento naturalmente eleva a base de cálculo do IPTU, já que, quanto maior a área, maior o valor venal, nos termos da fórmula já examinada.

Por outro lado, nas edificações localizadas em logradouros que comportam o uso comercial, pode-se utilizar a tipologia de sala, que, embora tenha fator multiplicador 1,0 (maior, portanto, do que o uso exclusivo), permite o cômputo da metragem apenas da área privativa (a sala, propriamente) não sendo incluído no cálculo do IPTU todas as áreas de uso comum – ressalvada a possibilidade casual de a área de estacionamento, a depender de critérios outros, vir a ser tributada, mas, ainda assim, com fator tipologia redutor de 0,5.

Incluindo-se ou não o estacionamento como área tributável, nasce, então, uma gigantesca distorção na tributação, decorrente única e exclusivamente do zoneamento onde localizado a edificação, e pouco importando, a bem da verdade, se tal fato guarda alguma correlação com o valor venal do imóvel, ou mesmo com os princípios constitucionais tributários da isonomia e da capacidade contributiva.

Para quantificar a diferença entre a carga tributária suportada por contribuintes em situação de semelhança, mas ocupantes de edificações distintas, imagine-se dois prédios, "A" e "B", ambos construídos no mesmo ano, no mesmo bairro, com área total de 7.000 m², 2.000 m² de estacionamento, 70 salas de 50 m², 1.500 m² de áreas comuns diversas, utilizados como consultórios médicos e distantes entre si apenas 200 m.

O prédio "A", localizado em centro de bairro, como regra comporta, pelas normas urbanísticas, o uso comercial, o prédio "B", localizado em rua paralela, apenas pode ser destinado, pelas normas urbanísticas, ao uso exclusivo.

Se o prédio "A", por estar localizado em rua mais central, tiver, na planta de valores, o metro quadrado avaliado em R$ 12.000,00, ao passo que o prédio "B", em rua secundária, tiver metro quadrado de R$ 10.000,00, o valor venal do prédio "A" (de acordo com a fórmula do IPTU) será de R$ 42milhões de reais, com um IPTU total de R$ 1.050.000,00, o que representaria R$ 15.000,00 para cada uma das 70 salas.

Já a edificação "B" teria um valor venal de R$ 63 milhões de reais, IPTU total de R$ 1.575.000,00, com um valor por unidade de R$ 22.500,00 reais.

A disparidade causada pelo fato de a edificação ter uso exclusivo é de tal forma peculiar que inverte a lógica pretendida pelo próprio município na fixação de sua Planta de Valores, já que atrai ao imóvel localizado na região tida como menos valorizada pela municipalidade um valor venal superior ao do imóvel que ela própria sabe que está situado em logradouro de menor valor.

Casos similares ao exemplo acima, ainda muito presentes na cidade, evidenciam a existência de normas urbanísticas antiquadas e, mais do que isso, um descolamento lógico entre as legislações urbanística e fiscal. Será que é razoável supor que a figura da edificação de uso exclusivo, criada, como visto, para pretensamente minimizar o impacto demográfico de atividades comerciais em determinadas áreas da cidade é, em si, causa justificadora tamanha distorção na tributação, criando cenário anti-isonômico e ofendendo, a rigor, a própria capacidade contributiva?

A diferenciação criada na lei carioca entre as edificações de uso exclusivo e as edificações comerciais acaba por gerar um ambiente de falta de isonomia – contribuintes em situação econômica e comercial similares arcam com cargas de IPTU bastante distintas.

A retirada de exclusividade do uso de uma determinada edificação passa pela alteração do zoneamento da cidade e, portanto, por processo legislativo, não sendo, no mais das vezes, algo simples de se concretizar.

Ante a dificuldade de alteração da legislação, solução mais contundente para a adequação do IPTU em edificações de uso exclusivo tem sido alcançada no âmbito do contencioso administrativo fiscal.

Explorando-se a inconsistência, a inadequação e a injustiça do modelo de tributação, contribuintes têm conseguido, perante a Fazenda Municipal, uma espécie de desvinculação entre as legislações urbanística e fiscal, viabilizando-se, assim, que a edificação de uso exclusivo, do ponto de vista meramente fiscal, possa ser interpretada (corretamente) como uma edificação de uso comercial.

Assim, mediante instauração de procedimento contencioso se torna possível – naturalmente em caso de sucesso na medida; o que depende sobretudo da qualidade do conjunto probatório a ser apresentado – que o contribuinte instalado em edificação de uso exclusivo, com a necessária justeza, possa pagar o IPTU tal qual o de uma edificação comercial – ainda que, no critério autorizativo do uso do solo urbano, o seu imóvel continue sendo classificado como edificação de uso exclusivo.

A (Im)Penhorabilidade do Bem de Família do Fiador
Pragmatismo, direito e economia no Supremo Tribunal Federal

Gustavo Binenbojm
André Cyrino

I. Introdução: o problema jurídico e o entendimento do STF

São várias as histórias no direito brasileiro em que o raciocínio econômico trouxe luzes à interpretação constitucional. As decisões do Supremo Tribunal Federal (STF) sobre a penhorabilidade do bem de família do fiador contam algumas delas. A origem da controvérsia deu-se com a edição da Lei nº 8.245/1991 (Lei do Inquilinato), a qual incluiu o inciso VII no art. 3º da Lei nº 8.009/90 (Lei do Bem de Família). Pela alteração, o bem de família do fiador em contratos de locação passou a ser tratado como uma das exceções legais à regra geral de impenhorabilidade. O fiador, determinou o legislador, não poderia gozar de tal benefício.

A medida legislativa de 1991 foi motivada pela insatisfação diante de uma legislação incapaz de aquecer o mercado imobiliário. A percepção era a de que havia excessivas prerrogativas ao locatário, com poucas garantias ao locador, que, ou perdia o interesse em ofertar seu imóvel, ou aumentava o preço do aluguel em face do risco. Além disso, para assegurar seu crédito, era praxe que se exigisse que o fiador de aluguéis fosse proprietário de dois ou mais imóveis – algo raro num país pobre.

Defensor da validade da lei, Sylvio Capanema de Souza comentou a mudança e destacou sua importância. Nas palavras do saudoso Mestre, a ideia era conferir ao locador a tranquilidade para *"aceitar como fiador quem seja proprietário de um único imóvel residencial, onde habite com sua família, já que sobre ele poderá assestar a penhora, em caso de eventual execução do débito deixado pelo afiançado, o que fortalece a garantia"*[1]. Isto é: o intuito era *"facilitar o acesso à locação"*[2]. A percepção do ora homenageado merece destaque. Com palavras de uma outra época, mas com argúcia à frente do seu próprio tempo, Sylvio Capanema de Souza identificava uma *falha regulatória* prejudicial ao mercado de locação de imóveis residenciais.

---

1 SOUZA, Sylvio Capanema de. *A Lei do Inquilinato Comentada*, 10ª ed. Rio de Janeiro: Forense, 2017, pp. 413-414.

2 *Idem.*

Foi neste contexto que, anos atrás, publicamos artigo sobre o tema[3]. Na oportunidade, discorremos sobre a tese então abraçada pelo Supremo Tribunal Federal no sentido de que o bom funcionamento do mercado de locações pressupõe a flexibilização da ideia de proteção bem de família do fiador. Em linha com a alteração promovida pela Lei do Inquilinato, a proteção não deveria se estender ao bem imóvel único do fiador.

Especificamente, a questão jurídica levada ao STF era saber se a superveniência da previsão constitucional de um direito fundamental de moradia (art. 6º, conforme a Emenda Constitucional nº 26/2001) teria derrogado a ressalva instituída pela Lei nº 8.245/1991. De fato, na sequência da edição da EC nº 26/2001, fiadores de contratos de locação, proprietários de um único imóvel, passaram a postular, em juízo, o reconhecimento da revogação (isto é, da não-recepção) pela EC nº 26/2001 da norma legal que permitia a penhora do seu imóvel para a satisfação do crédito do locador.

No julgamento do Recurso Extraordinário nº 407.688-SP[4], o Supremo Tribunal Federal proclamou, por maioria, a constitucionalidade da referida exceção legal. O relator, Ministro Cezar Peluso, destacou em seu voto que o direito à moradia pode, sem prejuízo de outras alternativas conformadoras, *"reputar-se, em certo sentido, implementado por norma jurídica que estimule ou favoreça o incremento da oferta de imóveis para fins de locação habitacional, mediante previsão de reforço das garantias contratuais dos locadores"*. Segundo o Ministro, a previsão legal promove o direito à moradia dos locatários, na medida em que o estabelecimento de garantias efetivas àqueles que são proprietários cria um ambiente de incentivos necessários à ampliação da oferta de imóveis para locação. Essas garantias terão o condão de estimular a decisão dos proprietários por disponibilizar seus bens para aluguel, mesmo quando os pretensos locatários só tenham como fiador alguém que possua um único imóvel.

A *ratio* do legislador foi, assim, chancelada pelo Tribunal, que enxergou na alteração legislativa a vontade de criar um ambiente econômico que facilitasse o acesso à moradia por intermédio de contrato de locação. Considerando-se serem muitos os brasileiros – em geral, os menos favorecidos do ponto de vista socioeconômico – que vivem em imóveis alugados, a preocupação do legislador é plenamente justificável.

---

3   BINENBOJM, Gustavo; CYRINO, André. "O Direito à moradia e a Penhorabilidade do Bem Único do Fiador em Contratos de Locação: limites à revisão judicial de diagnósticos e prognósticos legislativos. *In: Direitos Sociais: Fundamentos, Judicialização e Direitos Sociais em Espécie* (Org. Daniel Sarmento e Cláudio Pereira de Souza Neto). Rio de Janeiro: *Lumen Juris*, 2010, pp. 997-1017.

4   STF, RE nº 407.688 / SP, rel. Min. Cezar Peluso, j. 08.02.2006.

De fato, em seu *diagnóstico* sobre o mercado de habitações, o legislador parece ter verificado: *(i)* a existência de grande número de pessoas com enorme dificuldade para encontrar um fiador proprietário de mais de um imóvel; e *(ii)* a existência de grande número de pessoas que não têm condições de pagar por outra espécie de garantia mais onerosa, como, *v.g.*, a fiança bancária, sem prejuízo do próprio sustento e respectiva família. Cabe ressaltar que a fiança, ao tempo da decisão do STF, era o instrumento de garantia de cerca de 89% dos 6,2 milhões de contratos de locação de imóveis urbanos existentes no Brasil[5].

Em seu *prognóstico* sobre o mercado de habitações, o legislador parece ter concluído que o direito à moradia de um grande contingente de brasileiros seria fatalmente inviabilizado (ou seriamente dificultado) pela impenhorabilidade do imóvel único do fiador, *(i)* seja porque menos imóveis seriam oferecidos no mercado de locações (maior o risco, menor a oferta); *(ii)* seja em virtude da oneração do preço dos aluguéis decorrente do incremento do risco de inadimplemento (maior o risco, maior o aluguel).

Num outro giro, reconheceu-se que o direito de propriedade (ainda que de um único imóvel) poderia cumprir uma função social relevante no mercado de habitações: a de fornecer uma garantia eficiente e menos onerosa para os contratos de locação, funcionando qual um incentivo para a ampliação da oferta e a redução do valor dos aluguéis de imóveis. Ademais, a aceitação da fiança decorre de ato de vontade do fiador que, presumivelmente, conhece e assume os riscos do encargo.

Como bem anotado por Sylvio Capanema de Souza, a mudança *"se impunha"*[6], e acabou por se consolidar na jurisprudência do Supremo Tribunal Federal desde então[7]. Nada obstante, no ano de 2019, em sede do Recurso

---

[5] Segundo estatísticas do Sindicato da Habitação do Rio de Janeiro (SECOVI-RJ), conforme informação retirada de ARGUELHES, Diego Werneck. *Deuses pragmáticos, mortais formalistas: a justificação conseqüencialista de decisões judiciais*. Dissertação de mestrado apresentada ao Programa de Pós-Graduação da Faculdade de Direito da Universidade do Estado do Rio de Janeiro, Rio de Janeiro, 2006, p. 139.

[6] SOUZA, Sylvio Capanema de. *Op. Cit.*, p. 414. Neste sentido, o autor dizia que *"a nova exceção, acrescida ao artigo 3º da Lei nº 8.009, se impunha, no interesse do mercado, pois estava se tornando quase impossível o oferecimento da garantia da fiança, já que raramente o candidato à locação conseguia um fiador que tivesse, em seu patrimônio, mais de um imóvel residencial"*.

[7] V., por exemplo; RE nº 477.953 AgR, rel. Min. Eros Grau, Segunda Turma, j. 28.11.2006; DJe 2.2.2007, RE nº 495.105 AgR, rel. Min. Marco Aurélio, Primeira Turma, j. 5.11.2013, DJe 28.11.2013; ARE nº 1.128.251 AgR, rel. Min. Celso de Mello, Segunda Turma, j. 07.12.2018, DJe 7.12.2018.

Extraordinário n° 605.709/SP[8], a Primeira Turma do STF proferiu, por maioria, novo acórdão entendendo pela impossibilidade de penhora do bem de família do fiador nos casos envolvendo contrato de locação comercial. Nesse julgado, a Ministra Rosa Weber afirmou a inaplicabilidade do art. 3° inciso VII da Lei nº 8.009/1990 para os fiadores de contratos de locação comercial. Segundo a Ministra, as circunstâncias do caso concreto seriam distintivas em relação à decisão de 2006. Não se tratava de proteger a *moradia* de locadores, mas o funcionamento de estabelecimentos comerciais, o que envolve interesses (liberdade econômica) que merecem ceder em face do direito fundamental social à moradia.

No acórdão, foi vencido o Ministro Luís Roberto Barroso, cujo voto também reconheceu a inexistência de conflito direto entre direito à moradia de proprietários de imóveis e direito à moradia de locatários[9], mas entendeu que o caso teria implicações à livre iniciativa, inscrito como princípio fundamental da República e princípio geral da atividade econômica. Como consta de seu voto divergente, a possibilidade de penhora do bem de família de um fiador que ofereça voluntariamente seu patrimônio como garantia tem o efeito de impulsionar o empreendedorismo, na medida que viabiliza a celebração de contratos de locação comerciais em termos mais favoráveis. Dando contornos claros à questão, o Ministro Barroso registrou que *"a lógica de baratear o custo da fiança, na locação residencial, também se aplica, ao baratear o custo da locação, na locação comercial"*.

Pois bem. Sem que se adentre o mérito da posição que prevaleceu no STF, parece-nos que o exame *contextual* e de *consequências* poderia ter sido feito de uma outra maneira – em linha com os vencidos. É claro que o STF pode e deve avaliar e ponderar interesses constitucionais de mesma estatura. Todavia, no caso concreto, parece-nos que: *(i)* era preciso buscar (e enfrentar) um pouco mais de informações concretas sobre a realidade do mercado de locações comerciais; bem como *(ii)* considerar as capacidades institucionais envolvidas. Em outras palavras, demandava-se uma aborda-

---

8   RE nº 605.709/SP, rel. Min. Dias Toffoli, rel. p/ ac. Min. Rosa Weber, j. 12.6.2018. O voto condutor, de lacra da Ministra Rosa Weber, foi acompanhado pelos Ministros Marco Aurélio e Luiz Fux. Ficaram vencidos os Ministros Luís Roberto Barroso e Dias Toffoli.

9   O ministro realizou a necessária distinção para afastar o raciocínio que embasou o voto do ministro Cezar Peluso: "[e]sse fundamento não se aplica aos contratos de locação comercial, pois, neste caso, não existe conflito entre direito à moradia de proprietários de imóveis e direito à moradia de locatários. Para a resolução da questão, entretanto, deve ser levado em conta o direito à livre iniciativa, princípio fundamental da República (CF, art. 1º, caput) e princípio geral da atividade econômica (CF, art. 170, caput)."

gem com outro tipo de método que considerasse a lógica econômica – que hoje alocada no âmbito do que se denomina *pragmatismo jurídico*[10].

II. O método decisório: análise pragmatista com avaliação de prognoses e capacidades institucionais

O objeto em destaque do caso da (im)penhorabilidade do bem de família do fiador é o fato de uma simples alteração na legislação possuir o potencial de impulsionar mudanças no mercado de locação de imóveis – seja ele comercial ou residencial. Há nele uma relação com o que Norbert Reich denominou *dupla instrumentalidade* do direito econômico. Por um lado, o direito organiza e institucionaliza as normas da economia de mercado, colocando à sua disposição seus instrumentos e instituições, como o contrato, a propriedade privada, as garantias etc. De outro lado, o Estado se utiliza do direito como instrumento de indução e condução do mercado no sentido da consecução de determinados objetivos de política social.[11] A dupla instrumentalidade se revela no papel ao mesmo tempo *constitutivo e diretivo* da economia, traduzida nas funções institucionais de favorecer a geração da riqueza e, por outras vias, adotar mecanismos voltados à sua redistribuição.

Ao mesmo tempo, há que se levar em conta que a economia se preocupa com a previsão dos efeitos, no que se incluem as implicações de uma determinada intervenção estatal no domínio econômico e as possíveis interpretações do direito que lhe serve de fundamento[12]. Nas palavras de Richard Posner, a *"economia ajuda a identificar as consequências das possíveis interpretações, e as consequências são um importante elemento na interpretação"*[13]. A consideração das consequências pode levar à conclusão

---

10 O pragmatismo jurídico pode ser explicado a partir do tripé proposto por Thamy Pogrebinschi, para quem essa perspectiva se explica por uma abordagem orientada pelo *antifundacionalismo* (i.e.: o ato de rejeitar percepções imutáveis), pelo *contextualismo* (i.e.: a postura de buscar compreender como o contexto pode interferir com a aplicação de normas) e pelo *consequencialismo* (i.e.: a avaliação das implicações de determinada decisão ou política pública). V. (POGREBINSCHI, Thamy. "O que é o pragmatismo jurídico", disponível *on line*: http://www.cis.puc-rio.br/cedes/PDF/paginateoria/pragmatismo.pdf, acesso em 28.07.2015; e POGREBINSCHI, Thamy. *Pragmatismo*: teoria social e política, Rio de Janeiro: Relume Dumará, 2005, pp. 23-72). V., ainda, BINENBOJM, Gustavo. *Poder de polícia, ordenação, regulação: transformações político-jurídicas, econômicas e institucionais do Direito Administrativo ordenador.* Belo Horizonte: Fórum, 2016, pp. 37-68).

11 NORBERT, Reich. *Mercado y Derecho.* Barcelona: Ariel, 1985, pp. 60/61.

12 COOTER, Robert e ULEN, Thomas. *Law and economics*, 3ª ed., Massachusetts: Addison Wesley Longman, 2000, pp. 03-04.

13 POSNER, Richard. "The constitution as an economic document", *cit.*, p. 33.

de que apenas uma decisão é a correta, como também pode ajudar a fundamentar uma determinada escolha judicial quando mais de uma resposta for possível numa primeira análise.

Pensar nas consequências e avaliar as prognoses como estratégia de argumentação jurídica de uma estratégia é uma contribuição do pensamento econômico para o direito. Por isso, a decisão do Supremo Tribunal Federal no caso da impenhorabilidade do bem de família do fiador é um marco para a análise econômica do direito, como também do pragmatismo. Partindo de um esforço argumentativo calcado no contexto do mercado locatício, uma fração significativa dos ministros da Corte vêm apontando que a proteção indiscriminada contra a penhora do bem único do fiador levaria à maior dificuldade para celebração contratos.

No julgamento realizado em 2006, o sentido do direito à moradia foi mais bem compreendido quando consideradas as razões sistêmicas e contextuais da política regulatória engendrada pelo legislador. Razões informadas pela lógica da economia, tanto em sua vertente diagnóstica como naquela das prognoses.

Daí o Ministro Cezar Peluso haver concluído que na modelagem concreta do direito a norma legal é apta a tutelar o direito à moradia de uma gama ampla de pessoas (necessitadas da locação), mediante estímulo do acesso à habitação arrendada, em detrimento (eventual) do direito de propriedade de outra grupo de menor espectro (a dos fiadores proprietários de um só imóvel).

Por evidente, a impenhorabilidade do bem de família não impede a concretização por outros meios do direito à moradia. De um lado, tal forma de regulação não exclui outras ações estatais conjugadas voltadas à maximização do acesso das pessoas à moradia, inclusive daqueles já titulares de habitação própria. O que é relevante é a circunstância da existência de escassez de recursos e da impossibilidade de o Estado satisfazer a integralidade das demandas por moradias, bem como por inúmeras outras espécies de utilidades sociais. Este o contexto em que os agentes públicos são obrigados a estabelecer prioridades, realizando as chamadas "escolhas trágicas". Tais escolhas aparecem tanto na vertente orçamentária (mediante prestações positivas diretas) como na vertente regulatória (mediante restrições, incentivos ou favorecimentos).

De outra banda, a deferência da jurisdição constitucional à avaliação de consequências realizada pelo legislador diz respeito à uma consideração quanto às capacidades institucionais envolvidas[14]. Aqui, as estratégias inter-

---

14 SUNSTEIN, Cass e VERMEULE, Adrian. "Interpretation and institutions", in *Michigan Law Review*, vol. 101, nº 4, 2003.

pretativas devem levar em consideração a capacidade da instituição responsável pela tomada de decisão. O Poder Judiciário é o foco principal dessa preocupação, dada a facilidade de que tais questões sejam judicializadas. Tal lógica acrescenta importante elemento na hermenêutica jurídica tradicional. Ao invés de nos questionarmos como um juiz perfeito solucionaria dada controvérsia (*e.g.* o Hércules de Dworkin[15]), busquemos responder à pergunta sobre como uma pessoa falível deveria proceder, à luz de suas próprias limitações, diante das questões que lhes são colocadas[16]. Faria sentido, portanto, que a regulação promovida pelo legislador sobre o mercado imobiliário seja tratada com deferência pelo Tribunal, especialmente se existirem dados confiáveis sobre a as consequências econômicas prováveis.

O esclarecimento do Poder Judiciário quanto a diagnósticos fáticos e prognoses legislativas, por meio de depoimentos e laudos de peritos, deve ser compreendido como um *incentivo institucional* à transparência e à consistente motivação das decisões legislativas, uma vez que o Poder Legislativo sempre poderá ser convocado a prestar explicações sobre elas. Afinal, a revisão judicial será sempre possível, quando houver erro manifesto quanto aos fatos e inconsistências insuperáveis no que se refere à demonstração do acerto das prognoses. Nada obstante, diante de tudo quanto se vem de dizer, o *standard* de controle deve ser mais brando, em face da sustentabilidade das razões articuladas pelo legislador.

Quanto ao teor da decisão mais recente do Supremo Tribunal Federal, como adiantado, não cabe aqui adentrar o mérito do que foi decidido. Entretanto, pensamos que o voto vencedor mereça o mesmo aprofundamento metodológico. Apesar de se ver diante de uma dimensão distinta – de um lado, o fomento à livre iniciativa e ao empreendedorismo, e de outro, a proteção direta do direito à moradia –, é pertinente que justificativas calcadas na análise de consequências e avaliações de prognoses também tivessem feito parte de uma reflexão sobre o cumprimento destas metas coletivas[17] e liberdades individuais, como forma para mediatamente garantir a eficácia de direitos fundamentais num plano contextual. Trata-se de esforço que pôde ser observado no voto do ministro Luís Roberto Barroso, na medida que empregou o mesmo cuidado argumentativo aplicado no precedente para o mercado de locações comerciais.

---

15 DWORKIN, Ronald. *O império do direito* (trad. Jefferson Luiz Camargo), São Paulo: Martins Fontes, 2003.

16 SUNSTEIN, Cass e VERMEULE, Adrian. "Interpretation and institutions", *in Michigan Law Review*, vol. 101, nº 4, 2003, pp. 904 e 949.

17 ALEXY, Robert. "Individual Rights and Collective Goods". In: *Rights: International Library of Essays in Law and Legal Theory* [ed. Carlos Santiago Nino]. New York: New York University Press, pp. 169-174.

Para compreender o diagnóstico da situação fática e as prognoses feitas pelo legislador, poderia o Tribunal ter lançado mão do art. 9°, § 1°, da Lei n° 9.868/1999, que prevê a possibilidade de o relator, *"em caso de necessidade de esclarecimento de matéria ou circunstância de fato ou de notória insuficiência das informações existentes nos autos, requisitar informações adicionais, designar perito ou comissão de peritos para que emita parecer sobre a questão, ou fixar data, para, em audiência pública, ouvir depoimentos e pessoas com experiência e autoridade na matéria".*

A previsão de diligência pericial, que pode se tornar necessária na apreciação de leis que cuidem de questões técnicas muito específicas, inacessíveis ao leigo. Gilmar Ferreira Mendes, citando trabalho clássico de Klaus Jürgen Philippi,[18] enumera diversos casos em que o Tribunal Constitucional Federal alemão lançou mão de grupos de peritos e autoridades em determinadas matérias científicas e técnicas para esclarecer-se sobre os aspectos empíricos resultantes da incidência da lei objeto do controle de constitucionalidade[19].

Em última análise, toda lei é criada visando à produção de efeitos concretos sobre a realidade, e só assim, no confronto com situações concretas, é que a norma revela todo o seu conteúdo significativo[20]. Portanto, a análise da compatibilidade de uma determinada lei com o texto constitucional não deve ser empreendida no plano meramente teórico, senão que deve levar em conta os problemas jurídicos concretos ensejados pela incidência da lei sobre a realidade.

Diante de todas estas possibilidades argumentativas calcadas em consequências das decisões, existem boas razões para esperarmos que o Supremo Tribunal federal adote abordagens de inspiração pragmatista em futuros casos em que seja discutida, novamente, a penhorabilidade do bem de família[21] – re-

---

18 PHILIPPI, Klaus Jürgen. *Tatsachenfeststellungen des Bundesverfassungsgerichts,* Colônia, 1971.

19 MENDES, Gilmar Ferreira. *Controle de Constitucionalidade: Hermenêutica Constitucional e Revisão de Fatos e Prognoses Legislativos pelo Órgão Judicial, in* Direitos Fundamentais e Controle de Constitucionalidade, ed. cit., pp. 467/473. Assim, por exemplo, o Tribunal Constitucional tedesco julgou inconstitucional lei do Estado da Baviera que condicionava a instalação de farmácias a uma especial permissão da autoridade administrativa, levando em conta laudos periciais que asseveravam que a liberdade de instalação de farmácias em outros países com o mesmo *standard* civilizatório da Alemanha (*v.g.,* Suíça) não levou a uma efetiva ameaça à saúde pública.

20 Neste sentido, LARENZ, Karl. *A Metodologia da Ciência do Direito,* Editora da Fundação Calouste Gulbenkian, 1989, p. 396.

21 Registre-se que há crítica ao pragmatismo para restringir direitos fundamentais v.: PEREIRA, Jane Reis Gonçalves. "As garantias constitucionais entre utilidade e substância:

corde-se que a decisão em comento não foi do plenário da Corte. Esforço cada vez mais presente, como se viu, *e.g.*, no julgamento conjunto da ADPF n° 324 e do RE n° 958.252, em que se reconheceu a constitucionalidade da terceirização da atividade-fim. Durante o julgamento, os votos dos ministros foram extensamente preocupados com a obtenção de dados sobre os aspectos sistêmicos da terceirização. No seu voto, o relator do Acórdão, Ministro Luiz Fux, defendeu que *"a terceirização está associada ao crescimento do mercado de trabalho, na medida em que a competitividade e a produtividade das empresas também aumentam com a especialização no processo produtivo"*[22].

Não por menos, normas mais recentes, como a que alterou a Lei de Introdução às Normas do Direito Brasileiro (LINDB) fazem um convite para uma interpretação judicial calcada na análise consequências e avaliação de prognoses (art. 20 da LINDB). Vale dizer: o legislador contemporâneo está atento ao dever de considerar em que medida o exame pragmatista de consequências a luz de perspectivas contextuais podem informar decisões judiciais. Espera-se o mesmo do STF.

IV. Encerramento

Oliver Wendell Holmes, juiz da Suprema Corte dos EUA, disse que a vida do Direito é um produto da experiência, não da lógica[23]. A afirmação é um convite a que se considere como a realidade concreta, com seu contexto e possíveis consequências, podem modificar a percepção sobre o sentido das normas jurídicas.

Sylvio Capanema de Souza, outro grande magistrado, sabia disso. Sua inclinação para que se incentivasse o surgimento de um robusto mercado de locações considerava a avaliação de diagnósticos para delimitação de prognoses. Isto é: *contexto* e *consequências*, na linguagem pragmatista. Um método que pode efetivamente contribuir para o aperfeiçoamento de decisões e promover direitos em maior medida. Em 2006, isso foi muito claro ao STF. Viu-se que não se tratava simplesmente de desproteger o fiador

---

uma crítica ao uso de argumentos pragmatistas em desfavor dos direitos fundamentais. *In: Direitos Fundamentais & Justiça*, ano 10, nº 35. Belo Horizonte: Fórum, julho/dezembro – 2016, pp. 345-373.

22 RE 958252, rel. Min. Luiz Fux, Tribunal Pleno, j. 30.08.2018.
23 *"The life of the law has not been logic, it has been experience"*, cfr. HOLMES JR., Oliver Wendell. *The common law*, 1881. Disponível em https://www.gutenberg.org/files/2449/2449-h/2449-h.htm. Acessado em 14.10.2015.

(que anui ao contrato e a seu regime), mas de garantir mais acesso à moradia. Talvez, o mesmo método levasse a outra conclusão na nova decisão conduzida pela Min. Rosa Weber. Nessa linha, não se trataria simplesmente de proteger o fiador capaz e ciente dos riscos que assume. Mas de garantir que comerciantes – muitos deles pequenos empreendedores – possam exercer sua liberdade com menores custos e mais ganhos coletivos (como empregos).

Este livro foi impresso nas oficinas gráficas da Editora Vozes Ltda.,
Rua Frei Luís, 100 – Petrópolis, RJ.